Guide
de la législation en action sociale et médico sociale

Dans la collection *Guides*

Jacques BORDONE
Guide des politiques locales d'insertion

Philippe CAMBERLEIN
Guide juridique et administratif de l'action sociale et médico-sociale

Jean-Pierre HARDY
Guide de l'action sociale contre les exclusions

Marcel JAEGER
Guide du secteur social et médico-social – 4ᵉ édition

Marcel JAEGER
Guide de la législation en action sociale et médico-sociale – 2ᵉ édition

Michel LAROQUE
Guide de la protection sociale

Yves LE DUC
Guide d'initiation au droit pour les professions sociales et éducatives

Valérie LÖCHEN
Guide des politiques sociales et de l'action sociale

Choix de textes établis
et commentés par
Marcel Jaeger

Guide de la législation en action sociale et médico-sociale

Décentralisation et politiques sociales

■

Handicaps et exclusion

■

Droit de l'enfant et de la famille

2e édition

DUNOD

ISBN 2 10 005136 9

Sommaire

Introduction

CE GUIDE relève, à première vue, d'un pari triplement impossible. Comment s'entendre sur les textes essentiels qui structurent le secteur social et médico-social et laisser de côté ceux qui, sans doute à tort, devraient passer pour secondaires ? Comment rassembler des textes à la durée de vie parfois limitée, surtout lorsque les changements s'accélèrent dans la législation et dans la réglementation ? Comment leur faire prendre sens et dépasser la compilation indigeste ?

Ce pari a néanmoins été pris pour répondre à la demande des directeurs préparant le certificat d'aptitude aux fonctions de directeur d'établissement et de service d'intervention sociale (CAFDES). Ce volume, destiné cette fois à un public plus large, résulte de ce premier essai[1].

De l'essentiel et de l'accessoire

Quelques tentatives ont déjà été faites pour regrouper un certain nombre de textes régissant le secteur social et médico-social en un volume d'usage très pratique. Mais ces publications de divers organismes et centres de formation correspondent à chaque fois à un public ou à une visée spécifiques. Nous retiendrons, par exemple, les *Textes de référence* du Centre national de l'adaptation et de l'intégration scolaire (CNEFEI, Suresnes) et le tome II, rassemblant également des « textes de référence »,

1. J'ai été aidé en cela par Odile Pautard, documentaliste.

du travail de Jean Gouriou, *Politiques sociales : projets et réformes*, publié en novembre 1997 par le Syndicat national des associations pour la sauvegarde de l'enfant à l'adulte (SNASEA).

L'organisation du présent volume est différente. Elle reprend le champ couvert par mon précédent *Guide du secteur social et médico-social*, dans cette même collection, mais uniquement sous l'angle des fondements de l'action qui peuvent être communs aux différentes structures et catégories professionnelles qui y sont référencées.

Il est évident que ce recueil n'est pas exhaustif. Comment pourrait-il l'être, à moins de le transformer en une somme de plusieurs volumes ? Chacun y trouvera donc des manques par rapport à ce qu'il considérera essentiel pour son secteur d'activité. Rassurons le lecteur : il y aura moins eu d'oublis que d'arbitrages, difficiles parfois, et de choix, pour une part subjectifs, mais qui resteront toujours soumis à débat. L'option principale a été de se conformer à ce que l'on appelle en droit la hiérarchie des normes : sauf exception que nous expliquerons, les circulaires, arrêtés, décrets ont été laissés de côté en raison de leur puissance juridique moindre que celles de la Constitution, des lois et des ordonnances. Mais même parmi ces textes fondateurs, tous ne sont pas reproduits pour ne pas alourdir l'ensemble.

Une législation en mouvement

Les évolutions du secteur social et médico-social sont étroitement liées aux mutations de notre société. La législation et la réglementation se transforment dans le même temps, que ce soit pour anticiper, accompagner ou entériner le changement social. Dans ce domaine, nous n'avons pas que des évolutions linéaires, qui nécessiteraient de simples actualisations des textes, mais aussi des ruptures parfois radicales dans les logiques d'organisation. Ainsi ce secteur est sans cesse amené à renouveler ses pratiques, à remplir de nouvelles missions (l'insertion par l'économique, l'encadrement éducatif dit renforcé, le développement local...). Dans de telles conditions, la frontière dans les textes fondamentaux entre « l'essentiel » et « l'accessoire » ne peut que se déplacer, et parfois de manière importante.

Certains juristes estiment que le droit fixe des critères objectifs dont la compréhension nécessite une spécialisation telle qu'elle ne pourrait qu'être obscurcie par les approches des autres sciences humaines comme l'histoire et la sociologie. Pourtant, la diffusion du droit (que nul n'est censé ignorer...) est grandement facilitée lorsque l'on intègre, dans sa connaissance, son amont et son aval : à la fois les conditions politiques et sociales qui permettent l'évolution de la législation et les effets concrets du droit sur la vie des citoyens. Le droit de la famille, parmi d'autres, est l'exemple même d'une « législation sociologique », tellement inscrite dans l'évolution des mœurs et de la société que cela n'aurait pas de sens de la considérer comme un objet juridique « pur », isolé de son contexte.

Ce guide n'est donc qu'une photographie de l'existant en matière de législation, qui appelle des analyses complémentaires et des remises à jour. Il s'agit en effet d'intégrer notre rapport à un temps social qui s'accélère, à un tel point que nous finissons par perdre de vue ce dans quoi l'actualité s'enracine.

La revalorisation nécessaire du droit

La nécessité d'une formation juridique des professionnels du secteur social et médico-social a été soulignée de longue date. Sa place dans les programmes des formations est inégale, mais on remarquera le changement radical opéré, par exemple, dans la formation des éducateurs spécialisés : à l'occasion de la réforme de leur diplôme d'État par un décret et un arrêté du 6 juillet 1990, l'enseignement juridique a été porté de 60 à 180 heures.

Ce n'est pas pour autant que les résistances se sont estompées face à cet enseignement. Elles s'enracinent encore dans deux configurations culturelles dont nous ne sommes pas tout à fait sortis :

– la suspicion post-soixante-huitarde vis-à-vis du droit, suspect dans son essence même : on se rappelle la vogue de la problématique du contrôle social, qui s'est accompagnée d'une conception instrumentaliste du droit (le droit comme miroir inversé et arme au service de l'État et de la classe dominante). De ce point de vue, le droit était mis à la même enseigne que l'idéologie, telle qu'elle était définie négativement comme masque des rapports de domination politique et d'exploitation économique. Cette perception était renforcée par l'idée selon laquelle, derrière l'abondance des textes[1] et la complexité des dispositions légales, ne pouvait que se dissimuler une volonté politique univoque de contrôle des populations auquel les travailleurs sociaux seraient sommés de collaborer[2]. La loi juridique, en elle-même, aurait d'autant moins d'importance qu'elle céderait la place à la norme, puisque, si l'on en croyait Michel Foucault, « nous sommes entrés, depuis des siècles maintenant, dans un type de société où le juridique peut de moins en moins coder le pouvoir ou lui servir de système de représentation[3] ». À l'inverse, Luc Ferry et Alain Renaut ont montré que le développement de l'individualisme dans la société actuelle s'accompagne d'une « montée du juridique[4] » : plus les rapports sociaux se délitent, plus le droit finit par être le seul recours pour les citoyens. On comprend mieux ainsi la progression et le poids du pouvoir des juges depuis quelques années, dans tous les domaines ;

– la suspicion « vitaliste », qui se traduit par le refus d'investir tout ce qui ne concerne pas directement le « vécu », l'authenticité supposée des rapports humains sans qu'une instance extérieure ne fasse tiers. Dans ce cas de figure, le droit n'est plus l'objet d'un discours critique, mais d'un désintérêt fondé sur le décalage entre l'investissement personnel et le rapport à la lettre de la loi, jugée lointaine et illisible[5]. Le travail relationnel perdrait ses vertus spontanées s'il fallait l'accompagner d'une quelconque formalisation, qu'elle soit d'ailleurs juridique ou autre. Il aura fallu, malheureusement, un certain nombre de déboires judiciaires pour que certains travailleurs

1. L'association des anciens élèves de l'ENSP, filière des inspecteurs des Affaires sanitaires et sociales, s'est ainsi inquiétée de ce que 800 circulaires, soit 7 000 pages du *Bulletin officiel* aient été transmises, en 1997, aux DDASS et aux DRASS.
2. Un exemple de ce type de discours : G. Mury, « Note sur l'évolution du travail social », *Esprit*, avril-mai 1972.
3. M. Foucault, *La Volonté de savoir*, Paris, Gallimard, 1976, p. 118.
4. L. Ferry, A. Renaut, *La Pensée 68*, Paris, Gallimard, 1985 ; *68-86 Itinéraires de l'individu*, Paris, Gallimard, 1987.
5. On relira à ce sujet la première fable de Franz Kafka dans *La Colonie pénitentiaire* : une machine grave dans le dos d'un prisonnier l'article de loi qu'il a transgressé ; elle le grave tellement qu'elle rend illisible ce qui l'était déjà pour le coupable.

sociaux prennent conscience des inconvénients de leur angélisme et de leur méconnaissance de la loi juridique, quitte à rejoindre avec quelque retard les tenants de la première forme de suspicion. C'est d'ailleurs à travers les questions de responsabilité civile et pénale que le droit est souvent réinvesti par les travailleurs sociaux et qu'il mérite tout autant de l'être à propos du droit des personnes dont ils ont la charge.

À partir du moment où nous admettons que le droit a une fonction sociale structurante, nous devons nous en saisir au minimum comme d'un support de la réflexion sur le fonctionnement de notre société et de notre secteur d'activité en particulier. Mais surtout, sa connaissance est une condition indispensable à l'aide que les professionnels sont chargés d'apporter à des jeunes, à des adultes en difficulté, à des familles, pour qu'ils développent leur capacité d'autonomie. Cela ne doit empêcher en rien une approche critique, puisque l'on mesurera d'autant mieux la force de la loi que l'on en percevra aussi ses limites, ses failles, voire ses effets pervers. Le droit est en effet un sol sur lequel s'engagent des actions antagonistes, se déploient des stratégies, s'organise la transformation des réalités quotidiennes.

Marcel Jaeger
26 mai 2003

1

Les fondements constitutionnels de l'action sociale

De la Déclaration des droits de l'homme et du citoyen (26 août 1789) à la construction de l'Europe

Marcel Gauchet et Gladys Swain[1] ont montré en quoi la Révolution française a marqué une rupture décisive avec les sociétés antérieures : tout homme est, en droit, un citoyen à part entière. Quelles que soient les formes d'exclusion sociale présentes dans les sociétés de type démocratique, l'organisation sociale se fonde sur l'idée qu'il faut viser le dépassement des différences et qu'il est possible d'atteindre ce but.

Pour le moins, la Déclaration des droits de l'homme et du citoyen est l'expression d'un choix de société qui se décline ensuite à tous les niveaux, jusque dans les actes les plus simples d'un professionnel : il a en face de lui un sujet de droit, même si, par son délire ou sa violence, voire sa « monstruosité », l'individu dont il s'occupe semble être aux frontières de l'humanité.

Si cette Déclaration est un peu loin de nos préoccupations immédiates, c'est sans doute parce qu'elle paraît avoir un tel

1. M. Gauchet, G. Swain, *La Pratique de l'esprit humain*, Paris, Gallimard, 1980 ; M. Gauchet, *La Révolution des droits de l'homme*, Paris, Gallimard, 1989 ; G. Swain, *Dialogue avec l'insensé*, Paris, Gallimard, 1994.

degré de généralité qu'elle finit par être assimilée à une nouvelle Bible : une transcendance civile, non plus religieuse, mais toujours une transcendance. Autrement dit, des principes qui se veulent universels et qui sont aussi difficiles à respecter que les Dix Commandements... Ce problème ne cesse d'être soulevé par le Comité consultatif national d'éthique. Les actes de ses journées annuelles[1] interrogent ainsi la possibilité de s'accorder sur une éthique commune à l'espèce humaine par-delà les différences de sociétés, de cultures... Cela suppose, en effet, de distinguer les règles conventionnelles propres à chaque société et des règles morales universelles. En fait, l'universalisme éthique n'est pas donné par nature : il faut le construire, de la même manière que les révolutionnaires de 1789 et 1791 se sont évertués à mettre par écrit ce sur quoi ils pouvaient s'entendre.

Par contre, il est parfois difficile de ne pas dissocier les deux volets de l'intitulé de la Déclaration des droits de l'homme et du citoyen :

- les droits de l'homme, comme affirmation d'un principe universel qui relèverait du « droit naturel » et s'imposerait à tout législateur ;
- les droits du citoyen renverraient, eux, au « droit positif », soit à l'ensemble des règles conventionnelles, qui permettent à certains individus de participer à la vie de la collectivité, tandis que d'autres ont un espace plus limité, des droits plus restreints, par exemple en matière de droit de vote pour les majeurs sous tutelle.

La difficulté de cette distinction explique sans doute que la notion de citoyenneté ne se retrouve pas dans la Déclaration universelle des droits de l'homme (10 décembre 1948), ni dans le préambule de la Charte des Nations Unies, alors qu'elle est reprise dans les préambules des constitutions françaises du 27 octobre 1946 et du 4 octobre 1958.

Cela étant, la notion de droits de l'homme est définie de manière très large, puisqu'il s'agit de mettre en avant un idéal que devraient atteindre tous les peuples et toutes les nations : une sorte de code moral universel, tel que l'entendait René

1. Comité consultatif national d'éthique, *Une même éthique pour tous ?*, Paris, Odile Jacob, 1997.

Cassin, l'un des inspirateurs de la Déclaration universelle des droits de l'homme (il obtiendra par la suite le prix Nobel de la paix). Mais les préoccupations philanthropiques ne négligent pas les dimensions sociales et politiques. Ainsi, la Déclaration universelle des droits de l'homme de 1948 reprend dans son article 1 une grande partie du vocabulaire du premier article de la Déclaration des droits de l'homme et du citoyen. D'autre part, elle ajoute l'affirmation des droits économiques, sociaux et culturels qui ne figuraient pas dans le texte de 1789.

Une autre remarque s'impose : ces textes fondateurs se complètent et se répondent dans un mouvement continu de réinterrogation. Ainsi, la Constitution du 4 octobre 1958 a été modifiée à quinze reprises entre son adoption et la loi constitutionnelle du 2 octobre 2000 relative à la durée du mandat présidentiel. Plus récemment, a été promulguée la loi constitutionnelle du 28 mars 2003 relative à l'organisation décentralisée de la République.

Enfin, il convient d'intégrer les textes issus de la construction de l'Europe. Nous avons choisi de reproduire ici celui qui nous paraît le plus significatif : la Charte des droits fondamentaux de l'Union européenne, proclamée le 7 décembre 2000[1].

Déclaration des droits de l'homme et du citoyen du 26 août 1789

Les représentants du peuple français, constitués en Assemblée nationale, considérant que l'ignorance, l'oubli ou le mépris des droits de l'homme sont les seules causes des malheurs publics et de la corruption des gouvernements, ont résolu d'exposer, dans une déclaration solennelle, les droits naturels, inaliénables et sacrés de l'homme, afin que cette déclaration, constamment présente à tous les membres du corps social, leur rappelle sans cesse leurs droits et leurs devoirs ; afin que les actes du pouvoir législatif et ceux du pouvoir exécutif, pouvant être à chaque instant comparés avec le but de toute institution politique, en soient plus respectés ; afin que les réclamations des citoyens, fondées

1. *Note de l'auteur* : dans la mesure où il s'agit d'un texte plus spécifique et même si la continuité avec les textes présentés ici est évidente, nous avons choisi de reproduire plus loin, dans le chapitre 5 sur la protection de l'enfance la Convention internationale relative aux droits de l'enfant, adoptée par l'ONU le 20 novembre 1989.

désormais sur des principes simples et incontestables, tournent toujours au maintien de la Constitution et au bonheur de tous – En conséquence, l'Assemblée nationale reconnaît et déclare, en présence et sous les auspices de l'Être suprême, les droits suivants de l'homme et du citoyen.

Art. 1er – Les hommes naissent et demeurent libres et égaux en droits. Les distinctions sociales ne peuvent être fondées que sur l'utilité commune.

Art. 2 – Le but de toute association politique est la conservation des droits naturels et imprescriptibles de l'homme. Ces droits sont la liberté, la propriété, la sûreté et la résistance à l'oppression.

Art. 3 – Le principe de toute souveraineté réside essentiellement dans la Nation. Nul corps, nul individu ne peut exercer d'autorité qui n'en émane expressément.

Art. 4 – La liberté consiste à pouvoir faire tout ce qui ne nuit pas à autrui : ainsi, l'exercice des droits naturels de chaque homme n'a de bornes que celles qui assurent aux autres membres de la société la jouissance de ces mêmes droits. Ces bornes ne peuvent être déterminées que par la loi.

Art. 5 – La loi n'a le droit de défendre que les actions nuisibles à la société. Tout ce qui n'est pas défendu par la loi ne peut être empêché, et nul ne peut être contraint à faire ce qu'elle n'ordonne pas.

Art. 6 – La loi est l'expression de la volonté générale. Tous les citoyens ont droit de concourir personnellement, ou par leurs représentants à sa formation. Elle doit être la même pour tous, soit qu'elle protège, soit qu'elle punisse. Tous les citoyens, étant égaux à ses yeux, sont également admissibles à toutes dignités, places et emplois publics, selon leur capacité et sans autre distinction que celle de leurs vertus et de leurs talents.

Art. 7 – Nul homme ne peut être accusé, arrêté ni détenu que dans les cas déterminés par la loi et selon les formes qu'elle a prescrites. Ceux qui sollicitent, expédient, exécutent ou font exécuter des ordres arbitraires doivent être punis ; mais tout citoyen appelé ou saisi en vertu de la loi doit obéir à l'instant : il se rend coupable par la résistance.

Art. 8 – La loi ne doit établir que des peines strictement et évidemment nécessaires, et nul ne peut être puni qu'en vertu d'une loi établie et promulguée antérieurement au délit, et légalement appliquée.

Art. 9 – Tout homme étant présumé innocent jusqu'à ce qu'il ait été déclaré coupable, s'il est jugé indispensable de l'arrêter, toute rigueur qui ne serait pas nécessaire pour s'assurer de sa personne doit être sévèrement réprimée par la loi.

Art. 10 – Nul ne doit être inquiété pour ses opinions, même religieuses, pourvu que leur manifestation ne trouble pas l'ordre public établi par la loi.

Art. 11 – La libre communication des pensées et des opinions est un des droits les plus précieux de l'homme ; tout citoyen peut donc parler, écrire, imprimer librement, sauf à répondre de l'abus de cette liberté dans les cas déterminés par la loi.

Art. 12 – La garantie des droits de l'homme et du citoyen nécessite une force publique ; cette force est donc instituée pour l'avantage de tous, et non pour l'utilité particulière de ceux à qui elle est confiée.

Art. 13 – Pour l'entretien de la force publique, et pour les dépenses d'administration, une contribution commune est indispensable ; elle doit être également répartie entre tous les citoyens, en raison de leurs facultés.

Art. 14 – Les citoyens ont le droit de constater, par eux-mêmes ou par leurs représentants, la nécessité de la contribution publique, de la consentir librement, d'en suivre l'emploi, et d'en déterminer la quotité, l'assiette, le recouvrement et la durée.

Art. 15 – La société a le droit de demander compte à tout agent public de son administration.

Art. 16 – Toute société dans laquelle la garantie des droits n'est pas assurée, ni la séparation des pouvoirs déterminée, n'a point de constitution.

Art. 17 – La propriété étant un droit inviolable et sacré, nul ne peut en être privé, si ce n'est lorsque la nécessité publique, légalement constatée, l'exige évidemment, et sous la condition d'une juste et préalable indemnité.

Préambule de la constitution de la IVe République (27 octobre 1946)[1]

Au lendemain de la victoire remportée par les peuples libres sur les régimes qui ont tenté d'asservir et de dégrader la personne humaine, le peuple français proclame à nouveau que tout être humain, sans distinction de race, de religion ni de croyance, possède des droits inaliénables et sacrés. Il réaffirme solennellement les droits et les libertés de l'homme et du citoyen consacrés par la Déclaration des droits de l'homme de 1789 et les principes fondamentaux reconnus par les lois de la République.

Il proclame, en outre, comme particulièrement nécessaires à notre temps, les principes politiques, économiques et sociaux ci-après :

La loi garantit à la femme, dans tous les domaines, des droits égaux à ceux de l'homme.

Tout homme persécuté en raison de son action en faveur de la liberté a droit d'asile sur les territoires de la République.

Chacun a le devoir de travailler et le droit d'obtenir un emploi. Nul ne peut être lésé, dans son travail ou son emploi, en raison de ses origines, de ses opinions ou de ses croyances.

Tout homme peut défendre ses droits et ses intérêts par l'action syndicale et adhérer au syndicat de son choix.

Le droit de grève s'exerce dans le cadre des lois qui le réglementent.

Tout travailleur participe, par l'intermédiaire de ses délégués, à la détermination collective des conditions de travail ainsi qu'à la gestion des entreprises.

1. Il est fait référence à ce préambule au début de la Constitution du 4 octobre 1958 (voir plus loin). Ce texte est donc toujours d'actualité.

Tout bien, toute entreprise, dont l'exploitation a ou acquiert les caractères d'un service public national ou d'un monopole de fait, doit devenir la propriété de la collectivité.

La nation assure à l'individu et à la famille les conditions nécessaires à leur développement.

Elle garantit à tous, notamment à l'enfant, à la mère et aux vieux travailleurs, la protection de la santé, la sécurité matérielle, le repos et les loisirs. Tout être humain qui, en raison de son âge, de son état physique ou mental, de la situation économique, se trouve dans l'incapacité de travailler a le droit d'obtenir de la collectivité des moyens convenables d'existence.

La nation proclame la solidarité et l'égalité de tous les Français devant les charges qui résultent des calamités nationales.

La nation garantit l'égal accès de l'enfant et de l'adulte à l'instruction, à la formation professionnelle et à la culture. L'organisation de l'enseignement public gratuit et laïque à tous les degrés est un devoir de l'État.

La République française, fidèle à ses traditions, se conforme aux règles du droit public international. Elle n'entreprendra aucune guerre dans des vues de conquête et n'emploiera jamais ses forces contre la liberté d'aucun peuple.

Sous réserve de réciprocité, la France consent aux limitations de souveraineté nécessaires à l'organisation et à la défense de la paix.

La France forme avec les peuples d'outre-mer une union fondée sur l'égalité des droits et des devoirs, sans distinction de race ni de religion.

L'Union française est composée de nations et de peuples qui mettent en commun ou coordonnent leurs ressources et leurs efforts pour développer leurs civilisations respectives, accroître leur bien-être et assurer leur sécurité.

Fidèle à sa mission traditionnelle, la France entend conduire les peuples dont elle a pris la charge à la liberté de s'administrer eux-mêmes et de gérer démocratiquement leurs propres affaires ; écartant tout système de colonisation fondé sur l'arbitraire, elle garantit à tous l'égal accès aux fonctions publiques et l'exercice individuel ou collectif des droits et libertés proclamés ou confirmés ci-dessus.

Déclaration universelle des droits de l'homme (1948)

Préambule

Considérant que la reconnaissance de la dignité inhérente à tous les membres de la famille humaine et de leurs droits égaux et inaliénables constitue le fondement de la liberté, de la justice et de la paix dans le monde,

Considérant que la méconnaissance et le mépris des droits de l'homme ont conduit à des actes de barbarie qui révoltent la conscience de l'humanité et que l'avènement d'un monde où les êtres humains seront libres de parler et de croire, libérés de la terreur et de la misère, a été proclamée comme la plus haute aspiration de l'homme,

Considérant qu'il est essentiel que les droits de l'homme soient protégés par un régime de droit pour que l'homme ne soit pas contraint, en suprême recours, à la révolte contre la tyrannie et l'oppression,

Considérant qu'il est essentiel d'encourager le développement de relations amicales entre nations,

Considérant que dans la Charte les peuples des Nations unies ont proclamé à nouveau leur foi dans les droits fondamentaux de l'homme, dans la dignité et la valeur de la personne humaine, dans l'égalité des droits des hommes et des femmes, et qu'ils se sont déclarés résolus à favoriser le progrès social et à instaurer de meilleures conditions de vie dans une liberté plus grande,

Considérant que les États membres se sont engagés à assurer, en coopération avec l'Organisation des Nations Unies, le respect universel et effectif des droits de l'homme et des libertés fondamentales,

Considérant qu'une conception commune de ces droits et libertés est de la plus haute importance pour remplir pleinement cet engagement,

L'Assemblée générale proclame

La présente déclaration universelle des droits de l'homme comme l'idéal commun à atteindre par tous les peuples et toutes les nations, afin que tous les individus et tous les organes de la société, ayant cette Déclaration constamment à l'esprit, s'efforcent, par l'enseignement et l'éducation, de développer le respect de ces droits et libertés et d'en assurer par des mesures progressives d'ordre national et international, la reconnaissance et l'application universelles et effectives, tant parmi les populations des États membres eux-mêmes que parmi celles des territoires placés sous leur juridiction.

Art. 1er – Tous les êtres humains naissent libres et égaux en dignité et en droits. Ils sont doués de raison et de conscience et doivent agir les uns envers les autres dans un esprit de fraternité.

Art. 2 – Chacun peut se prévaloir de tous les droits et de toutes les libertés proclamés dans la présente Déclaration, sans distinction aucune, notamment de race, de couleur, de sexe, de langue, de religion, d'opinion politique ou de toute autre opinion, d'origine nationale ou sociale, de fortune, de naissance ou de toute autre situation. De plus, il ne sera fait aucune distinction fondée sur le statut politique, juridique ou international du pays ou du territoire dont une personne est ressortissante, que ce pays ou territoire soit indépendant, sous tutelle, non autonome ou soumis à une limitation quelconque de souveraineté.

Art. 3 – Tout individu a droit à la vie, à la liberté et à la sûreté de sa personne.

Art. 4 – Nul ne sera tenu en esclavage ni en servitude ; l'esclavage et la traite des esclaves sont interdits sous toutes leurs formes.

Art. 5 – Nul ne sera soumis à la torture, ni à des peines ou traitements cruels, inhumains ou dégradants.

Art. 6 – Chacun a le droit à la reconnaissance en tous lieux de sa personnalité juridique.

Art. 7 – Tous sont égaux devant la loi et ont droit sans distinction à une égale protection de la loi. Tous ont droit à une protection égale contre toute discrimination qui violerait la présente Déclaration et contre toute provocation à une telle discrimination.

Art. 8 – Toute personne a droit à un recours effectif dans les juridictions nationales compétentes contre les actes violant les droits fondamentaux qui lui sont reconnus par la constitution ou la loi.

Art. 9 – Nul ne peut être arbitrairement arrêté, détenu ou exilé.

Art. 10 – Toute personne a droit, en pleine égalité, à ce que sa cause soit entendue équitablement et publiquement par un tribunal indépendant et impartial, qui décidera, soit de ses droits et obligations, soit du bien-fondé de toute accusation en matière pénale dirigée contre elle.

Art. 11 – I – Toute personne accusée d'un acte délictueux est présumée innocente jusqu'à ce que sa culpabilité ait été légalement établie au cours d'un procès public où toutes les garanties nécessaires à sa défense lui auront été assurées.

II – Nul ne sera condamné pour des actions ou omissions qui, au moment où elles ont été commises, ne constituaient pas un acte délictueux d'après le droit national ou international. De même, il ne sera infligé aucune peine plus forte que celle qui était applicable au moment où l'acte délictueux a été commis.

Art. 12 – Nul ne sera l'objet d'immixtions arbitraires dans sa vie privée, sa famille, son domicile ou sa correspondance, ni d'atteintes à son honneur et à sa réputation. Toute personne a droit à la protection de la loi contre de telles immixtions ou de telles atteintes.

Art. 13 – I – Toute personne a le droit de circuler librement et de choisir sa résidence à l'intérieur d'un État.

II – Toute personne a le droit de quitter tout pays, y compris le sien, et de revenir dans son pays.

Art. 14 – I – Devant la persécution, toute personne a le droit de chercher asile et de bénéficier de l'asile en d'autres pays.

II – Ce droit ne peut être invoqué dans le cas de poursuites réellement fondées sur un crime de droit commun ou sur des agissements contraires aux buts et aux principes des Nations unies.

Art. 15 – I – Tout individu a droit à une nationalité.

II – Nul ne peut être arbitrairement privé de sa nationalité, ni du droit de changer de nationalité.

Art. 16 – I – À partir de l'âge nubile, l'homme et la femme sans aucune restriction quant à la race, la nationalité ou la religion, ont le droit de se marier et de fonder une famille. Ils ont des droits égaux au regard du mariage, durant le mariage et lors de sa dissolution.

II – Le mariage ne peut être conclu qu'avec le libre et plein consentement des futurs époux.

III – La famille est l'élément naturel et fondamental de la société et a droit à la protection de la société et de l'État.

Art. 17 – I – Toute personne, aussi bien seule qu'en collectivité, a droit à la propriété.

II – Nul ne peut être arbitrairement privé de sa propriété.

Art. 18 – Toute personne a droit à la liberté de pensée, de conscience et de religion : ce droit implique la liberté de changer de religion ou de conviction ainsi que la liberté de manifester sa religion ou sa conviction seule ou en commun, tant en public qu'en privé, par l'enseignement, les pratiques, le culte et l'accomplissement des rites.

Art. 19 – Tout individu a droit à la liberté d'opinion et d'expression, ce qui implique le droit de ne pas être inquiété pour ses opinions et celui de chercher, de recevoir et de répondre, sans considération de frontières, les informations et les idées par quelque moyen d'expression que ce soit.

Art. 20 – I – Toute personne a droit à la liberté de réunion et d'association pacifiques.

II – Nul ne peut être obligé de faire partie d'une association.

Art. 21 – I – Toute personne a le droit de prendre part à la direction des affaires publiques de son pays, soit directement, soit par l'intermédiaire de représentants librement choisis.

II – Toute personne a droit à accéder, dans des conditions d'égalité, aux fonctions publiques de son pays.

III – La volonté du peuple est le fondement de l'autorité des pouvoirs publics ; cette volonté doit s'exprimer par des élections honnêtes qui doivent avoir lieu périodiquement, au suffrage universel égal et au vote secret, ou suivant une procédure équivalente assurant la liberté du vote.

Art. 22 – Toute personne, en tant que membre de la société, a droit à la Sécurité sociale ; elle est fondée à obtenir la satisfaction des droits économiques, sociaux et culturels indispensables à sa dignité et au libre développement de sa personnalité, grâce à l'effort national et à la coopération internationale, compte tenu de l'organisation et des ressources de chaque pays.

Art. 23 – I – Toute personne a droit au travail, au libre choix de son travail, à des conditions équitables et satisfaisantes de travail et à la protection contre le chômage.

II – Tous ont droit, sans discrimination, à un salaire égal pour un travail égal.

III – Quiconque travaille a droit à une rémunération équitable et satisfaisante lui assurant ainsi qu'à sa famille une existence conforme à la dignité humaine et complétée, s'il y a lieu, par tous autres moyens de protection sociale.

IV – Toute personne a le droit de fonder avec d'autres des syndicats et de s'affilier à des syndicats pour la défense de ses intérêts.

Art. 24 – Toute personne a droit au repos et aux loisirs et notamment à une limitation raisonnable de la durée du travail et à des congés payés périodiques.

Art. 25 – I – Toute personne a droit à un niveau de vie suffisant pour assurer sa santé, son bien-être et ceux de sa famille, notamment pour l'alimentation, l'habillement, le logement, les soins médicaux ainsi que pour les services sociaux nécessaires ; elle a droit à la sécurité en cas de chômage, de maladie, d'invalidité, de veuvage, de vieillesse ou en d'autres cas de perte de ses moyens de subsistance par suite de circonstances indépendantes de sa volonté.

II – La maternité et l'enfance ont droit à une aide et à une assistance spéciales. Tous les enfants, qu'ils soient nés dans le mariage ou hors du mariage, jouissent de la même protection sociale.

Art. 26 – I – Toute personne a droit à l'éducation. L'éducation doit être gratuite, au moins en ce qui concerne l'enseignement élémentaire et fondamental. L'enseignement élémentaire est obligatoire. L'enseignement technique et professionnel doit être généralisé ; l'accès aux études supérieures doit être ouvert en pleine égalité à tous en fonction de leur mérite.

II – L'éducation doit viser au plein épanouissement de la personnalité humaine et au renforcement du respect des droits de l'homme et des libertés fondamentales. Elle doit favoriser la compréhension, la tolérance et l'amitié entre toutes les nations et tous les groupes raciaux ou religieux, ainsi que le développement des activités des Nations unies pour le maintien de la paix.

III – Les parents ont, par priorité, le droit de choisir le genre d'éducation à donner à leurs enfants.

Art. 27 – Toute personne a le droit de prendre part librement à la vie culturelle de la communauté, de jouir des arts et de participer au progrès scientifique et aux bienfaits qui en résultent.

II – Chacun a droit à la protection des intérêts moraux et matériels découlant de toute production scientifique, littéraire ou artistique dont il est l'auteur.

Art. 28 – Toute personne a droit à ce que règne, sur le plan social et sur le plan international, un ordre tel que les droits et libertés énoncés dans la présente Déclaration puissent y trouver plein effet.

Art. 29 – I – L'individu a des devoirs envers la communauté dans laquelle seul le libre et plein développement de sa personnalité est possible.

II – Dans l'exercice de ses droits et dans la jouissance de ses libertés, chacun n'est soumis qu'aux limitations établies par la loi exclusivement en vue d'assurer la reconnaissance et le respect des droits et libertés d'autrui et afin de satisfaire aux justes exigences de la morale, de l'ordre public et du bien-être général dans une société démocratique.

III – Ces droits et libertés ne pourront, en aucun cas, s'exercer contrairement aux buts et aux principes des Nations unies.

Art. 30 – Aucune disposition de la présente Déclaration ne peut être interprétée comme impliquant pour un État, un groupement ou un individu un droit quelconque de se livrer à une activité ou d'accomplir un acte visant à la destruction des droits et libertés qui y sont énoncés.

(Déclaration adoptée le 10 décembre 1948 à Paris, par l'Assemblée générale des Nations Unies)

Constitution du 4 octobre 1958[1]

Le gouvernement de la République, conformément à la loi constitutionnelle du 3 juin 1958, a proposé,

Le peuple français a adopté,

Le Président de la République a promulgué la loi constitutionnelle dont la teneur suit :

1. Mise à jour à la révision constitutionnelle du 2 octobre 2000. La constitution a de nouveau été modifiée par la loi constitutionnelle n° 2003-276 du 28 mars 2003 relative à l'organisation décentralisée de la République. Voir le texte de cette loi *infra*, page 64.

Préambule

Le peuple français proclame solennellement son attachement aux Droits de l'homme et aux principes de la souveraineté tels qu'ils ont été définis par la Déclaration de 1789 confirmée et complétée par le préambule de la Constitution de 1946.

En vertu de ces principes et de celui de la libre détermination des peuples, la République offre aux territoires d'outre-mer qui manifestent la volonté d'y adhérer des institutions nouvelles fondées sur l'idéal commun de liberté, d'égalité et de fraternité et conçues en vue de leur évolution démocratique.

Art. 1er – La France est une République indivisible, laïque, démocratique et sociale. Elle assure l'égalité devant la loi de tous les citoyens sans distinction d'origine, de race ou de religion. Elle respecte toutes les croyances.

Titre premier
De la souveraineté

Art. 2 – La langue de la République est le français. L'emblème national est le drapeau tricolore, bleu, blanc, rouge.

L'hymne national est la « Marseillaise ».

La devise de la République est : « Liberté, Égalité, Fraternité ».

Son principe est : gouvernement du peuple, par le peuple et pour le peuple.

Art. 3 – La souveraineté nationale appartient au peuple, qui l'exerce par ses représentants et par la voie du référendum.

Aucune Section du peuple ni aucun individu ne peut s'en attribuer l'exercice.

Le suffrage peut être direct ou indirect dans les conditions prévues par la Constitution. Il est toujours universel, égal et secret.

Sont électeurs, dans les conditions déterminées par la loi, tous les nationaux français majeurs des deux sexes, jouissant de leurs droits civils et politiques.

La loi favorise l'égal accès des femmes et des hommes aux mandats électoraux et fonctions électives.

Art. 4 – Les partis et groupements politiques concourent à l'expression du suffrage. Ils se forment et exercent leur activité librement. Ils doivent respecter les principes de la souveraineté nationale et de la démocratie.

Titre II
Le Président de la République

Art. 5 – Le Président de la République veille au respect de la Constitution. Il assure, par son arbitrage, le fonctionnement régulier des pouvoirs publics ainsi que la continuité de l'État. Il est le garant de l'indépendance nationale, de l'intégrité du territoire et du respect des traités.

Art. 6 – Le Président de la République est élu pour cinq ans au suffrage universel direct. Les modalités d'application du présent article sont fixées par une loi organique.

Art. 7 – Le Président de la République est élu à la majorité absolue des suffrages exprimés. Si celle-ci n'est pas obtenue au premier tour de scrutin, il est procédé, le deuxième dimanche suivant, à un second tour. Seuls peuvent s'y présenter les deux candidats qui, le cas échéant après retrait de candidats plus favorisés, se trouvent avoir recueilli le plus grand nombre de suffrages au premier tour.

Le scrutin est ouvert sur convocation du gouvernement.

L'élection du nouveau Président a lieu vingt jours au moins et trente-cinq jours au plus avant l'expiration des pouvoirs du président en exercice.

En cas de vacance de la Présidence de la République pour quelque cause que ce soit, ou d'empêchement constaté par le Conseil constitutionnel saisi par le gouvernement et statuant à la majorité absolue de ses membres, les fonctions du Président de la République, à l'exception de celles prévues aux articles 11 et 12 ci-dessous, sont provisoirement exercées par le président du Sénat et, si celui-ci est à son tour empêché d'exercer ses fonctions, par le gouvernement.

En cas de vacance ou lorsque l'empêchement est déclaré définitif par le Conseil constitutionnel, le scrutin pour l'élection du nouveau Président a lieu, sauf cas de force majeure constaté par le Conseil constitutionnel, vingt jours au moins et trente-cinq jours au plus après l'ouverture de la vacance ou de la déclaration du caractère définitif de l'empêchement.

Si, dans les sept jours précédant la date limite du dépôt des présentations de candidatures, une des personnes ayant, moins de trente jours avant cette date, annoncé publiquement sa décision d'être candidate décède ou se trouve empêchée, le Conseil constitutionnel peut décider de reporter l'élection.

Si, avant le premier tour, un des candidats décède ou se trouve empêché, le Conseil constitutionnel prononce le report de l'élection.

En cas de décès ou d'empêchement de l'un des deux candidats les plus favorisés au premier tour avant les retraits éventuels, le Conseil constitutionnel déclare qu'il doit être procédé à nouveau à l'ensemble des opérations électorales ; il en est de même en cas de décès ou d'empêchement de l'un des deux candidats restés en présence en vue du second tour.

Dans tous les cas, le Conseil constitutionnel est saisi dans les conditions fixées au deuxième alinéa de l'article 61 ci-dessous ou dans celles déterminées pour la présentation d'un candidat par la loi organique prévue à l'article 6 ci-dessous.

Le Conseil constitutionnel peut proroger les délais prévus aux troisième et cinquième alinéas sans que le scrutin puisse avoir lieu plus de trente-cinq jours après la date de la décision du Conseil constitutionnel. Si l'application des dispositions du présent alinéa a eu pour effet de reporter l'élection à une date postérieure à l'expiration des pouvoirs du Président en exercice, celui-ci demeure en fonction jusqu'à la proclamation de son successeur.

Il ne peut être fait application ni des articles 49 et 50 ni de l'article 89 de la Constitution durant la vacance de la Présidence de la République ou durant la période qui s'écoule entre la déclaration du caractère définitif de l'empêchement du Président de la République et l'élection de son successeur.

Art. 8 – Le Président de la République nomme le Premier ministre. Il met fin à ses fonctions sur la présentation par celui-ci de la démission du gouvernement.

Sur la proposition du Premier ministre, il nomme les autres membres du gouvernement et met fin à leurs fonctions.

Art. 9 **–** Le Président de la République préside le Conseil des ministres.

Art. 10 **–** Le Président de la République promulgue les lois dans les quinze jours qui suivent la transmission au gouvernement de la loi définitivement adoptée.

Il peut, avant l'expiration de ce délai, demander au Parlement une nouvelle délibération de la loi ou de certains de ses articles. Cette nouvelle délibération ne peut être refusée.

Art. 11 **–** Le Président de la République, sur proposition du gouvernement, pendant la durée des sessions ou sur proposition conjointe des deux Assemblées, publiées au Journal officiel, peut soumettre au référendum tout projet de loi portant sur l'organisation des pouvoirs publics, sur des réformes relatives à la politique économique ou sociale de la nation et aux services publics qui y concourent, ou tendant à autoriser la ratification d'un traité qui, sans être contraire à la Constitution, aurait des incidences sur le fonctionnement des institutions.

Lorsque le référendum est organisé sur proposition du gouvernement, celui-ci fait, devant chaque assemblée, une déclaration qui est suivie d'un débat.

Lorsque le référendum a conclu à l'adoption du projet de loi, le Président de la République promulgue la loi dans les quinze jours qui suivent la proclamation des résultats de la consultation.

Art. 12 **–** Le Président de la République peut, après consultation du Premier ministre et des présidents des Assemblées, prononcer la dissolution de l'Assemblée nationale.

Les élections générales ont lieu vingt jours au moins et quarante jours au plus après la dissolution.

L'Assemblée nationale se réunit de plein droit le deuxième jeudi qui suit son élection. Si cette réunion a lieu en dehors de la période prévue pour la session ordinaire, une session est ouverte de droit pour une durée de quinze jours.

Il ne peut être procédé à une nouvelle dissolution dans l'année qui suit ces élections.

Art. 13 **–** Le Président de la République signe les ordonnances et les décrets délibérés en Conseil des ministres.

Il nomme aux emplois civils et militaires de l'État.

Les conseillers d'État, le grand chancelier de la Légion d'honneur, les ambassadeurs et envoyés extraordinaires, les conseillers maîtres à la Cour des comptes, les préfets, les représentants du gouvernement dans les territoires d'outre-mer, les officiers généraux, les recteurs des académies, les directeurs des administrations centrales sont nommés en Conseil des ministres.

Une loi organique détermine les autres emplois auxquels il est pourvu en Conseil des ministres ainsi que les conditions dans lesquelles le pouvoir de nomination du Président de la République peut être par lui délégué pour être exercé en son nom.

Art. 14 **–** Le Président de la République accrédite les ambassadeurs et les envoyés extraordinaires auprès des puissances étrangères ; les ambassadeurs et les envoyés extraordinaires étrangers sont accrédités auprès de lui.

Art. 15 **–** Le Président de la République est le chef des armées. Il préside les conseils et comités supérieurs de la défense nationale.

Art. 16 – Lorsque les institutions de la République, l'indépendance de la Nation, l'intégrité de son territoire ou l'exécution de ses engagements internationaux sont menacées d'une manière grave et immédiate et que le fonctionnement régulier des pouvoirs publics constitutionnels est interrompu, le Président de la République prend les mesures exigées par ces circonstances, après consultation officielle du Premier ministre, des présidents des Assemblées ainsi que du Conseil constitutionnel.

Il en informe la Nation par un message.

Ces mesures doivent être inspirées par la volonté d'assurer aux pouvoirs publics constitutionnels, dans les moindres délais, les moyens d'accomplir leur mission. Le Conseil constitutionnel est consulté à leur sujet.

Le Parlement se réunit de plein droit.

L'Assemblée nationale ne peut être dissoute pendant l'exercice des pouvoirs exceptionnels.

Art. 17 – Le Président de la République a le droit de faire grâce.

Art. 18 – Le Président de la République communique avec les deux Assemblées du Parlement par des messages qu'il fait lire et qui ne donnent lieu à aucun débat.

Hors session, le Parlement est réuni spécialement à cet effet.

Art. 19 – Les actes du Président de la République autres que ceux prévus aux articles 8 (Ier alinéa), II, 12, 16, 18, 54, 56 et 61 sont contresignés par le Premier ministre et, le cas échéant, par les ministres responsables.

Titre III
Le gouvernement

Art. 20 – Le gouvernement détermine et conduit la politique de la Nation.

Il dispose de l'administration et de la force armée.

Il est responsable devant le Parlement dans les conditions et suivant les procédures prévues aux articles 49 et 50.

Art. 21 – Le Premier ministre dirige l'action du gouvernement. Il est responsable de la défense nationale. Il assure l'exécution des lois. Sous réserve des dispositions de l'article 13, il exerce le pouvoir réglementaire et nomme aux emplois civils et militaires.

Il peut déléguer certains de ses pouvoirs aux ministres. Il supplée, le cas échéant, le Président de la République dans la présidence des conseils et comités prévus à l'article 15.

Il peut, à titre exceptionnel, le suppléer pour la présidence d'un Conseil des ministres en vertu d'une délégation expresse et pour un ordre du jour déterminé.

Art. 22 – Les actes du Premier ministre sont contresignés, le cas échéant, par les ministres chargés de leur exécution.

Art. 23 – Les fonctions de membre du gouvernement sont incompatibles avec l'exercice de tout mandat parlementaire, de toute fonction de représentation professionnelle à caractère national et de tout emploi public ou de toute activité professionnelle.

Une loi organique fixe les conditions dans lesquelles il est pourvu au remplacement des titulaires de tels mandats, fonctions ou emplois.

Le remplacement des membres du Parlement a lieu conformément aux dispositions de l'article 25.

Titre IV
Le Parlement

Art. 24 – Le Parlement comprend l'Assemblée nationale et le Sénat.

Les députés à l'Assemblée nationale sont élus au suffrage direct.

Le Sénat est élu au suffrage indirect. Il assure la représentation des collectivités territoriales de la République. Les Français établis hors de France sont représentés au Sénat.

Art. 25 – Une loi organique fixe la durée des pouvoirs de chaque Assemblée, le nombre de ses membres, leur indemnité, les conditions d'éligibilité, le régime des inéligibilités et des incompatibilités.

Elle fixe également les conditions dans lesquelles sont élues les personnes appelées à assurer, en cas de vacance du siège, le remplacement des députés ou des sénateurs jusqu'au renouvellement général ou partiel de l'Assemblée à laquelle ils appartenaient.

Art. 26 – Aucun membre du Parlement ne peut être poursuivi, recherché, arrêté, détenu ou jugé à l'occasion des opinions ou votes émis par lui dans l'exercice de ses fonctions.

Aucun membre du Parlement ne peut faire l'objet, en matière criminelle ou correctionnelle, d'une arrestation ou de toute autre mesure privative ou restrictive de liberté qu'avec l'autorisation du Bureau de l'assemblée dont il fait partie. Cette autorisation n'est pas requise en cas de crime ou délit flagrant ou de condamnation définitive.

La détention, les mesures privatives ou restrictives de liberté ou la poursuite d'un membre du parlement sont suspendues pour la durée de la session si l'assemblée dont il fait partie le requiert. L'assemblée intéressée est réunie de plein droit pour des séances supplémentaires pour permettre, le cas échéant, l'application de l'alinéa ci-dessus.

Art. 27 – Tout mandat impératif est nul.

Le droit de vote des membres du Parlement est personnel.

La loi organique peut autoriser exceptionnellement la délégation de vote. Dans ce cas, nul ne peut recevoir délégation de plus d'un mandat.

Art. 28 – Le Parlement se réunit de plein droit en une session ordinaire qui commence le premier jour ouvrable d'octobre et prend fin le dernier jour ouvrable de juin.

Le nombre de jours de séance que chaque assemblée peut tenir au cours de la session ordinaire ne peut excéder cent vingt. Les semaines de séance sont fixées par chaque assemblée.

Le Premier ministre, après consultation du président de l'assemblée concernée, ou la majorité des membres de chaque assemblée peut décider la tenue de jours supplémentaires de séance.

Les jours et les horaires des séances sont déterminés par le règlement de chaque assemblée.

Art. 29 – Le Parlement est réuni en session extraordinaire à la demande du Premier ministre ou de la majorité des membres composant l'Assemblée nationale, sur un ordre du jour déterminé.

Lorsque la session extraordinaire est tenue à la demande des membres de l'Assemblée nationale, le décret de clôture intervient dès que le Parlement a épuisé l'ordre du jour pour lequel il a été convoqué et au plus tard douze jours à compter de sa réunion.

Le Premier ministre peut seul demander une nouvelle session avant l'expiration du mois qui suit le décret de clôture.

Art. 30 – Hors les cas dans lesquels le Parlement se réunit de plein droit, les sessions extraordinaires sont ouvertes et closes par décret du Président de la République.

Art. 31 – Les membres du gouvernement ont accès aux deux Assemblées. Ils sont entendus quand ils le demandent.

Ils peuvent se faire assister par des commissaires du gouvernement.

Art. 32 – Le président de l'Assemblée nationale est élu pour la durée de la législature. Le président du Sénat est élu après chaque renouvellement partiel.

Art. 33 – Les séances des deux Assemblées sont publiques. Le compte rendu intégral des débats est publié au journal officiel.

Chaque Assemblée peut siéger en comité secret à la demande du Premier ministre ou d'un dixième de ses membres.

Titre V
Des rapports entre le Parlement et le gouvernement

Art. 34 – La loi est votée par le Parlement. La loi fixe les règles concernant :

- les droits civiques et les garanties fondamentales accordés aux citoyens pour l'exercice des libertés publiques ; les sujétions imposées par la défense nationale aux citoyens en leur personne et en leurs biens ;
- la nationalité, l'état et la capacité des personnes, les régimes matrimoniaux, les successions et libéralités ;
- la détermination des crimes et délits ainsi que les peines qui leur sont applicables ; la procédure pénale ; l'amnistie ; la création de nouveaux ordres de juridiction et le statut des magistrats ;
- l'assiette, le taux et les modalités de recouvrement des impositions de toutes natures ; le régime d'émission de la monnaie.

La loi fixe également les règles concernant :

- le régime électoral des Assemblées parlementaires et des assemblées locales ;
- la création de catégories d'établissements publics ;
- les garanties fondamentales accordées aux fonctionnaires civils et militaires de l'État ;
- les nationalisations d'entreprises et les transferts de propriété d'entreprises du secteur public au secteur privé.

La loi détermine les principes fondamentaux :

- de l'organisation générale de la défense nationale ;
- de la libre administration des collectivités locales, de leurs compétences et de leurs ressources ;
- de l'enseignement ;
- du régime de la propriété, des droits réels et des obligations civiles et commerciales ;

– du droit du travail, du droit syndical et de la Sécurité sociale.

Les lois de finances déterminent les ressources et les charges de l'État dans les conditions et sous les réserves prévues par une loi organique.

Les lois de financement de la Sécurité sociale déterminent les conditions générales de son équilibre financier et, compte tenu de leurs prévisions de recettes, fixent ses objectifs de dépenses, dans les conditions et sous les réserves prévues par une loi organique.

Des lois de programme déterminent les objectifs de l'action économique et sociale de l'État.

Les dispositions du présent article pourront être précisées et complétées par une loi organique.

Art. 35 – La déclaration de guerre est autorisée par le Parlement.

Art. 36 – L'état de siège est décrété en Conseil des ministres.

Sa prorogation au-delà de douze jours ne peut être autorisée que par le Parlement.

Art. 37 – Les matières autres que celles qui sont du domaine de la loi ont un caractère réglementaire. Les textes de forme législative intervenus en ces matières peuvent être modifiés par décrets pris après avis du Conseil d'État. Ceux de ces textes qui interviendraient après l'entrée en vigueur de la présente Constitution ne pourront être modifiés par décret que si le Conseil constitutionnel a déclaré qu'ils ont un caractère réglementaire en vertu de l'alinéa précédent.

Art. 38 – Le gouvernement peut, pour l'exécution de son programme, demander au Parlement l'autorisation de prendre par ordonnances, pendant un délai limité, des mesures qui sont normalement du domaine de la loi.

Les ordonnances sont prises en Conseil des ministres après avis du Conseil d'État. Elles entrent en vigueur dès leur publication mais deviennent caduques si le projet de loi de ratification n'est pas déposé devant le Parlement avant la date fixée par la loi d'habilitation.

À l'expiration du délai mentionné au premier alinéa du présent article, les ordonnances ne peuvent plus être modifiées que par la loi dans les matières qui sont du domaine législatif.

Art. 39 – L'initiative des lois appartient concurremment au Premier ministre et aux membres du Parlement.

Les projets de loi sont délibérés en Conseil des ministres après avis du Conseil d'État et déposés sur le bureau de l'une des deux Assemblées. Les projets de loi de finances et de loi de financement de la Sécurité sociale sont soumis en premier lieu à l'Assemblée nationale.

Art. 40 – Les propositions et amendements formulés par les membres du Parlement ne sont pas recevables lorsque leur adoption aurait pour conséquence soit une diminution des ressources publiques, soit la création ou l'aggravation d'une charge publique.

Art. 41 – S'il apparaît au cours de la procédure législative qu'une proposition ou un amendement n'est pas du domaine de la loi ou est contraire à une délégation accordée en vertu de l'article 38, le gouvernement peut opposer l'irrecevabilité.

En cas de désaccord entre le gouvernement et le président de l'Assemblée intéressée, le Conseil constitutionnel, à la demande de l'un ou de l'autre, statue dans un délai de huit jours.

Art. 42 – La discussion des projets de loi porte, devant la première Assemblée saisie, sur le texte présenté par le gouvernement. Une Assemblée saisie d'un texte voté par l'autre Assemblée délibère sur le texte qui lui est transmis.

Art. 43 – Les projets et propositions de loi sont, à la demande du gouvernement ou de l'Assemblée qui en est saisie, envoyés pour examen à des commissions spécialement désignées à cet effet.

Les projets et propositions pour lesquels une telle demande n'a pas été faite sont envoyés à l'une des commissions permanentes dont le nombre est limité à six dans chaque Assemblée.

Art. 44 – Les membres du Parlement et le gouvernement ont le droit d'amendement.

Après l'ouverture du débat, le gouvernement peut s'opposer à l'examen de tout amendement qui n'a pas été antérieurement soumis à la commission.

Si le gouvernement le demande, l'Assemblée saisie se prononce par un seul vote sur tout ou partie du texte en discussion en ne retenant que les amendements proposés ou acceptés par le gouvernement.

Art. 45 – Tout projet ou proposition de loi est examiné successivement dans les deux Assemblées du Parlement en vue de l'adoption d'un texte identique.

Lorsque, par suite d'un désaccord entre les deux Assemblées, un projet ou une proposition de loi n'a pu être adopté après deux lectures pour chaque Assemblée ou si le gouvernement a déclaré l'urgence, après une seule lecture pour chacune d'elles, le Premier ministre a la faculté de provoquer la réunion d'une commission mixte paritaire chargée de proposer un texte sur les dispositions restant en discussion.

Le texte élaboré par la commission mixte peut être soumis par le gouvernement pour approbation aux deux Assemblées. Aucun amendement n'est recevable sauf accord du gouvernement.

Si la commission mixte ne parvient pas à l'adoption d'un texte commun ou si ce texte n'est pas adopté dans les conditions prévues à l'alinéa précédent, le gouvernement peut, après une nouvelle lecture par l'Assemblée nationale et par le Sénat, demander à l'Assemblée nationale de statuer définitivement. En ce cas, l'Assemblée nationale peut reprendre soit le texte élaboré par la commission mixte, soit le dernier texte voté par elle, modifié le cas échéant par un ou plusieurs des amendements adoptés par le Sénat.

Art. 46 – Les lois auxquelles la Constitution confère le caractère de lois organiques sont votées et modifiées dans les conditions suivantes.

Le projet ou la proposition n'est soumis à la délibération ou au vote de la première assemblée saisie qu'à l'expiration d'un délai de quinze jours après son dépôt.

La procédure de l'article 45 est applicable. Toutefois, faute d'accord entre les deux assemblées, le texte ne peut être adopté par l'Assemblée nationale en dernière lecture qu'à la majorité absolue de ses membres.

Les lois organiques relatives au Sénat doivent être votées dans les mêmes termes par les deux assemblées.

Les lois organiques ne peuvent être promulguées qu'après déclaration par le Conseil constitutionnel de leur conformité à la Constitution.

Art. 47 – Le Parlement vote les projets de loi de finances dans les conditions prévues par une loi organique.

Si l'Assemblée nationale ne s'est pas prononcée en première lecture dans le délai de quarante jours après le dépôt d'un projet, le gouvernement saisit le Sénat qui doit statuer dans un délai de quinze jours. Il est ensuite procédé dans les conditions prévues à l'article 45.

Si le Parlement ne s'est pas prononcé dans un délai de soixante-dix jours, les dispositions du projet peuvent être mises en vigueur par ordonnance.

Si la loi de finances fixant les ressources et les charges d'un exercice n'a pas été déposée en temps utile pour être promulguée avant le début de cet exercice, le gouvernement demande d'urgence au Parlement l'autorisation de percevoir les impôts et ouvre par décret les crédits se rapportant aux services votés.

Les délais prévus au présent article sont suspendus lorsque le Parlement n'est pas en session.

La Cour des comptes assiste le Parlement et le gouvernement dans le contrôle de l'exécution des lois de finances.

Art. 47-1 – Le Parlement vote les projets de loi de financement de la Sécurité sociale dans les conditions prévues par la loi organique.

Si l'Assemblée nationale ne s'est pas prononcée en première lecture dans le délai de vingt jours après le dépôt d'un projet, le Gouvernement saisi le Sénat qui doit statuer dans un délai de quinze jours. Il est ensuite procédé dans les conditions prévues à l'article 45.

Si le Parlement ne s'est pas prononcé dans un délai de cinquante jours, les dispositions du projet peuvent être mises en œuvre par ordonnance.

Les délais prévus au présent article sont suspendus lorsque le Parlement n'est pas en session et, pour chaque assemblée, au cours des semaines où elle a décidé de ne pas tenir séance, conformément au deuxième alinéa de l'article 28.

Art. 48 – Sans préjudice de l'application des trois derniers alinéas de l'article 28, l'ordre du jour des Assemblées comporte, par priorité et dans l'ordre que le gouvernement a fixé, la discussion des projets de loi déposés par le gouvernement et des propositions de loi acceptées par lui.

Une séance par semaine au moins est réservée par priorité aux questions des membres du Parlement et aux réponses du gouvernement.

Une séance par mois est réservée par priorité à l'ordre du jour fixé par chaque assemblée.

Art. 49 – Le Premier ministre, après délibération du Conseil des ministres, engage devant l'Assemblée nationale la responsabilité du gouvernement sur son programme ou éventuellement sur une déclaration de politique générale.

L'Assemblée nationale met en cause la responsabilité du gouvernement par le vote d'une motion de censure. Une telle motion n'est recevable que si elle est signée par un dixième au moins des membres de l'Assemblée nationale. Le vote ne peut avoir lieu que quarante-huit heures après son dépôt. Seuls sont recensés les votes favorables à la motion de censure qui ne peut être adoptée qu'à la majorité des membres composant l'Assemblée. Sauf dans le cas prévu à l'alinéa ci-dessous, un député ne peut être signataire de plus de trois motions de censure au cours d'une même session ordinaire et de plus d'une au cours d'une même session extraordinaire.

Le Premier ministre peut, après délibération du Conseil des ministres, engager la responsabilité du gouvernement devant l'Assemblée nationale sur le vote d'un texte. Dans ce cas, ce texte est considéré comme adopté, sauf si une motion de censure, déposée dans les vingt-quatre heures qui suivent, est votée dans les conditions prévues à l'alinéa précédent.

Le Premier ministre a la faculté de demander au Sénat l'approbation d'une déclaration de politique générale.

Art. 50 – Lorsque l'Assemblée nationale adopte une motion de censure ou lorsqu'elle désapprouve le programme ou une déclaration de politique générale du gouvernement, le Premier ministre doit remettre au Président de la République la démission du gouvernement.

Art. 51 – La clôture de la session ordinaire ou des sessions extraordinaires est de droit retardée pour permettre, le cas échéant, l'application de l'article 49. À cette même fin, des séances supplémentaires sont de droit.

Titre VI
Des traités et accords internationaux

Art. 52 – Le président de la République négocie et ratifie les traités.

Il est informé de toute négociation tendant à la conclusion d'un accord international non soumis à ratification.

Art. 53 – Les traités de paix, les traités de commerce, les traités ou accords relatifs à l'organisation internationale, ceux qui engagent les finances de l'État, ceux qui modifient les dispositions de nature législative, ceux qui sont relatifs à l'état des personnes, ceux qui comportent cession, échange ou adjonction de territoire, ne peuvent être ratifiés ou approuvés qu'en vertu d'une loi.

Ils ne prennent effet qu'après avoir été ratifiés ou approuvés.

Nulle cession, nul échange, nulle adjonction de territoire n'est valable sans le consentement des populations intéressées.

Art. 53-1 – La République peut conclure avec les États européens qui sont liés par des engagements identiques aux siens en matière d'asile et de protection des Droits de l'homme et des libertés fondamentales, des accords déterminant leurs compétences respectives pour l'examen des demandes d'asile qui leur sont présentées.

Toutefois, même si la demande n'entre pas dans leur compétence en vertu de ces accords, les autorités de la République ont toujours le droit de donner asile à tout étranger persécuté en raison de son action en faveur de la liberté ou qui sollicite la protection de la France pour un autre motif.

Art. 53-2 – La République peut reconnaître la juridiction de la Cour pénale internationale dans les conditions prévues par le traité signé le 18 juin 1998.

Art. 54 – Si le Conseil constitutionnel, saisi par le président de la République, par le Premier ministre, par le président de l'une ou l'autre Assemblée, ou par soixante députés ou soixante sénateurs a déclaré qu'un engagement international comporte une clause contraire à la Constitution, l'autorisation de ratifier ou d'approuver l'engagement international en cause ne peut intervenir qu'après la révision de la Constitution.

Art. 55 – Les traités ou accords régulièrement ratifiés ou approuvés ont, dès leur publication, une autorité supérieure à celle des lois, sous réserve, pour chaque accord ou traité, de son application par l'autre partie.

Titre VII
Le Conseil constitutionnel

Art. 56 – Le Conseil constitutionnel comprend neuf membres, dont le mandat dure neuf ans et n'est pas renouvelable. Le Conseil constitutionnel se renouvelle par tiers tous les trois ans. Trois des membres sont nommés par le Président de la République, trois par le président de l'Assemblée nationale, trois par le président du Sénat.

En sus des neuf membres prévus ci-dessus, font de droit partie à vie du Conseil constitutionnel les anciens présidents de la République.

Le président est nommé par le Président de la République. Il a voix prépondérante en cas de partage.

Art. 57 – Les fonctions de membre du Conseil constitutionnel sont incompatibles avec celles de ministre ou de membre du Parlement. Les autres incompatibilités sont fixées par une loi organique.

Art. 58 – Le Conseil constitutionnel veille à la régularité de l'élection du Président de la République. Il examine les réclamations et proclame les résultats du scrutin.

Art. 59 – Le Conseil constitutionnel statue, en cas de contestation, sur la régularité de l'élection des députés et des sénateurs.

Art. 60 – Le Conseil constitutionnel veille à la régularité des opérations de référendum et en proclame les résultats.

Art. 61 – Les lois organiques, avant leur promulgation, et les règlements des Assemblées parlementaires, avant leur mise en application, doivent être soumis au Conseil constitutionnel qui se prononce sur leur conformité à la Constitution. Aux mêmes fins, les lois peuvent être déférées au Conseil constitutionnel, avant leur promulgation, par le Président de la République, le Premier ministre, le président de l'Assemblée nationale, le président du Sénat ou soixante députés ou soixante sénateurs.

Dans les cas prévus aux deux alinéas précédents, le Conseil constitutionnel doit statuer dans le délai d'un mois. Toutefois, à la demande du gouvernement, s'il y a urgence, ce délai est ramené à huit jours. Dans ces mêmes cas, la saisine du Conseil constitutionnel suspend le délai de promulgation.

Art. 62 – Une disposition déclarée inconstitutionnelle ne peut être promulguée ni mise en application.

Les décisions du Conseil constitutionnel ne sont susceptibles d'aucun recours. Elles s'imposent aux pouvoirs publics et à toutes les autorités administratives et juridictionnelles.

Art. 63 **–** Une loi organique détermine les règles d'organisation et de fonctionnement du Conseil constitutionnel, la procédure qui est suivie devant lui et notamment les délais ouverts pour le saisir de contestations.

Titre VIII
De l'autorité judiciaire

Art. 64 **–** Le Président de la République est garant de l'indépendance de l'autorité judiciaire.

Il est assisté par le Conseil supérieur de la magistrature.

Une loi organique porte statut des magistrats.

Les magistrats du siège sont inamovibles.

Art. 65 **–** Le Conseil supérieur de la magistrature est présidé par le Président de la République. Le ministre de la Justice en est le vice-président de droit. Il peut suppléer le Président de la République. Le Conseil supérieur de la magistrature comprend deux formations, l'une compétente à l'égard des magistrats du siège, l'autre à l'égard des magistrats du parquet.

La formation compétente à l'égard des magistrats du siège comprend, outre le Président de la République et le garde des sceaux, cinq magistrats du siège et un magistrat du parquet, un conseiller d'État, désigné par le Conseil d'État, et trois personnalités n'appartenant ni au parlement ni à l'ordre judiciaire, désignées respectivement par le Président de la République, le président de l'Assemblée nationale et le président du Sénat.

La formation compétente à l'égard des magistrats du parquet comprend, outre le Président de la République et le garde des sceaux, cinq magistrats du parquet et un magistrat du siège, le conseiller d'État et les trois personnalités mentionnées à l'alinéa précédent.

La formation du Conseil supérieur de la magistrature compétente à l'égard des magistrats du siège fait des propositions pour les nominations des magistrats du siège à la Cour de cassation, pour celles du premier président de cour d'appel et pour celles de président de tribunal de grande instance. Les autres magistrats du siège sont nommés sur son avis conforme.

Elle statue comme conseil de discipline des magistrats du siège. Elle est alors présidée par le premier président de la Cour de cassation.

La formation du Conseil supérieur de la magistrature compétente à l'égard des magistrats du parquet donne son avis pour les nominations concernant les magistrats du parquet, à l'exception des emplois auxquels il est pourvu en conseil des ministres.

Elle donne son avis sur les sanctions disciplinaires concernant les magistrats du parquet. Elle est alors présidée par le procureur général près la Cour de cassation.

Une loi organique détermine les conditions d'application du présent article.

Art. 66 **–** Nul ne peut être arbitrairement détenu.

L'autorité judiciaire, gardienne de la liberté individuelle, assure le respect de ce principe dans les conditions prévues par la loi.

Titre IX
De la Haute Cour de justice

Art. 67 – Il est institué une Haute Cour de justice.

Elle est composée de membres élus, en leur sein et en nombre égal, par l'Assemblée nationale et par le Sénat après chaque renouvellement général ou partiel de ces Assemblées. Elle élit son président parmi ses membres.

Une loi organique fixe la composition de la Haute Cour, les règles de son fonctionnement ainsi que la procédure applicable devant elle.

Art. 68 – Le Président de la République n'est responsable des actes accomplis dans l'exercice de ses fonctions qu'en cas de haute trahison. Il ne peut être mis en accusation que par les deux Assemblées statuant par un vote identique au scrutin public et à la majorité absolue des membres les composant ; il est jugé par la Haute Cour dc justice.

Titre X
De la responsabilité pénale des membres du gouvernement

Art. 68-1 – Les membres du gouvernement sont pénalement responsables des actes accomplis dans l'exercice de leurs fonctions et qualifiés crimes et délits au moment où ils ont été commis.

Ils sont jugés par la Cour de justice de la République.

La Cour de justice de la République est liée par la définition des crimes et délits ainsi que par la détermination des peines telles qu'elles résultent de la loi.

Art. 68-2 – La Cour de justice de la République comprend quinze juges : douze parlementaires élus, en leur sein et en nombre égal, par l'Assemblée nationale et par le Sénat après chaque renouvellement général ou partiel de ces assemblées et trois magistrats du siège à la Cour de cassation, dont l'un préside la Cour de justice de la République.

Toute personne qui se prétend lésée par un crime ou un délit commis par un membre du gouvernement dans l'exercice de ses fonctions peut porter plainte auprès d'une commission des requêtes.

Cette commission ordonne soit le classement de la procédure, soit sa transmission au procureur général près la Cour de cassation aux fins de saisine de la Cour de justice de la République.

Le procureur général près la Cour de cassation peut aussi saisir d'office la Cour de justice de la République sur avis conforme de la commission des requêtes.

Une loi organique détermine les conditions d'application du présent article.

Art. 68-3 – Les dispositions du présent titre sont applicables aux faits commis avant son entrée en vigueur.

Titre XI
Le Conseil économique et social

Art. 69 – Le Conseil économique et social, saisi par le gouvernement, donne son avis sur les projets de loi, d'ordonnance ou de décret ainsi que sur les propositions de loi qui lui sont soumis.

Un membre du Conseil économique et social peut être désigné par celui-ci pour exposer devant les Assemblées parlementaires l'avis du Conseil sur les projets ou propositions qui lui ont été soumis.

Art. 70 – Le Conseil économique et social peut être également consulté par le gouvernement sur tout problème de caractère économique et social. Tout plan ou tout projet de loi de programme à caractère économique ou social lui est soumis pour avis.

Art. 71 – La composition du Conseil économique et social et ses règles de fonctionnement sont fixées par une loi organique.

Titre XII
Des collectivités territoriales

Art. 72 – Les collectivités territoriales de la République sont les communes, les départements, les territoires d'outre-mer. Toute autre collectivité territoriale est créée par la loi.

Ces collectivités s'administrent librement par des conseils élus et dans les conditions prévues par la loi.

Dans les départements, et les territoires, le délégué du gouvernement a la charge des intérêts nationaux, du contrôle administratif et du respect des lois.

Art. 73 – Le régime législatif et l'organisation administrative des départements d'outre-mer peuvent faire l'objet de mesures d'adaptation nécessitées par leur situation particulière.

Art. 74 – Les territoires d'outre-mer de la République ont une organisation particulière tenant compte de leurs intérêts propres dans l'ensemble des intérêts de la République.

Les statuts des territoires d'outre-mer sont fixés par des lois organiques qui définissent, notamment, les compétences de leurs institutions propres, et modifiés, dans la même forme, après consultation de l'assemblée territoriale intéressée.

Les autres modalités de leur organisation particulière sont définies et modifiées par la loi après consultation de l'assemblée territoriale intéressée.

Art. 75 – Les citoyens de la République qui n'ont pas le statut civil de droit commun, seul visé à l'article 34, conservent leur statut personnel tant qu'ils n'y ont pas renoncé.

Art. 76 – Abrogé.

Titre XIII
De la Communauté

Art. 77 à ***Art. 87*** – Abrogés.

Titre XIII
Dispositions relatives à la Nouvelle-Calédonie

Les populations de la Nouvelle-Calédonie sont appelées à se prononcer avant le 31 décembre 1998 sur les dispositions de l'accord signé à Nouméa le 5 mai 1998 et publié le 27 mai 1998 au *Journal officiel* de la République française.

Sont admises à participer au scrutin les personnes remplissant les conditions fixées à l'article 2 de la loi n° 88-1028 du 9 novembre 1998.

Les mesures nécessaires à l'organisation du scrutin sont prises par décret en Conseil d'État délibéré en conseil des ministres.

Art. 77 – Après approbation de l'accord lors de la consultation prévue à l'article 76, la loi organique, prise après avis de l'assemblée délibérante de la Nouvelle-Calédonie, détermine, pour assurer l'évolution de la Nouvelle-Calédonie dans le respect des orientations définies par cet accord et selon les modalités nécessaires à sa mise en œuvre :

- les compétence de l'État qui sont transférées, de façon définitive, aux institutions de la Nouvelle-Calédonie, l'échelonnement et les modalités de ces transferts, ainsi que la répartition des charges résultant de ceux-ci ;
- les règles d'organisation et de fonctionnement des institutions de la Nouvelle-Calédonie et notamment les conditions dans lesquelles certaines catégories d'actes de l'assemblée délibérante pourront être soumises avant publication au contrôle du Conseil constitutionnel ;
- les règles relatives à la citoyenneté, au régime électoral, à l'emploi et au statut civil coutumier ;
- les conditions et les délais dans lesquels les populations intéressées de la Nouvelle-Calédonie seront amenées à se prononcer sur l'accession à la pleine souveraineté.

Les autres mesures nécessaires à la mise en œuvre de l'accord mentionné à l'article 76 sont définies par la loi.

Titre XIV
Des accords d'association

Art. 88 – La République peut conclure des accords avec des États qui désirent s'associer à elle pour développer leurs civilisations.

Titre XV
Des Communautés européennes et de l'Union européenne

Art. 88-1 – La République participe aux Communautés européennes et à l'Union européenne, constituées d'États qui ont choisi librement, en vertu des traités qui les ont instituées, d'exercer en commun certaines de leurs compétences.

Art. 88-2 – Sous réserve de réciprocité, et selon les modalités prévues par le Traité sur l'Union européenne signé le 7 février 1992, la France consent aux transferts de compétences nécessaires à l'établissement de l'union économique et monétaire européenne.

Sous la même réserve et selon les modalités prévues par le Traité instituant la Communauté européenne, dans sa rédaction résultant du traité signé le 2 octobre 1997, peuvent être consentis les transferts de compétence nécessaires à la détermination des règles relatives à la libre circulation des personnes et aux domaines qui lui sont liés.

Art. 88-3 – Sous réserve de réciprocité, et selon les modalités prévues par le Traité sur l'Union européenne signé le 7 février 1992, le droit de vote et d'éligibilité aux élections municipales peut être accordé aux seuls citoyens de l'Union résidant en France. Ces citoyens ne peuvent exercer les fonctions de maire ou d'adjoint ni participer à la désignation des électeurs sénatoriaux et à l'élection des sénateurs. Une loi organique votée dans les mêmes termes par les deux assemblées détermine les conditions d'application du présent article.

Art. 88-4 – Le gouvernement soumet à l'Assemblée et au Sénat, dès leur transmission au Conseil de l'Union européenne, les projets ou propositions d'actes des Communautés européennes et de l'Union européenne comportant des dispositions de nature législative. Il peut également leur soumettre les autres projets ou propositions d'actes ainsi que tout document émanant d'une institution de l'Union européenne.

Selon les modalités fixées par le règlement de chaque assemblée, des résolutions peuvent être votées, le cas échéant en dehors des sessions, sur les projets, propositions ou documents mentionnés à l'alinéa précédent.

Titre XVI
De la révision

Art. 89 – L'initiative de la révision de la Constitution appartient concurremment au Président de la République sur proposition du Premier ministre et aux membres du Parlement.

Le projet ou la proposition de révision doit être voté par les deux Assemblées en termes identiques. La révision est définitive après avoir été approuvée par référendum.

Toutefois, le projet de révision n'est pas présenté au référendum lorsque le Président de la République décide de le soumettre au Parlement convoqué en Congrès ; dans ce cas le projet de révision n'est approuvé que s'il réunit la majorité des trois cinquièmes des suffrages exprimés. Le bureau du Congrès est celui de l'Assemblée nationale.

Aucune procédure de révision ne peut être engagée ou poursuivie lorsqu'il est porté atteinte à l'intégrité du territoire.

La forme républicaine du gouvernement ne peut faire l'objet d'une révision.

Titre XVII
Dispositions transitoires

Art. 90 à Art. 93 – Abrogés.

Charte des droits fondamentaux de l'Union européenne proclamée le 7 décembre 2000

Préambule

Les peuples de l'Europe, en établissant entre eux une union sans cesse plus étroite, ont décidé de partager un avenir pacifique fondé sur des valeurs communes.

Consciente de son patrimoine spirituel et moral, l'Union se fonde sur les valeurs indivisibles et universelles de dignité humaine, de liberté, d'égalité et de solidarité ; elle repose sur le principe de la démocratie et le principe de l'État de droit. Elle place la personne au cœur de son action en instituant la citoyenneté de l'Union et en créant un espace de liberté, de sécurité et de justice.

L'Union contribue à la préservation et au développement de ces valeurs communes dans le respect de la diversité des cultures et des traditions des peuples de l'Europe, ainsi que de l'identité nationale des États membres et de l'organisation de leurs pouvoirs publics au niveau national, régional et local ; elle cherche à promouvoir un développement équilibré et durable et assure la libre circulation des personnes, des biens, des services et des capitaux, ainsi que la liberté d'établissement.

À cette fin, il est nécessaire, en les rendant plus visibles dans une Charte, de renforcer la protection des droits fondamentaux à la lumière de l'évolution de la société, du progrès social et des développements scientifiques et technologiques.

La présente Charte réaffirme, dans le respect des compétences et des tâches de la Communauté et de l'Union, ainsi que du principe de subsidiarité, les droits qui résultent notamment des traditions constitutionnelles et des obligations internationales communes aux États membres, du traité sur l'Union européenne et des traités communautaires, de la Convention européenne de sauvegarde des droits de l'homme et des libertés fondamentales, des Chartes sociales adoptées par la Communauté et par le Conseil de l'Europe, ainsi que de la jurisprudence de la Cour de justice des Communautés européennes et de la Cour européenne des droits de l'homme.

La jouissance de ces droits entraîne des responsabilités et des devoirs tant à l'égard d'autrui qu'à l'égard de la communauté humaine et des générations futures.

En conséquence, l'Union reconnaît les droits, les libertés et les principes énoncés ci-après.

Chapitre I – Dignité

Article 1 – Dignité humaine

La dignité humaine est inviolable. Elle doit être respectée et protégée.

Article 2 – Droit à la vie

1. Toute personne a droit à la vie.
2. Nul ne peut être condamné à la peine de mort, ni exécuté.

Article 3 – Droit à l'intégrité de la personne

1. Toute personne a droit à son intégrité physique et mentale.
2. Dans le cadre de la médecine et de la biologie, doivent notamment être respectés :

- le consentement libre et éclairé de la personne concernée, selon les modalités définies par la loi,
- l'interdiction des pratiques eugéniques, notamment celles qui ont pour but la sélection des personnes,
- l'interdiction de faire du corps humain et de ses parties, en tant que tels, une source de profit, l'interdiction du clonage reproductif des êtres humains.

Article 4 – Interdiction de la torture et des peines ou traitements inhumains ou dégradants

Nul ne peut être soumis à la torture, ni à des peines ou traitements inhumains ou dégradants.

Article 5 – Interdiction de l'esclavage et du travail forcé

1. Nul ne peut être tenu en esclavage ni en servitude.

2. Nul ne peut être astreint à accomplir un travail forcé ou obligatoire.

3. La traite des êtres humains est interdite.

Chapitre II – Libertés

Article 6 – Droit à la liberté et à la sûreté

Toute personne a droit à la liberté et à la sûreté.

Article 7 – Respect de la vie privée et familiale

Toute personne a droit au respect de sa vie privée et familiale, de son domicile et de ses communications.

Article 8 – Protection des données à caractère personnel

1. Toute personne a droit à la protection des données à caractère personnel la concernant.

2. Ces données doivent être traitées loyalement, à des fins déterminées et sur la base du consentement de la personne concernée ou en vertu d'un autre fondement légitime prévu par la loi.

Toute personne a le droit d'accéder aux données collectées la concernant et d'en obtenir la rectification.

3. Le respect de ces règles est soumis au contrôle d'une autorité indépendante.

Article 9 – Droit de se marier et droit de fonder une famille

Le droit de se marier et le droit de fonder une famille sont garantis selon les lois nationales qui enrégissent l'exercice.

Article 10 – Liberté de pensée, de conscience et de religion

1. Toute personne a droit à la liberté de pensée, de conscience et de religion. Ce droit implique la liberté de changer de religion ou de conviction, ainsi que la liberté de manifester sa religion ou sa conviction individuellement ou collectivement, en public ou en privé, par le culte, l'enseignement, les pratiques et l'accomplissement des rites.

2. Le droit à l'objection de conscience est reconnu selon les lois nationales qui en régissent l'exercice.

Article 11 – Liberté d'expression et d'information

1. Toute personne a droit à la liberté d'expression. Ce droit comprend la liberté d'opinion et la liberté de recevoir ou de communiquer des informations ou des idées sans qu'il puisse y avoir ingérence d'autorités publiques et sans considération de frontières.

2. La liberté des médias et leur pluralisme sont respectés.

Article 12 – Liberté de réunion et d'association

1. Toute personne a droit à la liberté de réunion pacifique et à la liberté d'association à tous les niveaux, notamment dans les domaines politique, syndical et civique, ce qui implique le droit de toute personne

de fonder avec d'autres des syndicats et de s'y affilier pour la défense de ses intérêts.

2. Les partis politiques au niveau de l'Union contribuent à l'expression de la volonté politique des citoyens de l'Union.

Article 13 – Liberté des arts et des sciences

Les arts et la recherche scientifique sont libres. La liberté académique est respectée.

Article 14 – Droit à l'éducation

1. Toute personne a droit à l'éducation, ainsi qu'à l'accès à la formation professionnelle et continue.

2. Ce droit comporte la faculté de suivre gratuitement l'enseignement obligatoire.

3. La liberté de créer des établissements d'enseignement dans le respect des principes démocratiques, ainsi que le droit des parents d'assurer l'éducation et l'enseignement de leurs enfants conformément à leurs convictions religieuses, philosophiques et pédagogiques, sont respectés selon les lois nationales qui en régissent l'exercice.

Article 15 – Liberté professionnelle et droit de travailler

1. Toute personne a le droit de travailler et d'exercer une profession librement choisie ou acceptée.

2. Tout citoyen ou toute citoyenne de l'Union a la liberté de chercher un emploi, de travailler, de s'établir ou de fournir des services dans tout État membre.

3. Les ressortissants des pays tiers qui sont autorisés à travailler sur le territoire des États membres ont droit à des conditions de travail équivalentes à celles dont bénéficient les citoyens ou citoyennes de l'Union.

Article 16 – Liberté d'entreprise

La liberté d'entreprise est reconnue conformément au droit communautaire et aux législations et pratiques nationales.

Article 17 – Droit de propriété

1. Toute personne a le droit de jouir de la propriété des biens qu'elle a acquis légalement, de les utiliser, d'en disposer et de les léguer. Nul ne peut être privé de sa propriété, si ce n'est pour cause d'utilité publique, dans des cas et conditions prévus par une loi et moyennant en temps utile une juste indemnité pour sa perte. L'usage des biens peut être réglementé par la loi dans la mesure nécessaire à l'intérêt général.

2. La propriété intellectuelle est protégée.

Article 18 – Droit d'asile

Le droit d'asile est garanti dans le respect des règles de la convention de Genève du 28 juillet 1951 et du protocole du 31 janvier 1967 relatifs au statut des réfugiés et conformément au traité instituant la Communauté européenne.

Article 19 – Protection en cas d'éloignement, d'expulsion et d'extradition

1. Les expulsions collectives sont interdites.

2. Nul ne peut être éloigné, expulsé ou extradé vers un État où il existe un risque sérieux qu'il soit soumis à la peine de mort, à la torture

ou à d'autres peines ou traitements inhumains ou dégradants.

Chapitre III – Égalité

Article 20 – Égalité en droit

Toutes les personnes sont égales en droit.

Article 21 – Non-discrimination

1. Est interdite, toute discrimination fondée notamment sur le sexe, la race, la couleur, les origines ethniques ou sociales, les caractéristiques génétiques, la langue, la religion ou les convictions, les opinions politiques ou toute autre opinion, l'appartenance à une minorité nationale, la fortune, la naissance, un handicap, l'âge ou l'orientation sexuelle.

2. Dans le domaine d'application du traité instituant la Communauté européenne et du traité sur l'Union européenne, et sans préjudice des dispositions particulières desdits traités, toute discrimination fondée sur la nationalité est interdite.

Article 22 – Diversité culturelle, religieuse et linguistique

L'Union respecte la diversité culturelle, religieuse et linguistique.

Article 23 – Égalité entre hommes et femmes

L'égalité entre les hommes et les femmes doit être assurée dans tous les domaines, y compris en matière d'emploi, de travail et de rémunération.

Le principe de l'égalité n'empêche pas le maintien ou l'adoption de mesures prévoyant des avantages spécifiques en faveur du sexe sous-représenté.

Article 24 – Droits de l'enfant

1. Les enfants ont droit à la protection et aux soins nécessaires à leur bien-être. Ils peuvent exprimer leur opinion librement. Celle-ci est prise en considération pour les sujets qui les concernent, en fonction de leur âge et de leur maturité.

2. Dans tous les actes relatifs aux enfants, qu'ils soient accomplis par des autorités publiques ou des institutions privées, l'intérêt supérieur de l'enfant doit être une considération primordiale.

3. Tout enfant a le droit d'entretenir régulièrement des relations personnelles et des contacts directs avec ses deux parents, sauf si cela est contraire à son intérêt.

Article 25 – Droits des personnes âgées

L'Union reconnaît et respecte le droit des personnes âgées à mener une vie digne et indépendante et à participer à la vie sociale et culturelle.

Article 26 – Intégration des personnes handicapées

L'Union reconnaît et respecte le droit des personnes handicapées à bénéficier de mesures visant à assurer leur autonomie, leur intégration sociale et professionnelle et leur participation à la vie de la communauté.

Chapitre IV – Solidarité

Article 27 – Droit à l'information et à la consultation des travailleurs au sein de l'entreprise

Les travailleurs ou leurs représentants doivent se voir garantir, aux niveaux appropriés, une information et une consultation en temps utile, dans les cas et conditions prévus par le droit communautaire et les législations et pratiques nationales.

Article 28 – Droit de négociation et d'actions collectives

Les travailleurs et les employeurs, ou leurs organisations respectives, ont, conformément au droit communautaire et aux législations et pratiques nationales, le droit de négocier et de conclure des conventions collectives aux niveaux appropriés et de recourir, en cas de conflits d'intérêts, à des actions collectives pour la défense de leurs intérêts, y compris la grève.

Article 29 – Droit d'accès aux services de placement

Toute personne a le droit d'accéder à un service gratuit de placement.

Article 30 – Protection en cas de licenciement injustifié

Tout travailleur a droit à une protection contre tout licenciement injustifié, conformément au droit communautaire et aux législations et pratiques nationales.

Article 31 – Conditions de travail justes et équitables

1. Tout travailleur a droit à des conditions de travail qui respectent sa santé, sa sécurité et sa dignité.

2. Tout travailleur a droit à une limitation de la durée maximale du travail et à des périodes de repos journalier et hebdomadaire, ainsi qu'à une période annuelle de congés payés.

Article 32 – Interdiction du travail des enfants et protection des jeunes au travail

Le travail des enfants est interdit. L'âge minimal d'admission au travail ne peut être inférieur à l'âge auquel cesse la période de scolarité obligatoire, sans préjudice des règles plus favorables aux jeunes et sauf dérogations limitées.

Les jeunes admis au travail doivent bénéficier de conditions de travail adaptées à leur âge et être protégés contre l'exploitation économique ou contre tout travail susceptible de nuire à leur sécurité, à leur santé, à leur développement physique, mental, moral ou social ou de compromettre leur éducation.

Article 33 – Vie familiale et vie professionnelle

1. La protection de la famille est assurée sur le plan juridique, économique et social.

2. Afin de pouvoir concilier vie familiale et vie professionnelle, toute personne a le droit d'être protégée contre tout licenciement pour un motif lié à la maternité, ainsi que le droit à un congé de maternité payé et à un congé parental à la suite de la naissance ou de l'adoption d'un enfant.

Article 34 – Sécurité sociale et aide sociale

1. L'Union reconnaît et respecte le droit d'accès aux prestations de sécurité sociale et aux services sociaux assurant une protection dans des cas tels que la maternité, la maladie, les accidents du travail, la dépendance ou la vieillesse, ainsi qu'en cas de perte d'emploi, selon les modalités établies

par le droit communautaire et les législations et pratiques nationales.

2. Toute personne qui réside et se déplace légalement à l'intérieur de l'Union a droit aux prestations de sécurité sociale et aux avantages sociaux, conformément au droit communautaire et aux législations et pratiques nationales.

3. Afin de lutter contre l'exclusion sociale et la pauvreté, l'Union reconnaît et respecte le droit à une aide sociale et à une aide au logement destinées à assurer une existence digne à tous ceux qui ne disposent pas de ressources suffisantes, selon les modalités établies par le droit communautaire et les législations et pratiques nationales.

Article 35 – Protection de la santé

Toute personne a le droit d'accéder à la prévention en matière de santé et de bénéficier de soins médicaux dans les conditions établies par les législations et pratiques nationales. Un niveau élevé de protection de la santé humaine est assuré dans la définition et la mise en œuvre de toutes les politiques et actions de l'Union.

Article 36 – Accès aux services d'intérêt économique général

L'Union reconnaît et respecte l'accès aux services d'intérêt économique général tel qu'il est prévu par les législations et pratiques nationales, conformément au traité instituant la Communauté européenne, afin de promouvoir la cohésion sociale et territoriale de l'Union.

Article 37 – Protection de l'environnement

Un niveau élevé de protection de l'environnement et l'amélioration de sa qualité doivent être intégrés dans les politiques de l'Union et assurés conformément au principe du développement durable.

Article 38 – Protection des consommateurs

Un niveau élevé de protection des consommateurs est assuré dans les politiques de l'Union.

Chapitre V – Citoyenneté

Article 39 – Droit de vote et d'éligibilité aux élections au Parlement européen

1. Tout citoyen ou toute citoyenne de l'Union a le droit de vote et d'éligibilité aux élections au Parlement européen dans l'État membre où il ou elle réside, dans les mêmes conditions que les ressortissants de cet État.

2. Les membres du Parlement européen sont élus au suffrage universel direct, libre et secret.

Article 40 – Droit de vote et d'éligibilité aux élections municipales

Tout citoyen ou toute citoyenne de l'Union a le droit de vote et d'éligibilité aux élections municipales dans l'État membre où il ou elle réside, dans les mêmes conditions que les ressortissants de cet État.

Article 41 – Droit à une bonne administration

1. Toute personne a le droit de voir ses affaires traitées impartialement, équitablement et dans un délai raisonnable par les institutions et organes de l'Union.

2. Ce droit comporte notamment :

- le droit de toute personne d'être entendue avant qu'une mesure individuelle qui l'affecterait défavorablement ne soit prise à son encontre ;
- le droit d'accès de toute personne au dossier qui la concerne, dans le respect des intérêts légitimes de la confidentialité et du secret professionnel et des affaires ;
- l'obligation pour l'administration de motiver ses décisions.

3. Toute personne a droit à la réparation par la Communauté des dommages causés par les institutions, ou par leurs agents dans l'exercice de leurs fonctions, conformément aux principes généraux communs aux droits des États membres.

4. Toute personne peut s'adresser aux institutions de l'Union dans une des langues des traités et doit recevoir une réponse dans la même langue.

Article 42 – Droit d'accès aux documents

Tout citoyen ou toute citoyenne de l'Union ou toute personne physique ou morale résidant ou ayant son siège statutaire dans un État membre a un droit d'accès aux documents du Parlement européen, du Conseil et de la Commission.

Article 43 – Médiateur

Tout citoyen ou toute citoyenne de l'Union ou toute personne physique ou morale résidant ou ayant son siège statutaire dans un État membre a le droit de saisir le médiateur de l'Union de cas de mauvaise administration dans l'action des institutions ou organes communautaires, à l'exclusion de la Cour de justice et du Tribunal de première instance dans l'exercice de leurs fonctions juridictionnelles.

Article 44 – Droit de pétition

Tout citoyen ou toute citoyenne de l'Union ou toute personne physique ou morale résidant ou ayant son siège statutaire dans un État membre a le droit de pétition devant le Parlement européen.

Article 45 – Liberté de circulation et de séjour

1. Tout citoyen ou toute citoyenne de l'Union a le droit de circuler et de séjourner librement sur le territoire des États membres.

2. La liberté de circulation et de séjour peut être accordée, conformément au traité instituant la Communauté européenne, aux ressortissants de pays tiers résidant légalement sur le territoire d'un État membre.

Article 46 – Protection diplomatique et consulaire

Tout citoyen de l'Union bénéficie, sur le territoire d'un pays tiers où l'État membre dont il est ressortissant n'est pas représenté, de la protection des autorités diplomatiques et consulaires de tout État membre dans les mêmes conditions que les nationaux de cet État.

Chapitre VI – Justice

Article 47 – Droit à un recours effectif et à accéder à un tribunal impartial

Toute personne dont les droits et libertés garantis par le droit de l'Union ont été violés a droit à un recours effectif devant un tribunal dans le respect des conditions prévues au présent article.

Toute personne a droit à ce que sa cause soit entendue équitablement, publiquement et dans un délai raisonnable par un tribunal indépendant et impartial, établi préalablement par la loi. Toute personne a la possibilité de se faire conseiller, défendre et représenter.

Une aide juridictionnelle est accordée à ceux qui ne disposent pas de ressources suffisantes, dans la mesure où cette aide serait nécessaire pour assurer l'effectivité de l'accès à la justice.

Article 48 – Présomption d'innocence et droits de la défense

1. Tout accusé est présumé innocent jusqu'à ce que sa culpabilité ait été légalement établie.

2. Le respect des droits de la défense est garanti à tout accusé.

Article 49 – Principes de légalité et de proportionnalité des délits et des peines

1. Nul ne peut être condamné pour une action ou une omission qui, au moment où elle a été commise, ne constituait pas une infraction d'après le droit national ou le droit international. De même, il n'est infligé aucune peine plus forte que celle qui était applicable au moment où l'infraction a été commise. Si, postérieurement à cette infraction, la loi prévoit une peine plus légère, celle-ci doit être appliquée.

2. Le présent article ne porte pas atteinte au jugement et à la punition d'une personne coupable d'une action ou d'une omission qui, au moment où elle a été commise, était criminelle d'après les principes généraux reconnus par l'ensemble des nations.

3. L'intensité des peines ne doit pas être disproportionnée par rapport à l'infraction.

Article 50 – Droit à ne pas être jugé ou puni pénalement deux fois pour une même infraction

Nul ne peut être poursuivi ou puni pénalement en raison d'une infraction pour laquelle il a déjà été acquitté ou condamné dans l'Union par un jugement pénal définitif conformément à la loi.

Chapitre VII – Dispositions générales

Article 51 – Champ d'application

1. Les dispositions de la présente Charte s'adressent aux institutions et organes de l'Union dans le respect du principe de subsidiarité, ainsi qu'aux États membres uniquement lorsqu'ils mettent en œuvre le droit de l'Union. En conséquence, ils respectent les droits, observent les principes et en promeuvent l'application, conformément à leurs compétences respectives.

2. La présente Charte ne crée aucune compétence ni aucune tâche nouvelles pour la Communauté et pour l'Union et ne modifie pas les compétences et tâches définies par les traités.

Article 52 – Portée des droits garantis

1. Toute limitation de l'exercice

des droits et libertés reconnus par la présente Charte doit être prévue par la loi et respecter le contenu essentiel desdits droits et libertés. Dans le respect du principe de proportionnalité, des limitations ne peuvent être apportées que si elles sont nécessaires et répondent effectivement à des objectifs d'intérêt général reconnus par l'Union ou au besoin de protection des droits et libertés d'autrui.

2. Les droits reconnus par la présente Charte qui trouvent leur fondement dans les traits communautaires ou dans le traité sur l'Union européenne s'exercent dans les conditions et limites définies par ceux-ci.

3. Dans la mesure où la présente Charte contient des droits correspondant à des droits garantis par la Convention européenne de sauvegarde des droits de l'homme et des libertés fondamentales, leur sens et leur portée sont les mêmes que ceux que leur confère ladite convention. Cette disposition ne fait pas obstacle à ce que le droit de l'Union accorde une protection plus étendue.

Article 53 – Niveau de protection

Aucune disposition de la présente Charte ne doit être interprétée comme limitant ou portant atteinte aux droits de l'homme et libertés fondamentales reconnus, dans leur champ d'application respectif, par le droit de l'Union, le droit international et les conventions internationales auxquelles sont parties l'Union, la Communauté ou tous les États membres, et notamment la Convention européenne de sauvegarde des droits de l'homme et des libertés fondamentales, ainsi que par les constitutions des États membres.

Article 54 – Interdiction de l'abus de droit

Aucune des dispositions de la présente Charte ne doit être interprétée comme impliquant un droit quelconque de se livrer à une activité ou d'accomplir un acte visant à la destruction des droits ou libertés reconnus dans la présente Charte ou à des limitations plus amples des droits et libertés que celles qui sont prévues par la présente Charte.

2

Organisation politique et administrative : la décentralisation

La décentralisation et l'irruption des politiques locales

La décentralisation a redéfini le rôle de l'État en lui faisant partager ses compétences avec les trois principales collectivités territoriales que sont la commune, le département, la région. La loi constitutionnelle du 28 mars 2003 a intégré explicitement la région et ajouté à la liste « les collectivités à statut particulier » et les collectivités d'outre-mer. La décentralisation a ainsi donné lieu à une organisation administrative plus complexe que par le passé en modifiant considérablement les relations avec les décideurs : ceux qui ont le pouvoir localement ne sont plus seulement des fonctionnaires de l'État, mais aussi des élus, pour un nombre plus important de dossiers.

Certes, la décentralisation fait craindre des inégalités dans l'application du principe de solidarité, en raison de déséquilibres de fonctionnement selon les communes, départements ou régions, et des orientations politiques des élus locaux. En principe, l'État se doit de compenser les écarts entre les pratiques locales en se faisant garant de la solidarité nationale. Il dispose pour cela de moyens financiers par les dotations qu'il verse aux collectivités territoriales. Il peut aussi formuler des recours, en cas de désaccord avec telle décision locale, auprès du tribunal administratif.

Plusieurs courants contradictoires se sont faits porteurs de la nécessité de décentraliser le pouvoir exécutif et de réduire le rôle dominant de l'État : la droite traditionnelle au nom de l'enracinement dans les valeurs terriennes, la droite libérale au nom du marché et de la libre initiative, la gauche démocratique et autogestionnaire au nom d'une meilleure représentation de la volonté populaire. Cette conjonction d'intérêts explique le consensus actuel pour ne pas revenir sur une réforme mise en place par un gouvernement de gauche en 1982, même si les débats se poursuivent sur l'émiettement des communes, le maintien d'un échelon départemental face aux régions, la place de ces dernières dans le contexte européen, le cas de la Corse...

L'ensemble de la réforme a représenté plus de soixante-dix lois et sept cent cinquante décrets, sans oublier une multitude d'arrêtés et de circulaires. Nous nous en tiendrons ici à l'essentiel, en commençant par des extraits de la première loi de décentralisation, votée le 2 mars 1982 (ici quatorze articles sur les cent huit qu'elle comporte).

Cette loi « relative aux droits et libertés des communes, des départements et des régions » indique les grands principes de la décentralisation :

- suppression des tutelles administrative, financière et technique de l'État sur les collectivités territoriales, mais aussi d'une collectivité territoriale sur une autre (par exemple du département sur la commune) ;
- transfert des moyens n'appartenant jusque-là qu'à l'État : transferts de fiscalité, avec la possibilité pour les collectivités territoriales d'avoir leur propre fiscalité, transferts budgétaires (dotations), transferts de personnels lorsque les services de l'État doivent céder une partie de leurs moyens aux collectivités territoriales (ce fut le cas avec l'éclatement des directions départementales des affaires sanitaires et sociales) ;
- accroissement de la fonction d'arbitrage du tribunal administratif.

Les trois lois suivantes de 1983 et 1992 sont également présentées sous la forme d'extraits. On notera que celle du 22 juillet 1983 est la première à préciser la répartition des compétences entre les collectivités territoriales et l'État en matière de santé et d'action sociale.

La loi du 6 février 1992 relative à l'administration territoriale de la République concerne toujours la décentralisation. Mais les articles présentés dans les pages suivantes portent aussi sur le renforcement des droits des citoyens (articles 10 à 16) et sur la déconcentration de l'État. Pour rappel, la déconcentration est un processus interne aux services de l'État, qui consiste en une répartition géographique (un niveau national et des échelons locaux), mais sans partage de pouvoir. Par exemple, les directions régionales des affaires sanitaires et sociales (DRASS) ou les directions départementales des affaires sanitaires et sociales (DDASS) sont des services déconcentrés de l'État dont ils appliquent les directives. Le seul lien entre décentralisation et déconcentration est la recherche d'une alternative à l'organisation administrative jusque-là très centralisée.

Loi n° 82-213 du 2 mars 1982

Loi relative aux droits et libertés des communes, des départements et des régions (extraits)

L'Assemblée nationale et le Sénat ont délibéré,

L'Assemblée nationale a adopté,

Le conseil constitutionnel a déclaré conforme à la Constitution,

Le Président de la République promulgue la loi dont la teneur suit :

Art. 1er – Les communes, les départements et les régions s'administrent librement par des conseils élus.

Des lois détermineront la répartition des compétences entre les communes, les départements, les régions et l'État, ainsi que la répartition des ressources publiques résultant des nouvelles règles de la fiscalité locale et des transferts de crédits de l'État aux collectivités territoriales, l'organisation des régions, les garanties statutaires accordées aux personnels des collectivités territoriales, le mode d'élection et le statut des élus, ainsi que les modalités de la coopération entre communes, départements et régions, et le développement de la participation des citoyens à la vie locale.

En ce qui concerne les départements d'outre-mer, la présente loi s'applique jusqu'à la promulgation de lois adaptant certaines de ses dispositions à la spécificité de chacune des collectivités concernées.

Tableau 1. Tableau simplifié de répartition des compétences des collectivités territoriales suite à la décentralisation (début 2003)

	Commune	***Département***	***Région***
Action sociale	• Centre communal d'action sociale • Bureau municipal d'hygiène	• Aide sociale à l'enfance • Protection maternelle et infantile • Service social et prévention • Hébergement des personnes handicapées et personnes âgées • Actions d'insertion pour le RMI	
Enseignement	Enseignement primaire (investissements, aide au fonctionnement)	Collèges (investissements, aide au fonctionnement)	Lycées (investissements, aide au fonctionnement)
Économie et développement local	Aides directes complémentaires	• Aides directes complémentaires • Équipement rural • Financement de l'accueil des entreprises	• Aides directes • Contrats de Plan avec l'État • Parc naturel régional
Transports	Transports publics urbains	• Transports scolaires • Transports publics non urbains	• Trains régionaux • Aménagements des aéroports, ports et canaux
Culture	Archives, musées… municipaux	Archives, musées… départementaux	Archives, musées nationaux
Urbanisme	• Schémas directeurs • Plan d'occupation des sols • Permis de construire		Schéma d'utilisation de la mer
Environnement	• Eau potable • Assainissement • Ordures ménagères		Protection et valorisation du patrimoine et des sites
Voirie	Routes communales	Routes départementales	
Formation professionnelle et apprentissage			• Formation professionnelle des jeunes • Actions de formation des moins de 26 ans • Fonds régional de l'apprentissage
Logement	Programme local de l'habitat	Plans pour le logement des défavorisés	

Titre Ier Des droits et libertés de la commune

Chapitre Ier Suppression de la tutelle administrative

Art. 2 – Les délibérations, arrêtés et actes des autorités communales ainsi que les conventions qu'elles passent sont exécutoires de plein droit[1].

Les dispositions de l'alinéa précédent ne font pas obstacle à l'exercice, par le représentant de l'État dans le département, du pouvoir de substitution qu'il tient, notamment en matière de police, des articles L. 131-13 et L. 131-14 du code des communes, ni à celui de son pouvoir hiérarchique sur les arrêtés du maire lorsque celui-ci, en application des articles L. 122-14 et L. 122-23 du code des communes, agit comme représentant de l'État dans la commune.

Art. 3 – Les délibérations, arrêtés et actes des autorités communales ainsi que les conventions qu'elles passent sont transmis dans la quinzaine au représentant de l'État dans le département ou à son délégué dans l'arrondissement.

Le représentant de l'État dans le département défère au tribunal administratif les délibérations, arrêtés, actes et conventions qu'il estime contraires à la légalité dans les deux mois suivant la transmission prévue à l'alinéa précédent.

À la demande du maire, le représentant de l'État dans le département l'informe de son intention de ne pas déférer au tribunal administratif une délibération, un arrêté, un acte ou une convention des autorités communales qui lui a été transmis en application du premier alinéa du présent article.

Le représentant de l'État peut assortir son recours d'une demande de sursis à exécution. Il est fait droit à cette demande si l'un des moyens invoqués dans la requête paraît, en l'état de l'instruction, sérieux et de nature à justifier l'annulation de la délibération, de l'arrêté, de l'acte ou de la convention attaqués.

Lorsqu'un des actes administratifs mentionnés au premier alinéa du présent article est de nature à compromettre l'exercice d'une liberté publique ou individuelle..., le président du tribunal administratif prononce le sursis dans les quarante-huit heures. La décision relative au sursis du président du tribunal administratif est susceptible d'appel devant le Conseil d'État dans la quinzaine de sa notification. En ce cas, le président de la Section du contentieux du Conseil d'État ou un conseiller d'État délégué à cet effet statue dans un délai de quarante-huit heures.

Le Gouvernement soumet chaque année, avant le 1er juin, au Parlement, un rapport sur le contrôle *a posteriori* exercé à l'égard des délibérations, arrêtés, actes et conventions des communes par les représentants de l'État dans les départements.

Art. 4 – Sans préjudice du recours direct dont elle dispose, si une personne physique ou morale est lésée par

1. *Cf.* décision du Conseil constitutionnel en date du 23 février 1982, publiée au *Journal officiel* du 3 mars 1982.

un acte administratif d'une commune, elle peut demander au représentant de l'État dans le département de mettre en œuvre la procédure prévue à l'article 3 ci-dessus. Le représentant de l'État met en œuvre cette procédure lorsque l'acte en cause ne lui a pas été transmis dans le délai prévu au premier alinéa dudit article.

Art. 5 – L'État a la responsabilité de la conduite de la politique économique et sociale, ainsi que la défense de l'emploi.

Néanmoins, sous réserve du respect de la liberté du commerce et de l'industrie, du principe de l'égalité des citoyens devant la loi ainsi que des règles de l'aménagement du territoire définies par la loi approuvant le Plan, la commune peut intervenir en matière économique et sociale dans les conditions prévues au présent article.

I – Lorsque son intervention a pour objet de favoriser le développement économique, la commune peut accorder des aides directes et indirectes dans les conditions prévues par la loi approuvant le Plan.

II – Lorsque la protection des intérêts économiques et sociaux de la population communale l'exige, la commune peut accorder des aides directes et indirectes à des entreprises en difficulté pour la mise en œuvre de mesures de redressement prévues par une convention passée avec celles-ci.

La commune peut passer des conventions avec d'autres collectivités territoriales concernées et disposant de moyens adaptés à la conduite de ces actions, notamment au plan financier.

Les mêmes règles s'appliquent lorsque l'intervention a pour but d'assurer le maintien des services nécessaires à la satisfaction des besoins de la population en milieu rural et que l'initiative privée est défaillante ou absente.

III – Sont toutefois exclues, sauf autorisation prévue par décret en Conseil d'État, toutes participations dans le capital d'une société commerciale et de tout autre organisme à but lucratif n'ayant pas pour objet d'exploiter les services communaux ou des activités d'intérêt général dans les conditions prévues à l'article L. 381-1 du code des communes. [...]

Titre II
Des droits et libertés du département

Chapitre Ier
Des institutions départementales

Art. 23 – Le conseil général règle par ses délibérations les affaires du département.

Le département apporte aux communes qui le demandent son soutien à l'exercice de leurs compétences.

Art. 24 – Le conseil général élit son président et les autres membres de son bureau.

Le bureau est composé du président, de quatre à dix vice-présidents et éventuellement d'un ou plusieurs autres membres.

Le conseil général peut déléguer l'exercice d'une partie de ses attributions au bureau, à l'exception de celles visées aux articles 50, 51 et 52 de la présente loi.

Art. 25 – Le président du conseil général est l'organe exécutif du département.

Il prépare et exécute les délibérations du conseil général.

Il est l'ordonnateur des dépenses du département et prescrit l'exécution des recettes départementales, sous réserve des dispositions particulières du code général des impôts relatives au recouvrement des recettes fiscales des collectivités locales.

Il est le chef des services du département. Il peut, sous sa surveillance et sa responsabilité, donner délégation de signature en toute matière aux responsables desdits services.

Le président du conseil général gère le domaine du département. À ce titre, il exerce les pouvoirs de police afférent à cette gestion, notamment en ce qui concerne la circulation sur ce domaine, sous réserve des attributions dévolues aux maires par le code des communes et au représentant de l'État dans le département ainsi que du pouvoir de substitution du représentant de l'État dans le département prévu au paragraphe III de l'article 34 ci-dessous. [...]

Chapitre II
Du représentant de l'État dans le département

Art. 34 – I – Le représentant de l'État dans le département est nommé par décret en conseil des ministres.

Il représente chacun des ministres et dirige les services de l'État dans le département, sous réserve des exceptions limitativement énumérées par un décret en Conseil d'État.

Il est seul habilité à s'exprimer au nom de l'État devant le conseil général.

Le représentant de l'État dans le département a la charge des intérêts nationaux, du respect des lois, de l'ordre public et, dans les conditions fixées par la présente loi, du contrôle administratif. S'il n'en est disposé autrement par la présente loi, il exerce les compétences précédemment dévolues au préfet de département en tant que délégué du Gouvernement dans le département. Il est assisté, à cet effet, dans le département, d'un secrétaire général et, le cas échéant, de délégués dans les arrondissements du représentant de l'État.

Dans les conditions prévues par la présente loi, il veille à l'exercice régulier de leurs compétences par les autorités du département et des communes.

II – Sur leur demande, le président du conseil général et les maires reçoivent du représentant de l'État dans le département les informations nécessaires à l'exercice de leurs attributions.

Sur sa demande, le représentant de l'État dans le département reçoit des maires et du président du conseil général les informations nécessaires à l'exercice de ses attributions.

III – Outre les pouvoirs qu'il tient de l'article L. 131-13 du code des communes, le représentant de l'État dans le département est seul compétent pour prendre les mesures relatives au bon ordre, à la sûreté, à la sécurité et à la salubrité publiques, dont le champ d'application excède le territoire d'une commune.

Le représentant de l'État dans le département peut, dans le cas où il n'y aurait pas été pourvu par le président du conseil général, et après une mise en demeure restée sans résultat, exercer les attributions dévolues au président du conseil général en matière de police en vertu des dispositions de l'article 25 de la présente loi. [...]

Chapitre IV
De la suppression des tutelles administratives et financières

[...] ***Art. 46*** – Les délibérations, arrêtés et actes des autorités départementales ainsi que les conventions qu'elles passent sont transmises dans la quinzaine au représentant de l'État dans le département.

Le représentant de l'État dans le département défère au tribunal administratif les délibérations, arrêtés, actes et conventions qu'il estime contraires à la légalité dans les deux mois suivant la transmission prévue à l'alinéa précédent.

À la demande du président du conseil général, le représentant de l'État dans le département l'informe de son intention de ne pas déférer au tribunal administratif une délibération, un arrêté, un acte ou une convention des autorités départementales qui lui a été transmis en application du premier alinéa du présent article.

Le représentant de l'État peut assortir son recours d'une demande de sursis à exécution. Il est fait droit à cette demande si l'un des moyens invoqués dans la requête paraît, en l'état de l'instruction, sérieux et de nature à justifier l'annulation de la délibération, de l'arrêté, de l'acte ou de la convention attaqués.

Lorsqu'un des actes administratifs mentionnés au premier alinéa du présent article est de nature à compromettre l'exercice d'une liberté publique ou individuelle..., le président du tribunal administratif prononce le sursis dans les quarante-huit heures. La décision relative au sursis du président du tribunal administratif est susceptible d'appel devant le Conseil d'État dans la quinzaine de sa notification. En ce cas, le président de la Section du contentieux du Conseil d'État ou un conseiller d'État délégué à cet effet statue dans un délai de quarante-huit heures.

Le Gouvernement soumet chaque année, avant le 1er juin, au Parlement, un rapport sur le contrôle *a posteriori* exercé à l'égard des délibérations, arrêtés, actes et conventions des départements par les représentants de l'État dans les départements.

Art. 47 – Sans préjudice du recours direct dont elle dispose, si une personne physique ou morale est lésée par un acte administratif d'un département, elle peut demander au représentant de l'État dans le département de mettre en œuvre la procédure prévue à l'article 46 ci-dessus. Le représentant de l'État met en œuvre cette procédure lorsque l'acte en cause ne lui a pas été transmis dans le délai prévu au premier alinéa dudit article.

Art. 48 – L'État a la responsabilité de la conduite de la politique économique et sociale ainsi que de la défense de l'emploi.

Néanmoins, sous réserve du respect de la liberté du commerce et de l'industrie, du principe de l'égalité des citoyens devant la loi ainsi que des règles de l'aménagement du territoire définies par la loi approuvant le plan, le département peut intervenir en matière économique et sociale dans les conditions prévues au présent article.

I – Lorsque l'intervention du département a pour objet de favoriser le développement économique, il peut accorder des aides directes et indirectes dans les conditions prévues par la loi approuvant le plan.

II – Lorsque la protection des intérêts économiques et sociaux de la population départementale l'exige, le département peut accorder des aides directes et indirectes à des entreprises en difficulté pour la mise en œuvre de mesures de redressement prévues par une convention passée avec celles-ci. Le département peut passer des conventions avec d'autres collectivités territoriales concernées et disposant de moyens adaptés à la conduite de ces actions, notamment au plan financier.

Les mesures visées aux alinéas précédents doivent faire l'objet d'un avis préalable du conseil municipal de la commune où est tenue l'activité économique concernée.

Les mêmes règles s'appliquent lorsque l'intervention a pour but d'assurer le maintien des services nécessaires à la satisfaction des besoins de la population en milieu rural et que l'initiative privée est défaillante ou absente.

III – Sont toutefois exclues, sauf autorisation prévue par décret en Conseil d'État, toutes participations dans le capital d'une société commerciale et de tout autre organisme à but lucratif n'ayant pas pour objet d'exploiter les services départementaux ou des activités d'intérêt général dans les conditions analogues à celles prévues, pour les communes, par l'article L. 381-1 du code des communes. [...]

Titre III
Des droits et libertés de la région

Art. 59 – Les régions sont des collectivités territoriales. Elles sont administrées par un conseil régional élu au suffrage universel direct.

Le conseil régional règle par ses délibérations les affaires de la région.

Il a compétence pour promouvoir le développement économique, social, sanitaire, culturel et scientifique de la région et l'aménagement de son territoire et pour assurer la préservation de son identité dans le respect de l'intégrité, de l'autonomie et des attributions des départements et des communes. [...]

Chapitre II
De la suppression des tutelles administratives

Art. 69 – L'article 7 de la loi du 5 juillet 1972 précitée et l'article 18 de la loi du 6 mai 1976 précitée sont remplacés par les dispositions suivantes :

« 1 – Les délibérations, arrêtés et actes des autorités régionales, ainsi que les conventions qu'elles passent sont exécutoires de plein droit.

« Les délibérations, arrêtés et actes des autorités régionales ainsi que les conventions qu'elles passent sont transmis dans la quinzaine au représentant de l'État dans la région.

« Le représentant de l'État dans la région défère au tribunal administratif les délibérations, arrêtés et actes ainsi que les conventions qu'il estime contraires à la légalité dans les deux mois suivant la transmission prévue à l'alinéa précédent.

« Le représentant de l'État dans la région, à la demande du président du conseil régional, informe celui-ci de son intention de ne pas déférer au tribunal administratif une délibération, un arrêté, un acte ou une convention des autorités régionales transmis en application des alinéas précédents.

« Le représentant de l'État peut assortir son recours d'une demande de sursis à exécution. Il est fait droit à cette demande si l'un des moyens invoqués dans la requête paraît, en l'état de l'instruction, sérieux et de nature à justifier l'annulation de la délibération, de l'arrêté, de l'acte ou de la convention attaqués.

« Lorsqu'un des actes administratifs mentionnés au premier alinéa du présent article est de nature à compromettre l'exercice d'une liberté publique ou individuelle..., le président du tribunal administratif prononce le sursis dans les quarante-huit heures. La décision relative au sursis du président du tribunal administratif est susceptible d'appel devant le Conseil d'État dans la quinzaine de sa notification. En ce cas, le président de la Section du contentieux du Conseil d'État ou un conseiller d'État délégué à cet effet statue dans un délai de quarante-huit heures. » [...]

Loi n° 83-8 du 7 janvier 1983

Loi relative à la répartition des compétences entre les communes, les départements, les régions et l'État (extraits)

L'Assemblée nationale et le Sénat ont adopté,

Le Président de la République promulgue la loi dont la teneur suit :

Titre Ier Des principes fondamentaux et des modalités des transferts de compétence

Art. 4 – Les dispositions propres à chaque domaine de compétences, faisant l'objet d'un transfert en vertu de la présente loi, prendront effet à une date qui sera fixée par décret, au plus tard un an après la date de publication de la présente loi. Toutefois, les transferts de compétences dans les domaines de la justice et de la police prendront effet à une date qui sera fixée par décret, à compter du 1er janvier 1984 pour la justice et à compter du 1er janvier 1985 pour la police, et au plus tard dans les douze mois qui suivent chacune des ces dates.

Une loi ultérieure déterminera, dans le respect des principes définis par le présent titre, les transferts de compétences dans les domaines de l'action sociale, de la santé, des transports, de l'éducation et de la culture.

Les transferts de compétences dans les domaines de l'action sociale, de la santé et des transports devront être achevés au plus tard deux ans après la date de publication de la présente loi.

Les transferts de compétences dans les domaines de l'éducation et de la culture devront être achevés au plus tard trois ans après la date de publication de la présente loi. [...]

Section IV De la formation professionnelle et de l'apprentissage

Art. 82 – La région assure la mise en œuvre des actions d'apprentissage et de formation professionnelle continue, dans le respect des règles figurant au titre premier du livre Ier et au livre IX, à l'exception de son titre septième, du code du travail, ainsi que dans les lois non codifiées relatives auxdites actions.

Toutefois, l'État est compétent, après avis des régions concernées, sur le choix et la localisation des actions, pour financer et organiser les actions de portée générale intéressant l'apprentissage et la formation professionnelle continue, et relatives soit à des stages assurés par un même organisme dans plusieurs régions, soit à des formations destinées à des apprentis ou à des stagiaires sans considération d'origine régionale, soit encore à des stages créés en application de programmes établis au titre des orientations prioritaires de l'article L. 910-2 du code du travail.

L'État est également compétent pour effectuer toutes études et actions expérimentales nécessaires à la préparation des actions visées à l'alinéa précédent, ainsi que pour assurer l'information relative à ces actions.

Art. 83 – Sous réserve des dispositions contenues dans le deuxième alinéa de l'article 82, la création des centres de formation d'apprentis fait l'objet de conventions passées avec la région par les départements, les communes, les établissements publics, les compagnies consulaires, les chambres de métiers, les chambres d'agriculture, les établissements d'enseignement privé, les organisations professionnelles, les associations, les entreprises ou toute autre personne physique ou morale, après avis du comité régional de la formation professionnelle, de la promotion sociale et de l'emploi.

Cet avis porte notamment sur les garanties de tous ordres présentées par le projet, et sur son intérêt eu égard aux besoins de la formation professionnelle dans la zone d'action considérée.

La demande de convention doit donner lieu à une décision dans un délai de six mois à compter de son dépôt. En cas de réponse négative, ou de dénonciation d'une convention, la décision doit être motivée. La dénonciation ne peut intervenir que selon la procédure prévue à l'article L. 116-4 du code du travail. Les pouvoirs attribués à l'État par cet article sont exercés par la région.

À titre transitoire, la région poursuit jusqu'à leur terme l'exécution de conventions passées avec l'État en dehors du champ défini par le deuxième alinéa de l'article 82.

La durée d'application de celles de ces conventions qui viennent à échéance dans les deux ans suivant la date d'entrée en vigueur du présent article est prorogée jusqu'au terme de cette période de deux ans, à l'exception toutefois des conventions pour lesquelles la notification par l'autorité administrative de l'État de la décision de dénonciation est intervenue avant la date d'application de la présente loi.

Art. 84 – Chaque région arrête annuellement un programme régional d'apprentissage et de formation professionnelle continue, après avis du comité régional et des comités départementaux de la formation professionnelle, de la promotion sociale et de l'emploi.

Les communes ou groupements de communes qui ont arrêté un programme de formation, sont associés, à leur demande, à l'élaboration du programme régional.

Ce programme est établi dans le respect des normes et critères fixés par la loi portant approbation du plan de la nation.

Pour la mise en œuvre de ce programme, des conventions sont passées avec les établissements d'enseignement public, les organismes paritaires de formation ainsi que les différents organismes habilités.

Il est créé au près du Premier ministre un comité de coordination des programmes régionaux d'apprentissage et de formation professionnelle continue, comprenant pour un tiers des représentants de l'État, pour un tiers des représentants élus par les conseils régionaux et pour un tiers des représentants des organisations syndicale et professionnelles. Un décret en Conseil d'État précise sa composition et ses règles de fonctionnement.

Le comité veille à la cohérence et à l'efficacité des actions entreprises par l'État et par les régions en matière de formation professionnelle ; en particulier, il peut proposer toute mesure tendant à mettre en harmonie les programmes régionaux et à coordonner les orientations adoptées respectivement par l'État et par les régions.

Cette coordination tend en particulier à assurer une égalité des chances d'accès à l'apprentissage et à la formation professionnelle continue pour tous les intéressés quelle que soit la région considérée.

Art. 85 – Les charges résultant de la présente Section sont compensées selon la procédure prévue à l'article 94. Il est créé dans chaque région un fonds régional de l'apprentissage et de la formation professionnelle continue, qui est géré par le Conseil régional.

Ce fonds est alimenté chaque année par :

1° Les crédits transférés par l'État au titre de la formation professionnelle continue et de l'apprentissage. Ces crédits sont répartis notamment en fonction de la structure et du niveau de qualification de la population active, ainsi que de la capacité d'accueil de l'appareil de formation existant. Au sein de ces crédits, les sommes représentatives des rémunérations des stagiaires évoluent de façon à compenser intégralement les charges résultant de toute modification par l'État des normes fixées pour ces rémunérations. Un décret en Conseil d'État fixe les modalités d'application du présent paragraphe ;

2° Les crédits transférés par l'État dont le montant est égal aux versements au Trésor public effectués l'année précédente en application des articles L. 920-9 et L. 950-4 du code du travail et dont la répartition obéit aux mêmes critères que ceux mentionnés au 1° ci-dessus ;

3° Le cas échéant, les autres ressources susceptibles de lui être régulièrement attribuées ;

4° Les crédits votés à cet effet par le Conseil régional.

Titre III
De la compensation des transferts de compétences et de la dotation globale d'équipement

Section I
Des conditions préalables aux transferts de compétences ultérieures

Art. 93 – L'entrée en vigueur des transferts de compétences en matière d'aide sociale et de santé est subordonnée à la révision de la répartition des charges d'aide sociale et de santé entre l'État et les collectivités territoriales, telle qu'elle résulte du décret en Conseil d'État pris en application de l'article 191 du code de la famille et de l'aide sociale.

Cette révision est effectuée sur la base de l'évaluation de la capacité financière et des besoins des différents départements, en fonction du potentiel fiscal de chaque département et du montant des dépenses d'aide sociale par habitant.

Un décret en Conseil d'État fixe les conditions d'application du présent article et précise les critères selon lesquels les communes sont amenées à participer aux dépenses.

Section II
Des modalités de calcul des transferts de charges résultant des transferts de compétences et des modalités de leur compensation

Sous-Section I
Des principes de la compensation

Art. 94 – Les charges financières résultant pour chaque commune, département et région des transferts de compétences définis par le titre II de la présente loi et par la loi mentionnée au deuxième alinéa de l'article 4 font l'objet d'une attribution par l'État de ressources d'un montant équivalent.

Conformément à l'article 102 de la loi n° 82-213 du 2 mars 1982 précitée, les ressources attribuées sont équivalentes aux dépenses effectuées, à la date du transfert, par l'État au titre des compétences transférées. Ces ressources assurent la compensation intégrale des charges transférées.

Pendant la période de trois ans prévue à l'article 4 de la présente loi, le montant des dépenses résultant des accroissements et diminutions de charges est constaté pour chaque collectivité par arrêté conjoint du ministre chargé de l'intérieur et du ministre chargé du budget, après avis d'une commission présidée par un magistrat de la Cour des comptes et comprenant des représentants de chaque catégorie de collectivité concernée. Les modalités d'application du présent alinéa, notamment en ce qui concerne la procédure de décompte et la composition de la commission, sont fixées, en tant que de besoin, par décret en Conseil d'État. [...]

Loi n° 83-663 du 22 juillet 1983

Loi complétant la loi n° 83-8 du 7 janvier 1983 relative à la répartition des compétences entre les communes, les départements, les régions et l'État (extraits)

Titre II
Des compétences nouvelles

Section IV

Chapitre Ier
Des prestations

Art. 32 – Le département prend en charge l'ensemble des prestations légales d'aide sociale, à l'exception des prestations énumérées à l'article 35 de la présente loi et sous réserve de la participation financière des communes prévue à l'article 93 de la loi n° 83-8 du 7 janvier 1983 précitée.

(Loi n° 83-1186 du 29 décembre 1983, art. 23) – « Les conditions de ressources et éventuellement d'âge ou d'invalidité requises pour l'attribution de ces prestations ainsi que, selon le cas, leur montant ou les modalités de détermination de leur montant, notamment lorsque celui-ci est fixé par référence aux règles prévues pour une autre prestation, demeurent applicables, tels qu'ils sont fixés par la législation et la réglementation à la date d'entrée en vigueur de la loi mentionnée à l'article 119 de la loi n° 83-8 du 7 janvier 1983, toute modification aux conditions et, selon le cas, aux montants ou aux modalités de détermination des montants mentionnés ci-dessus intervient par décret en Conseil d'État ».

Art. 33 – Par convention passée avec le département, une commune peut exercer directement les compétences qui, en application de la présente Section, sont attribuées au département.

Les services départementaux correspondants sont mis à la disposition de la commune dans les conditions définies à l'article 10 de la loi n° 83-8 du 7 janvier 1983 précitée. La convention précise les conditions financières du transfert.

Art. 34 – Dans les conditions définies par la législation et la réglementation sociales, le conseil général adopte un règlement départemental d'aide sociale définissant les règles selon lesquelles sont accordées les prestations d'aide sociale relevant du département.

Il peut décider de conditions et de montants plus favorables que ceux prévus en application de l'article 32. Le département assure la charge financière de ces décisions.

Le Président du conseil général est compétent pour attribuer les prestations relevant de la compétence du département au titre de l'article 32 de la présente loi, sous réserve des pouvoirs reconnus à l'autorité judiciaire et des compétences des commissions mentionnées au titre III du code de la famille et de l'aide sociale et à l'article 14 de la loi n° 75-534 du 30 juin 1975 d'orientation en faveur des personnes handicapées.

Art. 35 – Sont à la charge de l'État au titre de l'aide sociale :

1° Les cotisations d'assurance maladie des adultes handicapés visés à l'article 613-15 du code de la Sécurité sociale ;

2° Les cotisations d'assurance personnelle instituées par la loi n° 78-2 du 2 janvier 1978 relative à la généralisation de la Sécurité sociale dans les conditions prévues par son article 5 ;

3° L'allocation aux familles dont les soutiens indispensables accomplissent le service national, mentionnée à l'article 156 du code de la famille et de l'aide sociale ;

4° L'allocation simple aux personnes âgées mentionnée à l'article 158 du code de la famille et de l'aide sociale ;

5° Les frais afférents à l'interruption volontaire de grossesse visés à l'article 181-2 du code de la famille et de l'aide sociale ;

6° L'allocation différentielle aux adultes handicapés visée à l'article 59 de la loi n° 75-534 du 30 juin 1975 d'orientation en faveur des personnes handicapées ;

7° Les frais d'hébergement, d'entretien et de formation professionnelle des personnes handicapées dans les établissements de rééducation professionnelle mentionnés à l'article 163 du code de la famille et de l'aide sociale.

8° Les frais de fonctionnement des centres d'aide par le travail ;

9° Les dépenses d'aide sociale engagées en faveur des personnes sans domicile de secours ;

10° Les mesures d'aide sociale en matière de logement, d'hébergement et de réadaptation prévues au chapitre VIII du titre III du code de la famille et de l'aide sociale ;

***Art. 35* bis** (L. n° 83-1186 du 29 décembre 1983, art. 24) – « En cas de désaccord du commissaire de la République sur la décision du président du conseil général qui constate l'absence de domicile de secours, les dépenses afférentes aux prestations mentionnées au premier alinéa de l'article 32 de la présente loi sont imputées au budget de l'État sans préjudice d'un recours éventuel contre la décision du président du conseil général.

Un décret en Conseil d'État précise, en tant que de besoin, les modalités d'application des dispositions ci-dessus. »

Art. 36 – Les dépenses supportées par l'État dans le département en application de l'article 35 ci-dessus, sont présentées chaque année dans un état récapitulatif. Cet état présenté au conseil général dans l'année qui suit l'exercice doit permettre la comparaison avec l'exercice précédent.

Chapitre II
Des services

Art. 37 – Le département est responsable des services et des actions suivants et en assure le financement :

1 – Le service départemental d'action sociale prévu à l'article 28 de la loi n° 75-535 du 30 juin 1975 modifiée relative aux institutions sociales et médico-sociales ;

2 – Le service de l'aide sociale à l'enfance prévu par le titre II du code de la famille et de l'aide sociale ;

3 – La protection sanitaire de la famille et de l'enfance dans les conditions prévues au titre I du livre II du code de la santé publique, à l'exception du chapitre III *bis* et de la Section I du chapitre V.

4 – La lutte contre les fléaux sociaux dans les conditions prévues au

chapitre I du titre I et au chapitre I du titre II du livre III du code de la santé publique ;

5 – Le dépistage précoce des affections cancéreuses et la surveillance après traitement des anciens malades prévus à l'article 63 de la loi n° 63-1241 du 19 décembre 1963 portant loi de finances pour 1964 ;

6 – Les actions de lutte contre la lèpre.

Le département organise ces services et actions sur une base territoriale.

Art. 38 – L'article L. 50 du code de la santé publique est remplacé par les dispositions suivantes :

« *Art. L. 5* – Les services départementaux de vaccination relèvent de la compétence du conseil général qui en assure l'organisation »

Art. 39 – Il est inséré dans le code de la santé publique un article L. 147 rédigé comme suit :

« *Art. L. 147* – Les centres et consultations de protection maternelle et infantile, les activités de protection maternelle et infantile à domicile, la formation et l'agrément des assistantes maternelles relèvent de la compétence du département qui en assure l'organisation et le financement. »

Art. 40 – Les articles L. 247 et L. 304 du code de la santé publique sont remplacés par les dispositions suivantes :

« *Art. L. 247* – Les dispensaires antituberculeux et les services de vaccination de la population civile par le vaccin antituberculeux BCG sont des services du département. »

« *Art. L. 304* – Les dispensaires antivénériens sont des services du département. »

Art. 41 – L'article L. 772 du code de la santé publique est remplacé par les dispositions suivantes :

« *Art. 772* – Les services municipaux d'hygiène relèvent de la compétence des communes ou, le cas échéant, des groupements de communes, qui en assurent l'organisation, et le financement, sous l'autorité du maire ou, le cas échéant, du président de l'établissement public de coopération intercommunale. »

« Les bureaux municipaux d'hygiène sont chargés, sous l'autorité du maire, de l'application des dispositions relatives à la protection générale de la santé publique énumérées, notamment au titre I du livre I du présent code et relevant des autorités municipales. »

(Loi n° 83-1136 du 29 décembre 1983, *Art. 35*) – « Jusqu'au 31 décembre 1984, les bureaux municipaux d'hygiène qui, à la date d'entrée en vigueur de la section IV du titre II de la loi n° 83-653 du 22 juillet 1983, exercent effectivement des attributions en matière de vaccination ou de désinfection ainsi qu'en matière de contrôle administratif et technique des règles d'hygiène continuent d'exercer ces attributions par dérogation aux articles 38 et 49 de ladite loi. À ce titre, les communes dont relèvent ces bureaux municipaux d'hygiène reçoivent la dotation générale de décentralisation correspondante dans les conditions prévues par l'article 94 de la loi n° 83-8 du 7 janvier 1983, relative à la répartition de compétences entre les communes, les départements, les régions et l'État.

Chapitre III
Des structures et des procédures

Art. 42 – Un schéma départemental des établissements et services sociaux et médico-sociaux est arrêté par le conseil général, sous réserve des dispositions de l'article 46.

Le schéma départemental est révisé dans les mêmes conditions.

Art. 43 – L'autorisation de création, de transformation et d'extension des établissements et services sociaux fournissant des prestations d'aide sociale relevant de la compétence du département est accordée par le président du conseil général sous réserve des dispositions de l'article 46.

Art. 44 – Les prestations relevant du domaine de compétence du département ne sont prises en charge par celui-ci que si elles sont fournies par des établissements et services habilités à recevoir des bénéficiaires de l'aide sociale.

Le président du conseil général est compétent pour délivrer l'habilitation prévue à l'alinéa précédent.

La condition prévue au premier alinéa ne fait pas obstacle aux pouvoirs que l'autorité judiciaire tient des articles 375 à 375-8 du code civil et au financement des mesures prises à ce titre. Elle ne fait pas non plus obstacle à la prise en charge, au titre d'aide médicale, des prestations délivrées par les établissements et services sanitaires, médico-sociaux ou sociaux habilités à dispenser des soins aux assurés sociaux, ni aux dispositions particulières du règlement départemental d'aide sociale.

Art. 45 – I – La tarification des prestations fournies par les établissements et services sociaux relevant du domaine de compétence du département et habilités à recevoir des bénéficiaires de l'aide sociale est arrêtée chaque année par le président du conseil général, sous réserve des dispositions suivantes.

II – La tarification des prestations remboursables aux assurés sociaux est arrêtée dans les conditions fixées par l'article 27 *bis* de la loi 75-535 du 30 juin 1975 précitée, après avis du président du conseil général.

Au vu de cette décision, le président du conseil général fixe la tarification des prestations fournies par les établissements et services habilités à recevoir des bénéficiaires de l'aide sociale en vertu de l'article 44.

III – La tarification des prestations fournies par les établissements ou services auxquels l'autorité judiciaire confie directement et habituellement des mineurs est arrêtée conjointement par le président du conseil général et le représentant de l'État dans le département.

Art. 46 – La réalisation de tout projet de création ou d'extension d'un établissement ou service fournissant des prestations prises en charge concurremment soit par le département et par l'État, soit par le département et un organisme fournissant des prestations remboursables aux assurés sociaux est subordonnée à une autorisation accordée conjointement par le président du conseil général et le représentant de l'État dans le département.

Art. 47 – Les informations nominatives à caractère sanitaire et social détenues par les services des affaires sanitaires et sociales sont protégées par le secret professionnel.

Le président du conseil général et le représentant de l'État dans le département peuvent obtenir la communication des informations qui leur sont nécessaires pour exercer leurs pouvoirs en matière sanitaire et sociale.

Les règles régissant la communication des informations d'ordre sanitaire et social à l'autorité judiciaires sont applicables.

Art. 48 – Les dépenses résultant de l'application des articles 32, 34 et 37 de la présente loi, ainsi que des articles L. 50, L. 147, L. 247, L. 304 et L. 772 du code de la santé publique ont un caractère obligatoire.

Chapitre IV
Allégement des charges des collectivités territoriales

Art. 49 – Les articles L. 49, L. 185, L. 353 et L. 355-8 du code de la santé publique sont remplacés par les dispositions suivantes :

« *Art. L. 49* – Sous réserve des compétences reconnues aux autorités municipales, le contrôle administratif et technique des règles d'hygiène relève de la compétence de l'État qui en détermine les modalités et en assure l'organisation et le financement. »

« *Art. L. 185* – Les frais occasionnés par l'application des dispositions au chapitre V du présent titre sont supportés par l'État. »

« *Art. 353* – Les dépenses exposées en application de l'article 326 sont à la charge de l'État sans préjudice de la participation des régimes d'assurance maladie aux dépenses de soins. »

« *Art. L. 355-8* – Les frais de placement des alcooliques dangereux pour autrui sont couverts dans les mêmes conditions que pour les autres cas d'hospitalisation. Sont notamment applicables les lois sur la Sécurité sociale et sur l'aide sociale. Les dépenses d'aide sociale résultant de l'application des présentes dispositions sont à la charge de l'État. » [...]

Art. 51 – À l'article 3 de la loi n° 70-1320 du 31 décembre 1970 relative aux mesures sanitaires de lutte contre la toxicomanie et à la répression du trafic et de l'usage illicite de substances vénéneuses, les mots : « sont à la charge de l'État » sont substitués aux mots : « sont répartis entre l'État et les départements selon les dispositions de l'article 190 du code de la famille et de l'aide sociale ».

Chapitre V
Dispositions diverses ou transitoires

Art. 52 – Le deuxième alinéa de l'article 23 de la loi n° 75-535 du 30 juin 1975 précitée est complété par la phrase suivante :

« Toutefois, en ce qui concerne les hospices publics, qui se transforment en unités relevant de la présente loi, la décision est prise par le représentant de l'État dans le département, jusqu'à l'entrée en vigueur de la loi adaptant la législation relative aux institutions sociales et médico-sociales prévue à l'article 119 de la loi n° 83-8 du 7 janvier 1983 relative à la répartition de compétences entre les communes, les départements, les régions et l'État. »

Art. 53 – Pour l'exercice de ses attributions, le département se substitue à l'État dans les droits et obligations découlant des conventions signées par celui-ci dans les domaines de compétences relevant du département à compter de la date d'entrée en vigueur de la présente Section. [...]

Loi d'orientation n° 92-125 du 6 février 1992

Loi relative à l'administration territoriale de la République (extraits)

L'Assemblée nationale et le Sénat ont délibéré,

L'Assemblée nationale a adopté,

Le Président de la République promulgue la loi dont la teneur suit :

Art. 1er – L'administration territoriale de la République est assurée par les collectivités territoriales et par les services déconcentrés de l'État.

Elle est organisée, dans le respect du principe de libre administration des collectivités territoriales, de manière à mettre en œuvre l'aménagement du territoire, à garantir la démocratie locale et à favoriser la modernisation du service public.

Titre Ier
De l'organisation territoriale de l'État

Art. 2 – Placées sous l'autorité du Premier ministre et de chacun des ministres, les administrations civiles de l'État se composent d'administrations centrales et de services déconcentrés.

La répartition des missions entre les administrations centrales et les services déconcentrés s'organise selon les principes fixés par la présente loi.

Sont confiées aux administrations centrales les seules missions qui présentent un caractère national ou dont l'exécution, en vertu de la loi, ne peut être déléguée à un échelon territorial.

Les autres missions, et notamment celles qui intéressent les relations entre l'État et les collectivités territoriales, sont confiées aux services déconcentrés dans les conditions fixées par les articles 34 et 79 de la loi n° 83-213 du 2 mars 1982 relative aux droits et libertés des communes, des départements et des régions.

Art. 3 – Dans tous les textes législatifs et réglementaires, la référence à : « services extérieurs » est remplacée par celle à : « services déconcentrés ».

Art. 4 – Pour exercer leurs missions, les services déconcentrés des administrations civiles de l'État sont, sauf disposition législative contraire ou exception prévue par décret en Conseil d'État, organisés dans le cadre des circonscriptions territoriales suivantes :

- circonscription régionale ;
- circonscription départementale ;
- circonscription d'arrondissement. [...]

Art. 7 – Les services déconcentrés de l'État peuvent concourir par leur appui technique aux projets de développement économique, social et culturel des collectivités territoriales et de leurs établissements publics de coopération qui en font la demande. Dans ce cas, cet appui est fourni dans des conditions définies par convention passée entre le représentant de l'État et, selon le cas, le président du Conseil régional, le président du conseil général, le maire ou le président de l'établissement public de coopération. [...]

Titre II
De la démocratie locale

Art. 10 – Le droit des habitants de la commune à être informés des affaires de celle-ci et à être consultés sur les décisions qui les concernent, indissociable de la libre administration des collectivités territoriales, est un principe essentiel de la démocratie locale. Il s'exerce dans les conditions prévues au présent titre, sans préjudice des dispositions en vigueur relatives notamment à la publicité des actes des autorités territoriales ainsi qu'à la liberté d'accès aux documents administratifs.

Chapitre Ier
De l'information des habitants sur les affaires locales

Art. 11 – Les articles L. 212-1 et L. 261-3 du code des communes sont complétés par un second alinéa ainsi rédigé :

« Dans les communes de 3 500 habitants et plus, un débat a lieu au conseil municipal sur les orientations générales du budget, dans un délai de deux mois précédant l'examen de celui-ci et dans les conditions fixées par le règlement intérieur prévu à l'article L. 121-10-1. »

Art. 12 – Avant le premier alinéa de l'article 6 de la loi n° 72-619 du 5 juillet 1972 précitée, sont insérés deux alinéas ainsi rédigés :

« Dans un délai de deux mois précédant l'examen du budget, un débat a lieu au Conseil régional sur les orientations budgétaires.

« Le projet de budget de la région est préparé et présenté par le président du Conseil régional avec les rapports correspondants, douze jours au moins avant l'ouverture de la première réunion consacrée à l'examen dudit budget. »

Art. 13 – I – L'article L. 212-14 du code des communes est ainsi rédigé :

« *Art. L. 212-14* – Les budgets de la commune restent déposés à la mairie et, le cas échéant, à la mairie annexe où ils sont mis sur place à la disposition du public dans les quinze jours qui suivent leur adoption ou éventuellement leur notification après règlement par le représentant de l'État dans le département.

« Le public est avisé de la mise à disposition de ces documents par tout moyen de publicité au choix du maire.

Dans les communes de 3 500 habitants et plus, les documents budgétaires, sans préjudice des dispositions de l'article L. 241-6, sont assortis en annexe :

« 1° De données synthétiques sur la situation financière de la commune ;

« 2° De la liste des concours attribués par la commune aux associations sous forme de prestations en nature et de subventions ;

« 3° De la présentation consolidée des résultats afférents au dernier exercice connu du budget principal et des budgets annexes de la commune. Cette mesure prend effet à compter de la production du compte administratif afférent à l'année 1992 ;

« 4° Des tableaux de synthèse des comptes administratifs afférents au dernier exercice connu des organismes de coopération intercommunale dont est membre la commune ;

« 5° Du bilan certifié conforme du dernier exercice connu des organismes dans lesquels la commune détient une part du capital ou au bénéfice desquels la commune a garanti un emprunt ou versé une subvention supérieure à 500 000 F ou représentant plus de 50 p. 100 du budget de l'organisme ;

« 6° D'un tableau retraçant l'encours des emprunts garantis par la commune ainsi que l'échéancier de leur amortissement.

« Dans ces mêmes communes de 3 500 habitants et plus, les documents visés au 1° font l'objet d'une insertion dans une publication locale diffusée dans la commune.

« Un décret en Conseil d'État fixe les conditions d'application du présent article. »

II – Dans le 1° de l'article L. 261-1 du code des communes, la référence à l'article L. 212-14 de ce même code est supprimée.

Art. 14 – Il est inséré, dans le code des communes, un article L. 321-6 ainsi rédigé :

« *Art. L. 321-6* – Dans les communes de 3 500 habitants et plus, les documents relatifs à l'exploitation des services publics délégués, qui doivent être remis à la commune en application de conventions de délégation de service public, à l'exception de ceux mentionnés à l'article 6 de la loi n° 78-753 du 17 juillet 1978 portant diverses mesures d'amélioration des relations entre l'administration et le public et diverses dispositions d'ordre administratif, social et fiscal, sont mis à la disposition du public sur place à la mairie et, le cas échéant, à la mairie annexe, dans les quinze jours qui suivent leur réception. Le public est avisé par le maire de cette réception par voie d'affiche apposée en mairie et aux lieux habituels d'affichage pendant au moins un mois. »

Art. 15 – Les dispositions des articles L. 212-1, L. 212-14 et L. 261-3 et L. 321-6 du code des communes s'appliquent aux établissements publics administratifs des communes de 3 500 habitants et plus, aux établissements publics de coopération intercommunale et aux syndicats mixtes mentionnés à l'article L. 166-5 du code des communes, qui comprennent au moins une commune de 3 500 habitants et plus.

Le lieu de mise à la disposition du public est le siège de l'établissement et les mairies des communes membres de l'établissement public de coopération intercommunale ou du syndicat mixte.

Art. 16 – I – L'article 67 de la loi du 10 août 1871 relative aux conseils généraux est complété par un second alinéa ainsi rédigé :

« Les dispositions des articles L. 212-14 et L. 321-6 du code des communes sont applicables aux départements. Le lieu de mise à disposition du public est l'hôtel du département. Ces documents peuvent également être mis à la disposition du public dans chaque canton, dans un lieu public. »

II – L'article 6 de la loi n° 72-619 du 5 juillet 1972 précitée est complété par un septième alinéa ainsi rédigé :

« Les dispositions des articles L. 212-14 et L. 321-6 du code des communes sont applicables aux régions. Le lieu de mise à disposition du public est l'hôtel de la région. Ces documents peuvent également être mis à la disposition du public dans chaque département, dans un lieu public. »

III – Les dispositions prévues aux I et II s'appliquent également aux établissements publics de coopération interdépartementale, aux établissements publics de coopération interrégionale et aux syndicats mixtes mentionnés à l'article L. 166-1 du code des communes qui comprennent au moins un département ou une région. Le lieu de mise à disposition du public est le siège de l'établissement et les hôtels des départements et des régions membres.

Art. 17 – I – Dans le premier alinéa de l'article L. 121-19 du code des communes, les mots : « Tout habitant ou contribuable » sont remplacés par les mots : « Toute personne physique ou morale ».

II – L'article L. 121-19 du code des communes est complété par un troisième alinéa ainsi rédigé :

« La personne visée au premier alinéa désireuse de se faire communiquer la copie des budgets ou des comptes d'une commune peut l'obtenir, à ses frais, aussi bien du maire que des services extérieurs de l'État. » [...]

Loi constitutionnelle n° 2003-276 du 28 mars 2003

Loi relative à l'organisation décentralisée de la République

Le Congrès a adopté,

Vu la décision du Conseil constitutionnel n° 2003-469 DC du 26 mars 2003,

Le Président de la République promulgue la loi dont la teneur suit :

Art. 1 – L'article 1er de la Constitution est complété par une phrase ainsi rédigée : « Son organisation est décentralisée. »

Art. 2 – Dans le quatorzième alinéa de l'article 34 de la Constitution, le mot : « locales » est remplacé par le mot : « territoriales ».

Art. 3 – Après l'article 37 de la Constitution, il est inséré un article 37-1 ainsi rédigé :

« *Art. 37-1* – La loi et le règlement peuvent comporter, pour un objet et une durée limités, des dispositions à caractère expérimental. »

Art. 4 – Le dernier alinéa de l'article 39 de la Constitution est complété par une phrase ainsi rédigée : « Sans préjudice du premier alinéa de l'article 44, les projets de loi ayant pour principal objet l'organisation des collectivités territoriales et les projets de loi relatifs aux instances représentatives des Français établis hors de France sont soumis en premier lieu au Sénat. »

Art. 5 – L'article 72 de la Constitution est ainsi rédigé :

« *Art. 72* – Les collectivités territoriales de la République sont les communes, les départements, les régions, les collectivités à statut particulier et les collectivités d'outre-mer régies par l'article 74. Toute autre collectivité territoriale est créée par la loi, le cas échéant en lieu et place d'une ou de plusieurs collectivités mentionnées au présent alinéa.

« Les collectivités territoriales ont vocation à prendre les décisions pour l'ensemble des compétences qui peuvent le mieux être mises en œuvre à leur échelon.

« Dans les conditions prévues par la loi, ces collectivités s'administrent librement par des conseils élus et disposent d'un pouvoir réglementaire pour l'exercice de leurs compétences.

« Dans les conditions prévues par la loi organique, et sauf lorsque sont en cause les conditions essentielles d'exercice d'une liberté publique ou d'un droit constitutionnellement garanti, les collectivités territoriales ou leurs groupements peuvent, lorsque, selon le cas, la loi ou le règlement l'a prévu, déroger, à titre expérimental et pour un objet et une durée limités, aux dispositions législatives ou réglementaires qui régissent l'exercice de leurs compétences.

« Aucune collectivité territoriale ne peut exercer une tutelle sur une autre. Cependant, lorsque l'exercice d'une compétence nécessite le concours de plusieurs collectivités territoriales, la loi peut autoriser l'une d'entre elles ou un de leurs groupements à organiser les modalités de leur action commune.

« Dans les collectivités territoriales de la République, le représentant de l'État, représentant de chacun des membres du Gouvernement, a la charge des intérêts nationaux, du contrôle administratif et du respect des lois. »

Art. 6 – Après l'article 72 de la Constitution, il est inséré un article 72-1 ainsi rédigé :

« *Art. 72-1* – La loi fixe les conditions dans lesquelles les électeurs de chaque collectivité territoriale peuvent, par l'exercice du droit de pétition, demander l'inscription à l'ordre du jour de l'assemblée délibérante de cette collectivité d'une question relevant de sa compétence.

« Dans les conditions prévues par la loi organique, les projets de délibération ou d'acte relevant de la compétence d'une collectivité territoriale peuvent, à son initiative, être soumis, par la voie du référendum, à la décision des électeurs de cette collectivité.

« Lorsqu'il est envisagé de créer une collectivité territoriale dotée d'un statut particulier ou de modifier son organisation, il peut être décidé par la loi de consulter les électeurs inscrits dans les collectivités intéressées. La modification des limites des collectivités territoriales peut également donner lieu à la consultation des électeurs dans les conditions prévues par la loi. »

Art. 7 – Après l'article 72 de la Constitution, il est inséré un article 72-2 ainsi rédigé :

« *Art. 72-2* – Les collectivités territoriales bénéficient de ressources dont elles peuvent disposer librement dans les conditions fixées par la loi.

« Elles peuvent recevoir tout ou partie du produit des impositions de toutes natures. La loi peut les autoriser à en fixer l'assiette et le taux dans les limites qu'elle détermine.

« Les recettes fiscales et les autres ressources propres des collectivités territoriales représentent, pour chaque catégorie de collectivités, une part déterminante de l'ensemble de leurs ressources. La loi organique fixe les conditions dans lesquelles cette règle est mise en œuvre.

« Tout transfert de compétences entre l'État et les collectivités territoriales s'accompagne de l'attribution de ressources équivalentes à celles qui étaient consacrées à leur exercice. Toute création ou extension de compétences ayant pour conséquence d'augmenter les dépenses des collectivités territoriales est accompagnée de ressources déterminées par la loi.

« La loi prévoit des dispositifs de péréquation destinés à favoriser l'égalité entre les collectivités territoriales. »

Art. 8 – Après l'article 72 de la Constitution, sont insérés deux articles 72-3 et 72-4 ainsi rédigés :

« *Art. 72-3* – La République reconnaît, au sein du peuple français, les populations d'outre-mer, dans un idéal commun de liberté, d'égalité et de fraternité.

« La Guadeloupe, la Guyane, la Martinique, La Réunion, Mayotte, Saint-Pierre-et-Miquelon, les îles Wallis et Futuna et la Polynésie française sont régis par l'article 73 pour les départements et les régions d'outre-mer et pour les collectivités territoriales créées en application du dernier alinéa de l'article 73, et par l'article 74 pour les autres collectivités.

« Le statut de la Nouvelle-Calédonie est régi par le titre XIII.

« La loi détermine le régime législatif et l'organisation particulière des Terres australes et antarctiques françaises.

« *Art. 72-4* – Aucun changement, pour tout ou partie de l'une des collectivités mentionnées au deuxième alinéa de l'article 72-3, de l'un vers l'autre des régimes prévus par les articles 73 et 74, ne peut intervenir sans que le consentement des électeurs de la collectivité ou de la partie de collectivité intéressée ait été préalablement recueilli dans les conditions prévues à l'alinéa suivant. Ce changement de régime est décidé par une loi organique.

« Le Président de la République, sur proposition du Gouvernement pendant la durée des sessions ou sur proposition conjointe des deux assemblées, publiées au Journal officiel, peut décider de consulter les électeurs d'une collectivité territoriale située outre-mer sur une question relative à son organisation, à ses compétences ou à son régime législatif. Lorsque la consultation porte sur un changement prévu à l'alinéa précédent et est organisée sur proposition du Gouvernement, celui-ci fait, devant chaque assemblée, une déclaration qui est suivie d'un débat. »

Art. 9 – L'article 73 de la Constitution est ainsi rédigé :

« *Art. 73* – Dans les départements et les régions d'outre-mer, les lois et règlements sont applicables de plein droit. Ils peuvent faire l'objet d'adaptations tenant aux caractéristiques et contraintes particulières de ces collectivités.

« Ces adaptations peuvent être décidées par ces collectivités dans les matières où s'exercent leurs compétences et si elles y ont été habilitées par la loi.

« Par dérogation au premier alinéa et pour tenir compte de leurs spécificités, les collectivités régies par le présent article peuvent être habilitées par la loi à fixer elles-mêmes les règles applicables sur leur territoire, dans un nombre limité de matières pouvant relever du domaine de la loi.

« Ces règles ne peuvent porter sur la nationalité, les droits civiques, les garanties des libertés publiques, l'état et la capacité des personnes, l'organisation de la justice, le droit pénal, la procédure pénale, la politique étrangère, la défense, la sécurité et l'ordre publics, la monnaie, le crédit et les changes, ainsi que le droit électoral. Cette énumération pourra être précisée et complétée par une loi organique.

« La disposition prévue aux deux précédents alinéas n'est pas applicable au département et à la région de La Réunion.

« Les habilitations prévues aux deuxième et troisième alinéas sont décidées, à la demande de la collectivité concernée, dans les conditions et sous les réserves prévues par une loi organique. Elles ne peuvent intervenir lorsque sont en cause les conditions essentielles d'exercice d'une liberté publique ou d'un droit constitutionnellement garanti.

« La création par la loi d'une collectivité se substituant à un département et une région d'outre-mer ou l'institution d'une assemblée délibérante unique pour ces deux collectivités ne peut intervenir sans qu'ait été recueilli, selon les formes prévues au second alinéa de l'article 72-4, le consentement des électeurs inscrits dans le ressort de ces collectivités. »

Art. 10 – L'article 74 est ainsi rédigé :

« *Art. 74* – Les collectivités d'outre-mer régies par le présent article ont un statut qui tient compte des intérêts propres de chacune d'elles au sein de la République.

« Ce statut est défini par une loi organique, adoptée après avis de l'assemblée délibérante, qui fixe :

« – les conditions dans lesquelles les lois et règlements y sont applicables ;

« – les compétences de cette collectivité ; sous réserve de celles déjà exercées par elle, le transfert de compétences de l'État ne peut porter sur les matières énumérées au quatrième alinéa de l'article 73, précisées et complétées, le cas échéant, par la loi organique ;

« – les règles d'organisation et de fonctionnement des institutions de la collectivité et le régime électoral de son assemblée délibérante ;

« – les conditions dans lesquelles ses institutions sont consultées sur les projets et propositions de loi et les projets d'ordonnance ou de décret comportant des dispositions particulières à la collectivité, ainsi que sur la ratification ou l'approbation d'engagements internationaux conclus dans les matières relevant de sa compétence.

« La loi organique peut également déterminer, pour celles de ces collectivités qui sont dotées de l'autonomie, les conditions dans lesquelles :

« – le Conseil d'État exerce un contrôle juridictionnel spécifique sur certaines catégories d'actes de l'assemblée délibérante intervenant au titre des compétences qu'elle exerce dans le domaine de la loi ;

« – l'assemblée délibérante peut modifier une loi promulguée postérieurement à l'entrée en vigueur du statut de la collectivité, lorsque le Conseil constitutionnel, saisi notamment par les autorités de la collectivité, a constaté que la loi était intervenue dans le domaine de compétence de cette collectivité ;

« – des mesures justifiées par les nécessités locales peuvent être prises par la collectivité en faveur de sa population, en matière d'accès à l'emploi, de droit d'établissement pour l'exercice d'une activité professionnelle ou de protection du patrimoine foncier ;

« – la collectivité peut participer, sous le contrôle de l'État, à l'exercice des compétences qu'il conserve, dans le respect des garanties accordées sur l'ensemble du territoire national pour l'exercice des libertés publiques.

« Les autres modalités de l'organisation particulière des collectivités relevant du présent article sont définies et modifiées par la loi après consultation de leur assemblée délibérante. »

Art. 11 – Après l'article 74 de la Constitution, il est inséré un article 74-1 ainsi rédigé :

« *Art. 74-1* – Dans les collectivités d'outre-mer visées à l'article 74 et en Nouvelle-Calédonie, le Gouvernement peut, dans les matières qui demeurent de la compétence de l'État, étendre par ordonnances, avec les adaptations nécessaires, les dispositions de nature législative en vigueur en métropole, sous réserve que la loi n'ait pas expressément exclu, pour les dispositions en cause, le recours à cette procédure.

« Les ordonnances sont prises en conseil des ministres après avis des assemblées délibérantes intéressées et du Conseil d'État. Elles entrent en vigueur dès leur publication. Elles deviennent caduques en l'absence de ratification par le Parlement dans le délai de dix-huit mois suivant cette publication. »

Art. 12 – I – Au premier alinéa de l'article 7 de la Constitution, les mots : « le deuxième dimanche suivant » sont remplacés par les mots : « le quatorzième jour suivant ».

II – Au troisième alinéa de l'article 13 de la Constitution, les mots : « les représentants du Gouvernement dans les territoires d'outre-mer » sont remplacés par les mots : « les représentants de l'État dans les collectivités d'outre-mer régies par l'article 74 et en Nouvelle-Calédonie ».

III – À l'article 60 de la Constitution, après les mots : « des opérations de référendum », sont insérés les mots : « prévues aux articles 11 et 89 ».

La présente loi sera exécutée comme loi de l'État.

Fait à Paris, le 28 mars 2003.

Par le Président de la République :
Jacques Chirac

Le Premier ministre, Jean-Pierre Raffarin

Le ministre de l'Intérieur, de la Sécurité intérieure, et des Libertés locales, Nicolas Sarkozy

Le garde des Sceaux, ministre de la Justice, Dominique Perben

La ministre de l'Outre-mer, Brigitte Girardin

3

Dispositions communes aux institutions sociales et médico-sociales

Les textes d'application transversale : les pivots de la cohérence du secteur social et médico-social

Deux textes, adoptés à la même date du 30 juin 1975, ont joué un rôle essentiel dans la structuration du secteur social et médico-social : la loi n° 75-534, dite loi d'orientation en faveur des personnes handicapées, et la loi n° 75-535 relative aux institutions sociales et médico-sociales. La loi du 29 juillet 1998 d'orientation relative à la lutte contre les exclusions avait déjà permis de compléter cette dernière sur plusieurs points. Voir dans le chapitre 6, les articles 72 (extension du champ d'application de la loi de 1975 aux institutions participant à la lutte contre l'alcoolisme), 134 (institution de schémas départementaux des centres d'hébergement et de réinsertion sociale), 151 (modification de l'article 29 de la loi de 1975 concernant la formation des travailleurs sociaux), 157 (réécriture de l'article 3 de la loi de 1975, permettant l'extension du champ d'application de cette loi à l'insertion par l'économique et à l'accueil d'urgence).

Mais en 2002, la loi de 1975 relative aux institutions a fait l'objet d'un traitement plus radical. Elle a été remplacée par la loi du 2 janvier 2002 rénovant l'action sociale et médico-sociale, avec des ajustements supplémentaires apportés par la loi du 4 mars 2002 relative aux droits des malades et à la qualité du système de santé.

Les nouvelles dispositions ont pris place dans ce qui s'intitule aujourd'hui le Code de l'action sociale et des familles, l'ordonnance du 21 décembre 2000 ayant supprimé l'ancienne appellation du Code de la famille et de l'aide sociale.

La loi du 2 janvier 2002, dont les grandes lignes avaient été dessinées en 1995, permet de redéfinir l'action sociale et médico-sociale bien au-delà d'une seule « révision de la loi de 1975 », selon une expression trop réductrice. Il est plus juste de parler de « refondation », notion utilisée par Dominique Gillot, alors secrétaire d'État à la Santé et aux Handicapés lors de la présentation du projet de loi à l'assemblée nationale.

Cette loi développe quatre orientations principales, qui s'appliquent aussi bien au secteur privé qu'au secteur public :

- le renforcement du droit des usagers : l'idée est de passer d'un « modèle protecteur » qui maintient les personnes dans l'assistance et la dépendance aux institutions à un « modèle promoteur » qui vise à développer les potentialités des usagers et à les accompagner, quand c'est possible, dans une dynamique d'insertion sociale. Les institutions seront dotées de plusieurs outils qui n'étaient pas, jusque-là, obligatoires ou qui n'existaient pas du tout : projet d'établissement, livret d'accueil, charte des droits et libertés, contrat de séjour, règlement de fonctionnement. Les usagers pourront aussi faire appel à des personnes qualifiées choisies sur une liste établie conjointement par le préfet et par le président du conseil général, pour les aider à faire valoir leurs droits. Enfin, le conseil d'établissement, qui était une instance consultative avec une représentation majoritaire des usagers et des familles, s'appellera désormais conseil de la vie sociale, de façon à éviter les confusions avec les instances représentatives du personnel ;
- l'élargissement du champ d'application de la loi, avec la reconnaissance de plusieurs formules qui n'avaient pas de fondement légal très assuré : foyers d'accueil médicalisés (jusque-là foyers à double tarification), centres de ressources,

appartements de coordination thérapeutique, lieux de vie et d'accueil non traditionnels... ;

– l'amélioration de la planification : d'une part les autorisations sont conditionnées par une évaluation interne et externe, dont les modalités seront définies par un conseil national de l'évaluation sociale et médico-sociale ; d'autre part il est créé un conseil supérieur des établissements et services sociaux et médico-sociaux, ainsi que des schémas d'organisation sociale et médico-sociale, à l'échelon national, régional et départemental, pour s'assurer de l'adéquation entre les besoins et les réponses. La loi du 4 mars 2002 a complété ces dispositions en précisant le rôle et la composition des nouveaux comités régionaux de l'organisation sociale et médico-sociale ;
– une meilleure coordination des décideurs et des acteurs, avec des procédures formalisées de concertation et de partenariats : analyse concertée des besoins, conventions, contrats pluriannuels d'objectifs et de moyens, système d'information commun à l'État, aux conseils généraux et aux organismes d'assurance maladie.

Parmi les autres nouveautés, on retiendra l'obligation de qualification des personnels (alinéa II de l'article 15), les mesures prises pour prévenir les maltraitances (notamment les articles 48 et 81), la rénovation du statut des établissements publics...

La loi du 2 janvier 2002 oblige ainsi à reconsidérer les évolutions futures des établissements et des services. Car, si l'accent est mis sur la priorité des bénéficiaires dans l'organisation des prestations, un des objectifs non moins essentiels est de faire évoluer les structures. En fait, tout est lié dans la loi. Au-delà de l'allure d'un catalogue de nouvelles dispositions, elle est construite comme un raisonnement dont les deux termes principaux sont la priorité donnée aux droits des personnes et l'efficience des institutions[1].

1. Ces points sont développés dans l'ouvrage de J.-F. Bauduret et M. Jaeger, *Rénover l'action sociale et médico-sociale, histoires d'une refondation*, Paris, Dunod, 2002.

Loi n° 2002-2 du 2 janvier 2002

Loi rénovant l'action sociale et médico-sociale

L'Assemblée nationale et le Sénat ont adopté,

Le Président de la République promulgue la loi dont la teneur suit :

Chapitre Ier Principes fondamentaux

Section 1 Des fondements de l'action sociale et médico-sociale

Art. 1 – Le titre Ier du livre Ier du code de l'action sociale et des familles est complété par un chapitre VI intitulé : « Action sociale et médico-sociale », comprenant les articles L. 116-1 et L. 116-2.

Art. 2 – Il est inséré, dans le code de l'action sociale et des familles, un article L. 116-1 ainsi rédigé :

« *Art. L. 116-1* – L'action sociale et médico-sociale tend à promouvoir, dans un cadre interministériel, l'autonomie et la protection des personnes, la cohésion sociale, l'exercice de la citoyenneté, à prévenir les exclusions et à en corriger les effets. Elle repose sur une évaluation continue des besoins et des attentes des membres de tous les groupes sociaux, en particulier des personnes handicapées et des personnes âgées, des personnes et des familles vulnérables, en situation de précarité ou de pauvreté, et sur la mise à leur disposition de prestations en espèces ou en nature. Elle est mise en œuvre par l'État, les collectivités territoriales et leurs établissements publics, les organismes de Sécurité sociale, les associations ainsi que par les institutions sociales et médico-sociales au sens de l'article L. 311-1. »

Art. 3 – Il est inséré, dans le code de l'action sociale et des familles, un article L. 116-2 ainsi rédigé :

« *Art. L. 116-2* – L'action sociale et médico-sociale est conduite dans le respect de l'égale dignité de tous les êtres humains avec l'objectif de répondre de façon adaptée aux besoins de chacun d'entre eux et en leur garantissant un accès équitable sur l'ensemble du territoire. »

Art. 4 – I – Le livre III du code de l'action sociale et des familles est intitulé : « Action sociale et médico-sociale mise en œuvre par des établissements et des services » et le titre Ier dudit livre est intitulé : « Établissements et services soumis à autorisation ».

II – Il est créé, au chapitre Ier du titre Ier du livre III du même code, une section 1 intitulée : « Missions », comprenant les articles L. 311-1 et L. 311-2, et une section 2 intitulée : « Droits des usagers », comprenant les articles L. 311-3 à L. 311-9.

Art. 5 – L'article L. 311-1 du code de l'action sociale et des familles est ainsi rédigé :

« *Art. L. 311-1* – L'action sociale et médico-sociale, au sens du présent code, s'inscrit dans les missions d'intérêt général et d'utilité sociale suivantes :

« 1° Évaluation et prévention des risques sociaux et médico-sociaux, information, investigation, conseil, orientation, formation, médiation et réparation ;

« 2° Protection administrative ou judiciaire de l'enfance et de la famille, de la jeunesse, des personnes handicapées, des personnes âgées ou en difficulté ;

« 3° Actions éducatives, médico-éducatives, médicales, thérapeutiques, pédagogiques et de formation adaptées aux besoins de la personne, à son niveau de développement, à ses potentialités, à l'évolution de son état ainsi qu'à son âge ;

« 4° Actions d'intégration scolaire, d'adaptation, de réadaptation, d'insertion, de réinsertion sociales et professionnelles, d'aide à la vie active, d'information et de conseil sur les aides techniques ainsi que d'aide au travail ;

« 5° Actions d'assistance dans les divers actes de la vie, de soutien, de soins et d'accompagnement, y compris à titre palliatif ;

« 6° Actions contribuant au développement social et culturel, et à l'insertion par l'activité économique.

« Ces missions sont accomplies par des personnes physiques ou des institutions sociales et médico-sociales.

« Sont des institutions sociales et médico-sociales au sens du présent code les personnes morales de droit public ou privé gestionnaires d'une manière permanente des établissements et services sociaux et médico-sociaux mentionnés à l'article L. 312-1. »

Art. 6 – L'article L. 311-2 du code de l'action sociale et des familles est ainsi rédigé :

« *Art. L. 311-2* – Une charte nationale est établie conjointement par les fédérations et organismes représentatifs des personnes morales publiques et privées gestionnaires d'établissements et de services sociaux et médico-sociaux. Cette charte porte sur les principes éthiques et déontologiques afférents aux modes de fonctionnement et d'intervention, aux pratiques de l'action sociale et médico-sociale et aux garanties de bon fonctionnement statutaire que les adhérents des fédérations et organismes précités sont invités à respecter par un engagement écrit.

« Elle est publiée par arrêté du ministre chargé des affaires sociales. »

Section 2
Des droits des usagers du secteur social et médico-social

L'article L. 311-3 du code de l'action sociale et des familles est ainsi rédigé :

« *Art. L. 311-3* – L'exercice des droits et libertés individuels est garanti à toute personne prise en charge par des établissements et services sociaux et médico-sociaux. Dans le respect des dispositions législatives et réglementaires en vigueur, lui sont assurés :

« 1° Le respect de sa dignité, de son intégrité, de sa vie privée, de son intimité et de sa sécurité ;

« 2° Sous réserve des pouvoirs reconnus à l'autorité judiciaire et des nécessités liées à la protection des mineurs en danger, le libre choix entre les prestations adaptées qui lui sont offertes soit dans le cadre d'un service à son domicile, soit dans le cadre d'une admission au sein d'un établissement spécialisé ;

« 3° Une prise en charge et un accompagnement individualisé de qualité favorisant son développement, son autonomie et son insertion, adaptés à son âge et à ses besoins, respectant son consentement éclairé qui doit systématiquement être recherché lorsque la personne est apte à exprimer sa volonté et à participer à la décision. À défaut, le consentement de son représentant légal doit être recherché ;

« 4° La confidentialité des informations la concernant ;

« 5° L'accès à toute information ou document relatif à sa prise en charge, sauf dispositions législatives contraires ;

« 6° Une information sur ses droits fondamentaux et les protections particulières légales et contractuelles dont elle bénéficie, ainsi que sur les voies de recours à sa disposition ;

« 7° La participation directe ou avec l'aide de son représentant légal à la conception et à la mise en œuvre du projet d'accueil et d'accompagnement qui la concerne.

« Les modalités de mise en œuvre du droit à communication prévu au 5° sont fixées par voie réglementaire. »

Art. 8 – L'article L. 311-4 du code de l'action sociale et des familles est ainsi rédigé :

« *Art. L. 311-4.* – Afin de garantir l'exercice effectif des droits mentionnés à l'article L. 311-3 et notamment de prévenir tout risque de maltraitance, lors de son accueil dans un établissement ou dans un service social ou médico-social, il est remis à la personne ou à son représentant légal un livret d'accueil auquel sont annexés :

« *a*) Une charte des droits et libertés de la personne accueillie, arrêtée par les ministres compétents après consultation de la section sociale du Comité national de l'organisation sanitaire et sociale mentionné à l'article L. 6121-9 du code de la santé publique ;

« *b*) Le règlement de fonctionnement défini à l'article L. 311-7.

« Un contrat de séjour est conclu ou un document individuel de prise en charge est élaboré avec la participation de la personne accueillie ou de son représentant légal. Ce contrat ou document définit les objectifs et la nature de la prise en charge ou de l'accompagnement dans le respect des principes déontologiques et éthiques, des recommandations de bonnes pratiques professionnelles et du projet d'établissement. Il détaille la liste et la nature des prestations offertes ainsi que leur coût prévisionnel.

« Le contenu minimal du contrat de séjour ou du document individuel de prise en charge est fixé par voie réglementaire selon les catégories d'établissements et de personnes accueillies. »

Art. 9 – L'article L. 311-5 du code de l'action sociale et des familles est ainsi rédigé :

« *Art. L. 311-5* – Toute personne prise en charge par un établissement ou un service social ou médico-social ou son représentant légal peut faire appel, en vue de l'aider à faire valoir ses droits, à une personne qualifiée qu'elle choisit sur une liste établie conjointement par le représentant de l'État dans le département et le président du conseil général après avis de la commission départementale consultative mentionnée à l'article L. 312-5. La personne qualifiée rend compte de ses interventions aux autorités chargées du contrôle des établissements ou services concernés, à l'intéressé ou à son représentant légal dans des conditions fixées par décret en Conseil d'État. »

Art. 10 – L'article L. 311-6 du code de l'action sociale et des familles est ainsi rédigé :

« *Art. L. 311-6* – Afin d'associer les personnes bénéficiaires des prestations au fonctionnement de l'établissement ou du service, il est institué soit un conseil de la vie sociale, soit d'autres formes de participation. Les catégories d'établissements ou de services qui doivent mettre en œuvre obligatoirement le conseil de la vie sociale sont précisées par décret.

« Ce décret précise également, d'une part, la composition et les compétences de ce conseil et, d'autre part, les autres formes de participation possibles. »

Art. 11 – Il est inséré, dans le code de l'action sociale et des familles, un article L. 311-7 ainsi rédigé :

« *Art. L. 311-7* – Dans chaque établissement et service social ou médico-social, il est élaboré un règlement de fonctionnement qui définit les droits de la personne accueillie et les obligations et devoirs nécessaires au respect des règles de vie collective au sein de l'établissement ou du service.

« Le règlement de fonctionnement est établi après consultation du conseil de la vie sociale ou, le cas échéant, après mise en œuvre d'une autre forme de participation.

« Les dispositions minimales devant figurer dans ce règlement ainsi que les modalités de son établissement et de sa révision sont fixées par décret en Conseil d'État. »

Art. 12 – Il est inséré, dans le code de l'action sociale et des familles, un article L. 311-8 ainsi rédigé :

« *Art. L. 311-8* – Pour chaque établissement ou service social ou médico-social, il est élaboré un projet d'établissement ou de service, qui définit ses objectifs, notamment en matière de coordination, de coopération et d'évaluation des activités et de la qualité des prestations, ainsi que ses modalités d'organisation et de fonctionnement. Ce projet est établi pour une durée maximale de cinq ans après consultation du conseil de la vie sociale ou, le cas échéant, après mise en œuvre d'une autre forme de participation. »

Art. 13 – Il est inséré, dans le code de l'action sociale et des familles, un article L. 311-9 ainsi rédigé :

« *Art. L. 311-9* – En vue d'assurer le respect du droit à une vie familiale des membres des familles accueillies dans les établissements ou services mentionnés aux 1° et 7° de l'article L. 312-1, ces établissements ou services doivent rechercher une solution évitant la séparation de ces personnes ou, si une telle solution ne peut être trouvée, établir, de concert avec les personnes accueillies, un projet propre à permettre leur réunion dans les plus brefs délais, et assurer le suivi de ce projet jusqu'à ce qu'il aboutisse.

« Dans ce but, chaque schéma départemental des centres d'hébergement et de réinsertion sociale évalue les besoins en accueil familial du département et prévoit les moyens pour y répondre. »

Chapitre II
De l'organisation de l'action sociale et médico-sociale

Art. 14 – I – Le chapitre II du titre Ier du livre III du code de l'action sociale et des familles est intitulé :

« Organisation de l'action sociale et médico-sociale ».

II – La section 1 du même chapitre est intitulée : « Établissements et services sociaux et médico-sociaux » et comprend les articles L. 312-1 et L. 312-2.

III – La section 2 du même chapitre est intitulée : « Évaluation et analyse des besoins et programmation des actions » et comprend l'article L. 312-3.

IV – La section 3 du même chapitre est intitulée : « Schémas d'organisation sociale et médico-sociale » et comprend les articles L. 312-4 et L. 312-5.

V – La section 4 du même chapitre est intitulée : « Coordination des interventions » et comprend les articles L. 312-6 et L. 312-7.

VI – La section 5 du même chapitre est intitulée : « Évaluation et systèmes d'information » et comprend les articles L. 312-8 et L. 312-9.

VII – Les articles L. 312-10 à L. 312-14 du même code sont abrogés.

Section 1
Des établissements et des services sociaux et médico-sociaux

Art. 15 – L'article L. 312-1 du code de l'action sociale et des familles est ainsi rédigé :

« *Art. L. 312-1* – I – Sont des établissements et services sociaux et médico-sociaux, au sens du présent code, les établissements et les services, dotés ou non d'une personnalité morale propre, énumérés ci-après :

« 1° Les établissements ou services prenant en charge habituellement, y compris au titre de la prévention, des mineurs et des majeurs de moins de vingt et un ans relevant de l'article L. 222-5 ;

« 2° Les établissements ou services d'enseignement et d'éducation spéciale qui assurent, à titre principal, une éducation adaptée et un accompagnement social ou médico-social aux mineurs ou jeunes adultes handicapés ou présentant des difficultés d'adaptation ;

« 3° Les centres d'action médico-sociale précoce mentionnés à l'article L. 2132-4 du code de la santé publique ;

« 4° Les établissements ou services mettant en œuvre les mesures éducatives ordonnées par l'autorité judiciaire en application de l'ordonnance n° 45-174 du 2 février 1945 relative à l'enfance délinquante ou des articles 375 à 375-8 du code civil ou concernant des majeurs de moins de vingt et un ans ;

« 5° Les établissements ou services :

« *a*) D'aide par le travail, à l'exception des structures conventionnées pour les activités visées à l'article L. 322-4-16 du code du travail et des ateliers protégés définis aux articles L. 323-30 et suivants du même code ;

« *b*) De réadaptation, de préorientation et de rééducation professionnelle mentionnés à l'article L. 323-15 du code du travail ;

« 6° Les établissements et les services qui accueillent des personnes âgées ou qui leur apportent à domicile une assistance dans les actes quotidiens de la vie, des prestations de soins ou une aide à l'insertion sociale ;

« 7° Les établissements et les services, y compris les foyers d'accueil médicalisé, qui accueillent des personnes adultes handicapées, quel que soit leur degré de handicap ou leur âge, ou des personnes atteintes de pathologies chroniques, qui leur apportent à domicile une assistance dans les actes quotidiens de la vie, des prestations de soins ou une aide à l'insertion sociale ou bien qui leur assurent un accompagnement médico-social en milieu ouvert ;

« 8° Les établissements ou services comportant ou non un hébergement, assurant l'accueil, notamment dans les situations d'urgence, le soutien ou l'accompagnement social, l'adaptation à la vie active ou l'insertion sociale et professionnelle des personnes ou des familles en difficulté ou en situation de détresse ;

« 9° Les établissements ou services qui assurent l'accueil et l'accompagnement de personnes confrontées à des difficultés spécifiques en vue de favoriser l'adaptation à la vie active et l'aide à l'insertion sociale et professionnelle ou d'assurer des prestations de soins et de suivi médical, dont les centres de soins, d'accompagnement et de prévention en addictologie et les appartements de coordination thérapeutique ;

« 10° Les foyers de jeunes travailleurs qui relèvent des dispositions des articles L. 351-2 et L. 353-2 du code de la construction et de l'habitation ;

« 11° Les établissements ou services, dénommés selon les cas centres de ressources, centres d'information et de coordination ou centres prestataires de services de proximité, mettant en œuvre des actions de dépistage, d'aide, de soutien, de formation ou d'information, de conseil, d'expertise ou de coordination au bénéfice d'usagers, ou d'autres établissements et services ;

« 12° Les établissements ou services à caractère expérimental.

« Les établissements et services sociaux et médico-sociaux délivrent des prestations à domicile, en milieu de vie ordinaire, en accueil familial ou dans une structure de prise en charge. Ils assurent l'accueil à titre permanent, temporaire ou selon un mode séquentiel, à temps complet ou partiel, avec ou sans hébergement, en internat, semi-internat ou externat.

« II – Les conditions techniques minimales d'organisation et de fonctionnement des établissements et services relevant des catégories mentionnées au présent article, à l'exception du 12° du I, sont définies par décret après avis du Conseil supérieur des établissements et services sociaux et médico-sociaux visé à l'article L. 312-2.

« Les établissements mentionnés aux 1°, 2°, 6° et 8° du I s'organisent en unités de vie favorisant le confort et la qualité de séjour des personnes accueillies, dans des conditions et des délais fixés par décret.

« Les prestations délivrées par les établissements et services mentionnés aux 1° à 12° du I sont réalisées par des équipes pluridisciplinaires qualifiées. Ces établissements et services sont dirigés par des professionnels dont le niveau de qualification est fixé par décret et après consultation de la branche professionnelle ou, à défaut, des fédérations ou organismes représentatifs des organismes gestionnaires d'établissements et services sociaux et médico-sociaux concernés.

« III – Les lieux de vie et d'accueil qui ne constituent pas des établissements et services sociaux ou médico-sociaux au sens du I doivent faire application des articles L. 311-4 à L. 311-8.

Ils sont également soumis à l'autorisation mentionnée à l'article L. 313-1 et aux dispositions des articles L. 313-13 à L. 313-25, dès lors qu'ils ne relèvent ni des dispositions prévues au titre II du livre IV relatives aux assistants maternels, ni de celles relatives aux particuliers accueillant des personnes âgées ou handicapées prévues au titre IV dudit livre. Un décret fixe le nombre minimal et maximal des personnes que ces structures peuvent accueillir. »

Art. 16 – L'article L. 312-2 du code de l'action sociale et des familles est ainsi rédigé :

« *Art. L. 312-2* – Il est créé un Conseil supérieur des établissements et services sociaux et médico-sociaux, compétent pour donner un avis sur les problèmes généraux relatifs à l'organisation de ce secteur, notamment sur les questions concernant le fonctionnement administratif, financier et médical des établissements et services sociaux et médico-sociaux.

« Il est composé de parlementaires, de représentants de l'État, des organismes de Sécurité sociale et des collectivités territoriales intéressées, des personnes morales gestionnaires d'établissements et de services sociaux et médico-sociaux, des personnels, des usagers et de personnalités qualifiées. Il est présidé par un parlementaire.

« Les modalités d'application du présent article sont fixées par décret en Conseil d'État. »

Section 2
De l'évaluation des besoins, de leur analyse et de la programmation des actions

Art. 17 – L'article L. 312-3 du code de l'action sociale et des familles est ainsi rédigé :

« *Art. L. 312-3* – Les sections sociales du Comité national et des comités régionaux de l'organisation sanitaire et sociale mentionnés à l'article L. 6121-9 du code de la santé publique se réunissent au moins une fois par an en formation élargie en vue :

« 1° D'évaluer les besoins sociaux et médico-sociaux et d'analyser leur évolution ;

« 2° De proposer des priorités pour l'action sociale et médico-sociale.

« Tous les cinq ans, ces sections élaborent un rapport qui est transmis, selon le cas, aux ministres et aux autorités locales concernées.

« Chaque année, le ministre chargé des affaires sociales présente un rapport à la section sociale du Comité national de l'organisation sanitaire et sociale sur la mise en œuvre des mesures prévues par les lois de finances et les lois de financement de la Sécurité sociale concernant l'action sociale ou médico-sociale.

« Lorsque le comité régional de l'organisation sanitaire et sociale rend un avis sur un schéma départemental d'organisation sociale et médico-sociale dans les conditions prévues à l'article L. 312-5 ou sur une autorisation de fonctionnement délivrée par le président du conseil général dans les conditions prévues à l'article L. 313-3, le ou les départements concernés par le schéma ou l'implantation de l'établissement ou du service sont représentés lors de la délibération avec voix consultative. »

Section 3
Les schémas d'organisation sociale et médico-sociale

Art. 18 – L'article L. 312-4 du

code de l'action sociale et des familles est ainsi rédigé :

« *Art. L. 312-4* – Les schémas d'organisation sociale et médico-sociale, établis pour une période maximum de cinq ans en cohérence avec les schémas mentionnés aux articles L. 6121-1 et L. 6121-3 du code de la santé publique et avec les dispositifs de coordination prévus au chapitre V du titre IV du livre Ier :

« 1° Apprécient la nature, le niveau et l'évolution des besoins sociaux et médico-sociaux de la population ;

« 2° Dressent le bilan quantitatif et qualitatif de l'offre sociale et médico-sociale existante ;

« 3° Déterminent les perspectives et les objectifs de développement de l'offre sociale et médico-sociale et, notamment, ceux nécessitant des interventions sous forme de création, transformation ou suppression d'établissements et services et, le cas échéant, d'accueils familiaux relevant du titre IV du livre IV ;

« 4° Précisent le cadre de la coopération et de la coordination entre les établissements et services mentionnés à l'article L. 312-1, à l'exception des structures expérimentales prévues au 12° du I de cet article, ainsi qu'avec les établissements de santé définis aux articles L. 6111-1 et L. 6111-2 du code de la santé publique ou tout autre organisme public ou privé, afin de satisfaire tout ou partie des besoins mentionnés au 1° ;

« 5° Définissent les critères d'évaluation des actions mises en œuvre dans le cadre de ces schémas.

« Un document annexé aux schémas définis au présent article peut préciser, pour leur période de validité, la programmation pluriannuelle des établissements et services sociaux et médico-sociaux qu'il serait nécessaire de créer, de transformer ou de supprimer afin de satisfaire les perspectives et objectifs définis au 3°.

« Les schémas peuvent être révisés à tout moment à la demande de l'une des autorités compétentes. »

Art. 19 – L'article L. 312-5 du code de l'action sociale et des familles est ainsi rédigé :

« *Art. L. 312-5* – Les schémas d'organisation sociale et médico-sociale sont élaborés :

« 1° Au niveau national lorsqu'ils concernent des établissements ou services accueillant des catégories de personnes, dont la liste est fixée par décret, pour lesquelles les besoins ne peuvent être appréciés qu'à ce niveau ;

« 2° Au niveau départemental, lorsqu'ils portent sur les établissements et services mentionnés aux 1° à 4°, a du 5° et 6° à 11° du I de l'article L. 312-1, autres que ceux devant figurer dans les schémas nationaux.

« Les schémas élaborés au niveau national sont arrêtés par le ministre chargé des affaires sociales, après avis du Comité national de l'organisation sanitaire et sociale.

« Les schémas départementaux sont arrêtés après avis du comité régional de l'organisation sanitaire et sociale et d'une commission départementale consultative comprenant notamment des représentants des collectivités territoriales, des professions sanitaires et sociales, des institutions sociales et médico-sociales et des personnes accueillies par ces institutions ou susceptibles de l'être. Un décret fixe la composition et les modalités de fonctionnement de cette commission.

« Le schéma départemental est arrêté conjointement par le représentant de l'État dans le département et par le président du conseil général. À défaut d'accord entre le représentant de l'État dans le département et le président du conseil général, les éléments du schéma départemental sont arrêtés :

« *a*) Par le représentant de l'État dans le département pour les établissements et services mentionnés aux 2°, 4°, a du 5°, 8° et 10° du I de l'article L. 312-1 ainsi que pour ceux mentionnés à l'article L. 162-24-1 du code de la Sécurité sociale pour les prestations prises en charge par l'assurance maladie ;

« *b*) Par le président du conseil général, après délibération de celui-ci, pour les établissements et services mentionnés au 1° du I de l'article L. 312-1 ainsi que pour ceux mentionnés aux 3°, 6° et 7° du I du même article pour les prestations prises en charge par l'aide sociale départementale.

« Si les éléments du schéma n'ont pas été arrêtés dans les conditions définies ci-dessus soit dans un délai de deux ans après la publication de la loi n° 2002-2 du 2 janvier 2002 rénovant l'action sociale et médico-sociale, soit dans un délai d'un an après la date d'expiration du schéma précédent, le représentant de l'État dans le département dispose de trois mois pour arrêter ledit schéma.

« Les éléments des schémas départementaux d'une même région, afférents aux établissements et services relevant de la compétence de l'État, sont regroupés dans un schéma régional fixé par le représentant de l'État dans la région, après avis du comité régional de l'organisation sanitaire et sociale et transmis pour information aux présidents des conseils généraux concernés.

« Le représentant de l'État dans la région arrête les schémas régionaux relatifs :

« *a*) Aux centres de soins, d'accompagnement et de prévention en addictologie mentionnés au 9° du I de l'article L. 312-1 après avis du comité régional de l'organisation sanitaire et sociale ;

« *b*) Aux centres de rééducation professionnelle mentionnés au b du 5° du I de l'article L. 312-1 après avis du comité régional de l'organisation sanitaire et sociale, du comité de coordination régional de l'emploi et de la formation professionnelle et du conseil régional.

« Ces schémas sont intégrés au schéma régional précité.

« Les schémas à caractère national sont transmis pour information aux comités régionaux de l'organisation sanitaire et sociale et aux conférences régionales de santé.

« Les schémas départementaux et les schémas régionaux sont transmis pour information à la conférence régionale de santé et au comité régional de l'organisation sanitaire et sociale. »

Section 4
De la coordination et de la coopération

Art. 20 – L'article L. 312-6 du code de l'action sociale et des familles est ainsi rédigé :

« *Art. L. 312-6* – Afin de coordonner la mise en œuvre des actions sociales et médico-sociales menées dans chaque département et de garantir, notamment, la continuité de la prise en charge ou de l'accompagnement des personnes accueillies, une convention pluriannuelle conclue entre les autorités compétentes, au titre desquelles figurent les centres communaux d'action sociale et les centres intercommunaux gestionnaires d'établissements sociaux ou médico-sociaux, définit les objectifs à atteindre, les procédures de concertation et les moyens mobilisés à cet effet, notamment dans le cadre des schémas départementaux mentionnés au 2° de l'article L. 312-5. »

Art. 21 – L'article L. 312-7 du code de l'action sociale et des familles est ainsi rédigé :

« *Art. L. 312-7* – Afin de favoriser leur coordination, leur complémentarité et garantir la continuité des prises en charge et de l'accompagnement, notamment dans le cadre de réseaux sociaux ou médico-sociaux coordonnés, les établissements et services mentionnés à l'articlc L. 312-1 ou les personnes physiques ou morales gestionnaires mentionnées à l'article L. 311-1 peuvent :

« 1° Conclure des conventions entre eux, avec des établissements de santé ou avec des établissements publics locaux d'enseignement et des établissements d'enseignement privés ;

« 2° Créer des groupements d'intérêt économique et des groupements d'intérêt public et y participer, dans des conditions fixées par décret en Conseil d'État ;

« 3° Créer des syndicats interétablissements ou des groupements de coopération sociale et médico-sociale selon des modalités définies par décret en Conseil d'État ;

« 4° Procéder à des regroupements ou à des fusions.

« Les établissements de santé publics et privés peuvent adhérer à l'une des formules de coopération mentionnées au présent article.

« Les établissements et services sociaux et médico-sociaux mentionnés à l'article L. 312-1 peuvent conclure avec des établissements de santé des conventions de coopération telles que mentionnées au 1° de l'article L. 6122-15 du code de la santé publique. Dans des conditions fixées par décret, ces mêmes établissements et services peuvent adhérer aux formules de coopération mentionnées au 2° dudit article.

« Afin de favoriser les réponses aux besoins et leur adaptation, les schémas d'organisation sociale et médico-sociale peuvent envisager les opérations de coopération, de regroupement ou de fusion compatibles avec les objectifs de développement de l'offre sociale. »

Section 5
De l'évaluation et des systèmes d'information

Art. 22 – L'article L. 312-8 du code de l'action sociale et des familles est ainsi rédigé :

« *Art. L. 312-8* – Les établissements et services mentionnés à l'article L. 312-1 procèdent à l'évaluation de leurs activités et de la qualité des prestations qu'ils délivrent, au regard notamment de procédures, de références et de recommandations de bonnes pratiques professionnelles validées ou, en cas de carence, élaborées, selon les catégories d'établissements ou de services, par un Conseil national de l'évaluation sociale et médico-sociale, placé auprès du ministre chargé de l'action sociale.

Les résultats de l'évaluation sont communiqués tous les cinq ans à l'autorité ayant délivré l'autorisation.

« Les établissements et services font procéder à l'évaluation de leurs activités et de la qualité des prestations qu'ils délivrent par un organisme extérieur. Les organismes habilités à y procéder doivent respecter un cahier des charges fixé par décret. La liste de ces organismes est établie par arrêté du ministre chargé de l'action sociale, après avis du Conseil national de l'évaluation sociale et médico-sociale. Les résultats de cette évaluation sont également communiqués à l'autorité ayant délivré l'autorisation.

« Elle doit être effectuée au cours des sept années suivant l'autorisation ou son renouvellement et au moins deux ans avant la date de celui-ci.

« Un organisme ne peut procéder à des évaluations que pour les catégories d'établissements et de services pour lesquels les procédures, références et recommandations de bonnes pratiques professionnelles ont été validées ou élaborées par le Conseil national de l'évaluation sociale et médico-sociale.

« Ce conseil, dont les missions et les modalités de fonctionnement sont fixées par décret en Conseil d'État, est composé de représentants de l'État, des collectivités territoriales, des organismes de protection sociale, des usagers, des institutions sociales et médico-sociales, des personnels et de personnalités qualifiées, dont un représentant du Conseil national représentatif des personnes âgées, du Conseil national consultatif des personnes handicapées et du Conseil national des politiques de lutte contre la pauvreté et l'exclusion sociale. »

Art. 23 – L'article L. 312-9 du code de l'action sociale et des familles est ainsi rédigé :

« *Art. L. 312-9* – L'État, les collectivités territoriales et les organismes de protection sociale concernés se dotent de systèmes d'information compatibles entre eux.

« Les établissements et services mentionnés à l'article L. 312-1 se dotent d'un système d'information compatible avec les systèmes d'information mentionnés à l'alinéa précédent.

« Les systèmes d'information sont conçus de manière à assurer le respect de la protection des données à caractère nominatif.

« Les modalités d'application du présent article sont fixées par décret en Conseil d'État. »

Chapitre III
Des droits et obligations des établissements et services sociaux et médico-sociaux

Art. 24 – I – Le chapitre III du titre Ier du livre III du code de l'action sociale et des familles est intitulé : « Droits et obligations des établissements et services sociaux et médico-sociaux ».

II – Il est créé audit chapitre une section 1 intitulée : « Autorisations », comprenant les articles L. 313-1 à L. 313-9.

III – Il est créé audit chapitre une section 2 intitulée : « Habilitation à recevoir des mineurs confiés par l'autorité judiciaire », comprenant l'article L. 313-10.

IV – Il est créé audit chapitre une section 3 intitulée : « Contrats ou conventions pluriannuels », comprenant les articles L. 313-11 et L. 313-12.

V – Il est créé audit chapitre une section 4 intitulée : « Contrôle », comprenant les articles L. 313-13 à L. 313-20.

VI – Il est créé audit chapitre une section 5 intitulée : « Dispositions pénales », comprenant les articles L. 313-21 à L. 313-23.

VII – Il est créé audit chapitre une section 6 intitulée : « Dispositions communes », comprenant les articles L. 313-24 et L. 313-25.

Section 1
Des autorisations

Art. 25 – L'article L. 313-1 du code de l'action sociale et des familles est ainsi rédigé :

« *Art. L. 313-1* – La création, la transformation ou l'extension des établissements et services mentionnés à l'article L. 312-1 sont soumises à autorisation.

« Le comité de l'organisation sanitaire et sociale compétent émet un avis sur tous les projets de création ainsi que sur les projets de transformation et d'extension portant sur une capacité supérieure à un seuil fixé par décret en Conseil d'État d'établissements ou de services de droit public ou privé. Cet avis peut être rendu selon une procédure simplifiée.

« En outre, le comité de coordination régional de l'emploi et de la formation professionnelle et le conseil régional émettent un avis sur tous les projets de création, d'extension ou de transformation des établissements visés au b du 5° du I de l'article 312-1.

« Sauf pour les établissements et services mentionnés au 4° du I de l'article L. 312-1, l'autorisation est accordée pour une durée de quinze ans. Le renouvellement, total ou partiel, est exclusivement subordonné aux résultats de l'évaluation externe mentionnée au deuxième alinéa de l'article L. 312-8.

« Toute autorisation est caduque si elle n'a pas reçu un commencement d'exécution dans un délai de trois ans à compter de sa date de notification.

« Lorsque l'autorisation est accordée à une personne physique ou morale de droit privé, elle ne peut être cédée qu'avec l'accord de l'autorité compétente concernée.

« Tout changement important dans l'activité, l'installation, l'organisation, la direction ou le fonctionnement d'un établissement ou d'un service soumis à autorisation doit être porté à la connaissance de l'autorité compétente. »

Art. 26 – L'article L. 313-2 du code de l'action sociale et des familles est ainsi rédigé :

« *Art. L. 313-2* – Les demandes d'autorisation relatives aux établissements et services sociaux et médico-sociaux sont présentées par la personne physique ou la personne morale de droit public ou de droit privé qui en assure ou est susceptible d'en assurer la gestion.

« Les demandes d'autorisation portant sur des établissements ou des services de même nature sont reçues au cours de périodes déterminées par décret en Conseil d'État, afin d'être examinées sans qu'il soit tenu compte de leur ordre de dépôt.

« Le calendrier d'examen de ces demandes par la section sociale du comité régional de l'organisation sanitaire et sociale est fixé par le représentant de l'État dans la région, après avis des présidents des conseils généraux concernés. Ce calendrier doit être compatible avec celui des périodes mentionnées à l'alinéa précédent.

« Lorsque les dotations mentionnées au 4° de l'article L. 313-4 ne permettent pas de financer la totalité des dépenses susceptibles d'être engendrées par les projets faisant l'objet des demandes d'autorisation, l'autorité compétente procède au classement desdites demandes selon des critères fixés par décret en Conseil d'État.

« L'absence de notification d'une réponse dans le délai de six mois suivant la date d'expiration de l'une des périodes de réception mentionnées à l'alinéa précédent vaut rejet de la demande d'autorisation.

« Lorsque, dans un délai de deux mois, le demandeur le sollicite, les motifs justifiant ce rejet lui sont notifiés dans un délai d'un mois. Dans ce cas, le délai du recours contentieux contre la décision de rejet est prorogé jusqu'à l'expiration d'un délai de deux mois suivant le jour où les motifs lui auront été notifiés.

« À défaut de notification des motifs justifiant le rejet de la demande, l'autorisation est réputée acquise. »

Art. 27 – L'article L. 313-3 du code de l'action sociale et des familles est ainsi rédigé :

« *Art. L. 313-3* – L'autorisation est délivrée :

« *a*) Par le président du conseil général, pour les établissements et services mentionnés au 1° du I de l'article L. 312-1 ainsi que pour ceux mentionnés aux 6°, 7°, 8° et 12° du I et au III du même article lorsque les prestations qu'ils dispensent sont susceptibles d'être prises en charge par l'aide sociale départementale ;

« *b*) Par l'autorité compétente de l'État, pour les établissements et services mentionnés aux 2°, 5°, 9° et 10° du I de l'article 312-1 ainsi que pour ceux mentionnés aux 4°, 6°, 7°, 8°, 11° et 12° du I et au III du même article lorsque les prestations qu'ils dispensent sont susceptibles d'être prises en charge par l'État ou l'assurance maladie au titre de l'article L. 162-24-1 du code de la Sécurité sociale ;

« Conjointement par l'autorité compétente de l'État et le président du conseil général, pour les établissements et services mentionnés aux 3°, 4°, 6°, 7°, 8°, 11° et 12° du I et au III de l'article L. 312-1 lorsque les prestations qu'ils dispensent sont susceptibles d'être prises en charge pour partie par l'État ou les organismes de Sécurité sociale et pour partie par le département. »

Art. 28 – L'article L. 313-4 du code de l'action sociale et des familles est ainsi rédigé :

« *Art. L. 313-4* – L'autorisation initiale est accordée si le projet :

« 1° Est compatible avec les objectifs et répond aux besoins sociaux et médico-sociaux fixés par le schéma d'organisation sociale et médico-sociale dont il relève et, pour les établissements visés au b du 5° du I de l'article L. 312-1, aux besoins et débouchés recensés en matière de formation professionnelle ;

« 2° Satisfait aux règles d'organisation et de fonctionnement prévues par la loi n° 2002-2 du 2 janvier 2002 précitée ou pour son application et prévoit les démarches d'évaluation et les systèmes d'information respectivement prévus aux articles L. 312-8 et L. 312-9 ;

« 3° Présente un coût de fonctionnement qui n'est pas hors de proportion avec le service rendu ou les coûts des établissements et services fournissant des prestations comparables ;

« 4° Présente un coût de fonctionnement en année pleine compatible avec le montant des dotations mentionnées, selon le cas, aux articles L. 313-8, L. 314-3 et L. 314-4, au titre de l'exercice correspondant à la date de ladite autorisation.

« L'autorisation, ou son renouvellement, peuvent être assortis de conditions particulières imposées dans l'intérêt des personnes accueillies.

« Lorsque l'autorisation a été refusée en raison de son incompatibilité avec les dispositions de l'un des articles L. 313-8, L. 314-3 et L. 314-4 et lorsque le coût prévisionnel de fonctionnement du projet se révèle, dans un délai de trois ans, en tout ou partie compatible avec le montant des dotations mentionnées audit article, l'autorisation peut être accordée en tout ou partie au cours de ce même délai sans qu'il soit à nouveau procédé aux consultations mentionnées à l'article L. 313-1.

« Lorsque les dotations mentionnées aux articles L. 313-8, L. 314-3 et L. 314-4 ne permettent pas le financement de tous les projets présentés dans le cadre du premier alinéa de l'article L. 313-2 ou lorsqu'elles n'en permettent qu'une partie, ceux des projets qui, de ce seul fait, n'obtiennent pas l'autorisation font l'objet d'un classement prioritaire dans des conditions déterminées par décret en Conseil d'État. »

Art. 29 – L'article L. 313-5 du code de l'action sociale et des familles est ainsi rédigé :

« *Art. L. 313-5* – L'autorisation est réputée renouvelée par tacite reconduction sauf si, au moins un an avant la date du renouvellement, l'autorité compétente, au vu de l'évaluation externe, enjoint à l'établissement ou au service de présenter dans un délai de six mois une demande de renouvellement.

« La demande de renouvellement est déposée dans des conditions fixées par décret en Conseil d'État. L'absence de notification d'une réponse par l'autorité compétente dans les six mois qui suivent la réception de la demande vaut renouvellement de l'autorisation.

« Lorsqu'une autorisation a fait l'objet de modifications ultérieures, ou a été suivie d'une ou plusieurs autorisations complémentaires, la date d'échéance du renouvellement mentionnée au premier alinéa est fixée par référence à la date de délivrance de la première autorisation. »

Art. 30 – L'article L. 313-6 du code de l'action sociale et des familles est ainsi rédigé :

« *Art. L. 313-6* – L'autorisation mentionnée à l'article L. 313-1 ou son renouvellement sont valables sous réserve du résultat d'une visite de conformité aux conditions techniques minimales d'organisation et de fonctionnement mentionnées au II de l'article L. 312-1 dont les modalités sont fixées par décret et, s'agissant des établissements accueillant des personnes âgées dépendantes, de la conclusion de la convention tripartite mentionnée à l'article L. 313-12.

« Ils valent, sauf mention contraire, habilitation à recevoir des bénéficiaires de l'aide sociale et, lorsque l'autorisation est accordée par le représentant de l'État, seul ou conjointement avec le président du conseil général, autorisation de dispenser des prestations prises en charge par l'État ou les organismes de Sécurité sociale. »

Art. 31 – L'article L. 313-7 du code de l'action sociale et des familles est ainsi rédigé :

« *Art. L. 313-7* – Sans préjudice de l'application des dispositions prévues aux articles L. 162-31 et L. 162-31-1 du code de la Sécurité sociale, les établissements et services à caractère expérimental mentionnés au 12° du I de l'article L. 312-1 du présent code sont autorisés soit, après avis du Comité national de l'organisation sanitaire et sociale institué par l'article L. 6121-9 du code de la santé publique, par le ministre chargé de l'action sociale, soit par le représentant de l'État dans le département, soit par le président du conseil général ou conjointement par ces deux dernières autorités, après avis du comité régional de l'organisation sanitaire et sociale.

« Ces autorisations sont accordées pour une durée déterminée, qui ne peut être supérieure à cinq ans. Elles sont renouvelables une fois au vu des résultats positifs d'une évaluation. Au terme de la période ouverte par le renouvellement et au vu d'une nouvelle évaluation positive, l'établissement ou le service relève alors de l'autorisation à durée déterminée mentionnée au quatrième alinéa de l'article L. 313-1. »

Art. 32 – L'article L. 313-8 du code de l'action sociale et des familles est ainsi rédigé :

« *Art. L. 313-8* – L'habilitation et l'autorisation mentionnées au deuxième alinéa de l'article L. 313-6 peuvent être refusées pour tout ou partie de la capacité prévue, lorsque les coûts de fonctionnement sont manifestement hors de proportion avec le service rendu ou avec ceux des établissements fournissant des services analogues.

« Il en est de même lorsqu'ils sont susceptibles d'entraîner, pour les budgets des collectivités territoriales, des charges injustifiées ou excessives, compte tenu d'un objectif annuel ou pluriannuel d'évolution des dépenses délibéré par la collectivité concernée en fonction de ses obligations légales, de ses priorités en matière d'action sociale et des orientations des schémas départementaux mentionnés à l'article L. 312-5.

« Il en est de même lorsqu'ils sont susceptibles d'entraîner pour le budget de l'État des charges injustifiées ou excessives compte tenu des enveloppes de crédits définies à l'article L. 314-4.

« Il en est de même lorsqu'ils sont susceptibles d'entraîner, pour les budgets des organismes de Sécurité sociale, des charges injustifiées ou excessives, compte tenu des objectifs et dotations définis à l'article L. 314-3. »

Art. 33 – Il est inséré, dans le code de l'action sociale et des familles, un article L. 313-8-1 ainsi rédigé :

« *Art. L. 313-8-1* – L'habilitation à recevoir des bénéficiaires de l'aide sociale peut être assortie d'une convention.

« L'habilitation précise obligatoirement :

« 1° Les catégories de bénéficiaires et la capacité d'accueil de l'établissement ou du service ;

« 2° Les objectifs poursuivis et les moyens mis en œuvre ;

« 3° La nature et la forme des documents administratifs, financiers et comptables, ainsi que les renseignements statistiques qui doivent être communiqués à la collectivité publique.

« Lorsqu'elles ne figurent pas dans l'habilitation, doivent figurer obligatoirement dans la convention les dispositions suivantes :

« 1° Les critères d'évaluation des actions conduites ;

« 2° La nature des liens de la coordination avec les autres organismes à caractère social, médico-social et sanitaire ;

« 3° Les conditions dans lesquelles des avances sont accordées par la collectivité publique à l'établissement ou au service ;

« 4° Les conditions, les délais et les formes dans lesquels la convention peut être renouvelée ou dénoncée ;

« 5° Les modalités de conciliation en cas de divergence sur l'interprétation des dispositions conventionnelles.

« La convention est publiée dans un délai de deux mois à compter de sa signature.

« L'établissement ou le service habilité est tenu, dans la limite de sa spécialité et de sa capacité autorisée, d'accueillir toute personne qui s'adresse à lui. »

Art. 34 – L'article L. 313-9 du code de l'action sociale et des familles est ainsi rédigé :

« *Art. L. 313-9* – L'habilitation à recevoir des bénéficiaires de l'aide sociale peut être retirée pour des motifs fondés sur :

« 1° L'évolution des besoins ;

« 2° La méconnaissance d'une disposition substantielle de l'habilitation ou de la convention ;

« 3° La disproportion entre le coût de fonctionnement et les services rendus ;

« 4° La charge excessive, au sens des dispositions de l'article L. 313-8, qu'elle représente pour la collectivité publique ou les organismes assurant le financement.

« Dans le cas prévu au 1°, l'autorité qui a délivré l'habilitation doit, préalablement à toute décision, demander à l'établissement ou au service de modifier sa capacité en fonction de l'évolution des besoins. Dans les cas prévus aux 2°, 3° et 4°, l'autorité doit demander à l'établissement ou au service de prendre les mesures nécessaires pour respecter l'habilitation ou la convention ou réduire les coûts ou charges au niveau moyen. La demande, notifiée à l'intéressé, est motivée. Elle précise le délai dans lequel l'établissement ou le service est tenu de prendre les dispositions requises. Ce délai ne peut être inférieur à six mois.

« À l'expiration du délai, l'habilitation peut être retirée à l'établissement ou au service pour tout ou partie de la capacité dont l'aménagement était demandé. Cette décision prend effet au terme d'un délai de six mois.

« Il est tenu compte des conséquences financières de cette décision dans la fixation des moyens alloués à l'établissement ou au service. Les catégories de dépenses imputables à cette décision et leur niveau de prise en charge par l'autorité compétente sont fixées par voie réglementaire.

« L'autorisation de dispenser des soins remboursables aux assurés sociaux peut être retirée pour les mêmes motifs que ceux énumérés aux 1°, 3° et 4°. »

Section 2
De l'habilitation à recevoir les mineurs confiés par l'autorité judiciaire

Art. 35 – L'article L. 313-10 du code de l'action sociale et des familles est ainsi rédigé :

« *Art. L. 313-10* – L'habilitation à recevoir des mineurs confiés habituellement par l'autorité judiciaire, soit au titre de la législation relative à l'enfance délinquante, soit au titre de celle relative à l'assistance éducative, est délivrée par le représentant de l'État dans le département après avis du président du conseil général, pour tout ou partie du service ou de l'établissement. L'habilitation au titre de l'enfance délinquante et celle au titre de l'assistance éducative peuvent être délivrées simultanément par une même décision. »

Section 3
Des contrats pluriannuels d'objectifs et de moyens

Art. 36 – L'article L. 313-11 du code de l'action sociale et des familles est ainsi rédigé :

« *Art. L. 313-11* – Sans préjudice des dispositions de l'article L. 313-12, des contrats pluriannuels peuvent être conclus entre les personnes physiques et morales gestionnaires d'établissements et services et la ou les autorités chargées de l'autorisation et, le cas échéant, les organismes de protection sociale, afin notamment de permettre la réalisation des objectifs retenus par le schéma d'organisation sociale et médico-sociale dont ils relèvent, la mise en œuvre du projet d'établissement ou de service ou de la coopération des actions sociales et médico-sociales.

« Ces contrats fixent les obligations respectives des parties signataires et prévoient les moyens nécessaires à la réalisation des objectifs poursuivis, sur une durée maximale de cinq ans. »

Art. 37 – L'article L. 313-12 du code de l'action sociale et des familles est ainsi rédigé :

« *Art. L. 313-12* – I – Les établissements assurant l'hébergement des personnes âgées mentionnées au 6° du I de l'article L. 312-1 du présent code et les établissements de santé dispensant des soins de longue durée visés au 2° de l'article L. 6111-2 du code de la santé publique qui accueillent un nombre de personnes âgées dépendantes dans une proportion supérieure à un seuil fixé par décret ne peuvent accueillir des personnes âgées remplissant les conditions de perte d'autonomie mentionnées à l'article L. 232-2 que s'ils ont passé avant le 31 décembre 2003 une convention pluriannuelle avec le président du conseil général et l'autorité compétente de l'État, qui respecte le cahier des charges établi par arrêté ministériel, après avis des organismes nationaux d'assurance maladie et des représentants des présidents de conseils généraux.

« II – Les établissements mentionnés au I dont la capacité est inférieure à un seuil fixé par décret ont la possibilité de déroger aux règles mentionnées au 1° de l'article L. 314-2. Dans ces établissements, les modalités de tarification des prestations remboursables aux assurés sociaux sont fixées par décret.

« III – Les établissements accueillant un nombre de personnes âgées dépendantes inférieur au seuil mentionné au I doivent répondre à des critères de fonctionnement, notamment de qualité, définis par un cahier des charges fixé par arrêté du ministre chargé des personnes âgées.

« IV – Les établissements mentionnés au I bénéficiant déjà, au 1er janvier 2001, d'une autorisation de dispenser des soins pour une partie de leur capacité sont autorisés à dispenser des soins aux assurés sociaux pour la totalité de leur capacité dès conclusion de la convention prévue au I.

« Pour les autres établissements mentionnés au I, régulièrement autorisés avant le 1er janvier 2001, un arrêté du ministre chargé des personnes âgées fixe les conditions dans lesquelles sera recueilli l'avis du comité régional de l'organisation sanitaire et sociale nécessaire à la délivrance de l'autorisation de dispenser des soins.

« V – Le personnel des établissements publics mentionnés au I peut comprendre des médecins, des biologistes, des odontologistes et des pharmaciens visés par l'article L. 6152-1 du code de la santé publique. Les établissements privés mentionnés au I peuvent faire appel à ces praticiens dans les conditions prévues par les statuts de ces derniers. »

Section 4
Du contrôle

Art. 38 – L'article L. 313-13 du code de l'action sociale et des familles est ainsi rédigé :

« *Art. L. 313-13* – Le contrôle de l'activité des établissements et services sociaux et médico-sociaux est exercé, notamment dans l'intérêt des usagers, par l'autorité qui a délivré l'autorisation.

« Lorsque le contrôle a pour objet d'apprécier l'état de santé, de sécurité, d'intégrité ou de bien-être physique ou moral des bénéficiaires, il est procédé, dans le respect de l'article L. 331-3, à des visites d'inspection conduites conjointement par un médecin inspecteur de santé publique et un inspecteur des affaires sanitaires et sociales. Le médecin inspecteur veille à entendre les usagers et leurs familles et à recueillir leurs témoignages. L'inspecteur ou le médecin inspecteur recueille également les témoignages des personnels de l'établissement ou du service.

« Les inspecteurs des affaires sanitaires et sociales dûment assermentés à cet effet dans des conditions fixées par décret en Conseil d'État constatent les infractions par des procès-verbaux qui font foi jusqu'à preuve du contraire.

« Au titre des contrôles mentionnés aux articles L. 313-16, L. 331-3, L. 331-5 et L. 331-7, les personnels mentionnés à l'alinéa précédent peuvent effectuer des saisies dans des conditions fixées par décret en Conseil d'État. »

Art. 39 – Il est inséré, dans le code de l'action sociale et des familles, un article L. 313-14 ainsi rédigé :

« Art. *L. 313-14* – Dans des conditions fixées par décret en Conseil d'État et sans préjudice des dispositions de l'article L. 331-7, dès que sont constatés dans l'établissement ou le service des infractions aux lois et règlements ou des dysfonctionnements dans la gestion ou l'organisation susceptibles d'affecter la prise en charge ou l'accompagnement des usagers ou le respect de leurs droits, l'autorité qui a délivré l'autorisation adresse au gestionnaire de l'établissement ou du service une injonction d'y remédier, dans un délai qu'elle fixe. Ce délai doit être raisonnable et adapté à l'objectif recherché. Elle en informe les représentants des usagers, des familles et du personnel et, le cas échéant, le représentant de l'État dans le département.

« Cette injonction peut inclure des mesures de réorganisation et, le cas échéant, des mesures individuelles conservatoires, dans les conditions prévues par le code du travail ou par les accords collectifs.

« S'il n'est pas satisfait à l'injonction, l'autorité compétente peut désigner un administrateur provisoire de l'établissement pour une durée qui ne peut être supérieure à six mois renouvelable une fois. Celui-ci accomplit, au nom de l'autorité compétente et pour le compte de l'établissement ou du service, les actes d'administration urgents ou nécessaires pour mettre fin aux dysfonctionnements ou irrégularités constatés.

« Dans le cas des établissements et services soumis à autorisation conjointe, la procédure prévue aux deux alinéas précédents est engagée à l'initiative de l'une ou de l'autre des autorités compétentes. »

Art. 40 – Il est inséré, dans le code de l'action sociale et des familles, un article L. 313-15 ainsi rédigé :

« *Art. L. 313-15* – L'autorité compétente met fin à l'activité de tout service ou établissement créé, transformé ou ayant fait l'objet d'une extension sans l'autorisation prévue à cet effet.

« Lorsque l'activité relève d'une autorisation conjointe de l'autorité compétente de l'État et du président du conseil général, la décision de fermeture est prise conjointement par ces deux autorités et mise en œuvre par le représentant de l'État dans le département avec le concours du président du conseil général. En cas de désaccord entre ces deux autorités, la décision de fermeture peut être prise et mise en œuvre par le représentant de l'État dans le département.

« L'autorité compétente met en œuvre la décision de fermeture dans les conditions prévues aux articles L. 331-5, L. 331-6 et L. 331-7. »

Art. 41 – Il est inséré dans le code de l'action sociale et des familles, un article L. 313-16 ainsi rédigé :

« *Art. L. 313-16* – Le représentant de l'État dans le département prononce la fermeture, totale ou partielle, provisoire ou définitive, d'un service ou établissement dans les conditions prévues aux articles L. 313-17 et L. 313-18 :

« 1° Lorsque les conditions techniques minimales d'organisation et de fonctionnement prévues au II de l'article L. 312-1 ne sont pas respectées ;

« 2° Lorsque la santé, la sécurité ou le bien-être physique ou moral des personnes bénéficiaires se trouvent compromis par les conditions d'installation, d'organisation ou de fonctionnement de l'établissement ou du service ou par un fonctionnement des instances de l'organisme gestionnaire non conformes à ses propres statuts :

« 3° Lorsque sont constatées dans l'établissement ou le service et du fait de celui-ci des infractions aux lois et règlements susceptibles d'entraîner la mise en cause de la responsabilité civile de l'établissement ou du service ou de la responsabilité pénale de ses dirigeants ou de la personne morale gestionnaire. »

Dispositions communes aux institutions sociales et médico-sociales

Art. 42 – Il est inséré, dans le code de l'action sociale et des familles, un article L. 313-17 ainsi rédigé :

« *Art. L. 313-17* – En cas de fermeture d'un établissement ou d'un service, le représentant de l'État dans le département prend les mesures nécessaires au placement des personnes qui y étaient accueillies.

« Il peut mettre en œuvre la procédure prévue aux deuxième et troisième alinéas de l'article L. 313-14. »

Art. 43 – Il est inséré, dans le code de l'action sociale et des familles, un article L. 313-18 ainsi rédigé :

« *Art. L. 313-18* – La fermeture définitive du service ou de l'établissement vaut retrait de l'autorisation prévue à l'article L. 313-1.

« Cette autorisation peut être transférée par le représentant de l'État dans le département à une collectivité publique ou un établissement privé poursuivant un but similaire, lorsque la fermeture définitive a été prononcée sur l'un des motifs énumérés à l'article L. 313-16. Le comité régional de l'organisation sanitaire et sociale compétent est informé de ce transfert. »

Art. 44 – Il est inséré, dans le code de l'action sociale et des familles, un article L. 313-19 ainsi rédigé :

« *Art. L. 313-19* – En cas de fermeture définitive d'un établissement ou d'un service géré par une association privée, celle-ci reverse à une collectivité publique ou à un établissement privé poursuivant un but similaire les sommes affectées à l'établissement ou service fermé, apportées par l'État, les collectivités territoriales et leurs établissements publics ou par les organismes de Sécurité sociale, énumérées ci-après :

« 1° Les subventions d'investissement non amortissables, grevées de droits, ayant permis le financement de l'actif immobilisé de l'établissement ou du service. Ces subventions sont revalorisées selon des modalités fixées par décret ;

« 2° Les réserves de trésorerie de l'établissement ou du service constituées par majoration des produits de tarification et affectation des excédents d'exploitation réalisés avec les produits de la tarification ;

« 3° Des excédents d'exploitation provenant de la tarification affectés à l'investissement de l'établissement ou du service, revalorisés dans les conditions prévues au 1° ;

« 4° Les provisions pour risques et charges, les provisions réglementées et les provisions pour dépréciation de l'actif circulant constituées grâce aux produits de la tarification et non employées le jour de la fermeture.

« La collectivité publique ou l'établissement privé attributaire des sommes précitées peut être :

« *a*) Choisi par l'association gestionnaire de l'établissement ou du service fermé, avec l'accord du préfet du département du lieu d'implantation de cet établissement ou service ;

« *b*) Désigné par le préfet du département, en cas d'absence de choix de l'association ou du refus par le préfet du choix mentionné au a.

« L'organisme gestionnaire de l'établissement ou du service fermé peut, avec l'accord de l'autorité de tarification concernée, s'acquitter des obligations prévues aux 1° et 3° en procédant à la dévolution de l'actif net immobilisé de l'établissement ou du service. »

Art. 45 – Il est inséré, dans le code de l'action sociale et des familles, un article L. 313-20 ainsi rédigé :

« *Art. L. 313-20* – Le président du conseil général exerce un contrôle sur les établissements et services relevant de sa compétence au titre des dispositions mentionnées aux a et c de l'article L. 313-3 dans les conditions prévues par l'article L. 133-2.

« L'autorité judiciaire et les services relevant de l'autorité du garde des sceaux, ministre de la justice, exercent, sans préjudice des pouvoirs reconnus au président du conseil général, un contrôle sur les établissements et services mentionnés au 4° du I de l'article 312-1. »

Section 5
Dispositions pénales

Art. 46 – Il est inséré, dans le code de l'action sociale et des familles, un article L. 313-21 ainsi rédigé :

« *Art. L. 313-21* – Les infractions aux dispositions des articles L. 311-4 à L. 311-9 du présent code sont constatées et poursuivies dans les conditions fixées par les premier et troisième alinéas de l'article L. 450-1 et les articles L. 450-2, L. 450-3, L. 450-7, L. 450-8 et L. 470-5 du code de commerce. »

Art. 47 – Il est inséré, dans le code de l'action sociale et des familles, deux articles L. 313-22 et L. 313-23 ainsi rédigés :

« *Art. L. 313-22* – Est puni d'un emprisonnement de trois mois et d'une amende de 3 750 EUR :

« 1° La création, la transformation et l'extension des établissements et services énumérés à l'article L. 312-1, sans avoir obtenu l'autorisation prévue à l'article L. 313-1 ;

« 2° La cession de l'autorisation prévue à l'article L. 313-1 sans l'accord préalable de l'autorité administrative qui l'a délivrée ;

« 3° Le fait d'apporter un changement important dans l'activité, l'installation, l'organisation, la direction ou le fonctionnement d'un établissement ou service soumis à autorisation sans la porter à la connaissance de l'autorité.

« Les personnes physiques coupables des infractions au présent article encourent également la peine complémentaire d'interdiction, suivant les modalités de l'article L. 131-27 du code pénal, d'exploiter ou de diriger tout établissement ou service soumis aux dispositions du présent titre.

« En cas de licenciement, le juge peut prononcer la réintégration du salarié concerné si celui-ci le demande.

« *Art. L. 313-23* – Est puni d'un emprisonnement de trois mois et d'une amende de 3 750 EUR le fait d'accueillir, dans les établissements assurant l'hébergement des personnes âgées mentionnés au 6° de l'article L. 312-1 et dans les établissements de santé mentionnés au 2° de l'article L. 6111-2 du code de la santé publique, des personnes âgées remplissant les conditions de dépendance mentionnées au premier alinéa de l'article L. 232-1, sans avoir passé la convention prévue au I de l'article L. 313-12.

« Les personnes physiques reconnues coupables de l'infraction prévue au présent article encourent également la peine complémentaire d'interdiction, suivant les modalités prévues à l'article L. 131-27 du code pénal, d'exploiter ou de diriger tout établissement soumis aux dispositions de l'article L. 312-1 ainsi que d'accueillir des personnes âgées dans le cadre du titre III du livre IV du présent code.

« En cas de récidive, les peines prévues au premier alinéa peuvent être portées au double. »

[...]

Art. 48 – Il est inséré, dans le code de l'action sociale et des familles, un article L. 313-24 ainsi rédigé :

« *Art. L. 313-24* – Dans les établissements et services mentionnés à l'article L. 312-1, le fait qu'un salarié ou un agent a témoigné de mauvais traitements ou privations infligés à une personne accueillie ou relaté de tels agissements ne peut être pris en considération pour décider de mesures défavorables le concernant en matière d'embauche, de rémunération, de formation, d'affectation, de qualification, de classification, de promotion professionnelle, de mutation ou de renouvellement du contrat de travail, ou pour décider la résiliation du contrat de travail ou une sanction disciplinaire.

« En cas de licenciement, le juge peut prononcer la réintégration du salarié concerné si celui-ci le demande. »

Art. 49 – Il est inséré, dans le code de l'action sociale et des familles, un article L. 313-25 ainsi rédigé :

« *Art. L. 313-25* – Sauf disposition contraire, les modalités d'application du présent chapitre sont déterminées par décret en Conseil d'État. »

Chapitre IV
Des dispositions financières

Art. 50 – I – Le chapitre IV du titre Ier du livre III du code de l'action sociale et des familles est intitulé : « Dispositions financières ».

II – Il est créé audit chapitre une section 1 intitulée : « Règles de compétences en matière tarifaire », comprenant les articles L. 314-1 et L. 314-2, une section 2 intitulée : « Règles budgétaires et de financement », comprenant les articles L. 314-3 à L. 314-9 et une section 3 intitulée : « Dispositions diverses », comprenant les articles L. 314-10 à L. 314-13.

Section 1
Des règles de compétences en matière tarifaire

Art. 51 – L'article L. 314-1 du code de l'action sociale et des familles est ainsi rédigé :

« *Art. L. 314-1* – I – La tarification des prestations fournies par les établissements et services financés par le budget de l'État ou par les organismes de Sécurité sociale est arrêtée chaque année par le représentant de l'État dans le département.

« II – La tarification des prestations fournies par les établissements et services habilités à recevoir des bénéficiaires de l'aide sociale du département est arrêtée chaque année par le président du conseil général.

« III – La tarification des prestations fournies par les établissements et services mentionnés au 4° du I de l'article L. 312-1 est arrêtée :

« *a*) Conjointement par le représentant de l'État dans le département et le président du conseil général, lorsque le financement des prestations est assuré en tout ou partie par le département ;

« *b*) Par le représentant de l'État dans le département, lorsque le financement des prestations est assuré exclusivement par le budget de l'État.

« IV – La tarification des centres d'action médico-sociale précoce mentionnés à l'article L. 2132-4 du code de la santé publique est arrêtée conjointement par le représentant de l'État dans le département et le président du conseil général après avis de la caisse régionale d'assurance maladie.

« V – La tarification des foyers d'accueil médicalisés mentionnés au 7° du I de l'article L. 312-1 est arrêtée :

« *a*) Pour les prestations de soins remboursables aux assurés sociaux, par le représentant de l'État dans le département ;

« *b*) Pour les prestations relatives à l'hébergement et à l'accompagnement à la vie sociale, par le président du conseil général.

« VI – Dans les cas mentionnés au a du III et au IV, en cas de désaccord entre le représentant de l'État et le président du conseil général, chaque autorité précitée fixe par arrêté le tarif relevant de sa compétence et le soumet au tribunal interrégional de la tarification sanitaire et sociale dont la décision s'impose à ces deux autorités.

« VII – Le pouvoir de tarification peut être confié à un autre département que celui d'implantation d'un établissement, par convention signée entre plusieurs départements utilisateurs de cet établissement. »

Art. 52 – L'article L. 314-2 du code de l'action sociale et des familles est ainsi rédigé :

« *Art. L. 314-2* – La tarification des établissements et services mentionnés au I de l'article L. 313-12 est arrêtée :

« 1° Pour les prestations de soins remboursables aux assurés sociaux, par l'autorité compétente de l'État, après avis du président du conseil général et de la caisse régionale d'assurance maladie ;

« 2° Pour les prestations relatives à la dépendance acquittées par l'usager ou, si celui-ci remplit les conditions mentionnées à l'article L. 232-2, prises en charge par l'allocation personnalisée d'autonomie, par le président du conseil général, après avis de l'autorité compétente de l'État ;

« 3° Pour les prestations relatives à l'hébergement, dans les établissements habilités à recevoir des bénéficiaires de l'aide sociale, par le président du conseil général.

« Cette tarification est notifiée aux établissements au plus tard soixante jours à compter de la date de notification des dotations régionales limitatives mentionnées à l'article L. 314-3, pour l'exercice en cours, lorsque les documents nécessaires à la fixation de cette tarification ont été transmis aux autorités compétentes.

« Pour les établissements visés à l'article L. 342-1, les prix des prestations mentionnées au 3° ci-dessus sont fixés dans les conditions prévues par les articles L. 342-2 à L. 342-6. »

Section 2
Des règles budgétaires et de financement

Art. 53 – Les articles L. 314-3 à L. 314-5 du code de l'action sociale et des familles sont ainsi rédigés :

« *Art. L. 314-3* – Le financement de celles des prestations des établissements et services sociaux et médico-sociaux publics et privés qui sont à la charge des organismes de Sécurité sociale est soumis à un objectif de dépenses.

« Les ministres chargés de la Sécurité sociale, de l'action sociale, de l'économie et du budget fixent annuellement cet objectif, en fonction de l'objectif national de dépenses d'assurance maladie voté par le Parlement, et corrélativement, le montant total annuel des dépenses prises en compte pour le calcul des dotations globales, forfaits, prix de journée et tarifs afférents aux prestations correspondantes. Ce montant total annuel est fixé par application d'un taux d'évolution aux dépenses de l'année précédente au plus tard dans les quinze jours qui suivent la publication de la loi de financement de la Sécurité sociale.

« Ce montant total annuel est constitué, après imputation de la part mentionnée à l'article L. 162-43 du code de la Sécurité sociale, en dotations régionales limitatives. Le montant de ces dotations est fixé par les ministres chargés de la Sécurité sociale et de l'action sociale, en fonction des besoins de la population, des orientations définies par les schémas prévus à l'article L. 312-5, des priorités définies au niveau national en matière de politique médico-sociale, en tenant compte de l'activité et des coûts moyens des établissements et services et d'un objectif de réduction progressive des inégalités dans l'allocation des ressources entre régions.

« Chaque dotation régionale est répartie par le représentant de l'État dans la région, en liaison avec le directeur de l'agence régionale de l'hospitalisation et les représentants de l'État dans les départements en dotations départementales limitatives. Ces dotations départementales peuvent, dans les mêmes conditions, être réparties par le représentant de l'État dans le département en dotations affectées par catégories de bénéficiaires ou à certaines prestations dans des conditions fixées par décret.

« *Art. L. 314-4* – Le montant total annuel des dépenses des établissements et services mentionnés aux a des 5° et 8° du I de l'article L. 312-1, imputables aux prestations prises en charge par l'aide sociale de l'État, et, corrélativement, le montant total annuel des dépenses prises en compte pour le calcul des dotations globales de fonctionnement de ces établissements et services sont déterminés par le montant limitatif inscrit à ce titre dans la loi de finances initiale de l'exercice considéré.

« Ce montant total annuel est constitué en dotations régionales limitatives. Le montant de ces dotations régionales est fixé par le ministre chargé de l'action sociale, en fonction des besoins de la population, des priorités définies au niveau national en matière de politique médico-sociale, en tenant compte de l'activité et des coûts moyens des établissements et services et d'un objectif de réduction progressive des inégalités dans l'allocation des ressources entre régions.

« Chaque dotation régionale est répartie par le représentant de l'État dans la région, en liaison avec les représentants de l'État dans les départements, en dotations départementales limitatives, dont le montant tient compte des priorités locales, des orientations des schémas prévus à l'article L. 312-5, de l'activité et des coûts moyens des établissements et services, et d'un objectif de réduction des inégalités dans l'allocation des ressources entre départements et établissements et services.

« *Art. L. 314-5* – Pour chaque établissement et service, le représentant de l'État dans le département peut modifier le montant global des recettes et dépenses prévisionnelles, mentionnées au 3° du I de l'article L. 314-7, imputables aux prestations prises en charge par l'aide sociale de l'État ou par les organismes de Sécurité sociale, compte tenu du montant des dotations régionales ou départementales définies ci-dessus ; la même procédure s'applique en cas de révision, au titre du même exercice, des dotations régionales ou départementales initiales.

« Le représentant de l'État dans le département peut également supprimer ou diminuer les prévisions de dépenses qu'il estime injustifiées ou excessives compte tenu, d'une part, des conditions de satisfaction des besoins de la population, telles qu'elles résultent notamment des orientations des schémas prévus à l'article L. 312-5, d'autre part, de l'évolution de l'activité et des coûts des établissements et services appréciés par rapport au fonctionnement des autres équipements comparables dans le département ou la région.

« Des conventions conclues entre le représentant de l'État dans la région, les représentants de l'État dans les départements, les gestionnaires d'établissement et de service et, le cas échéant, formules de coopération mentionnées aux 2° et 3° de l'article L. 312-7 précisent, dans une perspective pluriannuelle, les objectifs prévisionnels et les critères d'évaluation de l'activité et des coûts des prestations imputables à l'aide sociale de l'État dans les établissements et service concernés. »

Art. 54 – L'article L. 314-6 du code de l'action sociale et des familles est ainsi rédigé :

« *Art. L. 314-6* – Les conventions collectives de travail, conventions d'entreprise ou d'établissement et accords de retraite applicables aux salariés des établissements de santé et des établissements et services sociaux et médico-sociaux à but non lucratif dont les dépenses de fonctionnement sont, en vertu de dispositions législatives ou réglementaires, supportées, en tout ou partie, directement ou indirectement, soit par des personnes morales de droit public, soit par des organismes de Sécurité sociale, ne prennent effet qu'après agrément donné par le ministre compétent après avis d'une commission où sont représentés des élus locaux et dans des conditions fixées par voie réglementaire. Ces conventions ou accords s'imposent aux autorités compétentes en matière de tarification.

« Les ministres chargés de la Sécurité sociale et de l'action sociale établissent annuellement, avant le 1er mars de l'année en cours, un rapport relatif aux agréments des conventions et accords mentionnés à l'alinéa précédent, pour l'année écoulée, et aux orientations en matière d'agrément des accords et d'évolution de la masse salariale pour l'année en cours.

« Ce rapport est transmis au Parlement, au comité des finances locales et aux partenaires sociaux concernés selon des modalités fixées par décret. »

Art. 55 – L'article L. 314-7 du code de l'action sociale et des familles est ainsi rédigé :

« *Art. L. 314-7* – I – Dans les établissements et services mentionnés au I de l'article L. 312-1, sont soumis à l'accord de l'autorité compétente en matière de tarification :

« 1° Les emprunts dont la durée est supérieure à un an ;

« 2° Les programmes d'investissement et leurs plans de financement ;

« 3° Les prévisions de charges et de produits d'exploitation permettant de déterminer les tarifs des prestations prises en charge par l'État, les départements ou les organismes de Sécurité sociale, ainsi que les affectations de résultats qui en découlent.

« Les dispositions mentionnées aux 1° et 2° ne sont pas applicables aux établissements visés à l'article L. 342-1.

« Un décret en Conseil d'État précise les conditions dans lesquelles ces charges, produits et résultats sont retracés dans des comptes distincts, en fonction de la nature des prestations, de leur tarification et de leur financement.

« II – Le montant global des dépenses autorisées ainsi que les tarifs des établissements et services mentionnés au I de l'article L. 312-1 sont notifiés par l'autorité compétente en matière de tarification, au terme d'une procédure contradictoire, au plus tard soixante jours à compter de la date de notification des dotations mentionnées, selon le cas, aux articles L. 313-8, L. 314-3 et L. 314-4, selon des modalités fixées par décret en Conseil d'État.

« Les décisions mentionnées aux 1° et 2° du I sont opposables à l'autorité compétente en matière de tarification si celle-ci n'a pas fait connaître son opposition dans un délai fixé par décret en Conseil d'État. Il en va de même des décisions modificatives concernant les prévisions de charges ou de produits mentionnées au 3° du I qui interviennent après la fixation des tarifs.

« III – L'autorité compétente en matière de tarification ne peut modifier que :

« 1° Les prévisions de charges ou de produits insuffisantes ou qui ne sont pas compatibles avec les dotations de financement fixées dans les conditions prévues, selon le cas, aux articles L. 313-8, L. 314-3 et L. 314-4 ;

« 2° Les prévisions de charges qui sont manifestement hors de proportion avec le service rendu ou avec les coûts des établissements et services fournissant des prestations comparables en termes de qualité de prise en charge ou d'accompagnement.

« La décision de modification doit être motivée.

« IV – Les dépenses de l'établissement ou du service imputables à des décisions n'ayant pas fait l'objet des procédures mentionnées au présent article ne sont pas opposables aux collectivités publiques et organismes de Sécurité sociale.

« V – Les charges et produits des établissements et services mentionnés au I de l'article L. 312-1, dont les prestations ne sont pas prises en charge ou ne le sont que partiellement par les collectivités et organismes susmentionnés, sont retracés dans un ou plusieurs comptes distincts qui sont transmis à l'autorité compétente en matière de tarification.

« La personne physique ou morale gestionnaire de l'établissement ou du service tient à la disposition de l'autorité compétente en matière de tarification tout élément d'information comptable ou financier relatif à l'activité de l'établissement ou du service, ainsi que tous états et comptes annuels consolidés relatifs à l'activité de la personne morale gestionnaire.

« Les dispositions du présent V ne sont pas applicables aux prestations relatives à l'hébergement dans les établissements visés à l'article L. 342-1.

« VI – Les budgets des établissements et services sociaux et médico-sociaux peuvent prendre en compte, éventuellement suivant une répartition établie en fonction du niveau respectif de ces budgets, les dépenses relatives aux frais du siège social de l'organisme gestionnaire pour la part de ces dépenses utiles à la réalisation de leur mission dans des conditions fixées par décret en Conseil d'État. »

Art. 56 – L'article L. 314-8 du code de l'action sociale et des familles est ainsi rédigé :

« *Art. L. 314-8* – Les modalités de fixation de la tarification des établissements et services mentionnés au I de l'article L. 312-1 sont déterminées par un décret en Conseil d'État qui prévoit notamment :

« 1° Les conditions et modalités de la tarification de certains établissements ou services, sous forme de prix de journée, tarifs de prestations ou forfaits journaliers et les modalités de globalisation des financements sous forme de forfaits annuels ou de dotations globales ;

« 2° Les conditions dans lesquelles les personnes accueillies temporairement peuvent être dispensées d'acquitter tout ou partie des frais afférents à leur prise en charge.

« L'accueil temporaire est défini par voie réglementaire. »

Art. 57 – L'article L. 314-9 du code de l'action sociale et des familles est ainsi rédigé :

« *Art. L. 314-9* – Les montants des éléments de tarification afférents aux soins et à la dépendance mentionnés aux 1° et 2° de l'article L. 314-2 sont modulés selon l'état de la personne accueillie au moyen de la grille nationale mentionnée à l'article L. 232-2.

« La convention pluriannuelle mentionnée au I de l'article L. 313-12 précise la périodicité de la révision du niveau de perte d'autonomie des résidents selon la grille nationale mentionnée à l'article L. 232-2.

« L'évaluation de la perte d'autonomie des résidents de chaque établissement est transmise, pour contrôle et validation, à un médecin appartenant à une équipe médico-sociale du département et à un praticien-conseil de la caisse d'assurance maladie. En cas de désaccord entre les deux médecins précités sur cette validation, une commission départementale de coordination médicale dont la composition, les missions et les modalités d'organisation et de fonctionnement sont définies par un arrêté des ministres chargés de l'action sociale et des collectivités territoriales, détermine le classement définitif.

« Lorsqu'un établissement hébergeant des personnes âgées dépendantes conteste la répartition des résidents qu'il accueille selon les niveaux de perte d'autonomie arrêtée dans les conditions mentionnées ci-dessus, il peut introduire un recours devant le tribunal interrégional de la tarification sanitaire et sociale mentionné à l'article L. 351-1. »

Section 3
Dispositions diverses

Art. 58 – I – Les articles L. 314-10

à L. 314-13 du code de l'action sociale et des familles sont ainsi rédigés :

« *Art. L. 314-10* – Les personnes qui s'absentent temporairement, de façon occasionnelle ou périodique, de l'établissement où elles sont accueillies peuvent être dispensées d'acquitter tout ou partie de leurs frais d'hébergement.

« Les conditions d'application du présent article, qui peuvent être variables selon la nature de l'établissement et le mode de prise en charge desdits frais, sont soit fixées par voie réglementaire lorsqu'il s'agit d'établissements dont le financement est assuré grâce à une participation directe ou indirecte de l'État ou d'organismes de Sécurité sociale, soit déterminées par le règlement départemental d'aide sociale lorsqu'il s'agit d'établissements dont le département assure seul le financement.

« *Art. L. 314-11* – Les dépenses de soins paramédicaux dispensés par des professionnels de statut libéral ou salarié dans le cadre d'une action de maintien à domicile par les établissements et services mentionnés aux 8°, 9° et 11° du I de l'article L. 312-1 peuvent être prises en charge par les organismes d'assurance maladie suivant une formule forfaitaire et, dans ce cas, réglées directement par ces organismes aux institutions dans les conditions fixées par voie réglementaire.

« La participation de l'assuré social aux dépenses de soins paramédicaux dispensées par les établissements et services précités peut être réduite ou supprimée dans des conditions fixées par voie réglementaire.

« *Art. L. 314-12* – Des conditions particulières d'exercice des professionnels de santé exerçant à titre libéral destinées notamment à assurer l'organisation, la coordination et l'évaluation des soins, l'information et la formation sont mises en œuvre dans les établissements d'hébergement pour personnes âgées dépendantes.

« Ces conditions peuvent porter sur des modes de rémunération particuliers autres que le paiement à l'acte et sur le paiement direct des professionnels par l'établissement.

« Un contrat portant sur ces conditions d'exercice est conclu entre le professionnel et l'établissement.

« *Art. L. 314-13* – Sauf disposition contraire, les modalités d'application du présent chapitre sont déterminées par décret en Conseil d'État. »

II – L'article L. 314-14 du même code est abrogé.

Art. 59 – I – A – Dans les articles L. 351-1 et L. 351-3 du code de l'action sociale et des familles, les mots : « la commission interrégionale » sont remplacés par les mots : « le tribunal interrégional ».

B – Dans le premier alinéa de l'article L. 351-2 du même code, les mots : « La commission interrégionale de la tarification sanitaire et sociale est présidée » sont remplacés par les mots : « Le tribunal interrégional de la tarification sanitaire et sociale est présidé » et, dans le deuxième alinéa du même article, les mots : « La commission interrégionale de la tarification sanitaire et sociale est composée » sont remplacés par les mots : « Le tribunal interrégional de la tarification sanitaire et sociale est composé ».

C – Dans l'article L. 351-4 du même code, les mots « commissions interrégionales » sont remplacés par les mots : « tribunaux interrégionaux ».

D – Dans les articles L. 351-4 à L. 351-6 du même code, le mot : « Commission » est remplacé par le mot : « Cour ».

E – Dans le premier alinéa de l'article L. 351-5 du même code, les mots : « du contentieux » sont supprimés.

F – Dans l'article L. 351-6 du même code, les mots : « de la commission interrégionale » sont remplacés par les mots : « du tribunal interrégional ».

II – L'article L. 351-7 du même code est ainsi rédigé :

« *Art. L. 351-7* – Les articles L. 113-1 et L. 911-1 à L. 911-8 du code de justice administrative sont applicables par la Cour nationale de la tarification sanitaire et sociale et par les tribunaux interrégionaux de la tarification sanitaire et sociale. »

III – Après l'article L. 351-7 du même code, il est inséré un article L. 351-8 ainsi rédigé :

« *Art. L. 351-8* – Sauf disposition contraire, les modalités d'application du présent chapitre sont déterminées par décret en Conseil d'État, notamment les règles de procédure applicables devant les juridictions de la tarification sanitaire et sociale et les modalités de désignation des membres des tribunaux interrégionaux. »

Chapitre V
Des dispositions propres aux établissements et services sociaux et médico-sociaux relevant de personnes morales de droit public

Art. 60 – I – Le chapitre V du titre Ier du livre III du code de l'action sociale et des familles est intitulé : « Dispositions propres aux établissements et services sociaux et médico-sociaux relevant de personnes morales de droit public ».

II – La section 1 dudit chapitre est intitulée : « Dispositions générales » et comprend les articles L. 315-1 à L. 315-8.

III – La section 2 du même chapitre est intitulée : « Statut des établissements publics sociaux et médico-sociaux dotés de la personnalité juridique » et comprend les articles L. 315-9 à L. 315-18.

IV – La section 3 du même chapitre et son intitulé sont supprimés.

Section 1
Des dispositions générales

Art. 61 – L'article L. 315-1 du code de l'action sociale et des familles est ainsi rédigé :

« *Art. L. 315-1* – Les interventions à but social et médico-social des personnes morales de droit public sont assurées soit par des établissements publics communaux, intercommunaux, départementaux, interdépartementaux ou nationaux, soit par des services non personnalisés. »

Art. 62 – L'article L. 315-2 du code de l'action sociale et des familles est ainsi rédigé :

« *Art. L. 315-2* – Les établissements et les services sociaux et médico-sociaux publics sont créés par arrêté du ou des ministres compétents, par délibération de la ou des collectivités territoriales compétentes ou d'un groupement ou par délibération du conseil d'administration d'un établissement public.

« Lorsque les prestations qu'ils fournissent sont éligibles à une prise en charge par l'aide sociale de l'État ou par les organismes de Sécurité sociale, l'avis du représentant de l'État est recueilli préalablement à la délibération mentionnée au premier alinéa.

« Lorsque les prestations qu'ils fournissent sont éligibles à une prise en charge par l'aide sociale départementale, l'avis du président du conseil général est recueilli préalablement à la délibération mentionnée au premier alinéa. »

Art. 63 – L'article L. 315-3 du code de l'action sociale et des familles est ainsi rédigé :

« *Art. L. 315-3* – Lorsque les établissements ou services ne sont pas dotés de la personnalité juridique, le projet d'établissement ou de service mentionné à l'article L. 311-8 détermine les modalités de leur individualisation fonctionnelle et budgétaire. »

Art. 64 – I – L'article L. 315-4 du code de l'action sociale et des familles est ainsi rédigé :

« *Art. L. 315-4* – La visite de conformité mentionnée à l'article 313-6 est opérée, après achèvement des travaux, par l'organe exécutif de la collectivité territoriale qui l'a créé ou, lorsque l'établissement a été créé par délibération de plusieurs collectivités territoriales, par l'organe exécutif de la collectivité territoriale sur le territoire de laquelle il est implanté. »

II – Il est rétabli, dans le même code, un article L. 315-5 ainsi rédigé :

« *Art. L. 315-5* – Les établissements publics locaux et les services non personnalisés peuvent être habilités à recevoir des bénéficiaires de l'aide sociale ou autorisés à dispenser des soins remboursables aux assurés sociaux.

« Pour les établissements mentionnés aux 1° et 7° du I de l'article L. 312-1, l'habilitation est délivrée par le président du conseil général. Pour les établissements et services mentionnés aux 2° et 6° du I de l'article L. 312-1, l'habilitation est délivrée par le président du conseil général ou par le représentant de l'État dans des conditions fixées par décret en Conseil d'État. Pour les autres établissements, elle est délivrée, s'il y a lieu, par le représentant de l'État. Celui-ci est, dans tous les cas, compétent pour autoriser les établissements ou services à dispenser des soins remboursables aux assurés sociaux en application de l'article L. 162-21 du code de la Sécurité sociale.

« L'habilitation ou l'autorisation peut être refusée ou retirée pour les motifs et selon les modalités énoncés aux articles L. 313-8 et L. 313-9 du présent code. »

III – Les articles L. 315-6 à L. 315-8 du même code sont ainsi rédigés :

« *Art. L. 315-6* – Les établissements publics locaux et les services non personnalisés peuvent être fermés totalement ou partiellement, à titre provisoire ou définitif, pour les motifs énoncés à l'article L. 313-16, par le représentant de l'État dans le département.

« *Art. L. 315-7* – Sans préjudice de l'application des dispositions de l'article L. 6111-3 du code de la santé publique, les établissements mentionnés aux 2°, a du 5°, 6°, 7° et 8° du I de l'article L. 312-1 du présent code, ainsi que les maisons d'enfants à caractère social, qui relèvent des personnes morales de droit public à l'exception des établissements relevant de l'Office national des anciens combattants, de l'institution de gestion sociale des armées et des maisons de retraite rattachées au centre d'action sociale de la ville de Paris, constituent des établissements publics.

« Ceux de ces établissements qui, à la date du 30 juin 1975, fonctionnaient comme des services non personnalisés des personnes morales de droit public sont érigés en établissements publics ou rattachés à un établissement public de même nature.

« Les dispositions des alinéas précédents ne s'appliquent pas aux établissements qui sont créés ou gérés par des centres communaux ou intercommunaux d'action sociale, ni aux établissements qui sont gérés par des établissements publics de santé. Dans certains cas et à leur demande, les établissements à caractère social érigés en établissements publics peuvent passer des conventions de gestion avec des établissements publics.

« *Art. L. 315-8* – Les établissements relevant des services départementaux de l'aide sociale à l'enfance et les maisons d'enfants à caractère social mentionnés au 4° de l'article 2 du chapitre Ier du titre IV du statut général des fonctionnaires de l'État et des collectivités territoriales sont dotés, lorsqu'ils n'ont pas la personnalité morale, d'une commission de surveillance nommée par le président du conseil général et d'un directeur nommé, après avis du président du conseil général, par l'autorité compétente de l'État.

« Lorsqu'ils constituent des établissements publics, ils sont administrés par un conseil d'administration assisté d'un directeur nommé, après avis du président du conseil d'administration, par l'autorité compétente de l'État. »

Section 2
Du statut des établissements publics sociaux et médico-sociaux dotés de la personnalité juridique

Art. 65 – L'article L. 315-9 du code de l'action sociale et des familles est ainsi rédigé :

« *Art. L. 315-9* – Les établissements publics sociaux et médico-sociaux sont communaux, intercommunaux, départementaux, interdépartementaux ou nationaux. Ils sont administrés par un conseil d'administration et dirigés par un directeur nommé par l'autorité compétente de l'État après avis du président du conseil d'administration. »

Art. 66 – L'article L. 315-10 du code de l'action sociale et des familles est ainsi rédigé :

« *Art. L. 315-10* – I – Le conseil d'administration des établissements publics sociaux ou médico-sociaux locaux comprend :

« 1° Des représentants de la ou des collectivités territoriales de rattachement ou de leurs groupements ;

« 2° Un représentant de la collectivité territoriale d'implantation si elle n'est pas représentée au titre du 1° ;

« 3° Un ou des représentants des départements qui supportent, en tout ou partie, les frais de prise en charge des personnes accueillies ;

« 4° Des représentants des usagers ;

« 5° Des représentants du personnel ;

« 6° Des personnalités qualifiées.

« La composition et les modalités de désignation des membres du conseil d'administration sont fixées par décret en Conseil d'État.

« Le conseil d'administration des établissements communaux est présidé par le maire. Le conseil d'administration des établissements départementaux est présidé par le président du conseil général. Le conseil d'administration des établissements intercommunaux est présidé par le président de l'organe délibérant de l'établissement public de coopération intercommunale.

« Toutefois, sur proposition du président du conseil général, du maire ou du président de l'organe délibérant de l'établissement public de coopération intercommunale, selon le cas, la présidence du conseil d'administration est assurée par un représentant élu en son sein, respectivement, par le conseil général, le conseil municipal ou l'organe délibérant précité.

« II – L'acte constitutif de chaque établissement public social ou médico-social national fixe la composition de son conseil d'administration. Le conseil d'administration d'un établissement public social ou médico-social national doit comprendre des représentants des usagers et du personnel. »

Art. 67 – L'article L. 315-11 du code de l'action sociale et des familles est ainsi rédigé :

« *Art. L. 315-11* – Nul ne peut être membre d'un conseil d'administration :

« 1° À plus d'un des titres mentionnées à l'article L. 315-10 ;

« 2° S'il encourt l'une des incapacités prévues par les articles L. 5 et L. 6 du code électoral ;

« 3° S'il est personnellement ou par l'intermédiaire de son conjoint, de son concubin ou de la personne avec qui il a conclu un pacte civil de solidarité, de ses ascendants ou descendants en ligne directe, directement ou indirectement intéressé à la gestion de l'établissement social ou médico-social concerné ;

« 4° S'il est fournisseur de biens ou de services, lié à l'établissement par contrat ;

« 5° S'il est lié à l'établissement par contrat, sauf s'il s'agit des représentants du personnel ;

« 6° S'il a été lui-même directeur dudit établissement.

« En cas d'incompatibilité applicable au président du conseil général ou au maire, la présidence est dévolue à un représentant élu, désigné en son sein, respectivement par le conseil général ou le conseil municipal. »

Art. 68 – L'article L. 315-12 du code de l'action sociale et des familles est ainsi rédigé :

« *Art. L. 315-12* – Le conseil d'administration des établissements publics sociaux ou médico-sociaux définit la politique générale de l'établissement et délibère sur :

« 1° Le projet d'établissement ou de service mentionné à l'article L. 311-7, ainsi que les contrats pluriannuels mentionnés à l'article L. 313-11 ;

« 2° Les programmes d'investissement ;

« 3° Le rapport d'activité ;

« 4° Le budget et les décisions modificatives, les crédits supplémentaires et la tarification des prestations ;

« 5° Les comptes financiers, les décisions d'affectation des résultats ou les propositions d'affectation desdits résultats, lorsque leurs financements sont majoritairement apportés par une collectivité publique ou les organismes de Sécurité sociale ;

« 6° Les décisions affectant l'organisation ou l'activité de l'établissement ;

« 7° Le tableau des emplois du personnel ;

« 8° La participation à des actions de coopération et de coordination ;

« 9° Les acquisitions, aliénations, échanges d'immeubles et leur affectation et les conditions des baux de plus de dix-huit ans ;

« 10° Les emprunts ;

« 11° Le règlement de fonctionnement ;

« 12° L'acceptation et le refus de dons et legs ;

« 13° Les actions en justice et les transactions ;

« 14° Les règles concernant l'emploi des diverses catégories de personnel, pour autant qu'elles n'ont pas été fixées par des dispositions législatives ou réglementaires. »

Art. 69 – I – L'article L. 315-13 du code de l'action sociale et des familles est ainsi rédigé :

« *Art. L. 315-13* – Dans chaque établissement public social ou médicosocial est institué un comité technique d'établissement présidé par le directeur ou son représentant membre des corps des personnels de direction, et composé de représentants du personnel relevant du titre IV du statut général des fonctionnaires de l'État et des collectivités territoriales, élus par collèges définis en fonction des catégories mentionnées à l'article 4 de ce titre sur des listes présentées par les organisations syndicales représentatives au sein de chaque établissement pour chaque catégorie de personnel.

« La représentativité des organisations syndicales s'apprécie d'après les critères définis à l'article 9 *bis* du titre Ier du statut général des fonctionnaires de l'État et des collectivités territoriales.

« Lorsqu'aucune organisation syndicale ne présente de liste ou lorsque la participation est inférieure à un taux fixé par décret, les listes peuvent être librement établies.

« Le comité technique d'établissement est obligatoirement consulté sur :

« 1° Le projet d'établissement et les programmes d'investissement relatifs aux travaux et aux équipements matériels ;

« 2° Le budget, les crédits supplémentaires et les comptes, la tarification des prestations servies et le tableau des emplois du personnel et ses modifications ;

« 3° Les créations, suppressions et transformations de services ;

« 4° Les conditions et l'organisation du travail dans l'établissement, notamment les programmes de modernisation des méthodes et techniques de travail et leurs incidences sur la situation du personnel ;

« 5° Les règles concernant l'emploi des diverses catégories de personnels, pour autant qu'elles n'ont pas été fixées par des dispositions législatives ou réglementaires ;

« 6° Les critères de répartition de certaines primes et indemnités ;

« 7° La politique générale de formation du personnel et notamment le plan de formation ;

« 8° Le bilan social, le cas échéant ;

« 9° La participation aux actions de coopération et de coordination mentionnées à la section 4 du chapitre II du titre Ier du livre III du présent titre.

Dispositions communes aux institutions sociales et médico-sociales

« Les modalités d'application du présent article et notamment le nombre de membres titulaires et suppléants du comité technique d'établissement ainsi que les règles de fonctionnement de ce comité sont fixés par décret en Conseil d'État.

« Un décret définit les moyens dont dispose le comité technique d'établissement pour exercer ses missions. »

II – L'article L. 315-14-1 du même code est abrogé.

Art. 70 – L'article L. 315-14 du code de l'action sociale et des familles est ainsi rédigé :

« *Art. L. 315-14* – Sans préjudice de l'application des dispositions prévues à l'article L. 314-7, les délibérations mentionnées à l'article L. 315-12 sont exécutoires de plein droit dès qu'il a été procédé à leur transmission au représentant de l'État dans le département.

« Le représentant de l'État dans le département saisit la chambre régionale des comptes des délibérations dont il estime qu'elles entraînent des dépenses de nature à menacer l'équilibre budgétaire de l'établissement, dans les quinze jours suivant leur transmission. Il informe sans délai l'établissement de cette saisine, qu'il peut assortir d'un sursis à exécution. Sur avis conforme de la chambre régionale des comptes, rendu dans un délai de trente jours suivant la saisine, le représentant de l'État dans le département peut annuler la délibération.

« Le représentant de l'État dans le département défère au tribunal administratif les délibérations qu'il estime contraires à la légalité dans les deux mois suivant leur transmission. Il en informe sans délai l'établissement et lui communique toute précision sur les illégalités invoquées. Il peut assortir son recours d'une demande de suspension ; il est fait droit à cette demande si l'un des moyens invoqués paraît, en l'état de l'instruction, propre à créer un doute sérieux quant à la légalité de la délibération attaquée.

« Les modalités d'application du présent article sont déterminées par décret en Conseil d'État. »

Art. 71 – L'article L. 315-15 du code de l'action sociale et des familles est ainsi rédigé :

« *Art. L. 315-15* – I. – Le budget et les décisions modificatives mentionnés au 4° de l'article L. 315-12 sont préparés et présentés par le directeur. Le budget de l'année est voté par le conseil d'administration et transmis au plus tard le 31 octobre précédant l'exercice auquel il se rapporte. Le cas échéant, il est établi en cohérence avec le contrat pluriannuel mentionné à l'article L. 313-11.

« Les autorisations de dépenses et les prévisions de recettes qui figurent au budget sont présentées et votées par groupes fonctionnels, dont la composition est conforme à une nomenclature fixée par arrêté. Les décisions modificatives sont présentées et votées dans les mêmes formes.

« Les délibérations relatives au budget et aux décisions modificatives sont transmises sans délai aux autorités compétentes en matière de tarification en vue de leur approbation, dans les conditions fixées par l'article L. 314-7.

« II – Les comptes financiers mentionnés au 5° de l'article L. 315-12 sont adoptés par le conseil d'administration et transmis aux autorités compétentes en matière de tarification au plus tard le 30 avril de l'année suivant l'exercice auquel ils se rapportent. »

Art. 72 – Il est inséré, dans le code de l'action sociale et des familles, un article L. 315-16 ainsi rédigé :

« *Art. L. 315-16* – Les comptables des établissements publics sociaux et médico-sociaux sont des comptables directs du Trésor ayant qualité de comptables principaux.

« Lorsque le comptable de l'établissement notifie à l'ordonnateur sa décision de suspendre une dépense, celui-ci peut lui adresser un ordre de réquisition. Le comptable est tenu de s'y conformer, sauf en cas :

« 1° D'insuffisance de fonds disponibles ;

« 2° De dépenses ordonnancées sur des crédits irrégulièrement ouverts ou insuffisants ou sur des crédits autres que ceux sur lesquels elle devrait être imputée ;

« 3° D'absence de justification de service fait ou de défaut de caractère libératoire du règlement.

« L'ordre de réquisition est porté à la connaissance du conseil d'administration de l'établissement et notifié au trésorier-payeur général du département, qui le transmet à la chambre régionale des comptes.

« En cas de réquisition, le comptable est déchargé de sa responsabilité.

« Le comptable assiste, avec voix consultative, au conseil d'administration de l'établissement lorsque celui-ci délibère sur des affaires de sa compétence.

« Les conditions de placement et de rémunération des fonds des établissements publics sociaux et médico-sociaux sont déterminées par décret.

« À la demande de l'ordonnateur, le comptable informe ce dernier de la situation de paiement des mandats et du recouvrement des titres de recettes, de la situation de trésorerie et de tout élément utile à la bonne gestion de l'établissement. Il paie les mandats dans l'ordre de priorité indiqué par l'ordonnateur. »

Art. 73 – Il est inséré, dans le code de l'action sociale et des familles, un article L. 315-17 ainsi rédigé :

« *Art. L. 315-17* – Le directeur représente l'établissement en justice et dans tous les actes de la vie civile.

« Il prépare les travaux du conseil d'administration et lui soumet le projet d'établissement mentionné à l'article L. 311-8.

« Il est chargé de l'exécution des décisions du conseil d'administration et met en œuvre les actions approuvées par celui-ci. Il est compétent pour régler les affaires de l'établissement autres que celles qui sont énumérées à l'article L. 315-12. Il assure la gestion et la conduite générale de l'établissement et en tient le conseil d'administration informé.

« Il veille à la réalisation du projet d'établissement ou de service et à son évaluation.

« Il nomme le personnel, à l'exception des personnels titulaires des instituts nationaux de jeunes sourds et de l'Institut national des jeunes aveugles, et exerce son autorité sur l'ensemble de celui-ci.

« Le directeur peut déléguer sa signature dans des conditions et sur des matières définies par décret. Pour l'exercice de certaines des attributions du conseil d'administration définies par décret, le directeur peut recevoir délégation du président du conseil d'administration. »

Art. 74 – Il est inséré, dans le code de l'action sociale et des familles, un article L. 315-18 ainsi rédigé :

« *Art. L. 315-18* – Le régime administratif, budgétaire, financier et comptable des établissements publics sociaux et médico-sociaux nationaux ainsi que les modalités du contrôle de l'État sur ces établissements sont déterminés par décret en Conseil d'État compte tenu de la nature particulière de leur mission. »

Chapitre VI
Dispositions diverses et transitoires

Art. 75 – I – Le code de l'action sociale et des familles est ainsi modifié :

1° Dans le dernier alinéa de l'article L. 121-2, les références : « L. 313-5 à L. 313-7 » sont remplacées par les références : « L. 313-8, L. 313-8-1 et L. 313-9 » ;

2° Dans l'avant-dernier alinéa de l'article L. 221-1, les références : « L. 313-5, L. 313-6 et L. 313-7 » sont remplacées par les références : « L. 313-8, L. 313-8-1 et L. 313-9 » ;

3° Dans les articles L. 232-5 et L. 232-8, la référence : « L. 312-8 » est remplacée par la référence : « L. 313-12 » ;

4° Dans les articles L. 232-8, L. 232-9 et L. 232-10, la référence : « L. 315-1 » est remplacée par la référence : « L. 314-2 » ;

5° Dans l'avant-dernier alinéa du II de l'article L. 232-8, la référence : « L. 315-6 » est remplacée par la référence : « L. 314-9 » ;

6° Dans la première phrase de l'article L. 232-15, la référence : « 5° » est remplacée par la référence : « 6° du I » ;

7° Dans le deuxième alinéa de l'article L. 345-1 et dans l'avant-dernier alinéa de l'article L. 345-2, la référence : « 8° » est remplacée par la référence : « 8° du I ».

II – 1° Les articles 48 et 49 de la loi n° 86-17 du 6 janvier 1986 adaptant la législation sanitaire et sociale aux transferts de compétences en matière d'aide sociale et de santé sont abrogés.

2° Les articles 23 et 24 de la loi n° 86-33 du 6 janvier 1986 portant dispositions statutaires relatives à la fonction publique hospitalière sont abrogés.

III – Dans le deuxième alinéa de l'article L. 162-43 du code de la Sécurité sociale, la référence : « L. 315-9 » est remplacée par la référence : « L. 314-3 ».

IV – Dans le premier alinéa de l'article L. 6111-3 du code de la santé publique, les mots : « à l'article 3 de la loi n° 75-535 du 30 juin 1975 relative aux institutions sociales et médico-sociales et à l'article 46 de la loi n° 75-534 du 30 juin 1975 d'orientation en faveur des personnes handicapées » sont remplacés par les mots : « aux articles L. 312-1 et L. 344-1 du code de l'action sociale et des familles ».

Dans le dernier alinéa du même article, les mots : « les lois susmentionnées » sont remplacés par les mots : « le code susmentionné ».

Art. 76 – I – L'article L. 162-24-1 du code de la Sécurité sociale est ainsi rédigé :

« *Art. L. 162-24-1* – La tarification des prestations supportées par l'assurance maladie et délivrées par les établissements et services mentionnés à l'article L. 312-1 du code de l'action sociale et des familles, à l'exception des 1°, 4°, a du 5°, 8° et 10° du I, est fixée par l'autorité compétente de l'État, après avis de la caisse régionale d'assurance maladie et, le cas échéant, du président du conseil général.

« Les tribunaux interrégionaux de la tarification sanitaire et sociale sont compétents en premier ressort pour statuer en matière contentieuse sur les recours contre les décisions de l'autorité susmentionnée. »

II – Le dernier alinéa du I de l'article L. 162-31-1 du même code est ainsi rédigé :

« Les établissements et services mentionnés aux 2°, 6°, 7° et 12° du I de l'article L. 312-1 du code de l'action sociale et des familles qui apportent à domicile une assistance dans les actes quotidiens de la vie peuvent participer à ces actions expérimentales. »

Art. 77 – I – L'article L. 342-1 du code de l'action sociale et des familles est ainsi rédigé :

« *Art. L. 342-1* – Sont soumis aux dispositions du présent chapitre :

« 1° Les établissements mentionnés au 6° du I de l'article L. 312-1, lorsqu'ils ne sont ni habilités à recevoir des bénéficiaires de l'aide sociale ni conventionnés au titre de l'aide personnalisée au logement ;

« 2° Les mêmes établissements, lorsqu'ils n'accueillent pas à titre principal des bénéficiaires de l'aide sociale pour la fraction de leur capacité au titre de laquelle ils ne sont pas habilités à recevoir des bénéficiaires de l'aide sociale ;

« 3° Les établissements conventionnés au titre de l'aide personnalisée au logement et non habilités à recevoir des bénéficiaires de l'aide sociale pour les prestations non prises en compte dans le calcul de la redevance définie aux articles R. 353-156 à R. 353-159 du code de la construction et de l'habitation.

« Ces établissements ne peuvent héberger une personne âgée sans qu'au préalable un contrat écrit ait été passé avec cette personne ou son représentant légal. Pour la signature de ce contrat, la personne ou son représentant légal peut se faire accompagner d'une personne de son choix. »

II – Dans la première phrase du premier alinéa de l'article L. 342-3 du même code, après les mots : « Le prix de chaque prestation », sont insérés les mots : «, à l'exception de celles prévues aux 1° et 2° de l'article L. 314-2, ».

Art. 78 – I – Après le deuxième alinéa de l'article L. 123-5 du code de l'action sociale et des familles, il est inséré un alinéa ainsi rédigé :

« Le centre communal d'action sociale peut créer et gérer en services non personnalisés les établissements et services sociaux et médico-sociaux mentionnés à l'article L. 312-1. »

II – Le quatrième alinéa de l'article L. 123-8 du même code est complété par une phrase ainsi rédigée :

« Les règles qui régissent la comptabilité des établissements sociaux et médico-sociaux publics autonomes sont applicables aux établissements et aux services mentionnés à l'article L. 312-1 qui sont gérés par des centres communaux ou intercommunaux d'action sociale. »

Art. 79 – À compter de la publication des décrets pris pour l'application des articles 8, 10 et 11 de la présente loi, et au plus tard le premier jour du sixième mois suivant la publication de celle-ci, les établissements et services sociaux et médico-sociaux et les lieux de vie disposent d'un délai de six mois pour mettre en œuvre les dispositions de ces articles.

Ce délai est fixé à un an pour les dispositions de l'article 12.

Art. 80 – Les établissements et services sociaux et médico-sociaux et les lieux de vie autorisés à la date de la publication de la présente loi le demeurent dans la limite fixée au quatrième alinéa de l'article L. 313-1 du code de l'action sociale et des familles.

Art. 81 – Il est inséré, dans le code de l'action sociale et des familles, un article L. 133-6-1 ainsi rédigé :

« *Art. L. 133-6-1* – Est incapable d'exploiter, de diriger tout établissement, service ou structure régie par le présent code, d'y exercer une fonction, à quelque titre que ce soit, ou d'être agréée, toute personne condamnée définitivement pour crime, ou condamnée pour les délits prévus aux chapitres Ier, II, III, à l'exception de la section 4, IV, à l'exception de la section 2, V et VII du titre II du livre II du code pénal.

« Ces dispositions s'appliquent également :

« 1° Aux assistants maternels visés par les articles L. 421-1 et suivants du présent code ;

« 2° Aux établissements et services visés par l'article L. 214-1 du présent code et par l'article L. 2324-1 du code de la santé publique. »

Art. 82 – Le troisième alinéa (2°) de l'article L. 221-1 du code de l'action sociale et des familles est complété par les mots : «, notamment celles visées au 2° de l'article L. 121-2 ».

Art. 83 – Après l'article L. 214-4 du code de l'action sociale et des familles, il est inséré un article L. 214-5 ainsi rédigé :

« *Art. L. 214-5* – Il est créé une commission départementale de l'accueil des jeunes enfants, instance de réflexion, de conseil, de proposition et de suivi concernant toutes questions relatives à l'organisation, au fonctionnement et au développement des modes d'accueil des jeunes enfants et à la politique générale conduite en faveur des jeunes enfants dans le département.

« Présidée par le président du conseil général, cette commission comprend notamment des représentants des collectivités territoriales, des services de l'État, des caisses d'allocations familiales, d'associations, de gestionnaires et de professionnels concernés par les modes d'accueil des jeunes enfants, ainsi que des représentants d'usagers de ces modes d'accueil. Sa composition, ses compétences et ses modalités de fonctionnement sont déterminées par voie réglementaire. »

Art. 84 – Après l'article L. 111-3 du code de l'action sociale et des familles, il est inséré un article L. 111-3-1 ainsi rédigé :

« *Art. L. 111-3-1* – La demande d'admission à l'aide sociale dans les centres d'hébergement et de réinsertion sociale est réputée acceptée lorsque le représentant de l'État dans le département n'a pas fait connaître sa réponse dans un délai d'un mois qui suit la date de sa réception.

« Lorsque la durée d'accueil prévisible n'excède pas cinq jours, l'admission à l'aide sociale de l'État est réputée acquise.

« Dans les centres d'hébergement et de réinsertion sociale spécialisés dans l'accueil des demandeurs d'asile et des réfugiés, l'admission à l'aide sociale de l'État est prononcée dans les conditions prévues au premier alinéa, sur proposition d'une commission nationale présidée par le ministre chargé de l'intégration ou son représentant.

« Un arrêté du ministre chargé de l'intégration fixe la composition et les modalités d'organisation et de fonctionnement de cette commission. »

Art. 85 – Le code de l'action sociale et des familles est ainsi modifié :

1° L'article L. 134-2 est complété par trois alinéas ainsi rédigés :

« La commission centrale d'aide sociale est composée de sections et de sous-sections dont le nombre est fixé par décret en Conseil d'État.

« Le président de la commission centrale d'aide sociale est nommé par le ministre chargé de l'action sociale, sur proposition du vice-président du Conseil d'État, parmi les conseillers d'État en activité ou honoraires.

« Chaque section ou sous-section comprend en nombre égal, d'une part, des membres du Conseil d'État, des magistrats de la Cour des comptes ou des magistrats de l'ordre judiciaire en activité ou honoraires désignés respectivement par le vice-président du Conseil d'État, le premier président de la Cour des comptes ou le garde des sceaux, ministre de la justice, d'autre part, des fonctionnaires ou personnes particulièrement qualifiées en matière d'aide ou d'action sociale désignées par le ministre chargé de l'action sociale. » ;

2° Dans le sixième alinéa de l'article L. 131-5, les mots : « du deuxième alinéa de l'article L. 122-4 » sont remplacés par les mots : « de l'article L. 111-3 » ;

3° Dans le premier alinéa de l'article L. 134-3, les mots : « des articles L. 122-2 à L. 122-4 » sont remplacés par les mots : « de l'article L. 111-3, du deuxième alinéa de l'article L. 122-1 et des articles L. 122-2 à L. 122-4 » ;

4° L'article L. 114-4 est ainsi modifié :

a) Il est complété par les mots : « ainsi que leur stationnement » ;

b) Il est complété par un alinéa ainsi rédigé :

« Les aménagements des espaces publics en milieu urbain doivent être tels que ces espaces soient accessibles aux personnes handicapées. » ;

5° Dans le troisième alinéa de l'article L. 561-2, les mots : « de l'assemblée territoriale » sont remplacés par les mots : « du gouvernement ».

Art. 86 – Après le II de l'article L. 129-1 du code du travail, il est inséré un II *bis* ainsi rédigé :

« II *bis* – Les établissements publics assurant l'hébergement des personnes âgées, lorsque leurs activités concernent également l'assistance à domicile aux personnes âgées ou handicapées, doivent faire l'objet d'un agrément dans les conditions fixées par le III. »

Art. 87 – Est ratifiée l'ordonnance n° 2000-1249 du 21 décembre 2000 relative à la partie Législative du code de l'action sociale et des familles, prise en application de la loi n° 99-1071 du 16 décembre 1999 portant habilitation du Gouvernement à procéder, par ordonnances, à l'adoption de la partie Législative de certains codes.

La présente loi sera exécutée comme loi de l'État.

Fait à Paris, le 2 janvier 2002.

Par le Président de la République :
Jacques Chirac

Le Premier ministre, Lionel Jospin

La ministre de l'Emploi et de la Solidarité,
Élisabeth Guigou

La garde des Sceaux, ministre de la Justice, Marylise Lebranchu
Le ministre de l'Intérieur, Daniel Vaillant
La ministre déléguée à la Famille, à l'Enfance et aux Personnes handicapées, Ségolène Royal
Le ministre délégué à la Santé, Bernard Kouchner
La secrétaire d'État aux Personnes âgées, Paulette Guinchard-Kunstler

Loi n° 2002-303 du 4 mars 2002

Loi relative aux droits des malades et à la qualité du système de santé (extraits)

L'Assemblée nationale et le Sénat ont adopté,

Le Président de la République promulgue la loi dont la teneur suit :

Titre Ier Solidarité envers les personnes handicapées

Art. 1 – I – Nul ne peut se prévaloir d'un préjudice du seul fait de sa naissance.

La personne née avec un handicap dû à une faute médicale peut obtenir la réparation de son préjudice lorsque l'acte fautif a provoqué directement le handicap ou l'a aggravé, ou n'a pas permis de prendre les mesures susceptibles de l'atténuer.

Lorsque la responsabilité d'un professionnel ou d'un établissement de santé est engagée vis-à-vis des parents d'un enfant né avec un handicap non décelé pendant la grossesse à la suite d'une faute caractérisée, les parents peuvent demander une indemnité au titre de leur seul préjudice. Ce préjudice ne saurait inclure les charges particulières découlant, tout au long de la vie de l'enfant, de ce handicap. La compensation de ce dernier relève de la solidarité nationale.

Les dispositions du présent I sont applicables aux instances en cours, à l'exception de celles où il a été irrévocablement statué sur le principe de l'indemnisation.

II – Toute personne handicapée a droit, quelle que soit la cause de sa déficience, à la solidarité de l'ensemble de la collectivité nationale.

III – Le Conseil national consultatif des personnes handicapées est chargé, dans des conditions fixées par décret, d'évaluer la situation matérielle, financière et morale des personnes handicapées en France et des personnes handicapées de nationalité française établies hors de France prises en charge au titre de la solidarité nationale, et de présenter toutes les propositions jugées nécessaires au Parlement et au Gouvernement, visant à assurer, par une programmation pluriannuelle continue, la prise en charge de ces personnes.

IV – Le présent article est applicable en Polynésie française, en Nouvelle-Calédonie, dans les îles Wallis et Futuna ainsi qu'à Mayotte et Saint-Pierre-et-Miquelon.

Art. 2 – I – Le dernier alinéa (2°) de l'article L. 344-5 du code de l'action sociale et des familles est complété par une phrase ainsi rédigée :

« Les sommes versées, au titre de l'aide sociale dans ce cadre, ne font pas l'objet d'un recouvrement à l'encontre du bénéficiaire lorsque celui-ci est revenu à meilleure fortune. »

II – Les pertes de recettes résultant pour les départements du I sont compensées par une augmentation, à due concurrence, de la dotation globale de fonctionnement. Les pertes de recettes résultant pour l'État du I sont compensées par une taxe additionnelle aux droits prévus aux articles 575 et 575 A du code général des impôts.

[...]

Art. 4 – I – Le chapitre III du titre Ier du livre Ier du code civil est complété par un article 16-13 ainsi rédigé :

« *Art. 16-13* – Nul ne peut faire l'objet de discriminations en raison de ses caractéristiques génétiques. »

II – La section 1 du chapitre V du titre II du livre II du code pénal est ainsi modifiée :

1° Dans le premier alinéa de l'article 225-1, après les mots : « de leur état de santé, de leur handicap, », sont insérés les mots : « de leurs caractéristiques génétiques, » et au deuxième alinéa du même article, après les mots : « de l'état de santé, du handicap, », sont insérés les mots : « des caractéristiques génétiques, » ;

2° Le 1° de l'article 225-3 est complété par une phrase ainsi rédigée :

« toutefois, ces discriminations sont punies des peines prévues à l'article précédent lorsqu'elles se fondent sur la prise en compte de tests génétiques prédictifs ayant pour objet une maladie qui n'est pas encore déclarée ou une prédisposition génétique à une maladie ; ».

[...]

Art. 39 – I – L'article L. 312-3 du code de l'action sociale et des familles est ainsi rédigé :

« *Art. L. 312-3* – I – La section sociale du Comité national de l'organisation sanitaire et sociale mentionnée à l'article L. 6121-9 du code de la santé publique et les comités régionaux de l'organisation sociale et médico-sociale se réunissent au moins une fois par an en formation élargie en vue :

« 1° D'évaluer les besoins sociaux et médico-sociaux et d'analyser leur évolution ;

« 2° De proposer des priorités pour l'action sociale et médico-sociale.

« Tous les cinq ans, ces organismes élaborent un rapport qui est transmis, selon le cas, aux ministres et aux autorités locales concernées.

« Chaque année, le ministre chargé des affaires sociales présente un rapport à la section sociale du Comité national de l'organisation sanitaire et sociale sur la mise en œuvre des mesures prévues par les lois de finances et les lois de financement de la Sécurité sociale concernant l'action sociale ou médico-sociale.

« II – Les comités régionaux de l'organisation sociale et médico-sociale comprennent :

« 1° Des représentants de l'État, des collectivités territoriales et des organismes de Sécurité sociale ;

« 2° Des représentants des personnes morales gestionnaires d'établissements et de services sociaux et médico-sociaux, notamment des établissements spécialisés ;

« 3° Des représentants des personnels de ces établissements et services ;

« 4° Des représentants des usagers de ces établissements et services ;

« 5° Des représentants des travailleurs sociaux et des professions de santé ;

« 6° Des personnes qualifiées ;

« 7° Des représentants du conseil régional de santé.

« Lorsque le comité régional rend un avis sur un schéma départemental d'organisation sociale et médico-sociale dans les conditions prévues à l'article L. 312-5 ou sur une autorisation de fonctionnement délivrée par le président du conseil général dans les conditions prévues à l'article L. 313-3, le ou les départements concernés par le schéma ou l'implantation de l'établissement ou du service sont représentés lors de la délibération avec voix consultative.

« Les comités régionaux sont présidés par un magistrat du corps des conseillers des cours administratives d'appel et des tribunaux administratifs ou du corps des conseillers de chambres régionales des comptes.

« Les comités régionaux de l'organisation sociale et médico-sociale peuvent siéger conjointement avec les sections de l'organisation sanitaire des conseils régionaux de santé.

« La composition et les modalités de fonctionnement des comités régionaux de l'organisation sociale et médico-sociale sont fixées par décret en Conseil d'État. »

II – Le titre Ier du livre III du même code est ainsi modifié :

1° Aux cinquième, dixième, douzième et treizième alinéas de l'article L. 312-5, au premier alinéa de l'article L. 313-7 et au second alinéa de l'article L. 313-18, les mots : « comité régional de l'organisation sanitaire et sociale » sont remplacés par les mots : « comité régional de l'organisation sociale et médico-sociale » ;

2° À l'avant-dernier alinéa de l'article L. 312-5, les mots : « comités régionaux de l'organisation sanitaire et sociale et aux conférences régionales de santé » sont remplacés par les mots : « comités régionaux de l'organisation sociale et médico-sociale et aux conseils régionaux de santé » et, au dernier alinéa dudit article, les mots : « à la conférence régionale de santé et au comité régional de l'organisation sanitaire et sociale » sont remplacés par les mots : « au conseil régional de santé et au comité régional de l'organisation sociale et médico-sociale » ;

3° Au début du deuxième alinéa de l'article L. 313-1, les mots : « Le comité de l'organisation sanitaire et sociale compétent » sont remplacés par les mots : « La section sociale du Comité national de l'organisation sanitaire et sociale ou le comité régional de l'organisation sociale et médico-sociale compétent » ;

4° Au troisième alinéa de l'article L. 313-2, les mots : « la section sociale du comité régional de l'organisation sanitaire et sociale » sont remplacés par les mots : « le comité régional de l'organisation sociale et médico-sociale » ;

5° Au second alinéa du IV de l'article L. 313-12, les mots : « l'avis du comité régional de l'organisation sanitaire et sociale » sont remplacés par les mots : « selon les cas, l'avis du conseil régional de santé ou celui du comité régional de l'organisation sociale et médico-sociale » ;

III – L'article 14 de la loi n° 2002-2 du 2 janvier 2002 rénovant l'action sociale et médico-sociale est ainsi modifié :

1° Au II, les mots : « et comprend les articles L. 312-1 et L. 312-2 » sont remplacés par les mots : « et comprend l'article L. 312-1 » ;

2° Le III est ainsi rédigé :

« III – La section 2 du même chapitre est intitulée : « Organismes consultatifs et comprend les articles L. 312-2 et L. 312-3. »

Art. 40 – I – Au premier alinéa de l'article L. 311-9 du code de l'action sociale et des familles, la référence : « 7° » est remplacée par la référence : « 8° ».

II – Au deuxième alinéa du II de l'article L. 312-1 du même code, la référence : « 8° » est remplacée par la référence : « 7° ».

III – Au troisième alinéa (2°) de l'article L. 313-4 du même code, les mots : « par la loi n° 2002-2 du 2 janvier 2002 précitée ou pour son application » sont remplacés par les mots : « par le présent code ».

IV – Le dernier alinéa de l'article L. 313-22 du même code est supprimé.

[...]

La présente loi sera exécutée comme loi de l'État.

Fait à Paris, le 4 mars 2002.

Par le Président de la République : Jacques Chirac

Le Premier ministre, Lionel Jospin

Le ministre de l'Économie, des Finances et de l'Industrie, Laurent Fabius

La ministre de l'Emploi et de la Solidarité, Élisabeth Guigou

La garde des Sceaux, ministre de la Justice, Marylise Lebranchu

Le ministre de l'Intérieur, Daniel Vaillant

Le ministre délégué à la Santé, Bernard Kouchner

Le secrétaire d'État à l'Outre-mer, Christian Paul

4

La législation en faveur des personnes handicapées

Une législation spécifique

- *La loi d'orientation de 1975*

La loi d'orientation du 30 juin 1975 en faveur des handicapés « physiques, sensoriels et mentaux » a mis fin à l'emploi du mot infirme dans les textes officiels. Est considérée comme handicapée, la personne jugée telle par la commission départementale de l'éducation spéciale (CDES) ou, pour les adultes, par la Commission technique d'orientation et de reclassement professionnel (COTOREP). Ces commissions se prononcent en matière d'allocations et d'orientation vers le milieu ordinaire ou vers des institutions spécialisées.

Votée à l'unanimité, elle présente un ensemble de dispositions tout à fait cohérent et qui a fait preuve de sa pertinence. Cependant, elle a été modifiée sur plusieurs points indiqués dans la version reproduite ici. Il convient d'autre part de se reporter aux nombreux textes réglementaires (décrets, arrêtés, circulaires) concrétisant les grands principes de ce qui est d'abord une loi « d'orientation ».

Il a souvent été reproché à cette loi de figer les situations personnelles dans des procédures administratives contraignantes, de « stigmatiser » le handicap, de formaliser une différence juridique de statut entre les personnes handicapées et les citoyens ordinaires. Mais le principe d'une législation spécifique n'a cessé d'être soutenu par le secteur associatif et par les gouvernements successifs. Il semble, en effet, que cela reste encore le meilleur moyen d'assurer la protection des personnes fragilisées par leurs déficiences.

Sa réforme est aujourd'hui à l'ordre du jour. Elle a déjà été engagée avec plusieurs articles de la loi de modernisation sociale du 17 janvier 2002 que nous reproduisons plus loin et par l'article 1 de la loi n° 2002-303 du 4 mars 2002 (voir chapitre 3) qui traite notamment du problème posé par « l'arrêt Perruche ».

• *La loi en faveur de l'emploi des travailleurs handicapés*

La principale disposition de la loi du 10 juillet 1987 est la mise en place qu'un quota de 6 % de travailleurs handicapées dans les établissements d'au moins vingt salariés (relevant des entreprises privées et publiques, de l'État, des collectivités territoriales). Sont exclus du calcul les accidentés du travail dont l'incapacité permanente est inférieure à 10 %, mais la loi concerne, outre les personnes handicapées orientées vers le milieu de travail ordinaire, les titulaires d'une pension d'invalidité 1° catégorie de la Sécurité sociale qui ne passent pas devant la Commission technique d'orientation et de reclassement professionnel (COTOREP).

Cette loi a aussi la particularité d'exiger le remplacement, dans tous les textes officiels et administratifs, de l'expression « débile mental » par celle de « déficient intellectuel » (article 9).

Elle a fait l'objet de compléments en 2002 avec l'article 132 de la loi de modernisation sociale.

• *Les annexes XXIV*

Il existe cinq annexes XXIV : XXIV pour la déficience intellectuelle et l'inadaptation, XXIV *bis* pour la déficience motrice, XXIV *ter* pour le polyhandicap, XXIV *quater* pour la déficience auditive grave ou surdité, XXIV *quinquiès* pour la déficience visuelle grave ou cécité. Les trois premières relèvent du décret du 27 octobre 1989, les deux dernières de celui du 22 avril 1988.

Ce sont des annexes au décret du 9 mars 1956 qui comportait au total trente et une annexes pour définir les conditions d'autorisation des établissements privés, recevant des enfants et adolescents, financés par la Sécurité sociale.

L'intérêt majeur des annexes XXIV, réécrites en 1989, est qu'elles ne se limitent plus à des normes techniques, mais qu'elles incitent à l'évolution du secteur médico-social par l'affirmation des principes suivants : approche qualitative des déficiences, nécessité de projets pédagogiques, éducatifs et thérapeutiques collectifs et individualisés désormais obligatoires, information et association des familles à ces projets, priorité au maintien en milieu ordinaire et à l'intégration scolaire, notamment avec l'aide de Services d'éducation spéciale et de soins à domicile (SESSAD), préférence donnée aux formules d'externat et de semi-internat, recours à des centres d'accueil familial spécialisés, suivi des enfants et adolescents après leur sortie sur une durée minimum de trois ans, accompagnement de leur insertion sociale et professionnelle, pluridisciplinarité d'équipes composées de personnels qualifiés[1]...

La loi du 2 janvier 2002 a étendu l'esprit et les principales dispositions des annexes XXIV à l'ensemble des institutions sociales et médico-sociales.

• *La protection contre les discriminations du fait du handicap*

La loi protégeait déjà les personnes victimes de discriminations en raison de leur non-appartenance à une ethnie, une nation, une race ou une religion déterminée, mais aussi en raison de l'origine, du sexe, des mœurs, de la situation de famille. La liste est complétée en 1990 avec la référence à l'état de santé (on pense notamment au sida) et au handicap. Elle s'est encore allongée en 2002, l'article 4 de la loi du 4 mars 2002 relative aux droits des malades (voir chapitre 3) ayant ajouté les « caractéristiques génétiques ». Le rapport à la différence ne se suffit plus de la philanthropie ni de la pédagogie collective : l'heure est à la sanction pénale comme recours ultime du « lien social » qui ne parvient pas à se structurer par lui-même autour du respect de l'autre.

1. Pour des raisons de place et de commodité d'utilisation de ce guide, nous ne reproduisons ici que les trois premières annexes XXIV, d'autant qu'elles concernent la majorité des établissements de la catégorie indiquée ci-dessus et que, pour l'essentiel, les cinq annexes sont conçues sur le même modèle.

• *L'autisme, du sanitaire au médico-social*

Depuis longtemps, pour un même profil clinique, il arrive qu'un enfant soit orienté vers un service de psychiatrie infanto-juvénile ou vers une institution médico-éducative. En ce qui concerne l'autisme, psychiatres, psychanalystes et partisans du « Programme Teacch » continuent de s'affronter, mais le législateur a tranché : les prises en charge relèvent non de la loi hospitalière ou de la législation psychiatrique, mais de la loi relative aux institutions sociales et médico-sociales. Cela ne règle bien sûr pas la question des rapports entre le soin, les apprentissages et l'éducation spécialisée. On la retrouve dans l'élaboration des plans régionaux d'action sur l'autisme, organisés par la circulaire du 27 avril 1995. Plus largement, l'autisme est un des champs d'expérimentation de la thématique de l'articulation du sanitaire et du social.

Loi n° 75-534 du 30 juin 1975

Loi d'orientation en faveur des personnes handicapées

Art. 1er – (L. n° 2002-73 du 17 janvier 2002) La prévention et le dépistage du handicap et l'accès du mineur ou de l'adulte handicapé physique, sensoriel ou mental aux droits fondamentaux reconnus à tous les citoyens, notamment aux soins, à l'éducation, à la formation et à l'orientation professionnelle, à l'emploi, à la garantie d'un minimum de ressources adapté, à l'intégration sociale, à une protection juridique, aux sports, aux loisirs, au tourisme et à la culture constituent une obligation nationale.

« La personne handicapée a droit à la compensation des conséquences de son handicap quels que soient l'origine et la nature de sa déficience, son âge ou son mode de vie, et à la garantie d'un minimum de ressources lui permettant de couvrir la totalité des besoins essentiels de la vie courante. »

À cette fin, l'action poursuivie assure, chaque fois que les aptitudes des personnes handicapées et de leur milieu familial le permettent, l'accès du mineur et de l'adulte handicapés aux institutions ouvertes à l'ensemble de la population et de leur maintien dans un cadre ordinaire de travail et de vie.

L'État coordonne et anime ces interventions par l'intermédiaire du comité interministériel de coordination en matière d'adaptation et de réadaptation, assisté d'un conseil national consultatif des personnes handicapées dont la composition et le fonctionnement seront déterminés par décret et comprenant des représentants des associations et organismes publics et privés concernés.

Art. 2 – Des dispositions réglementaires détermineront les conditions dans lesquelles sera poursuivie une politique active de prévention contre les handicaps de l'enfance, tant dans le cadre de la périnatalité que dans celui de la pathologie cérébrale et de la pathologie génétique. Le ministère de la Santé présentera, dans un délai de deux ans, un rapport sur les conditions dans lesquelles a été poursuivie cette politique ainsi que sur les résultats provisoires obtenus.

Chapitre Ier Dispositions relatives aux enfants et adolescents handicapés

I – Dispositions relatives à l'éducation spéciale

Art. 3 (C. Santé publ. Art. L. 166) – « Les personnes titulaires de l'exercice de l'autorité parentale ou celles à qui un enfant a été confié, sont informées, dans le respect des règles déontologiques, lorsqu'un handicap a été suspecté, décelé ou signalé chez ce dernier, notamment au cours des examens médicaux prévus à l'article L. 164, de la nature du handicap et de la possibilité pour l'enfant d'être accueilli dans des centres spécialisés, notamment dans des centres d'action médico-sociale précoce en vue de prévenir ou de réduire l'aggravation de ce handicap.

« Dans les centres d'action médico-sociale précoce, la prise en charge s'effectue sous forme de cure ambulatoire comportant l'intervention d'une équipe pluridisciplinaire. Elle comporte une action de conseil et de soutien de la famille ou des personnes auxquelles l'enfant a été confié. Elle est assurée, s'il y a lieu, en liaison avec les institutions d'éducation préscolaire et les établissements et services mentionnés à l'article L. 180.

« Le financement de ces centres est assuré dans les conditions définies à l'article L. 187. »

Art. 4 – Les enfants et adolescents handicapés sont soumis à l'obligation éducative. Ils satisfont à cette obligation en recevant soit une éducation ordinaire, soit, à défaut, une éducation spéciale, déterminée en fonction des besoins particuliers de chacun d'eux par la commission instituée à l'article 6 ci-après.

L'éducation spéciale associe des actions pédagogiques, psychologiques, sociales, médicales et paramédicales, elle est assurée, soit dans des établissements ordinaires, soit dans des établissements ou par des services spécialisés. Elle peut être entreprise avant et poursuivie après l'âge de la scolarité obligatoire.

Art. 5 – I – Sans préjudice de l'application des dispositions relatives aux mineurs, délinquants ou en danger, relevant de l'autorité judiciaire, l'État prend en charge les dépenses d'enseignement et de première formation professionnelle des enfants et adolescents handicapés :

1° Soit, de préférence, en accueillant dans des classes ordinaires ou dans les classes, Sections d'établissements, établissements ou services relevant du ministère de l'Éducation et de l'Agriculture, dans lesquels la gratuité de l'éducation est assurée, tous les enfants susceptibles d'y être admis malgré leur handicap ;

2° Soit en mettant du personnel qualifié relevant du ministère de l'Éducation à la disposition d'établissements ou services créés et entretenus par d'autres départements ministériels, par des personnes morales de droit public, ou par des groupements ou organismes à but non lucratif conventionnés à cet effet ; dans ce cas, le ministère de l'Éducation participe au contrôle de l'enseignement dispensé dans ces établissements ou services ;

3° Soit en passant avec les établissements privés, selon des modalités particulières, déterminées par décret en Conseil d'État (Décr. n° 78-254 et n° 78-255 du 8 mars 1978 et Circ. n° 78-190 et 35 AS du 8 juin 1978), les contrats prévus par la loi n° 59-1557 modifiée du 3 décembre 1959 sur les rapports entre l'État et les établissements d'enseignement privés, soit en accordant la reconnaissance à des établissements d'enseignement agricole privés selon les dispositions de l'article 7 de la loi n° 60-791 du 2 août 1960 relative à l'enseignement et à la formation professionnelle agricole.

II – L'État participe, en outre, à la formation professionnelle et à l'apprentissage des jeunes handicapés :

1° Soit en passant les conventions prévues par le titre II du livre IX du code du travail relatif à la formation professionnelle continue dans le cadre de l'éducation permanente et par le chapitre VI du titre Ier du livre Ier du code du travail relatif aux centres de formation d'apprentis ;

2° Soit en attribuant des aides spéciales au titre de leurs dépenses complémentaires de fonctionnement aux établissements spécialisés reconnus par le ministère chargé de l'agriculture.

Art. 6 – Dans chaque département, il est créé une commission de l'éducation spéciale dont la composition et le fonctionnement sont déterminés par voie réglementaire et qui comprend notamment des personnes qualifiées nommées sur proposition des associations de parents d'élèves et des associations des familles des enfants et adolescents handicapés. Le président de la commission est désigné chaque année soit par le préfet parmi les membres de la commission, soit, à la demande du préfet par le président du tribunal de grande instance dans le ressort duquel la commission a son siège parmi les magistrats de ce tribunal.

I – Cette commission désigne les établissements ou les services ou à titre exceptionnel l'établissement ou le service dispensant l'éducation spéciale correspondant aux besoins de l'enfant ou de l'adolescent et en mesure de l'accueillir.

La décision de la commission s'impose aux établissements scolaires ordinaires et aux établissements d'éducation spéciale dans la limite de la spécialité au titre de laquelle ils ont été autorisés ou agréés.

Lorsque les parents ou le représentant légal de l'enfant ou de l'adolescent handicapé font connaître leur préférence pour un établissement ou un service dispensant l'éducation spéciale correspondant à ses besoins et en mesure de l'accueillir, la commission est tenue de faire figurer cet établissement ou service au nombre de ceux qu'elle désigne, quelle que soit sa localisation.

I *bis* (L. n° 89-18 du 13 janv. 1989, Art. 22) – « La prise en charge la plus précoce possible est nécessaire. Elle doit pouvoir se poursuivre tant que l'état de la personne handicapée le justifie et sans limite d'âge ou de durée.

« Lorsque une personne handicapée placée dans un établissement d'éducation spéciale ne peut être immédiatement admise dans un établissement pour adulte désigné par la commission technique d'orientation et de reclassement professionnel conformément au cinquième alinéa (3°) du paragraphe I de l'article L. 323-11 du code du travail, ce placement peut être prolongé au-delà de l'âge de vingt ans ou, si l'âge limite pour lequel l'établissement est agréé est supérieur, au-delà de cet âge dans l'attente de l'intervention d'une solution adaptée, par une décision conjointe de la commission de l'éducation spéciale et de la commission technique d'orientation et de reclassement professionnel.

« Cette décision s'impose à l'organisme ou à la collectivité compétente pour prendre en charge les frais d'hébergement et de soin dans l'établissement pour adultes désigné par la commission technique d'orientation et de reclassement professionnel conformément au cinquième alinéa (3°) du paragraphe I de l'article L. 323-11 précité.

« La contribution de la personne handicapée à ces frais ne peut être fixée à un niveau supérieur à celui qui aurait été atteint si elle avait été effectivement placée dans l'établissement désigné par la commission technique d'orientation et de reclassement professionnel. De même, les prestations en espèces qui lui sont allouées ne peuvent être réduites que dans la proportion où elles l'auraient été dans ce cas. »

II (L. n° 78-753 du 17 juil. 1978, Art. 46) – « La commission apprécie si l'état de l'enfant ou de l'adolescent justifie l'attribution de l'allocation d'éducation spéciale et éventuellement de son complément, mentionnés à l'article L. 543-1 du code de la Sécurité sociale, ainsi que de la carte d'invalidité prévue à l'article 173 du code de la famille et de l'aide sociale. »

III – Les décisions de la commission doivent être motivées et faire l'objet d'une révision périodique.

IV – Sous réserve que soient remplies les conditions d'ouverture du droit aux prestations, les décisions des organismes de Sécurité sociale et d'aide sociale en ce qui concerne la prise en charge des frais mentionnés à l'article 7, premier alinéa, de la présente loi et des organismes chargés du paiement de l'allocation d'éducation spéciale en ce qui concerne le versement de cette prestation et de son complément éventuel, sont prises conformément à la décision de la commission départementale de l'éducation spéciale. L'organisme ne peut refuser la prise en charge pour l'établissement ou les services dès lors que celui-ci figure au nombre de ceux désignés par la commission pour lequel les parents ou le représentant légal de l'enfant ou de l'adolescent handicapé manifestent leur préférence. Il conserve la possibilité d'accorder une prise en charge, à titre provisoire, avant toute décision de la commission.

V – Les décisions de la commission peuvent faire l'objet de recours devant la juridiction du contentieux technique de la Sécurité sociale, sous réserve d'adaptations fixées par voie réglementaire ; ce recours, ouvert à toute personne et à tout organisme intéressé, est dépourvu d'effet suspensif, sauf lorsqu'il est intenté par la personne handicapée ou son représentant légal pour ce qui concerne les décisions prises en application des dispositions du I ci-dessus.

VI – Les parents ou le représentant légal de l'enfant ou de l'adolescent handicapé sont convoqués par la commission départementale de l'éducation spéciale. Ils peuvent être assistés par une personne de leur choix ou se faire représenter.

VII – Cette commission peut déléguer certaines de ses compétences à des commissions de circonscription.

Art. 7 – I – Les frais d'hébergement et de traitement dans les établissements d'éducation spéciale et professionnelle ainsi que les frais de traitement concourant à cette éducation dispensée en dehors de ces établissements, à l'exception des dépenses incombant à l'État en application de l'article 5, sont intégralement pris en charge par les régimes d'assurance maladie, dans la limite des tarifs servant de base au calcul des prestations.

En conséquence sont modifiés :

1° – L'article L. 283 du code de la Sécurité sociale et l'article 1038 du code rural dans lesquels sont insérés, respectivement entre les alinéas a et b et entre les alinéas 1° et 2° un alinéa a-I et un alinéa 1°-I ainsi libellés :

« La couverture, sur décision de la commission d'éducation spéciale créée par l'article 6 de la loi n° 75-534 du 30 juin 1975, des frais d'hébergement et de traitement des enfants ou adolescents handicapés dans les établissements d'éducation spéciale et professionnelle, ainsi que celle des frais de traitement concourant à cette éducation dispensée en dehors de ces établissements, à l'exception de la partie de ces frais incombant à l'État en application de l'article 5 de la loi n° 75-534 du 30 juin 1975. »

2° – L'article L. 236 1-I du code de la Sécurité sociale qui est complété ainsi qu'il suit : « 6° – Lorsque le bénéficiaire est un enfant ou adolescent handicapé pour les frais couverts au titre de l'article L. 283-a-I. »

3° – L'article 8-I de la loi n° 66-509 du 12 juillet 1966 modifiée qui est complété par un paragraphe ainsi rédigé :

« Font également partie des prestations de base la couverture, sur décision de la commission d'éducation spéciale créée par l'article 6 de la loi n° 75-534 du 30 juin 1975, des frais d'hébergement et de traitement des enfants ou adolescents handicapés dans les établissements d'éducation spéciale et professionnelle ainsi que celle des frais de traitement concourant à cette éducation dispensée en dehors de ces établissements, à l'exception de la partie de ces frais incombant à l'État en application de l'article 5 de la loi n° 75-534 du 30 juin 1975. »

II – À défaut de prise en charge par l'assurance maladie, ces frais sont couverts au titre de l'aide sociale sans qu'il soit tenu compte des ressources de la famille. Il n'est exercé aucun recours en récupération des prestations d'aide sociale à l'encontre de la succession du bénéficiaire décédé lorsque ses héritiers sont son conjoint, ses enfants ou la personne qui a assumé, de façon effective et constante, la charge du handicapé.

Art. 8 – Les frais de transport individuel des élèves et étudiants handicapés vers les établissements scolaires et universitaires rendus nécessaires du fait de leur handicap sont supportés par l'État.

(L. n° 86-11 du 6 janv. 1986, Art. 6) « Les frais de transport des enfants et adolescents handicapés accueillis dans les établissements visés au a-I de l'article L. 283 du code de la Sécurité sociale sont inclus dans les dépenses d'exploitation desdits établissements. »

Un décret détermine les conditions d'application du présent article et notamment les catégories d'établissements médico-éducatifs intéressés.

II – Allocation d'éducation spéciale

Art. 9 – I – L'intitulé du chapitre V-I du titre II du livre V du code de la Sécurité sociale est modifié comme suit : Allocation d'éducation spéciale.

II (C. de la Sécurité sociale L. 543-1) – Toute personne qui assume la charge d'un enfant handicapé peut bénéficier d'une allocation d'éducation spéciale si l'incapacité permanente de l'enfant est au moins égale à 80 %.

Un complément d'allocation est accordé pour l'enfant atteint d'un handicap dont la nature ou la gravité exige des dépenses particulièrement coûteuses ou nécessite le recours fréquent à l'aide d'une tierce personne. Son montant varie selon l'importance des dépenses supplémentaires engagées ou la permanence de l'aide nécessaire.

La même allocation et le cas échéant, le même complément peuvent être alloués si l'incapacité permanente de l'enfant est comprise entre 50 et 80 % dans le cas où l'enfant fréquente un établissement d'éducation spéciale pour handicapés ou dans le cas où l'état de l'enfant exige le recours à un service d'éducation spéciale ou de soins à domicile dans le cadre des mesures préconisées par la commission départementale d'éducation spéciale.

L'allocation d'éducation spéciale n'est pas due lorsque l'enfant est placé en internat avec prise en charge intégrale des frais de séjour par l'assurance maladie, l'État ou l'aide sociale, sauf pour les périodes de congés ou de suspension de la prise en charge. Les allocations au titre de ces périodes et, le cas échéant, leurs compléments sont versés annuellement en une seule fois (loi de finances pour 1982 n° 81-1160 du 3 déc. 1981).

(C. de la Sécurité sociale L. 543-2) Bénéficient de l'allocation d'éducation spéciale les femmes seules n'exerçant aucune activité professionnelle et ayant un seul enfant à charge remplissant les conditions définies à l'article L. 543-1.

(C. de la Sécurité sociale L. 543-3) L'allocation et son complément éventuel sont attribués au vu de la décision de la commission de l'éducation spéciale mentionnée à l'article 6 de la loi n° 75-534 du 30 juin 1975 appréciant si l'état de l'enfant ou de l'adolescent justifie cette attribution.

Lorsque la personne ayant la charge de l'enfant handicapé ne donne pas suite aux mesures préconisées par la commission de l'éducation spéciale l'allocation peut être suspendue ou supprimée dans les mêmes conditions et après audition de cette personne sur sa demande.

« Les taux de l'allocation et de son complément sont fixés par décret. »

III – Assurance vieillesse des mères ayant un enfant handicapé

Art. 10 (C. de la Sécurité sociale, art. L. 242-2) – Entre le premier et le deuxième alinéa, sont insérés les deux alinéas suivants :

« En outre, est affiliée obligatoirement à l'assurance vieillesse du régime général de la Sécurité sociale, pour autant que ses ressources ou celles du ménage ne dépassent pas le plafond du complément familial et que cette affiliation ne soit pas acquise à un autre titre, la personne et pour un couple, l'un ou l'autre de ses membres ;

« Ayant la charge d'un enfant handicapé qui n'est pas admis dans un internat, dont l'incapacité permanente est au moins égale à un taux fixé par décret, et qui n'a pas atteint l'âge limite d'attribution de l'allocation d'éducation spéciale ;

« Ou assumant au foyer familial la charge d'un handicapé adulte dont l'incapacité permanente est au moins égale au taux ci-dessus rappelé et dont le maintien au foyer est reconnu souhaitable par la commission prévue à l'article 14 de la loi n° 75-534 du 30 juin 1975 » (loi n° 77-765 du 12 juil. 1977).

Chapitre II
Dispositions relatives à l'emploi

I – Modifications de certaines dispositions du code du travail

Art. 11 (C. du travail, art. L. 119-5) – « Par dérogation aux dispositions des articles L. 115-2, L. 17-3 et L. 17-7 du présent code, des aménagements sont apportés, en ce qui concerne les personnes handicapées, aux règles relatives à l'âge maximum d'admission à l'apprentissage, à la durée et aux modalités de la formation. Ces aménagements font l'objet d'un décret en Conseil d'État qui détermine, en outre, les conditions et les modalités d'octroi aux chefs d'entreprises formant des apprentis handicapés de primes destinées à compenser les dépenses supplémentaires ou le manque à gagner pouvant en résulter. »

Art. 12 (C. du travail, art. L. 323-9) – « L'emploi et le reclassement des personnes handicapées constituent un élément de la politique de l'emploi et sont l'objet de concertation notamment avec les organisations représentatives des employeurs et des travailleurs, les organismes ou associations de handicapés et les organismes ou associations spécialisés. Le reclassement des travailleurs handicapés comporte, outre la réadaptation fonctionnelle prévue par les textes en vigueur, complétée éventuellement par un réentraînement à l'effort : l'orientation ; la rééducation ou la formation professionnelle pouvant inclure, le cas échéant, un réentraînement scolaire ; le placement. L'État peut consentir une aide financière aux établissements, organismes et employeurs mentionnés à l'article L. 323-12 afin de faciliter la mise ou la remise au travail en milieu ordinaire de production des travailleurs handicapés. Cette aide peut concerner, notamment, l'adaptation des machines ou des outillages, l'aménagement de postes de travail, y compris l'équipement individuel nécessaire aux travailleurs handicapés pour occuper ces postes, et les accès aux lieux de travail. Elle peut également être destinée à compenser les charges supplémentaires d'encadrement. »

Art. 13 (C. du travail, art. L. 323-10) – « La qualité du travailleur handicapé est reconnue par la Commission technique d'orientation et de reclassement professionnel prévue à l'article L. 323-11. »

Art. 14 (C. du travail, art. L. 323-11) – I – « Dans chaque département est créée une Commission technique d'orientation et de reclassement professionnel à laquelle, dans le cadre de ses missions définies à l'article L. 330-2, l'Agence nationale pour l'emploi apporte son concours. Cette commission, qui peut comporter des Sections spécialisées selon la nature des décisions à prendre et dont la composition et les modalités de fonctionnement sont fixées par décret, comprend en particulier des personnalités qualifiées nommées sur proposition des organismes gestionnaires des centres de rééducation ou de travail protégé et des associations représentatives des travailleurs handicapés adultes ainsi que des organisations syndicales. Le président de la commission est désigné chaque année, soit par le préfet parmi les membres de la commission, soit, à la demande du préfet, par le président du tribunal de grande instance dans le ressort duquel la commission a son siège, parmi les magistrats de ce tribunal. » Cette commission est compétente notamment pour :

1° Reconnaître, s'il y a lieu, la qualité de travailleur handicapé aux personnes répondant aux conditions définies par l'article L. 323-10 ;

2° Se prononcer sur l'orientation de la personne handicapée et les mesures propres à assurer son reclassement ;

3° Désigner les établissements ou les services concourant à la rééducation, au reclassement et à l'accueil des adultes handicapés, et notamment les établissements prévus aux articles 46 et 47 de la loi n° 75-534 du 30 juin 1975 ainsi que des ateliers protégés ou les centres d'aide par le travail correspondant à leurs besoins et en mesure de les accueillir. La décision de la commission s'impose à tout établissement ou service dans la limite de la spécialité au titre de laquelle il a été autorisé ou agréé.

À titre exceptionnel, la commission peut désigner un établissement ou un service entrant dans la catégorie de ceux vers lesquels elle a décidé d'orienter la personne handicapée et en mesure de l'accueillir.

Lorsque la personne handicapée fait connaître sa préférence pour un établissement ou un service entrant dans la catégorie de ceux vers lesquels sa commission a décidé de l'orienter et en mesure de l'accueillir, la commission est tenue de faire figurer cet établissement ou ce service au nombre de ceux qu'elle désigne, quelle que soit sa localisation ;

4° Apprécier si l'état de la personne handicapée justifie l'attribution de l'allocation aux adultes handicapés et de l'allocation compensatrice prévue aux articles 35 et 39 de la loi n° 75-534 du 30 juin 1975, de l'allocation de logement instituée par la loi n° 71-582 du 16 juillet 1971 modifiée, ainsi que la carte d'invalidité prévue à l'article 173 du code de la famille et de l'aide sociale (loi n° 78-753 du 17 juillet 1978).

Les décisions de la commission doivent être motivées et faire l'objet d'une révision périodique.

Sous réserve que soient remplies les conditions d'ouverture du droit aux prestations, les décisions des organismes de Sécurité sociale et d'aide sociale en ce qui concerne la prise en charge des frais exposés dans les établissements ou services concourant à la rééducation, à la réadaptation, au reclassement et à l'accueil des adultes handicapés ainsi que dans les Centres d'Aide par le Travail et celles des organismes chargés du paiement de l'allocation aux adultes handicapés et de l'allocation compensatrice ainsi que de l'allocation de logement visée ci-dessus sont prises conformément à la décision de la commission technique d'orientation et de reclassement professionnel. L'organisme ne peut refuser la prise en charge pour l'établissement ou le service, dès lors que celui-ci figure au nombre de ceux désignés par la commission, pour lequel l'adulte handicapé ou son représentant manifeste une préférence. Il conserve la possibilité d'accorder une prise en charge, à titre provisoire, avant toute décision de la commission.

L'adulte handicapé ou son représentant est convoqué par la commission technique d'orientation et de reclassement professionnel. Il peut être assisté par une personne de son choix.

Les décisions de la commission visées aux 3° et 4° ci-dessus peuvent faire l'objet de recours devant la juridiction du contentieux technique de la Sécurité sociale sous réserve d'adaptations fixées par voie réglementaire : ce recours, ouvert à toute personne et à tout organisme intéressé, est dépourvu d'effet suspensif, sauf lorsqu'il est intenté par la personne handicapée ou son présentant. Pour ce qui concerne les décisions relatives à la prise en charge des frais exposés dans les établissements ou services.

II – Les centres de préorientation et des équipes de préparation et de suite du reclassement doivent être créés et fonctionner en liaison avec les commissions techniques d'orientation et de reclassement professionnel et avec l'Agence nationale pour l'emploi.

« Les modalités de prise en charge des dépenses de fonctionnement de ces centres et équipes sont fixées par décret. »

Art. 15 – I – (C. du travail, art. L. 323-15). « Les conventions conclues en application de l'article L. 920-3 entre l'État et les établissements et centres de formation professionnelle déterminent, s'il y a lieu, les conditions d'admission en fonction des difficultés particulières rencontrées par les diverses catégories de travailleurs handicapés.

II – (C. du travail, art. L. 323-16). « Les travailleurs handicapés bénéficient des aides financières accordées aux stagiaires de la formation professionnelle et prévues par le titre VI du livre IX du présent code, sous réserve d'adaptations à leur situation particulière.

« En outre, le travailleur handicapé peut bénéficier, à l'issue de son stage, de primes à la charge de l'État destinées à faciliter son reclassement et dont le montant et les conditions d'attribution sont fixées par décret.

« Ces primes ne se cumulent pas avec les primes de même nature dont le travailleur handicapé pourrait bénéficier au titre de la législation dont il relève. »

Art. 16 (C. du travail, art. L. 323-17) – Au premier alinéa, le mot « ouvriers » est remplacé par le mot « salariés ».

Art. 17 (C. du travail, art. L. 323-19) – «... Des décrets en Conseil d'État déterminent selon quelles modalités et dans quelles limites les établissements, organismes et employeurs mentionnés à l'article L. 323-12 peuvent être exonérés de l'obligation relative à la priorité d'emploi des travailleurs handicapés, prévue au présent article, en passant des contrats de fournitures, de sous-traitance ou de prestations de service avec des ateliers protégés ou les centres d'aide par le travail mentionnés à l'article 167 du code de la famille et de l'aide sociale.

« Cette exonération, qui ne peut être que partielle, est proportionnelle au volume de travail fourni aux ateliers protégés ou aux centres d'aide par le travail. »

Art. 18 (C. du travail, art. L. 323-23) – Les mots : « commission d'orientation des infirmes » sont remplacés par les mots : « commission technique d'orientation et de reclassement professionnel » et les mots : « règlement d'administration publique » par : « décret en Conseil d'État ».

Art. 19 (C. du travail, art. L. 323-20) – « Les personnes handicapées pour lesquelles le placement dans un milieu normal de travail s'avère impossible peuvent être admises soit dans un atelier protégé si leur capacité de travail est au moins égale à un pourcentage de la capacité normale fixée par décret soit dans un centre d'aide par le travail prévu à l'article 167 du code de la famille et de l'aide sociale.

« En outre, des centres de distribution de travail à domicile assimilés aux ateliers protégés peuvent procurer aux travailleurs handicapés des travaux manuels ou intellectuels à effectuer à domicile.

« La commission technique d'orientation et de reclassement professionnel prévue à l'article L. 323-11 se prononce par une décision motivée, en tenant compte de la capacité de travail et des possibilités réelles d'intégration, sur l'embauche ou l'admission dans les ateliers protégés ou les centres d'aide par le travail ; elle peut prendre une décision provisoire valable pour une période d'essai. »

(C. du travail, art. L. 323-31) – « Les ateliers protégés et les centres de distribution de travail à domicile peuvent être créés par les collectivités ou organismes publics et privés et, notamment, par les entreprises. Ils doivent être agréés par le ministre du Travail. Ils peuvent recevoir des subventions en application des conventions passées avec l'État, les départements, les communes ou les organismes de Sécurité sociale. »

(C. du travail, art. L. 323-32) – « L'organisme gestionnaire de l'atelier protégé ou du centre de distribution de travail à domicile est considéré comme employeur et le travailleur handicapé comme salarié pour l'application des dispositions législatives, réglementaires et contractuelles en vigueur, notamment en ce qui concerne les conditions de travail et la représentation des travailleurs pour la branche d'activité à laquelle se rattache l'établissement, compte tenu de sa production.

« Le travailleur handicapé en atelier protégé reçoit un salaire fixé compte tenu de l'emploi qu'il occupe, de sa qualification et de son rendement par référence aux dispositions réglementaires ou conventionnelles applicables dans la branche d'activité.

« Le salaire perçu par les travailleurs employés par un atelier protégé ou par un centre de distribution de travail à domicile ne pourra être inférieur à un minimum fixé par décret par référence au salaire minimum de croissance déterminé en application des articles L. 141-1 et suivants.

« Un ou plusieurs travailleurs handicapés employés dans un atelier protégé peuvent être mis à la disposition provisoire d'un autre employeur dans des conditions prévues par l'article L. 152-3 du code du travail et suivant des modalités qui seront précisées par décret. »

Art. 20 – I – (C du travail, art. L. 323-34) Premier alinéa, ajout : « L. 323-10 ».

II – (C. du travail, art. L. 323-34) – Quatrième alinéa, les mots : « commission d'orientation des infirmes » sont remplacés par les mots : « commission technique d'orientation et de reclassement ».

Art. 21 (C. du travail, art. L. 323-35) – «... En outre, des décrets en Conseil d'État déterminent :

« Les conditions dans lesquelles les indemnités versées par l'État en application du titre VI du livre IX du présent code peuvent se cumuler avec les prestations versées au titre d'un régime de prévoyance ou d'aide sociale ; y compris celles versées en application des articles 35 et 39 de la loi n° 75-534 du 30 juin 1975 ;

« Les conditions et modalités selon lesquelles les intéressés sont appelés à participer, le cas échéant, aux frais de leur entretien et de leur hébergement pendant la durée du stage de formation ou de rééducation professionnelle ;

« Les conditions d'attribution des primes mentionnées à l'avant-dernier alinéa de l'article L. 323-16. »

Art. 22 (C. du travail, art. L. 330-2) – «... L'Agence nationale pour l'emploi apporte son concours à l'orientation et au placement des travailleurs handicapés. »

Art. 23 (C. du travail, art. L. 432-1) – «... ainsi que celles d'emploi et de travail des jeunes, des femmes, et des handicapés. »

Art. 24 (C. du travail, art. L. 133-3) – «... 15° Les conditions d'emploi et de travail des personnes handicapées. »

Art. 25 – I – (C. du travail, art. L. 437-1) «... En outre, le comité d'entreprise est consulté sur les mesures prises en vue de faciliter la mise ou la remise au travail des travailleurs handicapés, et notamment sur celles qui interviennent après attribution de l'aide financière prévue au troisième alinéa de l'article L. 323-9. »

II – (C. du travail, art. L. 420-5) «... De plus, ils sont consultés sur les mesures prises en vue de faciliter la mise ou la remise au travail des travailleurs handicapés, et notamment sur celles qui interviennent après attribution de l'aide financière prévue au troisième alinéa de l'article L. 323-9. »

II – Dispositions applicables aux services publics et entreprises publiques

Art. 26 – L'obligation d'emploi des handicapés s'applique aux administrations de l'État et des collectivités locales ainsi qu'à leurs établissements publics quel que soit leur caractère, aux entreprises nationales, aux sociétés d'économie mixte et aux entreprises privées chargées d'un service public. Pour permettre la réalisation effective de cette obligation, les conditions d'aptitude imposées pour les emplois dans les diverses administrations seront révisées.

Jusqu'à l'intervention de cette révision, aucun licenciement pour inaptitude physique ne pourra frapper une personne handicapée employée depuis plus de six mois dans une administration ou une entreprise publique ou nationalisée.

Aucun candidat handicapé ne peut être écarté, en raison de son handicap, d'un concours, si ce handicap a été reconnu compatible, par la commission visée à l'article 27 de la présente loi, avec l'emploi auquel donne accès le concours.

Sous réserve des dispositions de l'article 27 ci-après, la titularisation des travailleurs handicapés intervient dans les mêmes conditions que pour les fonctionnaires ou agents des collectivités et établissements publics.

Art. 27 – Un décret en Conseil d'État détermine la compétence et la composition de la commission technique d'orientation et de reclassement professionnel prévue à l'article L. 323-11 du code du travail lorsqu'elle examine la candidature d'une personne handicapée à un emploi de l'État, ou d'une des collectivités ou établissements visés à l'article L. 323-12 (4°) du code du travail ; ce décret peut également attribuer compétence à une commission spéciale pour certaines catégories d'agents.

Art. 28 – Des crédits nécessaires à l'adaptation des machines et des outillages, l'aménagement des postes de travail et les accès aux lieux de travail pour permettre l'emploi des handicapés dans les administrations de l'État et des établissements publics nationaux n'ayant pas le caractère industriel et commercial, seront inscrits au budget de l'État.

Art. 29 – L'État peut consentir une aide financière aux collectivités locales et à leurs établissements publics n'ayant pas le caractère industriel et commercial, dans les conditions prévues à l'article L. 323-9 du code du travail.

III – Centres d'aide par le travail

Art. 30 (C. de la famille et de l'aide sociale, art. L. 167) – « Les centres d'aide par le travail, comportant ou non un foyer d'hébergement, offrent aux adolescents handicapés, qui ne peuvent, momentanément ou durablement, travailler ni dans les entreprises ordinaires ni dans un atelier protégé ou pour le compte d'un centre de distribution de travail à domicile ni exercer une activité professionnelle indépendante, des possibilités d'activités diverses à caractère professionnel, un soutien médico-social et éducatif et un milieu de vie favorisant leur épanouissement personnel et leur intégration sociale.

« Un même établissement peut comporter une Section d'atelier protégé ou de distribution de travail à domicile et une Section d'aide par le travail. Nonobstant les dispositions prévues au dernier alinéa de l'article L. 323-32 du code du travail, des équipes de personnes handicapées bénéficiant d'une admission dans un centre ou une Section d'aide par le travail peuvent être autorisées à exercer une activité à l'extérieur de l'établissement auquel elles demeurent rattachées suivant des modalités qui seront précisées par décret. »

Art. 31 – « Sur la base d'un recensement des besoins effectué par les ministères du Travail et de la Santé, le gouvernement engagera un programme d'équipement pour développer les centres d'aide par le travail et les ateliers de travail protégé. »

IV – Garantie de ressources

Art. 32 – Il est assuré à tout handicapé exerçant une activité professionnelle quelles qu'en soient les modalités, une garantie de ressources provenant de son travail.

Lorsque le handicapé exerce une activité soit dans le secteur ordinaire de production, soit dans un atelier protégé ou centre de distribution de travail à domicile, soit dans un centre d'aide par le travail, une garantie de ressources, différente dans chaque cas, est fixée par rapport au salaire minimum de croissance.

Lorsque le handicapé est non salarié et se livre à un travail régulier constituant l'exercice normal d'une profession et comportant une rémunération mensuelle minimale, cette garantie de ressources est déterminée dans des conditions fixées par décret.

Les conventions prévues à l'article L. 323-31 du code du travail en ce qui concerne les ateliers protégés et les conventions passées avec les organismes gestionnaires des centres d'aide par le travail au titre de l'aide sociale devront prévoir, selon des conditions fixées par décret, un système de bonifications permettant de tenir compte du travail effectivement fourni par le handicapé.

Art. 33 – La garantie de ressources assurée aux travailleurs handicapés exerçant leur activité soit dans le secteur ordinaire de production, soit en atelier protégé ou centre de distribution de travail à domicile, soit dans un centre d'aide par le travail est considérée comme une rémunération du travail pour l'application de l'article L. 120 du code de la Sécurité sociale et des dispositions relatives à l'assiette des cotisations au régime des assurances sociales agricoles.

Les cotisations versées pour ces travailleurs au titre des retraites complémentaires sont établies sur le montant de la garantie de ressources. Les cotisations obligatoires versées au titre de la réglementation relative à l'assurance chômage pour les travailleurs handicapés employés dans le secteur ordinaire de production en atelier protégé ou en centre de distribution de travail à domicile sont également établies sur le montant de la garantie de ressources.

Art. 34 – L'État assure aux entreprises et aux organismes gestionnaires des ateliers protégés, des centres de distribution de travail à domicile et les centres d'aide par le travail, dans des conditions fixées par décret, la compensation des charges qu'ils supportent au titre de la garantie de ressources prévue à l'article précédent et des cotisations y afférant.

Chapitre III Dispositions relatives aux prestations aux adultes handicapés

Art. 35 – I – Toute personne de nationalité française ou ressortissant d'un pays ayant conclu une convention de réciprocité en matière d'attribution d'allocations aux handicapés adultes résidants sur le territoire métropolitain ou dans les départements d'outremer, ayant dépassé l'âge d'ouverture du droit à l'allocation d'éducation spéciale prévue à l'article L. 543-1 du code de la Sécurité sociale, dont l'incapacité permanente est au moins égale à un pourcentage fixé par décret, perçoit une allocation aux adultes handicapés lorsqu'elle ne peut prétendre au titre d'un régime de Sécurité sociale, d'un régime de pension de retraite ou d'une législation particulière à un avantage de vieillesse ou d'invalidité ou une rente d'accident du travail d'un montant au moins égal à ladite allocation.

Lorsque cet avantage est d'un montant inférieur à celui de l'allocation aux adultes handicapés, celui-ci s'ajoute à la prestation sans que le total des deux avantages puisse excéder le montant de l'allocation aux adultes handicapés.

(Loi n° 82-1126 du 29 décembre 1982) – « Lorsqu'une personne bénéficiaire de l'allocation aux adultes handicapés fait valoir son droit à un avantage de vieillesse ou d'invalidité, dans les conditions prévues au premier alinéa ci-dessus, l'allocation aux adultes handicapés continue de lui être servie jusqu'à ce qu'elle perçoive effectivement l'avantage auquel elle a droit. Les sommes trop perçues à ce titre font l'objet d'un reversement par le bénéficiaire.

(Loi n° 90-86 du 23 janvier 1990) – « Lorsque l'allocation aux adultes handicapés est versée en complément de garantie de ressources prévue au paragraphe IV du chapitre II de la loi d'orientation n° 75-534 du 30 juin 1975 en faveur des personnes handicapées, servie à une personne exerçant une activité professionnelle en centre d'aide par le travail, le cumul de ces deux avantages est limité à des montants fixés par décret qui varient notamment selon qu'elle est mariée ou vit maritalement et a une ou plusieurs personnes à sa charge. Ces montants varient en fonction du salaire minimum interprofessionnel de croissance prévue à l'article L. 141-4 du code du travail. »

Les personnes admises en centre d'aide par le travail qui, à la date d'entrée en vigueur de la présente loi, bénéficient du cumul de l'allocation aux adultes handicapés et de la garantie de ressources concernent le montant cumulé de ces avantages tant que ce montant est supérieur à celui résultant des limites instituées par le quatrième alinéa de l'article L. 821-1 du code de la Sécurité sociale.

II – L'allocation aux adultes handicapés est également versée à toute personne dont l'incapacité permanente n'atteint pas le pourcentage fixé par décret prévu au premier alinéa ci-dessus mais qui est, compte tenu de son handicap, dans l'impossibilité, reconnue par la commission technique d'orientation et de reclassement professionnel prévue à l'article L. 323-11 du code du travail, de se procurer un emploi.

III – L'allocation aux adultes handicapés peut se cumuler avec les ressources personnelles de l'intéressé et, s'il y a lieu, de son conjoint dans la limite d'un plafond, fixé par décret, qui varie suivant qu'il est marié et a une ou plusieurs personnes à sa charge.

Art. 36 – L'allocation aux adultes handicapés est accordée sur décision de la commission technique d'orientation et de reclassement professionnel prévue à l'article L. 323-11 du code du travail appréciant le taux d'invalidité de la personne handicapée ou l'impossibilité où elle se trouve, compte tenu de son handicap, de se procurer un emploi.

Art. 37 – L'allocation aux adultes handicapés est servie comme une prestation familiale. Elle est incessible et insaisissable, sauf pour le paiement des frais d'entretien du handicapé. En cas de non-paiement de ces frais, la personne physique ou morale ou l'organisme qui en assume la charge peut obtenir de la caisse débitrice de l'allocation que celle-ci soit versée directement.

L'action de l'allocataire pour le paiement de l'allocation se prescrit par deux ans. Cette prescription est également applicable à l'action intentée par un organisme payeur en recouvrement d'allocations indûment payées, sauf en cas de fraude ou de fausse déclaration.

La tutelle aux prestations sociales, prévue par la loi n° 66-774 du 18 octobre 1966, s'applique à l'allocation aux adultes handicapés. Les dispositions des articles L. 409, L. 410 et L. 412 du code de la Sécurité sociale sont applicables à l'allocation aux adultes handicapés.

Les différends auxquels peut donner lieu l'application des articles 35 et 37 et qui ne relèvent pas d'un autre contentieux sont réglés suivant les dispositions régissant le contentieux général de la Sécurité sociale.

(Loi n° 82-1126 du 29 décembre 1982) – L'État verse au Fonds national des prestations familiales, géré par la Caisse nationale des allocations familiales, une subvention correspondant au montant des dépenses versées au titre de l'allocation aux adultes handicapés.

Art. 38 – Les prestations familiales, la retraite du combattant, les pensions attachées aux distinctions honorifiques, l'allocation de logement, les arrérages de rentes viagères constituées en faveur d'une personne handicapée mentionnées à l'article 8 de la loi n° 69-1161 du 24 décembre 1969 portant loi de finances pour 1970, n'entrent pas en compte pour l'attribution de l'allocation aux adultes handicapés.

Art. 39 – I – Une allocation compensatrice est accordée à tout handicapé qui ne bénéficie pas d'un avantage analogue au titre d'un régime de Sécurité sociale lorsque son incapacité permanente est au moins égale au pourcentage fixé par le décret prévu au premier alinéa de l'article 35 ci-dessus, soit que son état nécessite l'aide effective d'une tierce personne pour les actes essentiels de l'existence, soit que l'exercice d'une activité professionnelle lui impose des frais supplémentaires.

Le montant de cette allocation est fixé par référence aux majorations accordées aux invalides du troisième groupe prévu à l'article L. 310 du code de la Sécurité sociale et varie dans des conditions fixées par décret en fonction soit de la nature et de la permanence de l'aide nécessaire, soit de l'importance des frais supplémentaires exposés.

II – Les dispositions du paragraphe III de l'article 35 et les articles 36 et 38 ci-dessus sont applicables à l'allocation prévue au présent article, le plafond de ressources étant augmenté du montant de l'allocation accordée. Toutefois, les ressources provenant de son travail ne sont prises en compte que partiellement pour le calcul des ressources de l'intéressé. Il n'est exercé aucun recours en récupération de l'allocation compensatrice à l'encontre de la succession du bénéficiaire décédé lorsque ses héritiers sont son conjoint, ses enfants ou la personne qui a assumé, de façon effective et constante, la charge du handicapé.

III – L'allocation compensatrice est incessible et insaisissable, sauf pour le paiement des frais d'entretien du handicapé. En cas de non-paiement de ces frais, la personne physique ou morale ou l'organisme qui en assume la charge peut obtenir du préfet que celle-ci lui soit versée directement.

L'action du bénéficiaire pour le paiement de l'allocation compensatrice se prescrit par deux ans. Cette prescription est également applicable à l'action intentée par le préfet en recouvrement des allocations indûment payées, sauf en cas de fraude ou de fausse déclaration.

La tutelle aux prestations sociales prévue par la loi n° 66-774 du 18 octobre 1966 s'applique à l'allocation compensatrice.

IV – Les dispositions des articles 189, 191 et 193 du code de la famille et de l'aide sociale sont applicables aux dépenses résultant du versement de l'allocation prévue au paragraphe I.

Art. 40 – Un décret en Conseil d'État précise les conditions dans lesquelles le droit à l'allocation aux adultes handicapés et à l'allocation compensatrice visées respectivement aux articles 35 et 39 ci-dessus est ouvert aux handicapés hébergés à la charge totale ou partielle de l'aide sociale ou hospitalisés dans un établissement de soins. Ce décret détermine également dans quelles conditions le paiement desdites allocations peut être suspendu, totalement ou partiellement, en cas d'hospitalisation ou d'hébergement.

La suspension du paiement de l'allocation ne retire pas à l'intéressé le bénéfice des avantages prévus à l'article 42 de la présente loi.

Art. 41 – La gestion des prestations prévues aux articles 35 et 39 ci-dessus est confiée :

1° En ce qui concerne l'allocation aux adultes handicapés prévue à l'article 35, aux organismes du régime général chargés du versement des prestations familiales. Toutefois, lorsqu'une caisse de mutualité sociale agricole est compétente pour verser à une personne handicapée les prestations familiales dont elle bénéficie ou serait susceptible de bénéficier, cet organisme assure la gestion de l'allocation ;

2° En ce qui concerne l'allocation compensatrice visée à l'article 39, aux préfets dont les décisions sont susceptibles de recours devant les juridictions d'aide sociale.

Art. 42 (code de la Sécurité sociale, livre VI, titre VII, Art. 613-13) – « Les bénéficiaires de l'allocation aux adultes handicapés qui ne sont pas assujettis, à un autre titre, à un autre régime obligatoire d'assurance maladie ont droit, dans les conditions fixées par le livre III, aux prestations des assurances maladie et maternité telles qu'elles sont prévues par les articles L. 283a et L. 296. »

(C. de la Sécurité sociale, livre VI, titre VII, Art. 613-14) – « Les bénéficiaires mentionnés à l'article L. 613-13 sont affiliés à la caisse primaire d'assurance maladie de leur lieu de résidence, soit sur leur demande, soit à la diligence de l'organisme débiteur de l'allocation aux adultes handicapés. »

Art. 43 – I – Abrogé.

II – Lorsque la prise en charge par l'aide sociale, au titre de l'article 5 de l'ordonnance n° 67-709 du 21 août 1967, des cotisations d'assurance volontaire prévues à l'article 18-III de la loi n° 71-1025 du 24 décembre 1971 est demandée par une personne handicapée dont l'incapacité permanente est au moins égale à un pourcentage fixé par décret et dont les ressources excèdent le plafond prévu à l'article 35-III de la présente loi, le montant de la contribution demandée au titre de l'obligation alimentaire, en application des dispositions de l'article 144 du code de la famille et de l'aide sociale, ne peut excéder celui de la cotisation d'un assuré volontaire non hospitalisé depuis plus de 3 ans prévue à l'article L. 613-15 du code de la Sécurité sociale.

Art. 44 – I (C. de la Sécurité sociale, art. L. 83) – «... des frais d'hospitalisation et de traitement dans les établissements de cure, de réadaptation fonctionnelle et rééducation ou d'éducation professionnelle ».

II – (C. rural, art. 1038) – «... des frais d'hospitalisation et de traitement dans les établissements de cure, de réadaptation fonctionnelle et rééducation ou d'éducation professionnelle ».

Art. 45 (Loi n° 66-509 du 12 juillet 1966, art. 8, paragr. I) (relative à l'assurance maladie et à l'assurance maternité des travailleurs non salariés des professions non agricoles) – « I *bis* – En outre font partie des prestations de base les frais exposés dans les établissements et services concourant à l'éducation ou à la rééducation, à la réadaptation et au reclassement des adultes handicapés, en conformité des décisions prises par la commission technique d'orientation et de reclassement prévue à l'article L. 323-11 du code du travail. »

Art. 46 – Il est créé des établissements ou services d'accueil et de soins destinés à recevoir les personnes handicapées adultes n'ayant pu acquérir un minimum d'autonomie et dont l'état nécessite une surveillance médicale et des soins constants. Un décret en Conseil d'État détermine les conditions d'agrément et de prise en charge de ces établissements ou services au titre de l'assurance maladie.

Art. 47 – Un décret en Conseil d'État détermine les conditions dans lesquelles sont prises en charge par la Sécurité sociale et, le cas échéant, par l'aide sociale, les dépenses exposées dans les établissements recevant des malades mentaux dont l'état ne nécessite plus le maintien en hôpital psychiatrique mais qui requièrent temporairement une surveillance médicale et un encadrement en vue de leur réinsertion sociale.

Chapitre IV
Aide sociale aux personnes handicapées

Art. 48 – I – L'intitulé du chapitre VI du titre III du code de la famille et de l'aide sociale est modifié comme suit : « Aide sociale aux personnes handicapées ».

II – (C. de la famille et de l'aide sociale, Art. 166) – « Toute personne handicapée dont l'incapacité permanente est au moins égale au pourcentage fixé par le décret prévu à l'article 35 de la loi n° 75-534 du 30 juin 1975 ou qui est, compte tenu de son handicap, dans l'impossibilité de se procurer un emploi, peut bénéficier des prestations prévues au chapitre V du présent titre, à l'exception de l'allocation simple à domicile.

« Il n'est pas tenu compte, le cas échéant, dans les ressources du postulant, et dès lors que l'objet de la demande est en rapport direct avec le handicap, des arrérages des rentes viagères constituées en faveur de la personne handicapée et visées à l'article 8 de la loi n° 69-1161 du 24 décembre 1969 portant loi de finances pour 1970.

(C. de la famille et de l'aide sociale, art. 168) – « Les prix de journées ou toutes autres modalités de financement de l'exploitation des établissements de rééducation professionnelle et d'aide par le travail agréés pour recevoir des bénéficiaires de l'aide sociale aux personnes handicapées sont fixés par voie réglementaire. « Ils comprennent, d'une part, les frais concernant l'hébergement et l'entretien de la personne handicapée et, d'autre part, ceux qui sont directement entraînés par la formation professionnelle ou le fonctionnement de l'atelier, et notamment les frais de transport collectif dans des conditions fixées par décret. »

« Les frais d'hébergement et d'entretien des personnes handicapées dans les établissements de rééducation professionnelle et d'aide par le travail ainsi que dans les foyers et foyers-logement sont à la charge :

« 1° À titre principal, de l'intéressé lui-même sans toutefois que la contribution qui lui est réclamée puisse faire descendre ses ressources au-dessous d'un minimum fixé par décret et par référence à l'allocation aux handicapés adultes, différent selon qu'il travaille ou non, majoré, le cas échéant, du montant des rentes viagères visées à l'article 8 de la loi n° 69-1161 du 24 décembre 1969 portant loi de finances pour 1970 ;

« 2° Et, pour le surplus éventuel, de l'aide sociale sans qu'il soit tenu compte de la participation pouvant être demandée aux personnes tenues à l'obligation alimentaire à l'égard de l'intéressé et sans qu'il y ait lieu à l'application des dispositions relatives au recours en récupération des prestations d'aide sociale lorsque les héritiers du bénéficiaire décédé sont son conjoint, ses enfants ou la personne qui a assumé, de façon effective et constante, la charge du handicapé.

« Les frais directement entraînés par la formation professionnelle ou le fonctionnement de l'atelier sont pris en charge par l'aide sociale dans les conditions visées à l'alinéa ci-dessus, sans qu'il soit tenu compte des ressources de l'intéressé. »

Chapitre V
Dispositions tendant à favoriser la vie sociale des personnes handicapées

Art. 49 – Les dispositions architecturales et aménagements des locaux d'habitation et des installations ouvertes au public, notamment les locaux scolaires, universitaires et de formation doivent être telles que ces locaux et installations soient accessibles aux personnes handicapées. Les modalités de mise en œuvre progressive de ce principe sont définies par voie réglementaire dans un délai de six mois à dater de la promulgation de la présente loi.

Art. 50 – I (L. 71-582 du 16 juillet 1971, art. 2) – « Peuvent bénéficier de l'allocation de logement sous réserve de payer un minimum de loyer, compte tenu de leurs ressources :

« 1° Les personnes âgées d'au moins soixante-cinq ans ou d'au moins soixante ans en cas d'inaptitude au travail ;

« 2° Les personnes atteintes d'une infirmité entraînant une incapacité permanente au moins égale à un pourcentage fixé par décret et celles qui sont, compte tenu de leur handicap, dans l'impossibilité reconnue par la commission technique d'orientation et de reclassement professionnel prévue à l'article L. 323-11 du code du travail, de se procurer un emploi. »

II – (L. 71-582 du 16 juillet 1971, art. 4-1) – Les arrérages des rentes viagères constituées en faveur d'une personne handicapée et mentionnés à l'article 8 de la loi n° 69-1161 du 24 décembre 1969 portant loi de finances pour 1970 ne sont pas pris en compte dans le montant des ressources de l'allocataire.

Art. 51 (C. de la Sécurité sociale, art. L. 536-5) – Les mots : « atteint d'une infirmité le rendant inapte au travail et entraînant une incapacité égale ou supérieure à un taux fixé par décret » sont remplacés par les mots : « atteint d'une infirmité permanente au moins égale à un pourcentage fixé par décret ou qui est, compte tenu de son handicap, dans l'impossibilité, reconnue par la commission technique d'orientation et de reclassement professionnel prévue à l'article L. 323-11 du code du travail, de se procurer un emploi ».

Art. 52 – Afin de faciliter les déplacements des handicapés, des dispositions sont prises par voie réglementaire pour adapter les services de transport collectif ou pour aménager progressivement les normes de construction des véhicules de transport collectif, ainsi que les conditions d'accès à ces véhicules ou encore pour faciliter la création et le fonctionnement de services de transport spécialisés pour les handicapés ou, à défaut, l'utilisation des véhicules individuels. Les contrôles médicaux auxquels sont astreintes, conformément aux dispositions du code de la route, les personnes titulaires du permis de conduire F, sont gratuits. Le code de la route sera, dans un délai d'un an, modifié de telle sorte que, s'agissant du permis « F », seules les personnes atteintes d'un handicap temporaire ou évolutif demeurent astreintes au contrôle médical périodique de leur aptitude à la conduite des véhicules terrestres à moteur ; les personnes atteintes d'une invalidité ou d'une infirmité reconnue incurable, définitive ou stabilisée subiront un examen médical unique.

Art. 53 – Les procédures et modalités d'attribution des articles d'orthèse, de prothèse et d'appareillage aux personnes handicapées, quel que soit le régime de prise en charge dont elles relèvent, seront progressivement simplifiées et abrégées dans des conditions fixées par voie réglementaire.

Art. 54 – Les aides personnelles aux personnes handicapées pourront être prises en charge au titre de l'action sanitaire et sociale des caisses gestionnaires de l'allocation aux handicapés adultes. Ces aides personnelles pourront notamment avoir pour objet d'adapter définitivement le logement aux besoins spécifiques des handicapés de ressources modestes. Les modalités d'application de cette aide seront fixées par arrêté ministériel.

Art. 55 (C. électoral, Art. L. 230-3) – Les mots : « et ceux qui sont secourus par les bureaux d'aide sociale » sont abrogés.

Art. 56 – En vue de faciliter l'insertion ou la réinsertion socioprofessionnelle des handicapés, l'État, en collaboration avec les organismes et associations concernés, définit et met en œuvre un programme d'information régulière du public, en particulier des élèves des établissements d'enseignement, sur les différentes catégories de handicapés et sur les problèmes et les capacités propres à chacune d'elles.

Chapitre VI Dispositions diverses et transitoires

Art. 57 – Les dépenses de fonctionnement des commissions départementales de l'éducation spéciale et des commissions techniques d'orientation et de reclassement professionnel sont prises en charge par l'État.

Art. 58 – Sont abrogés :

1° À compter de l'entrée en vigueur de l'article 9 de la présente loi, les articles 163-1 et 177 du code de la famille et de l'aide sociale et l'article L. 711-1 du code de la Sécurité sociale en tant qu'il concerne les bénéficiaires du premier alinéa de cet article, sous réserve de l'article 39 ci-après ;

2° À compter de l'entrée en vigueur des articles 35, 36, 37 et 38 de la présente loi, les articles 7, 8 et 11 de la loi n° 71-563 du 13 juillet 1971 modifiée, et l'article L. 711-1 du code de la Sécurité sociale en tant qu'il concerne les bénéficiaires du premier alinéa de cet article sous réserve de l'article 59 ci-après ;

3° À compter de l'entrée en vigueur de l'article 42 de la présente loi, l'article 9 de la loi n° 71-563 du 13 juillet 1971 modifiée, ainsi que, en tant qu'elles concernent les bénéficiaires de l'allocation aux adultes handicapés, les dispositions des paragraphes II et III de l'article 18 de la loi n° 71-1025 du 24 décembre 1971 portant loi de finances rectificative pour 1971 ;

4° À compter de l'entrée en vigueur de l'article 33 de la présente loi, les articles 1031-1 et 1038-1 du code rural. Sous réserve des dispositions de l'article L. 323-11-I du code du travail, il n'est pas dérogé, pour l'application de la présente loi, aux dispositions de l'article L. 444 du code de la Sécurité sociale et à celles du décret n° 61-29 du 11 janvier 1961 relatif à la rééducation professionnelle des victimes d'accidents du travail et des assurés sociaux.

Art. 59 – Les personnes qui, à la date d'entrée en vigueur respectivement de l'article 9 et des articles 35, 39 et 42 de la présente loi, sont bénéficiaires de l'allocation mensuelle aux infirmes, aveugles et grands infirmes, de l'allocation supplémentaire ou de la majoration spéciale pour aide constante d'une tierce personne, de l'allocation spéciale aux parents de mineurs grands infirmes ou de l'allocation de compensation aux grands infirmes travailleurs, ne peuvent voir réduit, du fait de l'intervention de la présente loi, le montant total des avantages qu'ils percevaient avant l'entrée en vigueur de ladite loi. Une allocation différentielle leur est, en tant que de besoin, versée au titre de l'aide sociale. Cette allocation sera périodiquement réévaluée dans des conditions fixées par voie réglementaire.

Art. 60 – Des dispositions réglementaires déterminent, en tant que de besoin, les modalités d'application de la présente loi et, le cas échéant, les adaptations nécessaires à leur mise en œuvre dans les départements d'outre-mer. Sauf disposition contraire, elles sont prises par décret en Conseil d'État.

Art. 61 – Tous les cinq ans, un rapport sera présenté au Parlement, qui retracera les actions de recherche pédagogique et scientifique entreprises en faveur des différentes catégories de personnes handicapées. Ce rapport fera le bilan des résultats obtenus, regroupera les crédits affectés aux études entreprises durant la période précédente et précisera les lignes d'action et de recherche envisagées.

Art. 62 – Les dispositions de la présente loi seront mises en œuvre avant le 31 décembre 1977 à des dates fixées par décrets.

Président de la République, V. Giscard d'Estaing

Premier ministre, Jacques Chirac

Ministre d'État, ministre de l'Intérieur, M. Poniatowski

Garde des Sceaux, ministre de la Justice, J. Lecanuet

Ministre de l'Éducation, R. Haby

Ministre de l'Équipement, R. Galley

Ministre de l'Agriculture, C. Bonnet

Ministre du Travail, M. Durafour

Ministre de la Santé, S. Veil

Secrétaire d'État aux Transports, M. Cavaillé

Secrétaire d'État aux Départements et Territoires d'outre-mer, O. Stirn

Loi n° 87-517 du 10 juillet 1987

Loi en faveur de l'emploi des travailleurs handicapés

L'Assemblée nationale et le Sénat ont adopté,

Le Président de la République promulgue la loi dont la teneur suit :

Art. 1er – La Section I du chapitre III du titre II du livre III du code du travail est ainsi rédigée :

« Section I

« Obligation d'emploi des travailleurs handicapés, des mutilés de guerre et assimilés

« *Art. L. 323-1* – Tout employeur occupant au moins vingt salariés est tenu d'employer, à temps plein ou à temps partiel, des bénéficiaires de la présente Section dans la proportion de 6 p. 100 de l'effectif total de ses salariés.

« Pour les entreprises à établissements multiples, cette obligation d'emploi s'applique établissement par établissement.

« Les entreprises de travail temporaire définies par l'article L. 124-1 ne sont assujetties à l'obligation d'emploi instituée par le premier alinéa du présent article que pour leurs salariés permanents.

« Toute entreprise qui entre dans le champ d'application du premier alinéa, soit au moment de sa création, soit en raison de l'accroissement de son effectif, dispose, pour se mettre en conformité avec cette obligation d'emploi, d'un délai fixé par décret et qui ne peut excéder trois ans.

« Les établissements publics industriels et commerciaux sont au nombre des employeurs visés par le présent article.

« *Art. L. 323-2* – L'État et, lorsqu'ils occupent au moins vingt agents à temps plein ou leur équivalent, les établissements publics de l'État autres qu'industriels et commerciaux, les collectivités territoriales et leurs établissements publics autres qu'industriels et commerciaux, y compris ceux qui sont énumérés à l'article 2 de la loi n° 86-33 du 9 janvier 1986 portant dispositions statutaires relatives à la fonction publique hospitalière, sont assujettis, selon des modalités fixées par décret en Conseil d'État, à l'obligation d'emploi instituée par l'article L. 323-1 ; les dispositions des articles L. 323-3, L. 323-5 et L. 323-8 leur sont applicables.

« L'application de l'alinéa précédent fait l'objet, chaque année, d'un rapport présenté aux comités techniques paritaires ou aux instances en tenant lieu ainsi qu'aux conseils supérieurs de la fonction publique de l'État, de la fonction publique territoriale et de la fonction publique hospitalière.

« *Art. L. 323-3* – Bénéficiant de l'obligation d'emploi instituée par l'article L. 323-1 :

« 1° Les travailleurs reconnus handicapés par la commission technique d'orientation et de reclassement professionnel mentionnée à l'article L. 323-11 ;

« 2° Les victimes d'accidents du travail ou de maladies professionnelles ayant entraîné une incapacité permanente au moins égale à 10 p. 100 et titulaires d'une rente attribuée au titre du régime général de Sécurité sociale ou de tout autre régime de protection sociale obligatoire ;

« 3° Les titulaires d'une pension d'invalidité attribuée au titre du régime général de Sécurité sociale, de tout autre régime de protection sociale obligatoire ou au titre des dispositions régissant les agents publics à condition que l'invalidité des intéressés réduise au moins des deux tiers leur capacité de travail ou de gain ;

« 4° Les anciens militaires et assimilés, titulaires d'une pension militaire d'invalidité au titre du code des pensions militaires d'invalidité et des victimes de la guerre ;

« 5° Les veuves de guerre non remariées titulaires d'une pension au titre du même code, dont le conjoint militaire ou assimilé est décédé des suites d'une blessure ou d'une maladie imputable à un service de guerre ou alors qu'il était en possession d'un droit à pension militaire d'invalidité d'un taux au moins égal à 85 p. 100 ;

« 6° Les orphelins de guerre âgés de moins de vingt et un ans et les mères veuves non remariées ou les mères célibataires, dont respectivement le père ou l'enfant, militaire ou assimilé, est décédé des suites d'une blessure ou d'une maladie imputable à un service de guerre ou alors qu'il était en possession d'un droit à pension d'invalidité d'un taux au moins égal à 85 p. 100 ;

« 7° Les veuves de guerre remariées ayant au moins un enfant à charge issu du mariage avec le militaire ou assimilé décédé, lorsque ces veuves ont obtenu ou auraient été en droit d'obtenir, avant leur remariage, une pension dans les conditions prévues au 5° ci-dessus ;

« 8° Les femmes d'invalides internés pour aliénation mentale imputable à un service de guerre, si elles bénéficient de l'article L. 124 du code des pensions militaires d'invalidité et des victimes de la guerre.

« *Art. L. 323-4* – I – L'effectif total de salariés, visé au premier alinéa de l'article L. 323-1, est calculé selon les modalités définies à l'article L. 431-2 ; toutefois, les salariés occupant certaines catégories d'emplois exigeant des conditions d'aptitude particulières, déterminées par décret, ne sont pas décomptés dans cet effectif.

« II – Les dispositions de l'article L. 431-2 sont applicables au calcul du nombre des bénéficiaires de la présente Section employés par l'entreprise ; toutefois, il est tenu compte des apprentis (L. n° 2002-73 du 17 janvier 2002) « et des bénéficiaires des contrats d'insertion en alternance prévus aux articles L. 981-1, L. 981-6 et L. 981-7 ».

« En outre et selon des modalités déterminées par décret, ces bénéficiaires sont pris en compte une fois et demie, deux ou plusieurs fois :

« 1° Si leur handicap est important ;

« 2° S'ils remplissent certaines conditions d'âge ;

« 3° S'ils reçoivent une formation au sein de l'entreprise ;

« 4° S'ils sont embauchés à leur sortie d'un atelier protégé défini à l'article L. 323-31, d'un centre d'aide par le travail défini à l'article 167 du code de la famille et de l'aide sociale ou d'un centre de formation professionnelle.

« Ce décret précise la durée pendant laquelle ces dispositions sont applicables aux situations prévues aux 3° et 4° ci-dessus.

« *Art. L. 323-5* – Dans les entreprises, collectivités et organismes mentionnés aux articles L. 323-1 et L. 323-2, les titulaires d'un emploi réservé attribué en application des dispositions du chapitre IV du titre III du livre III du code des pensions militaires d'invalidité et des victimes de la guerre sont pris en compte pour le calcul du nombre de bénéficiaires de l'obligation d'emploi instituée par l'article L. 323-1.

« Dans les collectivités et organismes mentionnés à l'article L. 323-2, sont également pris en compte pour le calcul du nombre de bénéficiaires de cette obligation :

« – les agents qui ont été reclassés en application de l'article 63 de la loi n° 84-16 du 11 janvier 1984 portant dispositions statutaires relatives à la fonction publique de l'État, des articles 81 à 85 de la loi n° 84-53 du 26 janvier 1984 portant dispositions statutaires relatives à la fonction publique territoriale ou des articles 71 à 75 de la loi n° 86-33 du 9 janvier 1986 précitée ;

« – les agents qui bénéficient d'une allocation temporaire d'invalidité en application de l'article 65 de la loi n° 84-16 du 11 janvier 1984 précitée, de l'article L. 417-8 du code des communes, du paragraphe III de l'article 119 de la loi n° 84-53 du 26 janvier 1984 précitée ou de l'article 80 de la loi n° 86-33 du 9 janvier 1986 précitée.

« *Art. L. 323-6* – Le salaire des bénéficiaires de la présente Section ne peut être inférieur à celui qui résulte de l'application des dispositions législatives et réglementaires ou de la convention ou de l'accord collectif de travail.

« Toutefois, lorsque le rendement professionnel des intéressés est notoirement diminué, des réductions de salaire peuvent être autorisées dans des conditions fixées par voie réglementaire.

« Les travailleurs handicapés concernés par le présent article ont droit, en cas de réduction de salaire et dans des conditions fixées par décret en Conseil d'État, à la garantie de ressources instituée par l'article 32 de la loi d'orientation en faveur des personnes handicapées, n° 75-534 du 30 juin 1975.

« *Art. L. 323-7* – En cas de licenciement, la durée du délai-congé déterminée en application de l'article L. 122-6 est doublée pour les bénéficiaires de la présente Section comptant plus d'une fois en application de l'article L. 323-4, sans toutefois que cette mesure puisse avoir pour effet de porter au-delà de trois mois la durée du délai-congé. Toutefois, ces dispositions ne sont pas applicables lorsque les règlements de travail, les conventions ou accords collectifs de travail ou, à défaut, les usages prévoient un délai-congé d'une durée au moins égale à trois mois.

« *Art. L. 323-8* – Les employeurs mentionnés aux articles L. 323-1 et L. 323-2 peuvent s'acquitter partiellement de l'obligation d'emploi instituée par l'article L. 323-1 en passant des contrats de fournitures de sous-traitance ou de prestations de services avec des ateliers protégés, des centres de distribution de travail à domicile ou des centres d'aide par le travail. Cette exonération, dont les modalités et les limites sont fixées par voie réglementaire, est proportionnelle au volume de travail fourni à ces ateliers et centres.

(L. n° 2002-73 du 17 janvier 2002) « Les employeurs mentionnés à l'article L. 323-1 peuvent s'acquitter partiellement de l'obligation instituée par cet article en accueillant en stage des personnes handicapées au titre de la formation professionnelle visée à l'article L. 961-1 ou des personnes handicapées bénéficiaires d'une rémunération au titre du deuxième alinéa de l'article L. L. 961-1. Le nombre de ces personnes comptabilisées au titre de l'obligation prévue au premier alinéa de l'article L. 323-1 ne peut dépasser 2 % de l'effectif total des salariés de l'entreprise. »

« *Art. L. 323-8-1* – Les employeurs mentionnés à l'article L. 323-1 peuvent s'acquitter de l'obligation d'emploi instituée par cet article en faisant application d'un accord de branche, d'un accord d'entreprise ou d'établissement qui prévoit la mise en œuvre d'un programme annuel ou pluriannuel en faveur des travailleurs handicapés comportant (L. n° 2002-73 du 17 janvier 2002) « obligatoirement un plan d'embauche en milieu ordinaire et » deux au moins des actions suivantes :

« – plan d'embauche en milieu ordinaire de travail ;

« – plan d'insertion et de formation ;

« – plan d'adaptation aux mutations technologiques ;

« – plan de maintien dans l'entreprise en cas de licenciement.

« L'accord doit être agréé par l'autorité administrative après avis de la commission départementale des travailleurs handicapés, des mutilés de guerre et assimilés instituée par l'article L. 323-35 ou du Conseil supérieur pour le reclassement professionnel et social des travailleurs handicapés institué par l'article L. 323-34.

« *Art. L. 323-8-2* – Il est créé un fonds de développement pour l'insertion professionnelle des handicapés ayant pour objet d'accroître les moyens consacrés à l'insertion des handicapés en milieu ordinaire de travail.

« Les employeurs mentionnés à l'article L. 323-1 peuvent s'acquitter de l'obligation instituée par cet article en versant au fond de développement pour l'insertion professionnelle des handicapés une contribution annuelle pour chacun des bénéficiaires de la présente Section qu'ils auraient dû employer : le montant de cette contribution, qui peut être modulé en fonction de l'effectif de l'entreprise, est fixé par un arrêté conjoint du ministre chargé de l'Emploi et du ministre chargé du Budget, dans la limite de 500 fois le salaire horaire minimum de croissance par bénéficiaire non employé.

« *Art. L. 323-8-3* – La gestion du fonds de développement pour l'insertion professionnelle des handicapés créé par l'article L. 323-8-2 est confiée à une association administrée par des représentants des salariés, des employeurs et des personnes handicapées ainsi que par des personnalités qualifiées. Les statuts de l'association sont agréés par le ministre chargé de l'Emploi.

« *Art. L. 323-8-4* – Les ressources du fonds créé par l'article L. 323-8-2 sont destinées à favoriser toutes les formes d'insertion professionnelle des handicapés en milieu ordinaire de travail ; elles sont affectées notamment à la compensation du coût supplémentaire des actions de formation et au financement d'actions d'innovation et de recherche dont bénéficient les intéressés dans l'entreprise ainsi qu'à des mesures nécessaires à l'insertion et au suivi des travailleurs handicapés dans leur vie professionnelle.

« Les actions définies à l'alinéa précédent peuvent concerner les entreprises non assujetties à l'obligation d'emploi instituée par l'article L. 323-1 lorsqu'elles emploient des bénéficiaires de la présente Section, ainsi que les travailleurs handicapés qui exercent une activité indépendante.

« Les modalités du contrôle de la répartition et de l'utilisation des contributions versées au fonds créé par l'article L. 323-8-2 sont déterminées par voie réglementaire.

« *Art. L. 323-8-5* – Les employeurs mentionnés à l'article L. 323-1 doivent fournir à l'autorité administrative une déclaration annuelle relative aux emplois occupés par les bénéficiaires de la présente Section par rapport à l'ensemble des emplois existants ; ils doivent également justifier de l'application éventuelle des articles L. 323-8, L. 323-8-1 et L. 323-8-2.

« À défaut de toute déclaration, les employeurs sont considérés comme ne satisfaisant pas à l'obligation d'emploi instituée par la présente Section.

« *Art. L. 323-8-6* – Lorsqu'ils ne remplissent aucune des obligations définies aux articles L. 323-1, L. 323-8, L. 323-8-1 et L. 323-8-2, les employeurs mentionnés à l'article L. 323-1 sont astreints à titre de pénalité au versement au Trésor public d'une somme dont le montant est égal à celui de la contribution instituée par l'article L. 323-8-2, majoré de 25 p. 100, et qui fait l'objet d'un titre de perception émis par l'autorité administrative.

« *Art. L. 323-8-7* – Les associations ayant pour objet principal la défense des intérêts des bénéficiaires de la présente Section peuvent exercer une action civile fondée sur l'inobservation des prescriptions figurant dans ladite Section lorsque cette inobservation porte un préjudice certain à l'intérêt collectif qu'elles représentent.

« *Art. L. 323-8-8* – Sauf dispositions contraires, les conditions d'application de la présente Section sont fixées par décret en Conseil d'État. »

Art. 2 – La Section II du chapitre II du livre III du code du travail est ainsi modifiée :

1° L'intitulé de la Section II est ainsi rédigé : « Dispositions propres aux travailleurs handicapés. »

2° Dans le dernier alinéa de l'article L. 323-9, les mots : « à l'article L. 323-12 » sont remplacés par les mots : « à l'article L. 323-1 ».

3° L'article L. 323-12 est abrogé ; l'article L. 323-23 devient l'article L. 323-12.

4° Dans l'article L. 323-13, les mots : « et ceux de la commission départementale des handicapés » sont remplacés par les mots : » et ceux de la commission départementale des travailleurs handicapés, des mutilés de guerre et assimilés ».

5° L'intitulé de la sous-Section 3 est ainsi rédigé :

« Dispositions applicables aux travailleurs handicapés employés en milieu ordinaire de travail. »

6° Les articles L. 323-19, L. 323-20, L. 323-22 et L. 323-24 à L. 323-28 sont abrogés.

7° L'article L. 323-21 est ainsi modifié :

1. Dans le premier alinéa, les mots : « en vertu des dispositions des articles précédents » sont remplacés par les mots : « en vertu des dispositions de la Section 1re du présent chapitre » ;

2. Le cinquième alinéa est abrogé ;

3. Le sixième alinéa est ainsi rédigé : « Les modalités d'application des dispositions du présent article aux collectivités publiques mentionnées à l'article L. 323-2 sont déterminées par voie réglementaire. »

8° Dans le premier alinéa de l'article L. 323-29, les mots : « de la commission départementale d'orientation des infirmes » sont remplacés par les mots : » de la commission technique d'orientation et de reclassement professionnel ».

9° Dans le second alinéa de l'article L. 323-31, les mots : « le ministre du Travail » sont remplacés par les mots : « le représentant de l'État dans la région ».

10° La sous-Section 5 est abrogée.

11° La sous-Section 6 devient la sous-Section 5 ; le troisième alinéa de l'article L. 323-35 qui devient l'article L. 323-34 est abrogé.

Art. 3 – Avant le premier alinéa de l'article 27 de la loi n° 84-16 du 11 janvier 1984 portant dispositions statutaires relatives à la fonction publique de l'État, il est inséré l'alinéa suivant :

« Les personnes reconnues travailleurs handicapés par la commission technique d'orientation et de reclassement professionnel prévue à l'article L. 323-11 du code du travail peuvent être recrutées en qualité d'agent contractuel dans les emplois des catégories C et D pendant une période d'un an renouvelable une fois. À l'issue de cette période, les intéressés sont titularisés sous réserve qu'ils remplissent les conditions d'aptitude pour l'exercice de la fonction. »

Art. 4 – L'article 38 de la loi n° 84-53 du 26 janvier 1984 portant statut de la fonction publique territoriale est complété par un alinéa ainsi rédigé :

« Les personnes reconnues travailleurs handicapés par la commission technique d'orientation et de reclassement professionnel prévue à l'article L. 323-11 du code du travail peuvent être recrutées en qualité d'agent contractuel dans les emplois des catégories C et D pendant une période d'un an renouvelable une fois. À l'issue de cette période, les intéressés sont titularisés sous réserve qu'ils remplissent les conditions d'aptitude pour l'exercice de la fonction. »

Art. 5 – L'article 27 de la loi n° 86-33 du 9 janvier 1986 portant dispositions statutaires relatives à la fonction publique hospitalière est complété par un alinéa ainsi rédigé :

« Les personnes reconnues travailleurs handicapés par la commission technique d'orientation et de reclassement professionnel prévue à l'article L. 323-11 du code du travail peuvent être recrutées en qualité d'agent contractuel dans les emplois des catégories C et D pendant une période d'un an renouvelable une fois. À l'issue de cette période, les intéressés sont titularisés sous réserve qu'ils remplissent les conditions d'aptitude pour l'exercice de la fonction. »

Art. 6 – Après la Section II du chapitre III du titre II du livre III du code du travail, est insérée une Section III ainsi rédigée :

« Section III

« Commission départementale des travailleurs handicapés, des mutilés de guerre et assimilés

Art. L. 323-35 – Une commission départementale des travailleurs handicapés, des mutilés de guerre et assimilés statue sur les contestations nées de l'application du deuxième alinéa de l'article L. 323-6 et des articles L. 323-10, L. 323-12 et L. 323-21.

« Elle est présidée par un magistrat de l'ordre judiciaire, en activité ou honoraire, désigné par le premier président de la cour d'appel.

« La commission comprend en outre :

« – le directeur régional du travail et de l'emploi ou son représentant ou, s'il s'agit d'un litige concernant un salarié agricole, le chef du service régional de l'inspection du travail, de l'emploi et de la politique sociale agricole ou son représentant ;

« – un médecin du travail désigné par le représentant de l'État dans le département ;

« – un représentant des employeurs et un représentant des salariés désignés par le représentant de l'État dans le département parmi les membres du comité départemental de la formation professionnelle, de la promotion sociale et de l'emploi ;

« – un représentant des travailleurs handicapés choisi par le représentant de l'État dans le département sur une liste établie par les associations représentant les handicapés dans le département ;

« – un représentant du service départemental de l'Office national des anciens combattants.

« Les décisions de la commission peuvent faire l'objet d'un recours en cassation devant le Conseil d'État.

« Les conditions de désignation et les modalités de fonctionnement de la commission sont déterminées par un décret en Conseil d'État.

« La commission départementale établit un compte rendu annuel de son activité diffusé notamment aux organisations représentatives des salariés, des employeurs et des personnes handicapées. »

Art. 7 **–** I – La Section II *bis* du chapitre III du titre II du livre III du code du travail devient la Section IV.

II – La Section III du chapitre III du titre II du livre III du code du travail devient la Section V.

Art. 8 **–** Dans le cinquième alinéa de l'article L. 432-3 du code du travail, les mots : « des articles L. 323-1, L. 323-2, L. 323-3, L. 323-19 et L. 323-20 du code du travail » sont remplacés par les mots : « de la Section première du chapitre III du titre II du livre III du présent code ».

Art. 9 **–** L'appellation de « débile mental » utilisée dans les textes officiels et administratifs, est supprimée.

Elle est remplacée par celle de « déficient intellectuel ».

Art. 10 **–** À l'exception des dispositions des articles 3, 4 et 5 qui prennent effet à la date de sa publication, les dispositions de la présente loi sont applicables à compter du 1er janvier 1988.

Pendant une période transitoire fixée à trois années à compter de cette date, l'obligation d'emploi instituée par l'article L. 323-1 du code du travail est fixée à 3 p. 100 pour la première année, 4 p. 100 pour la deuxième année et 5 p. 100 pour la troisième année.

Pendant la période transitoire, le ministre chargé de l'Emploi adresse au Parlement un rapport annuel sur l'exécution de la présente loi, notamment par les employeurs mentionnés à l'article L. 323-2 du Code du travail.

La présente loi sera exécutée comme loi de l'État.

Fait à Paris, le 10 juillet 1987.

Par le Président de la République :
François Mitterrand

Le Premier ministre, Jacques Chirac

Le ministre d'État, ministre de l'Économie, des Finances et de la Privatisation, Édouard Balladur

Le ministre de la Défense, André Giraud

Le ministre de l'Intérieur, Charles Pasqua

Le ministre des Affaires sociales et de l'Emploi, Philippe Séguin

Le ministre de l'Agriculture, François Guillaume

Le ministre délégué auprès du Premier ministre, chargé de la fonction publique et du Plan, Hervé de Charette

Le ministre délégué auprès du ministre de l'Économie, des Finances et de la Privatisation, chargé du budget, Alain Juppé

Le secrétaire d'État auprès du ministre des Affaires sociales et de l'Emploi, chargé de la Sécurité sociale, Adrien Zeller

Le secrétaire d'État aux Anciens Combattants, Georges Fontes

Décret n° 89-798 du 27 octobre 1989

Décret remplaçant les annexes XXIV, XXIV bis et XXIV ter au décret du 9 mars 1956 modifié fixant les conditions techniques d'agrément des établissements privés de cure et de prévention pour les soins aux assurés sociaux, par trois annexes concernant, la première, les conditions techniques d'autorisation des établissements et des services prenant en charge des enfants ou adolescents présentant des déficiences intellectuelles ou inadaptés, la deuxième, les conditions techniques d'autorisation des établissements et des services prenant en charge des enfants ou adolescents présentant une déficience motrice, la troisième, les conditions techniques d'autorisation des établissements et des services prenant en charge des enfants ou adolescents polyhandicapés.

Le Premier ministre,

Sur le rapport du ministre de la Solidarité, de la Santé et de la Protection sociale,

Vu le code de la Sécurité sociale, et notamment son article L. 162-21 ;

Vu le code de la Santé publique ;

Vu la loi n° 75-534 du 30 juin 1975 modifiée d'orientation en faveur des personnes handicapées ;

Vu la loi n° 75-535 du 30 juin 1975 modifiée relative aux institutions sociales et médico-sociales ;

Vu le décret n° 46-1834 du 20 août 1946, et notamment son article 6 ;

Vu le décret n° 56-284 du 9 mars 1956 modifié ;

Vu l'avis du comité interministériel de coordination en matière de Sécurité sociale ;

Vu l'avis de la Caisse nationale d'assurance maladie des travailleurs salariés,

Décrète :

Art. 1ᵉ – Les annexes XXIV, XXIV *bis* et XXIV *ter* prévues au décret n° 56-284 du 9 mars 1956, modifié par les décrets n° 67-43 du 2 janvier 1967, n° 70-1332 du 16 décembre 1970, n° 78-429 du 20 mars 1978 et n° 88-33 du 12 janvier 1988 sont remplacées par les trois documents annexés au présent décret :

1° Une annexe XXIV en ce qui concerne les conditions techniques d'autorisation des établissements et des services prenant en charge des enfants ou adolescents présentant des déficiences intellectuelles ou inadaptés ;

2° Une annexe XXIV *bis* en ce qui concerne les conditions techniques d'autorisation des établissements et des services prenant en charge des enfants ou adolescents présentant une déficience motrice ;

3° Une annexe XXIV *ter* en ce qui concerne les conditions techniques d'autorisation des établissements et des services prenant en charge des enfants ou adolescents polyhandicapés.

Toutefois, demeurent en vigueur les normes quantitatives minimales d'encadrement ci-après, prévues pour différentes catégories de personnels des établissements ou services :

1° Pour la nouvelle annexe XXIV, les dispositions des articles 30, 32 (alinéa 1), 34 (alinéa 2) et 63 (alinéa 2) de l'ancienne annexe XXIV ;

2° Pour la nouvelle annexe XXIV *bis*, les dispositions des articles 28 (alinéa 2), 30 (alinéa 1) et 31 de l'ancienne annexe XXIV *bis*, complétées par les dispositions de l'article 4 (alinéas 1 et 3) de l'ancienne annexe XXIV *ter*.

Art. 2 – Les établissements ou services agréés au titre de l'annexe XXIV *bis* abrogée doivent, dans un délai maximum de deux ans à compter de la date de publication du présent décret, déposer une demande d'autorisation au titre de la nouvelle annexe XXIV *bis* instituée par le présent décret, conformément aux dispositions de la loi n° 75-535 du 30 juin 1975 susvisée.

Les établissements ou services agréés au titre de l'annexe XXIV ou de l'annexe XXIV *ter* abrogée doivent déposer cette demande d'autorisation au titre des nouvelles annexes correspondantes, dans un délai maximum de trois ans à compter de la date de publication du présent décret.

Art. 3 – Les dispositions de l'article 12 des annexes XXIV *quater* et XXIV *quinquiès* au décret n° 56-284 du 9 mars 1956 modifié sont abrogées et remplacées par un article 12 ainsi rédigé :

« *Art. 12* – Sauf dispositions contraires comprises dans le corps de la présente annexe, les dispositions suivantes de l'annexe XXIV au présent décret s'appliquent aux établissements concernés :

« Titre Ier, article 4 ;

« Titre II, articles 7 et 8 ;

« Titre III, articles 10, 12 et 14 ;

« Titre IV, articles 15 à 25 ;

« Titre V ;

« Titre VI. »

Art. 4 – À l'article 6 de l'annexe XXIV *quater* au décret n° 56-284 du 9 mars 1956 modifié :

Remplacer :

«... dans un délai de cinq ans à compter de leur affectation dans l'établissement ;

« L'action de ces instituteurs concerne l'enseignement et son soutien : »,

Par :

«... dans un délai de cinq ans à compter de leur affectation dans l'établissement ;

« L'action de ces instituteurs concerne l'enseignement et son soutien. »

Art. 5 – À l'article 2 de l'annexe XXIV *quinquiès* au décret n° 56-284 du 9 mars 1956 modifié, remplacer : «... éducation précoce, préélémentaire, secondaire et technique. » par : «... éducation précoce, préélémentaire, élémentaire, secondaire et technique. »

Art. 6 – Le ministre de la Solidarité, de la Santé et de la Protection sociale et le secrétaire d'État auprès du ministre de la Solidarité, de la Santé et de la Protection sociale, chargé des handicapés et des accidentés de la vie, sont chargés, chacun en ce qui le concerne, de l'exécution du présent décret, qui sera publié au *Journal officiel* de la République française et entrera en vigueur dès sa publication.

Fait à Paris, le 27 octobre 1989.

Par le Premier ministre : Michel Rocard

Le ministre de la Solidarité, de la Santé et de la Protection sociale, Claude Évin

Le secrétaire d'État auprès du ministre de la Solidarité, de la Santé et de la Protection sociale, chargé des Handicapés et des Accidentés de la vie, Michel Gillibert

Annexe XXIV

Conditions techniques d'autorisation des établissements et des services prenant en charge des enfants ou adolescents présentant des déficiences intellectuelles ou inadaptés

I – Dispositions générales

Art. 1er – Sont visés par la présente annexe les établissements et services prenant en charge les enfants ou adolescents qui nécessitent principalement une éducation spéciale prenant en compte les aspects psychologiques et psychopathologiques ainsi que le recours, autant que de besoin, à des techniques de rééducation, notamment orthophonie, kinésithérapie, psychomotricité.

Sont en premier lieu visés les établissements (instituts médico-pédagogiques ; instituts médico-professionnels) et services prenant en charge les enfants ou adolescents présentant une déficience intellectuelle. Cette première catégorie d'établissements et de services accueille également ces enfants ou adolescents lorsque leur déficience intellectuelle s'accompagne de troubles, tels que des troubles de la personnalité, des troubles comitiaux, des troubles moteurs et sensoriels et des troubles graves de la communication de toutes origines, et des maladies chroniques compatibles avec une vie collective.

Sont également visés par la présente annexe les établissements (instituts de rééducation) et services, distincts des précédents, prenant en charge des enfants ou adolescents dont les manifestations et les troubles de comportement rendent nécessaire, malgré des capacités intellectuelles normales ou approchant la normale, la mise en œuvre de moyens médico-éducatifs pour le déroulement de leur scolarité.

Art. 2 – La prise en charge tend à favoriser l'épanouissement, la réalisation de toutes les potentialités intellectuelles, affectives et corporelles, l'autonomie maximale quotidienne sociale et professionnelle.

Elle tend à assurer l'intégration dans les différents domaines de la vie, la formation générale et professionnelle.

La prise en charge peut concerner les enfants ou adolescents, selon leur niveau d'acquisitions aux stades de l'éducation précoce, de la formation préélémentaire, élémentaire, secondaire et technique.

Elle comporte :

- l'accompagnement de la famille et de l'entourage habituel de l'enfant ou adolescent ;
- les soins et les rééducations ;
- la surveillance médicale régulière, générale ainsi que de la déficience et des situations de handicap ;
- l'enseignement et le soutien pour l'acquisition des connaissances et l'accès à un niveau culturel optimum ;
- des actions tendant à développer la personnalité, la communication et la socialisation.

Un projet pédagogique, éducatif et thérapeutique d'établissement précise les objectifs et les moyens mis en œuvre pour assurer cette prise en charge.

Art. 3 – La famille doit être associée autant que possible à l'élaboration du projet individuel pédagogique, éducatif et thérapeutique, à sa mise en œuvre, à son suivi régulier et à son évaluation.

L'équipe médico-psycho-éducative de l'établissement ou du service fait parvenir à la famille, au moins tous les six mois, des informations détaillées sur l'évolution de l'enfant ou de l'adolescent.

Chaque année les parents sont destinataires d'un bilan pluridisciplinaire complet de la situation de l'enfant ou de l'adolescent.

Les parents sont saisis de tout fait ou décision relevant de l'autorité parentale.

Art. 4 – Les établissements visés à la présente annexe satisfont aux lois et règlements en vigueur relatifs à l'enseignement.

II – Organisation de l'établissement ou du service

Art. 5 – L'établissement peut comporter les Sections suivantes :

Une Section d'éducation et d'enseignement spécialisés assurant les apprentissages scolaires, le développement de la personnalité et la socialisation des enfants. La pratique éducative s'appuie sur les méthodes actives.

Une Section d'initiation et de première formation professionnelle pour les adolescents déficients intellectuels ou pour les adolescents présentant des troubles du comportement. Les objectifs, les contenus, les certifications sont communs à tous les élèves. Les enseignements adaptés aux adolescents qui en sont les bénéficiaires sont dispensés dans le cadre des programmes publiés par les ministères de l'Éducation nationale ou de l'Agriculture.

Pour orienter chaque élève vers l'activité qu'il est le mieux à même d'exercer, compte tenu de ses aptitudes propres, l'établissement s'assure le concours de services d'orientation.

Cette première formation professionnelle est réalisée en liaison étroite avec le milieu professionnel.

Une Section pour les jeunes déficients intellectuels ou présentant des troubles du comportement avec handicaps moteurs ou sensoriels associés. Des actions thérapeutiques, éducatives et pédagogiques particulières définies individuellement en fonction des besoins propres à chaque enfant ou adolescent sont intégrées au sein d'une telle Section et s'effectuent éventuellement en liaison avec d'autres services ou établissements spécialisés si nécessaire. Cette Section comporte des personnels répondant aux conditions requises par la prise en charge. Les locaux et les équipements sont aménagés en conséquence.

Les Sections destinées aux enfants ou adolescents présentant des déficiences intellectuelles avec ou sans handicaps associés ou aux enfants ou adolescents présentant principalement des troubles du comportement sont distinctes. Elles comportent une prise en charge spécifique.

Pour une part de leur action, ces différentes Sections peuvent faire appel à la collaboration d'établissements scolaires ou d'autres organismes sanitaires ou sociaux en passant avec eux une convention départementale de l'action sanitaire et sociale.

Art. 6 – Toutes les fois que cela est possible, les enfants ou adolescents demeurent hébergés dans leur famille. Ils sont, chaque fois que possible, pris en charge à temps partiel ou à temps plein dans un établissement scolaire ordinaire.

L'établissement peut fonctionner en externat, en semi-internat et en internat. Dans ce dernier cas, il peut assurer l'hébergement dans ses propres locaux, dans des internats qu'il gère, dans des internats gérés par d'autres organismes, dans la limite du nombre total de lits autorisés, ou dans des centres d'accueil familial spécialisé.

Art. 7 – Dans le cadre du projet pédagogique, éducatif et thérapeutique global, des transferts de l'ensemble ou partie de l'établissement peuvent être organisés sous la responsabilité du directeur. Un arrêté précise les conditions dans lesquelles ces transferts sont organisés.

Art. 8 – L'établissement ou le service assure l'accompagnement de l'insertion sociale et professionnelle de l'adolescent à sa sortie. Afin d'apporter son appui au jeune et à sa famille, en liaison avec les services administratifs et sociaux compétents auxquels il ne se substitue pas, il apporte son concours aux démarches nécessaires pour faciliter l'insertion professionnelle et l'insertion sociale.

Cet accompagnement court sur une durée minimum de trois ans.

Art. 9 – La prise en charge de l'enfant ou de l'adolescent est globale. L'ensemble des personnels mentionnés aux articles 11, 12 et 13 y participe dans le cadre d'un projet pédagogique, éducatif et thérapeutique individualisé. Le directeur de l'établissement, dans le respect des compétences et des règles déontologiques des différents professionnels, en assure la cohérence et la responsabilité d'ensemble, ainsi que la coordination avec les intervenants extérieurs. Il organise et préside notamment les réunions de synthèse.

III – Les personnels

Art. 10 – Le directeur a la responsabilité générale du fonctionnement de l'établissement ou du service.

Il doit être apte physiquement, moralement et professionnellement à assurer la garde et l'éducation d'enfants et d'adolescents ainsi que le bon fonctionnement d'un établissement.

Il doit en outre apporter la preuve, d'une part, de sa connaissance particulière des déficiences dont les jeunes reçus dans l'établissement sont atteints, et, d'autre part, soit de l'exercice pendant cinq années au minimum d'une activité professionnelle dans un établissement ou service de jeunes handicapés, soit de l'exercice pendant deux ans au moins des fonctions de directeur d'un établissement scolaire comportant une ou plusieurs classes ou Sections d'éducation spéciale publiques ou privées sous contrat.

Il doit enfin posséder la qualification qui est requise par les textes en vigueur pour diriger un établissement donnant un enseignement de même nature et de même degré que l'établissement qu'il est appelé à diriger ou la qualité de docteur en médecine ou bien être titulaire d'un diplôme ou certificat de capacité qualifiant pour l'exercice des professions d'éducateur spécialisé, d'éducateur technique spécialisé, de jardinière d'enfants spécialisée ou d'éducateur de jeunes enfants, d'assistant de service social, de conseiller en économie familiale et sociale, d'ergothérapeute, d'infirmier, de kinésithérapeute, d'orthoptiste, d'orthophoniste, de puéricultrice, de psycho-rééducateur, de psychologue scolaire ou de psychologue muni d'un des titres exigibles pour leur recrutement dans les établissements d'hospitalisation, de soins ou de cure publics.

Lorsque le directeur ne possède pas les titres de capacité exigés par les textes en vigueur en matière d'enseignement, la responsabilité pédagogique des classes fonctionnant à l'intérieur de l'établissement est confiée à un enseignement justifiant de la possession de ces titres de capacité.

Art. 11 – L'établissement s'assure des services d'une équipe médicale, paramédicale, comprenant notamment :

- un psychiatre possédant une formation dans le domaine de l'enfance et de l'adolescence ;
- un pédiatre, ou, selon l'âge des personnes accueillies et en fonction des besoins de l'établissement, un médecin généraliste.

Sous la responsabilité de l'un de ces médecins, l'équipe médicale et paramédicale :

- veille à la mise en œuvre et à l'adaptation du projet thérapeutique et rééducatif des enfants ou adolescents ;
- assure la surveillance de la santé des enfants ou adolescents en coordination avec leur médecin de famille ;
- assure, en coordination avec le directeur ainsi qu'avec le médecin du travail, la surveillance générale de l'établissement en ce qui concerne l'hygiène de vie des enfants ou adolescents, leur alimentation et l'hygiène des locaux.
- un psychologue ;
- un infirmier diplômé d'État ;
- des rééducateurs divers selon les besoins des enfants (notamment kinésithérapeutes, orthophonistes, psychomotriciens...).

En fonction des besoins de l'établissement : un médecin ayant une compétence particulière en neurologie, en ophtalmologie ou en audiophonologie, en rééducation et réadaptation fonctionnelle...

Des accords sont passés avec un oto-rhino-laryngologiste et un dentiste ou un stomatologiste afin qu'ils puissent prodiguer leurs soins aux enfants accueillis dans l'établissement.

Il est pratiqué au moins un examen complet de tous les enfants une fois en cours d'année, ainsi que des examens autant que de besoin en fonction de l'évolution de l'enfant.

Aucun traitement n'est entrepris s'il n'a été prescrit par un des médecins attachés à l'établissement ou par un médecin appelé en consultation.

Art. 12 – Tout établissement comporte un service social confié à un assistant de service social.

Art. 13 – L'établissement s'assure le concours d'une équipe pédagogique et éducative comprenant, selon l'âge et le besoin des enfants :

Des enseignants assurant la formation scolaire et professionnelle des enfants ou adolescents par des actions pédagogiques adaptées et dont la rémunération est prise en charge par l'État dans le cadre de l'application de l'article 5 de la loi n° 75-534 du 30 juin 1975. Ils sont recrutés dans les catégories suivantes :

- instituteurs spécialisés, titulaires du certificat d'aptitude aux actions pédagogiques spécialisées d'adaptation et d'intégration scolaire (CAPSAIS) ;
- professeurs d'enseignement général et de première formation professionnelle.

En outre, il est fait appel à des professeurs d'éducation physique et sportive titulaires des diplômes requis.

Lorsqu'elle existe, la Section de formation professionnelle comporte des professeurs d'enseignement technique ou professionnel titulaires des diplômes requis. Elle peut en outre faire appel à des éducateurs techniques spécialisés.

Elle peut également solliciter le concours d'artisans locaux ou d'ouvriers qualifiés présentant les qualités indispensables pour ces fonctions.

Des éducateurs assurant des actions orientées vers le développement de la personnalité et la socialisation des enfants et adolescents, recrutés dans les catégories suivantes :

- éducateurs spécialisés ;
- éducateurs de jeunes enfants ;
- moniteurs-éducateurs.

Cette équipe peut être complétée, selon les besoins, par le recours à des aides médico-psychologiques.

Art. 14 – Chacun des membres des équipes médicale, pédagogique et éducative possède les diplômes d'État ou les équivalences reconnues nécessaires à l'exercice de ses compétences.

IV – Installations

Art. 15 – Tout établissement accueillant des enfants comporte des terrains de jeux. Tout internat comporte des espaces verts suffisants.

Lorsqu'il est situé en milieu rural, le terrain d'assiette de l'établissement est calculé sur la base de deux hectares pour cinquante lits. Ce terrain doit bénéficier d'un environnement sain et agréable et de communications faciles avec les villes avoisinantes.

Les locaux techniques (cuisine, buanderie, ateliers d'entretien, etc.) sont installés en fonction des besoins.

La construction des locaux est conçue de façon à favoriser la vie en petits groupes relativement autonomes.

Les diverses activités devront s'effectuer, autant que possible, dans des lieux distincts et clairement identifiables par les enfants ou adolescents.

Les enfants disposent d'une salle de jour distincte de leurs chambres.

Art. 16 – Dans les établissements mixtes, les enfants de chaque sexe ont des chambres différentes à partir de l'âge de six ans.

Les enfants peuvent être logés en chambres collectives ou particulières.

La surface des chambres individuelles est d'au moins 9 mètres carrés.

Les chambres collectives comprennent au maximum quatre lits et une surface d'au moins 5 mètres carrés par lit.

La disposition des chambres préserve une intimité suffisante pour les enfants ou adolescents ; à cet effet, ils disposent des aménagements usuels existant dans un environnement familial (armoire, placard, porte-serviette, armoire de toilette, etc.).

Art. 17 – D'une manière générale, les lieux d'accueil de l'enfant doivent présenter un aspect familial.

Dans le restaurant d'enfants, l'espace est aménagé de manière à permettre la prise des repas en petits groupes.

Art. 18 – Des locaux en nombre suffisant et de dimension appropriée sont prévus pour l'ensemble des activités (enseignement, pédagogie, salle de réunion, bibliothèque de documentation, dépôt d'archives, formation professionnelle, rééducation, sport, etc.).

Art. 19 – Les locaux réservés au personnel, y compris les toilettes, sont séparés de ceux réservés aux enfants ou aux adolescents.

Les locaux rendus nécessaires par l'application du droit du travail sont prévus dans l'établissement.

Art. 20 – L'établissement se conforme en ce qui concerne l'incendie et la sécurité aux règlements en vigueur, notamment dans les établissements scolaires et les établissements accueillant du public.

Il se conforme aux lois et règlements en vigueur en matière d'accessibilité.

Art. 21 – L'eau est potable, en quantité suffisante et régulièrement contrôlée conformément aux dispositions du décret n° 89-3 du 3 janvier 1989 relatif aux eaux destinées à la consommation humaine.

Art. 22 – Les toilettes sont réparties à proximité des chambres, des salles à manger et des lieux de réunion ; elles sont en nombre suffisant, y compris à l'extérieur. En outre, elles sont pourvues de portes susceptibles d'être ouvertes de l'extérieur en cas de nécessité.

Art. 23 – Des lavabos à eau courante individuels sont installés à proximité des chambres et des salles à manger.

Une installation de douches est exigée, à raison d'un poste de douches pour six. L'établissement comporte également des baignoires.

Même lorsqu'il fonctionne en externat, il est équipé de salles de bains ou douches en nombre suffisant.

Toutes les pièces d'eau sont pourvues de sols antidérapants. Toutes les installations d'eau, accessibles aux enfants ou adolescents, sont pourvues de dispositifs destinés à éviter à ceux-ci d'être ébouillantés.

L'établissement veille à la propreté du linge.

Art. 24 – L'établissement se conforme aux lois et règlements applicables en matière d'hygiène et de sécurité.

Art. 25 – L'établissement comporte :

1° Un cabinet médical, précédé d'une salle d'attente, doté de tous les instruments nécessaires ;

2° Une salle de soins distinctes du cabinet médical si celui-ci est utilisé toute la journée. Une réserve de pharmacie y est constituée dans un placard fermant à clé.

Tout établissement est doté d'une infirmerie de deux ou trois chambres individuelles.

Lorsque l'établissement fonctionne en internat, l'infirmerie comporte une salle commune de jour pour les enfants malades qui peuvent se lever, une pièce pour la toilette des malades et une chambre pour l'infirmier de garde.

Des locaux sont prévus pour les rééducations individuelles et les activités de groupe.

Un registre de l'état sanitaire mentionne tous les accidents ou incidents survenus, ainsi que les hospitalisations effectuées.

V – Fonctionnement de l'établissement

Art. 26 – Avant son entrée en fonction, tout membre du personnel est soumis à un examen général comportant notamment :

- une radiographie ou une radiophotographie pulmonaire à moins qu'un cliché datant de moins de deux mois ne puisse être fourni ;
- une épreuve cutanée à la tuberculine.

En outre, les agents sont tenus de subir chaque année un examen clinique à la suite duquel le médecin du travail peut prescrire les investigations complémentaires qu'il juge nécessaires.

Art. 27 – L'admission des enfants ou adolescents dans l'établissement, consécutive à la décision d'orientation de la commission d'éducation spéciale, est prononcée par le directeur.

Dans le cas où cette admission ne peut être prononcée, et après avis de l'équipe médico-éducative, le directeur est tenu d'en informer immédiatement la commission d'éducation spéciale en vue de rechercher avec elle une prise en charge mieux adaptée au cas de l'enfant ou adolescent.

L'énurésie ne peut être une cause de refus d'admission. L'établissement ne peut non plus refuser de recevoir des enfants épileptiques.

Sur proposition de l'équipe médico-éducative, le directeur saisit la commission d'éducation spéciale du cas des enfants pour lesquels une autre orientation paraît justifiée.

La sortie des enfants ou adolescents est prononcée par le directeur après intervention de la décision de la commission d'éducation spéciale.

Art. 28 – Sauf contre-indication expresse notifiée par le médecin traitant, les enfants satisfont aux obligations vaccinales prévues par la loi, complétées le cas échéant par les vaccinations contre la rubéole, la rougeole et les oreillons.

Art. 29 – L'établissement constitue et conserve pour chaque enfant ou adolescent, dans le respect des règles de droit régissant le secret professionnel et la conservation des documents, un dossier comportant, outre les informations d'état civil :

1° Les résultats des examens et enquêtes qui ont motivé la décision d'orientation prononcée par la commission d'éducation spéciale ;

2° Une autorisation écrite des parents ou tuteurs permettant la mise en œuvre de traitements urgents qui peuvent être reconnus nécessaires par les médecins de l'établissement ;

3° Le projet pédagogique, éducatif et thérapeutique individualisé défini par l'établissement pour l'enfant ou l'adolescent pris en charge ;

4° Le compte rendu des réunions de synthèse consacrées à l'enfant ou adolescent ;

5° Le compte rendu régulier des acquisitions scolaires et de la formation professionnelle ;

6° Les résultats des examens pratiqués en cours d'année par les médecins de l'établissement, ainsi que de la surveillance régulière du développement psychologique, cognitif et corporel de l'enfant ou adolescent ;

7° La décision et les motifs de la sortie établis par la commission d'éducation spéciale, ainsi que l'orientation donnée aux enfants ou adolescents ;

8° Les informations dont dispose l'établissement sur le devenir du jeune pendant un délai de trois ans après la sortie définitive.

Art. 30 – Après concertation menée avec l'ensemble des personnels placés sous son autorité, le directeur propose au conseil d'administration un projet d'établissement fixant les objectifs pédagogiques, éducatifs et thérapeutiques du centre ainsi que les modalités de leur réalisation et de l'évaluation de leurs résultats ; ce projet d'établissement, adopté par le conseil d'administration, est conforme à la réglementation et porté à la connaissance de la tutelle.

Ce projet comporte, notamment, la définition d'un emploi du temps des enfants ou adolescents, bien équilibré, avec éventuellement, et selon les directives des équipes médicales, pédagogiques et éducatives, les modifications adaptées au projet individuel défini pour chaque enfant ou adolescent.

Afin notamment de faciliter le maintien des liens familiaux, le règlement de fonctionnement de l'établissement détermine les périodes de vacances ; il précise en outre les modalités et les horaires de retour de l'enfant dans sa famille ou dans l'établissement, les conditions de visite des parents.

Art. 31 – L'établissement ne peut imposer aux enfants ou adolescents une tenue vestimentaire visant à les distinguer collectivement tant à l'intérieur qu'à l'extérieur du centre.

Les enfants ou adolescents ne sont pas utilisés pour effectuer les tâches incombant normalement au personnel de l'établissement ; ils ne peuvent être employés aux services généraux que dans le cadre du projet individuel et sous la surveillance des équipes médicales, pédagogiques et éducatives.

Les sanctions corporelles sont interdites.

Art. 32 – Dans le cadre du projet pédagogique, éducatif et thérapeutique, les enfants ou adolescents demeurent sous le contrôle du personnel de l'établissement.

Un registre des présences est tenu quotidiennement sous la responsabilité du directeur.

Dans le cas d'un établissement fonctionnant en internat, une surveillance de nuit adaptée est organisée.

La direction de chaque établissement doit contracter une assurance générale couvrant les risques d'implantation et de fonctionnement, notamment au bénéfice de ses pensionnaires, lorsque ceux-ci ne sont pas couverts par la loi n° 46-2426 du 20 octobre 1946 sur la prévention et la réparation des accidents du travail et des maladies professionnelles.

VI – Centres d'accueil familial spécialisé

Art. 33 – Les enfants ou adolescents peuvent être hébergés dans des centres d'accueil familial spécialisé, conformément aux dispositions de l'article 6.

Le centre d'accueil familial spécialisé a pour but de mettre à la disposition des enfants ou adolescents un environnement psychologique, éducatif et affectif complémentaire de celui qu'ils peuvent trouver dans leur propre entourage.

Art. 34 – Le centre d'accueil spécialisé ne peut être créé et géré que par des établissements autorisés au titre de la présente annexe et des annexes XXIV *bis, ter, quater* et *quinquiès*, ainsi que par des centres médico-psychopédagogiques et des centres d'action médico-sociale précoce.

Le directeur de l'établissement auquel est rattaché un centre d'accueil familial spécialisé assure la gestion du centre.

Un centre d'accueil familial spécialisé ne peut recevoir que les catégories d'enfants ou d'adolescents dont l'organisme gestionnaire s'occupe effectivement.

Le suivi de l'enfant ou de l'adolescent est assuré par l'équipe médicale, psychologique, éducative et pédagogique de l'établissement ou du service de rattachement.

Art. 35 – Les dispositions des titres Ier, II, III et V susvisés s'appliquent lorsque les enfants ou adolescents sont hébergés en centre d'accueil familial spécialisé.

Chapitre Ier Dispositions relatives aux familles d'accueil

Art. 36 – Les centres d'accueil familial spécialisé veillent à ce que le suivi médical et social de l'enfant ou de l'adolescent soit convenablement assuré ainsi que sa scolarité.

Ils évitent la dispersion géographique.

Art. 37 – Les familles d'accueil sont agréées conformément aux dispositions du décret n° 78-474 du 29 mars 1978 portant application de l'article 123-1 du code de la famille et de l'aide sociale et relatif à l'agrément et à la formation des assistantes maternelles.

De plus, le centre d'accueil familial spécialisé communique à l'autorité de tutelle les noms et adresses des familles auxquelles il recourt ainsi que le nombre d'enfants ou d'adolescents qu'elles reçoivent.

Art. 38 – Le nombre d'enfants ou d'adolescents placés dans une même famille ne peut être supérieur à trois. Les enfants ou adolescents sont logés dans le même domicile que la famille d'accueil et dans des chambres distinctes.

Chapitre II Dispositions relatives aux décisions de placement

Art. 39 – Le choix de la famille d'accueil d'un enfant ou adolescent placé dans l'établissement par la commission d'éducation spéciale, sous réserve des dispositions de l'article 37 ci-dessus, est prononcé par le directeur après avis de l'équipe médicale, éducative et pédagogique de l'établissement et après observation des relations de l'enfant ou adolescent mis en présence de son nouveau milieu.

Il est tenu compte autant que possible des opinions et convictions du milieu familial de l'enfant ou adolescent au moment du choix de la famille d'accueil.

Art. 40 – Les familles d'accueil signalent à la direction du centre toute difficulté surgissant soit dans l'état de santé de l'enfant ou de l'adolescent, soit dans son comportement scolaire, familial ou social.

En cas de difficultés entre l'enfant ou l'adolescent et la famille d'accueil, le directeur de l'établissement peut décider le placement de l'enfant ou de l'adolescent dans une autre famille.

Art. 41 – La direction du centre constitue, pour chacune des familles éducatives, un dossier indiquant notamment les possibilités d'accueil dont elle dispose, les enfants ou adolescents reçus par elle, la durée de leur séjour, les incidents éventuels durant le placement.

Art. 42 – Les informations nécessaires à la connaissance de l'enfant ou de l'adolescent sont transmises à la famille d'accueil ; celle-ci est soumise au secret professionnel dans les mêmes conditions que le personnel de l'établissement de rattachement.

La famille d'accueil participe à l'élaboration du projet pédagogique, éducatif et thérapeutique individualisé et apporte toute information intéressant la vie de l'enfant ou de l'adolescent ; elle participe aux réunions de coordination. Ces réunions ont un caractère de périodicité et doivent avoir lieu au moins une fois par trimestre.

Chapitre III
Dispositions relatives au personnel et au fonctionnement du centre

Art. 43 – Le centre s'assure le concours permanent d'un personnel qualifié.

À cet effet, il dispose d'un personnel technique comportant au moins une assistante sociale ou un éducateur.

Des visites de la famille d'accueil sont prévues autant que de besoin et au minimum une fois par trimestre.

Art. 44 – L'organisme gestionnaire passe un accord avec un médecin proche de la famille d'accueil pour le traitement des affections intercurrentes. Une convention particulière est passée avec les établissements appropriés afin de permettre en cas de besoin l'hospitalisation rapide des enfants ou adolescents.

En outre, chaque fois que l'état de l'enfant ou de l'adolescent le requiert, il est fait appel au concours, à titre de consultants, de médecins spécialistes.

Chaque famille d'accueil informe la direction du centre du nom du médecin auquel il a été fait appel en cas d'urgence.

Art. 45 – L'établissement ou le service veille à ce que des liaisons s'établissent entre la famille légale et la famille d'accueil.

Art. 46 – L'établissement ou le service contracte une assurance garantissant les accidents survenant à l'enfant ou à l'adolescent ou provoqués par lui.

Art. 47 – Les parents de l'enfant ou de l'adolescent donnent leur accord au placement dans une famille d'accueil et aux éventuelles réorientations.

VII – Services d'éducation spéciale et de soins à domicile

Art. 48 – Il peut être créé un service d'éducation spéciale et de soins à domicile rattaché à l'établissement ; ce service peut être également autonome.

Son action est orientée, selon les âges, vers :

- la prise en charge précoce pour les enfants de la naissance à six ans comportant le conseil et l'accompagnement des familles et de l'entourage familier de l'enfant, l'approfondissement du diagnostic, l'aide au développement psychomoteur initial de l'enfant et la préparation des orientations collectives ultérieures ;
- le soutien à l'intégration scolaire ou à l'acquisition de l'autonomie comportant l'ensemble des moyens

médicaux, paramédicaux, psycho-sociaux, éducatifs et pédagogiques adaptés.

Les interventions s'accomplissent dans les différents lieux de vie et d'activité de l'enfant ou adolescent (domicile, crèche, école...) et dans les locaux du service.

Le service d'éducation spéciale et de soins à domicile œuvre en liaison étroite avec les secteurs de psychiatrie infanto-juvénile, les services hospitaliers, la protection maternelle et infantile et les centres d'action médico-sociale précoce, les centres médico-psycho-pédagogiques...

Des conventions peuvent être passées pour certaines des prestations nécessaires avec ces services ou des intervenants spécialisés proches du domicile des parents.

Art. 49 – Le service d'éducation spéciale et de soins à domicile comprend une équipe médicale et paramédicale telle que définie à l'article 11 ci-dessus.

Il comprend également des éducateurs assurant des actions orientées vers le développement de la personnalité et la socialisation des enfants ou adolescents.

Il comprend en tant que de besoin un ou des enseignants spécialisés.

Art. 50 – Lorsque le service d'éducation spéciale et de soins à domicile est autonome, la direction en est assurée par un directeur possédant les qualifications et les aptitudes requises à l'article 10 et exerçant la responsabilité dans les conditions définies à l'article 9.

L'un des deux médecins mentionnés à l'article 11 assure :

- l'application du projet thérapeutique et rééducatif des enfants ou adolescents,
- en liaison avec le médecin de la famille, la surveillance de la santé des enfants ou adolescents.

Art. 51 – Lorsque le service d'éducation spéciale et de soins à domicile intervient dans le cadre de l'intégration scolaire, une convention passée avec, selon les ordres d'enseignement, l'inspecteur d'académie ou le chef d'établissement scolaire précise les conditions d'intervention du service dans le cadre du projet pédagogique, éducatif et thérapeutique d'ensemble.

Elle précise également les modalités d'intervention des personnels spécialisés (lieux, durée, fréquence, réunions de synthèse...) ; lui est annexée la liste des personnels enseignants et spécialisés appelés à intervenir auprès des enfants ou adolescents, avec leurs qualifications et statuts.

Art. 52 – Chaque Section ou service fait l'objet d'un arrêté d'autorisation dans les conditions prévues par la loi n° 75-535 du 30 juin 1975 modifiée susvisée.

Annexe XXIV *bis*

Conditions techniques d'autorisation des établissements et services prenant en charge des enfants ou adolescents présentant une déficience motrice

I – Dispositions générales

Art. 1er – Sont visés par la présente annexe les établissements et les services qui prennent en charge des enfants ou adolescents dont la déficience motrice nécessite le recours à des moyens spécifiques pour le suivi médical, l'éducation spécialisée, la formation générale et professionnelle, afin de réaliser leur intégration familiale, sociale et professionnelle.

Art. 2 – La prise en charge peut concerner les enfants ou adolescents déficients moteurs aux stades de l'éducation précoce, de la formation préélémentaire, élémentaire, secondaire (enseignement général, professionnel et technologique).

Elle comporte, en fonction de la nature et du degré de la déficience :

- l'accompagnement de la famille et de l'entourage habituel de l'enfant ou de l'adolescent ;
- La surveillance médicale, les soins, le maternage et l'appareillage nécessaire ;
- l'éducation motrice ou les rééducations fonctionnelles nécessaires ;
- l'éveil et le développement de la relation entre l'enfant et son entourage selon des stratégies individualisées faisant appel à des techniques éducatives ou palliatives, notamment dans le domaine de la locomotion et de la communication ;
- l'enseignement et le soutien pour l'acquisition des connaissances, le développement d'un niveau culturel optimum, l'éducation physique et sportive ;
- des actions d'éducation spécialisée tendant à développer la personnalité et l'autonomie sociale et utilisant autant que faire se peut les moyens socio-culturels existants.

Un projet pédagogique, éducatif et thérapeutique d'établissement précise les objectifs et les moyens mis en œuvre pour assurer cette prise en charge.

Art. 3 – La famille doit être associée autant que possible à l'élaboration du projet individuel pédagogique, éducatif et thérapeutique, à sa mise en œuvre, à son suivi régulier et à son évaluation.

L'équipe médico-psycho-pédagogique de l'établissement ou du service fait parvenir à la famille, au moins tous les trois mois, des informations détaillées sur l'évolution de l'enfant ou de l'adolescent.

Chaque année, les parents sont destinataires d'un bilan pluridisciplinaire complet de la situation de l'enfant ou de l'adolescent.

Les parents sont saisis de tout fait ou décision relevant de l'autorité parentale.

Art. 4 – Les établissements visés à la présente annexe satisfont aux lois et règlements en vigueur relatifs à l'enseignement.

II – Organisation de l'établissement ou du service

Art. 5 – L'établissement peut comporter :

Une Section d'éducation et d'enseignement spécialisés prenant en charge l'enfant ou l'adolescent dans sa globalité et assurant, en liaison avec la famille, une éducation et un enseignement adapté à des enfants qui ne peuvent momentanément ou durablement être pris en charge par des services d'éducation spéciale et de soins à domicile.

Pour une part de son action, cette Section peut faire appel à la collaboration d'établissements scolaires ou d'autres organismes en passant avec eux une convention portée à la connaissance de l'autorité de contrôle.

Une Section d'initiation et de première formation professionnelle dont l'objectif est la préparation à l'un des diplômes délivrés par l'État, conformément aux programmes publiés par les ministères de l'Éducation nationale et de l'Agriculture, et compte tenu d'une progression adaptée des enseignements, lorsque cela est nécessaire.

Une Section d'éducation pour les jeunes déficients moteurs avec handicaps associés (déficience visuelle, auditive, déficience intellectuelle légère ou moyenne, troubles du comportement). Des actions pédagogiques, éducatives et thérapeutiques particulières définies individuellement en fonction des besoins propres à chaque enfant et adolescent sont intégrées au sein d'une telle Section et s'effectuent éventuellement en liaison avec d'autres services ou établissements spécialisés si nécessaire.

Cette Section comporte des personnels répondant aux conditions requises par la prise en charge. Les locaux et les équipements sont aménagés en conséquence.

Une Section de préparation à la vie sociale pour des adolescents qui, en raison de la gravité de leur déficience motrice, ne pourraient envisager une insertion professionnelle même en milieu de travail protégé.

Pour une part de leur action, ces différentes Sections peuvent faire appel à la collaboration d'établissements scolaires ou d'autres organismes sanitaires ou sociaux en passant avec eux une convention portée à la connaissance des autorités académiques et de la direction départementale de l'action sanitaire et sociale.

Art. 6 – Toutes les fois que cela est possible, les enfants ou adolescents demeurent hébergés dans leur famille. Ils sont, chaque fois que possible, pris en charge à temps partiel ou à temps plein dans un établissement scolaire ordinaire.

L'établissement peut fonctionner en externat, en semi-internat ou en internat. Dans ce dernier cas, il peut assurer l'hébergement dans ses propres locaux, dans des internats qu'il gère, dans des internats gérés par d'autres organismes, dans la limite du nombre total de lits autorisés, ou dans des centres d'accueil familial spécialisé.

Art. 7 – L'établissement assure l'accompagnement de l'insertion sociale et professionnelle de l'adolescent à sa sortie. Afin d'apporter son appui au jeune et à sa famille, en liaison avec les services administratifs et sociaux compétents auxquels il ne se substitue pas, il apporte son concours aux démarches nécessaires pour faciliter l'insertion professionnelle et l'insertion sociale.

Cet accompagnement court sur une durée minimum de trois ans.

Art. 8 – La prise en charge de l'enfant ou de l'adolescent est globale. L'ensemble des personnels mentionnés aux articles 9 et 10 y participe dans le cadre d'un projet pédagogique, éducatif et thérapeutique individualisé. Le directeur de l'établissement, dans le respect des compétences et des règles déontologiques des différents professionnels, en assure la cohérence et la responsabilité d'ensemble, ainsi que la coordination avec les intervenants extérieurs. Il organise et préside notamment les réunions de synthèse.

III – Les personnels

Art. 9 – L'établissement s'assure les services d'une équipe médicale, paramédicale et psychosociale travaillant en liaison avec les enseignants et les éducateurs et comprenant au moins :

- un médecin spécialiste de rééducation et réadaptation fonctionnelles ;
- un pédiatre, pour tout établissement prenant en charge des enfants.

L'un de ces deux médecins :

veille à la mise en œuvre et à l'adaptation du projet thérapeutique et rééducatif des enfants ou adolescents ;

assure, en liaison avec les autres médecins attachés à l'établissement, la surveillance de la santé des enfants ou adolescents en coordination avec le médecin de famille du jeune déficient moteur ;

assure, en coordination avec le directeur ainsi qu'avec le médecin du travail, la surveillance générale de l'établissement en ce qui concerne l'hygiène de vie des enfants ou adolescents, leur alimentation et l'hygiène des locaux. Ainsi que des membres des professions suivantes :

- infirmier ; kinésithérapeute ; ergothérapeute ; orthophoniste ;
- psychologue ;
- assistant de service social.

En fonction des besoins de l'établissement :

- des médecins qualifiés spécialistes ou compétents notamment : en psychiatrie, chirurgie orthopédique ou traumatologie, neurologie, urologie... ;
- des auxiliaires médicaux (audioprothésistes, pédicures, podologues) ;
- des appareilleurs ;
- des aides-soignantes ;
- des auxiliaires de puériculture ;
- des psychomotriciens ;
- des orthoptistes ;
- des rééducateurs divers.

Des accords sont passés avec un oto-rhino-laryngologiste et un dentiste ou un stomatologiste afin qu'ils puissent prodiguer leurs soins aux enfants accueillis dans l'établissement.

Une convention est passée avec un service hospitalier possédant un service de réanimation susceptible d'intervenir dans des délais rapprochés.

Il est pratiqué au moins un examen complet de tous les enfants une fois en cours d'année, ainsi que des examens autant que de besoin en fonction de l'évolution de l'enfant.

Aucun traitement n'est entrepris s'il n'a été prescrit par un des médecins attachés à l'établissement ou par un médecin appelé en consultation.

Art. 10 – L'établissement s'assure également les services d'une équipe éducative et enseignante comprenant, selon l'âge ou le développement des enfants, des membres des professions suivantes :

- éducateurs spécialisés ;
- éducateurs de jeunes enfants ;
- moniteurs éducateurs ;
- aides médico-psychologiques ;
- éducateurs techniques spécialisés ;
- instituteurs spécialisés titulaires du certificat d'aptitude aux actions pédagogiques spécialisées d'adaptation et d'intégration scolaire (CAPSAIS), option C ;
- professeurs d'enseignement général et professeurs de lycée professionnel ;
- professeurs d'éducation physique et sportive, titulaires des diplômes requis ;
- éducateurs sportifs et moniteurs sportifs lorsque ces personnels existent déjà au sein de l'établissement.

IV – Installations

Art. 11 – La surface des chambres individuelles des enfants ou adolescents est d'au moins 10,5 mètres carrés.

Les chambres collectives comprennent au maximum quatre lits, pour une surface d'au moins 10 mètres carrés par lit.

L'écart entre chaque lit est de 1,5 mètre au moins.

Les fenêtres des chambres et de l'ensemble des locaux sont situées à une hauteur permettant notamment aux jeunes handicapés en fauteuil roulant de bénéficier constamment d'une vue sur l'extérieur.

Art. 12 – Le mobilier des chambres et le matériel des locaux sont accessibles, sans danger et facilement utilisables par les enfants ou adolescents.

Le matériel devra, dans toute la mesure du possible, se rapprocher du matériel normalement utilisé par les enfants non handicapés ; toutefois, il peut être parfois nécessaire de l'adapter à chacun des problèmes individuels rencontrés par les enfants ou adolescents.

Art. 13 – Les lavabos, en nombre suffisant, sont pourvus de robinets spéciaux accessibles aux jeunes infirmes et munis de dispositifs leur garantissant l'équilibre.

Une baignoire ou une installation de douches avec siphon de sol est exigée à raison d'une pour au plus quatre enfants. La baignoire comporte une main courante ; un dégagement assez grand est prévu dans la pièce pour une aide éventuelle et l'utilisation de matériel de portage.

L'établissement prévoit un espace suffisant pour l'installation de tables de change.

Des toilettes adaptées et accessibles pour tout type de handicap, sans aide pour un certain nombre d'entre elles et avec aide pour d'autres, sont installées, à raison d'un bloc-toilettes commun pour quatre enfants ou adolescents.

Art. 14 – L'établissement dispose de portes à ouverture automatique aux points d'accès principaux.

Les couloirs utilisés par les enfants ou adolescents sont les plus spacieux possible, ne comportent aucune piste de marche ou de circulation avec des difficultés ou des obstacles et sont constitués de matériaux permettant l'adhérence au sol.

Les murs sont protégés par des pare-chocs et des revêtements adaptés et sont munis de mains courantes.

Des installations de soulève-malades, fixes ou mobiles, sont prévues dans les locaux de rééducation, dans certains sanitaires et dans l'infirmerie.

L'établissement dispose d'un matériel d'oxygénothérapie et d'aspiration ; le personnel soignant reçoit la formation nécessaire à son utilisation sous la responsabilité d'un médecin de l'établissement en cas d'urgence et dans l'attente de l'intervention des services spécialisés.

Art. 15 – L'établissement comprend des salles destinées aux activités de groupe ainsi que des salles adaptées aux différents types de rééducation nécessités par les catégories d'enfants ou d'adolescents pris en charge, notamment des installations de balnéothérapie.

V – Service d'éducation spéciale et de soins à domicile

Art. 16 – Il peut être créé un service d'éducation spéciale et de soins à domicile rattaché à l'établissement ; ce service peut être également autonome.

Son action est orientée, selon les âges, vers :

- la prise en charge précoce pour les enfants de la naissance à six ans comportant le conseil et l'accompagnement des familles et de l'entourage familier de l'enfant, l'approfondissement du diagnostic, le traitement et la rééducation qui en découlent, le développement psychomoteur initial de l'enfant et la préparation des orientations collectives ultérieures ;
- le soutien à l'intégration scolaire ou à l'acquisition de l'autonomie comportant l'ensemble des moyens médicaux, paramédicaux, psychosociaux, éducatifs et pédagogiques adaptés.

Les interventions s'accomplissent dans les différents lieux de vie et d'activité de l'enfant ou adolescent (domicile ; crèche ; école ; collège ; lycée...) et dans les locaux du service.

Le service d'éducation spéciale et de soins à domicile œuvre en liaison étroite avec les services hospitaliers, la protection maternelle et infantile et les centres d'action médico-sociale précoce.

Des conventions peuvent être passées pour certaines des prestations nécessaires avec ces services ou des intervenants spécialisés proches du domicile des parents.

Art. 17 – Le service d'éducation spéciale et de soins à domicile comprend une équipe médicale et paramédicale telle que définie à l'article 9 ci-dessus.

Il comprend également des éducateurs assurant des actions orientées vers le développement de la personnalité et la socialisation des enfants ou adolescents.

Il comprend en tant que de besoin un ou des enseignants spécialisés.

Art. 18 – Lorsque le service d'éducation spéciale et de soins à domicile est autonome, la direction en est assurée par un directeur possédant les qualifications et les aptitudes requises à l'article 10 de l'annexe XXIV et exerçant la responsabilité dans les conditions définies à l'article 8 de la présente annexe.

L'un des deux médecins mentionnés à l'article 9 assure :

- l'application du projet thérapeutique et rééducatif des enfants ou adolescents ;
- en liaison avec le médecin de famille et au besoin avec les services hospitaliers, la surveillance de la santé des enfants ou adolescents.

Art. 19 – Lorsque le service d'éducation spéciale et de soins à domicile intervient dans le cadre de l'intégration scolaire, une convention passée avec, selon les ordres d'enseignement, l'inspecteur d'académie ou le chef d'établissement scolaire précise les conditions d'intervention du service dans le cadre du projet pédagogique, éducatif et thérapeutique d'ensemble.

Elle précise également les modalités d'intervention des personnels spécialisés (lieux, durée, fréquence, réunions de synthèse...) ; lui est annexée la liste des personnels enseignants et spécialisés appelés à intervenir auprès des enfants ou adolescents, avec leurs qualifications et statuts.

Art. 20 – Chaque Section ou service fait l'objet d'un arrêté d'autorisation dans les conditions prévues par la loi n° 75-535 du 30 juin 1975 modifiée susvisée.

VI – Dispositions diverses

Art. 21 – À titre dérogatoire, sont maintenues les autorisations des établissements et services implantés dans les villes universitaires et qui accueillent des étudiants présentant des conditions fonctionnelles ou neuromotrices rendant impossible le suivi d'études universitaires dans des conditions normales.

Mis à part les établissements existants spécialement conçus pour collégiens, lycéens et étudiants, ces établissements et services, géographiquement distincts des établissements d'éducation spéciale, peuvent accueillir des jeunes adultes jusqu'à l'âge de vingt-cinq ans.

Ils concourent à l'intégration universitaire et culturelle de ces étudiants. À cette fin ils passent convention avec les autorités universitaires en vue de préciser les obligations réciproques des services.

Art. 22 – Sauf dispositions contraires, comprises dans le corps de cette annexe, sont applicables aux établissements et services les dispositions suivantes de l'annexe XXIV au décret n° 89-798 du 27 octobre 1989 :

- titre II, article 7 ;
- titre III, articles 10, 12, 13 et 14 ;
- titre IV, articles 15 à 25 ;
- titre V ;
- titre VI.

Annexe XXIV *ter*

Conditions techniques d'autorisation des établissements et des services prenant en charge des enfants ou adolescents polyhandicapés

I - Dispositions générales

Art. 1er – Sont visés par la présente annexe les établissements et services qui prennent en charge des enfants ou adolescents présentant un handicap grave à expression multiple associant déficience motrice et déficience mentale sévère ou profonde et entraînant une restriction extrême de l'autonomie et des possibilités de perception, d'expression et de relation.

Ce polyhandicap éventuellement aggravé d'autres déficiences ou troubles nécessite le recours à des techniques spécialisées pour le suivi médical, l'apprentissage des moyens de relation et de communication, le développement des capacités d'éveil sensori-moteur et intellectuelles concourant à l'exercice d'une autonomie optimale.

Art. 2 – La prise en charge concerne les enfants ou adolescents polyhandicapés à tous les stades de l'éducation.

L'action de l'établissement ou du service comporte :

- l'accompagnement de la famille et de l'entourage habituel de l'enfant, notamment dans la révélation des déficiences et des incapacités, la découverte de leurs conséquences et l'apprentissage des moyens de relation et de communication ;
- l'éveil et le développement des potentialités selon des stratégies individualisées ;
- un enseignement adapté pour l'acquisition de connaissances ;
- l'amélioration et la préservation des potentialités motrices, notamment par l'utilisation de toute technique adaptée de kinésithérapie ou de psychomotricité et également par l'utilisation d'aides techniques ;
- la surveillance et le traitement médical ;
- la surveillance médicale et technique des adaptations prothétiques et orthétiques ;
- l'enseignement des différents actes de la vie quotidienne en vue de l'acquisition du maximum d'autonomie ;
- l'éducation nécessaire en vue du développement optimal de la communication ;
- la découverte du monde extérieur ;
- des actions tendant à découvrir et à développer la personnalité et la capacité à vivre en groupe.

Un projet pédagogique, éducatif et thérapeutique d'établissement précise les objectifs et les moyens mis en œuvre pour assurer cette prise en charge.

Art. 3 – La famille doit être associée autant que possible à l'élaboration du projet individuel pédagogique, éducatif et thérapeutique, à sa mise en œuvre et à son suivi.

L'équipe médico-psycho-éducative de l'établissement ou du service fait parvenir aux familles, au moins tous les six mois, des informations détaillées sur l'évolution de l'enfant ou de l'adolescent.

Chaque année les parents sont destinataires d'un bilan pluridisciplinaire complet de la situation de l'enfant ou de l'adolescent.

Les parents sont saisis de tout fait ou décision relevant de l'autorité parentale.

Art. 4 – Les établissements visés à la présente annexe satisfont aux lois et règlements en vigueur relatifs à l'enseignement.

II – Organisation de l'établissement ou du service

Art. 5 – L'organisation générale de l'établissement permet de prendre en charge l'enfant ou l'adolescent dans sa globalité de manière continue tout au long de l'année. À cet effet, l'établissement maintient auprès des enfants ou adolescents le personnel nécessaire.

L'établissement peut accueillir temporairement des enfants ou adolescents qui ne peuvent être continuellement gardés par leur famille, soit dans le cadre du projet thérapeutique et éducatif individuel, soit en cas d'urgence.

Les enfants ou adolescents sont répartis en petits groupes de vie.

Art. 6 – Toutes les fois que cela est possible, les enfants ou adolescents polyhandicapés demeurent hébergés dans leur famille.

L'établissement peut fonctionner en externat, en semi-internat ou en internat. Dans ce dernier cas, il peut assurer l'hébergement dans ses propres locaux, dans des internats qu'il gère, dans des internats gérés par d'autres organismes, dans la limite du nombre total de lits autorisés, ou dans des centres d'accueil familial spécialisé.

Art. 7 – La prise en charge de l'enfant ou de l'adolescent est globale. L'ensemble des personnels mentionnés à l'article 8 y participe dans le cadre d'un projet pédagogique, éducatif et thérapeutique individualisé. Le directeur de l'établissement, dans le respect des compétences et des règles déontologiques des différents professionnels, en assure la cohérence et la responsabilité d'ensemble, ainsi que la coordination avec les intervenants extérieurs. Il organise et préside notamment les réunions de synthèse.

III – Les personnels

Art. 8 – L'établissement s'assure le concours d'une équipe médicale, paramédicale, psycho-sociale et éducative comprenant au moins :

- un médecin de rééducation et réadaptation fonctionnelles ;
- un pédiatre.

L'un de ces deux médecins :

- veille à la mise en œuvre et à l'adaptation du projet thérapeutique et rééducatif des enfants ou adolescents ;
- assure, en liaison avec les autres médecins attachés à l'établissement, la surveillance de la santé des enfants ou adolescents en coordination avec les médecins habituels de la famille ;
- assure, en coordination avec le directeur ainsi qu'avec le médecin du travail, la surveillance générale de l'établissement en ce qui concerne l'hygiène de vie des enfants ou adolescents,

leur alimentation et l'hygiène des locaux ;
- un psychiatre.

Ainsi que des membres des professions suivantes :

- kinésithérapeute ;
- ergothérapeute ;
- psychomotricien ;
- orthophoniste ;
- orthoptiste ;
- infirmier, auxiliaire de puériculture, aide-soignant ;
- éducateur spécialisé, moniteur, éducateur, éducateur de jeunes enfants et éducateur technique spécialisé ;
- éventuellement, instituteur spécialisé ;
- aide médico-psychologique ;
- assistant de service social ;
- un psychologue.

En fonction des besoins des enfants et des équipes de l'établissement :

- d'autres médecins qualifiés spécialistes ou compétents ;
- un diététicien ;
- d'autres auxiliaires médicaux ;
- des rééducateurs divers.

Aucun traitement n'est entrepris s'il n'a été prescrit par un des médecins attachés à l'établissement ou par un médecin appelé en consultation.

Le concours demandé à ces médecins spécialistes permet l'examen complet de tous les enfants une fois par semestre et une surveillance médicale régulière.

Des accords sont passés avec un oto-rhino-laryngologiste et un dentiste ou un stomatologiste afin qu'ils puissent prodiguer leurs soins aux enfants accueillis dans l'établissement.

Des conventions peuvent être passées pour certaines des prestations nécessaires avec des établissements hospitaliers, le secteur de psychiatrie infanto-juvénile, des services de dépistage et de diagnostic, des centres d'action médico-sociale précoce, des centres médico-psychopédagogiques, d'autres établissements ou services d'éducation spéciale ou des intervenants spécialisés proches du domicile des parents.

En particulier, une convention est passée avec un établissement hospitalier possédant un service de réanimation susceptible d'intervenir dans des délais rapprochés.

IV – Installations

Art. 9 – La surface des chambres individuelles des enfants ou adolescents est d'au moins 10,5 mètres carrés.

Les chambres collectives comprennent au maximum quatre lits, pour une surface d'au moins 10 mètres carrés par lit.

L'écart entre chaque lit est de 1,5 mètre au moins.

Les fenêtres des chambres et de l'ensemble des locaux sont situées à une hauteur permettant notamment aux jeunes handicapés en fauteuil roulant de bénéficier constamment d'une vue sur l'extérieur.

Art. 10 – Le mobilier des chambres et le matériel des locaux sont accessibles, sans danger et facilement utilisables par les enfants ou adolescents.

Le matériel devra, dans toute la mesure du possible, se rapprocher du matériel normalement utilisé par les enfants non handicapés ; toutefois, il peut être parfois nécessaire de l'adapter à chacun des problèmes individuels rencontrés par les enfants ou adolescents.

Art. 11 – Les lavabos, en nombre suffisant, sont pourvus de robinets spéciaux accessibles aux jeunes infirmes et munis de dispositifs leur garantissant l'équilibre.

Une baignoire ou une installation de douches avec siphon de sol est exigée à raison d'une pour au plus quatre enfants. La baignoire comporte une main courante ; un dégagement assez grand est prévu dans la pièce pour une aide éventuelle et l'utilisation de matériel de portage.

L'établissement prévoit un espace suffisant pour l'installation de tables de change.

Des toilettes adaptées et accessibles pour tout type de handicap, sans aide pour un certain nombre d'entre elles et avec aide pour d'autres, sont installées, à raison d'un bloc-toilettes commun pour quatre enfants ou adolescents.

Art. 12 – L'établissement dispose de portes à ouverture automatique aux points d'accès principaux.

Les couloirs utilisés par les enfants ou adolescents sont les plus spacieux possible, ne comportent aucune piste de marche ou de circulation avec des difficultés ou des obstacles et sont constitués de matériaux permettant l'adhérence au sol.

Les murs sont protégés par des pare-chocs et des revêtements adaptés et sont munis de mains courantes.

Des installations de soulève-malades, fixes ou mobiles, sont prévues dans les locaux de rééducation, dans certains sanitaires et dans l'infirmerie.

L'établissement dispose d'un matériel d'oxygénothérapie ; le personnel soignant reçoit la formation nécessaire à son utilisation, en cas d'urgence, sous la responsabilité d'un médecin de l'établissement, et dans l'attente des services spécialisés.

Art. 13 – L'établissement comprend des salles destinées aux activités de groupe ainsi que les salles adaptées aux différents types de rééducation nécessités par les catégories d'enfants ou d'adolescents pris en charge, notamment des installations de balnéothérapie.

V – Service de soins et d'aide à domicile

Art. 14 – Il peut être créé un service de soins et d'aide à domicile rattaché à l'établissement.

Son action est orientée vers :

- d'une part, la prise en charge précoce pour les enfants de la naissance à six ans, comportant le conseil et l'accompagnement des familles et de l'entourage familier de l'enfant, l'approfondissement du diagnostic et le développement psychomoteur initial de l'enfant ainsi que le développement de la communication ;
- d'autre part, pour l'ensemble des enfants et adolescents, le soutien aux acquisitions de l'autonomie comportant l'ensemble des moyens médicaux, paramédicaux et psychosociaux adaptés.

Les interventions s'accomplissent dans les différents lieux de vie et d'activité de l'enfant (domicile, crèche, etc.) et dans les locaux du service.

Le service de soins et d'aide à domicile œuvre en liaison étroite avec les services hospitaliers, le secteur de psychiatrie infanto-juvénile, les services de dépistage et de diagnostic, les centres d'action médico-sociale précoce, les centres médico-psycho-pédagogiques, les autres établissements ou services d'éducation spéciale ou les intervenants spécialisés proches du domicile des parents.

Des conventions peuvent être passées pour certaines prestations nécessaires avec ces services ou des intervenants spécialisés proches du domicile des parents.

Art. 15 – Chaque Section ou service fait l'objet d'un arrêté d'autorisation dans les conditions prévues par la loi n° 75-535 du 30 juin 1975 modifiée susvisée.

VI – Dispositions diverses

Art. 16 – Sauf dispositions contraires comprises dans le corps de cette annexe, sont applicables aux établissements et services les dispositions suivantes de l'annexe XXIV au décret n° 89-798 du 27 octobre 1989 :

- titre II, article 7 ;
- titre III, articles 10, 12 et 14 ;
- titre IV, articles 15 à 25 ;
- titre V ;
- titre VI.

Loi n° 90-602 du 12 juillet 1990

Loi relative à la protection des personnes contre les discriminations en raison de leur état de santé ou de leur handicap

L'Assemblée nationale et le Sénat ont délibéré,

L'Assemblée nationale a adopté,

Le Président de la République promulgue la loi dont la teneur suit :

Art. 1er – Au premier alinéa de l'article 187-1 du code pénal, après les mots : « de sa situation de famille », sont insérés les mots : «, de son état de santé, de son handicap ».

Au deuxième alinéa du même article, les mots : « d'une personne morale ou de ses membres à raison de l'origine, du sexe, des mœurs, de la situation de famille, de l'état de santé, du handicap », sont substitués aux mots : « d'une association ou d'une société ou de leurs membres à raison de l'origine, du sexe, de la situation de famille ».

Art. 2 – Au deuxième alinéa (1°) de l'article 187-2 du code pénal, après les mots : « de sa situation de famille », sont insérés les mots : « de son état de santé, de son handicap ».

Au troisième alinéa (2°) du même article, après les mots : « de la situation de famille », sont insérés les mots : « de l'état de santé, du handicap ».

Art. 3 – Au deuxième alinéa (1°) de l'article 416 du code pénal, après les mots : « de sa situation de famille », sont insérés les mots : « de son état de santé », et après les mots : « la situation de famille », sont insérés les mots : « l'état de santé, le handicap ».

Au troisième alinéa (2°) de l'article 416 du code pénal, après les mots : « de la situation de famille », sont insérés les mots : « de l'état de santé ».

Au quatrième alinéa (3°) de l'article 416 du code pénal, après les mots : « sa non-appartenance à une ethnie, une nation, une race ou une religion déterminée », sont insérés les mots : « de son état de santé ou de son handicap, » et après les mots : « la non-appartenance à une ethnie, une nation, une race ou une religion déterminée », sont insérés les mots : «, l'état de santé ou le handicap ».

Après le cinquième alinéa de l'article 416 du code pénal, il est inséré un alinéa ainsi rédigé :

« Sans préjudice de l'application des articles L. 323-1 à L. 323-8-8 du code du travail, les dispositions du 3° ci-dessus relatives à l'état de santé et au handicap ne sont pas applicables lorsque le refus d'embauche ou le licenciement est fondé sur l'inaptitude médicalement constatée, soit dans le cadre du titre IV du livre II du code du travail, soit dans le cadre des dispositions législatives fixant le statut des fonctionnaires de l'État, des fonctionnaires territoriaux ou des fonctionnaires hospitaliers. »

Art. 4 – Avant le dernier alinéa de l'article 416 du code pénal, il est inséré un alinéa ainsi rédigé :

« Les dispositions du 1° et du 2° du présent article relatives à l'état de santé ne s'appliquent pas aux opérations ayant pour objet la prévention et la couverture du risque décès, des risques portant atteinte à l'intégrité physique de la personne ou des risques d'incapacité de travail ou d'invalidité. »

Art. 5 – Le dernier alinéa de l'article 416 du code pénal est complété par la phrase suivante :

« Toutefois, en cas de condamnation en application des dispositions du présent article relatives à l'état de santé ou au handicap, l'affichage ou la publication de la décision ne pourra comporter l'identité de la victime qu'avec son accord ou celui de son représentant légal. »

Art. 6 – Au deuxième alinéa (1°) de l'article 416-1 du code pénal, après les mots : « de sa situation de famille », sont insérés les mots : « de son état de santé, de son handicap ».

Au troisième alinéa (2°) du même article, après les mots : « de la situation de famille », sont insérés les mots : « de l'état de santé, du handicap ».

Art. 7 – L'article 2-8 du code de procédure pénale est ainsi rédigé :

« *Art. 2.8* – Toute association régulièrement déclarée depuis au moins cinq ans à la date des faits ayant, en vertu de ses statuts, vocation à défendre ou à assister les personnes malades ou handicapées peut exercer les droits reconnus à la partie civile en ce qui concerne les infractions prévues par les articles 187-1, 187-2, 416 et 416-1 du code pénal qui ont été commises au préjudice d'une personne en raison de son état de santé ou de son handicap. Toutefois, l'association ne sera recevable dans son action que si elle justifie avoir reçu l'accord de la victime ou, si celle-ci est un mineur ou un majeur protégé, celui de son représentant légal. »

Art. 8 – Après l'article 2-9 du code de procédure pénale, il est inséré un article 2-10 ainsi rédigé :

« *Art. 2-10* – Toute association régulièrement déclarée depuis au moins cinq ans à la date des faits ayant, en vertu de ses statuts, vocation à lutter contre l'exclusion sociale ou culturelle des personnes en état de grande pauvreté ou en raison de leur situation de famille peut exercer les droits reconnus à la partie civile en ce qui concerne les infractions prévues par les articles 187-1, 187-2, 416 et 416-1 du code pénal. Toutefois l'association ne sera recevable dans son action que si elle justifie avoir reçu l'accord de la victime ou, si celle-ci est un mineur ou un majeur protégé, celui de son représentant légal. »

Art. 9 – Dans le premier alinéa de l'article L. 122-45 du code du travail, après les mots : « de son sexe », sont insérés les mots : « de ses mœurs ».

Le premier alinéa de l'article L. 122-45 du code du travail est complété par les mots : « ou, sauf inaptitude constatée par la médecine du travail dans le cadre du titre IV du livre II du présent code, en raison de son état de santé ou de son handicap ».

Art. 10 – I – Au deuxième alinéa de l'article 6 de la loi n° 83-634 du 13 juillet 1983 portant droits et obligations des fonctionnaires, après les mots : « de leur sexe », sont insérés les mots : «, de leur état de santé, de leur handicap ».

II – L'article 6 ci-dessus mentionné est complété par un alinéa ainsi rédigé :

« De même, des distinctions peuvent être faites afin de tenir compte d'éventuelles inaptitudes physiques à exercer certaines fonctions. »

Art. 11 – I – Au 1° de l'article 2 de la loi n° 83-581 du 5 juillet 1983 sur la sauvegarde de la vie humaine en mer, l'habitabilité à bord des navires et la prévention de la pollution, les mots : « à l'exclusion des engins de plage », sont remplacés par les mots ; « à l'exclusion des engins de plage non motorisés ».

II – Il est inséré, après le deuxième alinéa de l'article 3 de la loi n° 83-581 du 5 juillet 1983 précitée, un alinéa ainsi rédigé :

« Peuvent également faire l'objet de cette interdiction de départ les navires mus à titre principal par un moteur sans cependant être assujettis à l'obtention des titres de sécurité mentionnés au premier alinéa du présent article lorsqu'ils ne sont pas en conformité avec les règles de sécurité qui leur sont applicables ou que l'équipage ne possède pas la qualification requise pour les conduire. »

III – Il est inséré, dans la loi n° 83-581 du 5 juillet 1983 précitée, un article 7-1 ainsi rédigé :

« *Art. 7-1* – Sera puni d'une amende de 1 000 F à 100 000 F et d'un emprisonnement d'un mois à un an ou de l'une de ces dcux peines seulement l'armateur ou le propriétaire qui fait naviguer un navire visé au troisième alinéa de l'article 3 ou le capitaine d'un tel navire qui navigue en violation de l'interdiction de départ prévue au deuxième alinéa du même navire. »

Art. 12 – L'article 2-2 du code de procédure pénale est ainsi modifié :

I – Après les mots : « les violences sexuelles », sont insérés les mots : « ou contre les violences exercées sur un membre de la famille ».

II – Après les mots : « par les articles », la fin de la première phrase est ainsi rédigée : « 184, 302, 304, 306, 309, 310, 311, 316, 330, 331, 331-1, 332, 333, 333-1 et 341 du code pénal ».

La présente loi sera exécutée comme loi de l'État.

Fait à Paris, le 12 juillet 1990.

Par le Président de la République : François Mitterrand

Le Premier ministre, Michel Rocard

Le garde des Sceaux, ministre de la Justice, Pierre Arpaillange

Le ministre de l'Équipement, du Logement, des Transports et de la Mer, Michel Delebarre

Le ministre du Travail, de l'Emploi, et de la Formation professionnelle, Jean-Pierre Soisson

Le ministre de la Solidarité, de la Santé et de la Protection sociale, Claude Évin

Le ministre délégué auprès du ministre de l'Équipement, du Logement, des Transports et de la Mer, chargé de la mer, Jacques Mellick

Le secrétaire d'État auprès du ministre de la Solidarité, de la Santé et de la Protection sociale, chargé des handicapés et des accidentés de la vie, Michel Gillibert

Loi n° 96-1076 du 11 décembre 1996

Loi modifiant la loi n° 75-535 du 30 juin 1975 relative aux institutions sociales et médico-sociales et tendant à assurer une prise en charge adaptée de l'autisme

L'Assemblée nationale et le Sénat ont adopté,

Le Président de la République promulgue la loi dont la teneur suit :

Art. 1er – I – Le deuxième alinéa de l'article 2-2 de la loi n° 75-535 du 30 juin 1975 relative aux institutions sociales et médico-sociales est ainsi rédigé :

« – la nature des besoins sociaux et particulièrement de ceux justifiant des interventions sous forme de créations ou d'extensions d'établissements ou de services sociaux et médico-sociaux adaptés, notamment à la diversité et à la spécificité des handicaps ou par une autre voie ; ».

II – Le cinquième alinéa du même article est ainsi rédigé :

« – les modalités de la collaboration et de la coordination susceptibles d'être établies avec l'État, les autres collectivités publiques et les organismes concernés afin de satisfaire les besoins recensés ».

Art. 2 – Toute personne atteinte du handicap résultant du syndrome autistique et des troubles qui lui sont apparentés bénéficie, quel que soit son âge, d'une prise en charge pluridisciplinaire qui tient compte de ses besoins et difficultés spécifiques.

Adaptée à l'état et à l'âge de la personne et eu égard aux moyens disponibles, cette prise en charge peut être d'ordre éducatif, pédagogique, thérapeutique et social.

Art. 3 – Avant le 31 décembre 2000, le gouvernement présente au Parlement un rapport relatif à la prise en charge des personnes atteintes du syndrome autistique et des troubles qui lui sont apparentés, et à la création de places en établissements pour celles-ci. Ce rapport présente également une évaluation du nombre des personnes, mineures ou adultes, atteintes de ce syndrome.

La présente loi sera exécutée comme loi de l'État.

Fait à Paris, le 11 décembre 1996.

Par le Président de la République :
Jacques Chirac

Le Premier ministre, Alain Juppé

Le ministre du Travail et des Affaires sociales, Jacques Barrot
Le secrétaire d'État à la Santé et à la Sécurité sociale, Hervé Gaymard

Loi n° 2002-73 du 17 janvier 2002

Loi de modernisation sociale (extraits)

L'Assemblée nationale et le Sénat ont délibéré,

L'Assemblée nationale a adopté,

Vu la décision du Conseil constitutionnel n° 2001-455 DC en date du 12 janvier 2002,

Le Président de la République promulgue la loi dont la teneur suit :

Titre Ier Santé, solidarité, Sécurité sociale

[...]

Chapitre III Retraités, personnes âgées et personnes handicapées

[...]

Art. 51 – I – Le code de l'action sociale et des familles est ainsi modifié :

1° L'intitulé du chapitre Ier est ainsi rédigé : « Accueillants familiaux et modalités d'agrément » ;

2° L'article L. 441-1 est ainsi rédigé :

« *Art. L. 441-1* – Pour accueillir habituellement à son domicile, à titre onéreux, des personnes âgées ou handicapées adultes n'appartenant pas à sa famille jusqu'au quatrième degré inclus et, s'agissant des personnes handicapées adultes, ne relevant pas des dispositions de l'article L. 344-1, une personne ou un couple doit, au préalable, faire l'objet d'un agrément, renouvelable, par le président du conseil général de son département de résidence qui en instruit la demande.

« La personne ou le couple agréé est dénommé accueillant familial.

« La décision d'agrément fixe, dans la limite de trois, le nombre de personnes pouvant être accueillies.

« L'agrément ne peut être accordé que si les conditions d'accueil garantissent la continuité de celui-ci, la protection de la santé, la sécurité et le bien-être physique et moral des personnes accueillies, si les accueillants se sont engagés à suivre une formation initiale et continue et si un suivi social et médico-social de celles-ci peut être assuré. Tout refus d'agrément est motivé.

« En cas de changement de résidence, l'agrément demeure valable sous réserve d'une déclaration préalable auprès du président du conseil général du nouveau lieu de résidence qui s'assure que les conditions mentionnées au quatrième alinéa sont remplies.

« L'agrément vaut, sauf mention contraire, habilitation à recevoir des bénéficiaires de l'aide sociale au titre des articles L. 113-1 et L. 241-1. » ;

3° L'article L. 441-2 est ainsi rédigé :

« *Art. L. 441-2* – Le président du conseil général organise le contrôle des accueillants familiaux, de leurs remplaçants et le suivi social et médico-social des personnes accueillies.

« Si les conditions mentionnées au quatrième alinéa de l'article L. 441-1 cessent d'être remplies, il enjoint l'accueillant familial d'y remédier dans un délai fixé par le décret mentionné au même article. S'il n'a pas été satisfait à cette injonction, l'agrément est retiré après avis de la commission consultative. L'agrément peut également être retiré selon les mêmes modalités et au terme du même délai, en cas de non-conclusion du contrat mentionné à l'article L. 442-1, ou si celui-ci méconnaît les prescriptions mentionnées au même article, en cas de non souscription d'un contrat d'assurance par l'accueillant, ou si le montant de l'indemnité représentative mentionnée au 4° de l'article L. 442-1 est manifestement abusif. En cas d'urgence, l'agrément peut être retiré sans injonction préalable ni consultation de la commission précédemment mentionnée. » ;

4° L'article L. 442-3 devient l'article L. 441-3 ;

5° Il est inséré un article L. 441-4 ainsi rédigé :

« *Art. L. 441-4* – Un décret en Conseil d'État fixe les modalités et le délai d'instruction de la demande d'agrément, la procédure de retrait, la composition de la commission consultative de retrait, la durée pour laquelle ledit agrément est accordé et renouvelé ainsi que le délai pour représenter une nouvelle demande après décision de refus ou retrait. » ;

6° L'intitulé du chapitre II est ainsi rédigé : « Contrat entre la personne accueillie et l'accueillant familial » ;

7° L'article L. 442-1 est ainsi rédigé :

« *Art. L. 442-1* – Toute personne accueillie au domicile d'un accueillant familial ou, s'il y a lieu, son représentant légal passe avec ledit accueillant un contrat écrit.

« Ce contrat est conforme aux stipulations d'un contrat type établi par voie réglementaire après avis des représentants des présidents de conseil général. Ce contrat type précise la durée de la période d'essai et, passé cette période, les conditions dans lesquelles les parties peuvent modifier ou dénoncer ledit contrat, le délai de prévenance qui ne peut être inférieur à deux mois ainsi que les indemnités éventuellement dues.

« Ce contrat précise la nature ainsi que les conditions matérielles et financières de l'accueil. Il prévoit notamment :

« 1° Une rémunération journalière des services rendus ainsi qu'une indemnité de congé calculée conformément aux dispositions de l'article L. 223-11 du code du travail ;

« 2° Le cas échéant, une indemnité en cas de sujétions particulières ;

« 3° Une indemnité représentative des frais d'entretien courant de la personne accueillie ;

« 4° Une indemnité représentative de mise à disposition de la ou des pièces réservées à la personne accueillie.

« La rémunération ainsi que les indemnités visées aux 1° et

2° obéissent au même régime fiscal et de cotisations sociales obligatoires que celui des salaires. Cette rémunération, qui ne peut être inférieure à un minimum fixé par décret et évolue comme le salaire minimum de croissance prévu à l'article L. 141-2 du code du travail, donne lieu au versement d'un minimum de cotisations permettant la validation des périodes considérées pour la détermination du droit à pension conformément aux dispositions du premier alinéa de l'article L. 351-2 du code de la Sécurité sociale. Les indemnités mentionnées respectivement aux 2° et 3° sont comprises entre un minimum et un maximum fixés par décret. Les montants minimaux sont revalorisés conformément à l'évolution des prix à la consommation, hors les prix du tabac, qui est prévue, pour l'année civile considérée, dans le rapport économique et financier annexé à la loi de finances.

« Ce contrat prévoit également les droits et obligations des parties ainsi que les droits en matière de congés annuels des accueillants familiaux et les modalités de remplacement de ceux-ci. » ;

8° L'article L. 442-2 est abrogé ;

9° L'article L. 443-1 est abrogé ;

10° À l'article L. 443-2, les mots : « des articles L. 441-1 et L. 442-1 » sont remplacés par les mots : « de l'article L. 441-1 » ;

11° L'article L. 443-3 est abrogé ;

12° Le deuxième alinéa de l'article L. 443-4 est supprimé ;

13° Le début de la première phrase de l'article L. 443-6 est ainsi rédigé : « Le couple ou la personne accueillant familial et, s'il y a lieu, son conjoint, la personne avec laquelle elle a conclu un pacte civil de solidarité ou son concubin, ses ascendants ou descendants en ligne directe... (le reste sans changement). » ;

14° À l'article L. 443-7, les mots : « aux articles L. 441-2 et L. 442-1 » sont remplacés par les mots : « à l'article L. 442-1 » ;

15° À l'article L. 443-9, les mots : « aux articles L. 441-1, L. 442-1 et L. 442-3 » sont remplacés par les mots : « aux articles L. 441-1 et L. 441-3 » ;

16° Dans la première phrase du premier alinéa de l'article L. 443-10, les mots : « aux articles L. 441-1 et L. 442-1 » sont remplacés par les mots : « à l'article L. 441-1 » et, dans la seconde phrase dudit alinéa, les mots : « l'article L. 441-1 » sont remplacés par les mots : « l'article L. 441-2 » ;

17° Après le premier alinéa de l'article L. 443-10, il est inséré un alinéa ainsi rédigé :

« Pour chaque personne accueillie, l'établissement ou service de soins passe avec l'accueillant familial un contrat écrit. » ;

18° Au troisième alinéa (1°) de l'article L. 443-10, la référence : « L. 443-1 » est remplacée par la référence : « L. 442-1 » ;

19° Il est inséré un article L. 443-12 ainsi rédigé :

« *Art. L. 443-12* – Les personnes morales de droit public ou de droit privé qui gèrent des établissements et services mentionnés aux 5° à 7° de l'article L. 312-1 peuvent, avec l'accord du président du conseil général, être employeurs des accueillants familiaux.

« Dans ce cas, il est conclu entre l'accueillant familial et son employeur pour chaque personne accueillie à titre permanent un contrat de travail distinct du contrat d'accueil. » ;

20° L'article L. 313-1 est complété par un alinéa ainsi rédigé :

« Les dispositions du présent article sont applicables aux couples ou aux personnes qui accueillent habituellement de manière temporaire ou permanente, à temps complet ou partiel, à leur domicile, à titre onéreux, plus de trois personnes âgées ou handicapées adultes. »

II – Le dix-neuvième alinéa (17°) de l'article L. 311-3 du code de la Sécurité sociale est ainsi rédigé :

« 17° Les personnes agréées qui accueillent des personnes âgées ou handicapées adultes et qui ont passé avec celles-ci à cet effet un contrat conforme aux dispositions de l'article L. 442-1 du code de l'action sociale et des familles ; ».

[...]

Art. 53 – L'article L. 114-1 du code de l'action sociale et des familles est ainsi rédigé :

« *Art. L. 114-1* – La prévention et le dépistage du handicap et l'accès du mineur ou de l'adulte handicapé physique, sensoriel ou mental aux droits fondamentaux reconnus à tous les citoyens, notamment aux soins, à l'éducation, à la formation et à l'orientation professionnelle, à l'emploi, à la garantie d'un minimum de ressources adapté, à l'intégration sociale, à la liberté de déplacement et de circulation, à une protection juridique, aux sports, aux loisirs, au tourisme et à la culture constituent une obligation nationale.

« La personne handicapée a droit à la compensation des conséquences de son handicap quels que soient l'origine et la nature de sa déficience, son âge ou son mode de vie, et à la garantie d'un minimum de ressources lui permettant de couvrir la totalité des besoins essentiels de la vie courante. »

Art. 54 – L'article L. 245-6 du code de l'action sociale et des familles est complété par une phrase ainsi rédigée :

« Les sommes versées au titre de l'allocation compensatrice ne font pas l'objet d'un recouvrement à l'encontre du bénéficiaire lorsque celui-ci est revenu à meilleure fortune. »

Art. 55 – Après le chapitre V du titre IV du livre Ier du code de l'action sociale et des familles, il est inséré un chapitre VI ainsi rédigé :

« Chapitre VI

« Consultation des personnes handicapées

« *Art. L. 146-1* – Le Conseil national consultatif des personnes handicapées assure la participation des personnes handicapées à l'élaboration et à la mise en œuvre des politiques les concernant. Il veille aux bonnes conditions nécessaires à l'exercice de la fonction de coordination dévolue par l'article L. 146-2 aux conseils départementaux consultatifs.

« Il peut être consulté par les ministres compétents sur tout projet, programme ou étude intéressant les personnes handicapées.

« Il peut se saisir de toute question relative à la politique concernant les personnes handicapées.

« Le conseil comprend notamment des représentants des assemblées parlementaires, des départements, des associations ou organismes regroupant des personnes handicapées, développant des actions de recherche dans le domaine du handicap ou finançant leur protection sociale, ainsi que des organisations syndicales et patronales représentatives.

« La composition, les modalités de désignation des membres du conseil et ses modalités de fonctionnement sont fixées par décret.

« *Art. L. 146-2* – Le conseil départemental consultatif des personnes handicapées donne un avis et formule des propositions sur les orientations de la politique du handicap dans tous les domaines de la vie sociale et sur les mesures à mettre en œuvre au plan local pour assurer la coordination des interventions de tous les partenaires institutionnels ou associatifs, notamment en matière de scolarisation, d'intégration sociale et professionnelle, d'accessibilité, de logement, de transport, d'accès aux aides humaines ou techniques et d'accès au sport, aux loisirs, au tourisme et à la culture.

« Il est informé de l'activité de la commission départementale de l'éducation spéciale et de la commission technique d'orientation et de reclassement professionnel.

« Il est également informé du contenu et de l'application du programme départemental d'insertion professionnelle des travailleurs handicapés et des schémas d'équipement et d'accompagnement des personnes handicapées dans le département.

« La composition, les conditions de nomination des membres du conseil ainsi que ses modalités de fonctionnement sont fixées par décret.

« Chaque conseil départemental consultatif des personnes handicapées est chargé de réaliser, dans un délai de deux ans à compter de la date d'entrée en vigueur de la loi n° 2002-73 du 17 janvier 2002 de modernisation sociale, un recensement du nombre de personnes handicapées résidant dans le département et de la nature de leur handicap.

« Il bénéficie pour cela d'un accès aux documents et données des commissions techniques d'orientation et de reclassement professionnel, des commissions départementales de l'éducation spéciale, des hôpitaux, des centres d'accueil et d'hébergement des personnes handicapées et de tout autre institution susceptible de lui fournir des indications précises à ce sujet.

« Le conseil départemental consultatif des personnes handicapées est tenu de respecter les dispositions législatives et réglementaires en vigueur en visant à protéger le droit au respect de la vie privée et à la confidentialité des informations médicales. »

Art. 56 – Après l'article L. 5232-2 du code de la santé publique, il est inséré un article L. 5232-3 ainsi rédigé :

« *Art. L. 5232-3* – La délivrance de matériels de maintien à domicile, d'orthèses, de matériels orthopédiques et de certaines prestations associées, inscrits sur une liste fixée par arrêté du ministre chargé de la santé, est soumise à une obligation de formation ou d'expérience professionnelle de leurs distributeurs. Les conditions d'application du présent article sont déterminées par décret. »

[...]

Titre II

[...]

Section 5
Accès à l'emploi des travailleurs handicapés

Art. 132 – I – Le premier alinéa du II de l'article L. 323-4 du code du travail est complété par les mots : « et des bénéficiaires des contrats d'insertion en alternance prévus aux articles L. 981-1, L. 981-6 et L. 981-7 ».

II – L'article L. 323-8 du même code est complété par un alinéa ainsi rédigé :

« Les employeurs mentionnés à l'article L. 323-1 peuvent s'acquitter partiellement de l'obligation instituée par cet article en accueillant en stage des personnes handicapées au titre de la formation professionnelle visée à l'article L. 961-3 ou des personnes handicapées bénéficiaires d'une rémunération au titre du deuxième alinéa de l'article L. 961-1. Le nombre de ces personnes comptabilisées au titre de l'obligation prévue au premier alinéa de l'article L. 323-1 ne peut dépasser 2 % de l'effectif total des salariés de l'entreprise. »

III – Les premier à cinquième alinéas de l'article L. 323-8-1 du même code sont remplacés par quatre alinéas ainsi rédigés :

« Les employeurs mentionnés à l'article L. 323-1 peuvent s'acquitter de l'obligation d'emploi instituée par cet article en faisant application d'un accord de branche, d'un accord d'entreprise ou d'établissement qui prévoit la mise en œuvre d'un programme annuel ou pluriannuel en faveur des travailleurs handicapés comportant obligatoirement un plan d'embauche en milieu ordinaire et deux au moins des actions suivantes :

« – plan d'insertion et de formation ;

« – plan d'adaptation aux mutations technologiques ;

« – plan de maintien dans l'entreprise en cas de licenciement. »

IV – Le deuxième alinéa de l'article L. 323-32 du même code est complété par trois phrases ainsi rédigées :

« Les accessoires de salaire résultant de dispositions législatives, réglementaires ou conventionnelles sont déterminés en prenant pour assiette la garantie de ressources définie dans les articles L. 243-4 et suivants du code de l'action sociale et des familles. La charge liée à cette rémunération est répartie entre l'atelier protégé et l'État proportionnellement au montant du salaire direct et du complément de rémunération. La participation de l'État est plafonnée dans des conditions fixées par décret. »

[...]

La présente loi sera exécutée comme loi de l'État.

Fait à Paris, le 17 janvier 2002.

Par le Président de la République :
Jacques Chirac

Le Premier ministre, Lionel Jospin

Le ministre de l'Économie, des Finances et de l'Industrie, Laurent Fabius

La ministre de l'Emploi et de la Solidarité, Élisabeth Guigou

La garde des Sceaux, ministre de la Justice, Marylise Lebranchu

Le ministre de l'Intérieur, Daniel Vaillant

Le ministre de l'Éducation nationale, Jack Lang

[...]

5

Protection de l'enfance et droits des familles

Le pari de l'éducation

• *Tempête autour de l'ordonnance de 1945*

Pendant longtemps, la protection de l'enfance a été marquée par un vocabulaire moral, pour ne pas dire moralisateur : enfant coupable, dévoyé, dangereux, ou, à l'inverse, enfant malheureux, abandonné, carencé. Il aura fallu attendre les débuts de la psychologie et de la psychiatrie infantile pour admettre qu'un enfant peut être les deux à la fois, puis pour considérer, avec l'échec des maisons de correction et autres formes carcérales, que les réponses éducatives devaient être privilégiées. Tel est le sens de l'ordonnance du 2 février 1945 relative à l'enfance délinquante, intégrée au code pénal au lendemain du traumatisme de la seconde guerre mondiale.

Depuis, ce texte a connu plusieurs modifications importantes. Parmi les plus récentes, celles qui ont résulté de la réforme du code pénal et du code de procédure pénale, en 1993 et 1994, ainsi que de la loi n° 96-585 du 1er juillet 1996 : accélération des procédures, développement de la réparation pénale, possibilité d'ajournement ou de dispense de peine sous condition d'évolution de la personnalité du mineur, convocation des parents simultanément avec le mineur par le juge des enfants, création de « maisons de justice » où se pratiquent des médiations et un accueil des victimes...

Le problème posé par les mineurs délinquants multirécidivistes ou en voie de marginalisation a conduit à la création en 1996 des unités éducatives à encadrement renforcé, puis, en 1999, a celle des centres éducatifs renforcés. Pour autant, le dispositif est apparu faible au regard d'un sentiment d'insécurité croissant qui a pesé lourdement dans les campagnes électorales de 2002.

Juste après les élections présidentielles et législatives, le nouveau ministre de la Justice, Dominique Perben, a déposé un projet de loi d'orientation et de programmation pour la justice, qui incluait une réforme de l'ordonnance du 2 février 1945 avec de fortes orientations répressives : introduction de « sanctions éducatives » à partir de l'âge de 10 ans, possibilité de détention provisoire en matière correctionnelle à partir de 13 ans, création de « centres éducatifs fermés », jugement à délai rapproché, procédure spécifique de placement sous contrôle judiciaire, conditions nouvelles de détention des mineurs.

L'affaire n'a pas traîné : dépôt du projet le 17 juillet 2002, adoption en première lecture par le Sénat le 26 juillet 2002, adoption par l'Assemblée nationale le 2 août, adoption définitive suite à l'accord de la commission mixte paritaire le 3 août 2002. L'opposition de gauche ayant fait deux recours auprès du conseil constitutionnel, sans grand succès, la loi qu'il est convenu d'appeler « loi Perben » a été promulguée le 9 septembre 2002.

Nous avons choisi de reproduire dans ce chapitre l'ordonnance du 2 février 1945 telle qu'elle se présentait au début de l'été 2002 et, séparément, le titre III de la loi Perben (« portant réforme du droit pénal des mineurs »), pour indiquer l'ampleur des changements opérés.

- *L'enfance en danger et l'assistance éducative*

Il ne suffit pas qu'un enfant ait commis des actes de délinquance pour que la justice se saisisse de sa situation. Par-delà les dispositions pénales, depuis l'ordonnance du 23 décembre 1958 et la loi du 4 juin 1970, le code civil se prononce sur l'autorité parentale et sur les carences éducatives : en cas de danger pour « la santé, la sécurité ou la moralité » de mineurs, le juge des enfants peut prendre toute mesure permettant d'aider les parents, voire de se substituer à eux : une action éducative en milieu ouvert (AEMO) peut ainsi être décidée, de même que, dans les cas graves, un placement dans un établissement au titre de l'aide sociale à l'enfance. Cette législation s'impose pour tous les mineurs sur le territoire national, quelle que soit leur nationalité ou celle de leurs parents.

Le législateur a complété à plusieurs reprises les articles 375 et suivants du code civil (le texte reproduit intègre ces modifications et en indique les références). Un ajustement est intervenu avec l'article 135 de la loi du 29 juillet 1998 d'orientation relative à la lutte contre les exclusions (voir chapitre 6) : il prolonge le second alinéa de l'article 375-7 pour renforcer le droit des familles. Enfin, la loi n° 2002-303 du 4 mars 2002 relative aux droits des malades, en traitant de la législation psychiatrique dans son article 19, a conduit à créer un article 375-9 qui intègre les cas où la délinquance s'accompagne de troubles mentaux.

• *La jointure avec les droits des familles*

La loi du 6 juin 1984 est souvent donnée comme un temps fort de l'évolution de l'aide sociale à l'enfance. En fait, elle traite plus du statut des pupilles de l'État que des droits des familles. Cela étant, même si certaines familles se sont montrées défaillantes, incapables d'assurer « la santé, la sécurité ou la moralité » de leur(s) enfant(s), la loi leur reconnaît le droit à être informées, à donner leur avis et à se faire accompagner dans leurs démarches. Ces principes ont été repris quelques années plus tard pour l'enfance handicapée dans les annexes XXIV (voir chapitre 4), puis renforcés en matière d'assistance éducative par le décret n° 2002-361 du 15 mars 2002 modifiant le nouveau code de procédure civile.

• *Les droits de l'enfant en débat*

L'importance de la maltraitance, des violences physiques, des abus sexuels dont sont l'objet les enfants et adolescents a justifié une loi pour renforcer l'efficacité des réponses sociales : la loi du 10 juillet 1989 relative à la prévention des mauvais traitements à l'égard des mineurs et à la protection de l'enfance. Pour autant, ce texte « défensif », essentiel à la protection de l'enfance, laissait entière la question plus large du statut de l'enfance.

Après une première déclaration des droits de l'enfant adoptée par la Société des Nations le 26 septembre 1924, la Déclaration universelle des droits de l'homme du 10 décembre 1948 avait déjà intégré les droits de l'enfant dans ses articles 25 et 26 (voir chapitre 1) : « La maternité et l'enfance ont droit à une aide et à une assistance spéciales. Tous les enfants, qu'ils soient nés dans le mariage ou hors du mariage, jouissent de la même protection sociale » (article 25-2). Suite à l'année internationale de l'enfant (1979) décidée par l'ONU et dans le prolongement d'un hommage au pédagogue polonais Janusz Korczak, un long travail a abouti à l'adoption d'un texte spécifique : la Convention internationale relative aux droits de l'enfant[1].

Plusieurs de ses articles ont suscité d'emblée des réserves du gouvernement français : le « droit inhérent à la vie » affirmé dans l'article 6 et l'absence de précision quant au moment où commence la vie de l'enfant pouvaient entrer en contradiction avec la législation sur l'interruption volontaire de la grossesse. D'autre part, l'article 30 qui envisage les droits des enfants appartenant à des « minorités ethniques, religieuses ou linguistiques » est apparu contradictoire avec la Constitution d'une république « indivisible » et laïque. Cela n'a pas empêché la ratification de ce texte par la France par la loi n° 90-548 du 2 juillet 1990, mais avec des réserves introduites dans l'article 54. Sa publication au *Journal officiel* a été réalisée par le décret n° 90-917 du 8 octobre 1990.

Mais au-delà du large consensus sur les grands principes philanthropiques, la discussion se poursuit dès lors que la distinction s'impose entre les droits de l'enfant en tant qu'individu (au sens d'entité concrète) et les droits de l'enfant en tant personne (au sens d'être moral autonome). Peut-on affirmer, en effet, que tous les individus sont des personnes ? L'enfant est-il vraiment une personne ?

On se rappellera qu'Irène Théry[2] a développé une critique très argumentée des dérives de « l'idéologie de l'enfant comme sujet et personne » : la revendication de droits civils au nom des

1. Sur son histoire, lire A. Renaut, *La Libération des enfants*, Paris, Calmann-Lévy, 2002, p. 323 *sq.*
2. I. Théry, « Nouveaux droits de l'enfant, la potion magique ? », *Esprit*, n° 180, mars-avril 1992, p. 5-30.

« droits de l'homme de l'enfant » a-t-elle un sens, s'interroge-t-elle, dès lors que l'enfant est d'abord une personne en devenir, vulnérable, à la recherche de son autonomie, et qui, de ce fait, a tout autant « droit » à l'irresponsabilité, donc à la protection, plus que droit aux libertés (de pensée, d'expression, d'association...) qui supposent la capacité juridique ?

Certes, dans le cas d'un enfant, la notion de droit de la personne n'est pas à prendre au sens strictement juridique (en droit civil, ils n'ont pas de droits), mais dans un sens culturel : droit à être écouté, compris, respecté. D'autre part, les droits de l'enfant ne peuvent pas faire l'économie de ses devoirs, dès lors que l'on se soucie de son éducation : « Sous prétexte de l'aider à être pleinement lui-même, en toute indépendance, on laisse l'enfant seul face à son destin, sans cadre pour le guider dans ses choix futurs[1]. »

- *La politique de la famille et les modalités de l'autorité parentale*

Si les professionnels de l'action sociale se préoccupent surtout des enfants et adolescents en difficulté, leur intervention s'inscrit dans le cadre plus large d'une politique et d'une législation de la famille qui ne cesse d'évoluer.

Après la loi du 8 janvier 1993 qui traitait de l'autorité parentale, de l'audition de l'enfant en justice et instituait le juge aux affaires familiales, celle du 25 juillet 1994 relative à la famille réaffirmait de manière particulièrement forte la famille comme « valeur essentielle » : « c'est sur elle que repose la société » (article 1). Alors que de nombreux indicateurs témoignent de sa crise depuis plusieurs dizaines d'années (développement de l'union libre, augmentation des divorces...), le législateur se souciait de permettre aux familles de mieux concilier activités professionnelles et éducation des enfants. Il s'agissait aussi d'aider les familles à surmonter leurs difficultés financières avec le maintien au foyer de jeunes adultes, les frais d'une scolarité qui tend à s'allonger, mais également dans les cas de naissances multiples ou d'adoption.

En 2002, le législateur est revenu sur la définition de l'autorité parentale, en lui donnant pour finalité « l'intérêt de

1. M.-P. Jouan, « Droits, transmission et transformation », in S. Tessier (sous la dir. de), *À la recherche des enfants des rues*, Paris, Karthala, 1998, p. 164.

l'enfant » : la loi n° 2002-305 du 4 mars 2002 ne fait plus de différence entre les enfants légitimes, « naturels » et adultérins, dès lors que la filiation est légalement établie, que les parents soient mariés ou non, séparés ou divorcés. Une séparation ou un divorce ne met pas en cause le principe de la conventualité, ni le droit de l'enfant aux « relations personnelles » avec chacun de ses parents ou avec ses ascendants. L'intervention du juge aux affaires familiales peut s'accompagner du recours à un « médiateur familial ».

Enfin, la loi complète le code pénal en ce qui concerne la prostitution des mineurs et leur protection contre la pornographie. Elle précise les conditions d'entrée et de séjour des mineurs étrangers en France.

Ordonnance n° 45-174 du 2 février 1945

Ordonnance relative à l'enfance délinquante

Chapitre Ier Dispositions générales

Art. 1er – Les mineurs auxquels est imputée une infraction qualifiée crime ou délit ne seront pas déférés aux juridictions pénales de droit commun et ne seront justiciables que des tribunaux pour enfants (L. 24 mai 1951) « ou des cours d'assises des mineurs ».

(Ord. n° 58-1300 du 23 décembre 1958.) Ceux auxquels est imputée une contravention de police de cinquième classe sont déférés aux juridictions pour enfants dans les conditions prévues à l'article 20-1°. Pour les autres contraventions de police, V. Art. 21.

Art. 2 (L. n° 51-687 du 24 mai 1951) – Le tribunal pour enfants et la cour d'assises des mineurs prononceront, suivant les cas, les mesures de protection, d'assistance, de surveillance et d'éducation qui sembleront appropriées.

Ils pourront cependant, lorsque les circonstances et la personnalité du délinquant leur paraîtront l'exiger, prononcer à l'égard du mineur âgé de plus de treize ans une condamnation pénale (L. n° 92-1336 du 16 décembre 1992) conformément aux dispositions des articles 20-2 à 20-5.

« Le tribunal pour enfants ne peut prononcer une peine d'emprisonnement avec ou sans sursis, qu'après avoir spécialement motivé le choix de cette peine. »

Art. 3 – (L. n° 51-687 du 24 mai 1951) – Sont compétents le tribunal pour enfants ou la cour d'assises des mineurs du lieu de l'infraction, de la résidence du mineur ou de ses parents ou tuteur, du lieu où le mineur aura été trouvé ou du lieu où il a été placé soit à titre provisoire, soit à titre définitif.

Art. 4 – (L. n° 94-89 du 1er février 1994 – « I. Le mineur de treize ans ne peut être placé en garde à vue. Toutefois, à titre exceptionnel, le mineur de dix à treize ans contre lequel existent des indices graves et concordants laissant présumer qu'il a commis ou tenté de commettre un crime ou un délit puni d'au moins sept ans d'emprisonnement peut, pour les nécessités de l'enquête, être retenu à la disposition d'un officier de police judiciaire avec l'accord préalable et sous le contrôle d'un magistrat du ministère public ou d'un juge d'instruction spécialisés dans la protection de l'enfance ou d'un juge des enfants, pour une durée que ce magistrat détermine et qui ne saurait excéder dix heures. Cette retenue peut toutefois être prolongée à titre exceptionnel et par décision motivée de ce magistrat pour une durée qui ne saurait non plus excéder dix heures, après présentation devant lui du mineur, sauf si les circonstances rendent cette présentation impossible. Elle doit être strictement limitée au temps nécessaire à la déposition du mineur et à sa présentation devant le magistrat compétent ou à sa remise à l'une des personnes visées au II du présent article.

Les dispositions des II, III et IV du présent article sont applicables. Lorsque le mineur ou ses représentants légaux n'ont pas désigné d'avocat, le procureur de la République, le juge chargé de l'instruction ou l'officier de police judiciaire doit, dès le début de la retenue, informer par tout moyen et sans délai le bâtonnier afin qu'il commette un avocat d'office. »

(L. n° 93-1013 du 24 août 1993) – II – Lorsqu'un mineur est placé en garde à vue, l'officier de police judiciaire doit informer de cette mesure les parents, le tuteur, la personne ou le service auquel est confié le mineur.

Il ne peut être dérogé aux dispositions de l'alinéa précédent que sur une décision du procureur de la République ou du juge chargé de l'information et pour la durée que le magistrat détermine et qui ne peut excéder vingt-quatre heures ou, lorsque la garde à vue ne peut faire l'objet d'une prolongation de douze heures.

III – Dès le début de la garde à vue d'un mineur de seize ans, le procureur de la République ou le juge chargé de l'information doit désigner un médecin qui examine le mineur dans les conditions prévues par le quatrième alinéa de l'article 63-3 du code de procédure pénale.

IV – Dès le début de la garde à vue, le mineur de seize ans peut demander à s'entretenir avec un avocat. Il doit être immédiatement informé de ce droit. Lorsque le mineur n'a pas sollicité l'assistance d'un avocat, cette demande peut également être faite par ses représentants légaux, qui sont alors avisés de ce droit lorsqu'ils sont informés de la garde à vue en application du II du présent article.

V – (L. n° 94-89 du 1er février 1994) – « En cas de délit puni d'une peine inférieure à cinq ans d'emprisonnement, la garde à vue » d'un mineur âgé de treize à seize ans ne peut être prolongée.

Aucune mesure de garde à vue ne peut être prolongée sans présentation préalable du mineur (abrogé par L. n° 94-89 du 1er février 1994) « de plus de treize ans » au procureur de la République ou au juge chargé de l'instruction. En cas d'urgence, il peut être fait application des dispositions du deuxième alinéa de l'article 7.

VI – (Ord. n° 2000-916 du 19 septembre 2000) – Les interrogatoires des mineurs placés en garde à vu visés à l'article 64 du code de Procédure pénale font l'objet d'un enregistrement audiovisuel.

L'enregistrement original est placé sous scellés et sa copie est versée au dossier.

L'enregistrement ne peut être visionné qu'avant l'audience de jugement, en cas de contestation du contenu du procès-verbal d'interrogatoire, sur décision, selon le cas, du juge d'instruction ou du juge des enfants saisi par l'une des parties. Les huit derniers alinéas de l'article 114 ne sont pas applicables.

Le fait, pour toute personne, de diffuser un enregistrement original ou une copie réalisée en application du présent article est puni d'un an d'emprisonnement et de 15 000 euros d'amende.

À l'expiration d'un délai de cinq ans à compter de la date de l'extinction de l'action publique, l'enregistrement original et sa copie sont détruits dans le délai d'un mois.

Art. 4-1 – (L. n° 93-2 du 4 janvier 1993) – Le mineur poursuivi doit être assisté d'un avocat.

À défaut de choix d'un avocat par le mineur ou ses représentants légaux, le procureur de la République, le juge des enfants ou le juge d'instruction fait désigner par le bâtonnier un avocat d'office.

V. Circ. 27 janvier 1993 (*JO* 31 janvier).

Art. 5 – Aucune poursuite ne pourra être exercée en matière de crime contre les mineurs sans information préalable.

(L. n° 67-555 du 12 juillet 1967) – « En cas de délit, le procureur de la République en saisira, soit le juge d'instruction, soit par voie de requête le juge des enfants et, à Paris, le président du tribunal pour enfants. »

(L. n° 96-585 du 1er juillet 1996) – Lorsqu'il saisira ledit juge des enfants ou ledit président par requête, il pourra requérir la comparution à délai rapproché du mineur en application de l'article 8-2.

Le procureur de la République pourra également donner instruction à un officier ou agent de police judiciaire de notifier au mineur contre lequel il existe des charges suffisantes d'avoir commis un délit une convocation à comparaître devant le juge des enfants qui en sera immédiatement avisé, aux fins d'application de l'article 8-1. Cette convocation, qui vaudra citation à personne, entraînera l'application des délais prévus à l'article 552 du code de procédure pénale.

(L. n° 95-125 du 8 février 1995) – La convocation énoncera les faits reprochés, visera le texte de loi qui les réprime et indiquera le nom du juge saisi ainsi que la date et le lieu de (L. n° 96-585 du 1er juillet 1996) l'audience. Elle mentionnera, en outre, les dispositions de l'article 4-1.

La convocation sera également notifiée dans les meilleurs délais aux parents, au tuteur, à la personne ou au service auquel le mineur est confié.

Elle sera constatée par procès-verbal signé par le mineur et la personne visée à l'alinéa précédent, qui en recevront copie.

En aucun cas, il ne pourra être suivi contre le mineur (L. n° 93-2 du 4 janvier 1993) « par les procédures prévues aux articles 393 à 396 du code de procédure pénale ou par voie de citation directe ».

(L. n° 96-585 du 1er juillet 1996) – La victime sera avisée par tout moyen de la date de comparution du mineur devant le juge des enfants.

La convocation mentionnée aux alinéas précédents peut être également délivrée en vue de la mise en examen du mineur.

Art. 6 – (L. n° 51-687 du 24 mai 1951) – L'action civile pourra être portée devant le juge des enfants, devant le juge d'instruction, devant le tribunal pour enfants et devant la cour d'assises des mineurs.

Lorsqu'un ou plusieurs mineurs sont impliqués dans la même cause qu'un ou plusieurs majeurs, l'action civile contre tous les responsables peut être portée devant le tribunal correctionnel ou devant la cour d'assises compétente à l'égard des mineurs. En ce cas, les mineurs ne comparaissent pas à l'audience, mais seulement leurs représentants légaux. À défaut de choix d'un défenseur par le mineur ou par son représentant légal, il en sera désigné un d'office.

(Ord. n° 58-1300 du 23 décembre 1958) – « Dans le cas prévu à l'alinéa qui précède, s'il n'a pas encore été statué sur la culpabilité des mineurs, le tribunal correctionnel ou la cour d'assises peut surseoir à statuer sur l'action civile. »

Chapitre II
Procédure

Art. 7 – (L. n° 51-687 du 24 mai 1951) – Le procureur de la République près le tribunal dans le ressort duquel le tribunal pour enfants a son siège est chargé de la poursuite des crimes et délits commis par des mineurs.

(Ord. n° 58-1300 du 23 décembre 1958) – « Toutefois, le procureur de la République compétent en vertu des articles 43 et 696 du code de procédure pénale, et le juge d'instruction par lui requis ou agissant d'office conformément aux dispositions de l'article 72 du même code, procéderont à tous actes urgents de poursuite et d'information, à charge par eux d'en donner immédiatement avis au procureur de la République près le tribunal dans le ressort duquel le tribunal pour enfants a son siège et de se dessaisir de la poursuite dans le plus bref délai. »

Lorsque le mineur est impliqué dans la même cause qu'un ou plusieurs majeurs, il sera procédé conformément aux dispositions de l'alinéa qui précède aux actes urgents de poursuite et d'information. Si le procureur de la République poursuit des majeurs (L. n° 93-2 du 4 janvier 1993) « selon les procédures prévues aux articles 393 à 396 du code de procédure pénale » ou par voie de citation directe, il constituera un dossier spécial concernant le mineur et le transmettra au procureur de la République près le tribunal dans le ressort duquel le tribunal pour enfants a son siège. Si une information a été ouverte, le juge d'instruction se dessaisira dans le plus bref délai à l'égard tant du mineur que des (L. n° 93-2 du 4 janvier 1993) « majeurs » au profit du juge d'instruction du siège du tribunal pour enfants.

Dernier alinéa abrogé par L. n° 93-1013 du 24 août 1993.

Art. 8 – (L. n° 51-687 du 24 mai 1951) – Le juge des enfants effectuera toutes diligences et investigations utiles pour parvenir à la manifestation de la vérité et à la connaissance de la personnalité du mineur ainsi que des moyens appropriés à sa rééducation.

(Ord. n° 58-1300 du 23 décembre 1958) – « À cet effet, il procédera à une enquête soit par voie officieuse, soit dans les formes prévues par le chapitre Ier du Titre III du livre Ier du code de procédure pénale. »

(L. n° 93-2 du 4 janvier 1993) – « Dans ce dernier cas, et si l'urgence l'exige, le juge des enfants pourra entendre le mineur sur sa situation familiale ou personnelle sans être tenu d'observer les dispositions du deuxième alinéa de l'article 114 du code de Procédure pénale. »

(L. n° 70-643 du 17 juillet 1970, art. 19) – « Il pourra décerner tous mandats utiles ou prescrire le contrôle judiciaire en se conformant aux règles du droit commun, sous réserve des dispositions de l'article 11. »

Il recueillera, par une enquête sociale, des renseignements sur la situation matérielle et morale de la famille, sur le caractère et les antécédents du mineur, sur sa fréquentation scolaire, son attitude à l'école, sur les conditions dans lesquelles il a vécu ou a été élevé.

Le juge des enfants ordonnera un examen médical et, s'il y a lieu, un examen médico-psychologique. Il décidera, le cas échéant, le placement du mineur dans un centre d'accueil ou dans un centre d'observation.

Toutefois, il pourra dans l'intérêt du mineur, n'ordonner aucune de ces mesures ou ne prescrire que l'une d'entre elles. Dans ce cas, il rendra une ordonnance motivée.

Ces diligences faites, le juge des enfants pourra soit d'office, soit à la requête du ministère public, communiquer le dossier à ce dernier.

(L. n° 95-125 du 8 février 1995) – « Il pourra, avant de se prononcer au fond, ordonner à l'égard du mineur mis en examen une mesure de liberté surveillée à titre provisoire en vue de statuer après une ou plusieurs périodes d'épreuve dont il fixera la durée.

Il pourra ensuite, par ordonnance, soit déclarer n'y avoir lieu à suivre et procéder comme il est dit à l'article 177 du code de procédure pénale, soit renvoyer le mineur devant le tribunal pour enfants ou, s'il y a lieu, devant le juge d'instruction.

Il pourra également, par jugement rendu en chambre du conseil :

1° Soit relaxer le mineur s'il estime que l'infraction n'est pas établie ;

2° Soit, après avoir déclaré le mineur coupable, le dispenser de toute autre mesure s'il apparaît que son reclassement est acquis, que le dommage causé est réparé et que le trouble résultant de l'infraction a cessé, et en prescrivant, le cas échéant, que cette décision ne sera pas mentionnée au casier judiciaire ;

3° Soit l'admonester ;

4° Soit le remettre à ses parents, à son tuteur, à la personne qui en avait la garde ou à une personne digne de confiance ;

5° Soit prononcer, à titre principal, sa mise sous protection judiciaire pour une durée n'excédant pas cinq années dans les conditions définies à l'article 16 *bis* ;

6° Soit le placer dans un des établissements visés aux articles 15 et 16, et selon la distinction établie par ces articles.

Dans tous les cas, il pourra, le cas échéant, prescrire que le mineur sera placé jusqu'à un âge qui n'excédera pas celui de sa majorité sous le régime de la liberté surveillée. »

Art. 8-1 – (L. n° 96-585 du 1er juillet 1996) – Lorsqu'il sera saisi dans les conditions définies aux troisième à sixième alinéas de l'article 5, le juge des enfants constatera l'identité du mineur et s'assurera qu'il est assisté d'un avocat.

I. Si les faits ne nécessitent aucune investigation supplémentaire, le juge des enfants statuera sur la prévention par jugement en chambre du conseil et, s'il y a lieu, sur l'action civile.

Lorsqu'il estime que l'infraction est établie, le juge des enfants pourra :

- s'il constate que des investigations suffisantes sur la personnalité du mineur et sur les moyens appropriés à sa rééducation ont déjà été effectuées, prononcer immédiatement l'une des mesures prévues aux 2°, 3° et 4° de l'article 8 ou, encore, ordonner une mesure ou une activité d'aide ou de réparation dans les conditions prévues à l'article 12-1 ;
- s'il constate que des investigations suffisantes sur la personnalité du mineur et sur les moyens appropriés à sa rééducation ont déjà été effectuées mais envisage de prononcer l'une des mesures prévues aux 5° et 6° de l'article 8, renvoyer l'affaire à une prochaine audience de la chambre du conseil, qui devra avoir lieu au plus tard dans les six mois ;
- s'il constate que les investigations sur la personnalité du mineur et sur les moyens appropriés à sa rééducation ne sont pas suffisantes, renvoyer l'affaire à une prochaine audience de la chambre du conseil, qui devra avoir lieu au plus tard dans les six mois. Il recueillera des renseignements sur la personnalité du mineur et sur la situation matérielle et morale de la famille dans les conditions prévues aux quatrième et cinquième alinéas de l'article 8.

Dans le cas où le juge des enfants fait application des dispositions de l'un ou l'autre des deux alinéas qui précèdent, il pourra ordonner à l'égard du mineur, à titre provisoire, son placement dans un établissement public ou habilité à cet effet, une mesure de liberté surveillée préjudicielle ou une mesure ou activité d'aide ou de réparation à l'égard de la victime, avec son accord, ou dans l'intérêt de la collectivité.

II. Si les faits nécessitent des investissements supplémentaires, le juge des enfants procédera comme il est dit aux articles 8 et 10.

Art. 8-2 – (L. n° 96-585 du 1er juillet 1996) – En matière correctionnelle, le procureur de la République pourra, s'il constate que les diligences et investigations prévues par l'article 8 ont déjà été accomplies, le cas échéant à l'occasion d'une procédure antérieure, et qu'elles sont suffisantes, et si des investigations sur les faits ne sont pas nécessaires, requérir du juge des enfants, dans les conditions prévues au deuxième alinéa de l'article 5, qu'il ordonne la comparution du mineur devant le tribunal pour enfants ou devant la chambre du conseil dans un délai qui ne pourra être inférieur à un mois ni supérieur à trois mois.

Dans ce cas, le mineur sera immédiatement présenté au juge des enfants qui constatera son identité et l'informera qu'il a droit à l'assistance d'un avocat de son choix ou commis d'office. Lorsque le mineur ou ses représentants légaux n'auront pas fait le choix d'un avocat, le juge des enfants fera désigner sur-le-champ par le bâtonnier un avocat d'office. L'avocat pourra consulter le dossier dans lequel le juge aura préalablement versé les renseignements sur la personnalité du mineur et sur les moyens appropriés à sa rééducation dont il dispose et communiquer librement avec le mineur. Le magistrat notifiera au mineur les faits retenus à son encontre ainsi que leur qualification juridique et, l'avocat ayant été entendu, recueillera ses déclarations par procès-verbal. Les formalités prévues par le présent alinéa sont mentionnées au procès-verbal à peine de nullité.

Si le juge des enfants fait droit, à l'issue de la présentation mentionnée au deuxième alinéa, aux réquisitions du procureur de la République, il notifiera au mineur le lieu, la date et l'heure de l'audience. Cette notification sera mentionnée au procès-verbal, dont copie sera remise sur-le-champ au mineur et à son avocat. Les représentants légaux du mineur en seront avisés par tout moyen. Jusqu'à la comparution du mineur, le juge des enfants pourra le cas échéant, ordonner les mesures prévues aux articles 8, 10 et 11.

Si le juge des enfants ne fait pas droit aux réquisitions du procureur de la République, il rendra, à l'issue de la présentation du mineur, une ordonnance motivée dont copie sera remise sur-le-champ au mineur, à son avocat et au procureur de la République. Les représentants légaux du mineur en seront avisés par tout moyen.

Le procureur de la République pourra interjeter appel de cette ordonnance au plus tard le jour suivant la notification de la décision. Cet appel sera notifié au mineur, à ses représentants légaux et à son avocat. Il sera porté devant le président de la chambre spéciale des mineurs de la cour d'appel ou son remplaçant qui statuera au plus tard dans les quinze jours de sa saisine. La transmission du dossier de la procédure pourra être faite par tout moyen et, notamment, par télécopie.

Le mineur, ses représentants légaux et son avocat pourront présenter au président de la chambre spéciale des mineurs toutes observations utiles par écrit.

Le président de la chambre spéciale des mineurs pourra, soit confirmer l'ordonnance du juge des enfants, soit ordonner la comparution du mineur devant le tribunal ou devant la chambre du conseil. Le juge des enfants sera aussitôt avisé de la décision. Lorsque le renvoi aura été ordonné, le procureur de la République devra citer le mineur à comparaître dans le délai fixé par le président de la chambre spéciale des mineurs. Jusqu'à la comparution du mineur, le juge des enfants demeurera compétent pour ordonner, le cas échéant, les mesures prévues aux articles 8, 10 et 11.

Art. 8-3 – (L. n° 96-585 du 1er juillet 1996) – En matière correctionnelle, le procureur de la République pourra, à tout moment de la procédure, faire application des dispositions de l'article 8-2, sous réserve que les conditions prévues au premier alinéa de cet article soient remplies.

Le juge des enfants devra statuer dans les cinq jours de la réception de ces réquisitions. Son ordonnance sera susceptible d'appel dans les conditions prévues par les cinquième et sixième alinéas de l'article 8-2.

Le procureur de la République pourra saisir le président de la chambre spéciale des mineurs ou son remplaçant lorsque le juge des enfants n'aura pas statué dans le délai de cinq jours. Cette saisine sera notifiée au mineur, à ses représentants légaux et à son avocat qui pourront présenter au président de la chambre spéciale des mineurs ou son remplaçant toutes observations utiles par écrit.

Art. 9 (L. n° 51-687 du 24 mai 1951) – Le juge d'instruction procédera à l'égard du mineur (Ord. n° 58-1300 du 23 décembre 1958) « dans les formes du chapitre Ier du titre III du livre 1er du code de procédure pénale » et ordonnera les mesures prévues aux alinéas 4, 5 et 6 de l'article 8 de la présente ordonnance.

(Ord. n° 58-1300 du 23 décembre 1958) « Lorsque l'instruction sera achevée, le juge d'instruction, sur réquisition du procureur de la République, rendra l'une des ordonnances de règlement suivantes :

« 1° Soit une ordonnance de non-lieu ;

« 2° Soit, s'il estime que le fait constitue une contravention, une ordonnance de renvoi devant le tribunal de police, ou, s'il s'agit d'une contravention de 5e classe, devant le juge des enfants ou devant le tribunal pour enfants ;

« 3° Soit, s'il estime que les faits constituent un délit, une ordonnance de renvoi devant le juge des enfants ou devant le tribunal pour enfants ;

« 4° En cas de crime, soit une ordonnance de renvoi devant le tribunal pour enfants s'il s'agit d'un mineur de seize ans, soit, dans le cas visé à l'article 20 (L. n° 2000-1354 du 30 décembre 2000) une ordonnance de mise en accusation devant la cour d'assises des mineurs.

« Si le mineur a des coauteurs ou complices (L. n° 74-631 du 5 juillet 1974) » majeurs «, ces derniers seront, en cas de poursuites correctionnelles, renvoyés devant la juridiction compétente suivant le droit commun ; la cause concernant le mineur sera disjointe pour être jugée conformément aux dispositions de la présente ordonnance. En cas de poursuites pour infraction qualifiée crime, il sera procédé à l'égard de (L. n° 93-2 du 4 janvier 1993) « toutes les personnes mises en examen » conformément aux dispositions de l'article 181 du code de procédure pénale ; la chambre d'accusation pourra, soit renvoyer tous les accusés âgés de seize ans au moins devant la cour d'assises des mineurs, soit disjoindre les poursuites concernant les majeurs et renvoyer ceux-ci devant la cour d'assises de droit commun ; les mineurs âgés de moins de seize ans seront renvoyés devant le tribunal pour enfants.

« L'arrêt sera rédigé dans les formes du droit commun.

« Au cas de renvoi devant la cour d'assises des mineurs, la chambre d'accusation pourra décerner une ordonnance de prise de corps contre les accusés mineurs. »

Art. 10 (L. n° 93-1013 du 24 août 1993) – « Le juge d'instruction ou le juge des enfants avise les parents du mineur, son tuteur, ou la personne ou le service auquel il est confié, des poursuites dont le mineur fait l'objet. Cet avis est fait verbalement avec émargement au dossier ou par lettre recommandée. Il mentionne les faits reprochés au mineur et leur qualification juridique. Il précise également qu'à défaut de choix d'un défenseur par le mineur ou ses représentants légaux, le juge d'instruction ou le juge des enfants fera désigner par le bâtonnier un avocat d'office. »

(L. n° 96-585 du 1er juillet 1996) – Quelles que soient les procédures de comparution, le mineur et les parents, le tuteur, la personne qui en a la garde ou son représentant légal sont simultanément convoqués pour être entendus par le juge. Ils sont tenus informés de l'évolution de la procédure.

(L. n° 93-2 du 4 janvier 1993) – « Lors de la première comparution, lorsque le mineur ou ses représentants légaux n'ont pas fait le choix d'un avocat ni demandé qu'il en soit désigné un d'office, le juge des enfants ou le juge d'instruction saisi fait désigner sur-le-champ par le bâtonnier un avocat d'office.

« Le juge des enfants et le juge d'instruction pourront charger » (L. n° 51-687 du 24 mai 1951) de l'enquête sociale les services sociaux ou les personnes titulaires d'un diplôme de service social, habilités à cet effet.

(L. n° 93-2 du 4 janvier 1993) – « Ils pourront confier provisoirement le mineur mis en examen » :

1° À ses parents, à son tuteur ou à la personne qui en avait la garde, ainsi qu'à une personne digne de confiance ;

2° À un centre d'accueil ;

3° À une Section d'accueil d'une institution publique ou privée habilitée à cet effet ;

4° Au service de l'assistance à l'enfance ou à un établissement hospitalier ;

5° À un établissement ou à une institution d'éducation, de formation professionnelle ou de soins, de l'État ou d'une administration publique habilité.

S'ils estiment que l'état physique ou psychique du mineur justifie une observation approfondie, ils pourront ordonner son placement provisoire dans un centre d'observation institué ou agréé par le ministre de la justice.

La garde provisoire pourra, le cas échéant, être exercée sous le régime de la liberté surveillée.

(L. n° 95-125 du 8 février 1995) – « Le juge des enfants saisi de la procédure est compétent pour modifier ou révoquer la mesure de garde jusqu'à la comparution du mineur devant le tribunal pour enfants. »

Art. 11 (L. n° 70-643 du 17 juillet 1970) – « Le mineur âgé de plus de treize ans ne pourra être placé provisoirement dans une maison d'arrêt (L. n° 93-1013 du 24 août 1993) » soit par le juge d'instruction, soit par le juge des enfants « que si cette mesure paraît indispensable ou encore s'il est impossible de prendre toute autre disposition (L. n° 87-1062 du 30 décembre 1987). « Toutefois, le mineur âgé de moins de seize ans ne pourra être détenu provisoirement, en matière correctionnelle. » Dans tous les cas le mineur sera retenu dans un quartier spécial. » (L. n° 51-687 du 24 mai 1951) ou, à défaut, dans un local spécial ; il sera, autant que possible, soumis à l'isolement de nuit.

(L. n° 89-461 du 6 juillet 1989) – « En matière correctionnelle, lorsque la peine encourue n'est pas supérieure à sept ans d'emprisonnement, la détention provisoire des mineurs âgés d'au moins seize ans ne peut excéder un mois. Toutefois, à l'expiration de ce délai, la détention peut être prolongée, à titre exceptionnel, par une ordonnance motivée (L. n° 2000-1354 du 30 décembre 2000) « conformément aux dispositions de l'article 137-3 du code de Procédure pénale et rendue après un débat contradictoire organisé conformément aux dispositions du 6e alinéa de l'article 145 du même code », pour une durée n'excédant pas un mois ; la prolongation ne peut être ordonnée qu'une seule fois.

« Dans tous les autres cas, les dispositions du premier alinéa de l'article 145-1 du code de procédure pénale sont applicables, en matière correctionnelle, aux mineurs âgés d'au moins seize ans ; (L. n° 93-1013 du 24 août 1993) » toutefois, la prolongation doit être ordonnée conformément aux dispositions du quatrième alinéa de l'article 145 du code de procédure pénale, et elle ne peut être prolongée au-delà d'un an.

« En matière criminelle, la détention provisoire des mineurs âgés de plus de treize ans et de moins de seize ans ne peut excéder six mois. Toutefois, à l'expiration de ce délai, la détention peut être prolongée, à titre exceptionnel, pour une durée n'excédant pas six mois, par une décision rendue conformément aux dispositions du sixième alinéa de l'article 145-1 du code de procédure pénale et comportant, par référence aux 1° et 2° de l'article 144 du même code, l'énoncé des considérations de droit et de fait qui constituent le fondement de la décision ; la prolongation ne peut être ordonnée qu'une seule fois.

« Les dispositions de l'article 145-2 du code de procédure pénale sont applicables aux mineurs âgés d'au moins seize ans ; toutefois, la détention provisoire ne peut être prolongée au-delà de deux ans.

Les dispositions des quatrième et cinquième alinéas du présent article sont applicables jusqu'à l'ordonnance de règlement. »

Art. 11 (L. n° 2000-516 du 15 juin 2000) Lorsque le juge des libertés et de la détention est saisi par le juge d'instruction ou le juge des enfants en application du quatrième alinéa de l'article 137-1 du code de Procédure pénale, il peut prononcer une mesure de liberté surveillée à titre provisoire, prévue par le huitième alinéa de l'article 8, ou une mesure de garde provisoire prévue par l'article 11.

Art. 12 (L. n° 85-1407 du 30 décembre 1985) – Le service de (L. n° 96-585 du 1er juillet 1996) la protection judiciaire de la jeunesse compétent établit, à la demande du procureur de la République, du juge des enfants ou de la juridiction d'instruction, un rapport écrit contenant tous renseignements utiles sur la situation du mineur ainsi qu'une proposition éducative.

Lorsqu'il est fait application de l'article 5, ce service est obligatoirement consulté avant toute réquisition ou décision de placement en détention provisoire du mineur (L. n° 93-1013 du 24 août 1993) « ou de prolongation de la détention provisoire ».

(L. n° 96-585 du 1er juillet 1996) – Ce service doit également être consulté avant toute décision du juge des enfants au titre de l'article 8-1 et toute réquisition du procureur de la République au titre des articles 8-2 et 8-3.

Le rapport prévu au premier alinéa est joint à la procédure.

Art. 12-1 (L. n° 93-2 du 4 janvier 1993) – Le procureur de la République, la juridiction chargée de l'instruction de l'affaire ou la juridiction de jugement ont la faculté de proposer au mineur une mesure ou une activité d'aide ou de réparation à l'égard de la victime ou dans l'intérêt de la collectivité. Toute mesure ou activité d'aide ou de réparation à l'égard de la victime ne peut être ordonnée qu'avec l'accord de celle-ci.

Lorsque cette mesure ou cette activité est proposée avant l'engagement des poursuites, le procureur de la République recueille l'accord préalable du mineur et des titulaires de l'exercice de l'autorité parentale. Le procès-verbal constatant cet accord est joint à la procédure.

La juridiction chargée de l'instruction procède selon les mêmes modalités.

Lorsque la mesure ou l'activité d'aide ou de réparation est prononcée par jugement, la juridiction recueille les observations préalables du mineur et des titulaires de l'exercice de l'autorité parentale.

La mise en œuvre de la mesure ou de l'activité peut être confiée au secteur public de la protection judiciaire de la jeunesse ou à une personne physique, à un établissement ou service dépendant d'une personne morale habilités à cet effet dans des conditions fixées par décret. À l'issue du délai fixé par la décision, le service ou la personne chargée de cette mise en œuvre adresse un rapport au magistrat qui a ordonné la mesure ou l'activité d'aide ou de réparation.

Chapitre III
Le tribunal pour enfants

Art. 13 (L. n° 51-687 du 24 mai 1951) – Le tribunal pour enfants statuera après avoir entendu l'enfant, les témoins, les parents, le tuteur, ou le gardien, le ministère public et le défenseur. Il pourra entendre, à titre de simple renseignement, les coauteurs ou complices majeurs.

(Ord. n° 58-1300 du 23 décembre 1958) – « Le président du tribunal pour enfants pourra », si l'intérêt du mineur l'exige, dispenser ce dernier de comparaître à l'audience. Dans ce cas, le mineur sera représenté par un avocat ou par son père, sa mère ou son tuteur. La décision sera réputée contradictoire.

Le tribunal pour enfants restera saisi à l'égard du mineur âgé de moins de seize ans lorsqu'il décidera d'appliquer une qualification criminelle aux faits dont il avait été saisi sous une qualification correctionnelle. Il ordonnera, en ce cas, un supplément d'information et déléguera le juge d'instruction à cette fin, si l'ordonnance de renvoi émane du juge des enfants.

Art. 14 (L. n° 51-687 du 24 mai 1951) – Chaque affaire sera jugée séparément en l'absence de tous autres prévenus.

Seuls seront admis à assister aux débats les témoins de l'affaire, les proches parents, le tuteur ou le représentant légal du mineur, les membres du barreau, les représentants des sociétés de patronage et des services ou institutions s'occupant des enfants, les délégués à la liberté surveillée.

Le président, pourra, à tout moment, ordonner que le mineur se retire pendant tout ou partie de la suite des débats. (Ord. n° 58-1300 du 23 décembre 1958) « Il pourra de même ordonner aux témoins de se retirer après leur audition. »

La publication du compte rendu des débats des tribunaux pour enfants dans le livre, la presse, la radiophonie, le cinématographe ou de quelque manière que ce soit est interdite. La publication, par les mêmes procédés, de tout texte ou de toute illustration concernant l'identité et la personnalité des mineurs délinquants est également interdite. Les infractions à ces dispositions seront punies d'une amende de (Ord. n° 2000-916 du 19 septembre 2000) 6 000 euros ; en cas de récidive, un emprisonnement de deux ans pourra être prononcé.

Le jugement sera rendu en audience publique, en la présence du mineur. Il pourra être publié, mais sans que le nom du mineur puisse être indiqué, même par une initiale, à peine d'une amende de 3 750 euros.

Art. 14-1 (L. n° 65-511 du 1er juillet 1965) – Quand les infractions aux dispositions des alinéas 4 et 5 de l'article précédent seront commises par la voie de la presse, les directeurs des publications ou éditeurs seront, pour le fait seul de la publication, passibles comme auteurs principaux des peines prévues à ces alinéas.

À leur défaut, l'auteur et, à défaut de l'auteur, les imprimeurs, distributeurs et afficheurs seront poursuivis comme auteurs principaux.

Lorsque l'auteur n'est pas poursuivi comme auteur principal, il sera poursuivi comme complice.

Pourront être poursuivies comme complices, et dans tous les cas, toutes personnes auxquelles (L. n° 92-1336 du 16 décembre 1992) « les articles 121-6 et 121-7 » du Code pénal pourraient s'appliquer.

Art. 15 (L. n° 51-687 du 24 mai 1951) – Si la prévention est établie à l'égard du mineur de treize ans, le tribunal pour enfants prononcera, par décision motivée, l'une des mesures suivantes :

1° Remise à ses parents, à son tuteur, à la personne qui en avait la garde ou à une personne digne de confiance ;

2° Placement dans une institution ou un établissement, public ou privé, d'éducation ou de formation professionnelle habilité ;

3° Placement dans un établissement médical ou médico-pédagogique habilité ;

4° Remise au service de l'assistance à l'enfance ;

5° Placement dans un internat approprié aux mineurs délinquants d'âge scolaire.

Art. 16 (L. n° 51-687 du 24 mai 1951) – Si la prévention est établie à l'égard d'un mineur âgé de plus de treize ans, le tribunal pour enfants prononcera par décision motivée l'une des mesures suivantes :

1° Remise à ses parents, à son tuteur, à la personne qui en avait la garde ou à une personne digne de confiance ;

2° Placement dans une institution ou un établissement, public ou privé, d'éducation ou de formation professionnelle habilité ;

3° Placement dans un établissement médical ou médico-pédagogique habilité ;

4° Placement dans une institution publique d'éducation surveillée ou d'éducation corrective.

***Art. 16* bis** (L. n° 75-624 du 11 juillet 1975) – Si la prévention est établie à l'égard d'un mineur, le tribunal pour enfants et la cour d'assises des mineurs pourront aussi prononcer, à titre principal et par décision motivée, la mise sous protection judiciaire pour une durée n'excédant pas cinq années.

Les diverses mesures de protection, d'assistance, de surveillance et d'éducation auxquelles le mineur sera soumis seront déterminées par un décret en Conseil d'État.

Le juge des enfants pourra, à tout moment jusqu'à l'expiration du délai de mise sous protection judiciaire, prescrire une ou plusieurs mesures mentionnées à l'alinéa précédent. Il pourra en outre, dans les mêmes conditions, soit supprimer une ou plusieurs des mesures auxquelles le mineur aura été soumis, soit mettre fin à la mise sous protection judiciaire.

Lorsque, pour l'accomplissement de la mise sous protection judiciaire, le placement d'un mineur de plus de seize ans dans un des établissements désignés à l'article précédent aura été décidé, ce placement ne se poursuivra après la majorité de l'intéressé que si celui-ci en fait la demande.

Art. 17 – Dans tous les cas prévus par les articles 15 et 16 ci-dessus, les mesures seront prononcées pour le nombre d'années que la décision déterminera et qui ne pourra excéder l'époque où le mineur aura atteint (L. n° 74-631 du 5 juillet 1974) « sa majorité ».

(L. n° 51-687 du 24 mai 1951) – La remise d'un mineur à l'Assistance ne sera possible, si l'enfant est âgé de plus de treize ans, qu'en vue d'un traitement médical ou encore dans le cas d'un orphelin ou d'un enfant dont les parents ont été déchus de l'autorité parentale.

Art. 18 – Si la prévention est établie à l'égard d'un mineur âgé de plus de treize ans, celui-ci pourra faire l'objet d'une condamnation pénale conformément à l'article 2.

Art. 19 (L. n° 51-687 du 24 mai 1951) – Lorsqu'une des mesures prévues aux articles 15, 16 et 28 ou une condamnation pénale sera décidée, le mineur pourra, en outre, être placé jusqu'à un âge qui ne pourra excéder (L. n° 74-631 du 5 juillet 1974) « celui de la majorité », sous le régime de la liberté surveillée.

Le tribunal pour enfants pourra, avant de prononcer au fond, ordonner la mise en liberté surveillée à titre provisoire en vue de statuer après une ou plusieurs périodes d'épreuve dont il fixera la durée.

Art. 20 (L. n° 51-687 du 24 mai 1951) – Le mineur âgé de seize ans au moins, accusé de crime, sera jugé par la cour d'assises de mineurs, composée d'un président, de deux assesseurs, et complétée par le jury criminel.

(Ord. n° 58-1300 du 23 décembre 1958) – « La cour d'assises des mineurs se réunira au siège de la cour d'assises et au cours de la session de celle-ci. Son président sera désigné et remplacé, s'il y a lieu, dans les conditions prévues pour le président de la cour d'assises par les articles 244 à 247 du code de procédure pénale. Les deux assesseurs seront pris, sauf impossibilité, parmi les juges des enfants du ressort de la cour d'appel et désignés dans les formes des articles 248 et 252 du Code de procédure pénale. »

Les fonctions du ministère public auprès de la cour d'assises des mineurs seront remplies par le procureur général ou un magistrat du ministère public spécialement chargé des affaires de mineurs.

Le greffier de la cour d'assises exercera les fonctions de greffier à la cour d'assises des mineurs.

Dans le cas où tous les accusés de la session auront été renvoyés devant la cour d'assises des mineurs, il sera procédé par cette juridiction, conformément aux dispositions des (Ord. n° 58-1300 du 23 décembre 1958) « articles 288 à 292 du code de procédure pénale ».

Dans le cas contraire, le jury de la cour d'assises des mineurs sera formé de jurés pris sur la liste arrêtée par la cour d'assises.

Sous réserve des dispositions de l'alinéa qui précède, le président de la cour d'assises des mineurs et la cour d'assises des mineurs exerceront respectivement les attributions dévolues par les dispositions du (Ord. n° 58-1300 du 23 décembre 1958) « code de procédure pénale au président de la cour d'assises et à la cour ».

Les dispositions des alinéas 1er, 2, 4 et 5 de l'article 14 s'appliqueront à la cour d'assises des mineurs.

Après l'interrogation des accusés, le président de la cour d'assises des mineurs pourra, à tout moment, ordonner que l'accusé mineur se retire pendant tout ou partie de la suite des débats.

Sous réserve des dispositions de la présente ordonnance, il sera procédé, en ce qui concerne les mineurs âgés de seize ans au moins, accusés de crime, conformément aux dispositions des (Ord. n° 58-1300 du 23 décembre 1958) « articles 191 à 218 et 231 et 380 du code de procédure pénale ».

(Ord. n° 58-1300 du 23 décembre 1958) – « Si l'accusé a moins de dix-huit ans, le président posera, à peine de nullité, les deux questions suivantes :

« 1° Y a-t-il lieu d'appliquer à l'accusé une condamnation pénale ?

« 2° Y a-t-il lieu d'exclure l'accusé du bénéfice » (L. n° 92-1336 du 16 décembre 1992) « de la diminution de peine prévue à l'article 20-2 ? »

S'il est décidé que l'accusé mineur déclaré coupable ne doit pas faire l'objet d'une condamnation pénale, les mesures relatives à son placement ou à sa garde sur lesquelles la cour et le jury sont appelés à statuer, seront celles des articles 16 et 19 (alinéa 1er).

Art. 20-1 (L. n° 92-1336 du 16 décembre 1992) – « Les contraventions de la 5e classe » (Ord. n° 58-1300 du 23 décembre 1958) commises par des mineurs, sont instruites et jugées dans les conditions prévues aux articles 8 à 19 de la présente ordonnance.

Art. 20-2 (L. n° 92-1336 du 16 décembre 1992) – Le tribunal pour enfants et la cour d'assises des mineurs ne peuvent prononcer à l'encontre des mineurs âgés de plus de treize ans une peine privative de liberté supérieure à la moitié de la peine encourue. Si la peine encourue est la réclusion criminelle à perpétuité, ils ne peuvent prononcer une peine supérieure à vingt ans de réclusion criminelle.

Toutefois, si le mineur est âgé de plus de seize ans, le tribunal pour enfants et la cour d'assises des mineurs peuvent, à titre exceptionnel, et compte tenu des circonstances de l'espèce et de la personnalité du mineur, décider qu'il n'y a pas lieu de faire application des dispositions du premier alinéa. Cette décision ne peut être prise par le tribunal pour enfants que par une disposition spécialement motivée.

Les dispositions de l'article 132-23 du code pénal relatives à la période de sûreté ne sont pas applicables aux mineurs.

L'emprisonnement est subi par les mineurs dans les conditions définies par décret en Conseil d'État.

Art. 20-3 (L. n° 92-1336 du 16 décembre 1992) – Sous réserve de l'application des dispositions du deuxième alinéa de l'article 20-2, le tribunal pour enfants et la cours d'assises des mineurs ne peuvent prononcer à l'encontre d'un mineur âgé de plus de treize ans une peine d'amende d'un montant supérieur à la moitié de l'amende encourue ou excédant (Ord. n° 2000-916 du 19 septembre 2000) « 7 500 euros ».

Art. 20-4 (L. n° 98-468 du 17 juin 1998) – La peine d'interdiction du territoire français et les peines de jour-amende, d'interdiction des droits civiques, civils et de famille, d'interdiction d'exercer une fonction publique ou une activité professionnelle ou sociale, d'interdiction de séjour, de fermeture d'établissement, d'exclusion des marchés publics et d'affichage ou de diffusion de la condamnation ne peuvent être prononcées à l'encontre d'un mineur.

Art. 20-5 (L. n° 92-1336 du 16 décembre 1992) – Les dispositions des articles 131-8 et 131-22 à 131-24 du code pénal relatives au travail d'intérêt général sont applicables aux mineurs de seize à dix-huit ans. De même, leur sont applicables les dispositions des articles 132-54 à 132-57 du code pénal relatives au sursis assorti de l'obligation d'accomplir un travail d'intérêt général.

Les attributions du juge de l'application des peines prévues par les articles 131-22 et 132-57 du code pénal sont dévolues au juge des enfants. Pour l'application des articles 131-8 et 132-54 du code pénal, les travaux d'intérêt général doivent être adaptés aux mineurs et présenter un caractère formateur ou de nature à favoriser l'insertion sociale des jeunes condamnés.

Art. 20-6 (L. n° 92-1336 du 16 décembre 1992) – Aucune interdiction, déchéance ou incapacité ne peut résulter de plein droit d'une condamnation pénale prononcée à l'encontre d'un mineur.

Art. 20-7 (L. n° 95-585 du 1er juillet 1996) – Les dispositions des articles 132-58 et 132-62 du code pénal relatifs à la dispense de peine et à l'ajournement sont applicables aux mineurs de treize à dix-huit ans.

Toutefois, l'ajournement du prononcé de la mesure éducative ou de la peine pourra être également ordonné lorsque le tribunal pour enfants considérera que les perspectives d'évolution de la personnalité du mineur le justifient. L'affaire sera alors renvoyée à une audience qui devra avoir lieu au plus tard dans les six mois.

Le tribunal pour enfants qui ajourne le prononcé de la mesure éducative ou de la peine peut ordonner à l'égard du mineur, à titre provisoire, son placement dans un établissement public ou habilité à cet effet, une mesure de liberté surveillée préjudicielle ou une mesure ou une activité d'aide ou de réparation dans les conditions prévues à l'article 12-1.

Les dispositions des articles 132-63 à 132-70-1 du code pénal ne sont pas applicables aux mineurs.

Art. 20-8 (L. n° 97-1273 du 29 décembre 1997) – Les dispositions des articles 723-7 à 723-13 du code de Procédure pénal relatives au placement sous surveillance électronique sont applicables aux mineurs.

Art. 21 (L. n° 72-5 du 3 janvier 1972) – « Sous réserve de l'application des articles 524 à 530-1 du code de procédure pénale (L. n° 92-1336 du 16 décembre 1992) « les contraventions de police des quatre premières classes » commises par les mineurs, sont déférées au tribunal de police siégeant dans les conditions de publicité prescrites à l'article 14 pour le tribunal pour enfants. »

(L. n° 48-1310 du 25 août 1948 ; Ord. n° 58-1300 du 23 décembre 1958) – Si la contravention est établie, le tribunal pourra soit simplement admonester le mineur, soit prononcer la peine d'amende prévue par la loi. Toutefois, les mineurs de treize ans ne pourront faire l'objet que d'une admonestation. En outre, si le tribunal de police estime utile, dans l'intérêt du mineur, l'adoption d'une mesure de surveillance, il pourra, après le prononcé du jugement, transmettre le dossier au juge des enfants, qui aura la faculté de placer le mineur sous le régime de la liberté surveillée.

L'appel des décisions des tribunaux de police est porté devant la cour d'appel dans les conditions prévues à l'article 7 de l'ordonnance n° 58-1274 du 22 décembre 1958 relative à l'organisation des juridictions pour enfants.

Art. 22 – Le juge des enfants et le tribunal pour enfants pourront, dans tous les cas, ordonner l'exécution provisoire de leur décision, nonobstant opposition ou appel.

Les décisions prévues à l'article 15 ci-dessus et prononcées par défaut à l'égard d'un mineur de treize ans, lorsque l'exécution provisoire en aura été ordonnée, seront ramenés à exécution à la diligence du procureur de la République, conformément aux dispositions de (Ord. n° 58-1300 du 23 décembre 1958) « l'article 707 du code de procédure pénale » (L. n° 51-687 du 24 mai 1951). « Le mineur sera conduit et retenu dans un centre d'accueil ou dans une Section d'accueil d'une institution visée à l'article 10 ou dans un dépôt de l'assistance ou dans un centre d'observation. »

Art. 23 (Ord. n° 58-1274 du 22 décembre 1958, Art. 8 ; Ord. n° 58-1300 du 23 décembre 1958) – Le délégué à la protection de l'enfance exercera à la chambre spéciale de la cour d'appel les fonctions visées à l'article 6 de l'ordonnance susvisée n° 58-1274 du 22 décembre 1958 (C. org. jud. Art. L. 223-2). Il siégera comme membre de la chambre d'accusation lorsque celle-ci connaîtra d'une affaire dans laquelle un mineur sera impliqué, soit seul, soit avec des coauteurs ou complices majeurs. Il disposera en cause d'appel des pouvoirs attribués au juge des enfants par l'article 29 (alinéa 1er).

Art. 24 (L. n° 51-687 du 24 mai 1951 ; Ord. n° 58-1300 du 23 décembre 1958) – Les règles sur le défaut et l'opposition résultant des articles 487 et suivants du code de procédure pénale seront applicables aux jugements du juge des enfants et du tribunal pour enfants.

Les dispositions des articles 185 à 187 du code de procédure pénale seront applicables aux ordonnances du juge des enfants et du juge d'instruction spécialement chargé des affaires de mineurs. Toutefois, par dérogation à l'article 186 dudit code les ordonnances du juge des enfants et du juge d'instruction concernant les mesures provisoires prévues à l'article 10 seront susceptibles d'appel. Cet appel sera formé dans les délais de l'article 498 du code de procédure pénale et porté devant la chambre spéciale de la cour d'appel.

(L. n° 2000-516 du 15 juin 2000) Les règles sur l'appel résultant des dispositions du code de Procédure pénale sont applicables aux jugements du juge des enfants et du tribunal pour enfants et aux arrêts de la cour d'assises des mineurs rendus en premier ressort.

Le droit d'opposition, d'appel ou de recours en cassation pourra être exercé soit par le mineur, soit par son représentant légal.

Le recours en cassation n'a pas d'effet suspensif, sauf si une condamnation pénale est intervenue.

Les jugements du juge des enfants seront exempts des formalités de timbre et d'enregistrement.

Chapitre IV
La liberté surveillée

Art. 25 (Ord. n° 58-1300 du 23 décembre 1958) – « La rééducation des mineurs en liberté surveillée est assurée, sous l'autorité du juge des enfants, par des délégués permanents et par des délégués bénévoles à la liberté surveillée.

« Les délégués permanents, agents de l'État nommés par le ministre de la justice, ont pour mission de diriger et de coordonner l'action des délégués : ils assument en outre la rééducation des mineurs que le juge leur a confiée personnellement.

« Les délégués bénévoles sont choisis parmi les personnes de l'un ou de l'autre sexe, majeures ; ils sont nommés par le juge des enfants. »

(L. n° 51-687 du 24 mai 1951) – Dans chaque affaire, le délégué est désigné soit immédiatement par le juge, soit ultérieurement par ordonnance du juge des enfants, notamment dans le cas de délégation de compétence prévu à l'article 31.

(Ord. n° 58-889 du 24 septembre 1958) – « Les frais de transports exposés par les délégués permanents et les délégués à la liberté surveillée pour la surveillance des mineurs ainsi que les frais de déplacements engagés par les délégués permanents dans le cadre de leur mission de direction et coordination de l'action des délégués sont remboursés dans les conditions prévues par la réglementation générale concernant le remboursement des frais engagés par les personnels civils de l'État à l'occasion de leurs déplacements.

« Un arrêté du garde des sceaux ministre de la justice, et du ministre des finances et des affaires économiques déterminera les modalités selon lesquelles il sera dérogé à cette réglementation pour tenir compte des conditions particulières dans lesquelles des délégués permanents et les délégués à la liberté surveillée sont appelés à réaliser certains de leurs déplacements. »

Protection de l'enfance et droits des familles

Art. 26 – Dans tous les cas où le régime de la liberté surveillée sera décidé, le mineur, ses parents, son tuteur, la personne qui en a la garde, seront avertis du caractère et de l'objet de cette mesure et des obligations qu'elle comporte.

(Ord. n° 58-1300 du 23 décembre 1958) – Le délégué à la liberté surveillée fera rapport au juge des enfants en cas de mauvaise conduite, de péril moral du mineur, d'entraves systématiques à l'exercice de la surveillance, ainsi que dans le cas où une modification de placement ou de garde lui paraîtra utile. »

En cas de décès, de maladie grave, de changement de résidence ou d'absence non autorisée du mineur, les parents, tuteur, gardien ou patron devront sans retard en informer le délégué.

(L. n° 51-687 du 24 mai 1951) – Si un incident à la liberté surveillée révèle un défaut de surveillance caractérisé de la part des parents ou du tuteur ou gardien, ou des entraves systématiques à l'exercice de la mission du délégué, le juge des enfants ou le tribunal pour enfants, quelle que soit la décision prise à l'égard du mineur, pourra condamner les parents ou le tuteur ou gardien à une amende civile de 45 euros à 2 250 euros.

Art. 27 – Les mesures de protection, d'assistance, de surveillance, d'éducation ou de réforme ordonnées à l'égard du mineur peuvent être révisées à tout moment, sous réserve des dispositions ci-après :

Lorsqu'une année au moins se sera écoulée, depuis l'exécution d'une décision plaçant le mineur hors de sa famille, les parents ou le tuteur ou le mineur lui-même, pourront former une demande de remise ou de restitution de garde en justifiant de leur aptitude à élever l'enfant et d'un amendement suffisant de ce dernier. En cas de rejet, la même demande ne pourra être renouvelée qu'après l'expiration d'un délai d'un an.

Art. 28 (L. n° 51-687 du 24 mai 1951 ; Ord. n° 58-1300 du 23 décembre 1958) – « Le juge des enfants pourra, soit d'office, soit à la requête du ministère public, du mineur, de ses parents, de son tuteur ou de la personne qui en a la garde, soit sur le rapport du délégué à la liberté surveillée, statuer sur tous les incidents, instances en modification de placement ou de garde, demandes de remise de garde. Il pourra ordonner toutes mesures de protection ou de surveillance utiles, rapporter ou modifier les mesures prises. Le tribunal pour enfants est, le cas échéant, investi du même droit. »

(L. n° 51-687 du 24 mai 1951) – Toutefois, le tribunal pour enfants sera seul compétent lorsqu'il y aura lieu de prendre à l'égard du mineur qui avait été laissé à la garde de ses parents, de son tuteur ou laissé ou remis à une personne digne de confiance, une des autres mesures prévues aux articles 15 et 16.

Art. 29 et 30 – Abrogés par L. n° 89-461 du 6 juillet 1989, art. 18.

Art. 31 – Sont compétents pour statuer sur tous incidents, instances modificatives de placement ou de garde, demandes de remise en garde :

1° Le juge des enfants sur délégation ou le tribunal pour enfants ayant primitivement statué. Dans le cas où il s'agit d'une juridiction n'ayant pas un caractère permanent ou lorsque la décision initiale émane d'une cour d'appel, la compétence appartiendra au juge des enfants ou au tribunal pour enfants du domicile des parents ou de la résidence actuelle du mineur ;

2° Sur délégation de compétence accordée par le juge des enfants ou par le tribunal pour enfants ayant primitivement statué, le juge des enfants ou le tribunal pour enfants du domicile des parents, de la personne, de l'œuvre, de l'établissement ou de l'institution à qui le mineur a été confié par décision de justice ainsi que le juge des enfants ou le tribunal pour enfants (L. n° 51-687 du 24 mai 1951) « du lieu où le mineur se trouvera, en fait, placé ou arrêté. »

Si l'affaire requiert célérité, toutes mesures provisoires pourront être ordonnées par le juge des enfants (L. n° 51-687 du 24 mai 1951) « du lieu où le mineur se trouvera, en fait, placé ou arrêté. »

Art. 32 – Les dispositions des articles 22, 23 et 24 sont applicables aux décisions rendues sur incidents à la liberté surveillée, instances modificatives de placement ou de garde, demandes de remise de garde.

Chapitre V
Dispositions diverses

Art. 33 – C. pén., art. 66 et 67 modifiés.

Art. 34 à 36 – Abrogés par Ord. n° 58-1296 du 23 décembre 1958, art. 9.

Art. 37 – Dans le cas d'infractions dont la poursuite est réservée d'après les lois en vigueur aux administrations publiques, le procureur de la République aura seul qualité pour exercer la poursuite sur la plainte préalable de l'administration intéressée.

Art. 38 – Dans chaque tribunal, le greffier tiendra un registre spécial, non public, dont le modèle sera fixé par arrêté ministériel et sur lequel seront mentionnées toutes les décisions concernant les mineurs, y compris celles intervenues sur incident à la liberté surveillée, instances modificatives de placement ou de garde et remises de garde.

Art. 39 – Toute personne, toute œuvre ou toute institution, même reconnues d'utilité publique, s'offrant à recueillir d'une façon habituelle des mineurs en application de la présente ordonnance, devra obtenir du préfet une habilitation spéciale dans des conditions qui seront fixées par décret. Cette disposition est également applicable aux personnes, aux œuvres et aux institutions exerçant actuellement leur activité au titre de la loi du 22 juillet 1912.

Art. 40 – Dans tous les cas où le mineur est remis à titre provisoire ou à titre définitif à une personne autre que son père, mère, tuteur ou à une personne autre que celle qui en avait la garde, la décision devra déterminer la part des frais d'entretien et de placement qui est mise à la charge de la famille.

Ces frais sont recouvrés comme frais de justice criminelle au profit du Trésor public.

Les allocations familiales, majorations et allocations d'assistances auxquelles le mineur ouvre droit seront, en tout état de cause, versées directement par l'organisme débiteur à la personne ou à l'institution qui a la charge du mineur pendant la durée de son placement.

(L. n° 51-687 du 24 mai 1951) – Lorsque le mineur est remis à l'assistance à l'enfance, la part des frais d'entretien et de placement qui n'incombe pas à la famille est mise à la charge du Trésor.

Art. 41 (L. n° 51-687 du 24 mai 1951) – Des décrets détermineront les mesures d'application de la présente ordonnance, et notamment les conditions de remboursement des frais d'entretien, de rééducation et de surveillance des mineurs confiés à des personnes, institutions ou services, par application de la présente ordonnance.

Art. 42 (L. n° 51-687 du 24 mai 1951) – Sont abrogés la loi du 22 juillet 1912 et les textes qui l'ont complétée et modifiée ainsi que la loi du 5 août 1850 sur l'éducation et le patronage des jeunes détenus.

La présente ordonnance sera applicable aux départements d'outre-mer.

Art. 43 – Les procédures en cours pourront, le cas échéant, lorsqu'elles n'ont pas, à la date d'entrée en vigueur de la présente ordonnance, donné lieu à une ordonnance de renvoi d'un juge d'instruction, faire l'objet, sur réquisitions du ministère public, d'une ordonnance de dessaisissement du juge d'instruction, afin qu'il soit suivi par le procureur de la République, conformément aux dispositions de la présente ordonnance.

Art. 44 – La présente ordonnance entrera en vigueur à une date qui sera fixée par décret. Elle sera publiée au Journal officiel de la République française et exécutée comme loi.

Par le Gouvernement provisoire de la République française :

Ch. de Gaulle

Le garde des Sceaux, ministre de la Justice, François de Menthon.

Articles 375 à 375-9 du Code civil

Extraits concernant l'assistance éducative

Art. 375 – (L. n° 70-459 du 4 juin 1970) Si la santé, la sécurité ou la moralité d'un mineur non émancipé sont en danger, ou si les conditions de son éducation sont gravement compromises, des mesures d'assistance éducative peuvent être ordonnées par justice à la requête des père et mère conjointement, ou de l'un d'eux (L. n° 87-570 du 22 juillet 1987) « de la personne ou du service à qui l'enfant a été confié » ou du tuteur, du mineur lui-même ou du ministère public. Le juge peut se saisir d'office à titre exceptionnel.

Elles peuvent être ordonnées en même temps pour plusieurs enfants relevant de la même autorité parentale.

(L. n° 86-17 du 6 janvier 1986, Art. 51) – « La décision fixe la durée de la mesure sans que celle-ci puisse, lorsqu'il s'agit d'une mesure éducative exercée par un service ou une institution, excéder deux ans. La mesure peut être renouvelée par décision motivée. »

Art. 375-1 – Le juge des enfants est compétent, à charge d'appel, pour tout ce qui concerne l'assistance éducative.

Il doit toujours s'efforcer de recueillir l'adhésion de la famille à la mesure envisagée.

Art. 375-2 – Chaque fois qu'il est possible, le mineur doit être maintenu dans son milieu actuel. Dans ce cas, le juge désigne, soit une personne qualifiée, soit un service d'observation, d'éducation ou de rééducation en milieu ouvert, en lui donnant mission d'apporter aide et conseil à la famille, afin de surmonter les difficultés matérielles ou morales qu'elle rencontre. Cette personne ou ce service est chargé de suivre le développement de l'enfant et d'en faire rapport au juge périodiquement.

Le juge peut aussi subordonner le maintien de l'enfant dans son milieu à des obligations particulières, telles que celle de fréquenter régulièrement un établissement sanitaire ou d'éducation, ordinaire ou spécialisé, ou d'exercer une activité professionnelle.

Art. 375-3 – S'il est nécessaire de retirer l'enfant de son milieu actuel, le juge peut décider de le confier :

1° (L. n° 2002-305 du 4 mars 2002) « À l'autre parent » ;

2° À un autre membre de la famille ou à un tiers digne de confiance ;

3° À un service ou à un établissement sanitaire ou d'éducation, ordinaire ou spécialisé ;

4° (L. n° 89-487 du 10 juillet 1989, Art. 11) « À un service départemental » de l'aide sociale à l'enfance.

Toutefois, lorsqu'une requête en divorce a été présentée ou un jugement de divorce rendu entre les père et mère, ces mesures ne peuvent être prises que si un fait nouveau de nature à entraîner un danger pour le mineur s'est révélé postérieurement à la décision (L. n° 87-570 du 22 juillet 1987) « statuant sur les modalités de l'exercice de l'autorité parentale ou confiant l'enfant à un tiers ». Elles ne peuvent faire obstacle à la faculté qu'aura le (L. n° 93-22 du 8 janvier 1993) « juge aux affaires familiales » de décider, par application (L. n° 87-570 du 22 juillet 1987) « des articles 287 et 287-1 », à qui l'enfant devra être confié. Les mêmes règles sont applicables à la séparation de corps.

Art. 375-4 – Dans les cas spécifiés aux 1°, 2° et 3° de l'article précédent, le juge peut charger, soit une personne qualifiée, soit un service d'observation, d'éducation ou de rééducation en milieu ouvert d'apporter aide et conseil (L. n° 87-570 du 22 juillet 1987) « à la personne ou au service à qui l'enfant a été confié » ainsi qu'à la famille et de suivre le développement de l'enfant.

Dans tous les cas, le juge peut assortir la remise de l'enfant des mêmes modalités que sous l'article 375-2, deuxième alinéa. Il peut aussi décider qu'il lui sera rendu compte périodiquement de la situation de l'enfant.

Art. 375-5 – À titre provisoire, mais à charge d'appel, le juge peut, pendant l'instance, soit ordonner la remise provisoire du mineur à un centre d'accueil ou d'observation, soit prendre l'une des mesures prévues aux articles 375-3 et 375-4.

En cas d'urgence, le procureur de la République du lieu où le mineur a été trouvé a le même pouvoir, à charge de saisir dans les huit jours le juge compétent, qui maintiendra, modifiera ou rapportera la mesure.

Art. 375-6 – Les décisions prises en matière d'assistance éducative peuvent être, à tout moment, modifiées ou rapportées par le juge qui les a rendues soit d'office, soit à la requête des père et mère conjointement, ou de l'un d'eux (L. n° 87-570 du 22 juillet 1987) « de la personne ou du service à qui l'enfant a été confié » ou du tuteur, du mineur lui-même ou du ministère public.

Art. 375-7 – Les père et mère dont l'enfant a donné lieu à une mesure d'assistance éducative, conservent sur lui leur autorité parentale et en exercent tous les attributs qui ne sont pas inconciliables avec l'application de la mesure. Ils ne peuvent émanciper l'enfant sans autorisation du juge des enfants, tant que la mesure d'assistance éducative reçoit application.

S'il a été nécessaire de placer l'enfant hors de chez ses parents, ceux-ci conservent un droit de correspondance et un droit de visite. Le juge en fixe les modalités et peut même, si l'intérêt de l'enfant l'exige, décider que l'exercice de ces droits, ou de l'un d'eux, sera provisoirement suspendu. Le juge peut indiquer que le lieu de placement de l'enfant doit être recherché afin de faciliter, autant que possible, l'exercice du droit de visite par le ou les parents (L. n° 98-657 du 29 juillet 1998).

Art. 375-8 – Les frais d'entretien et d'éducation de l'enfant qui a fait l'objet d'une mesure d'assistance éducative continuent d'incomber à ses père et mère ainsi qu'aux ascendants auxquels des aliments peuvent être réclamés, sauf la faculté pour le juge de les en décharger en tout ou en partie.

Art. 375-9 (L. n° 2002-303 du 4 mars 2002) – La décision confiant le mineur, sur le fondement du 3e alinéa de l'article 375-3, à un établissement recevant des personnes hospitalisées en raison de troubles mentaux, est ordonnée après avis médical circonstancié d'un médecin extérieur à l'établissement, pour une durée ne pouvant excéder quinze jours.

La mesure ne peut être renouvelée, après avis médical conforme d'un psychiatre de l'établissement d'accueil, pour une durée d'un mois.

Loi n° 84-422 du 6 juin 1984

Loi relative aux droits des familles dans leurs rapports avec les services chargés de la protection de la famille et de l'enfance et au statut des pupilles de l'État

L'Assemblée nationale et le Sénat ont adopté,

Le Président de la République promulgue la loi dont la teneur suit :

Titre Ier
Dispositions générales

Art. 1er – La Section III et le premier paragraphe de la Section IV du chapitre II du titre II du code de la famille et de l'aide sociale sont remplacés par les dispositions suivantes :

Section II *bis*
Admission des enfants dans les services de l'Aide sociale à l'enfance

Art. 54 – Les enfants sont admis dans le service, quelle que soit la catégorie dans laquelle ils entrent, sur décision du président du conseil général.

Section III
Droits des familles dans leurs rapports avec les services chargés de la protection de la famille et de l'enfance

Art. 55 – Toute personne qui demande une prestation prévue aux chapitres I et II du présent titre ou qui en bénéficie est informée par les services chargés de la protection de la famille et de l'enfance des conditions d'attribution et des conséquences de cette prestation sur les droits et obligations de l'enfant et de son représentant légal.

Art. 55-1 – Elle peut être accompagnée de la personne de son choix, représentant ou non une association, dans ses démarches auprès du service. Néanmoins, celui-ci a la possibilité de proposer également un entretien individuel dans l'intérêt du demandeur.

Art. 56 – Sauf si un enfant est confié au service par décision judiciaire ou s'il s'agit de prestations en espèces, aucune décision sur le principe ou les modalités de l'admission dans le service de l'aide sociale à l'enfance ne peut être prise sans l'accord écrit du représentant légal du mineur ou du bénéficiaire lui-même s'il est mineur émancipé.

En cas d'urgence et lorsque le représentant légal est dans l'impossibilité de donner son accord, l'enfant est recueilli provisoirement par le service qui en avise immédiatement le procureur de la République. Si, à l'issue d'un délai de cinq jours, l'enfant n'a pas pu être remis à sa famille ou si le représentant légal n'a pas donné son accord pour l'admission de l'enfant dans le service, ce dernier saisit l'autorité judiciaire.

Pour toutes les décisions relatives au lieu et au mode de placement des enfants déjà admis dans le service, l'accord du représentant légal est réputé acquis si celui-ci n'a pas fait connaître son opposition dans un délai de quatre semaines à compter du jour où il a reçu la notification de la demande du service, ou de dix semaines à compter de la date d'envoi s'il n'a pas accusé réception de la notification.

Sous réserve des pouvoirs reconnus à l'autorité judiciaire, les mesures prises dans le cadre de la présente Section ne peuvent en aucun cas porter atteinte à l'autorité parentale que détiennent le ou les représentants légaux de l'enfant, et notamment au droit de visite et au droit d'hébergement.

Art. 57 – Pour l'application des décisions judiciaires prises en vertu des articles 10, 4°, 15, 4° et 17, 2° alinéa de l'ordonnance n° 45-174 du 2 février 1945, de l'article 375-3, 4° et des articles 377 à 380 du code civil, le représentant légal du mineur donne son avis par écrit préalablement au choix du mode et du lieu de placement et à toute modification apportée à cette décision.

Art. 58 – Le service examine avec le mineur toute décision le concernant et recueille son avis.

Art. 59 – Sauf dans le cas où un enfant est confié au service par décision judiciaire, aucune mesure ne peut être prise pour une durée supérieure à un an. Elle est renouvelable dans les mêmes conditions.

Le service présente chaque année à l'autorité judiciaire un rapport sur la situation de l'enfant qui lui a été confié par décision judiciaire.

Art. 59-1 – Les articles 56, 57, 59 ci-dessus ne sont pas applicables aux enfants admis dans le service en vertu des dispositions de la Section IV du présent chapitre.

Section IV
Statut des pupilles de l'État

Art. 60 – Les organes chargés de la tutelle des pupilles de l'État instituée par la présente Section sont le représentant de l'État dans le département, qui exerce la fonction de tuteur et peut se faire représenter, et le conseil de famille des pupilles de l'État ; la tutelle des pupilles de l'État ne comporte pas le juge du tutelle ni de subrogé tuteur.

Le tuteur et le conseil de famille des pupilles de l'État exercent les attributions conférées à ces organes selon le régime de droit commun. À cette fin, le conseil de famille doit examiner au moins une fois par an la situation de chaque pupille. Avant toute décision du président du conseil général relative au lieu et au mode de placement des pupilles de l'État, l'accord du tuteur et celui du conseil de famille doivent être recueillis, ainsi que l'avis du mineur dans les conditions prévues à l'article 58.

Les décisions et délibérations de toute nature du conseil de famille des pupilles de l'État sont soumises aux voix de recours applicables au régime de la tutelle de droit commun.

Chaque conseil de famille comprend :

- des représentants du conseil général désignés par cette assemblée, sur proposition de son président ;
- des membres d'associations à caractère familial, notamment issus de l'union départementale des associations familiales, d'associations d'assistances maternelles et d'associations de pupilles et anciens pupilles de l'État choisis par le représentant de l'État dans le département sur des listes de présentation établies par lesdites associations ;
- des personnalités qualifiées désignées par le représentant de l'État dans le département.

La durée du mandat est de trois ans. Il est renouvelable une fois.

Les membres du conseil de famille sont tenus au secret professionnel selon les prescriptions de l'article 378 du code pénal.

Un décret en conseil d'État précise la composition et fixe les règles de fonctionnement du ou des conseils de famille, institués dans le département.

Art. 61 – Sont admis en qualité de pupille de l'État :

1° Les enfants dont la filiation n'est pas établie ou est inconnue, qui ont été recueillis par le service de l'aide sociale à l'enfance depuis plus de trois mois ;

2° Les enfants dont la filiation est établie et connue, qui ont expressément été remis au service de l'aide sociale à l'enfance en vue de leur admission comme pupilles de l'État par les personnes qui ont qualité pour consentir à leur adoption, depuis plus de trois mois ;

3° Les enfants dont la filiation est établie et connue, qui ont expressément été remis au service de l'aide sociale à l'enfance depuis plus d'un an par leur père ou leur mère en vue de leur admission comme pupilles de l'État et dont l'autre parent n'a pas fait connaître au service, pendant ce délai, son intention d'en assumer la charge ; avant l'expiration de ce délai d'un an, le service s'emploie à connaître les intentions de l'autre parent ;

4° Les enfants orphelins de père et de mère pour lesquels la tutelle n'est pas organisée selon le chapitre II du titre X du livre 1er du code civil et qui ont été confiés au service de l'aide sociale à l'enfance depuis plus de trois mois ;

5° Les enfants dont les parents ont été déclarés déchus de l'autorité parentale en vertu des articles 378 et 378-1 du code civil et qui ont été confiés au service de l'aide sociale à l'enfance en application de l'article 380 dudit code ;

6° Les enfants confiés au service de l'aide sociale à l'enfance en application de l'article 350 du code civil.

L'admission en qualité de pupille de l'État peut faire l'objet d'un recours, formé dans un délai de 30 jours suivant la date de l'arrêté du président du conseil général devant le tribunal de grande instance par les parents, en l'absence d'une déclaration judiciaire d'abandon ou d'une déchéance d'autorité parentale, par les alliés de l'enfant ou toute personne justifiant d'un lien avec lui, notamment pour avoir assuré sa garde, de droit ou de fait, et qui demandent à en assumer la charge.

S'il juge cette demande conforme à l'intérêt de l'enfant, le tribunal confie sa garde au demandeur, à charge pour ce dernier de requérir l'organisation de la tutelle, ou lui délègue les droits de l'autorité parentale et prononce l'annulation de l'arrêté d'admission.

Dans le cas où il rejette le recours, le tribunal peut autoriser le demandeur, dans l'intérêt de l'enfant, à exercer un droit de visite dans les conditions qu'il détermine.

Art. 62 – La remise d'un enfant au service de l'aide sociale dans les cas prévus aux 1°, 2°, 3° et 4° de l'article 61 donne lieu à l'établissement d'un procès-verbal.

Il doit être mentionné au procès-verbal que les père ou mère, ou la personne qui a remis l'enfant, ont été informés :

1° Des mesures instituées notamment par l'État, les collectivités territoriales et les organismes de Sécurité sociale pour aider les parents à élever eux-mêmes leurs enfants ;

2° Des dispositions du régime de la tutelle des pupilles de l'État suivant la présente Section, et notamment des dispositions de l'article 63 ci-après relatives à leur adoption ;

3° Des délais et conditions suivant lesquels l'enfant pourra être repris par ses père ou mère ;

4° De la possibilité de demander le secret de l'état civil de l'enfant.

De plus, lorsque l'enfant est remis au service par ses père ou mère, selon les 2° ou 3° de l'article 61, ceux-ci doivent être invités à consentir à son adoption ; le consentement est porté sur le procès-verbal ; celui-ci doit également mentionner que les parents ont été informés des délais et conditions dans lesquels ils peuvent rétracter leur consentement, selon les deuxième et troisième alinéas de l'article 348-3 du code civil.

L'enfant est alors déclaré pupille de l'État à titre provisoire à la date à laquelle est établi le procès-verbal prévu ci-dessus. La tutelle est organisée à compter de la date de cette déclaration.

Toutefois, dans un délai de trois mois suivant la date à laquelle il a été déclaré pupille de l'État à titre provisoire, l'enfant peut être repris immédiatement et sans aucune formalité par celui de ses père ou mère qui l'avait confié au service. Ce délai est porté à un an, dans le cas prévu au 3° de l'article 61 ci-dessus pour celui des père ou mère qui n'a pas confié l'enfant au service.

Au-delà de ces délais, la décision d'accepter ou de refuser la restitution d'un pupille de l'État est, sous réserve des dispositions de l'article 352 du code civil, prise par le tuteur, avec l'accord du conseil de famille. En cas de refus, les demandeurs peuvent saisir le tribunal de grande instance.

Art. 63 – Les enfants admis en qualité de pupille de l'État en application de l'article 61 doivent faire l'objet d'un projet d'adoption dans les meilleurs délais. Lorsque le tuteur considère que cette mesure n'est pas adaptée à la situation de l'enfant, il doit indiquer ses motifs au conseil de famille. La validité de ces motifs doit être confirmée à l'occasion de l'examen annuel de la situation de l'enfant.

Les pupilles de l'État peuvent être adoptés soit par les personnes à qui le service avait confié leur garde lorsque les liens affectifs qui se sont établis entre eux justifient cette mesure, soit par des personnes agréées à cet effet, dans des conditions fixées par décret, par le responsable du service d'aide sociale à l'enfance.

La définition du projet d'adoption, simple ou plénière suivant les circonstances particulières à la situation de l'enfant, ainsi que le choix des adoptants éventuels sont assurés par le tuteur avec l'accord du conseil de famille.

Art. 64 – Les deniers des pupilles de l'État sont confiés au trésorier-payeur général.

Le tuteur peut autoriser, au profit du pupille, le retrait de tout ou partie des fonds lui appartenant.

Les revenus des biens et capitaux appartenant aux pupilles sont perçus au profit du département jusqu'à leur majorité, à titre d'indemnité d'entretien et dans les limites des prestations qui leur sont allouées. Lors de la reddition des comptes, le tuteur, à son initiative ou à la demande du conseil de famille, peut proposer, avec l'accord de ce dernier, au président du conseil général toute remise jugée équitable à cet égard.

Les héritiers, autres que les frères et sœurs élevés eux-mêmes par le service, qui se présentent pour recueillir la succession d'un pupille, doivent rembourser au département les frais d'entretien de celui-ci, déduction faite des revenus que le département avait perçus.

Lorsque aucun héritier ne se présente, les biens des pupilles de l'État décédés sont recueillis par le département et utilisés pour l'attribution de dons ou de prêts aux pupilles et anciens pupilles de l'État.

Les biens du tuteur ne sont pas soumis à l'hypothèque légale instituée à l'article 2121 du code civil.

Art. 65 – L'association départementale d'entraide entre les pupilles et anciens pupilles de l'État participe à l'effort d'insertion sociale des personnes admises ou ayant été admises dans le service de l'aide sociale à l'enfance. À cet effet, elle peut notamment leur attribuer des secours, primes diverses, dots et prêts d'honneur. Ses ressources sont constituées par les cotisations de ses membres, les subventions du département, des communes, de l'État, les dons et legs.

Le conseil d'administration comporte deux membres des conseils de famille des pupilles de l'État.

Art. 2 – Les articles 50, 67, 69, 70, 71, 73, 74, 75, 76 et 84 du code de la famille et de l'aide sociale sont abrogés.

Art. 3 – Le deuxième paragraphe de la Section IV de chapitre II du titre II du code de la famille et de l'aide sociale prend le titre de : Section V. Modalités de placement des enfants confiés au service de l'aide sociale à l'enfance.

Titre II
Dispositions transitoires

Art. 4 – Les mineurs immatriculés pupilles de l'État dans le cadre des dispositions antérieurement en vigueur bénéficient du régime de la tutelle instituée par la présente loi.

Art. 5 – Les personnes remplissant les conditions définies au huitième alinéa de l'article 61 du code de la famille et de l'aide sociale peuvent, dans un délai de six mois à compter de la promulgation de la présente loi, saisir le tribunal de grande instance aux fins de se voir accorder, à l'égard de tout mineur immatriculé pupille de l'État dans le cadre des dispositions antérieurement en vigueur, le droit de visite prévu au dernier alinéa du même article. Cette demande est irrecevable si l'enfant a fait l'objet d'un jugement d'adoption plénière devenu définitif ou d'un placement en vue d'adoption.

Titre III
Conditions d'application de la loi

Art. 6 – Les dispositions de la présente loi entrent en vigueur dans un délai de trois mois suivant la date de sa promulgation. Un décret en Conseil d'État fixe ses modalités d'application.

La présente loi sera exécutée comme loi de l'État,

Fait à Paris, le 6 juin 1984.

Loi n° 89-487 du 10 juillet 1989

Loi relative à la prévention des mauvais traitements à l'égard des mineurs et à la protection de l'enfance

L'Assemblée nationale et le Sénat ont délibéré,

L'Assemblée nationale a adopté,

Le Président de la République promulgue la loi dont la teneur suit :

Art. 1er – L'intitulé du chapitre Ier et du titre III du code de la famille et de l'aide sociale est ainsi rédigé : « Missions et prestations du département en matière d'aide sociale à l'enfance. »

Art. 2 – I – Le quatrième alinéa (3°) de l'article 40 du code de la famille et de l'aide sociale est ainsi rédigé :

« 3° Mener en urgence des actions de protection en faveur des mineurs visés au deuxième alinéa (1°) du présent article. »

II – Le quatrième alinéa (3°) du même article devient le cinquième alinéa (4°).

III – Après le cinquième alinéa (4°) du même article, il est inséré un sixième alinéa (5°) ainsi rédigé :

« 5° Mener, notamment à l'occasion de l'ensemble de ces interventions, des actions de prévention des mauvais traitements à l'égard des mineurs et, sans préjudice des compétences de l'autorité judiciaire, organiser le recueil des informations relatives aux mineurs maltraités et participer à la protection de ceux-ci. »

Art. 3 – Au chapitre Ier du titre II du code de la famille et de l'aide sociale, il est inséré une Section V ainsi rédigée :

« Section V

« Prévention des mauvais traitements à l'égard des mineurs et protection des mineurs maltraités

« *Art. 66* – Les missions définies au sixième alinéa (5°) de l'article 40 sont menées par le service de l'aide sociale à l'enfance, en liaison avec le service départemental de protection maternelle et infantile mentionné à l'article L. 148 du code de la santé publique et le service départemental d'action sociale mentionné à l'article 28 de la loi n° 75-535 du 30 juin 1975 relative aux institutions sociales et médico-sociales ainsi qu'avec les autres services publics compétents.

« *Art. 67* – Ces missions comportent notamment l'information et la sensibilisation de la population et des personnes concernées par les situations de mineurs maltraités ainsi que la publicité du dispositif de recueil d'informations prévu à l'article 68.

« Le président du conseil général peut faire appel aux associations concourant à la protection de l'enfance et de la famille pour participer aux actions d'information et de sensibilisation prévues à l'alinéa précédent.

« *Art. 68* – Le président du conseil général met en place, après concertation avec le représentant de l'État dans le département, un dispositif permettant de recueillir en permanence les informations relatives aux mineurs maltraités et de répondre aux situations d'urgence, selon des modalités définies en liaison avec l'autorité judiciaire et les services d'État dans le département.

« L'ensemble des services et établissements publics et privés susceptibles de connaître des situations de mineurs maltraités participent à cette coordination. Le président du conseil général peut, dans les mêmes conditions, requérir la collaboration des professionnels et des associations concourant à la protection de l'enfance et de la famille.

« La collecte, la conservation et l'utilisation de ces informations ne peuvent être effectuées que pour assurer les missions prévues au sixième alinéa (5°) de l'article 40.

« *Art. 69* – Lorsqu'un mineur est victime de mauvais traitements ou lorsqu'il est présumé l'être, et qu'il est impossible d'évaluer la situation ou que la famille refuse manifestement d'accepter l'intervention du service de l'aide sociale à l'enfance, le président du conseil général avise sans délai l'autorité judiciaire et, le cas échéant, lui fait connaître les actions déjà menées auprès du mineur et de la famille concernés.

« *Art. 70* – Le président du conseil général informe les personnes qui lui ont communiqué des informations dont elles ont eu connaissance à l'occasion de l'exercice de leur activité professionnelle des suites qui leur ont été données.

« Sur leur demande, il fait savoir aux autres personnes l'ayant informé si une suite a été donnée.

« En cas de saisine de l'autorité judiciaire, il en informe par écrit les parents de l'enfant ou son représentant légal.

« *Art. 71* – Un service d'accueil téléphonique gratuit est créé à l'échelon national par l'État, les départements et des personnes morales de droit public ou privé, qui constituent à cette fin un groupement d'intérêt public. Ce service concourt à la mission de prévention des mauvais traitements et de protection des mineurs maltraités prévue à la présente Section. La Convention constitutive du groupement prévoit des dispositions particulières pour adapter les conditions d'activité du service dans les départements d'outre-mer.

« Ce service répond, à tout moment, aux demandes d'information ou de conseil concernant les situations de mineurs maltraités ou présumés l'être. Il transmet immédiatement au président du conseil général, selon le dispositif mis en place en application de l'article 68, les informations qu'il recueille et les appréciations qu'il formule à propos de ces mineurs. À cette fin, le président du conseil général informe le groupement des modalités de fonctionnement permanent du dispositif départemental. Ce service établit une étude épidémiologique annuelle au vu des informations qu'il a recueillies et de celles qui lui ont été transmises dans les conditions prévues au quatrième alinéa du présent article.

« Le secret professionnel est applicable aux agents du service d'accueil téléphonique dans les conditions prévues à l'article 378 du code pénal. Le troisième alinéa de l'article 68 cidessus est également applicable aux informations recueillies par le service d'accueil téléphonique.

« La Convention constitutive du groupement précise les conditions dans lesquelles le dispositif mentionné à l'article 68 transmet au service d'accueil téléphonique les informations qu'il recueille pour l'établissement de l'étude prévue au deuxième alinéa du présent article.

« Le service est assisté d'un comité technique composé des représentants du conseil d'administration du groupement d'intérêt public et des associations concourant à la protection de l'enfance et de la famille ainsi que d'experts et de personnes qualifiées.

« Le comité technique est consulté sur l'organisation et l'activité du service, ainsi que sur les conditions de collaboration entre celui-ci et les départements. Il donne son avis préalablement à la publication de l'étude épidémiologique visée au deuxième alinéa du présent article.

« Outre les moyens mis à la disposition du service par les autres membres constituant le groupement, sa prise en charge financière est assurée à parts égales par l'État et les départements. La participation financière de chaque département est fixée par voie réglementaire en fonction de l'importance de la population, sous réserve des adaptations particulières aux départements d'outre-mer.

« L'affichage des coordonnées du service d'accueil téléphonique est obligatoire dans tous les établissements et services recevant de façon habituelle des mineurs.

« *Art. 72* – Les dépenses résultant de l'application de la présente Section constituent, pour le département, des dépenses obligatoires. »

Art. 4 – Les médecins, ainsi que l'ensemble des personnels médicaux et paramédicaux, les travailleurs sociaux, les magistrats, les enseignants et les personnels de la police nationale et de la gendarmerie reçoivent une formation initiative et continue propre à leur permettre de répondre aux cas d'enfants maltraités et de prendre les mesures nécessaires de prévention et de protection qu'ils appellent. Cette formation est dispensée dans les conditions fixées par voie réglementaire.

Art. 5 – L'article 59-1 du code de la famille et de l'aide sociale est complété par un alinéa ainsi rédigé :

« Les articles 55, 55-1, 56, 58 et le premier alinéa de l'article 59 sont applicables dans les cas visés aux articles 68 et 69. »

Art. 6 – Au chapitre II du titre II du code de la famille et de l'aide sociale, il est rétabli un article 78 ainsi rédigé :

« *Art. 78* – Un décret en Conseil d'État détermine les conditions dans lesquelles le service de l'aide sociale à l'enfance d'un département accède aux demandes de renseignements relatives à une famille ou à un mineur formulées par le service de l'aide sociale à l'enfance d'un autre département pour l'accomplissement de ses missions. »

Art. 7 – Au chapitre II du titre II du code de la famille et de l'aide sociale, il est rétabli un article 79 ainsi rédigé :

« *Art. 79* – Lorsqu'il est avisé par le juge des enfants d'une mesure d'assistance éducative prise en application des articles 375 à 375-8 du code civil, le président du conseil général lui communique les informations dont il dispose sur le mineur et sa situation familiale. »

Art. 8 – Dans le second alinéa de l'article 83 du code de la famille et de l'aide sociale, le mot ; « pas » est supprimé.

Art. 9 – L'article 86 du code de la famille et de l'aide sociale est complété par un quatrième alinéa ainsi rédigé :

« Le département chargé de la prise en charge financière d'une mesure, en application des deuxième et troisième aliénas ci-dessus, assure celle-ci selon le tarif en vigueur dans le département où se trouve le lieu de placement de l'enfant. »

Art. 10 – L'article 94 du code de la famille et de l'aide sociale est complété par un alinéa ainsi rédigé :

« Dans le cas où les mineurs visés à l'article 93 du code de la famille et de l'aide sociale ont été confiés à des particuliers ou à des établissements en application des articles 375-3 et 375-5 du code civil, ils sont placés sous la protection conjointe du président du conseil général, dans les conditions prévues au présent article, et du juge des enfants. »

Art. 11 – Dans le cinquième alinéa (4°) de l'article 375-3 du code civil, les mots : « Au service départemental », sont remplacés par les mots : « À un service départemental ».

Art. 12 – L'article 433 du code civil est ainsi rédigé :

« *Art. 433* – Si la tutelle reste vacante, le juge des tutelles la défère à l'État s'il s'agit d'un majeur, et au service de l'aide sociale à l'enfance s'il s'agit d'un mineur. »

Art. 13 – Il est inséré, dans le code de procédure pénale, un article 87-1 ainsi rédigé :

« *Art. 87-1* – Le juge d'instruction saisi de faits commis volontairement à l'encontre d'un enfant mineur par les titulaires de l'exercice de l'autorité parentale ou par l'un d'entre eux peut procéder à la désignation d'un administrateur *ad hoc* pour exercer, s'il y a lieu, au nom de l'enfant les droits reconnus à la partie civile. En cas de constitution de partie civile, le juge fait désigner un avocat d'office pour le mineur s'il n'en a pas déjà été choisi un.

« Les dispositions qui précèdent sont applicables à la juridiction de jugement. »

Art. 14 – Le premier alinéa de l'article 352 du code pénal est complété par les mots : « sauf si les circonstances du délaissement ont permis d'assurer la santé et la sécurité de celui-ci. »

Art. 15 – Le premier alinéa de l'article 39 *bis* de la loi du 29 juillet 1881 sur la liberté de la presse est complété par la phrase suivante :

« Il en est de même de l'identité et de la personnalité des enfants qui ont été exposés ou délaissés dans les conditions prévues par les articles 349, 350, les alinéas 1 à 3 de l'article 351, l'article 352 et l'alinéa 1 de l'article 353 du code pénal. »

Art. 16 – L'article 7 du code de procédure pénale est complété par un alinéa ainsi rédigé :

« Lorsque la victime est mineure et que le crime a été commis par un ascendant légitime, naturel ou adoptif ou par une personne ayant autorité sur elle, le délai de prescription est réouvert ou court à nouveau à son profit, pour la même durée, à partir de sa majorité. »

Art. 17 – Le ministre chargé de la famille présentera au Parlement, avant le 30 juin 1992, et tous les trois ans à compter de cette date, un rapport rendant compte des résultats des recherches menées sur l'enfance maltraitée et proposant toutes mesures propres à en diminuer la fréquence et la gravité. Le même rapport établit un bilan de fonctionnement du dispositif départemental de recueil d'informations et du service d'accueil téléphonique visés aux articles 68 et 71 du code de la famille et de l'aide sociale.

La présente loi sera exécutée comme loi de l'État.
Fait à Paris, le 10 juillet 1990.
Par le Président de la République : François Mitterrand
Le Premier ministre, Michel Rocard
Le ministre d'État, ministre de l'Éducation nationale, de la Jeunesse et des Sports, Lionel Jospin
Le ministre d'État, ministre de l'Économie, des Finances et du Budget, Pierre Bérégovoy
Le garde des Sceaux, ministre de la Justice, Pierre Arpaillange
Le ministre de la Défense, Jean-Pierre Chevènement
Le ministre de l'Intérieur, Pierre Joxe
Le ministre de la Solidarité, de la Santé et de la Protection sociale, Claude Évin
Le secrétaire d'État auprès du ministre de l'Intérieur, chargé des Collectivités territoriales, Jean-Michel Baylet
Le secrétaire d'État auprès du ministre de la Solidarité, de la Santé et de la Protection sociale, chargé de la Famille, Hélène Dorlhac

Convention internationale relative aux droits de l'enfant

Préambule

Les États parties à la présente Convention,

Considérant que, conformément aux principes proclamés dans la Charte des Nations unies, la reconnaissance de la dignité inhérente à tous les membres de la famille humaine ainsi que l'égalité et le caractère inaliénable de leurs droits sont le fondement de la liberté, de la justice et de la paix dans le monde ;

Ayant présent à l'esprit le fait que les peuples des Nations unies ont, dans la Charte, proclamé à nouveau leur foi dans les droits fondamentaux de l'homme et dans la dignité et la valeur de la personne humaine, et qu'ils ont résolu de favoriser le progrès social et d'instaurer de meilleures conditions de vie dans une liberté plus grande ;

Reconnaissant que les Nations unies, dans la Déclaration universelle des droits de l'homme et dans les Pactes internationaux relatifs aux droits de l'homme, ont proclamé et sont convenues que chacun peut se prévaloir de tous les droits et de toutes les libertés qui y sont énoncés, sans distinction aucune, notamment de race, de couleur, de sexe, de langue, de religion, d'opinion politique ou de toute autre opinion, d'origine nationale ou sociale, de fortune, de naissance ou de toute autre situation ;

Rappelant que, dans la Déclaration universelle des droits de l'homme, les Nations unies ont proclamé que l'enfance a droit à une aide et à une assistance spéciales ;

Convaincus que la famille, unité fondamentale de la société et milieu naturel pour la croissance et le bien-être de tous ses membres, et en particulier des enfants, doit recevoir la protection et l'assistance dont elle a besoin pour pouvoir jouer pleinement son rôle dans la communauté ;

Reconnaissant que l'enfant, pour l'épanouissement harmonieux de sa personnalité, doit grandir dans le milieu familial, dans un climat de bonheur, d'amour et de compréhension ;

Considérant qu'il importe de préparer pleinement l'enfant à avoir une vie individuelle dans la société et de l'élever dans l'esprit des idéaux proclamés dans la Charte des Nations unies, et en particulier dans un esprit de paix, de dignité, de tolérance, de liberté, d'égalité et de solidarité ;

Ayant présent à l'esprit que la nécessité d'accorder une protection spéciale à l'enfant a été énoncée dans la Déclaration de Genève de 1924 sur les droits de l'enfant et dans la Déclaration des droits de l'enfant adoptée par l'Assemblée générale le 20 novembre 1959, et qu'elle a été reconnue dans la Déclaration universelle des droits de l'homme, dans le Pacte international relatif aux droits civils et politiques (en particulier aux articles 23 et 24), dans le Pacte international relatif aux droits économiques, sociaux et culturels (en particulier à l'article 10) et dans les statuts et instruments pertinents des institutions spécialisées et des organisations internationales qui se préoccupent du bien-être de l'enfant ;

Ayant présent à l'esprit que, comme indiqué dans la Déclaration des droits de l'enfant, « l'enfant, en raison de son manque de maturité physique et intellectuelle, a besoin d'une protection spéciale et de soins spéciaux, notamment d'une protection juridique appropriée, avant comme après la naissance » ;

Rappelant les dispositions de la Déclaration sur les principes sociaux et juridiques applicables à la protection et au bien-être des enfants, envisagés surtout sous l'angle des pratiques en matière surtout sous l'angle des pratiques en matière d'adoption et de placement familial sur les plans national et international, de l'ensemble des règles minima des Nations unies concernant l'administration de la justice pour mineurs (Règles de Beijing) et de la Déclaration sur la protection des femmes et des enfants en période d'urgence et de conflit armé ;

Reconnaissant qu'il y a dans tous les pays du monde des enfants qui vivent dans des conditions particulièrement difficiles, et qu'il est nécessaire d'accorder à ces enfants une attention particulière ;

Tenant dûment compte de l'importance des traditions et valeurs culturelles de chaque peuple dans la protection et le développement harmonieux de l'enfant ;

Reconnaissant l'importance de la coopération internationale pour l'amélioration des conditions de vie des enfants dans tous les pays, et en particulier dans les pays en développement,

sont convenus de ce qui suit :

Première partie

Art. 1er – Au sens de la présente Convention, un enfant s'entend de tout être humain âgé de moins de dix-huit ans, sauf si la majorité est atteinte plus tôt en vertu de la législation qui lui est applicable.

Art. 2 – I – Les États parties s'engagent à respecter les droits qui sont énoncés dans la présente Convention et à les garantir à tout enfant relevant de leur juridiction, sans distinction aucune, indépendamment de toute considération de race, de couleur, de sexe, de langue, de religion, d'opinion politique ou autre de l'enfant ou de ses parents ou représentants légaux, de leur origine nationale, ethnique ou sociale, de leur situation de fortune, de leur incapacité, de leur naissance ou de toute autre situation.

II – Les États parties prennent toutes les mesures appropriées pour que l'enfant soit effectivement protégé contre toutes formes de discrimination ou de sanction motivées par la situation juridique, les activités, les opinions déclarées ou les convictions de ses parents, de ses représentants légaux ou des membres de sa famille.

Art. 3 – I – Dans toutes les décisions qui concernent les enfants, qu'elles soient le fait des institutions publiques ou privées de protection sociale, des tribunaux, des autorités administratives ou des organes législatifs, l'intérêt supérieur de l'enfant doit être une considération primordiale.

II – Les États parties s'engagent à assurer à l'enfant la protection et les soins nécessaires à son bien-être, compte tenu des droits et des devoirs de ses parents, de ses tuteurs ou des autres personnes légalement responsables de lui, et ils prennent à cette fin toutes les mesures législatives et administratives appropriées.

III – Les États parties veillent à ce que le fonctionnement des institutions, services et établissements qui ont la charge des enfants et assurent leur protection soit conforme aux normes fixées par les autorités compétentes, particulièrement dans le domaine de la sécurité et de la santé et en ce qui concerne le nombre et la compétence de leur personnel ainsi que l'existence d'un contrôle approprié.

Art. 4 – Les États parties s'engagent à prendre toutes les mesures législatives, administratives et autres qui sont nécessaires pour mettre en œuvre les droits reconnus dans la présente Convention. Dans le cas des droits économiques, sociaux et culturels, ils prennent ces mesures dans toutes les limites des ressources dont ils disposent et, s'il y a lieu, dans le cadre de la coopération internationale.

Art. 5 – Les États parties respectent la responsabilité, le droit et le devoir qu'ont les parents ou, le cas échéant, les membres de la famille élargie ou de la communauté, comme prévu par la coutume locale, les tuteurs ou autres personnes légalement responsables de l'enfant, de donner à celui-ci, d'une manière qui corresponde au développement de ses capacités, l'orientation et les conseils appropriés à l'exercice des droits que lui reconnaît la présente Convention.

Art. 6 – I – Les États parties reconnaissent que tout enfant a un droit inhérent à la vie.

II – Les États parties assurent dans toute la mesure possible la survie et le développement de l'enfant.

Art. 7 – I – L'enfant est enregistré aussitôt sa naissance et a dès celle-ci le droit à un nom, le droit d'acquérir une nationalité et, dans la mesure du possible, le droit de connaître ses parents et d'être élevé par eux.

II – Les États parties veillent à mettre ces droits en œuvre conformément à leur législation nationale et aux obligations que leur imposent les instruments internationaux applicables en la matière, en particulier dans les cas où faute de cela l'enfant se trouverait apatride.

Art. 8 – I – Les États parties s'engagent à respecter le droit de l'enfant de préserver son identité, y compris sa nationalité, son nom et ses relations familiales, tels qu'ils sont reconnus par la loi, sans ingérence illégale.

II – Si un enfant est illégalement privé des éléments constitutifs de son identité ou de certains d'entre eux, les États parties doivent lui accorder une assistance et une protection appropriées, pour que son identité soit rétablie aussi rapidement que possible.

Art. 9 – I – Les États parties veillent à ce que l'enfant ne soit pas séparé de ses parents contre leur gré, à moins que les autorités compétentes ne décident, sous réserve de révision judiciaire et conformément aux lois et procédures applicables, que cette séparation est nécessaire dans l'intérêt supérieur de l'enfant. Une décision en ce sens peut être nécessaire dans certains cas particuliers, par exemple lorsque les parents vivent séparément et qu'une décision doit être prise au sujet du lieu de résidence de l'enfant.

II – Dans tous les cas prévus au paragraphe I du présent article, toutes les parties intéressées doivent avoir la possibilité de participer aux délibérations et de faire connaître leurs vues.

III – Les États parties respectent le droit de l'enfant séparé de ses deux parents ou de l'un d'eux d'entretenir régulièrement des relations personnelles et des contacts directs avec ses deux parents, sauf si cela est contraire à l'intérêt supérieur de l'enfant.

IV – Lorsque la séparation résulte de mesures prises par un État partie, telles que la détention, l'emprisonnement, l'exil, l'expulsion ou la mort (y compris la mort, qu'elle qu'en soit la cause, survenue en cours de détention) des deux parents ou de l'un d'eux, ou de l'enfant, l'État partie donne sur demande aux parents, à l'enfant ou, s'il y a lieu, à un autre membre de la famille les renseignements essentiels sur le lieu où se trouvent le membre ou les membres de la famille, à moins que la divulgation de ces renseignements ne soit préjudiciable au bien-être de l'enfant. Les États parties veillent en outre à ce que la présentation d'une telle demande n'entraîne pas en elle-même de conséquences fâcheuses pour la personne ou les personnes intéressées.

Art. 10 – I – Conformément à l'obligation incombant aux États parties en vertu du paragraphe I de l'article 9, toute demande faite par un enfant ou ses parents en vue d'entrer dans un État partie ou de le quitter aux fins de réunification familiale est considérée par les États parties dans un esprit positif, avec humanité et diligence. Les États parties veillent en outre à ce que la présentation d'une telle demande n'entraîne pas de conséquences fâcheuses pour les auteurs de la demande et les membres de leur famille.

II – Un enfant dont les parents résident dans des États différents a le droit d'entretenir, sauf circonstances exceptionnelles, des relations personnelles et des contacts directs réguliers avec ses deux parents.

À cette fin, et conformément à l'obligation incombant aux États parties en vertu du paragraphe II de l'article 9, les États parties respectent le droit qu'ont l'enfant et ses parents de quitter tout pays, y compris le leur, et de revenir dans leur propre pays. Le droit de quitter tout pays ne peut faire l'objet que des restrictions prescrites par la loi qui sont nécessaires pour protéger la sécurité nationale, l'ordre public, la santé ou la moralité publiques, ou les droits et libertés d'autrui, et qui sont compatibles avec les autres droits reconnus dans la présente Convention.

Art. 11 – I – Les États parties prennent des mesures pour lutter contre les déplacements et les non-retours illicites d'enfants à l'étranger.

II – À cette fin, les États parties favorisent la conclusion d'accords bilatéraux ou multilatéraux ou l'adhésion aux accords existants.

Art. 12 – I – Les États parties garantissent à l'enfant qui est capable de discernement le droit d'exprimer librement son opinion sur toute question l'intéressant, les opinions de l'enfant étant dûment prises en considération eu égard à son âge et à son degré de maturité.

II – À cette fin, on donnera notamment à l'enfant la possibilité d'être entendu dans toute procédure judiciaire ou administrative l'intéressant, soit directement, soit par l'intermédiaire d'un représentant ou d'un organisme approprié, de façon compatible avec les règles de procédure de la législation nationale.

Art. 13 – I – L'enfant a droit à la liberté d'expression. Ce droit comprend la liberté de rechercher, de recevoir et de répandre des informations et des idées de toute espèce, sans considération de frontières, sous une forme orale, écrite, imprimée ou artistique, ou par tout autre moyen du choix de l'enfant.

II – L'exercice de ce droit ne peut faire l'objet que des seules restrictions qui sont prescrites par la loi et qui sont nécessaires :

a) Au respect des droits ou de la réputation d'autrui, ou

b) À la sauvegarde de la sécurité nationale, de l'ordre public, de la santé ou de la moralité publiques.

Art. 14 – I – Les États parties respectent le droit de l'enfant à la liberté de pensée, de conscience et de religion.

II – Les États parties respectent le droit et le devoir des parents ou, le cas échéant, des représentants légaux de l'enfant, de guider celui-ci dans l'exercice du droit susmentionné d'une manière qui corresponde au développement de ses capacités.

III – La liberté de manifester sa religion ou ses convictions ne peut être soumise qu'aux seules restrictions qui sont prescrites par la loi et qui sont nécessaires pour préserver la sûreté publique, l'ordre public, la santé et la moralité publiques, ou les libertés et droits fondamentaux d'autrui.

Art. 15 – I – Les États parties reconnaissent les droits de l'enfant à la liberté d'association et à la liberté de réunion pacifique.

II – L'exercice de ces droits ne peut faire l'objet que des seules restrictions qui sont prescrites par la loi et qui sont nécessaires dans une société démocratique, dans l'intérêt de la sécurité nationale, de la sûreté publique ou de l'ordre public, ou pour protéger la santé ou la moralité publiques, ou les droits et libertés d'autrui.

Art. 16 – I – Nul enfant ne fera l'objet d'immixtions arbitraires ou illégales dans sa vie privée, sa famille, son domicile ou sa correspondance, ni d'atteintes illégales à son honneur et à sa réputation.

II – L'enfant a droit à la protection de la loi contre de telles immixtions ou de telles atteintes.

Art. 17 – Les États parties reconnaissent l'importance de la fonction remplie par les médias et veillent à ce que l'enfant ait accès à une information et à des matériels provenant de sources nationales et internationales diverses, notamment ceux qui visent à promouvoir son bien-être social, spirituel et moral ainsi que sa santé physique et mentale. À cette fin, les États parties :

a) Encouragent les médias à diffuser une information et des matériels qui présentent une utilité sociale et culturelle pour l'enfant et répondent à l'esprit de l'article 29 ;

b) Encouragent la coopération internationale en vue de produire, d'échanger et de diffuser une information et des matériels de ce type provenant de différentes sources culturelles, nationales et internationales ;

c) Encouragent la production et la diffusion de livres pour enfants ;

d) Encouragent les médias à tenir particulièrement compte des besoins linguistiques des enfants autochtones ou appartenant à un groupe minoritaire ;

e) Favorisent l'élaboration de principes directeurs appropriés destinés à protéger l'enfant contre l'information et les matériels qui nuisent à son bien-être, compte tenu des dispositions des articles 13 et 18.

Art. 18 – I – Les États parties s'emploient de leur mieux à assurer la reconnaissance du principe selon lequel les deux parents ont une responsabilité commune pour ce qui est d'élever l'enfant et d'assurer son développement. La responsabilité d'élever l'enfant et d'assurer son développement incombe au premier chef aux parents ou, le cas échéant, à ses représentants légaux. Ceux-ci doivent être guidés avant tout par l'intérêt supérieur de l'enfant.

II – Pour garantir et promouvoir les droits énoncés dans la présente Convention, les États parties accordent l'aide appropriée aux parents et aux représentants légaux de l'enfant dans l'exercice de la responsabilité qui leur incombe d'élever l'enfant et assurent la mise en place d'institutions, d'établissements et de services chargés de veiller au bien-être des enfants.

III – Les États parties prennent toutes les mesures appropriées pour assurer aux enfants dont les parents travaillent le droit de bénéficier des services et établissements de garde d'enfants pour lesquels ils remplissent les conditions requises.

Art. 19 – I – Les États parties prennent toutes les mesures législatives, administratives, sociales et éducatives appropriées pour protéger l'enfant contre toute forme de violence, d'atteinte ou de brutalités physiques ou mentales, d'abandon ou de négligence, de mauvais traitements ou d'exploitation, y compris la violence sexuelle, pendant qu'il est sous la garde de ses parents ou de l'un d'eux, de son ou ses représentants légaux ou de toute autre personne à qui il est confié.

II – Ces mesures de protection comprendront, selon qu'il conviendra, des procédures efficaces pour l'établissement de programmes sociaux visant à fournir l'appui nécessaire à l'enfant et à ceux à qui il est confié, ainsi que pour d'autres formes de prévention, et aux fins d'identification, de rapport, de renvoi, d'enquête, de traitement et de suivi pour les cas de mauvais traitements de l'enfant décrits ci-dessus, et comprendre également, selon qu'il conviendra, des procédures d'intervention judiciaire.

Protection de l'enfance et droits des familles

Art. 20 – I – Tout enfant qui est temporairement ou définitivement privé de son milieu familial, ou qui, dans son propre intérêt, ne peut être laissé dans ce milieu, a droit à une protection et une aide spéciales de l'État.

II – Les États parties prévoient pour cet enfant une protection de remplacement conforme à leur législation nationale.

III – Cette protection de remplacement peut notamment avoir la forme du placement dans une famille, de la Kafalah de droit islamique, de l'adoption ou, en cas de nécessité, du placement dans un établissement pour enfants approprié. Dans le choix entre ces solutions, il est dûment tenu compte de la nécessité d'une certaine continuité dans l'éducation de l'enfant, ainsi que de son origine ethnique, religieuse, culturelle et linguistique.

Art. 21 – Les États parties qui admettent et/ou autorisent l'adoption s'assurent que l'intérêt supérieur de l'enfant est la considération primordiale en la matière, et :

a) Veillent à ce que l'adoption d'un enfant ne soit autorisée que par les autorités compétentes, qui vérifient, conformément à la loi et aux procédures applicables et sur la base de tous les renseignements fiables relatifs au cas considéré, que l'adoption peut avoir lieu eu égard à la situation de l'enfant par rapport à ses père et mère, parents et représentants légaux et que, le cas échéant, les personnes intéressées ont donné leur consentement à l'adoption en connaissance de cause, après s'être entourées des avis nécessaires ;

b) Reconnaissent que l'adoption à l'étranger peut être envisagée comme un autre moyen d'assurer les soins nécessaires à l'enfant, si celui-ci ne peut, dans son pays d'origine, être placé dans une famille nourricière ou adoptive ou être convenablement élevé ;

c) Veillent, en cas d'adoption à l'étranger, à ce que l'enfant ait le bénéfice de garanties et de normes équivalant à celles existant en cas d'adoption nationale ;

d) Prennent toutes les mesures appropriées pour veiller à ce que, en cas d'adoption à l'étranger, le placement de l'enfant ne se traduise pas par un profit matériel indu pour les personnes qui en sont responsables ;

e) Poursuivent les objectifs du présent article en concluant des arrangements ou des accords bilatéraux ou multilatéraux, selon les cas, et s'efforcent dans ce cadre de veiller à ce que les placements d'enfants à l'étranger soient effectués par des autorités ou des organes compétents.

Art. 22 – 1. Les États parties prennent les mesures appropriées pour qu'un enfant qui cherche à obtenir le statut de réfugié ou qui est considéré comme réfugié en vertu des règles et procédures du droit international ou national applicable, qu'il soit seul ou accompagné de ses père et mère ou de toute personne, bénéficie de la protection et de l'assistance humanitaire voulues pour lui permettre de jouir des droits que lui reconnaissent la présente Convention et les autres instruments internationaux relatifs aux droits de l'homme ou de caractère humanitaire auxquels lesdits États sont parties.

2. À cette fin, les États parties collaborent, selon qu'ils le jugent nécessaire, à tous les efforts faits par l'Organisation des Nations unies et

les autres organisations intergouvernementales ou non gouvernementales compétentes collaborant avec l'Organisation des Nations unies pour protéger et aider les enfants qui se trouvent en pareille situation et pour rechercher les père et mère ou autres membres de la famille de tout enfant réfugié en vue d'obtenir les renseignements nécessaires pour le réunir à sa famille. Lorsque ni le père, ni la mère, ni aucun autre membre de la famille ne peut être retrouvé, l'enfant se voit accorder, selon les principes énoncés dans la présente Convention, la même protection que tout autre enfant définitivement ou temporairement privé de son milieu familial pour quelque raison que ce soit.

Art. 23 – 1. Les États parties reconnaissent que les enfants mentalement ou physiquement handicapés doivent mener une vie pleine et décente, dans des conditions qui garantissent leur dignité, favorisent leur autonomie et facilitent leur participation active à la vie de la collectivité.

2. Les États parties reconnaissent le droit des enfants handicapés de bénéficier de soins spéciaux et encouragent et assurent, dans la mesure des ressources disponibles, l'octroi, sur demande, aux enfants handicapés remplissant les conditions requises et à ceux qui en ont la charge, d'une aide adaptée à l'état de l'enfant et à la situation de ses parents ou de ceux à qui il est confié.

3. Eu égard aux besoins particuliers des enfants handicapés, l'aide fournie conformément au paragraphe 2 du présent article est gratuite chaque fois qu'il est possible, compte tenu des ressources financières de leurs parents ou de ceux à qui l'enfant est confié, et elle est conçue de telle sorte que les enfants handicapés aient effectivement accès à l'éducation, à la formation, aux soins de santé, à la rééducation, à la préparation à l'emploi et aux activités récréatives, et bénéficient de ces services de façon propre à assurer une intégration sociale aussi complète que possible et leur épanouissement personnel, y compris dans le domaine culturel et spirituel.

4. Dans un esprit de coopération internationale, les États parties favorisent l'échange d'informations pertinentes dans le domaine des soins de santé préventifs et du traitement médical, psychologique et fonctionnel des enfants handicapés, y compris par la diffusion d'informations concernant les méthodes de rééducation et les services de formation professionnelle, ainsi que l'accès à ces données, en vue de permettre aux États parties d'améliorer leurs capacités et leurs compétences et d'élargir leur expérience dans ces domaines. A cet égard, il est tenu particulièrement compte des besoins des pays en développement.

Art. 24 – 1. Les États parties reconnaissent le droit de l'enfant de jouir du meilleur état de santé possible et de bénéficier de services médicaux et de rééducation. Ils s'efforcent de garantir qu'aucun enfant ne soit privé du droit d'avoir accès à ces services.

2. Les États parties s'efforcent d'assurer la réalisation intégrale du droit susmentionné et, en particulier, prennent les mesures appropriées pour :

a) Réduire la mortalité parmi les nourrissons et les enfants ;

b) Assurer à tous les enfants l'assistance médicale et les soins de santé nécessaires, l'accent étant mis sur le développement des soins de santé primaires ;

c) Lutter contre la maladie et la malnutrition, y compris dans le cadre des soins de santé primaires, grâce notamment à l'utilisation de techniques aisément disponibles et à la fourniture d'aliments nutritifs et d'eau potable, compte tenu des dangers et des risques de pollution du milieu naturel ;

d) Assurer aux mères des soins prénatals et postnatals appropriés ;

e) Faire en sorte que tous les groupes de la société, en particulier les parents et les enfants, reçoivent une information sur la santé et la nutrition de l'enfant, les avantages de l'allaitement au sein, l'hygiène et la salubrité de l'environnement et la prévention des accidents, et bénéficient d'une aide leur permettant de mettre à profit cette information ;

f) Développer les soins de santé préventifs, les conseils aux parents et l'éducation et les services en matière de planification familiale.

3. Les États parties prennent toutes les mesures efficaces appropriées en vue d'abolir les pratiques traditionnelles préjudiciables à la santé des enfants.

4. Les États parties s'engagent à favoriser et à encourager la coopération internationale en vue d'assurer progressivement la pleine réalisation du droit reconnu dans le présent article. A cet égard, il est tenu particulièrement compte des besoins des pays en développement.

Art. 25 – Les États parties reconnaissent à l'enfant qui a été placé par les autorités compétentes pour recevoir des soins, une protection ou un traitement physique ou mental, le droit à un examen périodique dudit traitement et de toute autre circonstance relative à son placement.

Art. 26 – 1. Les États parties reconnaissent à tout enfant le droit de bénéficier de la Sécurité sociale, y compris les assurances sociales, et prennent les mesures nécessaires pour assurer la pleine réalisation de ce droit en conformité avec leur législation nationale.

2. Les prestations doivent, lorsqu'il y a lieu, être accordées compte tenu des ressources et de la situation de l'enfant et des personnes responsables de son entretien, ainsi que de toute autre considération applicable à la demande de prestation faite par l'enfant ou en son nom.

Art. 27 – 1. Les États parties reconnaissent le droit de tout enfant à un niveau de vie suffisant pour permettre son développement physique, mental, spirituel, moral et social.

2. C'est aux parents ou autres personnes ayant la charge de l'enfant qu'incombe au premier chef la responsabilité d'assurer, dans les limites de leurs possibilités et de leurs moyens financiers, les conditions de vie nécessaires au développement de l'enfant.

3. Les États parties adoptent les mesures appropriées, compte tenu des conditions nationales et dans la mesure de leurs moyens, pour aider les parents et autres personnes ayant la charge de l'enfant à mettre en œuvre ce droit et offrent, en cas de besoin, une assistance matérielle et des programmes d'appui, notamment en ce qui concerne l'alimentation, le vêtement et le logement.

4. Les États parties prennent toutes les mesures appropriées en vue d'assurer le recouvrement de

la pension alimentaire de l'enfant auprès de ses parents ou des autres personnes ayant une responsabilité financière à son égard, que ce soit sur leur territoire ou à l'étranger. En particulier, pour tenir compte des cas où la personne qui a une responsabilité financière à l'égard de l'enfant vit dans un État autre que celui de l'enfant, les États parties favorisent l'adhésion à des accords internationaux ou la conclusion de tels accords ainsi que l'adoption de tous autres arrangements appropriés.

Art. 28. 1. Les États parties reconnaissent le droit de l'enfant à l'éducation, et en particulier, en vue d'assurer l'exercice de ce droit progressivement et sur la base de l'égalité des chances :

a) Ils rendent l'enseignement primaire obligatoire et gratuit pour tous ;

b) Ils encouragent l'organisation de différentes formes d'enseignement secondaire, tant général que professionnel, les rendent ouvertes et accessibles à tout enfant, et prennent des mesures appropriées, telles que l'instauration de la gratuité de l'enseignement et l'offre d'une aide financière en cas de besoin ;

c) Ils assurent à tous l'accès à l'enseignement supérieur, en fonction des capacités de chacun, par tous les moyens appropriés ;

d) Ils rendent ouvertes et accessibles à tout enfant l'information et l'orientation scolaires et professionnelles ;

e) Ils prennent des mesures pour encourager la régularité de la fréquentation scolaire et la réduction des taux d'abandon scolaire.

2. Les États parties prennent toutes les mesures appropriées pour veiller à ce que la discipline scolaire soit appliquée d'une manière compatible avec la dignité de l'enfant en tant qu'être humain et conformément à la présente Convention.

3. Les États parties favorisent et encouragent la coopération internationale dans le domaine de l'éducation, en vue notamment de contribuer à éliminer l'ignorance et l'analphabétisme dans le monde et de faciliter l'accès aux connaissances scientifiques et techniques et aux méthodes d'enseignement modernes. À cet égard, il est tenu particulièrement compte des besoins des pays en développement.

Art. 29 **–** I. Les États parties conviennent que l'éducation de l'enfant doit viser à :

a) Favoriser l'épanouissement de la personnalité de l'enfant et le développement de ses dons et de ses aptitudes mentales et physiques, dans toute la mesure de leurs potentialités ;

b) Inculquer à l'enfant le respect des droits de l'homme et des libertés fondamentales, et des principes consacrés dans la Charte des Nations unies ;

c) Inculquer à l'enfant le respect de ses parents, de son identité, de sa langue et de ses valeurs culturelles, ainsi que le respect des valeurs nationales du pays dans lequel il vit, du pays duquel il peut être originaire et des civilisations différentes de la sienne ;

d) Préparer l'enfant à assumer les responsabilités de la vie dans une société libre, dans un esprit de compréhension, de paix, de tolérance, d'égalité entre les sexes et d'amitié entre tous les peuples et groupes ethniques, nationaux et religieux, et avec les personnes d'origine autochtone ;

e) Inculquer à l'enfant le respect du milieu naturel.

II – Aucune disposition du présent article ou de l'article 28 ne sera interprétée d'une manière qui porte atteinte à la liberté des personnes physiques ou morales de créer et de diriger des établissements d'enseignement, à condition que les principes énoncés au paragraphe 1 du présent article soient respectés et que l'éducation dispensée dans ces établissements soit conforme aux normes minimales que l'État aura prescrites.

Art. 30 – Dans les États où il existe des minorités ethniques, religieuses ou linguistiques ou des personnes d'origine autochtone, un enfant autochtone ou appartenant à une de ces minorités ne peut être privé du droit d'avoir sa propre vie culturelle, de professer et de pratiquer sa propre religion ou d'employer sa propre religion ou d'employer sa propre langue en commun avec les autres membres de son groupe.

Art. 31 – I – Les États parties reconnaissent à l'enfant le droit au repos et aux loisirs, de se livrer au jeu et à des activités récréatives propres à son âge, et de participer librement à la vie culturelle et artistique.

II – Les États parties respectent et favorisent le droit de l'enfant de participer pleinement à la vie culturelle et artistique, et encouragent l'organisation à son intention de moyens appropriés de loisirs et d'activités récréatives, artistiques et culturelles, dans des conditions d'égalité.

Art. 32 – I – Les États parties reconnaissent le droit de l'enfant d'être protégé contre l'exploitation économique et de n'être astreint à aucun travail comportant des risques ou susceptible de compromettre son éducation ou de nuire à sa santé ou à son développement physique, mental, spirituel, moral ou social.

II – Les États parties prennent des mesures législatives, administratives, sociales et éducatives pour assurer l'application du présent article. À cette fin, et compte tenu des dispositions pertinentes des autres instruments internationaux, les États parties, en particulier :

a) Fixent un âge minimum ou des âges minimum d'admission à l'emploi ;

b) Prévoient une réglementation appropriée des horaires de travail et des conditions d'emploi ;

c) Prévoient des peines ou autres sanctions appropriées pour assurer l'application effective du présent article.

Art. 33 – Les États parties prennent toutes les mesures appropriées y compris des mesures législatives, administratives, sociales et éducatives, pour protéger les enfants contre l'usage illicite de stupéfiants et de substances psychotropes, tels que les définissent les Conventions internationales pertinentes, et pour empêcher que des enfants ne soient utilisés pour la production et le trafic illicite de ces substances.

Art. 34 – Les États parties s'engagent à protéger l'enfant contre toutes les formes d'exploitation sexuelle et de violence sexuelle. À cette fin, les États prennent en particulier toutes les mesures appropriées sur les plans national, bilatéral et multilatéral pour empêcher :

a) Que des enfants ne soient incités ou contraints à se livrer à une activité sexuelle illégale ;

b) Que des enfants ne soient exploités à des fins de prostitution ou autres pratiques sexuelles illégales ;

c) Que des enfants ne soient exploités aux fins de la production de spectacles ou de matériel de caractère pornographique.

Art. 35 – Les États parties prennent toutes les mesures appropriées sur les plans national, bilatéral et multilatéral pour empêcher l'enlèvement, la vente ou la traite d'enfants à quelque fin que ce soit et sous quelque forme que ce soit.

Art. 36 – Les États parties protègent l'enfant contre toutes autres formes d'exploitation préjudiciables à tout aspect de son bien-être.

Art. 37 – Les États parties veillent à ce que :

a) Nul enfant ne soit soumis à la torture ni à des peines ou traitements cruels, inhumains ou dégradants. Ni la peine capitale ni l'emprisonnement à vie sans possibilité de libération ne doivent être prononcés pour les infractions commises par des personnes âgées de moins de dix-huit ans ;

b) Nul enfant ne soit privé de liberté de façon illégale ou arbitraire. L'arrestation, la détention ou l'emprisonnement d'un enfant doit être en conformité avec la loi, n'être qu'une mesure de dernier ressort, et être d'une durée aussi brève que possible ;

c) Tout enfant privé de liberté soit traité avec humanité et avec le respect dû à la dignité de la personne humaine, et d'une manière tenant compte des besoins des personnes de son âge. En particulier, tout enfant privé de liberté sera séparé des adultes, à moins que l'on n'estime préférable de ne pas le faire dans l'intérêt supérieur de l'enfant, et il a le droit de rester en contact avec sa famille par la correspondance et par des visites, sauf circonstances exceptionnelles ;

d) Les enfants privés de liberté aient le droit d'avoir rapidement accès à l'assistance juridique ou à toute autre assistance appropriée, ainsi que le droit de contester la légalité de leur privation de liberté devant un tribunal ou une autre autorité compétente, indépendante et impartiale, et à ce qu'une décision rapide soit prise en la matière.

Art. 38 – I – Les États parties s'engagent à respecter et à faire respecter les règles du droit humanitaire international qui leur sont applicables en cas de conflit armé et dont la protection s'étend aux enfants.

II – Les États parties prennent toutes les mesures possibles dans la pratique pour veiller à ce que les personnes n'ayant pas atteint l'âge de quinze ans ne participent pas directement aux hostilités.

III – Les États parties s'abstiennent d'enrôler dans leurs forces armées toute personne n'ayant pas atteint l'âge de quinze ans. Lorsqu'ils incorporent des personnes de plus de quinze ans mais de moins de dix-huit ans, les États parties s'efforcent d'enrôler en priorité les plus âgées.

IV – Conformément à l'obligation qui leur incombe en vertu du droit humanitaire international de protéger la population civile en cas de conflit armé, les États parties prennent toutes les mesures possibles dans la pratique pour que les enfants qui sont touchés par un conflit armé bénéficient d'une protection et de soins.

Art. 39 – Les États parties prennent toutes les mesures appropriées pour faciliter la réadaptation physique et psychologique et la réinsertion sociale de tout enfant victime de toute forme de négligence, d'exploitation ou de sévices, de torture ou de toute autre forme de peines ou traitements cruels, inhumains ou dégradants, ou de conflit armé. Cette réadaptation et cette réinsertion se déroulent dans des conditions qui favorisent la santé, le respect de soi et la dignité de l'enfant.

Art. 40 – I – Les États parties reconnaissent à tout enfant suspecté, accusé ou convaincu d'infraction à la loi pénale le droit à un traitement qui soit de nature à favoriser son sens de la dignité et de la valeur personnelle, qui renforce son respect pour les droits de l'homme et les libertés fondamentales d'autrui, et qui tienne compte de son âge ainsi que de la nécessité de faciliter sa réintégration dans la société et de lui faire assumer un rôle constructif au sein de celle-ci.

II – À cette fin, et compte tenu des dispositions pertinentes des instruments internationaux, les États parties veillent en particulier :

a) À ce qu'aucun enfant ne soit suspecté, accusé ou convaincu d'infraction à la loi pénale en raison d'actions ou d'omissions qui n'étaient pas interdites par le droit national ou international au moment où elles ont été commises ;

b) À ce que tout enfant suspecté ou accusé d'infraction à la loi pénale ait au moins le droit aux garanties suivantes :

i) Être présumé innocent jusqu'à ce que sa culpabilité ait été légalement établie ;

ii) Être informé dans le plus court délai et directement des accusations portées contre lui, ou, le cas échéant, par l'intermédiaire de ses parents ou représentants légaux, et bénéficier d'une assistance juridique ou de toute autre assistance appropriée pour la préparation et la présentation de sa défense ;

iii) Que sa cause soit entendue sans retard par une autorité ou une instance judiciaire compétentes, indépendantes et impartiales, selon une procédure équitable aux termes de la loi, en présence de son conseil juridique ou autre et, à moins que cela ne soit jugé contraire à l'intérêt supérieur de l'enfant en raison notamment de son âge ou de sa situation, en présence de ses parents ou représentants légaux ;

iv) Ne pas être contraint de témoigner ou de s'avouer coupable ; interroger ou faire interroger les témoins à charge, et obtenir la comparution et l'interrogatoire des témoins à décharge dans des conditions d'égalité ;

v) S'il est reconnu avoir enfreint la loi pénale, faire appel de cette décision et de toute mesure arrêtée en conséquence devant une autorité ou une instance judiciaire supérieure compétentes, indépendantes et impartiales, conformément à la loi ;

vi) Se faire assister gratuitement d'un interprète s'il ne comprend ou ne parle pas la langue utilisée ;

vii) Que sa vie privée soit pleinement respectée à tous les stades de la procédure.

III – Les États parties s'efforcent de promouvoir l'adoption de lois, de procédures, la mise en place d'autorités et d'institutions spécialement conçues pour les enfants suspectés, accusés ou convaincus d'infraction à la loi pénale, et en particulier :

a) D'établir un âge minimum au-dessous duquel les enfants seront présumés n'avoir pas la capacité d'enfreindre la loi pénale ;

b) De prendre des mesures, chaque fois que cela est possible et souhaitable, pour traiter ces enfants sans recourir à la procédure juridique, étant cependant entendu que les droits de l'homme et les garanties légales doivent être pleinement respectés.

IV – Toute une gamme de dispositions, relatives notamment aux soins, à l'orientation et à la supervision, aux conseils, à la probation, au placement familial, aux programmes d'éducation générale et professionnelle et aux solutions autres qu'institutionnelles seront prévues en vue d'assurer aux enfants un traitement conforme à leur bien-être et proportionné à leur situation et à l'infraction.

Art. 41 – Aucune des dispositions de la présente Convention ne porte atteinte aux dispositions plus propices à la réalisation des droits de l'enfant qui peuvent figurer :

a) Dans la législation d'un État partie ; ou

b) Dans le droit international en vigueur pour cet État.

Deuxième partie

Art. 42 – Les États parties s'engagent à faire largement connaître les principes et les dispositions de la présente Convention, par des moyens actifs et appropriés, aux adultes comme aux enfants.

Art 43 – I – Aux fins d'examiner les progrès accomplis par les États parties dans l'exécution des obligations contractées par eux en vertu de la présente Convention, il est institué un comité des droits de l'enfant qui s'acquitte des fonctions définies ci-après.

II – Ce comité se compose de dix experts de haute moralité et possédant une compétence reconnue dans le domaine visé par la présente Convention. Ses membres sont élus par les États parties parmi leurs ressortissants et siègent à titre personnel, compte tenu de la nécessité d'assurer une répartition géographique équitable et eu égard aux principaux systèmes juridiques.

III – Les membres du comité sont élus au scrutin secret sur une liste de personnes désignées par les États parties. Chaque État partie peut désigner un candidat parmi ses ressortissants.

IV – La première élection aura lieu dans les six mois suivant la date d'entrée en vigueur de la présente Convention. Les élections auront lieu ensuite tous les deux ans. Quatre mois au moins avant la date de chaque élection, le Secrétaire général de l'Organisation des Nations unies invitera par écrit les États parties à proposer leurs candidats dans un délai de deux mois. Le Secrétaire général dressera ensuite la liste alphabétique des candidats ainsi désignés, et la communiquera aux États parties à la présente Convention.

V – Les élections ont lieu lors des réunions des États parties, convoquées par le Secrétaire général au siège de l'Organisation des Nations unies. À ces réunions, pour lesquelles le quorum est constitué par les deux tiers des États parties, les candidats élus au comité sont ceux qui obtiennent le plus grand nombre de voix et la majorité absolue des voix des représentants des États parties et votants.

VI – Les membres du comité sont élus pour quatre ans. Ils sont rééligibles si leur candidature est présentée à nouveau. Le mandat de cinq des membres élus lors de la première élection prend fin au bout de deux ans. Les noms de ces cinq membres seront tirés au sort par le président de la réunion immédiatement après la première élection.

VII – En cas de décès ou de démission d'un membre du comité, ou si, pour toute autre raison, un membre déclare ne plus pouvoir exercer ses fonctions au sein du comité, l'État partie qui avait présenté sa candidature nomme un autre expert parmi ses ressortissants pour pourvoir le poste ainsi vacant, jusqu'à l'expiration du mandat correspondant, sous réserve de l'approbation du comité.

VIII – Le comité adopte son règlement intérieur.

IX – Le comité élit son bureau pour une période de deux ans.

X – Les réunions du comité se tiennent normalement au siège de l'Organisation des Nations unies, ou en tout autre lieu approprié déterminé par le comité. Le comité se réunit normalement chaque année. La durée de ses sessions est déterminée et modifiée, si nécessaire, par une réunion des États parties à la présente Convention sous réserve de l'approbation de l'assemblée générale.

XI – Le Secrétaire général de l'Organisation des Nations unies met à la disposition du comité le personnel et les installations qui lui sont nécessaires pour s'acquitter efficacement des fonctions qui lui sont confiées en vertu de la présente Convention.

XII – Les membres du comité institué en vertu de la présente Convention reçoivent, avec l'approbation de l'assemblée générale, des émoluments prélevés sur les ressources de l'Organisation des Nations unies dans les conditions et selon les modalités fixées par l'assemblée générale.

Art. 44 – I – Les États parties s'engagent à soumettre au comité, par l'entremise du Secrétaire général de l'Organisation des Nations unies, des rapports sur les mesures qu'ils auront adoptées pour donner effet aux droits reconnus dans la présente Convention et sur les progrès réalisés dans la jouissance de ces droits :

a) Dans les deux ans à compter de la date de l'entrée en vigueur de la présente Convention pour les États parties intéressées ;

b) Par la suite, tous les cinq ans.

II – Les rapports établis en application du présent article doivent, le cas échéant, indiquer les facteurs et les difficultés empêchant les États parties de s'acquitter pleinement des obligations prévues par la présente Convention. Ils doivent également contenir des renseignements suffisants pour donner au comité une idée précise de l'application de la Convention dans le pays considéré.

III – Les États parties ayant présenté au comité un rapport initial complet n'ont pas, dans les rapports qu'ils lui présentent ensuite conformément à l'alinéa *b* du paragraphe I du présent article, à répéter les renseignements de base antérieurement communiqués.

IV – Le comité peut demander aux États parties tous renseignements complémentaires relatifs à l'application de la Convention.

V – Le comité soumet tous les deux ans à l'assemblée générale, par l'entremise du conseil économique et social, un rapport sur ses activités.

VI – Les États parties assurent à leurs rapports une large diffusion dans leur propre pays.

Art. 45 – Pour promouvoir l'application effective de la Convention et encourager la coopération internationale dans le domaine visé par la Convention :

a) Les institutions spécialisées, le Fonds des Nations unies pour l'enfance et d'autres organes des Nations unies ont le droit de se faire représenter lors de l'examen de l'application des dispositions de la présente Convention qui relèvent de leur mandat. Le comité peut inviter les institutions spécialisées, le Fonds des Nations unies pour l'enfance et tous autres organismes compétents qu'il jugera appropriés à donner des avis spécialisés sur l'application de la Convention dans les domaines qui relèvent de leurs mandats respectifs. Il peut inviter les institutions spécialisées, le Fonds des Nations unies pour l'enfance et d'autres organes des Nations unies à lui présenter des rapports sur l'application de la Convention dans les secteurs qui relèvent de leur domaine d'activité ;

b) Le Comité transmet, s'il le juge nécessaire, aux institutions spécialisées, au Fonds des Nations unies pour l'enfance et aux autres organismes compétents tout rapport des États parties contenant une demande ou indiquant un besoin de conseils ou d'assistance techniques, accompagné, le cas échéant, des observations et suggestions du comité touchant ladite demande ou indication ;

c) Le Comité peut recommander à l'Assemblée générale de prier le Secrétaire général de procéder pour le comité à des études sur des questions spécifiques touchant les droits de l'enfant ;

d) Le Comité peut faire des suggestions et des recommandations d'ordre général fondées sur les renseignements reçus en application des articles 44 et 45 de la présente Convention. Ces suggestions et recommandations d'ordre général sont transmises à tout État partie intéressé et portées à l'attention de l'Assemblée générale, accompagnées, le cas échéant, des observations des États parties.

Troisième partie

Art. 46 – La présente Convention est ouverte à la signature de tous les États.

Art. 47 – La présente Convention est sujette à ratification. Les instruments de ratification seront déposés auprès du Secrétaire général de l'Organisation des Nations unies.

Art. 48 – La présente Convention restera ouverte à l'adhésion de tout État. Les instruments d'adhésion seront déposés auprès du Secrétaire général de l'Organisation des Nations unies.

Art. 49 – 1. La présente Convention entrera en vigueur le trentième jour qui suivra la date du dépôt auprès du Secrétaire général de l'Organisation des Nations unies du vingtième instrument de ratification ou d'adhésion.

2. Pour chacun des États qui ratifieront la présente Convention ou y adhéreront après le dépôt du vingtième instrument de ratification ou d'adhésion, la Convention entrera en vigueur le trentième jour qui suivra le dépôt par cet État de son instrument de ratification ou d'adhésion.

Art. 50 – 1. Tout État partie peut opposer un amendement et en déposer le texte auprès du Secrétaire général de l'Organisation des Nations unies. Le Secrétaire général communique alors la proposition d'amendement aux États parties, en leur demandant de lui faire savoir s'ils sont favorables à la convocation d'une conférence des États parties en vue de l'examen de la proposition et de sa mise aux voix. Si, dans les quatre mois qui suivent la date de cette communication, un tiers au moins des États parties se prononcent en faveur de la convocation d'une telle conférence, le Secrétaire général convoque la conférence sous les auspices de l'Organisation des Nations unies. Tout amendement adopté par la majorité des États parties présents et votants à la conférence est soumis pour approbation à l'Assemblée générale.

2. Tout amendement adopté conformément aux dispositions du paragraphe I du présent article entre en vigueur lorsqu'il a été approuvé par l'Assemblée générale des Nations unies et accepté par une majorité des deux tiers des États parties.

3. Lorsqu'un amendement entre en vigueur, il a force obligatoire pour les États parties qui l'ont accepté, les autres États parties demeurant liés par les dispositions de la présente Convention et par tous amendements antérieurs acceptés par eux.

Art. 51 – 1. Le Secrétaire général de l'Organisation des Nations unies recevra et communiquera à tous les États le texte des réserves qui auront été faites par les États au moment de la ratification ou de l'adhésion.

2. Aucune réserve incompatible avec l'objet et le but de la présente Convention n'est autorisée.

3. Les réserves peuvent être retirées à tout moment par notification adressée au Secrétaire général de l'Organisation des Nations unies, lequel en informe tous les États parties à la Convention. La notification prend effet à la date à laquelle elle est reçue par le Secrétaire général.

Art. 52 – Tout État partie peut dénoncer la présente Convention par notification écrite adressée au Secrétaire général de l'Organisation des Nations unies. La dénonciation prend effet un an après la date à laquelle la notification a été reçue par le Secrétaire général.

Art. 53 – Le Secrétaire général de l'Organisation des Nations unies est désigné comme dépositaire de la présente Convention.

Art. 54 – L'original de la présente Convention, dont les textes anglais, arabe, chinois, espagnol, français et russe font également foi, sera déposé auprès du Secrétaire général de l'Organisation des Nations unies.

En foi de quoi les plénipotentiaires soussignés, dûment habilités par leurs gouvernements respectifs, ont signé la présente Convention.

1. Le Gouvernement de la République déclare que la présente Convention, notamment l'article 6, ne saurait être interprétée comme faisant obstacle à l'application des dispositions de la législation française relative à l'interruption volontaire de la grossesse.

2. Le Gouvernement de la République déclare, compte tenu de l'article 2 de la Constitution de la République française, que l'article 30 n'a pas lieu de s'appliquer en ce qui concerne la République.

3. Le Gouvernement de la République interprète l'article 40,

paragraphe 2, b, v, comme posant un principe général auquel la loi peut apporter des exceptions limitées. Il en est ainsi, notamment, pour certaines infractions relevant en premier et dernier ressort du tribunal de police ainsi que pour les infractions de nature criminelle. Au demeurant les décisions rendues en dernier ressort peuvent faire l'objet d'un recours devant la Cour de cassation qui statue sur la légalité de la décision intervenue.

Loi n° 2002-305 du 4 mars 2002

Loi relative à l'autorité parentale

L'Assemblée nationale et le Sénat ont adopté,

Le Président de la République promulgue la loi dont la teneur suit :

Chapitre Ier
L'autorité parentale

Art. 1 – I – Les articles 287 à 295 du code civil sont abrogés.

II – L'article 286 du même code est ainsi rédigé :

« *Art. 286* – Les conséquences du divorce pour les enfants sont réglées selon les dispositions du chapitre Ier du titre IX du présent livre. »

III – L'article 256 du même code est ainsi rédigé :

« *Art. 256* – Les conséquences de la séparation pour les enfants sont réglées selon les dispositions du chapitre Ier du titre IX du présent livre. »

Art. 2 – L'article 371-1 du code civil est ainsi rédigé :

« *Art. 371-1* – L'autorité parentale est un ensemble de droits et de devoirs ayant pour finalité l'intérêt de l'enfant.

« Elle appartient aux père et mère jusqu'à la majorité ou l'émancipation de l'enfant pour le protéger dans sa sécurité, sa santé et sa moralité, pour assurer son éducation et permettre son développement, dans le respect dû à sa personne.

« Les parents associent l'enfant aux décisions qui le concernent, selon son âge et son degré de maturité. »

Art. 3 – L'article 371-2 du code civil est ainsi rédigé :

« *Art. 371-2* – Chacun des parents contribue à l'entretien et à l'éducation des enfants à proportion de ses ressources, de celles de l'autre parent, ainsi que des besoins de l'enfant.

« Cette obligation ne cesse pas de plein droit lorsque l'enfant est majeur. »

Art. 4 – I – Le premier alinéa de l'article 371-4 du code civil est ainsi rédigé :

« L'enfant a le droit d'entretenir des relations personnelles avec ses ascendants. Seuls des motifs graves peuvent faire obstacle à ce droit. »

II – Le deuxième alinéa du même article est ainsi rédigé :

« Si tel est l'intérêt de l'enfant, le juge aux affaires familiales fixe les modalités des relations entre l'enfant et un tiers, parent ou non. »

Art. 5 – I – Avant l'article 372 du code civil, il est inséré une division et un intitulé ainsi rédigés :

« § 1. Principes généraux »

II – L'article 372 du même code est ainsi rédigé :

« *Art. 372* – Les père et mère exercent en commun l'autorité parentale.

« Toutefois, lorsque la filiation est établie à l'égard de l'un d'entre eux plus d'un an après la naissance d'un enfant dont la filiation est déjà établie à l'égard de l'autre, celui-ci reste seul investi de l'exercice de l'autorité parentale. Il en est de même lorsque la filiation est judiciairement déclarée à l'égard du second parent de l'enfant.

« L'autorité parentale pourra néanmoins être exercée en commun en cas de déclaration conjointe des père et mère devant le greffier en chef du tribunal de grande instance ou sur décision du juge aux affaires familiales. »

III – À la fin du premier alinéa de l'article 365 du même code, les mots : « mais celui-ci en conserve l'exercice » sont remplacés par les mots : « lequel en conserve seul l'exercice, sous réserve d'une déclaration conjointe avec l'adoptant devant le greffier en chef du tribunal de grande instance aux fins d'un exercice en commun de cette autorité ».

IV – Les articles 373 et 373-1 du même code sont ainsi rédigés :

« *Art. 373* – Est privé de l'exercice de l'autorité parentale le père ou la mère qui est hors d'état de manifester sa volonté, en raison de son incapacité, de son absence ou de toute autre cause.

« *Art. 373-1* – Si l'un des père et mère décède ou se trouve privé de l'exercice de l'autorité parentale, l'autre exerce seul cette autorité. »

V – Avant l'article 373-3 du même code, il est inséré un paragraphe 3 ainsi rédigé :

« § 3. De l'intervention du juge aux affaires familiales

« *Art. 373-2-6* – Le juge du tribunal de grande instance délégué aux affaires familiales règle les questions qui lui sont soumises dans le cadre du présent chapitre en veillant spécialement à la sauvegarde des intérêts des enfants mineurs.

« Le juge peut prendre les mesures permettant de garantir la continuité et l'effectivité du maintien des liens de l'enfant avec chacun de ses parents.

« Il peut notamment ordonner l'inscription sur le passeport des parents de l'interdiction de sortie de l'enfant du territoire français sans l'autorisation des deux parents.

« *Art. 373-2-7* – Les parents peuvent saisir le juge aux affaires familiales afin de faire homologuer la convention par laquelle ils organisent les modalités d'exercice de l'autorité parentale et fixent la contribution à l'entretien et à l'éducation de l'enfant.

« Le juge homologue la convention sauf s'il constate qu'elle ne préserve pas suffisamment l'intérêt de l'enfant ou que le consentement des parents n'a pas été donné librement.

« *Art. 373-2-8* – Le juge peut également être saisi par l'un des parents ou le ministère public, qui peut lui-même être saisi par un tiers, parent ou non, à l'effet de statuer sur les modalités d'exercice de l'autorité parentale et sur la contribution à l'entretien et à l'éducation de l'enfant.

« *Art. 373-2-9* – En application des deux articles précédents, la résidence de l'enfant peut être fixée en alternance au domicile de chacun des parents ou au domicile de l'un d'eux.

« À la demande de l'un des parents ou en cas de désaccord entre eux sur le mode de résidence de l'enfant, le juge peut ordonner à titre provisoire une résidence en alternance dont il détermine la durée. Au terme de celle-ci, le juge statue définitivement sur la résidence de l'enfant en alternance au domicile de chacun des parents ou au domicile de l'un d'eux.

« *Art. 373-2-10* – En cas de désaccord, le juge s'efforce de concilier les parties.

« À l'effet de faciliter la recherche par les parents d'un exercice consensuel de l'autorité parentale, le juge peut leur proposer une mesure de médiation et, après avoir recueilli leur accord, désigner un médiateur familial pour y procéder.

« Il peut leur enjoindre de rencontrer un médiateur familial qui les informera sur l'objet et le déroulement de cette mesure.

« *Art. 373-2-11* – Lorsqu'il se prononce sur les modalités d'exercice de l'autorité parentale, le juge prend notamment en considération :

« 1° La pratique que les parents avaient précédemment suivie ou les accords qu'ils avaient pu antérieurement conclure ;

« 2° Les sentiments exprimés par l'enfant mineur dans les conditions prévues à l'article 388-1 ;

« 3° L'aptitude de chacun des parents à assumer ses devoirs et respecter les droits de l'autre ;

« 4° Le résultat des expertises éventuellement effectuées, tenant compte notamment de l'âge de l'enfant ;

« 5° Les renseignements qui ont été recueillis dans les éventuelles enquêtes et contre-enquêtes sociales prévues à l'article 373-2-12.

« *Art. 373-2-12* – Avant toute décision fixant les modalités de l'exercice de l'autorité parentale et du droit de visite ou confiant les enfants à un tiers, le juge peut donner mission à toute personne qualifiée d'effectuer une enquête sociale. Celle-ci a pour but de recueillir des renseignements sur la situation de la famille et les conditions dans lesquelles vivent et sont élevés les enfants.

« Si l'un des parents conteste les conclusions de l'enquête sociale, une contre-enquête peut à sa demande être ordonnée.

« L'enquête sociale ne peut être utilisée dans le débat sur la cause du divorce.

« *Art. 373-2-13* – Les dispositions contenues dans la convention homologuée ainsi que les décisions relatives à l'exercice de l'autorité parentale peuvent être modifiées ou complétées à tout moment par le juge, à la demande des ou d'un parent ou du ministère public, qui peut lui-même être saisi par un tiers, parent ou non. »

Art. 6 – I – Après l'article 373-1 du code civil, il est inséré une division et un intitulé ainsi rédigés :

« § 2. De l'exercice de l'autorité parentale par les parents séparés »

II – L'article 373-2 du même code est ainsi rédigé :

« *Art. 373-2* – La séparation des parents est sans incidence sur les règles de dévolution de l'exercice de l'autorité parentale.

« Chacun des père et mère doit maintenir des relations personnelles avec l'enfant et respecter les liens de celui-ci avec l'autre parent.

« Tout changement de résidence de l'un des parents, dès lors qu'il modifie les modalités d'exercice de l'autorité parentale, doit faire l'objet d'une information préalable et en temps utile de l'autre parent. En cas de désaccord, le parent le plus diligent saisit le juge aux affaires familiales qui statue selon ce qu'exige l'intérêt de l'enfant. Le juge répartit les frais de déplacement et ajuste en conséquence le montant de la contribution à l'entretien et à l'éducation de l'enfant. »

III – Après l'article 373-2 du même code, sont insérés cinq articles 373-2-1 à 373-2-5 ainsi rédigés :

« *Art. 373-2-1* – Si l'intérêt de l'enfant le commande, le juge peut confier l'exercice de l'autorité parentale à l'un des deux parents.

« L'exercice du droit de visite et d'hébergement ne peut être refusé à l'autre parent que pour des motifs graves.

« Ce parent conserve le droit et le devoir de surveiller l'entretien et l'éducation de l'enfant. Il doit être informé des choix importants relatifs à la vie de ce dernier. Il doit respecter l'obligation qui lui incombe en vertu de l'article 371-2.

« *Art. 373-2-2* – En cas de séparation entre les parents, ou entre ceux-ci et l'enfant, la contribution à son entretien et à son éducation prend la forme d'une pension alimentaire versée, selon le cas, par l'un des parents à l'autre, ou à la personne à laquelle l'enfant a été confié.

« Les modalités et les garanties de cette pension alimentaire sont fixées par la convention homologuée visée à l'article 373-2-7 ou, à défaut, par le juge.

« Cette pension peut en tout ou partie prendre la forme d'une prise en charge directe de frais exposés au profit de l'enfant.

« Elle peut être en tout ou partie servie sous forme d'un droit d'usage et d'habitation.

« *Art. 373-2-3* – Lorsque la consistance des biens du débiteur s'y prête, la pension alimentaire peut être remplacée, en tout ou partie, sous les modalités et garanties prévues par la convention homologuée ou par le juge, par le versement d'une somme d'argent entre les mains d'un organisme accrédité chargé d'accorder en contrepartie à l'enfant une rente indexée, l'abandon de biens en usufruit ou l'affectation de biens productifs de revenus.

« *Art. 373-2-4* – L'attribution d'un complément, notamment sous forme de pension alimentaire, peut, s'il y a lieu, être demandé ultérieurement.

« *Art. 373-2-5* – Le parent qui assume à titre principal la charge d'un enfant majeur qui ne peut lui-même subvenir à ses besoins peut demander à l'autre parent de lui verser une contribution à son entretien et à son éducation. Le juge peut décider ou les parents convenir que cette contribution sera versée en tout ou partie entre les mains de l'enfant. »

Art. 7 – I – L'article 377 du code civil est ainsi rédigé :

« *Art. 377* – Les père et mère, ensemble ou séparément, peuvent, lorsque les circonstances l'exigent, saisir le juge en vue de voir déléguer tout ou partie de l'exercice de leur autorité parentale à un tiers, membre de la famille, proche digne de confiance, établissement agréé pour le recueil des enfants ou service départemental de l'aide sociale à l'enfance.

« En cas de désintérêt manifeste ou si les parents sont dans l'impossibilité d'exercer tout ou partie de l'autorité parentale, le particulier, l'établissement ou le service départemental de l'aide sociale à l'enfance qui a recueilli l'enfant peut également saisir le juge aux fins de se faire déléguer totalement ou partiellement l'exercice de l'autorité parentale.

« Dans tous les cas visés au présent article, les deux parents doivent être appelés à l'instance. Lorsque l'enfant concerné fait l'objet d'une mesure d'assistance éducative, la délégation ne peut intervenir qu'après avis du juge des enfants. »

II – L'article 377-1 du même code est ainsi rédigé :

« *Art. 377-1* – La délégation, totale ou partielle, de l'autorité parentale résultera du jugement rendu par le juge aux affaires familiales.

« Toutefois, le jugement de délégation peut prévoir, pour les besoins d'éducation de l'enfant, que les père et mère, ou l'un d'eux, partageront tout ou partie de l'exercice de l'autorité parentale avec le tiers délégataire. Le partage nécessite l'accord du ou des parents en tant qu'ils exercent l'autorité parentale. La présomption de l'article 372-2 est applicable à l'égard des actes accomplis par le ou les délégants et le délégataire.

« Le juge peut être saisi des difficultés que l'exercice partagé de l'autorité parentale pourrait générer par les parents, l'un d'eux, le délégataire ou le ministère public. Il statue conformément aux dispositions de l'article 373-2-11. »

III – Le dernier alinéa de l'article 377-2 du même code est supprimé.

Art. 8 – I – Avant l'article 373-3 du code civil, il est inséré une division et un intitulé ainsi rédigés :

« § 4. De l'intervention des tiers »

II – À l'article 373-3 du même code :

1° Le début du premier alinéa est ainsi rédigé : « La séparation des parents ne fait pas obstacle... (le reste sans changement). » ;

2° Le deuxième alinéa est ainsi rédigé :

« Le juge peut, à titre exceptionnel et si l'intérêt de l'enfant l'exige, notamment lorsqu'un des parents est privé de l'exercice de l'autorité parentale, décider de confier l'enfant à un tiers, choisi de préférence dans sa parenté. Il est saisi et statue conformément aux articles 373-2-8 et 373-2-11. » ;

3° Dans le troisième alinéa, les mots : « divorce ou séparation de corps » sont remplacés par les mots : « séparation des parents » ;

4° Le dernier alinéa est supprimé.

III – 1. Le 1° de l'article 375-3 du même code est ainsi rédigé :

« 1° À l'autre parent ; ».

2. Dans le dernier alinéa du même article, les mots : « des articles 287 et 287-1 » sont remplacés par les mots : « de l'article 373-3 ».

IV – À l'article 389-2 du même code :

1° Les mots : « dans l'un des cas prévus à l'article 373 » sont remplacés par les mots : « privé de l'exercice de l'autorité parentale » ;

2° Les mots : « à moins que les parents n'exercent en commun l'autorité parentale, lorsque les père et mère sont divorcés ou séparés de corps, ou encore lorsque le mineur est un enfant naturel » sont remplacés par les mots : « en cas d'exercice unilatéral de l'autorité parentale ».

V – À l'article 1384 du même code, les mots : « le droit de garde » sont remplacés par les mots : « l'autorité parentale ».

VI – La seconde phrase du deuxième alinéa de l'article 247 est supprimée et les articles 372-1, 372-1-1 et 374 du même code sont abrogés.

VII – Après le mot : « trouvent », la fin du premier alinéa de l'article 390 du même code est ainsi rédigée : « privés de l'exercice de l'autorité parentale. »

Chapitre II Filiation

Art. 9 – I – Dans le chapitre Ier du titre VII du livre Ier du code civil, il est inséré, avant la section 1, un article 310-1 ainsi rédigé :

« *Art. 310-1* – Tous les enfants dont la filiation est légalement établie ont les mêmes droits et les mêmes devoirs dans leurs rapports avec leur père et mère. Ils entrent dans la famille de chacun d'eux. »

II – Dans le même code, sont remplacés respectivement :

1° À l'article 340-6, les mots : « et 374 » par les mots : « et 372 » ;

2° À l'article 358, le mot : « légitime » par les mots : « dont la filiation est établie en application du titre VII du présent livre » ;

3° Au deuxième alinéa de l'article 365, les mots : « dans les mêmes conditions qu'à l'égard de l'enfant légitime » par les mots : « dans les conditions prévues par le chapitre Ier du titre IX du présent livre » ;

4° Dans le troisième alinéa du même article, les mots : « de l'enfant légitime » par les mots : « des mineurs ».

III – Les deux premiers alinéas de l'article 368 du même code sont remplacés par un alinéa ainsi rédigé :

« L'adopté et ses descendants ont, dans la famille de l'adoptant, les droits successoraux prévus au chapitre III du titre Ier du livre III. »

Art. 10 – I – Dans le code civil, sont supprimés :

1° À l'article 1072, le mot : « légitimes » ;

2° À l'article 402, le mot : « légitime ».

II – Les premier et deuxième alinéas de l'article 334 et l'article 1100 du même code sont abrogés.

III – 1. L'article 62 du même code est complété par un alinéa ainsi rédigé :

« Lors de l'établissement de l'acte de reconnaissance, il sera fait lecture à son auteur des articles 371-1 et 371-2. »

2. Le premier alinéa de l'article 75 du même code est complété par une phrase ainsi rédigée :

« Il sera également fait lecture de l'article 371-1. »

Chapitre III Dispositions diverses et transitoires

Art. 11 – I – Les dispositions des articles 1er à 10 sont applicables aux instances en cours qui n'ont pas donné lieu à une décision passée en force de chose jugée.

II – Les dispositions du premier alinéa de l'article 372 du code civil sont applicables aux enfants nés antérieurement à l'entrée en vigueur de la présente loi, dès lors qu'ils ont été reconnus par leurs père et mère dans l'année de leur naissance.

Art. 12 – Après l'article L. 161-15-2 du code de la Sécurité sociale, il est inséré un article L. 161-15-3 ainsi rédigé :

« *Art. L. 161-15-3* – Par dérogation à toutes dispositions contraires, les enfants de parents tous deux assurés d'un régime d'assurance maladie et maternité peuvent être rattachés en qualité d'ayant droit à chacun des deux parents.

« Les modalités d'application du présent article sont déterminées par décret en Conseil d'État. »

Art. 13 – I – La prostitution des mineurs est interdite sur tout le territoire de la République.

II – Tout mineur qui se livre à la prostitution, même occasionnellement, est réputé en danger et relève de la protection du juge des enfants au titre de la procédure d'assistance éducative.

III – Après l'article 225-12 du code pénal, il est inséré une section 2 *bis* ainsi rédigée :

« Section 2 *bis*

« Du recours à la prostitution d'un mineur

« *Art. 225-12-1* – Le fait de solliciter, d'accepter ou d'obtenir, en échange d'une rémunération ou d'une promesse de rémunération, des relations de nature sexuelle de la part d'un mineur qui se livre à la prostitution, y compris de façon occasionnelle, est puni de trois ans d'emprisonnement et 45 000 EUR d'amende.

« *Art. 225-12-2* – Les peines sont portées à cinq ans d'emprisonnement et 75 000 EUR d'amende :

« 1° Lorsque l'infraction est commise de façon habituelle ou à l'égard de plusieurs mineurs ;

« 2° Lorsque le mineur a été mis en contact avec l'auteur des faits grâce à l'utilisation, pour la diffusion de messages à destination d'un public non déterminé, d'un réseau de communication ;

« 3° Lorsque les faits sont commis par une personne qui abuse de l'autorité que lui confèrent ses fonctions.

« Les peines sont portées à sept ans d'emprisonnement et 100 000 EUR d'amende lorsqu'il s'agit d'un mineur de quinze ans.

« *Art. 225-12-3* – Dans le cas où les délits prévus par les articles 225-12-1 et 225-12-2 sont commis à l'étranger par un Français ou par une personne résidant habituellement sur le territoire français, la loi française est applicable par dérogation au deuxième alinéa de l'article 113-6 et les dispositions de la seconde phrase de l'article 113-8 ne sont pas applicables.

« *Art. 225-12-4* – Les personnes morales peuvent être déclarées responsables pénalement dans les conditions prévues par l'article 121-2 des infractions prévues par la présente section.

« Les peines encourues par les personnes morales sont :

« 1° L'amende, suivant les modalités prévues par l'article 131-38 ;

« 2° Les peines mentionnées à l'article 131-39.

« L'interdiction mentionnée au 2° de l'article 131-39 porte sur l'activité dans l'exercice ou à l'occasion de l'exercice de laquelle l'infraction a été commise. »

IV – Après l'article 225-7 du code pénal, il est inséré un article 225-7-1 ainsi rédigé :

« *Art. 225-7-1* – Le proxénétisme est puni de quinze ans de réclusion criminelle et de 3 000 000 EUR d'amende lorsqu'il est commis à l'égard d'un mineur de quinze ans. »

V – Au premier alinéa de l'article 225-20 du même code, les mots : « par la section 2 » sont remplacés par les mots : « par les sections 2 et 2 *bis* ».

VI – Le 4° de l'article 227-26 du même code est abrogé et le 5° de cet article devient le 4°.

Le dernier alinéa de l'article 227-28-1 du même code est supprimé.

VII – L'intitulé du titre XVII du livre IV du code de procédure pénale est complété par les mots : « ou de recours à la prostitution des mineurs ».

VIII – À l'article 706-34 du même code, la référence à l'article 225-10 du code pénal est remplacée par une référence à l'article 225-12-4 dudit code.

Art. 14 – Il est inséré, après le troisième alinéa de l'article 227-23 du code pénal, un alinéa ainsi rédigé :

« Le fait de détenir une telle image ou représentation est puni de deux ans d'emprisonnement et 30 000 EUR d'amende. »

Art. 15 – Après le premier alinéa de l'article 35 de la loi n° 98-468 du 17 juin 1998 relative à la prévention et à la répression des infractions sexuelles ainsi qu'à la protection des mineurs, il est inséré un alinéa ainsi rédigé :

« La mention de l'interdiction résultant du premier alinéa de l'article 34 est en outre insérée dans le document lui-même, quel que soit son support. De plus, lorsque le document présente un caractère pornographique, est également inséré le rappel des dispositions de l'article 227-22 du code pénal. »

Art. 16 – Dans le premier alinéa de l'article 227-9 du code pénal, les mots : « sont punis de deux ans d'emprisonnement et de 30 000 EUR d'amende » sont remplacés par les mots : « sont punis de trois ans d'emprisonnement et de 45 000 EUR d'amende ».

Art. 17 – I – L'article 35 quater de l'ordonnance n° 45-2658 du 2 novembre 1945 relative aux conditions d'entrée et de séjour des étrangers en France est ainsi modifié :

1° Après le deuxième alinéa du I, sont insérés deux alinéas ainsi rédigés :

« En l'absence d'un représentant légal accompagnant le mineur, le procureur de la République, avisé dès l'entrée d'un mineur en zone d'attente en application des dispositions du II, lui désigne sans délai un administrateur ad hoc. L'administrateur ad hoc assiste le mineur durant son maintien en zone d'attente et assure sa représentation dans toutes les procédures administratives et juridictionnelles relatives à ce maintien.

« L'administrateur ad hoc nommé en application de ces dispositions est désigné par le procureur de la République compétent sur une liste de personnes morales ou physiques dont les modalités de constitution sont fixées par décret en Conseil d'État. Ce décret précise également les conditions de leur indemnisation. » ;

2° Après la quatrième phrase du premier alinéa du III, il est inséré une phrase ainsi rédigée :

« Le mineur est assisté d'un avocat choisi par l'administrateur ad hoc ou, à défaut, commis d'office. » ;

3° Au début de la cinquième phrase du premier alinéa du III, les mots : « Il peut également demander » sont remplacés par les mots : « L'étranger ou, dans le cas du mineur mentionné au troisième alinéa du I, l'administrateur ad hoc peut également demander » ;

4° Le premier alinéa du V est complété par une phrase ainsi rédigée :

« Tout administrateur ad hoc désigné en application des dispositions du troisième alinéa du I doit, pendant la durée du maintien en zone d'attente du mineur qu'il assiste, se rendre sur place. » ;

5° Il est complété par un IX ainsi rédigé :

« IX. – L'administrateur ad hoc désigné en application des dispositions du troisième alinéa du I assure également la représentation du mineur dans toutes les procédures administratives et juridictionnelles afférentes à son entrée sur le territoire national. »

II. – Après l'article 12 de la loi n° 52-893 du 25 juillet 1952 relative au droit d'asile, il est inséré un article 12-1 ainsi rédigé :

« *Art. 12-1* – Lorsque la demande de reconnaissance de la qualité de réfugié est formée par un mineur sans représentant légal sur le territoire français, le procureur de la République, avisé par l'autorité administrative, lui désigne un administrateur ad hoc. L'administrateur ad hoc assiste le mineur et assure sa représentation dans le cadre des procédures administratives et juridictionnelles relatives à la demande de reconnaissance de la qualité de réfugié.

« L'administrateur ad hoc nommé en application de ces dispositions est désigné par le procureur de la République compétent sur une liste de personnes morales ou physiques dont les modalités de constitution sont fixées par décret en Conseil d'État. Ce décret précise également les conditions de leur indemnisation.

« La mission de l'administrateur ad hoc prend fin dès le prononcé d'une mesure de tutelle. »

Art. 18 – Après les mots : « du même code », la fin du troisième membre de phrase du premier alinéa du 2° du II de l'article 156 du code général des impôts est ainsi rédigée : « en cas de séparation de corps ou de divorce, ou en cas d'instance en séparation de corps ou en divorce et lorsque le conjoint fait l'objet d'une imposition séparée, les pensions alimentaires versées en vertu d'une décision de justice et en cas de révision amiable de ces pensions, le montant effectivement versé dans les conditions fixées par les articles 208 et 371-2 du code civil ; ».

Art. 19 – I – Les articles 62, 75, 368, 372-2, 373-3, 374-1, 388-1, 388-2, 389 à 389-5 du code civil et les dispositions du V de l'article 8 de la présente loi sont applicables à Mayotte.

Les dispositions du V de l'article 8 sont applicables dans les îles Wallis et Futuna, en Polynésie française et en Nouvelle-Calédonie.

II – Les dispositions des articles 13 à 15 sont applicables dans les îles Wallis et Futuna, en Polynésie française et en Nouvelle-Calédonie.

III – Les dispositions de l'article 17 sont applicables en Nouvelle-Calédonie. Les dispositions du II de l'article 17 sont applicables à Mayotte, dans les îles Wallis et Futuna et en Polynésie française.

IV – A – L'article 50 de l'ordonnance n° 2000-371 du 26 avril 2000 relative aux conditions d'entrée et de séjour des étrangers dans les îles Wallis et Futuna est ainsi modifié :

1° Après le deuxième alinéa du I, sont insérés deux alinéas ainsi rédigés :

« En l'absence d'un représentant légal accompagnant le mineur, le procureur de la République, avisé dès l'entrée d'un mineur en zone d'attente en application des dispositions du II, lui désigne sans délai un administrateur ad hoc. L'administrateur ad hoc assiste le mineur durant son maintien en zone d'attente et assure sa représentation dans toutes les procédures administratives et juridictionnelles relatives à ce maintien.

« L'administrateur ad hoc nommé en application de ces dispositions est désigné par le procureur de la République sur une liste de personnes morales ou physiques dont les modalités de constitution sont fixées par décret en Conseil d'État. Ce décret précise également les conditions de leur indemnisation. » ;

2° Après la quatrième phrase du premier alinéa du III, il est inséré une phrase ainsi rédigée : « Le mineur est assisté d'un avocat choisi par l'administrateur ad hoc ou, à défaut, commis d'office. » ;

3° Au début de la cinquième phrase du premier alinéa du III, les mots : « Il peut également demander » sont remplacés par les mots : « L'étranger ou, dans le cas du mineur mentionné au troisième alinéa du I, l'administrateur ad hoc peut également demander » ;

4° Le premier alinéa du V et complété par une phrase ainsi rédigée :

« Tout administrateur ad hoc désigné en application des dispositions du troisième alinéa du I doit, pendant la durée du maintien en zone d'attente du mineur qu'il assiste, se rendre sur place. » ;

5° Il est complété par un IX ainsi rédigé :

« IX – L'administrateur ad hoc désigné en application des dispositions du troisième et du quatrième alinéas du I assure également la représentation du mineur dans toutes les procédures administratives et juridictionnelles afférentes à son entrée sur le territoire national. »

B – L'article 52 de l'ordonnance n° 2000-372 du 26 avril 2000 relative aux conditions d'entrée et de séjour des étrangers en Polynésie française est ainsi modifié :

1° Après le deuxième alinéa du I, sont insérés deux alinéas ainsi rédigés :

« En l'absence d'un représentant légal accompagnant le mineur, le procureur de la République, avisé dès l'entrée d'un mineur en zone d'attente en application des dispositions du II, lui désigne sans délai un administrateur ad hoc. L'administrateur ad hoc assiste le mineur durant son maintien en zone d'attente et assure sa représentation dans toutes les procédures administratives et juridictionnelles relatives à ce maintien.

« L'administrateur ad hoc nommé en application de ces dispositions est désigné par le procureur de la République sur une liste de personnes morales ou physiques dont les modalités de constitution sont fixées par décret en Conseil d'État. Ce décret précise également les conditions de leur indemnisation. » ;

2° Après la quatrième phrase du premier alinéa du III, il est inséré une phrase ainsi rédigée :

« Le mineur est assisté d'un avocat choisi par l'administrateur ad hoc ou, à défaut, commis d'office. » ;

3° Au début de la cinquième phrase du premier alinéa du III, les mots : « Il peut également demander » sont remplacés par les mots : « L'étranger ou, dans le cas du mineur mentionné au troisième alinéa du I, l'administrateur ad hoc peut également demander » ;

4° Le premier alinéa du V est complété par une phrase ainsi rédigée :

« Tout administrateur ad hoc désigné en application des dispositions du troisième alinéa du I doit, pendant la durée du maintien en zone d'attente du mineur qu'il assiste, se rendre sur place. » ;

5° Il est complété par un IX ainsi rédigé :

« IX – L'administrateur ad hoc désigné en application des dispositions du troisième et du quatrième alinéas du I assure également la représentation du mineur dans toutes les procédures administratives et juridictionnelles afférentes à son entrée sur le territoire national. »

C – L'article 50 de l'ordonnance n° 2000-373 du 26 avril 2000 relative aux conditions d'entrée et de séjour des étrangers à Mayotte est ainsi modifié :

1° Après le deuxième alinéa du I, sont insérés deux alinéas ainsi rédigés :

« En l'absence d'un représentant légal accompagnant le mineur, le procureur de la République, avisé dès l'entrée d'un mineur en zone d'attente en application des dispositions du II, lui désigne sans délai un administrateur ad hoc. L'administrateur ad hoc assiste le mineur durant son maintien en zone d'attente et assure sa représentation dans toutes les procédures administratives et juridictionnelles relatives à ce maintien.

« L'administrateur ad hoc nommé en application de ces dispositions est désigné par le procureur de la République sur une liste de personnes morales ou physiques dont les modalités de constitution sont fixées par décret en Conseil d'État. Ce décret précise également les conditions de leur indemnisation. » ;

2° Après la quatrième phrase du premier alinéa du III, il est inséré une phrase ainsi rédigée :

« Le mineur est assisté d'un avocat choisi par l'administrateur ad hoc ou, à défaut, commis d'office. » ;

3° Au début de la cinquième phrase du premier alinéa du III, les mots : « Il peut également demander » sont remplacés par les mots : « L'étranger ou, dans le cas du mineur mentionné au troisième alinéa du I, l'administrateur ad hoc peut également demander » ;

4° Le premier alinéa du V est complété par une phrase ainsi rédigée :

« Tout administrateur ad hoc désigné en application des dispositions du troisième alinéa du I doit, pendant la durée du maintien en zone d'attente du mineur qu'il assiste, se rendre sur place. » ;

5° Il est complété par un IX ainsi rédigé :

« IX – L'administrateur ad hoc désigné en application des dispositions du troisième et du quatrième alinéas du I assure également la représentation du mineur dans toutes les procédures administratives et juridictionnelles afférentes à son entrée sur le territoire national. »

V. – Le code de l'organisation judiciaire est ainsi modifié :

1° À l'article L. 931-2, les mots : « et III » sont remplacés par les mots : «, III et VI » ;

2° À l'article L. 942-7, les mots : « et III » sont remplacés par les mots : «, III et VI » ;

3° Après l'article L. 931-7, il est inséré un article L. 931-7-1 ainsi rédigé :

« *Art. L. 931-7-1* – Les dispositions de l'article L. 312-1-1 sont applicables en Nouvelle-Calédonie, en Polynésie française et dans les îles Wallis et Futuna. »

Art. 20 – Le titre II du livre II du code de l'organisation judiciaire est complété par un chapitre VI intitulé : « Dispositions particulières aux aspects civils de l'enlèvement international d'enfants », comprenant un article L. 226-1 ainsi rédigé :

« *Art. L. 226-1* – Le magistrat visé au premier alinéa de l'article L. 223-2 ou son remplaçant désigné conformément au deuxième alinéa du même article siège dans la formation de la cour d'appel qui statue sur les recours formés contre les décisions rendues en première instance sur le fondement des dispositions des instruments internationaux et communautaires relatives au déplacement illicite international d'enfants.

« Le magistrat du parquet général visé au troisième alinéa de l'article L. 223-2 est également chargé du traitement des affaires de déplacements internationaux d'enfants. »

Art. 21 – Après l'article L. 312-1 du code de l'organisation judiciaire, il est inséré un article L. 312-1-1 ainsi rédigé :

« *Art. L. 312-1-1* – Le siège et le ressort des tribunaux de grande instance compétents pour connaître des actions engagées sur le fondement des dispositions des instruments internationaux et communautaires relatives au déplacement illicite international d'enfants sont fixés par décret en Conseil d'État.

« Il existe un seul tribunal compétent par cour d'appel. »

La présente loi sera exécutée comme loi de l'État.

Fait à Paris, le 4 mars 2002.

Par le Président de la République :
Jacques Chirac

Le Premier ministre, Lionel Jospin

La ministre de l'Emploi et de la Solidarité,
Élisabeth Guigou

La garde des Sceaux, ministre de la Justice,
Marylise Lebranchu

Le ministre de l'Intérieur, Daniel Vaillant

La ministre déléguée à la Famille, à l'Enfance et aux Personnes handicapées,
Ségolène Royal

Le secrétaire d'État à l'Outre-mer,
Christian Paul

Loi n° 2002-1138 du 9 septembre 2002

Loi d'orientation et de programmation pour la justice (extraits)

L'Assemblée nationale et le Sénat ont adopté,

Vu la décision du Conseil constitutionnel n° 2002-461 DC en date du 29 août 2002 ;

Le Président de la République promulgue la loi dont la teneur suit :

[...]

Titre III
Dispositions portant réforme du droit pénal des mineurs

Section 1
Dispositions relatives à la responsabilité pénale des mineurs

Art. 11 – L'article 122-8 du code pénal est ainsi rédigé :

« *Art. 122-8* – Les mineurs capables de discernement sont pénalement responsables des crimes, délits ou contraventions dont ils ont été reconnus coupables, dans des conditions fixées par une loi particulière qui détermine les mesures de protection, d'assistance, de surveillance et d'éducation dont ils peuvent faire l'objet.

« Cette loi détermine également les sanctions éducatives qui peuvent être prononcées à l'encontre des mineurs de dix à dix-huit ans ainsi que les peines auxquelles peuvent être condamnés les mineurs de treize à dix-huit ans, en tenant compte de l'atténuation de responsabilité dont ils bénéficient en raison de leur âge. »

Art. 12 – Le deuxième alinéa de l'article 2 de l'ordonnance n° 45-174 du 2 février 1945 relative à l'enfance délinquante est ainsi rédigé :

« Ils pourront cependant, lorsque les circonstances et la personnalité des mineurs l'exigent, soit prononcer une sanction éducative à l'encontre des mineurs de dix à dix-huit ans, conformément aux dispositions de l'article 15-1, soit prononcer une peine à l'encontre des mineurs de treize à dix-huit ans en tenant compte de l'atténuation de leur responsabilité pénale, conformément aux dispositions des articles 20-2 à 20-9. »

Art. 13 – Après l'article 15 de l'ordonnance n° 45-174 du 2 février 1945 précitée, il est inséré un article 15-1 ainsi rédigé :

« *Art. 15-1* – Si la prévention est établie à l'égard d'un mineur âgé d'au moins dix ans, le tribunal pour enfants pourra prononcer par décision motivée une ou plusieurs des sanctions éducatives suivantes :

« 1° Confiscation d'un objet détenu ou appartenant au mineur et ayant servi à la commission de l'infraction ou qui en est le produit ;

« 2° Interdiction de paraître, pour une durée qui ne saurait excéder un an, dans le ou les lieux dans lesquels l'infraction a été commise et qui sont désignés par la juridiction, à l'exception des lieux dans lesquels le mineur réside habituellement ;

« 3° Interdiction, pour une durée qui ne saurait excéder un an, de rencontrer ou de recevoir la ou les victimes de l'infraction désignées par la juridiction ou d'entrer en relation avec elles ;

« 4° Interdiction, pour une durée qui ne saurait excéder un an, de rencontrer ou de recevoir le ou les coauteurs ou complices éventuels désignés par la juridiction ou d'entrer en relation avec eux ;

« 5° Mesure d'aide ou de réparation mentionnée à l'article 12-1 ;

« 6° Obligation de suivre un stage de formation civique, d'une durée qui ne peut excéder un mois, ayant pour objet de rappeler au mineur les obligations résultant de la loi et dont les modalités d'application sont fixées par décret en Conseil d'État.

« Le tribunal pour enfants désignera le service de la protection judiciaire de la jeunesse ou le service habilité chargé de veiller à la bonne exécution de la sanction. Ce service fera rapport au juge des enfants de l'exécution de la sanction éducative.

« En cas de non-respect par le mineur des sanctions éducatives prévues au présent article, le tribunal pour enfants pourra prononcer à son égard une mesure de placement dans l'un des établissements visés à l'article 15. »

Art. 14 – Le dernier alinéa de l'article 20 de l'ordonnance n° 45-174 du 2 février 1945 précitée est ainsi rédigé :

« S'il est décidé que l'accusé mineur déclaré coupable ne doit pas faire l'objet d'une condamnation pénale, les mesures relatives à son placement ou à sa garde ou les sanctions éducatives sur lesquelles la cour et le jury sont appelés à statuer seront celles des articles 15-1, 16 et du premier alinéa de l'article 19. »

Art. 15 – Le code de procédure pénale est ainsi modifié :

1° Au 3° de l'article 768, les mots : « des articles 8, 15, 16 et 28 » sont remplacés par les mots : « des articles 8, 15, 15-1, 16, 16 *bis* et 28 » ;

2° Au 1° de l'article 769-2, les mots : « des articles 8, 15, 16, 16 *bis* et 28 » sont remplacés par les mots : « des articles 8, 15, 15-1, 16, 16 *bis* et 28 » ;

3° Au 1° de l'article 775, les mots : « des articles 2, 8, 15, 16, 18 et 28 » sont remplacés par les mots : « des articles 2, 8, 15, 15-1, 16, 16 *bis*, 18 et 28 ».

Section 2
Dispositions relatives à la retenue des mineurs de dix à treize ans

Art. 16 – Le premier alinéa du I de l'article 4 de l'ordonnance n° 45-174 du 2 février 1945 précitée est ainsi modifié :

1° Dans la deuxième phrase, les mots : « des indices graves et concordants » sont remplacés par les mots : « des indices graves ou concordants », les mots : « un délit puni d'au moins sept ans d'emprisonnement » sont remplacés par les mots : « un délit puni d'au moins cinq ans d'emprisonnement » et les mots : « qui ne saurait excéder dix heures » sont remplacés par les mots : « qui ne saurait excéder douze heures » ;

2° Dans la troisième phrase, les mots : « pour une durée qui ne saurait non plus excéder dix heures » sont remplacés par les mots : « pour une durée qui ne saurait non plus excéder douze heures ».

Section 3
Dispositions relatives au placement sous contrôle judiciaire, dans des centres éducatifs fermés, ou en détention provisoire

Art. 17 – L'ordonnance n° 45-174 du 2 février 1945 précitée est ainsi modifiée :

1° Au troisième alinéa de l'article 8, les mots : « de l'article 11 » sont remplacés par les mots : « des articles 10-2 et 11 » ;

2° Après l'article 10, il est inséré un article 10-2 ainsi rédigé :

« *Art. 10-2* – I – Les mineurs âgés de treize à dix-huit ans peuvent être placés sous contrôle judiciaire dans les conditions prévues par le code de procédure pénale, sous réserve des dispositions du présent article.

« II – Le contrôle judiciaire est décidé par ordonnance motivée, prise, selon les cas, par le juge des enfants, le juge d'instruction ou le juge des libertés et de la détention. Ce magistrat doit notifier oralement au mineur les obligations qui lui sont imposées, en présence de son avocat et de ses représentants légaux ou ceux-ci dûment convoqués ; ce magistrat informe également le mineur qu'en cas de non-respect de ces obligations, il pourra être placé en détention provisoire ; ces formalités sont mentionnées par procès-verbal, qui est signé par le magistrat et le mineur. Lorsque cette décision accompagne une mise en liberté, l'avocat du mineur est convoqué par tout moyen et sans délai et les dispositions du deuxième alinéa de l'article 114 du code de procédure pénale ne sont pas applicables.

« Le contrôle judiciaire dont fait l'objet un mineur peut également comprendre une ou plusieurs des obligations suivantes :

« 1° Se soumettre aux mesures de protection, d'assistance, de surveillance et d'éducation confiées à un service de la protection judiciaire de la jeunesse ou à un service habilité, mandaté à cette fin par le magistrat ;

« 2° Respecter les conditions d'un placement dans un centre éducatif de la protection judiciaire de la jeunesse ou relevant d'un service habilité auquel le mineur a été confié par le magistrat en application des dispositions de l'article 10 et notamment dans un centre éducatif fermé prévu à l'article 33.

« Toutefois, les obligations prévues au 2° ne peuvent être ordonnées que pour une durée de six mois et ne peuvent être renouvelées par ordonnance motivée qu'une seule fois pour une durée au plus égale à six mois.

« Le responsable du service ou centre désigné en application des 1° et 2° doit faire rapport au juge des enfants ou au juge d'instruction en cas de non-respect par le mineur des obligations qui lui ont été imposées ; copie de ce rapport est adressée au procureur de la République par ce magistrat.

« III – En matière correctionnelle, les mineurs âgés de moins de seize ans ne peuvent être placés sous contrôle judiciaire que lorsque la peine d'emprisonnement encourue est supérieure ou égale à cinq ans et lorsque le mineur a déjà fait l'objet d'une ou plusieurs mesures éducatives prononcées en application des dispositions des articles 8, 10, 15, 16 et 16 *bis* ou d'une condamnation à une sanction éducative ou à une peine.

« Le contrôle judiciaire auquel peuvent être astreints en matière correctionnelle les mineurs âgés de seize ans ne peut comporter que l'obligation de respecter les conditions d'un placement, conformément aux dispositions du 2° du II. Le mineur est alors placé dans un centre éducatif fermé prévu à l'article 33.

« Le juge des enfants, le juge d'instruction ou le juge des libertés et de la détention statue sur le placement sous contrôle judiciaire en audience de cabinet, après un débat contradictoire au cours duquel ce magistrat entend le ministère public qui développe ses réquisitions prises conformément aux dispositions de l'article 137-2 du code de procédure pénale, puis les observations du mineur ainsi que celles de son avocat. Le magistrat peut, le cas échéant, recueillir au cours de ce débat les déclarations du représentant du service qui suit le mineur. »

Art. 18 – L'ordonnance n° 45-174 du 2 février 1945 précitée est ainsi modifiée :

1° Le premier alinéa de l'article 11 est remplacé par dix alinéas ainsi rédigés :

« Les mineurs de treize à dix-huit ans mis en examen par le juge d'instruction ou le juge des enfants ne peuvent être placés en détention provisoire par le juge des libertés et de la détention saisi soit par le juge d'instruction, soit par le juge des enfants, conformément aux dispositions des articles 137 à 137-4, 144 et 145 du code de procédure pénale, que dans les cas prévus par le présent article, à la condition que cette mesure soit indispensable ou qu'il soit impossible de prendre toute autre disposition et à la condition que les obligations du contrôle judiciaire prévues par l'article 10-2 soient insuffisantes.

« Les mineurs âgés de seize ans révolus ne peuvent être placés en détention provisoire que dans l'un des cas suivants :

« 1° S'ils encourent une peine criminelle ;

« 2° S'ils encourent une peine correctionnelle d'une durée égale ou supérieure à trois ans ;

« 3° S'ils se sont volontairement soustraits aux obligations d'un contrôle judiciaire prononcé conformément aux dispositions de l'article 10-2.

« Les mineurs âgés de treize ans révolus et de moins de seize ans ne peuvent être placés en détention provisoire que dans l'un des cas suivants :

« 1° S'ils encourent une peine criminelle ;

« 2° S'ils se sont volontairement soustraits aux obligations d'un contrôle judiciaire prononcé conformément aux dispositions du III de l'article 10-2.

« La détention provisoire est effectuée soit dans un quartier spécial de la maison d'arrêt, soit dans un établissement pénitentiaire spécialisé pour mineurs ; les mineurs détenus sont, autant qu'il est possible, soumis à l'isolement de nuit. Les mineurs âgés de treize à seize ans ne peuvent être placés en détention que dans les seuls établissements garantissant un isolement complet d'avec les détenus majeurs ainsi que la présence en détention d'éducateurs dans des conditions définies par décret en Conseil d'État.

« Lorsque les mineurs ayant fait l'objet d'un placement en détention provisoire sont remis en liberté au cours de la procédure, ils font l'objet, dès leur libération, des mesures éducatives ou de liberté surveillée justifiées par leur situation et déterminées par le juge des enfants, le juge d'instruction ou le juge des libertés et de la détention. Lorsque le magistrat estime qu'aucune de ces mesures n'est nécessaire, il statue par décision motivée. » ;

2° À l'avant-dernier alinéa du même article, les mots : « des quatrième et cinquième alinéas » sont remplacés par les mots : « des treizième et quatorzième alinéas » ;

3° Après l'article 11-1, il est inséré un article 11-2 ainsi rédigé :

« *Art. 11-2* – Lorsqu'à l'égard d'un mineur de treize à seize ans, la détention provisoire est ordonnée à la suite de la révocation d'un contrôle judiciaire prononcé conformément aux dispositions du III de l'article 10-2, la durée de la détention provisoire ne peut excéder quinze jours, renouvelable une fois.

« S'il s'agit d'un délit puni de dix ans d'emprisonnement, la durée de la détention provisoire ne peut excéder un mois, renouvelable une fois.

« Lorsque interviennent plusieurs révocations du contrôle judiciaire, la durée cumulée de la détention ne peut excéder une durée totale d'un mois dans le cas visé au premier alinéa et de deux mois dans le cas visé au deuxième alinéa. »

Section 4
Dispositions instituant une procédure de jugement à délai rapproché

Art. 19 – L'ordonnance n° 45-174 du 2 février 1945 précitée est ainsi modifiée :

1° La seconde phrase du deuxième alinéa de l'article 5 est ainsi rédigée :

« Il pourra également saisir le tribunal pour enfants conformément à la procédure de jugement à délai rapproché prévue par l'article 14-2. » ;

2° Au troisième alinéa de l'article 12, les mots : « articles 8-2 et 8-3 » sont remplacés par les mots : « articles 8-2 et 14-2 » ;

3° Après l'article 14-1, il est inséré un article 14-2 ainsi rédigé :

« *Art. 14-2* – I – Les mineurs de seize à dix-huit ans qui ont été déférés devant le procureur de la République peuvent être poursuivis devant le tribunal pour enfants selon la procédure de jugement à délai rapproché dans les cas et selon les modalités prévues par le présent article.

« II – La procédure de jugement à délai rapproché est applicable aux mineurs qui encourent une peine d'emprisonnement supérieure ou égale à trois ans en cas de flagrance, ou supérieure ou égale à cinq ans dans les autres cas. Elle ne peut être engagée que si des investigations sur les faits ne sont pas nécessaires et que si des investigations sur la personnalité du mineur ont été accomplies, le cas échéant, à l'occasion d'une procédure antérieure de moins d'un an.

« III – Après avoir versé au dossier de la procédure les éléments de personnalité résultant des investigations mentionnées au II, le procureur de la République vérifie l'identité du mineur qui lui est déféré et lui notifie les faits qui lui sont reprochés en présence de l'avocat de son choix ou d'un avocat désigné par le bâtonnier à la demande du procureur de la République si le mineur ou ses représentants légaux n'ont pas fait le choix d'un avocat. Dès sa désignation, l'avocat peut consulter le dossier et communiquer librement avec le mineur.

« Après avoir recueilli ses observations éventuelles et celles de son avocat, le procureur de la République informe le mineur qu'il est traduit devant le tribunal pour enfants pour y être jugé, à une audience dont il notifie la date et l'heure et qui doit avoir lieu dans un délai qui ne peut être inférieur à dix jours ni supérieur à un mois.

« À peine de nullité de la procédure, les formalités mentionnées aux deux alinéas précédents font l'objet d'un procès-verbal dont copie est remise au mineur et qui saisit le tribunal pour enfants.

« IV – Aussitôt après avoir procédé aux formalités prévues au III, le procureur de la République fait comparaître le mineur devant le juge des enfants afin qu'il soit statué sur ses réquisitions tendant soit au placement sous contrôle judiciaire, soit au placement en détention provisoire du mineur jusqu'à l'audience de jugement.

« Le juge des enfants statue par ordonnance motivée qui doit comporter l'énoncé des considérations de droit et de fait qui constituent le fondement de la décision, par référence, selon les cas, aux dispositions des articles 137 ou 144 du code de procédure pénale. Il statue en audience de cabinet, après un débat contradictoire au cours duquel il entend le procureur de la République, qui développe ses réquisitions, puis les observations du mineur et celles de son avocat. Le juge des enfants peut, le cas échéant, entendre au cours de ce débat les déclarations du représentant du service auquel le mineur a été confié.

« Les représentants légaux du mineur sont avisés de la décision du juge des enfants par tout moyen. L'ordonnance peut faire l'objet d'un appel devant la chambre de l'instruction ; les dispositions des articles 187-1 et 187-2 du code de procédure pénale sont alors applicables.

« Dans tous les cas, lorsque le juge des enfants ne fait pas droit aux réquisitions du procureur de la République, il peut ordonner les mesures prévues aux articles 8 et 10, le cas échéant, jusqu'à la comparution du mineur.

« V – Le tribunal pour enfants saisi en application du présent article statue conformément aux dispositions de l'article 13, premier alinéa, et de l'article 14.

« Il peut toutefois, d'office ou à la demande des parties, s'il estime que l'affaire n'est pas en état d'être jugée, renvoyer à une prochaine audience dans un délai qui ne peut être supérieur à un mois, en décidant, le cas échéant, de commettre le juge des enfants pour procéder à un supplément d'information ou d'ordonner une des mesures prévues aux articles 8 et 10. Si le mineur est en détention provisoire ou sous contrôle judiciaire, le tribunal statue alors par décision spécialement motivée sur le maintien de la mesure. Lorsque le mineur est en détention provisoire, le jugement au fond doit être rendu dans un délai d'un mois suivant le jour de sa première comparution devant le tribunal. Faute de décision au fond à l'expiration de ce délai, il est mis fin à la détention provisoire.

« Le tribunal pour enfants peut également, s'il estime que des investigations supplémentaires sont nécessaires compte tenu de la gravité ou de la complexité de l'affaire, renvoyer le dossier au procureur de la République. Lorsque le mineur est en détention provisoire, le tribunal pour enfants statue au préalable sur le maintien du mineur en détention provisoire jusqu'à sa comparution devant le juge des enfants ou le juge d'instruction. Cette comparution doit avoir lieu le jour même, à défaut de quoi le prévenu est remis en liberté d'office.

« VI – Les dispositions du présent article sont également applicables aux mineurs de treize à seize ans, à condition que la peine encourue soit d'au moins cinq ans d'emprisonnement, sans qu'elle puisse excéder sept ans. Le procureur de la République ne peut alors requérir que le placement sous contrôle judiciaire du mineur jusqu'à sa comparution devant le tribunal pour enfants, conformément aux dispositions du III de l'article 10-2, à une audience qui doit se tenir dans un délai de dix jours à deux mois. » ;

4° L'article 8-2 est ainsi rédigé :

« *Art. 8-2* – En matière correctionnelle, le procureur de la République pourra, à tout moment de la procédure, s'il estime que des investigations suffisantes sur la personnalité du mineur ont été effectuées, le cas échéant à l'occasion d'une précédente procédure, et que des investigations sur les faits ne sont pas ou ne sont plus nécessaires, requérir du juge des enfants qu'il ordonne la comparution de mineurs soit devant le tribunal pour enfants, soit devant la chambre du conseil, dans un délai compris entre un et trois mois. Les dispositions des deux derniers alinéas de l'article 82 et des deux premiers alinéas de l'article 185 du code de procédure pénale sont alors applicables, l'appel ou le recours du parquet étant porté devant le président de la chambre spéciale des mineurs de la cour d'appel ou son remplaçant, qui statuera dans les quinze jours de sa saisine. L'appel ou le recours du procureur de la République sera porté à la connaissance du mineur, de ses représentants légaux et de son avocat, qui pourront présenter par écrit toutes observations utiles. » ;

5° L'article 8-3 est abrogé.

Section 5
Dispositions relatives au jugement des mineurs par la juridiction de proximité

Art. 20 – L'article 21 de l'ordonnance n° 45-174 du 2 février 1945 précitée est complété par un alinéa ainsi rédigé :

« Pour les contraventions de police des quatre premières classes relevant de l'article 706-72 du code de procédure pénale, le juge de proximité exerce les attributions du tribunal de police dans les conditions prévues au présent article. »

Section 6
Dispositions relatives à l'exécution des peines d'emprisonnement et au sursis avec mise à l'épreuve

Art. 21 – I – L'ordonnance n° 45-174 du 2 février 1945 précitée est ainsi modifiée :

1° Au dernier alinéa de l'article 20-2, après les mots : « par les mineurs », sont insérés les mots : « soit dans un quartier spécial d'un établissement pénitentiaire, soit dans un établissement pénitentiaire spécialisé pour mineurs » ;

2° Après l'article 20-8, il est inséré un article 20-9 ainsi rédigé :

« *Art. 20-9* – En cas de condamnation d'un mineur de treize à dix-huit ans à une peine d'emprisonnement assortie d'un sursis avec mise à l'épreuve, le juge des enfants dans le ressort duquel le mineur a sa résidence habituelle exerce les attributions dévolues au juge de l'application des peines par les articles 739 à 741-2 du code de procédure pénale jusqu'à l'expiration du délai d'épreuve. Le juge des enfants, saisi d'office ou sur requête du procureur de la République, exerce également les attributions confiées au tribunal correctionnel par les articles 741-3 à 744-1 du même code, notamment pour ordonner la révocation du sursis avec mise à l'épreuve en cas de violation de mesures de contrôle ou des obligations imposées au condamné.

« La juridiction de jugement peut, si la personnalité du mineur le justifie, assortir cette peine de l'une des mesures définies aux articles 16 et 19 de la présente ordonnance, ces mesures pouvant être modifiées pendant toute la durée de l'exécution de la peine par le juge des enfants. Elle peut notamment décider de placer le mineur dans un centre éducatif fermé prévu par l'article 33.

« La juridiction de jugement peut alors astreindre le condamné, dans les conditions prévues à l'article 132-43 du code pénal, à l'obligation de respecter les conditions d'exécution des mesures visées à l'alinéa précédent ; le non-respect de cette obligation peut entraîner la révocation du sursis avec mise à l'épreuve et la mise à exécution de la peine d'emprisonnement.

« Le responsable du service qui veille à la bonne exécution de la peine doit faire rapport au procureur de la République ainsi qu'au juge des enfants en cas de non-respect par le mineur des obligations qui lui ont été imposées. »

II – L'article 744-2 du code de procédure pénale est abrogé.

Section 7
Des centres éducatifs fermés

Art. 22 – L'article 33 de l'ordonnance n° 45-174 du 2 février 1945 précitée est ainsi rédigé :

« *Art. 33* – Les centres éducatifs fermés sont des établissements publics ou des établissements privés habilités dans des conditions prévues par décret en Conseil d'État, dans lesquels les mineurs sont placés en application d'un contrôle judiciaire ou d'un sursis avec mise à l'épreuve. Au sein de ces centres, les mineurs font l'objet des mesures de surveillance et de contrôle permettant d'assurer un suivi éducatif et pédagogique renforcé et adapté à leur personnalité. La violation des obligations auxquelles le mineur est astreint en vertu des mesures qui ont entraîné son placement dans le centre peut entraîner, selon le cas, le placement en détention provisoire ou l'emprisonnement du mineur.

« L'habilitation prévue à l'alinéa précédent ne peut être délivrée qu'aux établissements offrant une éducation et une sécurité adaptées à la mission des centres ainsi que la continuité du service.

« À l'issue du placement en centre éducatif fermé ou, en cas de révocation du contrôle judiciaire ou du sursis avec mise à l'épreuve, à la fin de la mise en détention, le juge des enfants prend toute mesure permettant d'assurer la continuité de la prise en charge éducative du mineur en vue de sa réinsertion durable dans la société. »

Art. 23 **–** L'article 34 de l'ordonnance n° 45-174 du 2 février 1945 précitée est ainsi rétabli :

« *Art. 34* – Lorsque le mineur est placé dans l'un des centres prévus à l'article 33, les allocations familiales sont suspendues. Toutefois, le juge des enfants peut les maintenir lorsque la famille participe à la prise en charge morale ou matérielle de l'enfant ou en vue de faciliter le retour de l'enfant dans son foyer.

« Les allocations familiales suspendues concernent la seule part représentée par l'enfant délinquant dans le calcul des attributions d'allocations familiales. »

Art. 24 **–** I – Dans le deuxième alinéa de l'article 322-1 du code pénal, après les mots : « est puni de 3 750 EUR d'amende », sont insérés les mots : « et d'une peine de travail d'intérêt général ».

II – Dans le premier alinéa de l'article 322-2 du même code, après les mots : « 7 500 EUR d'amende », sont insérés les mots : « et d'une peine de travail d'intérêt général ».

III – Dans le premier alinéa de l'article 322-3 du même code, après les mots : « 15 000 EUR d'amende », sont insérés les mots : « et d'une peine de travail d'intérêt général ».

Section 8
Dispositions diverses

Art. 25 **–** I – L'article 222-12 du code pénal est ainsi modifié :

1° Après le douzième alinéa (11°), il est inséré un 12° ainsi rédigé :

« 12° Par un majeur agissant avec l'aide ou l'assistance d'un mineur. » ;

2° Dans la deuxième phrase de l'avant-dernier alinéa, les mots : « 1° à 10° » sont remplacés par les mots : « 1° à 12° ».

II – L'article 222-13 du même code est ainsi modifié :

1° Après le douzième alinéa (11°), il est inséré un 12° ainsi rédigé :

« 12° Par un majeur agissant avec l'aide ou l'assistance d'un mineur. » ;

2° Dans la deuxième phrase du dernier alinéa, les mots : « 1° à 10° » sont remplacés par les mots : « 1° à 12° ».

Art. 26 **–** Après l'article 311-4 du code pénal, il est inséré un article 311-4-1 ainsi rédigé :

« *Art. 311-4-1* – Le vol est puni de sept ans d'emprisonnement et de 100 000 EUR d'amende lorsqu'il est commis par un majeur avec l'aide d'un ou plusieurs mineurs, agissant comme auteurs ou complices.

« Les peines sont portées à dix ans d'emprisonnement et 150 000 EUR d'amende lorsque le majeur est aidé d'un ou plusieurs mineurs âgés de moins de treize ans. »

Art. 27 **–** Au premier alinéa de l'article 227-17 du code pénal, le mot : « gravement » est supprimé.

Art. 28 **–** L'article 227-21 du code pénal est ainsi modifié :

1° Dans le premier alinéa, les mots : « habituellement des crimes ou des délits » sont remplacés par les mots : « un crime ou un délit » ;

2° Dans le deuxième alinéa, après les mots : « mineur de quinze ans », sont insérés les mots : «, que le mineur est provoqué à commettre habituellement des crimes ou des délits ».

Art. 29 **–** Après l'article 10 de l'ordonnance n° 45-174 du 2 février 1945 précitée, il est inséré un article 10-1 ainsi rédigé :

« *Art. 10-1* – Lorsqu'ils sont convoqués devant le juge des enfants, le juge d'instruction, le tribunal pour enfants ou la cour d'assises des mineurs, les représentants légaux du mineur poursuivi qui ne déférent pas à cette convocation peuvent, sur réquisitions du ministère public, être condamnés par le magistrat ou la juridiction saisie à une amende civile dont le montant ne peut excéder 3 750 EUR.

« Cette amende peut être rapportée par le magistrat ou la juridiction qui l'a prononcée s'ils déférent ultérieurement à cette convocation.

« Les personnes condamnées à l'amende en application du premier alinéa peuvent former opposition de la condamnation devant le tribunal correctionnel dans les dix jours à compter de sa notification. »

Art. 30 – Dans le deuxième alinéa de l'article 14 de l'ordonnance n° 45-174 du 2 février 1945 précitée, après les mots : « assister aux débats », sont insérés les mots : « la victime, qu'elle soit ou non constituée partie civile, ».

Art. 31 – I – L'article 8 de l'ordonnance n° 45-174 du 2 février 1945 précitée est complété par un alinéa ainsi rédigé :

« Lorsque la peine encourue est supérieure ou égale à sept ans et que le mineur est âgé de seize ans révolus, il ne pourra rendre de jugement en chambre du conseil. »

II – Le cinquième alinéa (3°) de l'article 9 de la même ordonnance est complété par les mots : « ; toutefois, lorsque la peine encourue est supérieure ou égale à sept ans et que le mineur est âgé de seize ans révolus, le renvoi devant le tribunal pour enfants est obligatoire ».

Art. 32 – L'article 35 de l'ordonnance n° 45-174 du 2 février 1945 précitée est ainsi rétabli :

« *Art. 35* – Les députés et les sénateurs sont autorisés à visiter à tout moment les établissements publics ou privés accueillant des mineurs délinquants de leur département. »

[...]

La présente loi sera exécutée comme loi de l'État.

Fait à Paris, le 9 septembre 2002.

Par le Président de la République :
Jacques Chirac

Le Premier ministre, Jean-Pierre Raffarin

Le garde des Sceaux, ministre de la Justice, Dominique Perben

Le ministre de l'Économie, des Finances et de l'Industrie, Francis Mer

Le ministre de la Fonction publique, de la Réforme de l'État et de l'Aménagement du territoire, Jean-Paul Delevoye

Le ministre délégué au Budget et à la Réforme budgétaire, Alain Lambert

6

Aide sociale et lutte contre les exclusions

Des brèches à colmater

Depuis le célèbre livre de René Lenoir, *Les Exclus* (1974), la pauvreté et la précarité n'ont cessé de préoccuper les politiques. Pour autant, le législateur aura mis un certain temps pour donner les moyens d'une prévention efficace des diverses formes d'exclusion, par-delà ce qu'il avait déjà mis en place avec la loi du 30 juin 1975 en faveur des personnes handicapées. Mais il avait à gérer une situation délicate. Comment, en effet, développer des aides publiques dans un contexte de crise de l'État-providence ? Comment éviter les risques d'une explosion sociale motivée par le sentiment d'injustice et réduire les déficits publics ? Comment enfin venir en aide aux plus pauvres sans les figer dans un statut d'assistés et sans faire de l'aide sociale une solution attractive pour les personnes au seuil de la pauvreté ?

• *Une nouvelle répartition des droits et des devoirs : le RMI*

Il existait bien quelques initiatives municipales, face aux urgences suscitées par la crise économique et la dégradation du marché de l'emploi. D'autre part, la décentralisation permettait de répartir les engagements, en couplant solidarité nationale et solidarité locale. En fait, il aura fallu attendre les plans d'action contre la pauvreté et la précarité à partir de 1986 et le rapport de Joseph Wrésinski, *Grande Pauvreté et précarité économique et sociale*

(1987), pour que la première loi relative au revenu minimum d'insertion (RMI) amorce une réponse à l'exclusion et donne corps à deux idées fortes :

- puisque l'insertion sociale et professionnelle des personnes en difficulté est un « impératif national » (article 1 de la loi du 1er décembre 1988), l'État se charge de leur verser une aide financière, mais les conseils généraux sont tenus de financer les dispositifs d'insertion ;
- l'allocataire du RMI ne peut se réclamer du seul droit à l'aide financière : il est mis en demeure de souscrire, dans un délai de 3 mois, l'engagement de participer à des actions d'insertion sociale et professionnelle ou d'intérêt général. Cette obligation de signer un contrat d'insertion a été très discutée lors des débats parlementaires préparant l'adoption de la loi. Le motif invoqué par ses partisans a été le risque de voir se développer un rejet social des bénéficiaires du RMI, dans la mesure où ils obtiendraient un statut dont ils n'auraient aucune raison de vouloir se dégager. Au pire, ils pourraient inspirer bien d'autres personnes en situation d'échec ponctuel. Il n'a pas été souhaité, donc, d'abstraire les allocataires du RMI de la logique de l'effort individuel qui est censée s'imposer à tous, au nom d'une véritable citoyenneté pour tous les exclus.

Cette nouvelle articulation entre droits et devoirs des personnes en difficultés est à souligner, car elle marque la fin d'une assistance automatique, sans contrepartie, tout en faisant craindre, si un tel montage était généralisé, les dérives de la politique sociale aux États-Unis[1].

La deuxième loi que nous reproduisons (du 29 juillet 1992), précise le dispositif du RMI, mais élargit aussi les réponses à l'urgence sociale, en particulier par la création du fonds d'aide aux jeunes, l'accès à une fourniture minimum d'eau et d'énergie, le développement de l'aide médicale et des aides à l'emploi.

De nouvelles mesures ont été prises à l'occasion de la loi du 29 juillet 1998 d'orientation relative à la lutte contre les exclusions (voir plus loin), notamment, dans le cadre de son article 9, la possibilité de cumul entre le RMI et des revenus tirés

1. P. Rosanvallon, *La Nouvelle Question sociale*, Paris, Le Seuil, 1995.

d'une activité professionnelle. Voir aussi son article 136 sur les aides en cas d'endettement.

En 2003, un projet de loi sur le revenu minimum d'activité (RMA) a été mis en chantier par le nouveau gouvernement.

• *Une loi balai contre les exclusions*

Malgré le dispositif du RMI, un certain nombre de besoins en matière d'aide aux personnes démunies sont restés non couverts. L'insuffisance des moyens mis en œuvre pour répondre aux phénomènes d'exclusion a justifié une loi cette fois encore spécifique, dite, dans un premier temps, « de cohésion sociale ». Après la dissolution de l'Assemblée nationale par Jacques Chirac en 1997, le projet a été repris par le nouveau gouvernement de gauche sous l'appellation « loi d'orientation relative à la lutte contre les exclusions ». Pour rappel, la loi n° 92-722 du 29 juillet 1992 relative au RMI comportait un titre III *bis* intitulé « lutte contre l'exclusion sociale ».

Il s'agit ici d'un train de mesures, à l'apparence un peu décousue, qui balaie large les questions de l'emploi, de l'insertion par l'économique, de l'accès aux soins, de la lutte contre l'illettrisme, du logement, du surendettement..., jusqu'à la formation des travailleurs sociaux. Initialement composée de 82 articles, la loi est passée à 159 articles après les débats parlementaires.

Le texte voté a fait l'objet d'un recours auprès du Conseil constitutionnel. Celui-ci a censuré deux dispositions et a émis des réserves sur deux autres. Tout d'abord, le droit reconnu à chacun d'avoir accès à « un logement décent » ne lui a pas paru justifier des atteintes au droit de la propriété : droit « inviolable et sacré » selon la Déclaration des droits de l'homme et du citoyen de 1789. Le Conseil a jugé également non conforme à la Constitution le fait que le préfet puisse différer l'appel à la force publique pour des expulsions, au motif que « toute décision de justice a force exécutoire » : si le préfet peut toujours ne pas user de la force « dans des circonstances exceptionnelles tenant à la sauvegarde de l'ordre public », comme l'indique la jurisprudence, il ne peut pas procéder de même sous le prétexte de recherches en cours d'une autre offre d'hébergement.

- *Gérer la dépendance sans retour*

Si le RMI est, en principe, une aide transitoire, permettant de surmonter une situation d'échec plus ou moins ponctuelle, c'est que la pauvreté est supposée dépassable par la relance d'un processus d'insertion sociale et professionnelle. On sait pourtant que l'allocation peut être reconduite longtemps et que les bénéficiaires se heurtent souvent à une absence durable de perspectives.

Mais dans le cas des personnes âgées, la dépendance est le plus souvent sans retour. D'autre part, l'espérance de vie augmentant, le problème appelle des réponses spécifiques, dont la dernière a été donnée par la loi du 20 juillet 2001. Appelée successivement « prestation expérimentale dépendance », « allocation dépendance », « prestation d'autonomie », « prestation spécifique dépendance », la nouvelle aide que constitue l'allocation personnalisée d'autonomie (APA) est destinée aux personnes de 60 ans et plus, dépendantes sur le plan physique et/ou mental. Si l'objectif premier est de maintenir le plus grand nombre de personnes âgées à domicile en leur permettant de rémunérer des aides pour les actes de la vie courante, cette allocation concerne aussi celles qui ont hébergées dans un établissement médico-social ou dans un établissement de santé.

Comme auparavant, le degré de la perte d'autonomie est établi à partir d'une grille nationale d'évaluation de la dépendance (la grille AGGIR : autonomie gérontologique – groupe Iso-Ressources), avec six GIR numérotés de 1 pour les moins autonomes à 6 pour les plus autonomes. Seules les personnes relevant des GIR 1 à 4 peuvent bénéficier de l'APA.

Mais à la différence de la précédente prestation spécifique dépendance (1997), l'APA est définie dans des conditions identiques sur l'ensemble du territoire. Elle est versée par les conseils généraux à partir des crédits réunis par un « fonds de financement » ayant le statut d'établissement public national et auquel contribuent les départements, l'État et les caisses d'assurance vieillesse. Le problème principal est celui de l'augmentation prévisible du coût de l'APA en raison du vieillissement de la population et des difficultés à concrétiser de manière significative les impératifs de la solidarité nationale.

L'APA a fait l'objet d'ajustements par la loi du 31 mars 2003.

Aide sociale et lutte contre les exclusions

Loi n° 88-1088 du 1er décembre 1988

Loi relative au revenu minimum d'insertion

L'Assemblée nationale et le Sénat ont délibéré,

L'Assemblée nationale a adopté,

Le Président de la République promulgue la loi dont la teneur suit :

Titre premier
Dispositions générales

Art. 1er – Toute personne qui, en raison de son âge, de son état physique ou mental, de la situation de l'économie et de l'emploi, se trouve dans l'incapacité de travailler, a le droit d'obtenir de la collectivité des moyens convenables d'existence. L'insertion sociale et professionnelle des personnes en difficulté constitue un impératif national. Dans ce but, il est institué un revenu minimum d'insertion mis en œuvre dans les conditions fixées par la présente loi. Ce revenu minimum d'insertion constitue l'un des éléments d'un dispositif global de lutte contre la pauvreté tendant à supprimer toute forme d'exclusion, notamment dans les domaines de l'éducation, de l'emploi, de la formation, de la santé et du logement.

Les Français établis hors de France en difficulté au sens du présent article sont pris en compte dans la définition de la politique de lutte contre la pauvreté et d'insertion sociale et professionnelle des personnes en difficulté. Ils bénéficient à cet égard de secours et d'aides prélevés sur les crédits d'assurance du ministère des Affaires étrangères et d'autres mesures appropriées tenant compte de la situation économique et sociale du pays de résidence. Le Conseil supérieur des Français de l'étranger et, dans chaque pays considéré, les comités consulaires compétents sont consultés sur cette politique.

Art. 2 – Toute personne résidant en France dont les ressources, au sens des articles 9 et 10, n'atteignent pas le montant du revenu minimum défini à l'article 3, qui est âgée de plus de vingt-cinq ans ou assume la charge d'un ou plusieurs enfants et qui s'engage à participer aux actions ou activités définies avec elle, nécessaires à son insertion sociale ou professionnelle, a droit, dans les conditions prévues par la présente loi, à un revenu minimum d'insertion.

Art. 3 – Le revenu minimum d'insertion varie dans des conditions fixées par voie réglementaire selon la composition du foyer et le nombre de personnes à charge. Son montant est fixé par décret et révisé deux fois par an en fonction de l'évolution des prix.

Art. 4 – Le bénéficiaire du revenu minimum d'insertion a droit à une allocation égale à la différence entre le montant du revenu minimum défini à l'article précédent et les ressources définies selon les modalités fixées aux articles 9 et 10.

Art. 5 – Le financement de l'allocation est à la charge de l'État.

Titre II
Allocation de revenu minimum d'insertion

Chapitre Ier
Conditions d'ouverture du droit à l'allocation

Art. 6 – Si les conditions mentionnées à l'article 2 sont remplies, le droit à l'allocation est ouvert à compter de la date du dépôt de la demande.

Art. 7 – Les personnes ayant la qualité d'élève, d'étudiant ou de stagiaire ne peuvent bénéficier de l'allocation sauf si la formation qu'elles suivent constitue une activité d'insertion prévue dans le contrat d'insertion mentionné à l'article 36.

Art. 8 – Les étrangers titulaires de la carte de résident ou du titre de séjour prévu au troisième alinéa de l'article 12 de l'ordonnance n° 45-2658 du 2 novembre 1945 relative aux conditions d'entrée et de séjour des étrangers en France, ou encore d'un titre de même durée que ce dernier et conférant des droits équivalents, sous réserve d'avoir satisfait sous ce régime aux conditions prévues au premier alinéa de l'article 14 de ladite ordonnance, ainsi que les étrangers titulaires d'un titre de séjour prévu par les traités ou accords internationaux et conférant des droits équivalents à ceux de la carte de résident, peuvent prétendre au revenu minimum d'insertion.

Pour être pris en compte pour la détermination du montant du revenu minimum d'insertion, les enfants étrangers âgés de moins de seize ans doivent être nés en France ou être entrés en France avant la publication de la présente loi ou y séjourner dans des conditions régulières à compter de la publication de la présente loi.

Chapitre II
Détermination des ressources

Art. 9 – L'ensemble des ressources des personnes retenues pour la détermination du montant du revenu minimum d'insertion est pris en compte pour le calcul de l'allocation.

Toutefois, certaines prestations sociales à objet spécialisé et les rémunérations tirées d'activités professionnelles ou de stages de formation qui ont commencé au cours de la période de versement de l'allocation peuvent, selon des modalités fixées par voie réglementaire, être exclues, en tout ou en partie, du montant des ressources servant au calcul de l'allocation. Il en est ainsi des aides personnelles au logement visées au code de la Sécurité sociale et au code de la construction et de l'habitation sous réserve de montants forfaitaires déterminés en pourcentage du montant du revenu minimum d'insertion, dans la limite du montant de l'aide au logement due aux bénéficiaires du revenu minimum d'insertion.

Art. 10 – Pour les personnes qui exercent une activité non salariée, les modalités particulières de détermination des ressources provenant de l'exercice de cette activité, adaptées à la spécificité des différentes professions, sont fixées par voie réglementaire.

Chapitre III
Engagement de l'allocataire et décision d'octroi de l'allocation

Art. 11 – Lors du dépôt de sa

demande, l'intéressé doit souscrire l'engagement de participer aux activités ou actions d'insertion dont il sera convenu avec lui dans les conditions fixées à l'article 36.

Art. 12 – La demande d'allocation peut être déposée :

- auprès des centres communaux ou intercommunaux d'action sociale ;
- auprès du service départemental d'action sociale défini à l'article 28 de la loi n° 75-535 du 30 juin 1975 relative aux institutions sociales et médico-sociales ;
- auprès des associations ou organismes à but non lucratif agréés à cet effet par décision du représentant de l'État dans le département.

Les demandes recueillies sont immédiatement enregistrées au secrétariat de la commission locale d'insertion dans le ressort de laquelle réside l'intéressé. Elles sont transmises au président du centre communal ou intercommunal d'action sociale de la commune de résidence, si la demande n'a pas été déposée auprès de ce centre.

L'instruction administrative et sociale du dossier est effectuée par l'organisme devant lequel la demande a été déposée. Les organismes payeurs visés à l'article 19 apportent leur concours à l'instruction administrative, en particulier pour ce qui concerne l'appréciation des ressources.

Art. 13 – Lors de la demande initiale, l'allocation est attribuée pour une durée de trois mois par le représentant de l'État dans le département dans les conditions prévues à l'article 4.

Le droit à l'allocation est prorogé pour une durée de trois mois à un an par le représentant de l'État dans le département au vu du contrat d'insertion établi dans les conditions fixées à l'article 36.

Le défaut de communication du contrat d'insertion dans le délai de trois mois visé au premier alinéa ne peut conduire à l'interruption du versement de l'allocation lorsque la responsabilité est imputable aux services chargés de conclure ledit contrat avec l'intéressé.

Art. 14 – Le droit à l'allocation est renouvelable, par périodes comprises entre trois mois et un an, par décision du représentant de l'État dans le département, après avis de la commission locale d'insertion sur la mise en œuvre du contrat d'insertion mentionné à l'article 36.

À défaut de transmission de l'avis de la commission locale d'insertion avant le terme imparti au renouvellement, le versement de l'allocation est maintenu et la décision de renouvellement différée jusqu'à réception de cet avis par le représentant de l'État dans le département.

Art. 15 – Une personne sans résidence stable doit, pour demander le bénéfice de l'allocation, élire domicile auprès d'un organisme agréé à cette fin conjointement par le représentant de l'État dans le département et par le président du conseil général.

L'agrément précise les conditions dans lesquelles les organismes peuvent, le cas échéant, refuser de recevoir la déclaration d'élection de domicile.

Un organisme au moins dans le ressort de chaque commission locale d'insertion est tenu de recevoir toute déclaration.

Sous réserve des dispositions des deux alinéas précédents, la demande d'allocation est réputée valoir élection de domicile auprès de l'organisme l'ayant reçue.

Art. 16 – Si le contrat d'insertion mentionné à l'article 36 n'est pas respecté, il peut être procédé à sa révision à la demande du président de la commission locale d'insertion, du représentant de l'État dans le département ou du bénéficiaire de la prestation.

Si le non-respect du contrat incombe au bénéficiaire de la prestation, le versement de l'allocation peut être suspendu. Dans ce cas, le service de la prestation est rétabli lorsqu'un nouveau contrat a pu être conclu.

La décision de suspension est prise par le représentant de l'État dans le département, sur avis motivé de la commission locale d'insertion, après que l'intéressé, assisté, le cas échéant, de la personne de son choix, a été mis en mesure de faire connaître ses observations.

Art. 17 – Il est procédé au réexamen périodique du montant de l'allocation.

L'intéressé peut demander la révision des décisions déterminant le montant de l'allocation, dès lors que des éléments nouveaux modifient la situation au vu de laquelle ces décisions sont intervenues.

Art. 18 – Lorsqu'une institution gérant des prestations sociales a connaissance d'événements susceptibles d'abaisser les ressources de l'un de ses ressortissants au-dessous du niveau minimum d'insertion, elle l'informe des conditions d'ouverture du droit au revenu minimum d'insertion et lui fournit les indications lui permettant de constituer une demande auprès des organismes ou services instructeurs les plus proches.

La liste de ces prestations et des événements visés ci-dessus ainsi que les modalités d'information des intéressés sont fixées par voie réglementaire.

Chapitre IV
Versement de l'allocation

Art. 19 – Le service de l'allocation est assuré dans chaque département par les caisses d'allocations familiales et, le cas échéant, les caisses de mutualité sociale agricole, avec lesquelles le représentant d'État passe, à cet effet, Convention.

Art. 20 – Une Convention entre, d'une part, l'État et, d'autre part, la caisse nationale des allocations familiales et la caisse centrale de mutualité sociale agricole peut préciser les conditions dans lesquelles est assuré le service de l'allocation. Sa conclusion dispense des Conventions mentionnées à l'article 19.

Art. 21 – Pour l'exercice de leur mission, les organismes payeurs mentionnés à l'article 19 vérifient les déclarations des bénéficiaires. À cette fin, ils peuvent demander toutes les informations nécessaires aux administrations publiques et notamment aux administrations financières, aux collectivités territoriales, aux organismes de Sécurité sociale, de retraite complémentaire et d'indemnisation du chômage qui sont tenus de les leur communiquer.

Les informations demandées tant par les organismes instructeurs mentionnés à l'article 12 que par les organismes payeurs mentionnés à l'article 19 doivent être limitées aux données nécessaires à l'identification de la situation du demandeur en vue de l'attribution de l'allocation et de la conduite des actions d'insertion.

Les personnels des organismes précités ne peuvent communiquer les informations recueillies dans l'exercice de leur mission qu'au représentant de l'État dans le département, au président du conseil général et au président de la commission locale d'insertion définie à l'article 34 de la présente loi.

Art. 22 – Toute personne appelée à intervenir dans l'instruction des demandes ou l'attribution de l'allocation est tenue au secret professionnel dans les termes de l'article 378 du code pénal et passible des peines prévues audit article.

Art. 23 – Le versement de l'allocation est subordonné à la condition que l'intéressé fasse valoir ses droits aux prestations sociales, légales, réglementaires et conventionnelles, à l'exception des allocations mensuelles mentionnées à l'article 43 du code de la famille et de l'aide sociale et des prestations servies en application des lois des 30 mai 1908 et 8 novembre 1909 dans les départements du Bas-Rhin, du Haut-Rhin et de la Moselle.

En outre, il est subordonné à la condition que l'intéressé fasse valoir ses droits aux créances d'aliments qui lui sont dues au titre des obligations instituées par les articles 203, 212, 214, 255, 282, 334 et 342 du code civil ainsi qu'à la prestation compensatoire due au titre de l'article 270 dudit code et aux pensions alimentaires accordées par le tribunal à l'époux ayant obtenu le divorce dont la requête initiale a été présentée avant l'entrée en vigueur de la loi n° 75-617 du 11 juillet 1975 portant réforme du divorce.

Les organismes instructeurs mentionnés à l'article 12 et les organismes payeurs mentionnés à l'article 19 assistent les demandeurs dans les démarches rendues nécessaires pour la réalisation des conditions mentionnées aux premier et deuxième alinéas du présent article.

L'allocation est versée à titre d'avance. Dans la limite des prestations allouées, l'organisme payeur est subrogé, pour le compte de l'État, dans les droits du bénéficiaire vis-à-vis des organismes sociaux ou de ses débiteurs.

L'intéressé peut demander à être dispensé de satisfaire aux conditions mentionnées au deuxième alinéa du présent article. Le représentant de l'État dans le département statue sur cette demande, compte tenu de la situation du débiteur défaillant et après que l'intéressé, assisté le cas échéant de la personne de son choix, a été en mesure de faire connaître ses observations. Il peut assortir sa décision d'une réduction de l'allocation de revenu minimum d'un montant au plus égal à celui de la créance alimentaire lorsqu'elle est fixée ou à celui de l'allocation de soutien familial.

Art. 24 – Le représentant de l'État dans le département peut décider de faire procéder au versement d'acomptes ou d'avances sur droits supposés.

Art. 25 – Un décret détermine :

1° Le montant au-dessous duquel l'allocation n'est pas versée ;

2° Le montant au-dessous duquel l'allocation indûment versée ne donne pas lieu à répétition.

Art. 26 – Les conditions dans lesquelles l'allocation peut être réduite ou suspendue lorsque le bénéficiaire ou l'une des personnes prises en compte pour la détermination du revenu minimum d'insertion est admis, pour une durée minimum déterminée, dans un établissement d'hospitalisation, d'hébergement ou relevant de l'administration pénitentiaire sont fixées par voie réglementaire.

Pour les personnes accueillies dans l'un des établissements cités à l'alinéa précédent, l'allocation devra être liquidée avant la sortie de l'intéressé.

Il est tenu compte, lorsqu'il s'agit du bénéficiaire, des charges de famille lui incombant. La date d'effet, la durée et, le cas échéant, la quotité de la réduction ou de la suspension varient en fonction de la durée du séjour en établissement.

Chapitre V
Recours

Art. 27 – Un recours contentieux contre les décisions relatives à l'allocation de revenu minimum peut être formé par toute personne qui y a intérêt devant la commission départementale d'aide sociale, instituée par l'article 128 du code de la famille et de l'aide sociale, dans le ressort de laquelle a été prise la décision.

Cette commission est alors complétée par la présence de deux représentants du conseil départemental d'insertion défini à l'article 35. Ces deux personnes sont désignées conjointement par le représentant de l'État dans le département et le président du conseil général.

La décision de la commission départementale est susceptible d'appel devant la commission centrale d'aide sociale instituée par l'article 129 du code de la famille et de l'aide sociale.

Les dispositions de l'article 133 du même code sont applicables.

Chapitre VI
Dispositions diverses

Art. 28 – L'action du bénéficiaire pour le paiement de l'allocation se prescrit par deux ans. Cette prescription est également applicable, sauf en cas de fraude ou de fausse déclaration, à l'action intentée par un organisme payeur en recouvrement des sommes indûment payées.

Art. 29 – Tout paiement indu d'allocations est récupéré par retenue sur le montant des allocations à échoir ou, si le bénéficiaire opte pour cette solution ou s'il n'est plus éligible au revenu minimum d'insertion, par remboursement de la dette en un ou plusieurs versements.

Toutefois, le bénéficiaire peut contester le caractère indu de la récupération devant la commission départementale d'aide sociale dans les conditions définies à l'article 27. Ce recours a un caractère suspensif.

Les retenues ne peuvent dépasser un pourcentage déterminé par voie réglementaire.

En cas de précarité de la situation du débiteur, la créance peut être remise ou réduite sur décision prise selon des modalités fixées par voie réglementaire.

Art. 30 – Les sommes servies au titre de l'allocation sont récupérées en cas de décès du bénéficiaire ou de cession de son actif. Toutefois, la récupération n'est opérée que sur la fraction de l'actif net qui excède un seuil dont le montant est fixé par décret.

Le recouvrement est fait par les services de l'État dans des conditions et selon des modalités fixées par décret.

Les sommes recouvrables peuvent être garanties par une hypothèque légale prenant rang à la date de son inscription et pour laquelle il n'est pas perçu de frais. Lorsque le bénéficiaire est propriétaire d'un fonds de commerce, il s'engage à accepter, en garantie des sommes recouvrables, un nantissement sur fonds de commerce prévu par la loi du 17 mars 1909.

L'action en récupération se prescrit par cinq ans à compter du jour du décès du bénéficiaire ou de la cession de son actif.

Art. 31 – L'allocation est incessible et insaisissable.

Toutefois, le représentant de l'État dans le département peut demander à l'organisme payeur, après avis de la commission locale d'insertion et avec l'accord du bénéficiaire, de mandater l'allocation au nom d'un organisme agréé à cet effet, à charge pour celui-ci de la reverser au bénéficiaire, éventuellement de manière fractionnée.

Un décret précise les conditions dans lesquelles l'allocation de revenu minimum d'insertion peut, avec l'accord de son bénéficiaire, être versée à un organisme agréé à cet effet, sous réserve que le montant de la rémunération servie par celui-ci à l'allocataire ayant autorisé le versement soit supérieur à un montant déterminé.

Les dispositions du chapitre 7 du titre VI du livre premier du code de la Sécurité sociale relatives à la tutelle aux prestations sociales sont applicables à l'allocation.

Art. 32 – L'article L. 167-3 du code de la Sécurité sociale est complété par un alinéa ainsi rédigé :

« 3° Lorsque l'organisme à qui incombe la charge des frais de tutelle n'est pas précisé par une autre disposition législative, à l'État. »

Art. 33 – I – La personne qui aura frauduleusement bénéficié ou tenté de bénéficier de l'allocation sera punie des peines prévues à l'article 405 du code pénal.

II – Sera puni des peines prévues par l'article L. 554-2 du code de la Sécurité sociale tout intermédiaire convaincu d'avoir offert ou fait offrir ses services moyennant émoluments à une personne en vue de lui faire obtenir l'allocation.

Titre III
Actions d'insertion sociale et professionnelle

Art. 34 – La commission locale d'insertion visée à l'article 14 comprend un représentant de l'État et au moins un membre du conseil général élu d'un canton situé dans le ressort de la commission et un maire ou membre du Conseil municipal d'une commune située dans le ressort de la commission, deux représentants d'institutions, d'entreprises, d'organismes ou d'associations intervenant dans le domaine économique et social.

Le nombre et le ressort des commissions locales d'insertion sont fixés conjointement par le représentant de l'État dans le département et le président du conseil général. Il en existe un au moins par arrondissement.

La liste des membres de la commission locale d'insertion est arrêtée conjointement par le représentant de l'État dans le département et le président du conseil général selon des modalités fixées par voie réglementaire.

Art. 35 – Il est institué un conseil départemental d'insertion, coprésidé par le représentant de l'État dans le département et le président du conseil général ou leur délégué. Les membres du conseil départemental d'insertion sont nommés conjointement par le président du conseil général et le représentant de l'État dans le département. Ils comprennent notamment des représentants de la région, du département et des communes, des représentants d'institutions, d'entreprises, d'organismes ou d'associations intervenant dans le domaine économique et social et des membres des commissions locales d'insertion.

Art. 36 – Dans les trois mois qui suivent la mise en paiement de l'allocation de revenu minimum d'insertion, il est établi entre l'allocataire et les personnes prises en compte pour la détermination du montant de cette allocation qui satisfont à une condition d'âge d'une part, et la commission locale d'insertion dans le ressort de laquelle il réside d'autre part, un contrat d'insertion faisait apparaître :

- tous les éléments utiles à l'appréciation de la situation sanitaire, sociale, professionnelle, financière des intéressés et de leurs conditions d'habitat ;
- la nature du projet d'insertion qu'ils sont susceptibles de former ou qui peut leur être proposé ;
- la nature des facilités qui peuvent leur être offertes pour les aider à réaliser ce projet ;
- le calendrier des démarches et activités d'insertion qu'implique la réalisation de ce projet.

Art. 37 – L'insertion proposée aux bénéficiaires du revenu minimum d'insertion et définie avec eux peut, notamment, prendre la forme :

- d'activités d'intérêt collectif dans une administration, un organisme d'accueil public, associatif, à but non lucratif ;
- d'activités ou de stages d'insertion dans le milieu professionnel, définis par Convention avec des entreprises ou des associations selon les modalités fixées par voie réglementaire ;
- de stages destinés à l'acquisition ou à l'amélioration d'une qualification professionnelle par les intéressés ;
- d'actions destinées à aider les bénéficiaires à retrouver ou à développer leur autonomie sociale.

Art. 38 – Sur proposition du conseil départemental d'insertion, le président du conseil général et le représentant de l'État arrêtent conjointement le programme départemental d'insertion, pour une durée déterminée.

Ce programme :

- évalue les besoins à satisfaire, compte tenu des caractéristiques des bénéficiaires de l'allocation de revenu minimum d'insertion ;
- recense les actions d'insertion déjà prises en charge par l'État, les collectivités territoriales et les autres personnes morales de droit public ou privé ;
- prévoit, le cas échéant, les moyens supplémentaires à mettre en œuvre pour assurer l'insertion de l'ensemble des bénéficiaires de l'allocation de revenu minimum d'insertion ;
- détermine les mesures nécessaires à l'harmonisation de l'ensemble des actions d'insertion conduites dans le département ou devant y être créées.

Art. 39 – Lorsque le représentant de l'État dans le département et le président du conseil général ne parviennent pas à un accord pour :

- arrêter le nombre et le ressort des commissions locales d'insertion ainsi que la liste des membres de chacune d'elles ;
- nommer les membres du conseil départemental d'insertion ;
- arrêter le programme départemental d'insertion,

la décision est prise par arrêté conjoint du ministre chargé de l'Intérieur, du ministre chargé des Affaires sociales et du ministre chargé de l'Emploi.

Art. 40 – Une ou plusieurs Conventions passées dans chaque département entre l'État, le département, la région et les autres collectivités territoriales et personnes morales intéressées, définissent les conditions, notamment financières, de mise en œuvre du programme départemental d'insertion.

Elles précisent les objectifs et moyens des dispositifs d'insertion financés ainsi que les mécanismes d'évaluation des résultats.

Le conseil départemental d'insertion est tenu informé de la conclusion et des conditions d'exécution de ces Conventions.

Art. 41 – Pour le financement des actions nouvelles destinées à permettre l'insertion des bénéficiaires de l'allocation mentionnée à l'article 4 et les dépenses de structures correspondantes, le département est tenu d'inscrire annuellement, dans un chapitre individualisé de son budget, un crédit au moins égal à 20 p. 100 des sommes versées, au cours de l'exercice précédent, par l'État dans le département au titre de ladite allocation.

Pour la détermination du montant du crédit évaluatif à inscrire au titre de l'exercice 1989, une estimation est faite, au vu des dépenses prévisibles de l'État dans le département au titre de ladite allocation. Une régularisation est opérée, le cas échéant, au budget de l'exercice suivant, au vu des dépenses réellement effectuées par l'État.

Art. 42 – Les crédits résultant de l'obligation prévue à l'article 41 sont engagés dans le cadre des Conventions mentionnées à l'article 40.

Le montant des crédits n'ayant pas fait l'objet d'un engagement de dépenses, constaté au compte administratif, est reporté intégralement sur les crédits de l'année suivante. En l'absence de report de ces crédits, le représentant de l'État dans le département met en œuvre la procédure prévue à l'article 52 de la loi n° 82-213 du 2 mars 1982 relative aux droits et libertés des communes, des départements et des régions.

Art. 43 – La participation minimale du département, telle qu'elle est définie par l'article 41, est prise en compte pour le calcul de la participation financière des communes prévue à l'article 93 de la loi n° 83-8 du 7 janvier 1983 relative à la répartition de compétences entre les communes, les départements, les régions et l'État.

Titre IV
Dispositions relatives à la Sécurité sociale et au droit du travail

Art. 44 – I – Il est inséré, avant le

dernier alinéa de l'article L. 831-2 du code de la Sécurité sociale, un alinéa ainsi rédigé :

« 6° Les allocataires bénéficiant du revenu minimum d'insertion institué par la loi n° 88-1088 du 1er décembre 1988 relative au revenu minimum d'insertion. »

II – L'article L. 831-4-1 du code de la Sécurité sociale est abrogé.

Art. 45 – Les personnes auxquelles a été reconnu le droit à l'allocation de revenu minimum et les personnes à leur charge qui n'ont pas droit à un titre quelconque aux prestations en nature d'un régime obligatoire d'assurance maladie et maternité sont obligatoirement affiliées au régime de l'assurance personnelle institué par l'article L. 741-1 du code de la Sécurité sociale.

Les cotisations mentionnées aux articles L. 741-4 et L. 741-5 du même code sont prises en charge de plein droit, au titre de l'aide sociale, par le département dans lequel a été prise la décision d'admission au bénéfice de l'allocation sans toutefois que soient mises en jeu les règles relatives à l'obligation alimentaire.

Cette prise en charge de plein droit prend fin, sous réserve des dispositions de l'article L. 741-10 du code précité, quand le droit à l'allocation cesse d'être ouvert. Elle est, toutefois, maintenue jusqu'à ce qu'il ait été statué sur la prise en charge des cotisations dans les conditions déterminées au titre III du code de la famille et de l'aide sociale.

Art. 46 – Les personnes exclues au bénéfice des prestations de l'assurance maladie, maternité et invalidité des exploitants agricoles en application de l'article 1106-12 du code rural ou de l'assurance maladie et maternité des travailleurs non salariés des professions non agricoles en application de l'article L. 615-8 du code de la Sécurité sociale sont rétablies dans leurs droits à compter de la date d'attribution de l'allocation de revenu minimum d'insertion, dans des conditions fixées par voie réglementaire.

Art. 47 – I – L'article L. 241-5 du code de la Sécurité sociale est complété par un alinéa ainsi rédigé :

« Des cotisations forfaitaires peuvent être fixées par arrêté ministériel pour certaines catégories de salariés ou assimilés. »

II – Il est inséré, après le 9° de l'article L. 412-8 du code de la Sécurité sociale, un 10° ainsi rédigé :

« 10° Les bénéficiaires de l'allocation de revenu minimum d'insertion instituée par la loi n° 88-1088 du 1er décembre 1988 relative au revenu minimum d'insertion, pour les accidents survenus par le fait ou à l'occasion des actions favorisant leur insertion, dans des conditions déterminées par décret. »

III – Dans le dernier alinéa du même article, les mots : « pour les personnes mentionnées aux 4°, 5°, 6°, 7° et 9° » sont remplacés par les mots : « pour les personnes mentionnées aux 4°, 5°, 6°, 7°, 9° et 10° ».

Art. 48 – Le représentant de l'État dans le département et le président du conseil général peuvent conclure conjointement avec des collectivités locales, des organismes de droit public ou des organismes de droit privé sans but lucratif, des Conventions dont l'objet est l'organisation d'activités d'insertion professionnelle ou d'intérêt général au profit de bénéficiaires de l'allocation de revenu minimum d'insertion.

Une indemnité peut être versée aux bénéficiaires par les organismes ayant passé Convention. Son montant est fixé selon des modalités déterminées par décret.

Les intéressés sont considérés comme des stagiaires de la formation professionnelle, sauf en ce qui concerne leur rémunération et les autres avantages définis au titre VI du livre IX du code du travail.

Art. 49 – Les dispositions du code du travail relatives à la durée du travail, au travail de nuit, au repos hebdomadaire, aux jours fériés, à la sécurité du travail et au travail des femmes, des enfants et des jeunes travailleurs sont applicables aux personnes mentionnées à l'article 48.

Art. 50 – Les personnes bénéficiant du droit à l'allocation de parent isolé dans les conditions prévues à l'article L. 524-1 du code de la Sécurité sociale peuvent souscrire l'engagement de participer aux activités d'insertion sociale et professionnelle mentionnées à l'article 2 et tenant compte de leur situation particulière.

Titre V
Dispositions finales

Art. 51 – Sauf disposition contraire, les mesures d'application de la présente loi sont prises par décret en Conseil d'État.

Les modalités particulières d'application de la présente loi aux départements d'outre-mer, dans le respect des principes mis en œuvre en métropole, sont également fixées par décret en Conseil d'État, après consultation des collectivités locales compétentes.

Art. 52 – Dans un délai de trois mois suivant la date de promulgation de la présente loi, le Gouvernement présentera au Parlement un rapport sur les modalités d'évaluation qu'il a retenues pour son application.

Les dispositions des titres II et suivants de la présente loi sont applicables jusqu'au 30 juin 1992.

Avant le 2 avril 1992, un rapport d'évaluation sera adressé par le Gouvernement au Parlement. Au vu des conclusions de ce rapport, le Gouvernement déposera un projet de loi visant à procéder aux adaptations qui lui apparaîtraient nécessaires.

La présente loi sera exécutée comme loi de l'État.

Fait à Paris, le 1er décembre 1988.

Par le Président de la République :
François Mitterrand

Le Premier ministre, Michel Rocard

Le ministre d'État, ministre de l'Économie, des Finances et du Budget, Pierre Bérégovoy

Le ministre d'État, ministre de l'Équipement et du Logement, Maurice Faure

Le garde des Seaux, ministre de la Justice, Pierre Arpaillange

Le ministre de l'Intérieur, Pierre Joxe

Le ministre de l'Industrie et de l'Aménagement du territoire, Roger Fauroux

Le ministre du Travail, de l'Emploi et de la Formation professionnelle, Jean-Pierre Soisson

Le ministre de l'Agriculture et de la Forêt, Henri Nallet

Le ministre des Départements et Territoires d'outre-mer, Louis Le Pensec

Le ministre de la Solidarité, de la Santé et de la Protection sociale, porte-parole du Gouvernement, Claude Évin

Le ministre délégué auprès du ministre

d'État, ministre de l'Économie, des Finances et du Budget, chargé du budget, Michel Charasse
Le ministre délégué auprès du ministre de l'Industrie et de l'Aménagement du territoire, chargé du commerce et de l'artisanat, François Doubin
Le secrétaire d'État auprès du ministre de l'Intérieur, chargé des collectivités territoriales, Jean-Michel Baylet

Loi n° 92-722 du 29 juillet 1992

Loi portant adaptation de la loi n° 88-1088 du 1er décembre 1988 relative au revenu minimum d'insertion et relative à la lutte contre la pauvreté et à l'exclusion sociale et professionnelle

L'Assemblée nationale et le Sénat ont délibéré,

L'Assemblée nationale a adopté,

Vu la décision du Conseil constitutionnel n° 92-331 DC du 29 juillet 1992 ;

Le Président de la République promulgue la loi dont la teneur suit :

Titre Premier Dispositions portant modification de la loi n° 88-1088 du 1er décembre 1988 relative au revenu minimum d'insertion

Art 1er – Le titre III de la loi n° 88-1088 du 1er décembre 1988 relative au revenu minimum d'insertion est ainsi rédigé :

« Titre III

« De l'insertion

« Chapitre Ier

« Le dispositif départemental d'insertion et de lutte contre la pauvreté et l'exclusion

« *Art. 34* – Le représentant de l'État dans le département et le président du conseil général conduisent ensemble et contractuellement l'action d'insertion sociale et professionnelle des bénéficiaires du revenu minimum d'insertion, avec le concours des autres collectivités territoriales et des autres personnes morales de droit public ou privé, notamment les associations concourant à l'insertion et à la lutte contre la pauvreté et l'exclusion.

« *Art. 35* – Il est institué un conseil départemental d'insertion, coprésidé par le représentant de l'État dans le département et le président du conseil général ou leurs délégués. Les membres du conseil départemental d'insertion sont nommés conjointement par le président du conseil général et le représentant de l'État dans le département. Le conseil comprend notamment des représentants de la région, du département et des communes, des représentants d'institutions, d'entreprises, d'organismes ou d'associations intervenant dans le domaine économique et social ou en matière de formation professionnelle et des membres des commissions locales d'insertion.

« Le président de chaque commission locale d'insertion ou le représentant qu'il désigne est membre du conseil départemental d'insertion.

« Le conseil est réuni au minimum deux fois par an.

« *Art. 36* – Le conseil départemental d'insertion élabore et adopte, avant le 31 mars, le programme départemental d'insertion de l'année en cours.

« Avant le 31 décembre, le préfet et le président du conseil général transmettent au conseil départemental d'insertion, chacun en ce qui concerne les prévisions qu'ils ont établies pour l'insertion des bénéficiaires du revenu minimum d'insertion au titre de l'année suivante.

« Le programme, qui s'appuie notamment sur les programmes locaux d'insertion élaborés par les commissions locales d'insertion définies à l'article 42-1 et toute autre information transmise par celles-ci :

« 1° Évalue les besoins à satisfaire, compte tenu des caractéristiques des bénéficiaires du revenu minimum d'insertion ; l'évaluation portera notamment sur le domaine social, sur le domaine de la formation, sur l'accès à l'emploi, au logement, à la santé, aux transports, à la culture, sur la vie associative ;

« 2° Recense les actions d'insertion déjà prises en charge par l'État, les collectivités territoriales et les autres personnes morales de droit public ou privé ;

« 3° Évalue, le cas échéant, les moyens supplémentaires à mettre en œuvre pour assurer l'insertion des bénéficiaires de l'allocation de revenu minimum d'insertion ;

« 4° Évalue également les besoins spécifiques de formation des personnels et bénévoles concernées ;

« 5° Définit les mesures nécessaires pour harmoniser l'ensemble des actions d'insertion conduites ou envisagées dans le département et pour élargir et diversifier les possibilités d'insertion compte tenu des contributions des différents partenaires.

« Il recense en outre :

« 1° La répartition entre les différentes catégories d'actions des crédits que le département doit obligatoirement consacrer aux dépenses d'insertion des bénéficiaires du revenu minimum d'insertion en application de l'article 38 ;

« 2° La répartition entre les différentes catégories d'actions des crédits affectés par l'État aux actions d'insertion menées dans le département en faveur des bénéficiaires du revenu minimum d'insertion.

« Le conseil départemental d'insertion peut élargir le champ du programme départemental d'insertion à l'ensemble de la lutte contre la pauvreté et l'exclusion et à l'ensemble des actions en faveur de l'insertion, notamment en matière économique, sous réserve que les crédits obligatoires prévus à l'article 38 restent affectés aux bénéficiaires du revenu minimum d'insertion. Le conseil départemental peut proposer toutes études ou enquêtes sur les phénomènes spécifiques de pauvreté et de précarité dans le département.

« Au cours d'une réunion tenue six mois au plus tard après l'adoption du programme, du conseil départemental d'insertion en examine les conditions de mise en œuvre et peut proposer des mesures d'adaptation susceptibles de le soutenir et de l'améliorer.

« Le conseil est tenu informé de l'avancement du programme départemental d'insertion, et de la conclusion et des conditions d'exécution des Conventions visées à l'article 39. Le représentant de l'État et le président du conseil général lui soumettent un rapport annuel, y compris financier, au plus tard quinze jours avant l'adoption du programme annuel.

« *Art. 37* – En outre, le conseil départemental d'insertion :

« 1° Assure la cohérence des actions d'insertion conduites ou à conduire dans le département et prend notamment en compte les plans locaux d'insertion économique ;

« 2° Communique aux services compétents, tant de l'État que du département, l'évaluation des besoins à satisfaire pour aider à l'insertion des bénéficiaires du revenu minimum d'insertion ;

« 3° Met en place un dispositif d'évaluation indépendante et régulière des actions d'insertion menées.

« Le conseil examine les programmes locaux d'insertion, et propose le cas échéant d'affecter des moyens à leur exécution, dans les conditions prévues au deuxième alinéa de l'article 42-3.

« *Art. 38* – Pour le financement des actions inscrites au programme départemental d'insertion et des dépenses de structure correspondantes, le département est tenu d'inscrire annuellement, dans un chapitre individualisé de son budget, un crédit au moins égal à 20 p. 100 des sommes versées, au cours de l'exercice précédent, par l'État dans le département au titre de l'allocation de revenu minimum d'insertion. Les dépenses résultant de la prise en charge, pour les bénéficiaires du revenu minimum d'insertion, de la participation de l'assuré aux tarifs servant de base au calcul des prestations de Sécurité sociale peuvent être imputées sur ce crédit à concurrence de 3 p. 100 desdites sommes en métropole et 3,75 p. 100 dans les départements d'outre-mer.

« *Art. 39* – L'État et le département passent une Convention définissant les conditions, notamment financières, de mise en œuvre du programme départemental d'insertion. Cette Convention peut être complétées par des Conventions avec la région, les communes, les associations et les autres personnes morales de droit public ou privé concourant à l'insertion, à la formation professionnelle et à la lutte contre la pauvreté et l'exclusion. Elles précisent les objectifs et les moyens des dispositifs d'insertion financés ainsi que les modalités d'évaluation des résultats.

« *Art. 40* – Lorsque le représentant de l'État dans le département et le président du conseil général ne parviennent pas à un accord pour exercer les compétences qui leur sont dévolues conjointement par la présente loi ou lorsque le conseil départemental d'insertion n'a pas adopté le programme départemental d'insertion de l'année en cours avant le 31 mars, les décisions relevant de leurs compétences sont prises par arrêté conjoint du ministre chargé de l'Intérieur, du ministre de l'Action sociale et du ministre chargé de l'Emploi.

« *Art. 41* – Les crédits résultant de l'obligation prévue à l'article 38 sont engagés dans le cadre des Conventions mentionnées à l'article 39.

« Le montant des crédits n'ayant pas fait l'objet d'un engagement de dépenses, constaté au compte administratif est reporté intégralement sur les crédits de l'année suivante. Toutefois, le montant de ces crédits pour la partie qui dépasse 65 p. 100 de l'obligation prévue de l'article 38 est affecté par le représentant de l'État dans le département après avis du conseil départemental d'insertion, à des actions d'insertion en faveur des bénéficiaires du revenu minimum d'insertion présentées par les communes. En l'absence de report ou de l'affectation de ces crédits, le représentant de l'État dans le département met en œuvre la procédure prévue à l'article 52 de la loi n° 82-213 du 2 mars 1982 relative aux droits et libertés des communes, des départements et des régions.

« *Art. 42* – La participation minimale du département, telle qu'elle est définie par l'article 38, est prise en compte pour le calcul de la participation financière des communes prévues à l'article 93 de la loi n° 83-8 du 7 janvier 1983 relative à la répartition de compétences entre les communes, les départements, les régions et l'État.

« Chapitre II

« Le dispositif local d'insertion

« *Art. 42-1* – La commission locale d'insertion visée aux articles 13 et 14 a pour mission :

« 1° D'évaluer les besoins d'insertion sociale et professionnelle des bénéficiaires du revenu minimum d'insertion dans son ressort ;

« 2° De recenser l'offre disponible d'insertion et d'évaluer les possibilités d'évolution et de diversification ;

« 3° D'adresser des propositions au conseil départemental d'insertion en vue de l'élaboration par ce dernier du programme départemental d'insertion ;

« 4° D'élaborer un programme local d'insertion destiné à assurer l'offre d'insertion adaptée aux bénéficiaires du revenu minimum d'insertion ;

« 5° D'animer la politique locale d'insertion ;

« 6° D'approuver les contrats d'insertion prévus par l'article 42-4.

« La commission locale d'insertion peut formuler des propositions relatives à l'ensemble de la lutte contre la pauvreté et l'exclusion et de l'action en faveur de l'insertion dans son ressort.

« Le nombre et le ressort des commissions locales d'insertion sont fixés conjointement par le représentant de l'État dans le département et le président du conseil général, après consultation des maires des communes chefs-lieux de canton, et après avis du conseil départemental d'insertion. Le ressort tient compte des limites d'agglomération, le cas échéant des modalités de regroupement intercommunal existantes, ainsi que des bassins d'emploi et des données relatives à l'habitat.

« *Art. 42-2* – La commission locale d'insertion comprend :

« – en nombre égal, des représentants des services de l'État désignés par le représentant de l'État dans le département, dont au moins un au titre du service public de l'emploi, et des représentants du conseil général désignés par le président du conseil général, dont au moins un conseiller général élu dans le ressort de la commission ;

« – des représentants des communes du ressort de la commission, dont au moins un de la commune siège, nommés conjointement par le représentant de l'État dans le département et le président du conseil général, sur propositions des maires des communes concernées ;

« – des représentants du système éducatif, d'institutions, d'entreprises, d'organismes ou d'associations intervenant dans le domaine économique et social ou en matière de formation professionnelle, nommés conjointement par le représentant de l'État dans le département et par le président du conseil général.

« Le représentant de l'État et le président du conseil général, conjointement, arrêtent la liste des membres de la commission locale d'insertion et désignent son président. Les modalités d'établissement de la liste sont fixées par voie réglementaire.

« Le bureau de la commission locale d'insertion est composé du président de la commission, d'un représentant de l'État, d'un représentant du conseil général, du maire de la commune siège et de trois membres désignés par la commission, dont au moins un représentant des associations concourant à l'insertion et à la lutte contre la pauvreté et l'exclusion.

« Le bureau prépare les dossiers soumis à la commission, notamment le programme local d'insertion. Les dossiers individuels sont présentés de manière anonyme.

« Le bureau peut, par délégation de la commission, approuver le contrat d'insertion.

« *Art. 42-3* – Le programme local d'insertion définit les orientations et prévoit les actions d'insertion. Il recense les moyens correspondants.

« Après son adoption, la commission locale d'insertion transmet le programme local d'insertion au conseil départemental d'insertion qui en vérifie la cohérence avec le programme départemental d'insertion ; le conseil départemental prévoit, s'il y a lieu, les moyens à affecter à l'exécution du programme local d'insertion.

« Chapitre III

« Le contrat d'insertion

« *Art. 42-4* – Dans les trois mois qui suivent la mise en paiement de l'allocation de revenu minimum d'insertion et au vu des éléments utiles à l'appréciation de la situation sanitaire, sociale, professionnelle, financière des intéressés et de leurs conditions d'habitat, il est établi entre l'allocataire et les personnes prises en compte pour la détermination du montant de cette allocation qui satisfont à une condition d'âge, d'une part, et la commission locale d'insertion dans le ressort de laquelle réside l'allocataire, d'autre part, un contrat d'insertion faisant apparaître :

« 1° La nature du projet d'insertion qu'ils sont susceptibles de former ou qui peut leur être proposé ;

« 2° La nature des facilités qui peuvent leur être offertes pour les aider à réaliser ce projet ;

« 3° La nature des engagements réciproques et le calendrier des démarches et activités d'insertion qu'implique la réalisation de ce projet et les conditions d'évaluation, avec l'allocataire, des différents résultats obtenus.

« *Art. 42-5* – L'insertion proposée aux bénéficiaires du revenu minimum d'insertion et définie avec eux peut, notamment, prendre une ou plusieurs des formes suivantes :

« 1° Actions d'évaluation, d'orientation et de remobilisation ;

« 2° Activités d'intérêt général ou emplois, avec ou sans aide publique ;

« 3° Actions permettant aux bénéficiaires de retrouver ou de développer leur autonomie sociale, moyennant un accompagnement social approprié, la participation à la vie familiale et civique ainsi qu'à la vie sociale, notamment du quartier ou de la commune, et à des activités de toute nature, notamment de loisir, de culture et de sport ;

« 4° Actions permettant l'accès à un logement, le relogement ou l'amélioration de l'habitat ;

« 5° Activités ou stages destinés à acquérir ou à améliorer les compétences professionnelles, la connaissance et la maîtrise de l'outil de travail et les capacités d'insertion en milieu professionnel, éventuellement dans le cadre de Convention avec des entreprises, des organismes de formation professionnelle ou des associations ;

« 6° Actions visant à faciliter l'accès aux soins, les soins de santé envisagés ne pouvant pas, en tant que tels, être l'objet du contrat d'insertion. »

Art. 2 **–** Il est inséré, dans la loi n° 88-1088 du 1er décembre 1988 précitée, un titre III *bis* ainsi rédigé :

« Titre III *bis*

« Lutte contre l'exclusion sociale

« Chapitre Ier

« Dispositions générales

« *Art. 43* – Outre le revenu minimum d'insertion, le dispositif de réponse à l'urgence sociale et de lutte contre la pauvreté comprend notamment les mesures d'accueil et d'hébergement d'urgence mises en œuvre dans le cadre des programmes annuels de lutte contre la pauvreté et la précarité, les actions menées à partir des centres de réinsertion sociale, l'aide à la prise en charge des factures impayées d'eau et d'énergie, les dispositifs locaux d'accès aux soins des plus démunis, les mesures prévues pour la prévention et le règlement des difficultés liées au surendettement des particuliers et des familles, les plans départementaux d'action pour le logement des personnes défavorisées, les fonds d'aide aux jeunes en difficulté, les mesures favorisant le retour à l'emploi et la lutte contre l'exclusion professionnelle, notamment par l'insertion économique, la politique de la ville et le développement social des quartiers.

« *Art. 43-1* – Il est institué un conseil national des politiques de lutte contre la pauvreté et l'exclusion sociale, chargé :

« – d'animer les réflexions sur la coordination des politiques d'insertion au plan national et local ;

« – de proposer ou de réaliser toutes études sur les phénomènes de pauvreté et de précarité ;

« – de faire des propositions sur les problèmes posés par la pauvreté.

« Le conseil comprend des représentants des assemblées parlementaires, des collectivités territoriales et des autres personnes morales de droit public ou privé concourant à la formation professionnelle, à l'insertion et à la lutte contre la pauvreté et l'exclusion. Sa composition est fixée par décret en Conseil d'État. Les membres du conseil et son président sont désignés par le Premier ministre dans des conditions fixées par le même décret en Conseil d'État.

« Chapitre II

« Aide aux jeunes en difficulté

« *Art. 43-2* – Un fonds d'aide aux jeunes, destiné à favoriser l'insertion sociale et professionnelle des jeunes en difficulté âgés de dix-huit à vingt-cinq ans, est institué dans chaque département.

« Le fonds départemental prend en charge, après avis d'un comité local et en renforcement des autres dispositifs mis en œuvre pour l'insertion des jeunes, des aides financières directes accordées aux jeunes, pour une durée limitée et à titre subsidiaire, ainsi que les mesures d'accompagnement nécessaires.

« Les conditions d'attribution des aides et les modalités de fonctionnement des comités locaux sont déterminés par décret en Conseil d'État.

« *Art. 43-3* – Il peut être créé, dans le ressort du département, par Convention entre l'État, le département, une ou plusieurs communes, des fonds locaux d'aide aux jeunes répondant à l'objectif défini au premier alinéa de l'article 43-2, et permettant d'attribuer les aides et de mettre en œuvre les mesures d'accompagnement prévues au deuxième alinéa du même article.

« *Art. 43-4* – Le financement du fonds départemental est assuré par l'État et le département. La participation du département est au moins égale à celle de l'État.

« La région, les communes et les organismes de protection sociale peuvent également participer au financement du fonds.

« La participation des communes peut être affectée à des fonds locaux créés en application de l'article 43-3.

« Chapitre III

« Accès à une fourniture minimum d'eau et d'énergie

« *Art. 43-5* – Toute personne ou famille éprouvant des difficultés particulières du fait d'une situation de précarité a droit à une aide de la collectivité pour accéder ou préserver son accès à une fourniture d'eau et d'énergie.

« *Art. 43-6* – Il est créé en faveur des familles et des personnes visées à l'article 43-5 un dispositif national d'aide et de prévention pour faire face à leurs dépenses d'électricité et de gaz.

« Ce dispositif fait l'objet d'une Convention nationale entre l'État, Électricité de France et Gaz de France définissant notamment le montant et les modalités de leurs concours financiers respectifs.

« Dans chaque département, une Convention est passée entre le préfet et le ou les représentants d'Électricité de France et de Gaz de France et, le cas échéant, des collectivités territoriales ou des centres communaux ou intercommunaux d'action sociale et des organismes de protection sociale. Ces Conventions déterminent notamment les modalités de gestion des aides et les actions préventives ou éducatives en matière de maîtrise d'énergie. »

Art. 3 – L'article 9 de la loi n° 88-1088 du 1er décembre 1988 précitée est complété par un alinéa ainsi rédigé :

« En outre, les avantages en nature procurés par un jardin exploité à un usage privatif ne sont pas pris en compte pour déterminer le montant des ressources servant au calcul de l'allocation. »

Art. 4 – Dans l'article 2 de la loi n° 88-1088 du 1er décembre 1988, précitée, après les mots : « assume la charge d'un ou plusieurs enfants », sont insérés les mots : « nés ou à naître ».

Art. 5 – Le titre II de la loi n° 88-1088 du 1er décembre 1988 précitée est ainsi modifié :

Aide sociale et lutte contre les exclusions

I – Aux articles 7, 11, 13 et 16, les mots : « article 36 » sont remplacés par les mots : « article 42-4 ».

II – L'article 12 est ainsi modifié :

1° Dans le premier alinéa, après les mots : « La demande de l'allocation peut être », sont insérés les mots : «, au choix du demandeur, ».

2° Dans le deuxième alinéa, les mots : « auprès des centres communaux ou intercommunaux d'action sociale », sont remplacés par les mots : « auprès du centre communal ou intercommunal d'action sociale du lieu de résidence du demandeur ».

3° Le cinquième alinéa est complété par deux phrases ainsi rédigées :

« Le président du centre communal ou intercommunal d'action sociale de la commune de résidence transmet, à tout moment, au représentant de l'État dans le département les éléments d'information dont il dispose sur les ressources et la situation de famille de l'intéressé, ainsi que sur sa situation au regard de l'insertion. L'intéressé est tenu informé des éléments le concernant transmis par le président du centre communal ou intercommunal d'action sociale de sa commune de résidence. »

4° Après la première phrase du dernier alinéa sont insérées les dispositions suivantes :

« Cet organisme assume également la responsabilité de l'élaboration du contrat d'insertion mentionné à l'article 42-4 et en suit la mise en œuvre. Il désigne en son sein, à cet effet, pour chaque bénéficiaire de contrat d'insertion, une personne chargée de coordonner la mise en œuvre de différents aspects sociaux, économiques, éducatifs et sanitaires de ce contrat.

« Lorsque, pour l'application des dispositions de l'alinéa précédent, l'organisme instructeur n'a pas désigné, pour chaque bénéficiaire d'un contrat d'insertion, un accompagnateur chargé de coordonner la mise en œuvre de différents aspects sociaux, économiques, éducatifs et sanitaires du contrat ou, en cas de difficulté, le président de la commission locale d'insertion formule des propositions pour cette désignation. »

III – L'article 13 est complété par un quatrième alinéa ainsi rédigé :

« Sous réserve des dispositions de l'alinéa précédent, si, du fait de l'intéressé et sans motif légitime, le contrat d'insertion n'est pas établi dans le délai de trois mois mentionné au premier alinéa, le versement de l'allocation est suspendu par le représentant de l'État après avis de la commission locale d'insertion, après que l'intéressé, assisté, le cas échéant, de la personne de son choix, a été mis en mesure de faire connaître ses observations. »

IV – L'article 14 est ainsi modifié :

1° Après les mots : « contrat d'insertion mentionné », la fin du premier alinéa est ainsi rédigé : « à l'article 42-4 et, le cas échéant, au vu du nouveau contrat d'insertion. »

2° Sont ajoutés un troisième et un quatrième alinéa 5 ainsi rédigés :

« Le versement de l'allocation peut être suspendu par le représentant de l'État si la commission locale d'insertion est dans l'impossibilité de donner son avis du fait de l'intéressé et sans motif légitime de la part de ce dernier. L'intéressé peut faire connaître ses observations, assisté, le cas échéant, de la personne de son choix.

« Dans le cas où le contrat est arrivé à échéance si, du fait de l'intéressé et sans motif légitime, le contrat n'a pas été renouvelé ou un nouveau contrat n'a pas pu être établi, le versement de l'allocation peut être suspendu par le représentant de l'État, après avis de la commission locale d'insertion, après que l'intéressé, assisté, le cas échéant, de la personne de son choix, a été mis en mesure de faire connaître ses observations. La suspension ne peut pas être prononcée lorsque la responsabilité du défaut de communication du contrat d'insertion est imputable aux services chargés de la conclure avec l'intéressé. »

V – Au premier alinéa de l'article 16, les mots : « du bénéficiaire de la prestation » sont remplacés par les mots : « des bénéficiaires du revenu minimum d'insertion ».

VI – Il est inséré, après l'article 16, un article 16-1 ainsi rédigé :

« *Art. 16-1* – Lorsqu'il y a eu suspension de l'allocation au titre des articles 13, 14 et 16, son versement est repris par l'organisme payeur sur décision du représentant de l'État dans le département à compter de la date de conclusion du contrat d'insertion ou de l'avis de la commission locale d'insertion. »

VII – Le deuxième alinéa de l'article 17 est ainsi rédigé :

« Les décisions déterminant le montant de l'allocation peuvent être révisées à la demande de l'intéressé, du représentant de l'État dans le département ou de l'organisme payeur, dès lors que des éléments nouveaux modifient la situation au vu de laquelle ces décisions sont intervenues. »

VIII – Il est inséré, après l'article 17, un article 17-1 ainsi rédigé :

« *Art. 17-1* – En cas de suspension de l'allocation au titre des articles 13, 14 ou 16 ou d'interruption du versement de l'allocation, le représentant de l'État dans le département met fin au droit au revenu minimum d'insertion dans des conditions fixées par voie réglementaire.

« Lorsque la fin de droit est consécutive à une mesure de suspension prise en application des articles 13, 14 ou 16, l'ouverture d'un nouveau droit, dans l'année qui suit la décision de suspension, est subordonnée à la signature d'un contrat d'insertion. »

IX – Il est inséré, après l'article 20, un article 20-1 ainsi rédigé :

« *Art. 20-1* – Le représentant de l'État dans le département peut, par Convention avec les organismes payeurs mentionnés à l'article 19, déléguer aux directeurs de ces organismes, dans les conditions fixées par voie réglementaire, certaines des compétences qui lui sont dévolues par la présente loi. »

X – L'article 21 est ainsi rédigé :

« *Art. 21* – Pour l'exercice de leur mission, les organismes payeurs mentionnés à l'article 19 vérifient les déclarations des bénéficiaires. À cette fin, ils peuvent demander toutes les informations nécessaires aux administrations publiques, et notamment aux administrations financières, aux collectivités territoriales, aux organismes de Sécurité sociale, de retraite complémentaire et d'indemnisation du chômage ainsi qu'aux organismes publics ou privés concourant aux dispositifs d'insertion ou versant des rémunérations au titre de l'aide à l'emploi qui sont tenus de les leur communiquer.

« Les informations demandées tant par les organismes instructeurs mentionnés à l'article 12 que par les organismes payeurs mentionnés à l'article 19 doivent être limitées aux données nécessaires à l'identification de la situation du demandeur en vue de l'attribution de l'allocation et de la conduite des actions d'insertion.

« Les personnels des organismes précités ne peuvent communiquer les informations recueillies dans l'exercice de leur mission qu'au représentant de l'État dans le département, au président du conseil général et au président de la commission locale d'insertion définie à l'article 42-1 de la présente loi.

« Les organismes payeurs transmettent à ceux-ci ainsi qu'aux présidents des centres communaux d'action sociale et aux organismes instructeurs concernés la liste des personnes percevant une allocation de revenu minimum d'insertion.

« Lorsqu'elles sont conservées sur support informatique, les informations mentionnées au présent article peuvent faire l'objet de transmission entre les organismes susvisés, dans les conditions prévues à l'article 15 de la loi n° 78-17 du 6 janvier 1978 relative à l'informatique, aux fichiers et aux libertés. Un décret fixera les modalités d'information des bénéficiaires qui font l'objet d'un contrôle défini dans le présent article.

« La nature des informations que les collectivités publiques et les organismes associés à la gestion du revenu maximum d'insertion sont tenus de fournir, aux fins d'établissement des statistiques, à l'État et aux autres collectivités et organismes associés est déterminée par décret. »

XI – L'article 22 est ainsi modifié :

1° Les mots : « ainsi que dans l'élaboration, l'approbation et la mise en œuvre du contrat d'insertion » sont insérés après les mots : « l'attribution de l'allocation ».

2° Il est ajouté un alinéa ainsi rédigé :

« Toute personne à laquelle a été transmise, en application de l'article 21, la liste des personnes percevant une allocation de revenu minimum d'insertion est tenue au secret professionnel dans les termes de l'article 378 du code pénal et passible des peines prévues audit article. »

XII – L'article 29 est ainsi modifié :

1° Au deuxième alinéa, la phrase : « Ce recours a un caractère suspensif » est supprimée.

2° Il est ajouté un cinquième alinéa ainsi rédigé :

« Le recours mentionné au deuxième alinéa et le dépôt d'une demande de remise ou de réduction de créance ont un caractère suspensif. »

XIII – Les deuxième et troisième alinéas de l'article 31 sont remplacés par cinq alinéas ainsi rédigés :

« Les blocages de comptes courants de dépôts ou d'avances ne peuvent avoir pour effet de faire obstacle à l'insaisissabilité de l'allocation.

« Nonobstant toute opposition, les allocataires dont le revenu minimum d'insertion est servi par versement à un compte courant de dépôts ou d'avances peuvent effectuer mensuellement des retraits de ce compte dans la limite du montant de l'allocation de revenu minimum d'insertion.

« Toutefois, le représentant de l'État dans le département peut demander à l'organisme payeur, après avis de la commission locale d'insertion et avec l'accord du bénéficiaire, de mandater l'allocation au nom d'un organisme agréé à cet effet, à charge pour celui-ci de la reverser au bénéficiaire, éventuellement de manière fractionnée, et le cas échéant d'acquitter le montant du loyer restant imputable à l'allocataire.

« Sur demande de l'allocataire, les cotisations d'assurance maladie mentionnées à l'article 1106-6 du code rural ou à l'article L. 612-4 du code de la Sécurité sociale sont recouvrées sur l'allocation de revenu minimum d'insertion.

« Un décret précise les conditions d'application du présent article. »

XIV – Le dernier alinéa de l'article 31 devient le premier alinéa de l'article 32.

Art. 6 – Les articles 45, 48, 49 et 52 de la loi n° 88-1088 du 1er décembre 1988 précitée sont abrogés.

Art. 7 – Les modalités particulières d'application de la loi n° 88-1088 du 1er décembre 1988 précitée prévues par le second alinéa de l'article 51 de ladite loi doivent permettre notamment de mieux prendre en compte les spécificités économiques et sociales de ces départements afin d'améliorer :

1° Les modalités de fixation de l'allocation et de détermination des ressources prises en compte pour le calcul de l'allocation de revenu minimum d'insertion notamment en ce qui concerne les personnes non salariées des professions agricoles ;

2° Les règles relatives aux modalités de calcul, de déconcentration, de gestion et d'affectation de la différence de montant définies au deuxième alinéa de l'article 2 du décret du 20 janvier 1989 portant application aux départements d'outre-mer de la loi n° 88-1088 du 1er décembre 1988 relative au revenu minimum d'insertion.

Titre II
Dispositions portant modification du code de la famille et de l'aide sociale

Art. 8 – Il est inséré dans le code de la famille et de l'aide sociale, après l'article 186, un titre III *bis* ainsi rédigé :

« Titre III *bis*

« Aide médicale

« Chapitre Ier

« Conditions générales d'admission

« *Art. 187-1* – Sous réserve des dispositions de l'article 186, toute personne résidant en France a droit, pour elle-même et les personnes à sa charge au sens des articles L. 161-14 et L. 313-3 du code de la Sécurité sociale, à l'aide médicale pour les dépenses de soins qu'elle ne peut supporter.

« Cette aide totale ou partielle est attribuée en tenant compte des ressources du foyer du demandeur, à l'exclusion de certaines prestations à objet spécialisé, ainsi que ses charges. Un barème départemental peut être défini par le règlement départemental d'aide sociale pour l'admission de plein droit à l'aide médicale des personnes prises en charge par le département en vertu de l'article 190-1. Un barème établi par voie réglementaire peut déterminer les conditions d'admission de plein droit à l'aide médicale des personnes prises en charge par l'État en vertu de l'article 190-1. Les demandes auxquelles ces barèmes ne permettent pas de faire droit sont examinées dans les conditions prévues par l'article 189-6.

« *Art. 187-2* – I – Sont admises de plein droit à l'aide médicale pour la prise en charge des cotisations d'assurance personnelle prévue par le 3° de l'article 188-1 :

« 1° Les personnes qui bénéficient du revenu minimum d'insertion institué par la loi n° 88-1088 du 1er décembre 1988 ;

« 2° Les personnes âgées de dix-sept à vingt-cinq ans qui satisfont aux conditions de ressources et de résidence en France fixées par cette loi pour l'attribution du revenu minimum d'insertion.

« II – En outre, les personnes mentionnées au 1° du I bénéficient de plein droit de l'aide médicale pour la part laissée à leur charge, en application des articles L. 322-2 et L. 741-9 du code de la Sécurité sociale, ainsi que pour le forfait journalier, institué par l'article L. 174-4 du même code.

« III – Les règles relatives à l'obligation alimentaire ne sont pas mises en jeu pour les prestations d'aide médicale prises en charge au titre du présent article.

« IV – La prise en charge de plein droit des cotisations d'assurance personnelle au titre du I ci-dessus prend fin, sous réserve des dispositions de l'article L. 741-10 du code de la Sécurité sociale, quand le droit à l'allocation de revenu minimum d'insertion cesse d'être ouvert ou quand les personnes âgées de dix-sept à vingt-cinq ans cessent de remplir les conditions de ressources ou de résidence mentionnées au 2° du I ci-dessus. Elle est, toutefois, maintenue jusqu'à ce qu'il ait été statué sur la prise en charge de droit commun des cotisations d'assurance personnelle dans les conditions déterminées au présent titre.

« Chapitre II

« Dépenses prises en charge au titre de l'aide médicale

« *Art. 188-1* – Sont pris en charge, totalement ou partiellement, au titre de l'aide médicale :

« 1° Les frais définis aux 1°, 2°, 4° et 6° de l'article L. 321-1 et à l'article L. 331-2 du code de la Sécurité sociale par application des tarifs servant de base au calcul des prestations de l'assurance maladie ;

« 2° Le forfait journalier, institué par l'article L. 174-4 du même code ;

« 3° Les cotisations à l'assurance personnelle mentionnées aux articles L. 741-4 et L. 741-5 du même code, dans les conditions fixées par l'article L. 741-3-1 de ce code.

« *Art. 188-2* – Le règlement départemental d'aide sociale mentionné par l'article 34 de la loi n° 83-663 du 22 juillet 1983 complétant la loi n° 83-8 du 7 janvier 1983 relative à la répartition de compétences entre les communes, les départements, les régions et l'État, peut prévoir des dispositions plus favorables et, en particulier, la prise en charge de cotisations d'un régime complémentaire d'assurance maladie.

« *Art. 188-3* – La prise en charge au titre de l'aide médicale des dépenses mentionnées à l'article 188-1 est subordonnée à la condition que l'intéressé fasse valoir ses droits aux prestations en nature de l'assurance maladie et maternité ainsi qu'aux garanties auxquelles il peut prétendre auprès d'une mutuelle, d'une entreprise d'assurances ou d'une institution de prévoyance mentionnée à l'article

L. 732-1 du code de la Sécurité sociale ou à l'article 1050 du code rural.

« Les dispositions de l'alinéa précédent peuvent être rendues applicables par le règlement départemental d'aide sociale dans les prestations versées en application de l'article 188-2.

« Les organismes mentionnés à l'article 189-1 assistent le demandeur dans les démarches qu'il engage pour faire valoir les droits définis au premier alinéa.

« *Art. 188-4* – Sous réserve des Conventions mentionnées au 2° de l'article L. 182-1 du code de la Sécurité sociale, les dépenses prises en charge au titre de l'aide médicale sont payées directement aux prestataires de soins ou de services par la collectivité à laquelle incombe cette aide en application de l'article 190-1.

« Chapitre III

« Modalités d'admission à l'aide médicale

« *Art. 189-1* – La demande d'aide médicale au choix du demandeur est déposée :

« 1° Soit auprès du centre communal ou intercommunal d'action sociale du lieu de résidence de l'intéressé ;

« 2° Soit auprès des services sanitaires et sociaux du département de résidence ;

« 3° Soit auprès des associations ou organismes à but non lucratif agréés à cet effet par décision conjointe du président du conseil général et du représentant de l'État dans le département ;

« 4° Soit auprès des organismes d'assurance maladie lorsque cette procédure est prévue par une Convention conclue en application de l'article L. 182-1 du code de la Sécurité sociale.

« L'organisme devant lequel la demande a été déposée établit un dossier conforme à un modèle fixé par arrêté du ministre chargé de l'action sociale.

« *Art. 189-2* – Le président du centre communal ou intercommunal d'action sociale de la commune de résidence de l'intéressé transmet, à tout moment, au président du conseil général, les éléments d'information dont il dispose sur les ressources et la situation de famille du demandeur ou du bénéficiaire de l'aide médicale.

« L'intéressé est tenu informé des éléments le concernant qui ont été transmis en application du présent article.

« *Art. 189-3* – Les personnes qui se trouvent, au moment de la demande d'aide médicale, sans résidence stable et qui n'ont pas élu domicile en application de l'article 15 de la loi n° 88-1088 du 1er décembre 1988 relative au revenu minimum d'insertion doivent pour bénéficier de cette aide, élire domicile auprès d'un organisme spécialement agréé par décision du représentant de l'État dans le département.

« Les conditions d'agrément ainsi que les modalités selon lesquelles les organismes peuvent recevoir l'élection de domicile sont fixées par voie réglementaire.

« L'organisme auprès duquel une personne se trouvant sans résidence stable dépose sa demande doit apporter son concours à l'intéressé pour l'accomplissement des démarches permettant l'élection de domicile.

« *Art. 189-4* – I – Sous réserve des dispositions du III de l'article 187-2, les prestations prises en charge par l'aide médicale peuvent être recouvrées auprès des personnes tenues à l'obligation alimentaire à l'égard des bénéficiaires de cette aide.

« II – Les demandeurs d'une admission au bénéfice de l'aide médicale sont informés du recouvrement possible auprès des personnes tenues à l'obligation alimentaire à leur égard des prestations prises en charge par l'aide médicale.

« III – Les dispositions de l'article 144 ne sont pas applicables.

« *Art. 189-5* – Les dossiers de demande d'aide médicale établis par les organismes mentionnés à l'article 189-1 sont transmis dans les huit jours du dépôt de celle-ci au président du conseil général ou, dans le cas prévu à l'article 183-3, au préfet, qui en assure l'instruction.

« *Art. 189-6* – Sous réserve des dispositions du 5° de l'article 35 de la loi n° 83-663 du 22 juillet 1983 précitée, l'admission à l'aide médicale est prononcée par le président du conseil général ou, pour les personnes mentionnées à l'article 189-3, par le représentant de l'État qui a reçu le dossier. Elle est accordée pour une période d'un an, sans préjudice de la révision de la décision en cas de modification de la situation de l'intéressé.

« L'admission peut être prononcée pour des périodes plus courtes, dans les cas définis par voie réglementaire.

« *Art. 189-7* – Sont immédiatement admis au bénéfice de l'aide médicale :

« 1° Les demandeurs dont la situation l'exige ;

« 2° Les bénéficiaires du revenu minimum d'insertion.

« *Art. 189-8* – Lorsque postérieurement à une décision d'admission à l'aide médicale il apparaît que l'intéressé relève d'une autre collectivité publique, le président du conseil général ou, pour les personnes mentionnées à l'article 189-3, le représentant de l'État dans le département notifie sa décision à l'autorité administrative compétente dans un délai de trois mois à compter de la demande.

« Si cette notification n'est pas faite dans le délai requis, les frais engagés restent à la charge de la collectivité publique qui a prononcé l'admission.

« Chapitre IV

« Dispositions financières

« *Art. 190-1* – Sous réserve des dispositions du 5° de l'article 35 de la loi n° 83-663 du 22 juillet 1983 précitée, les dépenses d'aide médicale sont prises en charge :

« 1° Par le département où réside l'intéressé au moment de la demande d'admission à l'aide médicale ;

« 2° Par l'État, pour les personnes dépourvues de résidence stable, et ayant fait élection de domicile auprès d'un organisme agréé conformément aux dispositions de l'article 189-3.

« En cas d'admission dans un établissement de santé ou dans un établissement social ou médico-social, les dépenses sont prises en charge par le département où l'intéressé résidait antérieurement à cette admission ou, s'il était dépourvu de résidence stable lors de cette admission, par l'État.

« *Art. 190-2* – Dans la limite des prestations allouées, l'État ou le département qui assure des frais en application des dispositions du 1° de l'article L. 182-1 du code de la Sécurité sociale sont subrogés dans les droits du bénéficiaire de l'aide médicale vis-à-vis des organismes d'assurance maladie et des organismes mentionnés au premier alinéa de l'article 188-3.

« Lorsque les prestations d'aide médicale ont pour objet la réparation d'un dommage ou d'une lésion imputable à un tiers, l'État ou le département peuvent poursuivre contre le tiers responsable le remboursement des prestations mises à leur charge.

« *Art. 190-3* – Des avances sur recettes d'aide médicale sont accordées par le département aux établissements de santé de court et moyen séjour lorsque les recettes attendues au titre de l'aide médicale dépassent un seuil fixé par décret. »

Art. 9 – Le titre III du code de la famille et de l'aide sociale est ainsi modifié :

I – 1° Il est inséré, après le premier alinéa de l'article 124-2, un alinéa ainsi rédigé :

« Les prestations d'aide médicale sont attribuées par le président du conseil général ou par le représentant de l'État dans le département dans les conditions fixées par le titre III *bis* du présent code. »

2° Au deuxième alinéa de l'article 124-2, les mots : « à l'alinéa précédent » sont remplacés par les mots : « aux alinéas précédents ».

II – Au premier alinéa de l'article 128, les mots : « au second alinéa de l'article 124-2 » sont remplacés par les mots : « au troisième alinéa de l'article 124-2 ».

III – À l'article 132, après les mots : « commission centrale d'aide sociale », sont insérés les mots : « ainsi que dans le cas où celui-ci est engagé au titre de l'article 29 de la loi n° 88-1088 du 1er décembre 1988 relative au revenu minimum d'insertion. »

IV – Au deuxième alinéa de l'article 146, sont insérés après les mots : « d'aide sociale à domicile » les mots : « et d'aide médicale à domicile ».

V – Il est ajouté au chapitre III du titre III un article 149-1 ainsi rédigé :

« *Art. 149-1* – Les dispositions de l'article 141 ne sont pas applicables en cas de demande d'admission à l'aide médicale. »

VI – Le chapitre VII du titre III est abrogé.

VII – À l'article 186, sont insérés, après les mots : « du présent titre », les mots : « et au titre III *bis* ».

Art. 10 – Le titre IV du code de la famille et de l'aide sociale est ainsi modifié :

I – Le début de l'article 192 est ainsi rédigé :

« Sous réserve des dispositions du titre III *bis* et à l'exception des prestations à la charge de l'État... (le reste sans changement). »

II – Aux premier et deuxième alinéas de l'article 202, les mots : « des titres III et IV » sont remplacés par les mots : « des titres III, III *bis* et IV ».

III – Les deux dernières phrases du sixième alinéa de l'article 194 sont remplacées par une phrase ainsi rédigée :

« Si ce dernier n'admet pas sa compétence, il transmet le dossier à la commission centrale d'aide sociale instituée par l'article 129.

IV – L'article 195 est ainsi rédigé :

« *Art. 195* – Sous réserve de l'application de l'article 201, les recours formés contre les décisions prises en vertu des articles 190-1, 193 et 194 du code de la famille et de l'aide sociale relèvent en premier et dernier ressort de la compétence de la commission centrale d'aide sociale instituée par l'article 129. Les décisions de la commission centrale d'aide sociale peuvent faire l'objet d'un recours en cassation devant le Conseil d'État. »

Titre III
Dispositions portant modification du code de la Sécurité sociale

Art. 11 – L'article L. 313-1 du code de la Sécurité sociale est ainsi rédigé :

« *Art. L. 313-1* – I – Pour avoir droit et ouvrir droit :

« 1° Aux prestations prévues au 1°, 2°, 3°, 4° et 6° de l'article L. 321-1 ;

« 2° Aux prestations prévues au 5° de l'article L. 321-1 pendant une durée déterminée ;

« 3° Aux prestations des assurances maternité et décès,

« L'assuré social doit justifier, au cours d'une période de référence, soit avoir cotisé sur la base d'un salaire au moins égal à un montant fixé par référence au salaire minimum de croissance, soit avoir effectué un nombre minimum d'heures de travail salarié ou assimilé.

« II – Pour bénéficier :

« 1° Des prestations prévues au 5° de l'article L. 321-1, sans interruption, au-delà de la durée fixée en application du 2° du premier alinéa ;

« 2° Des indemnités journalières de l'assurance maternité,

« L'assuré doit, en outre, justifier d'une durée minimale d'immatriculation. »

Art. 12 – L'article L. 341-2 du code de la Sécurité sociale est ainsi rédigé :

« *Art. L. 341-2* – Pour recevoir une pension d'invalidité, l'assuré social doit justifier à la fois d'une durée minimale d'immatriculation et, au cours d'une période de référence, soit d'un montant minimum de cotisations fixé par référence au salaire minimum de croissance, soit d'un nombre minimum d'heures de travail salarié ou assimilé. »

Art. 13 – I – 1° Au deuxième alinéa de l'article L. 161-2 du code de la Sécurité sociale, après les mots : « la condition », sont insérés les mots : « d'un montant minimum de cotisations ou ».

2° À l'article L. 161-3 du code de la Sécurité sociale, après les mots : « les mêmes conditions », sont insérés les mots : « d'un montant minimum de cotisations ou ».

II. Au premier alinéa de l'article L. 741-2 du code de la Sécurité sociale, les mots : « conditions de durée du travail ou de cotisations » sont remplacés par les mots : « conditions de montant de cotisations ou de durée du travail ».

Art. 14 – La section 2 du chapitre Ier du titre IV du livre VII du code de la Sécurité sociale est complétée par un article L. 741-3-1 ainsi rédigé :

« *Art. L. 741-3-1* – Les personnes admises au bénéfice de l'aide médicale et les personnes à leur charge qui n'ont pas droit à un titre quelconque aux prestations en nature d'un régime obligatoire d'assurance maladie-maternité sont obligatoirement affiliées au régime de l'assurance personnelle dans la mesure où elles remplissent les conditions d'affiliation prévues au présent chapitre. »

Art. 15 – Sont insérés, à la section 3 du chapitre Ier du titre IV du livre VII du code de la Sécurité sociale, les articles L. 741-4-1 et L. 741-4-2 ainsi rédigés :

« *Art. L. 741-4-1* – Sous réserve de la prise en charge par l'un des organismes prévus aux 1° et 2° de l'article L. 741-4, les cotisations des personnes mentionnées à l'article L. 741-3-1 sont prises en charge par la collectivité publique à laquelle sont imputées les dépenses d'aide médicale.

« *Art. L. 741-4-2* – L'État et les départements peuvent conclure avec les unions de recouvrement des cotisations de Sécurité sociale et les caisses primaires d'assurance maladie une Convention prévoyant que les cotisations mentionnées aux articles L. 741-4 et L. 741-5, prises en charge au titre de l'aide sociale, sont payées sous la forme d'une dotation globale annuelle, calculée sur une base forfaitaire, proportionnelle au nombre d'assurés.

« Les modalités de fixation et de versement de la dotation globale annuelle sont fixées par voie réglementaire. »

Art. 16 – Au *a* du 2° de l'article L. 182-1 du code de la Sécurité sociale, les mots : « à l'exclusion des frais d'hospitalisation » sont supprimés.

Art. 17 – Il est inséré, après l'article L. 182-2 du code de la Sécurité sociale, un article L. 182-3 ainsi rédigé :

« *Art. L. 182-3* – Pour les prestations prises en charge de plein droit par l'aide médicale, par application de barèmes établis en vertu de l'article 187-1 du code de la famille et de l'aide sociale ou des dispositions de l'article 187-2 dudit cote, la Convention conclue en application du 2° de l'article L. 182-1 peut prévoir que les organismes d'assurance maladie exercent au nom du département les compétences qui lui sont attribuées, en matière d'aide médicale, en vertu du titre III *bis* du code de la Famille et de l'Aide sociale. Dans ce cas, les dispositions de la Convention prévues à cet effet doivent être conformes à une Convention type établie par arrêté du ministre chargé de la Sécurité sociale après consultation de la Caisse nationale d'assurance maladie des travailleurs salariés, de la Caisse centrale de secours mutuels agricoles et de la Caisse nationale de l'assurance maladie-maternité des travailleurs non salariés des professions non agricoles. Cette Convention type détermine notamment les modalités du versement des avances de trésorerie et des frais de gestion par les départements aux organismes d'assurance maladie.

« Les Conventions associant plusieurs régimes peuvent prévoir la désignation, parmi eux, d'un organisme unique chargé soit de centraliser les règlements des dépenses de soins des assurés sociaux bénéficiaires de l'aide médicale, effectués en application du 2° de l'article L. 182-1, soit d'assurer la gestion de l'aide médicale, soit d'effectuer l'ensemble de ces missions.

« Lorsqu'il est fait usage de la faculté mentionnée au premier alinéa, le directeur du ou des organismes d'assurance maladie est substitué au président du conseil général pour l'application des articles 189-6 et 189-7 du code de la famille et de l'aide sociale. »

Art. 18 – Il est inséré, après l'article L. 182-3 du code de la

Sécurité sociale, un article L. 182-4 ainsi rédigé :

« *Art. L. 182-4* – Pour les prestations prises en charge de plein droit par l'aide médicale, par application du barème fixé par voie réglementaire prévu par l'article 187-1 du code de la famille et de l'aide sociale ou des dispositions de l'article 187-2 dudit code, une Convention conclue entre, d'une part, l'État et, d'autre part, la Caisse nationale d'assurance maladie des travailleurs salariés, la Caisse centrale de secours mutuels agricoles et la Caisse nationale de l'assurance maladie-maternité des travailleurs non salariés des professions non agricoles peut préciser les conditions dans lesquelles les organismes d'assurance maladie exercent au nom de l'État les compétences dévolues à celui-ci, en matière d'aide médicale, en vertu des dispositions du titre III *bis* du code de la famille et de l'aide sociale.

« Cette Convention détermine les modalités de versement de frais de gestion aux organismes d'assurance maladie.

« Des organismes chargés d'assurer la gestion de l'aide médicale pour l'ensemble des régimes peuvent être désignés par les directeurs des organismes signataires des Conventions.

« La Convention mentionnée au premier alinéa prévoit les conditions dans lesquelles les directeurs des organismes d'assurance maladie exercent les attributions dévolues au représentant de l'État pour l'application des articles 189-6 et 189-7 du code de la famille et de l'aide sociale. »

Art. 19 – Il est inséré, après l'article L. 182-4 du code de la Sécurité sociale, un article L. 182-5 ainsi rédigé :

« *Art. L. 182-5* – Lorsqu'elles sont conservées sur un support informatique, les données strictement nécessaires à l'attribution de l'aide médicale peuvent faire l'objet de transmissions entre les organismes susvisés dans les conditions prévues à l'article 15 de la loi n° 78-17 du 6 janvier 1978 relative à l'informatique, aux fichiers et aux libertés.

« Un décret fixera les modalités d'information des bénéficiaires qui feront l'objet d'un contrôle défini dans le présent article. »

Titre IV
Dispositions diverses

Art. 20 – I – Le troisième alinéa de l'article L. 322-4-8 du code du travail est ainsi rédigé :

« Par dérogation à l'article L. 122-2, les contrats emploi-solidarité peuvent, dans la limite de leur durée maximale, être renouvelés deux fois. Toutefois, le nombre de renouvellements peut être porté à trois pour certaines catégories de bénéficiaires définies par le décret mentionné à l'alinéa précédent. »

II – Il est inséré dans le code du travail un article L. 322-4-8-1 ainsi rédigé :

« *Art. L. 322-4-8-1* – I – L'État peut passer des conventions avec les employeurs mentionnés à l'article L. 322-4-7 pour favoriser l'embauche de personnes qui ne peuvent trouver un emploi ou bénéficier d'une formation à l'issue d'un contrat emploi-solidarité. Peuvent être embauchées à ce titre des personnes qui, au moment de leur entrée en contrat emploi-solidarité, étaient âgées de cinquante ans ou plus et demandeurs d'emploi depuis au moins un an, ou bénéficiaires de l'allocation de revenu minimum d'insertion sans emploi depuis au moins un an, ou demandeurs d'emploi depuis plus de trois ans, ou bénéficiaires de l'obligation d'emploi instituée par l'article L. 323-1.

« La durée de ces conventions ne peut excéder douze mois, renouvelables par voie d'avenant dans la limite d'une durée maximale de soixante mois.

« Le contrat de travail conclu en vertu de ces conventions est soit un contrat à durée indéterminée, soit un contrat à durée déterminée de droit privé passé en application de l'article L. 122-2. Dans ce dernier cas, sa durée ne peut excéder soixante mois. Les dispositions du dernier alinéa de l'article L. 122-2 et du troisième alinéa de l'article L. 122-1 relatives au nombre maximum des renouvellements ne lui sont pas applicables.

« II – L'État prend en charge, dans des conditions fixées par décret, une partie du coût afférent aux embauches effectuées en application des conventions mentionnées au I.

« Ces embauches ouvrent droit à l'exonération des cotisations à la charge de l'employeur au titre des assurances sociales, des accidents du travail et des allocations familiales, pendant la durée de la convention. Toutefois, les cotisations afférentes à la partie de la rémunération qui excède un montant fixé par décret ne donnent pas lieu à exonération.

« Les aides et les exonérations prévues par le présent article ne peuvent être cumulées avec une autre aide de l'État à l'emploi. »

Art. 21 – I – Le 1° de l'article L. 322-4-2 du code du travail est ainsi rédigé :

1° À une aide forfaitaire de l'État lorsque les bénéficiaires sont soit âgés de plus de cinquante ans et privés d'emploi depuis une durée ou dans des conditions particulières précisées par décret en Conseil d'État, soit bénéficiaires de l'allocation de revenu minimum d'insertion et sans emploi depuis plus d'un an, soit demandeurs d'emploi depuis plus de trois ans, soit bénéficiaires de l'obligation d'emploi instituée par l'article L. 323-1. Le montant de cette aide est fixé par décret. »

II – Le 2° de l'article L. 322-4-6 est ainsi rédigé :

« 2° Dans la limite d'une période de dix-huit mois suivant la date d'embauche pour :

« – les demandeurs d'emploi de plus de trois ans ;

« – les personnes âgées de plus de cinquante ans privées d'emploi depuis une durée ou dans des conditions particulières précisées par décret en Conseil d'État, et à l'exception de celles visées au 1° du présent article ;

« – les bénéficiaire de l'allocation de revenu minimum d'insertion sans emploi depuis plus d'un an ;

« – les travailleurs reconnus handicapés par la commission technique d'orientation et de reclassement professionnel et les autres bénéficiaires de l'obligation d'emploi prévue à l'article L. 323-1. »

Art. 22 – Le 3° de l'article L. 230 du code électoral est abrogé.

Art. 23 – Le chapitre II du titre préliminaire du livre III du code de la construction et de l'habitation est ainsi modifié :

Aide sociale et lutte contre les exclusions

I – Le début de l'article L. 302-4-1 est ainsi rédigé :

« Si dans un délai de deux ans à compter de la publication de la loi n° 91-662 du 13 juillet 1991 d'orientation pour la ville... (le reste sans changement). »

II – Le début de l'article L. 302-5-1 est ainsi rédigé :

« Si, dans un délai de trente mois à compter de la publication de la loi n° 91-662 du 13 juillet 1991 précitée... (le reste sans changement). »

III – Le début de l'article L. 302-6 est ainsi rédigé :

« À compter du 1er janvier 1994... (le reste sans changement). »

Art. 24 – Au troisième alinéa de l'article L. 322-4-16 du code du travail, les mots : « des sections 1 à 3 » sont supprimés.

Art. 25 – Au dernier alinéa de l'article 52 de la loi n° 91-1405 du 31 décembre 1991 relative à la formation professionnelle et à l'emploi, la date : « 31 mai » est remplacée par la date : « 30 septembre ».

Art. 26 – I – L'article L. 321-1 du code du Travail est complété par un alinéa ainsi rédigé :

« Les dispositions du présent chapitre sont applicables à toute rupture du contrat de travail résultant de l'une des causes énoncées à l'alinéa précédent. »

II – Après l'article L. 321-1-1 du code du travail, il est inséré un article L. 321-1-2 ainsi rédigé :

« *Art. L. 321-1-2* – Lorsque, pour l'un des motifs énoncés à l'article L. 321-1, l'employeur envisage le licenciement de plusieurs salariés ayant refusé une modification substantielle de leur contrat de travail, ces licenciements sont soumis aux dispositions applicables en cas de licenciement collectif pour motif économique. »

Art. 27 – L'article L. 351-12 du code du travail est ainsi modifié :

I – Le 2° est complété par les mots : « ainsi que les agents non statutaires des groupements d'intérêt public ».

II – La dernière phrase de l'avant-dernier alinéa est supprimée.

III – Après le dernier alinéa sont ajoutés deux alinéas ainsi rédigés :

« Les employeurs visés au présent article sont tenus d'adhérer au régime d'assurance prévu à l'article L. 351-4 pour les salariés engagés à titre temporaire qui relèvent des professions de la production cinématographique, de l'audiovisuel ou du spectacle, lorsque l'activité exercée bénéficie de l'aménagement des conditions d'indemnisation mentionnées à l'article L. 351-14.

« Les litiges résultant de l'adhésion au régime prévu à l'article L. 351-4 relèvent de la compétence des tribunaux judiciaires. »

Art. 28 – L'article L. 351-21 du code du travail est complété par deux alinéas ainsi rédigés :

« Les informations détenues par les organismes de Sécurité sociale peuvent être rapprochées de celles détenues par les organismes mentionnés au présent article pour la vérification du versement des contributions mentionnées à l'article L. 351-3 et la vérification des droits des salariés au revenu de remplacement prévu à l'article L. 351-2.

« Les conditions d'application du présent article seront précisées par décret en Conseil d'État pris après avis de la commission nationale de l'informatique et des libertés. »

Art. 29 – Dans un délai d'un an à compter de la publication de la présente loi, la commission nationale de l'informatique et des libertés remettra un rapport au Parlement sur les différents dispositifs mis en place concernant les échanges d'informations relatifs à la situation des personnes bénéficiant de prestations versées sous condition de ressources ou délivrées par les organismes d'indemnisation du chômage, les abus éventuellement constatés et les mesures propres à sauvegarder la vie privée des intéressés.

Art. 30 – I – Au premier alinéa de l'article L. 321-13 du code du travail, les mots : « trois mois », sont remplacés par les mots : « six mois ».

II – Les dispositions du présent article sont applicables aux ruptures de contrat de travail notifiées à partir du 10 juin 1992 et jusqu'au 31 juillet 1992.

Art. 31 – I – À compter du 1er août 1992, le premier alinéa de l'article L. 321-13 du code du travail est ainsi rédigé :

« Toute rupture du contrat de travail d'un salarié d'un âge déterminé par décret ouvrant droit au versement de l'allocation de base prévue à l'article L. 351-3 entraîne l'obligation pour l'employeur de verser aux organismes visés à l'article L. 351-21 une cotisation dont le montant est fixé par décret dans la limite de douze mois de salaire brut calculé sur la moyenne mensuelle des salaires versés au cours des douze derniers mois travaillés. Ce montant peut varier selon l'âge auquel intervient la rupture et la taille de l'entreprise concernée. Cette cotisation n'est pas due dans les cas suivants : »

II – À compter de la même date, après le 6° de l'article L. 321-13, il est ajouté un 7° ainsi rédigé :

« 7° Rupture du contrat de travail d'un salarié qui était, lors de son embauche, âgé de plus de cinquante ans et inscrit depuis plus de trois mois comme demandeur d'emploi, laquelle embauche est intervenue après le 9 juin 1992. »

Art. 32 – L'article 9 de la loi n° 89-905 du 19 décembre 1989 favorisant le retour à l'emploi et la lutte contre l'exclusion professionnelle est abrogé.

Art. 33 – Les dispositions de la présente loi, à l'exception de celles des articles 20, 21, 22, 24, 25, 26, 27, 28, 29, 30 et 31 entreront en vigueur le 1er janvier 1993.

Art. 34 – Après le deuxième alinéa du *b* de l'article 17 de la loi n° 89-462 du 6 juillet 1989 tendant à améliorer les rapports locatifs et portant modification de la loi du 23 décembre 1986, il est inséré un alinéa ainsi rédigé :

« Toutefois, le Gouvernement présentera au Parlement, dans un délai d'un an à compter de la promulgation de la loi n° 92-722 du 29 juillet 1992 portant adaptation de la loi n° 88-1088 du 1er décembre 1988 relative au revenu minimum d'insertion et relative à la lutte contre la pauvreté et l'exclusion sociale et professionnelle, un rapport d'information sur les logements vacants dans les agglomérations de plus de 200 000 habitants au sens du recensement général de la population, spécifiant, entre autres, les motifs et la durée de la vacance. »

Art. 35 – L'article L. 712-6 du code de la santé publique est ainsi modifié :

I – Les deuxième (1°) et troisième (2°) alinéas sont abrogés.

II – Le début du onzième alinéa est ainsi rédigé :

« Le comité national comprend en outre un député désigné par la commission des affaires culturelles, familiales et sociales de l'Assemblée nationale et un sénateur désigné par la commission des affaires sociales du Sénat. Il est présidé par un conseiller d'État... (le reste sans changement). »

La présente loi sera exécutée comme loi de l'État.

Fait à Paris, le 29 juin 1992.

Par le Président de la République : François Mitterrand

Le Premier ministre, Pierre Bérégovoy

Le ministre de l'Intérieur et de la Sécurité publique, Paul Quilès

Le ministre du Budget, Michel Charasse

Le ministre de l'Équipement, du Logement, et des Transports, Jean-Louis Bianco

Le ministre du Travail, de l'Emploi, et de la Formation professionnelle, Martine Aubry

Le ministre des Affaires sociales et de l'Intégration, René Teulade

Le ministre de la Santé et de l'Action humanitaire, Bernard Kouchner

Le secrétaire d'État aux Collectivités locales, Jean-Pierre Sueur

Loi n° 98-657 du 29 juillet 1998

Loi d'orientation relative à la lutte contre les exclusions

L'Assemblée nationale et le Sénat ont délibéré,

L'Assemblée nationale a adopté,

Vu la décision du Conseil constitutionnel n° 98-403 DC en date du 29 juillet 1998 ;

Le Président de la République promulgue la loi dont la teneur suit :

Art. 1er – La lutte contre les exclusions est un impératif national fondé sur le respect de l'égale dignité de tous les êtres humains et une priorité de l'ensemble des politiques publiques de la nation.

La présente loi tend à garantir sur l'ensemble du territoire l'accès effectif de tous aux droits fondamentaux dans les domaines de l'emploi, du logement, de la protection de la santé, de la justice, de l'éducation, de la formation et de la culture, de la protection de la famille et de l'enfance.

L'État, les collectivités territoriales, les établissements publics dont les centres communaux et intercommunaux d'action sociale, les organismes de Sécurité sociale ainsi que les institutions sociales et médico-sociales participent à la mise en œuvre de ces principes.

Ils poursuivent une politique destinée à connaître, à prévenir et à supprimer toutes les situations pouvant engendrer des exclusions.

Ils prennent les dispositions nécessaires pour informer chacun de la nature et de l'étendue de ses droits et pour l'aider, éventuellement par un accompagnement personnalisé, à accomplir les démarches administratives ou sociales nécessaires à leur mise en œuvre dans les délais les plus rapides.

Les entreprises, les organisations professionnelles ou interprofessionnelles, les organisations syndicales de salariés représentatives, les organismes de prévoyance, les groupements régis par le code de la mutualité, les associations qui œuvrent notamment dans le domaine de l'insertion et de la lutte contre l'exclusion, les citoyens ainsi que l'ensemble des acteurs de l'économie solidaire et de l'économie sociale concourent à la réalisation de ces objectifs.

En ce qui concerne la lutte contre l'exclusion des Français établis hors de France, les ministères compétents apportent leur concours au ministère des Affaires étrangères.

Art. 2 – Il est inséré, dans le code du travail, un article L. 353-3 ainsi rédigé :

« *Art. L. 353-3* – Afin d'améliorer l'information des demandeurs d'emploi et leur capacité à exercer leurs droits, l'État, les organismes chargés du placement et de la formation des demandeurs d'emploi fixent les règles de constitution de comités de liaison auprès de leurs échelons locaux dans lesquels siègent des demandeurs d'emploi représentant les organisations syndicales représentatives au plan national et les organisations ayant spécifiquement pour objet la défense des intérêts ou l'insertion des personnes privées d'emploi. »

Titre Ier De l'accès aux droits

Chapitre Ier Accès à l'emploi

Art. 3 – Au début du dernier alinéa de l'article L. 321-4 du code du travail, après les mots : « représentants du personnel », sont insérés les mots : « et l'autorité administrative ».

Art. 4 – Tout chômeur âgé de seize à vingt-cinq ans ou tout chômeur de longue durée ou rencontrant des difficultés d'insertion professionnelle a le droit à un accueil, un bilan de compétences et une action d'orientation professionnelle afin de bénéficier d'un nouveau départ sous forme d'une formation, d'un appui individualisé ou d'un parcours vers l'emploi ou la création ou la reprise d'entreprise.

Art. 5 – I – L'État prend l'initiative d'actions d'accompagnement personnalisé et renforcé ayant pour objet l'accès à l'emploi de jeunes de seize à vingt-cinq ans en difficulté et confrontés à un risque d'exclusion professionnelle par l'articulation des actions relevant de la politique définie à l'article L. 322-1 et de celles mentionnées à l'article L. 900-1 du code du travail. Les régions et la collectivité territoriale de Corse s'associent à ces actions dans le cadre des compétences qu'elles exercent en application du II de l'article 82 de la loi n° 83-8 du 7 janvier 1983 relative à la répartition de compétences entre les communes, les départements, les régions et l'État. Une Convention-cadre, conclue entre l'État et la région ou la collectivité territoriale de Corse, précise les conditions de leur intervention conjointe.

Les actions d'accompagnement personnalisé et renforcé comprennent notamment des mesures concernant la lutte contre l'illettrisme, l'acquisition accélérée d'une expérience professionnelle, l'orientation et la qualification, et sont assorties, si nécessaire, de toute autre action, notamment culturelle ou sportive. Elles visent également à assurer l'égalité d'accès des jeunes gens et jeunes filles à ces actions et la mixité des emplois.

Les jeunes sans qualification, de niveau VI et V *bis*, bénéficient en priorité de cet accompagnement.

II – Pour l'application du I, l'État, en concertation avec les régions, conclut avec les missions sociales mentionnées à l'article 7 de la loi n° 89-905 du 19 décembre 1989 favorisant le retour à l'emploi et la lutte contre l'exclusion professionnelle et les permanences d'accueil, d'information et d'orientation visées à l'article 4 de l'ordonnance n° 82-273 du 26 mars 1982 relative aux mesures destinées à assurer aux jeunes de seize à dix-huit ans une qualification professionnelle et à faciliter leur insertion sociale ainsi qu'avec l'Agence nationale pour l'emploi des Conventions fixant les objectifs des actions d'accompagnement personnalisé, leur durée maximale, qui ne peut excéder dix-huit mois, sauf dérogation expresse accordée par le représentant de l'État dans le département ainsi que la nature et l'importance des moyens dégagés par l'État pour leur mise en œuvre.

Des Conventions de même portée peuvent également être conclues avec des organismes prévus au premier alinéa de l'article L. 982-2 du code du travail ainsi qu'avec les bureaux d'accueil individualisé vers l'emploi des femmes.

Afin d'assurer la cohérence et la continuité des actions s'inscrivant dans le projet d'insertion sociale et professionnelle proposé aux jeunes, les Conventions d'objectifs mentionnées aux deux alinéas précédents peuvent prévoir des modalités spécifiques de mobilisation des mesures relevant de la compétence de l'État ou de la région dans des conditions fixées par la Convention-cadre qu'ils ont conclue en application du I.

III – Les jeunes qui rencontrent des difficultés matérielles, notamment en matière de logement, pendant les périodes durant lesquelles ils ne bénéficient pas d'une rémunération au titre d'un stage, d'un contrat de travail ou d'une autre mesure dans le cadre des actions d'accompagnement personnalisé organisées en application du présent article bénéficient de l'accès aux fonds départementaux ou locaux d'aide aux jeunes prévus par les articles 43-2 et 43-3 de la loi n° 88-1088 du 1er décembre 1988 relative au revenu minimum d'insertion.

IV – Les jeunes bénéficiaires des actions d'accompagnement sont affiliés au régime général de la Sécurité sociale dans les conditions prévues aux articles L. 962-1 et L. 962-3 du code du travail, pour les périodes pendant lesquelles ils ne sont pas affiliés à un autre titre à un régime de Sécurité sociale.

V – Un bilan des actions engagées dans chaque région et dans la collectivité territoriale de Corse au titre du présent article est réalisé chaque année par l'État et la collectivité concernée. Ce bilan mentionne obligatoirement le point de vue des bénéficiaires des actions et présente une analyse des motifs pour lesquels les demandes d'accès aux actions mentionnées au I ont été éventuellement rejetées.

Art. 6 – L'article L. 322-4-1 du code du travail est ainsi modifié :

1° Dans le premier alinéa de cet article, les mots : « et des chômeurs cumulant les situations de précarité les plus graves » sont remplacés par les mots : « et des personnes sans emploi rencontrant des difficultés particulières d'accès à l'emploi » ;

2° À la fin de la deuxième phrase du dernier alinéa de cet article, les mots : « les handicapés et les bénéficiaires de l'allocation du revenu minimum d'insertion ou de l'allocation spécifique de solidarité » sont remplacés par les mots : « les handicapés, les bénéficiaires de l'allocation du revenu minimum d'insertion ou de l'allocation spécifique de solidarité, les parents isolés assurant ou ayant assuré des charges de famille ainsi que les personnes faisant l'objet ou ayant fait l'objet d'une peine privative de liberté ».

Art. 7 – I – Le premier alinéa de l'article L. 322-4-7 du code du travail est ainsi rédigé :

« Afin de faciliter l'insertion de personnes rencontrant des difficultés d'accès à l'emploi, l'État peut conclure des conventions ouvrant droit au bénéfice de contrats de travail dénommés « contrats emploi-solidarité » avec les collectivités territoriales, les autres personnes morales de droit public, les organismes de droit privé à but non lucratif et les personnes morales chargées de la gestion d'un service public. Ces conventions sont conclues dans le cadre du développement d'activités répondant à des besoins collectifs non satisfaits. »

II – Après le premier alinéa de l'article L. 322-4-7 du même code, il est inséré un alinéa ainsi rédigé :

« Ces conventions prévoient des actions destinées à faciliter le retour à l'emploi et notamment des actions d'orientation professionnelle. »

III – Le deuxième alinéa de l'article L. 322-4-7 du même code est ainsi rédigé :

« Ces contrats sont réservés aux demandeurs d'emploi de longue durée ou âgés de plus de cinquante ans, aux bénéficiaires de l'allocation de revenu minimum d'insertion, de l'allocation de solidarité spécifique, de l'allocation de parent isolé, de l'obligation d'emploi prévue à l'article L. 323-1, aux jeunes de plus de dix-huit ans et de moins de vingt-six ans connaissant des difficultés particulières d'insertion ainsi qu'aux personnes rencontrant des difficultés particulières d'accès à l'emploi. »

IV – Avant le dernier alinéa de l'article L. 322-4-8 du même code, sont insérés deux alinéas ainsi rédigés :

« Dans les collectivités territoriales et les autres personnes morales de droit public, un contrat emploi-solidarité ne peut être renouvelé sur un même poste de travail qu'à la condition qu'il s'accompagne d'un dispositif de formation visant à faciliter l'insertion professionnelle du bénéficiaire de ce contrat à l'issue de celui-ci.

« En cas de non-renouvellement du contrat emploi-solidarité en raison de l'absence de dispositif de formation visé à l'alinéa précédent, il ne peut être recouru à un nouveau contrat emploi-solidarité pour pourvoir un même poste avant l'expiration d'une période de six mois. »

V – La première phrase du troisième alinéa de l'article L. 322-4-10 du même code est ainsi rédigée :

« Toutefois, les bénéficiaires de contrats emploi-solidarité peuvent, à l'issue d'une période de trois mois et pour une durée limitée à un an, être autorisés à exercer une activité professionnelle complémentaire dans la limite d'un mi-temps. »

VI – 1. La première phrase du premier alinéa de l'article L. 322-4-12 du même code est ainsi rédigée :

« L'État prend en charge, dans des conditions fixées par décret en Conseil d'État, tout ou partie du coût afférent aux embauches effectuées en application des conventions prévues à l'article L. 322-4-7. »

2. Le second alinéa du même article est supprimé.

VII – L'article L. 322-4-15 du même code est abrogé.

VIII – Dans l'article L. 980-2 du même code, la référence : « L. 322-4-15 » est remplacée par la référence : « L. 322-4-14 ».

Art. 8 – L'article L. 322-4-8-1 du code du travail est ainsi modifié :

1° Le I est ainsi rédigé :

« I – L'État peut passer des conventions avec les employeurs, dans les conditions prévues au premier alinéa de l'article L. 322-4-7, pour favoriser l'embauche des demandeurs d'emploi de longue durée ou âgés de plus de cinquante ans, des bénéficiaires de l'allocation de revenu minimum d'insertion, ou de l'allocation de solidarité spécifique prévue à l'article L. 351-10, ou de l'allocation de parent isolé prévue à l'article L. 524-1 du code de la Sécurité sociale, ou de l'allocation de veuvage prévue à l'article L. 356-1 dudit code, ou de l'obligation d'emploi prévue à l'article L. 323-1 du présent code, des personnes qui ne peuvent trouver un emploi ou une formation à l'issue d'un contrat emploi-solidarité, d'un contrat mentionné à l'article 42-8 de la loi n° 88-1088 du 1er décembre 1988 relative au revenu minimum d'insertion ou d'un contrat de travail conclu avec les employeurs mentionnés aux articles L. 322-4-16-1 et L. 322-4-16-2, de jeunes de plus de dix-huit ans et de moins de vingt-six ans connaissant des difficultés particulières d'accès à l'emploi, ainsi que des personnes rencontrant des difficultés particulières d'accès à l'emploi.

« Les conventions prévoient des dispositifs comprenant notamment des actions d'orientation professionnelle et de validation d'acquis en vue de construire et de faciliter la réalisation de leur projet professionnel. Si celui-ci n'aboutit pas avant la fin du vingt-quatrième mois, un bilan de compétences est réalisé pour le préciser.

« La durée de ces conventions est de douze mois. Ces conventions sont renouvelables par voie d'avenant dans la limite d'une durée maximale de soixante mois, sous réserve des dispositions du II.

« Le contrat de travail conclu en vertu de ces conventions est un contrat de droit privé dénommé « contrat emploi consolidé », soit à durée indéterminée, soit à durée déterminée, passé en application de l'article L. 122-2. Lorsque ces contrats sont conclus pour une durée déterminée, leur durée initiale est de douze mois. Ils sont renouvelables chaque année par avenant dans la limite d'une durée totale de soixante mois. Les dispositions du dernier alinéa de l'article L. 122-2 relatives au nombre maximum des renouvellements ne sont pas applicables.

« La durée hebdomadaire du travail des personnes embauchées dans le cadre d'un contrat emploi consolidé ne peut être inférieure à trente heures, sauf lorsque la convention le prévoit en vue de répondre aux difficultés particulières de la personne embauchée. »

2° Le premier alinéa du II est remplacé par deux alinéas ainsi rédigés :

« L'État prend en charge, dans des conditions fixées par décret, une partie du coût afférent aux embauches effectuées en application des conventions mentionnées au I. Cette aide peut être modulée en fonction de la gravité des difficultés d'accès à l'emploi dans des conditions fixées par décret.

« Ce décret précise notamment les conditions et la durée maximale de prise en charge par l'État lorsque le contrat emploi consolidé succède à un contrat emploi-solidarité prévu à l'article L. 322-4-7 effectué chez le même employeur ou à un contrat prévu à l'article 42-8 de la loi n° 88-1088 du 1er décembre 1988 précitée effectué chez le même utilisateur, dans les vingt-quatre mois précédant l'embauche. »

Art. 9 – Les personnes bénéficiaires du revenu minimum d'insertion prévu à l'article 2 de la loi n° 88-1088 du 1er décembre 1988 précitée, ou de l'allocation d'insertion prévue à l'article L. 351-9 du code du travail, ou de l'allocation de solidarité spécifique prévue à l'article L. 351-10 du code du travail, ou de l'allocation de veuvage prévue à l'article L. 356-1 du code de la Sécurité sociale, ou de l'allocation de parent isolé prévue à l'article L. 524-1 du même code peuvent cumuler cette allocation avec les revenus tirés d'une activité professionnelle salariée ou non salariée dans les conditions prévues aux I à IV ci-après.

I – L'article L. 351-20 du code du travail est ainsi rédigé :

« *Art. L. 351-20* – Les allocations du présent chapitre peuvent se cumuler avec les revenus tirés d'une activité occasionnelle ou réduite ainsi qu'avec les prestations de Sécurité sociale ou d'aide sociale dans les conditions et limites fixées, pour l'allocation d'assurance prévue au 1° de l'article L. 351-2, par l'accord prévu à l'article L. 351-8, et, pour les allocations de solidarité mentionnées au 2° du même article L. 351-2, par décret en Conseil d'État. »

II – Le deuxième alinéa de l'article L. 356-1 du code de la Sécurité sociale est complété par les mots : « ainsi que les modalités selon lesquelles les rémunérations tirées d'activités professionnelles ou de stages de formation qui ont commencé au cours de la période de versement de l'allocation peuvent être exclues, en tout ou en partie, du montant des ressources servant au calcul de l'allocation ».

III – Il est inséré, avant le dernier alinéa de l'article L. 524-1 du code de la Sécurité sociale, un alinéa ainsi rédigé :

« Toutefois, les rémunérations tirées d'activités professionnelles ou de stages de formation qui ont commencé au cours de la période de versement de l'allocation peuvent, selon des modalités fixées par voie réglementaire, être exclues, en tout ou partie, du montant des ressources servant au calcul de l'allocation. »

IV – 1. Dans la première phrase du deuxième alinéa de l'article 9 de la loi n° 88-1088 du 1er décembre 1988 précitée, les mots : « et les rémunérations tirées d'activités professionnelles ou de stages de formation qui ont commencé au cours de la période de versement de l'allocation » sont supprimés.

2. Il est inséré, après l'article 9 de la loi n° 88-1088 du 1er décembre 1988 précitée, un article 9-1 ainsi rédigé :

« *Art. 9-1* – Les rémunérations tirées d'activités professionnelles ou de stages de formation qui ont commencé au cours de la période de versement de l'allocation peuvent, selon des modalités fixées par voie réglementaire, être exclues, en tout ou partie, du montant des ressources servant au calcul de l'allocation. »

V – Les personnes admises au bénéfice des dispositions de l'article L. 351-24 du code du travail et qui perçoivent l'allocation de revenu minimum d'insertion, l'allocation de parent isolé, l'allocation d'insertion ou l'allocation de veuvage ont droit au maintien du versement de leur allocation dans des conditions prévues par décret.

Art. 10 – Il est inséré, après l'article L. 351-17 du code du travail, un article L. 351-17-1 ainsi rédigé :

« *Art. L. 351-17-1* – Tout demandeur d'emploi peut exercer une activité bénévole. Cette activité ne peut s'effectuer chez un précédent employeur, ni se substituer à un emploi salarié, et doit rester compatible avec l'obligation de recherche d'emploi. L'exercice d'une activité bénévole n'est pas considéré comme un motif légitime pour se soustraire aux obligations prévues à l'article L. 351-17. »

Art. 11 – I – L'article L. 322-4-16 du code du travail est ainsi rédigé :

« *Art. L. 322-4-16* – I – L'insertion par l'activité économique a pour objet de permettre à des personnes sans emploi, rencontrant des difficultés sociales et professionnelles particulières, de bénéficier de contrats de travail en vue de faciliter leur insertion sociale et professionnelle. Elle met en œuvre des modalités spécifiques d'accueil et d'accompagnement.

« L'État peut, après consultation des partenaires locaux réunis au sein du conseil départemental de l'insertion par l'activité économique institué à l'article L. 322-4-16-4, conclure des conventions avec les employeurs dont l'activité a spécifiquement cet objet. Ces conventions peuvent prévoir des aides de l'État.

« II – Lorsque des conventions mentionnées au I sont conclues avec des personnes morales de droit privé produisant des biens et services en vue de leur commercialisation, les embauches de personnes mentionnées au I auxquelles celles-ci procèdent ouvrent droit à exonération du paiement des cotisations patronales au titre des assurances sociales, des accidents du travail et des allocations familiales dans la limite des cotisations afférentes à la rémunération ou la partie de la rémunération égale au salaire minimum de croissance.

« III – Lorsque ces conventions sont conclues avec des personnes morales de droit public ou de droit privé à but non lucratif dans le cadre d'activités présentant un caractère d'utilité sociale, les embauches peuvent être effectuées dans le cadre d'un des contrats régis par les articles L. 322-4-7 et L. 322-4-8-1.

« IV – Les conditions de conventionnement des personnes morales de droit public ou de droit privé à but non lucratif produisant des biens et services en vue de leur commercialisation et développant des activités présentant un caractère d'utilité sociale sont définies par décret.

« V – Ouvrent seules droit aux aides et exonérations de cotisations prévues aux I, II et III les embauches de personnes agréées par l'Agence nationale pour l'emploi, à l'exception de celles réalisées par les employeurs mentionnés à l'article L. 322-4-16-3.

« VI – Un décret en Conseil d'État précise les conditions d'application des II et V. Ce décret précise les modalités spécifiques d'accueil et d'accompagnement ainsi que les modalités des aides de l'État mentionnées ci-dessus ; il fixe également les conditions auxquelles doivent satisfaire les embauches mentionnées au III ainsi que les conditions d'exécution, de suivi, de renouvellement et de contrôle des conventions mentionnées au I et les modalités de leur suspension ou de leur dénonciation.

« Un décret en Conseil d'État fixe les modalités selon lesquelles le conseil départemental de l'insertion par l'activité économique est informé des modalités de rémunérations des personnels des entreprises d'insertion ou des associations intermédiaires. »

II – Les dispositions du présent article prennent effet à compter du 1er janvier 1999.

Art. 12 – Il est inséré, dans le code du travail, deux articles L. 322-4-16-1 et L. 322-4-16-2 ainsi rédigés :

« *Art. L. 322-4-16-1* – Les contrats conclus par les entreprises d'insertion, conventionnées par l'État en application du II de l'article L. 322-4-16, avec les personnes mentionnées au I de cet article, sont des contrats à durée déterminée soumis aux dispositions de l'article L. 122-2. La durée de ces contrats ne peut excéder vingt-quatre mois. Ils peuvent être renouvelés deux fois dans la limite de cette durée.

« *Art. L. 322-4-16-2* – Les conventions mentionnées à l'article L. 322-4-16 peuvent être également passées avec des employeurs mentionnés à l'article L. 124-1 dont l'activité exclusive consiste à faciliter l'insertion professionnelle des personnes mentionnées à l'article L. 322-4-16, au moyen de la conclusion de contrats de travail temporaire.

« L'activité de ces entreprises de travail temporaire d'insertion est soumise à l'ensemble des dispositions du chapitre IV du titre II du livre Ier du présent code relatives au régime juridique des entreprises de travail temporaire et des contrats de travail temporaire. Toutefois, par dérogation aux dispositions du II de l'article L. 124-2-2, la durée des contrats de travail temporaire des personnes mentionnées à l'article L. 322-4-16 peut être portée à vingt-quatre mois, renouvellement compris. »

Art. 13 – I – Il est inséré, dans le code du travail, un article L. 322-4-16-3 dont les 1, 2, 3 et 4 sont ainsi rédigés :

« 1. Les conventions mentionnées à l'article L. 322-4-16 peuvent être conclues avec des associations intermédiaires.

« Les associations intermédiaires sont des associations ayant pour objet d'embaucher les personnes mentionnées à l'article L. 322-4-16 afin de faciliter leur insertion professionnelle en les mettant à titre onéreux à disposition de personnes physiques ou de personnes morales, et qui ont conclu avec l'État une convention visée à l'article précité.

« La convention conclue entre l'État et l'association intermédiaire prévoit notamment le territoire dans lequel elle intervient.

« L'association intermédiaire assure l'accueil des personnes mentionnées à l'article L. 322-4-16 ainsi que le suivi et l'accompagnement de ses salariés en vue de faciliter leur insertion sociale et de rechercher les conditions d'une insertion professionnelle durable.

Aide sociale et lutte contre les exclusions

« Il peut être conclu une convention de coopération entre l'association intermédiaire et l'Agence nationale pour l'emploi définissant notamment les conditions de recrutement et de mise à disposition des salariés de l'association intermédiaire. Ces conventions de coopération peuvent également porter sur l'organisation des fonctions d'accueil, de suivi et d'accompagnement mentionnées à l'alinéa précédent. Des actions expérimentales d'insertion ou de réinsertion peuvent être mises en œuvre dans ces cadres conventionnels.

« Une association intermédiaire ne peut mettre une personne à disposition d'employeurs ayant procédé à un licenciement économique sur un emploi équivalent ou de même qualification dans les six mois précédant cette mise à disposition.

« 2. Seules les associations intermédiaires qui ont conclu la convention de coopération mentionnée au cinquième alinéa du 1 peuvent effectuer des mises à disposition auprès des employeurs visés à l'article L. 131-2, à l'exception des personnes physiques pour des activités ne ressortissant pas à leurs exercices professionnels et des personnes morales de droit privé à but non lucratif, dans les conditions suivantes :

« *a*) La mise à disposition pour l'exécution d'une tâche précise et temporaire d'une durée supérieure à un seuil fixé par décret en Conseil d'État n'est autorisée que pour les personnes ayant fait l'objet de l'agrément visé au V de l'article L. 322-4-16 ;

« *b*) Aucune mise à disposition auprès d'un même employeur ne peut dépasser une durée maximale fixée par décret en Conseil d'État. Toutefois, cette durée peut être renouvelée une fois, après accord de l'Agence nationale pour l'emploi et dans des conditions fixées par décret, s'il s'avère qu'un tel prolongement est nécessaire pour l'insertion du salarié ;

« *c*) La durée totale des mises à disposition d'un même salarié ne peut excéder une durée fixée par décret en Conseil d'État, par périodes de douze mois à compter de la date de la première mise à disposition.

« La rémunération au sens des dispositions de l'article L. 140-2 que perçoit le salarié ne peut être inférieure à celle que percevrait dans l'entreprise concernée, après période d'essai, un salarié de qualification équivalente occupant le même poste de travail. Le paiement des jours fériés est dû au salarié d'une association intermédiaire mis à disposition des employeurs visés au premier alinéa du présent 2, dès lors que les salariés de cette personne morale en bénéficient.

« Dans le cas d'une mise à disposition d'une durée supérieure à la durée visée au *b*, le salarié est réputé lié à l'entreprise utilisatrice par un contrat de travail à durée indéterminée. L'ancienneté du salarié est appréciée à compter du premier jour de sa mise à disposition chez l'utilisateur. Cette ancienneté est prise en compte pour le calcul de la période d'essai éventuellement prévue.

« 3. Le salarié d'une association intermédiaire peut être rémunéré soit sur la base du nombre d'heures effectivement travaillées chez l'utilisateur, soit sur la base d'un nombre d'heures forfaitaire déterminé dans le contrat pour les activités autres que celles mentionnées au 2.

« 4. Les salariés des associations intermédiaires ont droit à la formation professionnelle continue, que ce soit à l'initiative de l'employeur dans le cadre du plan de formation de l'association ou des actions de formation en alternance ou à l'initiative du salarié dans le cadre d'un congé individuel de formation ou d'un congé de bilan de compétences. »

II – 1. Les deux derniers alinéas du 3 de l'article L. 128 du même code sont remplacés par un alinéa ainsi rédigé :

« La surveillance de la santé des personnes visées au deuxième alinéa du 1, au titre de leur activité, est assurée par un examen de médecine préventive dans des conditions d'accès et de financement fixées par décret. »

2. Dans le 3 de l'article L. 128 du même code, qui devient le 5 de l'article L. 322-4-16-3, les mots : « du présent titre » sont remplacés par les mots : « du titre II du livre Ier ».

3. L'article L. 128 du même code est abrogé.

III – Les dispositions du présent article sont applicables à compter du 1er janvier 1999, à l'exception de celles relatives à la mise à disposition auprès des employeurs visés au 2 de l'article L. 322-4-16-3 du code du travail qui prennent effet au 1er juillet 1999.

Art. 14 – I – Au douzième alinéa de l'article 1031 du code rural, les mots : « au 1 de l'article L. 128 du code du travail » sont remplacés par les mots : « au 1 de l'article L. 322-4-16-3 du code du travail. »

II – À l'article 1157 du même code, les mots : « au 1 de l'article L. 128 du code du travail » sont remplacés par les mots : « au 1 de l'article L. 322-4-16-3 du code du travail ».

III – À l'article 1073 du même code, les mots : « à l'article L. 128 du code du travail » sont remplacés par les mots : « à l'article L. 322-4-16-3 du code du travail ».

IV – À l'article 1031-2 du même code, les mots : « du deuxième alinéa de l'article L. 241-11 ainsi que » sont supprimés.

V – Les dispositions du présent article entrent en vigueur à compter du 1er janvier 1999.

Art. 15 – Le III de l'article L. 129-1 du code du travail est complété par un alinéa ainsi rédigé :

« Ce décret précise les conditions dans lesquelles les associations intermédiaires, agréées à la date de l'entrée en vigueur de la loi n° 96-63 du 29 janvier 1996 en faveur du développement des emplois de services aux particuliers, poursuivent leur activité, pour des emplois qui, en raison de leur nature, n'exigent pas un diplôme ou un agrément, jusqu'au 31 décembre 1999. »

Art. 16 – Il est inséré, dans le code du travail, trois articles L. 322-4-16-4 à L. 322-4-16-6 ainsi rédigés :

« *Art. L. 322-4-16-4* – Il est institué dans chaque département un conseil départemental de l'insertion par l'activité économique, présidé par le représentant de l'État dans le département, composé de représentants de l'État, des collectivités territoriales, des organisations professionnelles ou interprofessionnelles, des organisations syndicales de salariés représentatives et de personnalités qualifiées, notamment issues du mouvement associatif.

« Ce conseil a pour mission :

« 1° De déterminer la nature des actions à mener aussi bien en milieu rural qu'en milieu urbain, en vue de promouvoir les actions d'insertion par l'activité économique ;

« 2° D'élaborer un plan départemental pluriannuel pour l'insertion et l'emploi en veillant à sa cohérence avec les autres dispositifs de coordination et notamment avec les plans locaux pluriannuels pour l'insertion et l'emploi et les programmes départementaux d'insertion ;

« 3° D'assister le représentant de l'État dans le département dans la préparation et la mise en œuvre des conventions mentionnées à l'article L. 322-4-16, ainsi que dans la gestion du fonds pour l'insertion économique ;

« 4° D'établir une évaluation annuelle de la mise en œuvre du fonds départemental pour l'insertion et la coordination avec les autres actions en matière d'insertion.

« *Art. L. 322-4-16-5* – Un fonds départemental pour l'insertion est institué dans chaque département.

« Il est destiné à financer le développement et la consolidation des initiatives locales en matière d'insertion par l'activité économique, dans des conditions déterminées par décret.

« Ce fonds est géré par le représentant de l'État dans le département. Celui-ci arrête le montant des aides accordées par le fonds, après avis du conseil départemental de l'insertion par l'activité économique.

« *Art. L. 322-4-16-6* – Les communes et les groupements de communes peuvent établir des plans locaux pluriannuels pour l'insertion et l'emploi dans le ressort géographique le plus approprié à la satisfaction des besoins locaux, auxquels les autres collectivités territoriales, les entreprises et les organismes intervenant dans le secteur de l'insertion et de l'emploi pourront s'associer. Ils permettent de faciliter l'accès à l'emploi des personnes en grande difficulté d'insertion sociale et professionnelle dans le cadre de parcours individualisés permettant d'associer accueil, accompagnement social, orientation, formation, insertion et suivi. L'État apporte son concours à la mise en œuvre de ces plans, dans le cadre d'accords conclus avec les collectivités intéressées et les agences d'insertion mentionnées à l'article 1er de la loi n° 94-638 du 25 juillet 1994 tendant à favoriser l'emploi, l'insertion et les activités économiques dans les départements d'outre-mer, à Saint-Pierre-et-Miquelon et à Mayotte pour une durée maximale de cinq ans. »

Art. 17 – *[Dispositions déclarées non conformes à la Constitution par décision du Conseil constitutionnel n° 98-403 DC du 29 juillet 1998.]*

Art. 18 – Il est inséré, après l'article L. 322-4-16 du code du travail, un article L. 322-4-16-7 ainsi rédigé :

« *Art. L. 322-4-16-7* – L'État peut également conclure des conventions mentionnées à l'article L. 322-4-16 avec des organismes relevant des articles 45, 46 et 185 du code de la famille et de l'aide sociale pour mettre en œuvre des actions d'insertion sociale et professionnelle au profit des personnes bénéficiant de leurs prestations, ainsi qu'avec les chantiers écoles et les régies de quartiers. »

Art. 19 – I – L'article 42-6 de la loi n° 88-1088 du 1er décembre précitée est ainsi rédigé :

« *Art. 42-6* – Dans chaque département d'outre-mer est créée une agence d'insertion, établissement public local à caractère administratif.

« L'agence élabore et met en œuvre le programme départemental d'insertion prévu à l'article 36.

« Elle propose la part des crédits d'insertion affectés par l'État au financement des logements sociaux pour les bénéficiaires du revenu minimum d'insertion et précise le montant de sa participation à la réalisation de cette même action.

« Elle établit en outre le programme annuel de tâches d'utilité sociale offertes aux bénéficiaires du revenu minimum d'insertion dans les conditions prévues à l'article 42-8.

« L'agence se substitue au conseil départemental d'insertion. »

II – Les six premiers alinéas de l'article 42-7 de la même loi sont remplacés par sept alinéas ainsi rédigés :

« L'agence d'insertion est administrée par un conseil d'administration présidé conjointement par le représentant de l'État dans le département et le président du conseil général.

« Le conseil d'administration comprend en outre, en nombre égal :

« 1° Des représentants de la région, du département et des communes ;

« 2° Des représentants des services de l'État dans le département ;

« 3° Des personnalités qualifiées choisies au sein d'associations, d'administrations territoriales ou d'institutions intervenant dans le domaine de l'insertion et de la lutte contre le chômage, nommées en nombre égal par le représentant de l'État dans le département et le président du conseil général ;

« 4° Un représentant du personnel avec voix consultative.

« L'agence d'insertion est dirigée par un directeur nommé par arrêté des ministres chargés des affaires sociales et de l'outre-mer sur proposition du président du conseil général. »

Art. 20 – I – Au premier alinéa de l'article L. 241-11 du code de la Sécurité sociale, les mots : « article L. 128 du code du travail » sont remplacés par les mots : « article L. 322-4-16-3 du code du travail ».

II – Le deuxième alinéa de l'article L. 241-12 du même code est ainsi rédigé :

« Il n'est pas dû de cotisations patronales d'assurances sociales, d'allocations familiales et d'accidents du travail au titre des activités mentionnées au présent article et calculées sur l'assiette forfaitaire mentionnée au précédent alinéa ou sur la rémunération ou la partie de la rémunération inférieure ou égale, par heure d'activité rémunérée, au salaire minimum de croissance. Les présentes dispositions sont applicables aux périodes d'activité accomplies à compter du 1er janvier 1999. »

III – Les dispositions du deuxième alinéa de l'article L. 241-11 du code de la Sécurité sociale sont abrogées à compter du 1er janvier 1999. Toutefois, elles demeurent applicables aux embauches effectuées avant cette date.

Art. 21 – L'article L. 351-24 du code du travail est ainsi modifié :

1° Le 3° est complété par les mots : «, de l'allocation de solidarité spécifique prévue à l'article L. 351-10 du code du travail, ou de l'allocation de parent isolé prévue à l'article L. 524-1 du code de la Sécurité sociale ».

2° Après le huitième alinéa du même article, il est inséré un alinéa ainsi rédigé :

« Peuvent également bénéficier des aides prévues aux précédents alinéas les personnes salariées ou licenciées d'une entreprise soumise à l'une des procédures prévues par la loi n° 85-98 du 25 janvier 1985 relative au redressement et à la liquidation judiciaires des entreprises qui reprennent tout ou partie de cette entreprise, dès lors qu'elles s'engagent à investir en capital la totalité des aides et à réunir des apports complémentaires en capital n'excédant pas le total de ces aides. »

3° L'article est complété par un alinéa ainsi rédigé :

« Pour les personnes mentionnées au 3° du présent article, et à compter du 1er janvier 1999, la participation financière de l'État prévue aux alinéas précédents peut être mise en œuvre dans des conditions fixées par décret, lorsque le projet de création ou de reprise d'entreprise est de nature à assurer l'insertion professionnelle durable des personnes intéressées. »

Art. 22 – Le huitième alinéa de l'article L. 351-24 du code du travail est complété par deux phrases ainsi rédigées :

« La décision d'attribution de cette aide emporte décision d'attribution des droits visés aux articles L. 161-1 et L. 161-1-1 du code de la Sécurité sociale. À titre expérimental et jusqu'au 31 décembre 2000, cette décision peut être déléguée à des organismes habilités par l'État dans des conditions fixées par décret en Conseil d'État. »

Art. 23 – I – Dans le premier alinéa de l'article L. 161-1 du code de la Sécurité sociale, les mots : « au premier alinéa » sont remplacés par les mots : « aux deuxième (1°), troisième (2°), quatrième (3°), cinquième (4°) et sixième (5°) alinéas ».

II – Dans le premier alinéa de l'article L. 161-1-1 du même code, les mots : « au premier alinéa » sont remplacés par les mots : « aux deuxième (1°), troisième (2°), quatrième (3°), cinquième (4°) et sixième (5°) alinéas ».

Art. 24 – Le livre IX du code du travail est ainsi modifié :

1° L'article L. 900-6 devient l'article L. 900-7 ;

2° Il est inséré un article L. 900-6 ainsi rédigé :

« *Art. L. 900-6* – La lutte contre l'illettrisme fait partie de l'éducation permanente. L'État, les collectivités territoriales, les établissements publics, les établissements d'enseignement publics et privés, les associations, les organisations professionnelles, syndicales et familiales, ainsi que les entreprises y concourent chacun pour leur part.

« Les actions de lutte contre l'illettrisme sont des actions de formation, au sens de l'article L. 900-2.

« Les coûts de ces actions sont imputables au titre de l'obligation de participation au financement de la formation professionnelle prévue à l'article L. 950-1 dans les conditions prévues au présent livre.

« Les modalités d'application du présent article sont définies par décret en Conseil d'État. »

Art. 25 – I – À titre expérimental, jusqu'au 31 décembre 2000, et par dérogation aux limites d'âge prévues à l'article L. 980-1 du code du travail, les contrats mentionnés au premier alinéa de l'article L. 981-1 du même code sont ouverts aux demandeurs d'emploi de vingt-six ans et plus rencontrant des difficultés sociales et professionnelles.

Les dispositions de l'article L. 980-1, L. 981-1, L. 981-2, L. 981-4, L. 981-10, L. 981-11 et L. 981-12 du code du travail ainsi que celles du IV de l'article 30 de la loi de finances pour 1985 (n° 84-1208 du 29 décembre 1984) sont applicables aux contrats signés en application de l'alinéa précédent.

Les dispositions de l'article L. 981-3 ne leur sont pas applicables.

Un décret fixe les autres conditions de mise en œuvre des contrats mentionnés ci-dessus, en particulier les conditions auxquelles doivent répondre les demandeurs d'emploi susceptibles d'en bénéficier.

II – Les organisations syndicales représentatives de salariés et les organisations représentatives d'employeurs sont invitées à négocier au niveau national et interprofessionnel avant le 31 décembre 1999 les modalités d'une ouverture pérenne des contrats mentionnés à l'article L. 981-1 du code du travail aux demandeurs d'emplois âgés de vingt-six ans et plus.

III – Un rapport d'évaluation de l'application des dispositions du présent article est présenté au Parlement avant le 31 décembre 1999.

Art. 26 – Le gouvernement présentera au Parlement, avant la fin 1999, un rapport sur le système de rémunération des stagiaires et notamment sur l'allocation formation reclassement. Ce rapport analysera les modalités et les sources de financement et portera également sur les caractéristiques des publics bénéficiaires, les dispositifs mobilisés et les formations proposées et sur leur dimension qualifiante.

Art. 27 – Le premier alinéa de l'article L. 322-4-19 du code du travail est ainsi modifié :

1° Après les mots : « visés aux articles L. 322-4-7 et L. 322-4-8-1 », sont insérés les mots : « et les personnes titulaires d'un contrat de travail mentionné à l'article 42-8 de la loi n° 88-1088 du 1er décembre 1988 précitée » ;

2° Dans la seconde phrase, après les mots : « à l'exclusion des périodes de travail accomplies en exécution des contrats de travail visés aux articles L. 115-1, L. 322-4-7, L. 322-4-8-1, L. 981-1, L. 981-6, L. 981-7 », sont insérés les mots : « et des contrats mentionnés à l'article 42-8 de la loi n° 88-1088 du 1er décembre 1988 précitée ».

Art. 28 – Le 1° de l'article L. 832-2 du code du travail est ainsi rédigé :

« 1° À une aide de l'État pour les catégories de bénéficiaires rencontrant les difficultés d'accès à l'emploi les plus graves ; ces catégories, ainsi que les conditions d'octroi et le montant de l'aide qui peut être modulée en fonction de la gravité des difficultés d'accès à l'emploi, sont fixés par décret. »

Art. 29 – *[Dispositions déclarées non conformes à la Constitution par décision du Conseil constitutionnel n° 98-403 DC du 29 juillet 1998.]*

Chapitre II
Accès au logement

Section I
Mise en œuvre du droit au logement

Art. 30 – À la fin de l'article 2 de la loi n° 90-449 du 31 mai 1990 visant à la mise en œuvre du droit au logement, les mots : «, élaboré dans un délai de douze mois à compter de la promulgation de la présente loi » sont supprimés.

Art. 31 – Les associations de défense des personnes en situation d'exclusion par le logement sont consultées aux plans national, départemental et local sur les mesures visant à la mise en œuvre du droit au logement.

Un décret en Conseil d'État détermine les conditions d'application du présent article.

Art. 32 – I – Le premier alinéa de l'article 3 de la loi n° 90-449 du 31 mai 1990 précitée est complété par une phrase ainsi rédigée :

« Le plan est établi pour une durée minimale de trois ans. »

II – Au deuxième alinéa du même article, les mots : « dans le délai fixé à l'article 2 » sont remplacés par les mots : « dans le délai de six mois après l'expiration du plan précédent, lequel demeure en vigueur pendant ce délai ».

III – Le troisième alinéa du même article est ainsi rédigé :

« En Île-de-France, une Section de la conférence régionale du logement social prévue à l'article L. 441-1-6 du code de la construction et de l'habitation est chargée d'assurer la coordination des plans départementaux d'action pour le logement des personnes défavorisées. Elle réunit, sous la présidence du représentant de l'État dans la région, le président du Conseil régional, les représentants de l'État dans les départements et les présidents de conseils généraux. »

Art. 33 – L'article 4 de la loi n° 90-449 du 31 mai 1990 précitée est ainsi rédigé :

« *Art. 4* – Le plan départemental est établi à partir d'une évaluation qualitative et quantitative des besoins. À cet effet, il précise les besoins résultant de l'application de l'article 1er en distinguant les situations des personnes ou des familles dont la difficulté d'accès ou de maintien dans un logement provient de difficultés financières ou du cumul de difficultés financières et de difficultés d'insertion sociale.

« Il doit accorder une priorité aux personnes et aux familles sans aucun logement ou menacées d'expulsion sans relogement ou logées dans des taudis, des habitations insalubres, précaires ou de fortune, ainsi qu'à celles qui sont confrontées à un cumul de difficultés.

« Le plan désigne des instances locales auxquelles sont confiées l'identification des besoins mentionnés au premier alinéa du présent article et, le cas échéant, la mise en œuvre de tout ou partie des actions du plan. Ces instances peuvent être les conférences intercommunales instituées par l'article L. 441-1-4 du code de la construction et de l'habitation. La délimitation du périmètre de compétence de ces instances doit tenir compte des structures de coopération intercommunale compétentes en matière d'urbanisme et de logement créées en application des dispositions de la cinquième partie du code général des collectivités territoriales. En Île-de-France, la Section de la conférence régionale mentionnée à l'article 3 est chargée de la délimitation géographique de ces instances locales.

« Il fixe, par bassin d'habitat et en tenant compte de la mixité des villes et des quartiers, les objectifs à atteindre pour assurer aux personnes et aux familles concernées la disposition durable d'un logement, notamment par la centralisation de leurs demandes de logement, la création ou la mobilisation d'une offre supplémentaire de logements, la mise en place d'aides financières et, lorsque les difficultés d'insertion sociale les rendent nécessaires, des mesures d'accompagnement social spécifiques.

« Il intègre en tant que de besoin les dispositions du plan pour l'hébergement d'urgence des personnes sans abri prévu à l'article 21 de la loi n° 94-624 du 21 juillet 1994 relative à l'habitat.

« Le plan départemental est rendu public par le président du conseil général et le représentant de l'État dans le département après avis du conseil départemental de l'habitat et du conseil départemental d'insertion. Un comité responsable du plan, coprésidé par le représentant de l'État dans le département et le président du conseil général, est chargé de suivre sa mise en œuvre. »

Art. 34 – Dans la seconde phrase du premier alinéa de l'article 3 de la loi n° 90-449 du 31 mai 1990 précitée, après les mots : « l'insertion ou le logement des personnes défavorisées », sont insérés les mots : « et les associations de défense des personnes en situation d'exclusion par le logement, ».

Art. 35 – L'article 5 de la loi n° 90-449 du 31 mai 1990 précitée est complété par un alinéa ainsi rédigé :

« Des Conventions spécifiques pour la mise en œuvre du plan départemental peuvent être passées entre les participants aux instances locales mentionnées à l'article 4. »

Art. 36 – L'article 6 de la loi n° 90-449 du 31 mai 1990 précitée est ainsi modifié :

1° Au premier alinéa, les mots : « telles que » sont remplacés par les mots : « sous forme de », et après le mot : « locataires », sont insérés les mots : « ou sous-locataires » ;

2° Le premier alinéa est complété par deux phrases ainsi rédigées :

« Le plan définit les critères d'éligibilité aux aides du fonds et précise ses conditions d'intervention, en veillant au respect des priorités définies à l'article 4. Ces critères ne peuvent reposer sur d'autres éléments que le niveau de ressources des personnes et l'importance et la nature des difficultés qu'elles rencontrent. » ;

3° Après le premier alinéa, il est inséré un alinéa ainsi rédigé :

« Les aides accordées par le fonds pour l'accès au logement ne peuvent être soumises à aucune condition de résidence préalable dans le département. » ;

4° Le septième alinéa est ainsi rédigé :

« Le fonds de solidarité prend en charge des mesures d'accompagnement social individuelles ou collectives lorsqu'elles sont nécessaires à l'installation ou au maintien dans un logement des personnes et des familles bénéficiant du plan départemental, qu'elles soient locataires, sous-locataires, propriétaires de leur logement ou à la recherche d'un logement. Il peut aussi accorder une garantie financière aux associations qui mettent un logement à la disposition des personnes défavorisées mentionnées à l'article 1er ou qui leur accordent une garantie. » ;

5° Le dernier alinéa est remplacé par quatre alinéas ainsi rédigés :

« Le plan définit les modalités de fonctionnement et de gestion du fonds de solidarité pour le logement et notamment les modalités de sa saisine. Toute demande d'aide doit faire l'objet d'une instruction. Toute notification de refus doit être motivée.

« Les instances locales mentionnées à l'article 4 peuvent assurer la mise en œuvre des actions engagées par le fonds de solidarité.

« Les mesures d'accompagnement social donnent lieu à l'établissement de Conventions conclues par l'État et le département avec les organismes ou associations qui les exécutent. Les organismes d'habitation à loyer modéré visés à l'article L. 411-2 du code de la construction et de l'habitation peuvent être partie à ces Conventions. Ces Conventions prévoient les conditions d'évaluation des mesures d'accompagnement social lié au logement et les modalités selon lesquelles le bailleur dans le patrimoine duquel des locataires ont bénéficié de ces mesures est associé à cette évaluation.

« Un décret détermine le montant maximum des frais de fonctionnement du fonds de solidarité. »

Art. 37 – Il est inséré, dans la loi n° 90-449 du 31 mai 1990 précitée, un article 6-1 ainsi rédigé :

« *Art. 6-1* – Le fonds de solidarité pour le logement peut être constitué sous la forme d'un groupement d'intérêt public. L'État et le département sont membres de droit de ce groupement et y disposent conjointement de la majorité des voix dans l'assemblée et le conseil d'administration. La présidence du conseil d'administration est assurée alternativement, par périodes annuelles, par le représentant de l'État dans le département et par le président du conseil général. Les autres personnes morales participant au financement du fonds sont admises sur leur demande comme membres du groupement. Le groupement d'intérêt public peut déléguer sa gestion à une caisse d'allocations familiales. »

Art. 38 – Il est inséré dans la loi n° 90-449 du 31 mai 1990 précitée, un article 6-2 ainsi rédigé :

« *Art. 6-2* – Dans le cas où le fonds de solidarité pour le logement n'est pas constitué sous la forme d'un groupement d'intérêt public, le plan départemental prévoit la composition de son instance de décision. Le plan départemental indique également la personne morale chargée d'assurer la gestion financière et comptable du fonds de solidarité pour le logement, laquelle est soit une caisse d'allocations familiales, soit une association agréée par le représentant de l'État dans le département. L'État et le département passent à cet effet une Convention avec la personne morale désignée. »

Art. 39 – L'article 8 de la loi n° 90-449 du 31 mai 1990 précitée est complété par deux phrases ainsi rédigées :

« Il précise également les conditions d'application des articles 6-1 et 6-2, et notamment les règles comptables applicables, ainsi que le contenu de la Convention prévue à l'article 6-2. Il précise aussi les délais maximum d'instruction à la demande d'aide au fonds de solidarité pour le logement et détermine notamment les principales règles de fonctionnement, les conditions de recevabilité des dossiers, les formes et modalités d'intervention que doivent respecter les fonds de solidarité pour le logement. »

Art. 40 – Les associations, les centres communaux et intercommunaux d'action sociale, les autres organismes à but non lucratif et les unions d'économie sociale, pratiquant la sous-location ou la gestion immobilière de logements destinés à des personnes défavorisées, agréés à ce titre par le représentant de l'État dans le département et qui ont conclu avec l'État une Convention bénéficient d'une aide forfaitaire par logement.

Cette aide ne porte pas sur les logements bénéficiant de l'aide aux associations logeant à titre temporaire des personnes défavorisées.

La Convention, qui peut être ouverte à d'autres partenaires, fixe pour trois ans un objectif maximum de logements et pour chaque année, renouvelée par avenant, le montant de l'aide attribuée à l'association. Elle définit en outre les modalités d'attribution des logements concernés.

Art. 41 – I – Après le sixième alinéa de l'article L. 421-1 du code de la construction et de l'habitation, il est inséré un alinéa ainsi rédigé :

« – d'acquérir et donner en location à des organismes agréés par arrêté du représentant de l'État dans le département des hôtels, meublés ou non, destinés à l'hébergement temporaire de personnes en difficulté. »

II – Après le quatrième alinéa de l'article L. 422-2 du même code, il est inséré un alinéa ainsi rédigé :

« – d'acquérir et donner en location à des organismes agréés par arrêté du représentant de l'État dans le département des hôtels, meublés ou non, destinés à l'hébergement temporaire de personnes en difficulté. »

III – Il est inséré, à l'article L. 422-3 du même code, un 6° ainsi rédigé :

« 6° D'acquérir et donner en location à des organismes agréés par arrêté du représentant de l'État dans le département des hôtels, meublés ou non, destinés à l'hébergement temporaire des personnes en difficulté. »

Art. 42 – I – Le II de l'article 1414 du code général des impôts est complété par trois alinéas ainsi rédigés :

« Sont dégrevés d'office :

« 1° Les gestionnaires de foyers de jeunes travailleurs, de foyers de travailleurs migrants et des logements-foyers dénommés résidence sociales, à raison des logements situés dans ces foyers ;

« 2° Les organismes ne se livrant pas à une exploitation ou à des opérations de caractère lucratif, lorsqu'ils sont agréés dans les conditions prévues à l'article 92 L. par le représentant de l'État dans le département ou lorsqu'ils ont conclu une Convention avec l'État conformément à l'article L. 851-1 du code de la Sécurité sociale, à raison des logements qu'ils louent en vue de leur sous-location ou de leur attribution à titre temporaire aux personnes défavorisées mentionnées à l'article 1er de la loi n° 90-449 du 31 mai 1990 visant à la mise en œuvre du droit au logement. »

II – Les dispositions du I s'appliquent à compter du 1er janvier 1998.

III – Les obligations déclaratives à la charge des personnes ou organismes entrant dans le champ d'application du I sont fixées par décret.

Art. 43 – I – Le II de l'article 740 du code général des impôts est complété par un 4° ainsi rédigé :

« 4° Les sous-locations consenties aux personnes défavorisées mentionnées à l'article 1er de la loi n° 90-449 du 31 mai 1990 visant à la mise en œuvre du droit au logement par un organisme ne se livrant pas à une exploitation ou à des opérations de caractère lucratif, lorsqu'il est agréé dans les conditions prévues à l'article 92 L. par le représentant de l'État dans le département. »

II – Les dispositions du I s'appliquent à compter de la période d'imposition s'ouvrant le 1er octobre 1998.

Art. 44 – Le dernier alinéa du III de l'article L. 351-3-1 du code de la construction et de l'habitation est complété par deux phrases ainsi rédigées :

« Les dispositions du premier alinéa du I ne s'appliquent pas aux personnes qui, hébergées par un organisme logeant à titre temporaire des personnes défavorisées et bénéficiant de l'aide prévue à l'article L. 851-1 du code de la Sécurité sociale, accèdent à un logement ouvrant droit à l'aide personnalisée au logement. Dans ce cas, l'aide est due à compter du premier jour du mois civil au cours duquel les conditions d'ouverture du droit sont réunies. »

Art. 45 – I – L'article L. 542-2 du code de la Sécurité sociale est complété par un alinéa ainsi rédigé :

« Les dispositions prévues à la première phrase de l'alinéa précédent ne s'appliquent pas aux personnes qui, hébergées par un organisme logeant à titre temporaire des personnes défavorisées et bénéficiant de l'aide mentionnée à l'article L. 851-1, accèdent à un logement ouvrant droit à l'allocation de logement, afin d'assurer la continuité des prestations prévue par le second alinéa de l'article L. 552-1. »

II – L'article L. 831-4-1 du même code est complété par un alinéa ainsi rédigé :

« Les dispositions prévues à la première phrase de l'alinéa précédent ne s'appliquent pas aux personnes qui, hébergées par un organisme logeant à titre temporaire des personnes défavorisées et bénéficiant de l'aide mentionnée à l'article L. 851-1, accèdent à un logement ouvrant droit à l'allocation de logement, afin d'assurer la continuité des prestations prévue par le second alinéa de l'article L. 552-1. »

Section II
Accroissement de l'offre de logement

Art. 46 – I – L'article L. 123-2-1 du code de l'urbanisme est ainsi rédigé :

« *Art. L. 123-2-1* – Il ne peut, nonobstant toute disposition du plan d'occupation des sols, être exigé la réalisation de plus d'une aire de stationnement par logement lors de la construction de logements locatifs financés avec un prêt aidé par l'État. Les plans d'occupation des sols peuvent en outre ne pas imposer la réalisation d'aires de stationnement lors de la construction de ces logements.

« L'obligation de réaliser les aires de stationnement n'est pas applicable aux travaux de transformation ou d'amélioration de bâtiments affectés à des logements locatifs financés avec un prêt aidé par l'État, y compris dans le cas où ces travaux s'accompagnent de la création de surface hors œuvre nette, dans la limite d'un plafond fixé par décret en Conseil d'État. »

II – Il est inséré, après le troisième alinéa de l'article L. 112-2 du même code, un alinéa ainsi rédigé :

« Cette obligation n'est pas non plus applicable aux permis de construire délivrés entre la date de publication de la loi n° 98-657 du 29 juillet 1998 d'orientation relative à la lutte contre les exclusions et le 31 décembre 2002, lorsque les travaux portent sur les logements à usage locatif construits avec le concours financier de l'État en application du 3° de l'article L. 351-2 du code de la construction et de l'habitation et destinés aux personnes défavorisées mentionnées à l'article 1er de la loi n° 90-449 du 31 mai 1990 visant à la mise en œuvre du droit au logement. »

III – Dans la première phrase du huitième alinéa de l'article L. 112-1 ainsi qu'au troisième alinéa de l'article L. 112-3 du même code, le mot : « quatrième » est remplacé par le mot : « cinquième ».

IV – Il est inséré, après le cinquième alinéa de l'article L. 332-1 du même code, un *d* ainsi rédigé :

« *d*) Lorsque le conseil municipal a décidé de les exonérer, les travaux portant sur des logements à usage locatif construits avec le concours financier de l'État en application du 3° de l'article L. 351-2 du code de la construction et de l'habitation destinés aux personnes défavorisées mentionnées à l'article 1er de la loi n° 90-449 du 31 mai 1990 visant à la mise en œuvre du droit au logement et faisant l'objet d'un permis de construire délivré entre la date de publication de la loi n° 98-657 du 29 juillet 1998 d'orientation relative à la lutte contre les exclusions et le 31 décembre 2002. »

Art. 47 – Il est inséré, après l'article L. 442-6 du code de la construction et de l'habitation, un article L. 442-6-4 ainsi rédigé :

« *Art. L. 442-6-4* – Dans les immeubles collectifs, la location des logements à usage locatif construits à compter du 5 janvier 1977 au moyen de primes spécifiques, d'aides de l'État ou de prêts dont les caractéristiques et les conditions d'octroi sont déterminées par décrets, ou à compter du 1er octobre 1996 ayant bénéficié d'une décision favorable prise par le représentant de l'État dans le département, ne peut être subordonnée à la location d'une aire de stationnement. À compter de la publication de la loi n° 98-657 du 29 juillet 1998 d'orientation relative à la lutte contre les exclusions, les locataires concernés peuvent en application des dispositions précédentes renoncer à l'usage d'une aire de stationnement. Dans cette hypothèse, ils bénéficient d'une réduction de loyers et de charges d'un montant correspondant au prix qui leur était demandé pour la location de l'aire de stationnement considérée.

« L'application des dispositions de l'alinéa précédent est, nonobstant toutes dispositions contraires, sans incidence sur la validité du bail conclu pour la location d'un logement. »

Art. 48 – I – La troisième phrase du premier alinéa de l'article 36 de la loi n° 48-1360 du 1er septembre 1948 portant modification et codification de la législation relative aux rapports de bailleurs et locataires ou occupants de locaux d'habitation ou à usage professionnel et instituant des allocations de logement est supprimée.

II – L'article 36 de la même loi est complété par un alinéa ainsi rédigé :

« Ce loyer est augmenté chaque année du taux de majoration applicable au loyer du local principal. »

Art. 49 – L'article 33 *quinquiès* du code général des impôts est ainsi rédigé :

« *Art. 33 quinquiès* – Les loyers et prestations de toute nature qui constituent le prix d'un bail à réhabilitation conclu dans les conditions prévues par les articles L. 252-1 à L. 252-4 du code de la construction et de l'habitation ont le caractère de revenu foncier au sens de l'article 14. Toutefois, le revenu représenté par la valeur des travaux de construction, de reconstruction ou d'agrandissement réalisés par le preneur conformément à l'article L. 252-1 du code de la construction et de l'habitation ne donne lieu à aucune imposition. »

Art. 50 – I – Le deuxième alinéa de l'article 1384 A du code général des impôts est complété par une phrase ainsi rédigée :

« La condition de financement s'apprécie en tenant compte des prêts consentis au titre de la participation des employeurs à l'effort de construction, pour un organisme dont l'un des objets est de contribuer au logement des personnes défavorisées, qui est agréé à cette fin par le représentant de l'État dans le département et qui bénéficie d'une subvention pour la construction de logements locatifs aidés faisant l'objet d'une Convention ouvrant droit à l'aide personnalisée au logement. »

II – Les dispositions du I s'appliquent aux constructions achevées à compter du 25 mars 1998.

III – Il est inséré, dans le code général des impôts, un article 1384 C ainsi rédigé :

« *Art. 1384 C* – Les logements acquis en vue de leur location, avec le concours financier de l'État, en application des 3° et 5° de l'article L. 351-2 du code de la construction et de l'habitation, sont exonérés de la taxe foncière sur les propriétés bâties pendant une durée de quinze ans à compter de l'année qui suit celle de leur acquisition.

« Sont également exonérés de taxe foncière sur les propriétés bâties pendant une durée de quinze ans les logements visés au 4° de l'article L. 351-2 du code de la construction et de l'habitation qui, en vue de leur location ou attribution à titre temporaire aux personnes défavorisées mentionnées à l'article 1er de la loi n° 90-449 du 31 mai 1990 visant la mise en œuvre du droit au logement, sont améliorés au moyen d'une aide financière de l'Agence nationale pour l'amélioration de l'habitat par des organismes ne se livrant pas à une exploitation ou à des opérations de caractère lucratif et agréés à cette fin par le représentant de l'État dans le département. Le bénéfice de l'exonération est subordonné à la condition que la décision de subvention intervienne dans un délai de deux ans au plus à compter de l'année suivant celle de l'acquisition des logements par ces organismes. L'exonération de quinze ans est applicable à compter de l'année qui suit celle de l'achèvement des travaux d'amélioration.

« Les obligations déclaratives à la charge des personnes et organismes entrant dans le champ d'application du présent article sont fixées par décret. »

IV – Les dispositions du III s'appliquent aux logements acquis à compter du 1er janvier 1998.

V – Les dispositions des articles 1384 B, 1586 B et 1599 *ter* E du code général des impôts ne sont plus applicables aux acquisitions de logements mentionnées à l'article 1384 C du même code réalisées à compter du 1er janvier 1998.

Art. 51 – L'article 232 du code général des impôts est ainsi rédigé :

« *Art. 232* – I – Il est institué, à compter du 1er janvier 1999, une taxe annuelle sur les logements vacants dans les communes appartenant à des zones d'urbanisation continue de plus de deux cent mille habitants où existe un déséquilibre marqué entre l'offre et la demande de logements, au détriment des personnes à revenus modestes et des personnes défavorisées, qui se concrétise par le nombre élevé de demandeurs de logement par rapport au parc locatif et la proportion anormalement élevée de logements vacants par rapport au parc immobilier existant. Un décret fixe la liste des communes où la taxe est instituée.

« II – La taxe est due pour chaque logement vacant depuis au moins deux années consécutives, au 1er janvier de l'année d'imposition, à l'exception des logements détenus par les organismes d'habitations à loyer modéré et les sociétés d'économie mixte et destinés à être attribués sous conditions de ressources.

« III – La taxe est acquittée par le propriétaire, l'usufruitier, le preneur à bail à construction ou à réhabilitation ou l'emphytéote qui dispose du logement depuis le début de la période de vacance mentionnée au II.

« VI – L'assiette de la taxe est constituée par la valeur locative du logement mentionnée à l'article 1409. Son taux est fixé à 10 % la première année d'imposition, 12,5 % la deuxième année et 15 % à compter de la troisième année.

« V – Pour l'application de la taxe, n'est pas considéré comme vacant un logement dont la durée d'occupation est supérieure à trente jours consécutifs au cours de chacune des deux années de la période de référence définie au II.

« VI – La taxe n'est pas due en cas de vacance indépendante de la volonté du contribuable.

« VII – Le contrôle, le recouvrement, le contentieux, les garanties et les sanctions de la taxe sont régis comme en matière de taxe foncière sur les propriétés bâties.

« VIII – Le produit net de la taxe est versé à l'Agence nationale pour l'amélioration de l'habitat. »

Art. 52 – I – L'intitulé du titre IV du livre VI du code de la construction et de l'habitation est ainsi rédigé : « Mise en œuvre du droit au logement par la réquisition ».

II – Au sein de ce titre, le chapitre unique devient le chapitre Ier, intitulé « Réquisition », et comprend les articles L. 641-1 à L. 641-14.

III – Il est créé, dans ce même titre, un chapitre II ainsi rédigé :

« Chapitre II

« Réquisition avec attributaire

« Section I

« Principes généraux

« *Art. L. 642-1* – Afin de garantir le droit au logement, le représentant de l'État dans le département peut réquisitionner, pour une durée d'un an au moins et de six ans au plus, des locaux sur lesquels une personne morale est titulaire d'un droit réel conférant l'usage de ces locaux et qui sont vacants depuis plus de dix-huit mois, dans les communes où existent d'importants déséquilibres entre l'offre et la demande de logement au détriment de personnes à revenus modestes et de personnes défavorisées.

« La réquisition donne la jouissance des locaux à un attributaire, à charge pour lui de les donner à bail à des personnes bénéficiaires visées à l'article L. 642-5.

« La réquisition ouvre le droit pour l'attributaire de réaliser des travaux, payés par lui, de mise aux normes minimales de confort et d'habitabilité. L'attributaire informe le titulaire du droit d'usage de la nature des travaux et de leur délai d'exécution ; il lui communique le tableau d'amortissement du coût de ces travaux.

« Par dérogation au premier alinéa, lorsque l'importance des travaux de mise aux normes minimales de confort et d'habitabilité le justifie, la durée de la réquisition peut être supérieure à six ans, dans la limite de douze ans.

« Les locaux régulièrement affectés à un usage autre que l'habitation peuvent, à l'expiration de la réquisition, retrouver leur affectation antérieure sur simple déclaration.

« *Art. L. 642-2* – Les locaux détenus par les sociétés civiles constituées exclusivement entre parents et alliés jusqu'au quatrième degré inclus ne peuvent faire l'objet d'une procédure de réquisition avec attributaire.

« *Art. L. 642-3* – L'attributaire de la réquisition peut être :

« 1° L'État ;

« 2° Une collectivité territoriale ;

« 3° Un organisme d'habitations à loyer modéré ;

« 4° Une société d'économie mixte dont l'objet est de construire ou de donner à bail des logements ;

« 5° Un organisme dont l'un des objets est de contribuer au logement des personnes défavorisées et agréé à cette fin par le représentant de l'État dans le département.

« *Art. L. 642-4* – Les rapports entre l'État et les attributaires mentionnés aux 2° à 5° de l'article L. 642-3 sont régis par une Convention ; le projet de Convention d'attribution est notifié au titulaire du droit d'usage en même temps que l'intention de procéder à une réquisition de même que la liste des éventuels attributaires.

« *Art. L. 642-5* – Les locaux sont donnés à bail aux personnes justifiant de ressources inférieures à un plafond fixé par décret et désignées par le représentant de l'État dans le département en raison de leurs mauvaises conditions de logement.

« *Art. L. 642-6* – Le titulaire du droit d'usage sur les locaux réquisitionnés peut exercer un droit de reprise après neuf ans à compter de la notification de l'arrêté de réquisition, dans les conditions prévues par l'article L. 642-18.

« Section II

« Procédure

« *Art. L. 642-7* – Le représentant de l'État dans le département peut nommer des agents assermentés afin de l'assister dans la procédure de réquisition. Ces agents sont astreints aux règles concernant le secret professionnel. Ceux-ci peuvent :

« 1° Consulter les fichiers des organismes chargés de la distribution de l'eau, du gaz, de l'électricité, du téléphone, ainsi que les fichiers tenus par les professionnels de l'immobilier, en vue de prendre connaissance des informations strictement nécessaires à la recherche des locaux vacants, à la détermination de la durée de la vacance et à l'identification du titulaire du droit d'usage sur les locaux ;

« 2° Visiter, accompagnés le cas échéant d'experts, les locaux susceptibles d'être réquisitionnés ; le titulaire du droit d'usage donne son accord pour cette visite : à défaut, celle-ci ne peut avoir lieu que sur autorisation du juge judiciaire.

« *Art. L. 642-8* – Les services fiscaux fournissent au représentant de l'État dans le département les informations nominatives dont ils disposent sur la vacance.

« *Art. L. 642-9* – Après avoir sollicité l'avis du maire, le représentant de l'État dans le département notifie au titulaire du droit d'usage des locaux son intention de procéder à une réquisition.

« La notification indique les motifs et la durée de la réquisition envisagée. Elle est adressée au titulaire du droit d'usage par lettre recommandée avec demande d'avis de réception.

« *Art. L. 642-10* – Dans un délai de deux mois à compter de la notification, le titulaire du droit d'usage sur les locaux peut faire connaître au représentant de l'État dans le département :

« 1° Son accord ou son opposition ;

« 2° Son intention de mettre fin à la vacance dans un délai de trois mois au plus à compter de la notification ;

« 3° Son engagement d'effectuer les travaux nécessaires pour mettre fin lui-même à la vacance ; dans ce cas, un échéancier est soumis à l'approbation du représentant de l'État dans le département.

« *Art. L. 642-11* – À compter de la réponse du titulaire du droit d'usage ou à l'issue du délai de deux mois et au plus tard quatre mois à compter de la notification de l'intention de réquisitionner, le représentant de l'État dans le département notifie au titulaire du droit d'usage sa décision qui peut prendre l'une des formes suivantes :

« 1° Arrêté de réquisition motivé désignant l'attributaire et indiquant la durée de la réquisition qui ne peut excéder celle mentionnée dans l'arrêté visé à l'article L. 642-9 ;

« 2° Accord sur l'échéancier prévu au 3° de l'article L. 642-10 ;

« 3° Abandon de la procédure.

« La notification de la décision est adressée au titulaire du droit d'usage par lettre recommandée avec demande d'avis de réception.

« *Art. L. 642-12* – Le titulaire du droit d'usage qui s'est engagé à mettre fin à la vacance justifie de l'exécution de son engagement sur la demande du représentant de l'État dans le département.

« En l'absence de justification utile, le représentant de l'État dans le département peut notifier l'arrêté de réquisition.

« *Art. L. 642-13* – À défaut de retour dans les dix jours de l'avis de réception de la notification, les notifications prévues aux articles L. 642-9 et L. 642-11 sont affichées à la porte des locaux.

« À compter du retour dans les dix jours de l'avis de réception de la notification prévue à l'article L. 642-11 ou, à défaut, à l'expiration d'un délai de dix jours à compter de l'affichage, le représentant de l'État dans le département peut requérir la force publique pour entrer dans les lieux.

« Section III

« Relations entre le titulaire du droit d'usage des locaux et l'attributaire de la réquisition

« *Art. L. 642-14* – Sous réserve des dispositions du présent chapitre, les Sections I et II du chapitre II du titre VIII du livre III du code civil relatif au louage de choses sont applicables aux relations entre le titulaire du droit d'usage des locaux et l'attributaire.

« *Art. L. 642-15* – À compter de la prise de possession, l'attributaire verse mensuellement une indemnité au titulaire du droit d'usage.

« Cette indemnité est égale au loyer défini à l'article L. 642-23, déduction faite de l'amortissement du montant des travaux nécessaires et payés par lui pour satisfaire aux normes minimales de confort et d'habitalité, et des frais de gestion des locaux. Lorsque le montant de l'amortissement des travaux et des frais de gestion est supérieur au loyer défini à l'article L. 642-23, aucune somme ne peut être perçue auprès du titulaire du droit d'usage.

« Un décret en Conseil d'État fixe les conditions de cet amortissement et du calcul des frais de gestion.

« *Art. L. 642-16* – Le juge judiciaire fixe, le cas échéant, l'indemnisation par l'État du préjudice matériel, direct et certain, causé par la mise en œuvre de la réquisition.

« *Art. L. 642-17* – La transmission des locaux, à titre onéreux ou gratuit, n'affecte pas la réquisition.

« *Art. L. 642-18* – Le titulaire du droit d'usage peut exercer le droit de reprise prévu à l'article L. 642-6 à condition d'avoir :

« 1° Adressé à l'attributaire un préavis d'un an ;

« 2° Indemnisé celui-ci, trois mois avant l'expiration du délai de préavis, du montant des travaux non amortis.

« *Art. L. 642-19* – Le juge judiciaire connaît du contentieux des relations entre le titulaire du droit d'usage des locaux et l'attributaire de la réquisition.

« *Art. L. 642-20* – Les conditions d'application des Sections I, II et III du présent chapitre sont fixées par décret en Conseil d'État.

« Section IV

« Relations entre l'attributaire et le bénéficiaire

« *Art. L. 642-21* – Le bail, conclu entre l'attributaire et le bénéficiaire, est régi par la loi n° 89-462 du 6 juillet 1989 tendant à améliorer les rapports locatifs, sous réserve des dispositions de la présente Section.

« *Art. L. 642-22* – Le contrat de location est conclu pour une durée d'un an, ou pour la durée de la réquisition restant à courir si celle-ci est inférieure à un an.

« Ce contrat ne comporte aucun dépôt de garantie ni caution simple ou solidaire.

« *Art. L. 642-23* – Le loyer est déterminé en fonction du prix de base au mètre carré de surface habitable, fixé par décret.

« Il est révisé chaque année en fonction de la variation moyenne de l'indice du coût de la construction et des indices des trois trimestres qui précèdent.

« Il est payé mensuellement à terme échu.

« *Art. L. 642-24* – Le bénéficiaire peut donner congé à tout moment, avec un délai de préavis d'un mois.

« *Art. L. 642-25* – Le bénéficiaire ne peut céder le contrat de location ni sous-louer le logement.

« *Art. L. 642-26* – Trois mois avant l'expiration du contrat intervenant avant la fin de la réquisition, le représentant de l'État dans le département peut proposer au bénéficiaire un autre logement correspondant à ses besoins et à ses possibilités. Sauf motif légitime et sérieux, le bénéficiaire qui n'accepte pas l'offre de relogement est déchu de tout titre d'occupation au terme du contrat.

« À défaut d'offre de relogement, le bail est reconduit pour une durée d'un an, ou pour la durée de la réquisition restant à courir si celle-ci est inférieure à un an.

« *Art. L. 642-27* – Si, au plus tard trois mois avant la fin de la réquisition, le titulaire du droit d'usage et le bénéficiaire n'ont pas conclu de contrat de location, l'attributaire peut proposer au bénéficiaire qui remplit les conditions pour l'attribution d'un logement d'habitation à loyer modéré la location d'un logement correspondant à ses besoins et à ses possibilités. À défaut d'une telle proposition, le représentant de l'État dans le département est tenu de proposer un logement au bénéficiaire aux mêmes conditions.

« Le bénéficiaire qui n'a pas conclu de contrat de location ou accepté l'offre de relogement est déchu de tout titre d'occupation à l'expiration de la réquisition.

« Section V

« Dispositions pénales

« *Art. L. 642-28* – I – Sont punis d'un an d'emprisonnement et de 100 000 F d'amende :

« 1° Le fait de dissimuler, par des manœuvres frauduleuses, la vacance de locaux ;

« 2° Le fait de détruire, dégrader ou détériorer des locaux ayant fait l'objet d'une notification d'intention de réquisitionner, dans le but de faire obstacle à une réquisition avec attributaire.

« II – Les personnes morales peuvent être déclarées pénalement responsables dans les conditions prévues par l'article 121-2 du code pénal.

« Elles encourent une peine d'amende, suivant les modalités prévues par l'article 131-38 du même code.

« III – Le tribunal peut également ordonner que les travaux de remise en état sont exécutés aux frais du condamné. »

Art. 53 – I – Dans l'intitulé du livre VIII du code de la Sécurité sociale, les mots : « Aide aux associations logeant à titre temporaire des personnes défavorisées » sont remplacés par les mots : « Aide aux organismes logeant à titre temporaire des personnes défavorisées ».

II – L'intitulé du titre V du livre VIII du même code est ainsi rédigé : « Aide aux organismes logeant à titre temporaire des personnes défavorisées ».

III – L'article L. 851-1 du même code est ainsi modifié :

1° Le premier alinéa est ainsi rédigé :

« Les associations à but non lucratif dont l'un des objets est l'insertion ou le logement des personnes défavorisées ainsi que les centres communaux ou intercommunaux d'action sociale, qui ont conclu une Convention avec l'État, bénéficient d'une aide pour loger, à titre transitoire, des personnes défavorisées ; lorsque celles-ci sont étrangères, elles doivent justifier de la régularité de leur séjour en France. » ;

2° Au deuxième alinéa, le mot : « association » est remplacé par le mot : « organisme ».

Section III
Régime des attributions de logements locatifs sociaux

Art. 54 – Dans l'avant-dernier alinéa de l'article L. 302-1 du code de la construction et de l'habitation, après les mots : « personnes défavorisées », sont insérés les mots : «, des chartes intercommunales du logement définies à l'article L. 441-1-5 ».

Art. 55 – Il est inséré, au début du chapitre unique du titre Ier du livre IV du code de la construction et de l'habitation, un article L. 411 ainsi rédigé :

« *Art. L. 411* – La construction, l'aménagement, l'attribution et la gestion des logements locatifs sociaux visent à améliorer les conditions d'habitat des personnes de ressources modestes ou défavorisées. Ces opérations participent à la mise en œuvre du droit au logement et contribuent à la nécessaire mixité sociale des villes et des quartiers. »

Art. 56 – I – Les articles L. 441-1 à L. 441-2-1 du code de la construction et de l'habitation sont remplacés par les articles L. 441 à L. 441-2-6 ainsi rédigés :

« *Art. L. 441* – L'attribution des logements locatifs sociaux participe à la mise en œuvre du droit au logement, afin de satisfaire les besoins des personnes de ressources modestes et des personnes défavorisées.

« L'attribution des logements locatifs sociaux doit notamment prendre en compte la diversité de la demande constatée localement ; elle doit favoriser l'égalité des chances des demandeurs et la mixité sociale des villes et des quartiers.

« Les collectivités territoriales concourent, en fonction de leurs compétences, à la réalisation des objectifs mentionnés aux alinéas précédents, notamment dans le cadre de conférences et chartes intercommunales.

« Les bailleurs sociaux attribuent les logements locatifs sociaux dans le cadre des dispositions de la présente Section.

« L'État veille au respect des règles d'attribution de logements sociaux.

« *Art. L. 441-1* – Le décret en Conseil d'État prévu à l'article L. 441-2-6 détermine les conditions dans lesquelles les logements construits, améliorés ou acquis et améliorés avec le concours financier de l'État ou ouvrant droit à l'aide personnalisée au logement et appartenant aux organismes d'habitations à loyer modéré ou gérés par ceux-ci sont attribués par ces organismes. Pour l'attribution des logements, ce décret prévoit qu'il est tenu compte notamment de la composition, du niveau de ressources et des conditions de logement actuelles du ménage, de l'éloignement des lieux de travail et de la proximité des équipements répondant aux besoins des demandeurs. Il fixe des critères généraux de priorité pour l'attribution des logements, notamment au profit de personnes mal logées, défavorisées ou rencontrant des difficultés particulières de logement pour des raisons d'ordre financier ou tenant à leurs conditions d'existence. Il fixe également les conditions dans lesquelles le maire de la commune d'implantation des logements est consulté sur les principes régissant ces attributions et sur le résultat de leur application.

« Le décret mentionné à l'alinéa précédent fixe également les limites et conditions dans lesquelles les organismes d'habitations à loyer modéré peuvent, en contrepartie d'un apport de terrain, d'un financement ou d'une garantie financière, contracter des obligations de réservation pour les logements mentionnés à l'alinéa précédent, lors d'une mise en location initiale ou ultérieure. Lorsque ces Conventions de réservation ne respectent pas les limites prévues au présent alinéa, elles sont nulles de plein droit.

« Il détermine également les limites et conditions de réservation des logements par le représentant de l'État dans le département au profit des personnes prioritaires, notamment mal logées ou défavorisées.

« Les plafonds de ressources pour l'attribution des logements locatifs sociaux fixés en application des dispositions du présent article sont révisés annuellement en fonction de l'évolution du salaire minimum de croissance visé à l'article L. 141-2 du code du travail.

« *Art. L. 441-1-1* – Les conditions d'application des règles prévues à l'article L. 441-1, notamment les critères de priorité pour l'attribution des logements et les conditions de leur réservation au profit des personnes prioritaires, ainsi que les modalités de l'information du représentant de l'État dans le département, des maires et des conférences intercommunales du logement prévues à l'article L. 441-1-4 sont, pour chaque département, précisées en tenant compte de la mixité des villes et des quartiers ainsi que, le cas échéant, des caractéristiques des diverses parties de celui-ci, par un règlement établi par le représentant de l'État dans le département après avis du conseil départemental de l'habitat.

« Ce règlement tient compte des programmes locaux de l'habitat, communiqués au conseil départemental de l'habitat, des besoins évalués par le plan départemental d'action pour le logement des personnes défavorisées prévu à l'article 2 de la loi n° 90-449 du 31 mai 1990 visant à la mise en œuvre du droit au logement, des accords collectifs départementaux prévus à l'article L. 441-1-2 et, le cas échéant, des chartes intercommunales prévues à l'article L. 441-1-5.

« En cas d'inobservation par un organisme des règles fixées par le règlement départemental, après épuisement des voies de conciliation et après mise en demeure, le représentant de l'État dans le département peut, pour une durée qui ne peut excéder un an, désigner un délégué spécial chargé de prononcer les attributions de logements au nom et pour le compte de l'organisme, dans le respect des règles et des Conventions régulièrement signées.

« *Art. L. 441-1-2* – Des accords nationaux sont conclus entre l'État et les organisations nationales représentatives des organismes gestionnaires de logements sociaux dans le respect des principes définis à l'article L. 441.

« Dans chaque département, le représentant de l'État dans le département conclut, tous les trois ans, après consultation des conférences intercommunales prévues à l'article L. 441-1-4 et du conseil départemental de l'habitat, un accord collectif avec les organismes disposant d'un patrimoine locatif social dans le département. Cet accord définit pour chaque organisme un engagement annuel quantifié d'attribution de logements aux personnes cumulant des difficultés économiques et sociales et visées dans le plan départemental d'action pour le logement des personnes défavorisées au sens de l'article 4 de la loi n° 90-449 du 31 mai 1990 précitée. Cet engagement doit respecter la mixité sociale des villes et des quartiers. Il tient compte des capacités d'accueil et de l'occupation sociale des différents organismes, par secteur géographique.

« Il est précisé et complété par les dispositions des chartes prévues à l'article L. 441-1-5. Il organise les moyens d'accompagnement et les dispositions nécessaires à la mise en œuvre des objectifs ainsi définis.

« Il définit des délais d'attente manifestement anormaux au regard des circonstances locales, au-delà desquels les demandes font l'objet d'un examen prioritaire, ainsi que les conditions de cet examen. À défaut, ces délais sont définis par arrêté du représentant de l'État dans le département.

« Il tient compte des dispositions des protocoles d'occupation du patrimoine social, en vigueur à la date de publication de la loi n° 98-657 du 29 juillet 1998 d'orientation relative à la lutte contre les exclusions, dans les conditions prévues à l'article 62 de cette loi.

« *Art. L. 441-1-3* – Lorsqu'au terme d'un délai de six mois après qu'il lui a été proposé par le représentant de l'État dans le département, un organisme refuse de signer l'accord départemental, le représentant de l'État dans le département désigne à l'organisme des personnes prioritaires et fixe le délai dans lequel celui-ci est tenu de les loger. Ces attributions s'imputent sur ses droits à réservation. Elles sont prononcées en tenant compte de l'état de l'occupation du patrimoine de l'organisme au regard de la nécessaire diversité de la composition sociale de chaque quartier et de chaque commune, après consultation des maires des communes intéressées, jusqu'à la signature de l'accord départemental.

« Si un organisme refuse d'honorer l'engagement qu'il a pris dans le cadre d'un tel accord, le représentant de l'État dans le département procède à un nombre d'attributions équivalent au nombre de logements restant à attribuer en priorité aux personnes défavorisées en vertu de cet accord, après consultation des maires des communes intéressées.

« Si l'organisme fait obstacle à la mise en œuvre des dispositions précédentes, notamment en ne mettant pas le représentant de l'État dans le département en mesure d'identifier des logements relevant de ses droits à réservation, ce dernier, après tentative de conciliation suivie au besoin d'une mise en demeure, désigne, pour une durée d'un an, un délégué spécial chargé de prononcer les attributions de logements au nom et pour le compte de l'organisme, après consultation des maires des communes concernées, dans le respect des Conventions de réservation de logements régulièrement signées.

« *Art. L. 441-1-4* – Lorsque la situation du logement le justifie au regard des objectifs de mixité sociale et d'accueil des personnes défavorisées, le représentant de l'État dans le département, après consultation de la commission départementale de la coopération intercommunale et du conseil départemental de l'habitat ainsi que, dans la région d'Île-de-France, de la conférence régionale mentionnée à l'article

L. 441-1-6, délimite des bassins d'habitat qui représentent des territoires cohérents d'intervention en matière de politique de logement et d'urbanisme. Il doit prendre en compte pour cette délimitation les structures de coopération intercommunale compétentes en matière d'urbanisme et de logement créées en application des dispositions de la cinquième partie du code général des collectivités territoriales, les périmètres des programmes locaux de l'habitat institués en application des articles L. 302-1 et suivants du présent code, lorsque ces derniers ont un caractère intercommunal et, le cas échéant, les bassins d'habitat délimités par le plan départemental d'action pour le logement des personnes défavorisées en application des dispositions de l'article 4 de la loi n° 90-449 du 31 mai 1990 précitée ainsi que les conférences intercommunales du logement existantes à la date de publication de la loi n° 98-657 du 29 juillet 1998 d'orientation relative à la lutte contre les exclusions.

« Ceux-ci sont constitués par le territoire de plusieurs communes contiguës dont l'une au moins comprend une ou plusieurs zones urbaines sensibles, définies au 3 de l'article 42 de la loi n° 95-115 du 4 février 1995 d'orientation pour l'aménagement et le développement du territoire, ou a plus de 5 000 habitants et comporte un parc de logements locatifs sociaux, tels que définis au sixième alinéa de l'article L. 2334-17 du code général des collectivités territoriales, représentant plus de 20 % des résidences principales au sens du II de l'article 1411 du code général des impôts. Ils peuvent également être constitués, à la demande de la majorité des maires concernés, par le territoire des communes agglomérées sur lequel existent d'importants déséquilibres de peuplement.

« Les communes situées dans un bassin d'habitat ainsi délimité doivent créer une conférence intercommunale du logement dans un délai d'un an à compter de la publication de la loi n° 98-657 du 29 juillet 1998 précitée.

« Lorsque le bassin d'habitat regroupe des communes situées dans des départements différents, sa délimitation est faite par les représentants de l'État dans les départements concernés, après consultation des commissions départementales de la coopération intercommunale et des conseils départementaux de l'habitat. Toutefois, dans la région d'Île-de-France, la délimitation des bassins d'habitat regroupant des communes situées dans des départements différents relève de la compétence du représentant de l'État dans la région après avis des commissions et conseils susmentionnés ainsi que de la conférence régionale mentionnée à l'article L. 441-1-6.

« La conférence du logement rassemble, outre les maires des communes et le ou les représentants de l'État dans le ou les départements concernés, les bailleurs sociaux possédant ou gérant des logements dans le bassin d'habitat, les représentants des associations de locataires affiliées à une organisation siégeant à la Commission nationale de concertation, des représentants des associations agréées dont l'un des objets est l'insertion ou le logement des personnes défavorisées, désignés par le représentant de l'État, et, lorsqu'ils sont titulaires de droits de réservation dans le bassin d'habitat, les organismes collecteurs de la participation des employeurs à l'effort de construction.

« Elle est présidée par le représentant des maires des communes intéressées désigné par ceux-ci. Toutefois, si la conférence intercommunale du logement ne s'est pas réunie dans le délai d'un an prévu au troisième alinéa, elle est présidée et, au besoin, préalablement créée par le ou les représentants de l'État dans le ou les départements concernés.

« La conférence intercommunale délibère à la majorité de ses membres. Elle se réunit au moins une fois par an.

« *Art. L. 441-1-5* – Le représentant de l'État dans le département saisit la conférence intercommunale du logement de l'accord départemental, et notamment des engagements quantifiés annuels d'attribution fixés pour chaque organisme disposant d'un patrimoine locatif social dans le bassin d'habitat concerné. La conférence définit, compte tenu des autres demandes de logement social, les orientations prioritaires d'attribution propres à chaque organisme et les besoins de création d'offres adaptées. Elle peut également émettre un avis sur le niveau des plafonds de ressources dans le bassin d'habitat.

« Dans le cas où une conférence réunit des communes situées dans des départements différents, elle est saisie par les représentants de l'État dans les départements concernés.

« Dans le respect des engagements quantifiés fixés annuellement à chaque organisme en application de l'accord collectif départemental, la conférence élabore une charte intercommunale du logement définissant la répartition de ces objectifs quantifiés d'accueil des personnes défavorisées dans le parc de logements locatifs sociaux du bassin d'habitat. La conférence évalue annuellement la situation des demandes non satisfaites dans les délais et les conditions de mise en œuvre de la charte intercommunale du logement.

« Pour l'élaboration de la charte intercommunale du logement, la conférence est composée comme il est dit à l'article L. 441-1-4, à l'exclusion toutefois des maires des communes dont le territoire ne comporte pas de logements locatifs sociaux. Seuls les membres de la conférence représentant les collectivités locales ont voix délibérative.

« La charte est soumise à l'agrément du représentant de l'État dans le département. Celui-ci peut présenter à la conférence des demandes motivées de modification. Lorsqu'au terme d'un délai de six mois après la transmission prévue au premier alinéa, la conférence n'a pas élaboré de charte intercommunale du logement ou que celle-ci n'a pas été agréée par le représentant de l'État dans le département, les attributions de logements locatifs sociaux dans le bassin d'habitat concerné sont prononcées selon les dispositions des articles L. 441 à L. 441-1-2.

« Dans le cas où une conférence intercommunale réunit des communes situées dans des départements différents, la charte est soumise à l'agrément des représentants de l'État dans les départements concernés.

« *Art. L. 441-1-6* – Pour la région d'Île-de-France, il est créé une conférence régionale du logement social. La conférence comprend, sous la présidence du représentant de l'État dans la région, des représentants de la région et, pour chacun des départements qu'elle réunit, des représentants de l'État, des départements, des communes, des bailleurs sociaux, des associations agréées, dont l'un des objets est l'insertion ou le logement des personnes défavorisées, ainsi que des organismes collecteurs de la participation des employeurs à l'effort de construction.

« La conférence élabore, pour une durée de trois ans, un schéma d'orientation en vue d'harmoniser les politiques du logement social et notamment les principes de répartition et d'attribution des logements sociaux, au rang desquels figure le principe de mixité sociale, ainsi que les aides financières qui peuvent concourir à la solidarité pour le logement.

« Compte tenu des accords départementaux conclus en application de l'article L. 441-1-2 et notamment des engagements quantifiés annuels, elle évalue annuellement la mise en œuvre du schéma d'orientation.

« Elle se réunit au moins une fois par an.

« *Art. L. 441-2* – Il est créé, dans chaque organisme d'habitations à loyer modéré, une commission d'attribution chargée d'attribuer nominativement chaque logement locatif, composée de six membres qui élisent en leur sein un président qui dispose d'une voix prépondérante.

« Il est créé dans les mêmes conditions une commission d'attribution dans chaque société civile immobilière dont le capital est constitué majoritairement par des fonds provenant de la participation des employeurs à l'effort de construction et disposant de logements locatifs sociaux, pour l'attribution de ces logements.

« En outre, le maire de la commune où sont implantés les logements attribués, ou son représentant, est membre de droit des commissions d'attribution.

« Le représentant de l'État dans le département, ou l'un de ses représentants membre du corps préfectoral, assiste, sur sa demande, à toute réunion de la commission d'attribution.

« Les maires d'arrondissement des communes de Paris, Marseille et Lyon ou leur représentant participent à titre consultatif aux travaux de ces commissions pour l'attribution des logements situés dans le ou les arrondissements où ils sont territorialement compétents.

« *Art. L. 441-2-1* – Les demandes d'attribution de logements sociaux sont faites auprès de services, organismes ou personnes morales dans des conditions définies par décret en Conseil d'État. Chaque demande fait l'objet d'un enregistrement départemental unique. Un numéro départemental est obligatoirement communiqué au demandeur par le service, l'organisme ou la personne morale qui a reçu la demande dans le délai maximum d'un mois à compter du dépôt de ladite demande. Lorsque le numéro départemental est communiqué par une personne morale autre qu'un bailleur, l'attestation délivrée au demandeur indique le ou les organismes bailleurs auxquels est transmis le dossier de demande de logement. Les modalités de transmission des dossiers de demande font l'objet d'une convention entre cette personne morale et les bailleurs concernés.

« Ce système d'enregistrement, géré conjointement par l'État et les bailleurs sociaux disposant de logements locatifs sociaux dans le département, a pour objet de garantir les droits du demandeur et d'assurer l'examen prioritaire des demandes qui n'ont pu être satisfaites dans les délais prévus au quatrième alinéa de l'article L. 441-1-2.

« La durée de validité des demandes d'attribution de logements sociaux est limitée dans des conditions définies par décret. Aucune radiation ne peut intervenir si le demandeur n'a pas été avisé par le service, l'organisme ou la personne morale mentionnés au premier alinéa dans un délai d'un mois précédant celle-ci.

« Aucune attribution de logement ne peut être décidée, ni aucune candidature examinée par une commission d'attribution si cette candidature n'est pas préalablement pourvue d'un numéro d'enregistrement départemental. Le représentant de l'État dans le département procède après mise en demeure à l'inscription d'office de tout demandeur qui n'aurait pas reçu communication du numéro d'enregistrement dans le délai d'un mois, auprès de tout bailleur susceptible d'accueillir cette demande.

« Les aides de l'État rattachables au logement qui serait attribué en méconnaissance des dispositions du présent article sont remboursées en tout ou partie dans des conditions définies par décret.

« *Art. L. 441-2-2* – Tout rejet d'une demande d'attribution doit être notifié par écrit au demandeur, dans un document exposant le ou les motifs du refus d'attribution.

« *Art. L. 441-2-3* – Dans chaque département est créée auprès du représentant de l'État dans le département une commission de médiation composée au plus de quatre représentants des organismes bailleurs, de deux représentants des associations de locataires et de deux représentants des associations agréées dont l'un des objets est l'insertion ou le logement des personnes défavorisées, œuvrant dans le département. Dans tous les cas, le nombre des représentants des bailleurs est égal à celui du total des représentants des associations visées ci-dessus. Cette commission reçoit, sur requête des demandeurs de logements locatifs sociaux répondant aux conditions réglementaires d'accès à ces logements, toutes réclamations relatives à l'absence d'offre de logement dans le délai fixé conformément aux dispositions de l'article L. 441-1-2. La commission de médiation émet un avis qu'elle adresse aux demandeurs, aux organismes bailleurs et aux collectivités locales concernés. Elle peut également en saisir le représentant de l'État dans le département. Lorsque le requérant est une personne défavorisée au sens de l'article 4 de la loi n° 90-449 du 31 mai 1990 précitée, elle saisit le comité responsable du plan départemental d'action pour le logement des personnes défavorisées.

« *Art. L. 441-2-4* – Le maire d'une commune sur le territoire de laquelle sont implantés des logements locatifs sociaux ou le représentant qu'il désigne est entendu, à sa demande, par le conseil d'administration du ou des organismes possédant ou gérant ces logements, qu'il s'agisse d'organismes d'habitations à loyer modéré, de sociétés civiles immobilières dont le capital est constitué majoritairement par les fonds provenant de la participation des employeurs à l'effort de construction ou de sociétés d'économie mixte locales d'aménagement et de construction.

« *Art. L. 441-2-5* – Les bailleurs sociaux rendent compte des conditions de l'attribution des logements selon les dispositions suivantes :

« 1° Le règlement départemental prévu à l'article L. 441-1-1 définit les modalités de l'information du représentant de l'État dans le département au titre des logements qui lui sont réservés en vertu des conventions mentionnées à l'article L. 441-1 ; les collectivités territoriales et les conférences intercommunales du logement prévues à l'article L. 441-1-4 bénéficient des mêmes informations pour les conventions qu'elles ont signées ;

« 2° Une fois par an, les bailleurs sociaux rendent compte, dans des conditions définies à l'accord collectif départemental mentionné à l'article L. 441-1-2, des résultats atteints au regard des objectifs quantifiés prévus audit accord et aux chartes qui en sont issues ; ce compte rendu est adressé au représentant de l'État dans le département et, pour les parties du parc de logements locatifs sociaux qui les concernent, aux maires des communes intéressées ainsi qu'à tous les maires du ou des bassins d'habitat concernés, et aux conférences prévues à l'article L. 441-1-4 ;

« 3° Une fois par an, les bailleurs locaux établissent, dans des conditions fixées par l'accord collectif départemental mentionné à l'article L. 441-1-2, les informations statistiques distinguant notamment :

« *a*) Les demandes de logements qui leur ont été adressées ou transmises ;

« *b*) Les logements nouvellement mis en service ou remis en location ;

« *c*) Les logements restés vacants pendant plus de trois mois ;

« *d*) Les attributions prononcées ainsi que celles qui ont été proposées mais refusées par les demandeurs.

« Ces informations sont communiquées au représentant de l'État dans le département et, pour les parties du parc de logements locatifs sociaux qui les concernent, aux maires des communes intéressées et aux conférences intercommunales prévues à l'article L. 441-1-4.

« Le règlement départemental prévu à l'article L. 441-1-1 précise les conditions dans lesquelles les bailleurs sociaux non signataires de l'accord collectif départemental communiquent les informations énoncées ci-dessus.

« Le représentant de l'État dans le département soumet au moins une fois par an au conseil départemental de l'habitat les principaux résultats des informations recueillies au titre du présent article. Ces résultats peuvent être consultés par toute personne en faisant la demande ;

« 4° Les maires d'arrondissement des communes de Paris, Marseille et Lyon bénéficient des mêmes informations que le maire de la commune pour les logements situés dans le ou les arrondissements où ils sont territorialement compétents.

« Les dispositions du présent article sont applicables aux sociétés civiles immobilières mentionnées à l'article L. 441-2, pour leur parc de logements locatifs sociaux.

« *Art. L. 441-2-6* – Un décret en Conseil d'État précise les conditions d'application de la présente Section. »

II – Le premier alinéa de l'article L. 441-3 du même code est ainsi rédigé :

« Les organismes d'habitations à loyer modéré peuvent exiger des locataires des logements visés au premier alinéa de l'article L. 441-1 le paiement d'un supplément de loyer de solidarité en sus du loyer principal et des charges locatives dès lors qu'au cours du bail les ressources de l'ensemble des personnes vivant au foyer excèdent d'au moins 20 % les plafonds de ressources en vigueur pour l'attribution de ces logements. Ils doivent exiger le paiement d'un tel supplément dès lors qu'au cours du bail le dépassement du plafond de ressources est d'au moins 40 %. »

III – 1. Le deuxième alinéa de l'article L. 441-5 du même code est ainsi rédigé :

« Les valeurs maximales de ce coefficient sont fixées par décret en Conseil d'État. Elles ne peuvent être inférieures, pour les dépassements du plafond de ressources de 40 % et plus, à celles du coefficient prévu à l'article L. 441-8. »

2. L'article L. 441-6 du même code est complété par un alinéa ainsi rédigé :

« Le montant du supplément de loyer de référence ne peut excéder des valeurs maximales définies par décret en Conseil d'État. »

IV – Dans la dernière phrase du dernier alinéa de l'article L. 441-5 du même code, le pourcentage : « 10 % » est remplacé par le pourcentage : « 20 % ».

V – La dernière phrase du premier alinéa de l'article L. 441-9 du même code est ainsi rédigée :

« L'organisme d'habitations à loyer modéré n'est tenu de présenter cette demande ni aux locataires bénéficiant de l'aide personnalisée au logement mentionnée à l'article L. 351-1, ni aux locataires bénéficiant de l'allocation de logement prévue à l'article L. 542-1 du code de la Sécurité sociale ou de l'allocation de logement prévue à l'article L. 831-1 du même code. »

Art. 57 – Le deuxième alinéa du III de l'article 302 *bis* ZC du code général des impôts est ainsi rédigé :

« Les bailleurs ne sont tenus de présenter cette demande ni aux locataires bénéficiant de l'aide personnalisée au logement mentionnée à l'article L. 351-1 du code de la construction et de l'habitation, ni aux locataires bénéficiant de l'allocation de logement prévue à l'article L. 542-1 du code de la Sécurité sociale ou de l'allocation logement prévue à l'article L. 831-1 du même code. »

Art. 58 – Il est inséré, dans le code de la construction et de l'habitation, un article L. 442-6-2 ainsi rédigé :

« *Art. L. 442-6-2* – Lors de la demande d'attribution d'un logement social ou de la signature du bail, le bailleur ne peut réclamer au demandeur ou preneur le paiement de frais à quelque titre que ce soit. »

Art. 59 – I – Il est inséré, dans le code de la construction et de l'habitation, un article L. 442-6-3 ainsi rédigé :

« *Art. L. 442-6-3* – Par dérogation au I de l'article 15 de la loi n° 89-462 du 6 juillet 1989 tendant à améliorer les rapports locatifs et portant modification de la loi n° 86-1290 du 23 décembre 1986, le délai de préavis applicable au congé donné par un locataire d'un logement mentionné à l'article L. 441-1 qui bénéficie de l'attribution dans le parc du même bailleur d'un autre logement mentionné au même article est ramené à un mois. »

II – Le deuxième alinéa de l'article L. 353-15 du même code est ainsi rédigé :

« Par dérogation au I de l'article 15 de la loi n° 89-462 du 6 juillet 1989 tendant à améliorer les rapports locatifs et portant modification de la loi n° 86-1290 du 23 décembre 1986, le délai de préavis applicable au congé donné par un locataire d'un logement mentionné à l'article L. 353-14 qui bénéficie de l'attribution dans le parc du même bailleur d'un autre logement mentionné au même article est ramené à un mois. Ce délai est de deux mois si les deux logements appartiennent à des bailleurs différents. »

III – Il est inséré, dans le même code, un article L. 353-19-1 ainsi rédigé :

« *Art. L. 353-19-1* – Par dérogation au I de l'article 15 de la loi n° 89-462 du 6 juillet 1989 précitée, le délai de préavis applicable au congé donné par un locataire d'un logement appartenant à une société d'économie mixte et conventionné à l'aide personnalisée au logement en application de l'article L. 351-2 qui bénéficie de l'attribution dans le parc du même bailleur d'un autre logement appartenant à une société d'économie mixte et conventionné à l'aide personnalisée au logement en application de l'article L. 351-2 est ramené à un mois. »

IV – Il est inséré, dans le même code, un article L. 472-1-4 ainsi rédigé :

« *Art. L. 472-1-4* – Par dérogation au I de l'article 15 de la loi n° 89-462 du 6 juillet 1989 tendant à améliorer les rapports locatifs et portant modification de la loi n° 86-1290 du 23 décembre 1986, le délai de préavis applicable au congé donné par un locataire d'un logement mentionné à l'article L. 472-1-2 qui bénéficie de l'attribution dans le parc du même bailleur d'un autre logement mentionné au même article est ramené à un mois. »

Art. 60 – I – L'article L. 442-10 du code de la construction et de l'habitation est complété par une phrase ainsi rédigée :

« Le plafond de ressources à prendre en compte pour l'application de l'article L. 441-3 est, pour les locataires de logements construits en application de la loi du 13 juillet 1928 précitée, supérieur de 50 % aux plafonds de ressources applicables aux bénéficiaires de législation sur les habitations à loyer modéré et des nouvelles aides de l'État en secteur locatif. »

II – En conséquence, l'article 7 de la loi n° 96-162 du 4 mars 1996 relative au supplément de loyer de solidarité est abrogée.

Art. 61 – I – Après le premier alinéa de l'article L. 421-8 du code de la construction et de l'habitation, il est inséré deux alinéas ainsi rédigés :

« Les représentants des locataires sont élus sur des listes de candidats présentés par des associations œuvrant dans le domaine du logement.

« Ces associations doivent être indépendantes de tout parti politique ou organisation philosophique, confessionnelle, ethnique ou raciale et ne pas poursuivre des intérêts collectifs qui seraient en contradiction avec les objectifs du logement social fixés par le code de la construction et de l'habitation, et notamment par les articles L. 411 et L. 441, ou du droit à la ville tel que défini par la loi n° 91-662 du 13 juillet 1991 d'orientation pour la ville. »

II – L'article L. 422-2-1 du code de la construction et de l'habitation est complété par deux alinéas ainsi rédigés :

« Les représentants des locataires sont élus sur des listes de candidats présentés par des associations œuvrant dans le domaine du logement.

« Ces associations doivent être indépendantes de tout parti politique ou organisation philosophique, confessionnelle, ethnique ou raciale et en pas poursuivre des intérêts collectifs qui seraient en contradiction avec les objectifs du logement social fixés par le code de la construction et de l'habitation, et notamment les articles L. 411 et L. 441, ou du droit à la ville tel que défini par la loi n° 91-662 du 13 juillet 1991 d'orientation pour la ville. »

Art. 62 – Il ne peut être conclu de nouveaux protocoles d'occupation du patrimoine social, tels qu'ils étaient prévus à l'article L. 441-2 du code de la construction et de l'habitation, après la publication de la présente loi. Les protocoles existants à cette date cessent de produire tout effet à compter de l'adoption définitive, dans les conditions prévues à l'article L. 441-1-5 du code de la construction et de l'habitation, d'une charte intercommunale portant sur le même territoire.

Art. 63 – Les chartes communales ou intercommunales mises en place avant la publication de la présente loi, notamment en application de l'article L. 442-2-1 du code de la construction et de l'habitation dans sa rédaction issue de l'article 31 de la loi n° 96-987 du 14 novembre 1996 relative à la mise en œuvre du pacte de relance pour la ville, cessent de produire tout effet à compter de l'adoption définitive, dans les conditions prévues à l'article L. 441-1-5 du code précité, d'une charte intercommunale portant sur le même territoire.

Art. 64 – I – L'article L. 302-8 du code de la construction et de l'habitation est ainsi modifié :

1° Le 1° est ainsi rédigé :

« 1° Les logements locatifs sociaux au sens du 3° de l'article L. 351-2 ; »

« 2° Après le 3°, il est inséré un 4° ainsi rédigé :

« 4° Les logements-foyers dénommés résidences sociales. » ;

3° Le neuvième alinéa est supprimé.

II – Ces dispositions s'appliquent à partir du 1er janvier 1999.

Art. 65 – I – Dans le premier alinéa de l'article L. 302-5 du code de la construction et de l'habitation, les mots : « dont la population est au moins égale à 3 500 habitants » sont remplacés par les mots : « dont la population est au moins égale à 1 500 habitants en Île-de-France et à 3 500 habitants dans les autres régions ».

II – Le deuxième alinéa de l'article L. 302-8 du même code est complété par une phrase ainsi rédigée :

« Pour les communes d'Île-de-France comptant moins de 3 500 habitants qui ont pris l'engagement au cours de l'année 1999, cette date est portée au 1er janvier 2000. »

III – Ces dispositions s'appliquent à partir du 1er janvier 1999.

Section IV
Mesures relatives aux départements d'outre-mer

Art. 66 – L'article L. 472-1-2 du code de la construction et de l'habitation est ainsi rédigé :

« *Art. L. 472-1-2* – Les dispositions des Sections I et II du chapitre Ier du titre IV du présent livre et celles des articles L. 442-5, L. 442-6-1, L. 442-8-1, L. 442-8-2 et L. 442-8-4 sont applicables dans les départements d'outre-mer aux sociétés d'économie mixte constituées en application de la loi n° 46-860 du 30 avril 1946 précitée et aux sociétés d'économie mixte locales pour les logements à usage locatif leur appartenant et construits, acquis ou améliorés avec le concours financier de l'État. »

Chapitre III
Accès aux soins

Art. 67 – L'accès à la prévention et aux soins des personnes les plus démunies constitue un objectif prioritaire de la politique de santé.

Les programmes de santé publique mis en œuvre par l'État ainsi que par les collectivités territoriales et les organismes d'assurance maladie prennent en compte les difficultés spécifiques des personnes les plus démunies.

Art. 68 – Le sixième alinéa du I de l'article L. 227-1 du code de la Sécurité sociale est ainsi rédigé :

« 3° Les objectifs de l'action sociale, de prévention et de lutte contre l'exclusion ; ».

Art. 69 – À la fin du premier alinéa du II de l'article L. 227-1 du code de la Sécurité sociale, les mots : « et du médicament » sont remplacés par les mots : «, du médicament et de la lutte contre l'exclusion en matière d'accès aux soins ».

Art. 70 – Dans un délai d'un an, le gouvernement présentera au Parlement un rapport sur le rôle de la médecine scolaire dans la politique de prévention et les conditions de son renforcement pour améliorer le suivi médical des enfants scolarisés, notamment dans les zones où le recours aux soins est insuffisant.

Art. 71 – Il est établi, dans chaque région et dans la collectivité territoriale de Corse, un programme régional pour l'accès à la prévention et aux soins des personnes les plus démunies, dont l'élaboration et la mise en œuvre sont coordonnées par le représentant de l'État dans la région ou le représentant de l'État dans la collectivité territoriale de Corse.

Ce programme est établi à partir d'une analyse préalable, dans chaque département, de la situation en matière d'accès aux soins et à la prévention des personnes démunies.

Il comporte des actions coordonnées de prévention et d'éducation à la santé, de soins, de réinsertion et de suivi qui sont mises en œuvre chaque année, dans chaque département, pour améliorer la santé des personnes démunies, en se fondant sur les situations locales particulières et les expériences existantes. Il précise les conditions dans lesquelles les services de l'État, en particulier les services de santé scolaire et universitaire, les collectivités territoriales, grâce notamment aux services de protection maternelle et infantile, les organismes de Sécurité sociale, les agences régionales de l'hospitalisation, les groupements régis par le code de la mutualité, les associations, les professions de santé, les établissements et institutions sanitaires et sociales concourent à la mise en œuvre de ces actions. Il s'attache à définir des actions pour lutter contre les pathologies aggravées par la précarité ou l'exclusion sous toutes leurs formes, notamment les maladies chroniques, les dépendances à l'alcool, à la drogue ou au tabac, les souffrances psychiques, les troubles du comportement et les déséquilibres nutritionnels.

Le programme régional d'accès à la prévention et aux soins est établi après consultation d'un comité, présidé par le représentant de l'État dans la région ou le représentant de l'État dans la collectivité territoriale de Corse, réunissant des représentants des services de l'État et de l'agence régionale de l'hospitalisation, des collectivités territoriales, des organismes d'assurance maladie et auquel des représentants des associations qui œuvrent dans le domaine de l'insertion et de la lutte contre l'exclusion peuvent être invités à participer. Il est rendu compte chaque année de la réalisation de ce programme à la conférence régionale de santé instituée par l'article L. 767 du code de la santé publique.

Art. 72 – I – L'article 1er de la loi n° 75-535 du 30 juin 1975 relative aux institutions sociales et médico-sociales est complété par un 6° ainsi rédigé :

« 6° Assurent des soins ambulatoires et des actions d'accompagnement social et de réinsertion en faveur des personnes présentant une consommation d'alcool à risque ou nocive, ou atteintes de dépendance alcoolique. »

II – Après le 8° de l'article 3 de la même loi, sont insérés deux alinéas ainsi rédigés :

« 9° Centres assurant, en cure ambulatoire, des soins et des actions d'accompagnement social et de réinsertion à l'égard des personnes présentant une consommation d'alcool à risque ou nocive, ou atteintes de dépendance alcoolique.

« Les missions, les conditions de fonctionnement ainsi que les modalités de financement des centres visés au 9° sont définies par voie réglementaire. »

III – Après l'article L. 355-1 du code de la santé publique, il est inséré un article L. 355-1-1 ainsi rédigé :

« *Art. L. 355-1-1* – Les centres de cure ambulatoire mentionnés au 9° de l'article 3 de la loi n° 75-535 du 30 juin 1975 relative aux institutions sociales et médico-sociales assurent des soins ambulatoires et des actions d'accompagnement social et de réinsertion en faveur des personnes présentant une consommation d'alcool à risque ou atteintes de dépendance alcoolique ainsi qu'en faveur de leur famille. »

Art. 73 – I – Après le 6° de l'article L. 711-3 du code de la santé publique, il est inséré un 7° ainsi rédigé :

« 7° À la lutte contre l'exclusion sociale, en relation avec les autres professions et institutions compétentes en ce domaine, ainsi que les associations qui œuvrent dans le domaine de l'insertion et de la lutte contre l'exclusion, dans une dynamique de réseaux. »

II – Après les mots : « continuité de ces soins », la fin du cinquième alinéa de l'article L. 711-4 du même code est ainsi rédigée : « en s'assurant qu'à l'issue de leur admission ou de leur hébergement, tous les patients disposent des conditions d'existence nécessaires à la poursuite de leur traitement. À cette fin, ils orientent les patients sortants ne disposant pas de telles conditions d'existence vers des structures prenant en compte la précarité de leur situation. »

Art. 74 – Après le 1° de l'article L. 146 du code de la santé publique, il est inséré un 1° *bis* ainsi rédigé :

« 1° *bis* Des actions d'accompagnement psychologique et social des femmes enceintes et des jeunes mères de famille, particulièrement les plus démunies ; ».

Art. 75 – Dans l'article L. 262-1 du code de la Sécurité sociale, après les mots : « action sanitaire et sociale », sont insérés les mots : « destinées en priorité aux populations exposées au risque de précarité ».

Art. 76 – Après l'article L. 711-7 du code de la santé publique, il est inséré un article L. 711-7-1 ainsi rédigé :

« *Art. L. 711-7-1* – Dans le cadre des programmes régionaux pour l'accès à la prévention et aux soins prévus à l'article 71 de la loi n° 98-657 du 29 juillet 1998 d'orientation relative à la lutte contre les exclusions, les établissements publics de santé et les établissements de santé privés participant au service public hospitalier mettent en place des permanences d'accès aux soins de santé, qui comprennent notamment des permanences d'orthogénie, adaptées aux personnes en situation de précarité, visant à faciliter leur accès au système de santé et à les accompagner dans les démarches nécessaires à la reconnaissance de leurs droits. Ils concluent avec l'État des conventions prévoyant, en cas de nécessité, la prise en charge des consultations externes, des actes diagnostiques et thérapeutiques ainsi que des traitements qui sont délivrés gratuitement à ces personnes. »

Art. 77 – Un rapport sera remis par le Gouvernement au Parlement sur l'opportunité et les modalités d'un transfert de compétence des départements vers l'État en matière de lutte contre la tuberculose. Ce rapport sera déposé dans un délai d'un an suivant la promulgation de la présente loi.

Chapitre IV
Exercice de la citoyenneté

Art. 78 – Dans l'article L. 411-7 du code du travail, les mots : «, si elles l'ont exercée au moins un an, » sont supprimés.

Art. 79 – L'article L. 451-1 du code du travail est complété par deux alinéas ainsi rédigés :

« Les demandeurs d'emploi peuvent participer aux stages visés au premier alinéa du présent article dans la limite des durées de douze et dix-huit jours par période annuelle prévues pour les salariés.

« Les travailleurs involontairement privés d'emploi continuent de bénéficier du revenu de remplacement auquel ils ont droit pendant la durée des stages considérés. »

Art. 80 – I – Il est inséré, dans le code général des impôts, un article 951 *bis* ainsi rédigé :

« *Art. 951 bis* – Les cartes nationales d'identité délivrées aux personnes dont les ressources ne dépassent pas le montant du revenu minimum prévu à l'article 3 de la loi n° 88-1088 du 1er décembre 1988 relative au revenu minimum d'insertion et qui n'ont pas la possibilité d'apporter la preuve d'un domicile ou d'une résidence dont elles seraient propriétaire ou occupant ou auxquelles la loi n'a pas fixé une commune de rattachement sont exonérées du droit de timbre prévu au *c* de l'article 947, sur production d'une attestation établissant le lien entre le demandeur et un organisme d'accueil figurant sur une liste établie par le représentant de l'État dans le département et, à Paris, le préfet de police. »

II – Les dispositions du I s'appliquent à compter du 1er septembre 1998.

Art. 81 – I – La Section I du chapitre II du titre Ier du code électoral est complétée par un article L. 15-1 ainsi rédigé :

« *Art. L. 15-1* – Les citoyens qui ne peuvent fournir la preuve d'un domicile ou d'une résidence et auxquels la loi n'a pas fixé une commune de rattachement sont, sur leur demande, inscrits sur la liste électorale de la commune où est situé l'organisme d'accueil agréé :

« – dont l'adresse figure depuis au moins six mois sur leur carte d'identité ;

« – ou qui leur a fourni une attestation établissant leur lien avec lui depuis au moins six mois. »

II – L'article L. 18 du même code est complété par un alinéa ainsi rédigé :

« Toutefois, pour les électeurs mentionnés à l'article L. 15-1, l'indication du domicile ou de la résidence est remplacée par celle de l'adresse de l'organisme d'accueil au titre duquel ils ont été inscrits sur la liste électorale. »

Art. 82 – Le dernier alinéa de l'article 13 de la loi n° 91-647 du 10 juillet 1991 relative à l'aide juridique est complété par deux phrases ainsi rédigées :

« S'il n'a pas de domicile, le demandeur peut adresser sa demande au bureau d'aide juridictionnelle établi au siège de la juridiction dans le ressort de laquelle se trouve l'organisme d'accueil choisi par lui. Pour les besoins de la procédure d'aide juridictionnelle, le demandeur est réputé domicilié audit organisme d'accueil. »

Art. 83 – Les personnes condamnées à une peine d'emprisonnement ont droit, pendant l'exécution de leur peine, à une information sur leurs droits sociaux de nature à faciliter leur réinsertion.

Titre III
De la prévention des exclusions

Chapitre Ier
Procédure de traitement des situations de surendettement

Art. 84 – Dans le deuxième alinéa (1°) de l'article L. 311-4 du code de la consommation, après les mots : « taux effectif global », sont insérés les mots : « mensuel et annuel ».

Art. 85 – L'article L. 321-1 du code de la consommation est complété par l'alinéa ainsi rédigé :

« 3° Soit d'intervenir, pour le compte du débiteur, sous quelque forme que ce soit, pour les besoins de la procédure de surendettement. »

Art. 86 – Le deuxième alinéa de l'article L. 331-1 du code de la consommation est remplacé par deux alinéas ainsi rédigés :

« Elle comprend le représentant de l'État dans le département, président, le trésorier-payeur général, vice-président, le directeur des services fiscaux. Chacune de ces personnes peut se faire représenter, par un seul et même délégué, dans des conditions fixées par décret. La commission comprend également le représentant local de la Banque de France, qui en assure le secrétariat, ainsi que deux personnalités choisies par le représentant de l'État dans le département, la première sur proposition de l'Association française des établissements de crédit et des entreprises d'investissement, la seconde sur proposition des associations familiales ou de consommateurs.

« Un suppléant de chacune de ces personnalités est désigné dans les mêmes conditions. »

Art. 87 – L'article L. 331-2 du code de la consommation est complété par un alinéa ainsi rédigé :

« Le montant des remboursements résultant de l'application des articles L. 331-6 ou L. 331-7 est fixé, dans des conditions précisées par décret, par référence à la quotité saisissable du salaire telle qu'elle résulte de l'article L. 145-2 du code du travail, de manière à ce qu'une partie des ressources nécessaires aux dépenses courantes du ménage lui soit réservée par priorité. Cette part de ressources, qui ne peut être inférieure à un montant égal au revenu minimum d'insertion dont disposerait le ménage, est mentionnée dans le plan conventionnel de redressement prévu à l'article L. 331-6 ou dans les recommandations prévues aux articles L. 331-7 et L. 331-7-1. »

Art. 88 – Après la première phrase du dernier alinéa de l'article L. 145-2 du code du travail, il est inséré une phrase ainsi rédigée :

« Il est en outre tenu compte d'une fraction insaisissable, égale au montant de ressources dont disposerait le salarié s'il ne percevait que le revenu minimum d'insertion. »

Art. 89 – I – Le quatrième alinéa de l'article L. 331-3 du code de la consommation est ainsi rédigé :

« Le débiteur est entendu à sa demande par la commission. Celle-ci peut également entendre toute personne dont l'audition lui paraît utile, sous réserve que celle-ci intervienne à titre gratuit. »

II – Après le cinquième alinéa du même article, il est inséré deux alinéas ainsi rédigés :

« Après avoir été informés par la commission de l'état du passif déclaré par le débiteur, les créanciers disposent d'un délai de trente jours pour fournir, en cas de désaccord sur cet état, les justifications de leurs créances en principal, intérêts et accessoires. À défaut, la créance est prise en compte par la commission au vu des seuls éléments fournis par le débiteur.

« Les créanciers doivent alors indiquer si les créances en cause ont donné lieu à une caution et si celle-ci a été actionnée. »

Art. 90 – L'article L. 331-4 du code de la consommation est ainsi rédigé :

« *Art. L. 331-4* – La commission informe le débiteur de l'état du passif qu'elle a dressé. Le débiteur qui conteste cet état dispose d'un délai de vingt jours pour demander à la commission la saisine du juge de l'exécution, aux fins de vérification de la validité des titres de créance et du montant des sommes réclamées, en indiquant les créances contestées et les motifs qui justifient sa demande. La commission est tenue de faire droit à cette demande. Passé le délai de vingt jours, le débiteur ne peut plus formuler une telle demande. La commission informe le débiteur de ce délai.

« Même en l'absence de demande du débiteur, la commission peut, en cas de difficultés, saisir le juge de l'exécution aux mêmes fins. »

Art. 91 – I – Le premier alinéa de l'article L. 331-5 du code de la consommation est complété par deux phrases ainsi rédigées :

« En cas d'urgence, la saisine du juge peut intervenir à l'initiative du président de la commission, du délégué de ce dernier, du représentant local de la Banque de France ou du débiteur. La commission est ensuite informée de cette saisine. »

II – Les deuxième et troisième phrases du deuxième alinéa du même article sont ainsi rédigées :

« Celle-ci est acquise, sans pouvoir excéder un an, jusqu'à l'approbation du plan conventionnel de redressement prévu à l'article L. 331-6 ou, en cas d'échec de la conciliation, jusqu'à l'expiration du délai fixé par le décret en Conseil d'État prévu à l'article L. 333-8 dont dispose le débiteur pour demander à la commission de formuler des recommandations en application des articles L. 331-7 et L. 331-7-1 (1° alinéa). En cas de demande formulée dans ce délai, elle est acquise jusqu'à ce que le juge ait conféré force exécutoire aux mesures recommandées, en application de l'article L. 332-1, ou, s'il a été saisi en application de l'article L. 332-2, jusqu'à ce qu'il ait statué. »

III – Au troisième alinéa du même article, les mots : « et selon la procédure » sont supprimés.

Art. 92 – I – Au début du deuxième alinéa (1°) de l'article L. 331-7 du code de la consommation, les mots : « Reporter ou rééchelonner » sont remplacés par les mots : « Rééchelonner, y compris, le cas échéant, en différant le paiement d'une partie des dettes, » et le chiffre : « cinq » est remplacé par le chiffre : « huit ».

II – Aux 3° et 4° du même article, le mot : « décision » est remplacé par le mot : « proposition ».

III – Le 3° du même article est complété par les mots : « Quelle que soit la durée du plan de redressement, le taux ne peut être supérieur au taux légal. »

IV – Dans la première phrase du 4° du même article, après les mots : « aux établissements de crédit après la vente », sont insérés les mots : « après imputation du prix de vente sur le capital restant dû ».

Art. 93 – I – Après l'article L. 331-7 du code de la consommation, il est inséré un article L. 331-7-1 ainsi rédigé :

« *Art. L. 331-7-1* – Lorsque la commission constate l'insolvabilité du débiteur caractérisée par l'absence de ressources ou de biens saisissables de nature à permettre d'apurer tout ou partie de ses dettes et rendant inapplicables les mesures prévues à l'article L. 331-7, elle peut recommander la suspension de l'exigibilité des créances autres qu'alimentaires ou fiscales pour une durée qui ne peut excéder trois ans. Sauf proposition contraire de la commission, la suspension de la créance entraîne la suspension du paiement des intérêts dus à ce titre. Durant cette période, seules les sommes dues au titre du capital peuvent être de plein droit productives d'intérêts dont le taux n'excède pas le taux légal.

« Les dettes fiscales peuvent faire l'objet de remises totales ou partielles dans les conditions visées à l'article L. 247 du livre des procédures fiscales.

« À l'issue de la période visée au premier alinéa, la commission réexamine la situation du débiteur. Si cette situation le permet, elle recommande tout ou partie des mesures prévues à l'article L. 331-7. Si le débiteur demeure insolvable, elle recommande, par une proposition spéciale et motivée, l'effacement total ou partiel des créances autres qu'alimentaires ou fiscales. Les dettes fiscales peuvent faire l'objet de remises totales ou partielles dans les conditions visées à l'article L. 247 du livre des procédures fiscales. Aucun nouvel effacement ne peut intervenir, dans une période de huit ans, pour des dettes similaires à celles qui ont donné lieu à un effacement. »

II – À l'article L. 331-8 du code de la consommation, après les mots : « de l'article L. 331-7 », sont insérés les mots : « ou de l'article L. 331-7-1 ».

III – À l'article L. 331-9 du même code, après les mots : « de l'article L. 331-7 », sont insérés les mots : « ou du premier alinéa de l'article L. 331-7-1 ».

IV – L'article L. 332-1 du même code est ainsi rédigé :

« *Art. L. 332-1* – S'il n'a pas été saisi de la contestation prévue à l'article L. 332-2, le juge de l'exécution confère force exécutoire aux mesures recommandées par la commission en application de l'article L. 331-7 et du premier alinéa de l'article L. 331-7-1 après en avoir vérifié la régularité, et aux mesures recommandées par la commission en application du troisième alinéa de l'article L. 331-7-1 après en avoir vérifié la régularité et le bien-fondé. »

V – Au premier alinéa de l'article L. 332-2 du même code, après les mots : « de l'article L. 331-7 », sont insérés les mots : « ou de l'article L. 331-7-1 ».

VI – Au 3° de l'article L. 333-2 du même code, après les mots : « de l'article L. 331-7 », sont insérés les mots : « ou de l'article L. 331-7-1 ».

Art. 94 – Le deuxième alinéa (1°) de l'article L. 247 du livre des procédures fiscales est complété par les mots : « ; ces remises totales ou partielles sont également prises au vu des recommandations de la commission visée à l'article L. 331-1 du code de la consommation ou des mesures prises par le juge visées à l'article L. 332-3 du même code ».

Art. 95 – L'article L. 332-3 du code de la consommation est ainsi rédigé :

« *Art. L. 332-3* – Le juge saisi de la contestation prévue à l'article L. 332-2 prend tout ou partie des mesures définies à l'article L. 331-7 ou à l'article L. 331-7-1. Dans tous les cas, la part des ressources nécessaires aux dépenses courantes du ménage est déterminée comme il est dit au deuxième alinéa de l'article L. 331-2. Elle est mentionnée dans la décision. »

Art. 96 – Il est inséré, dans le code de la consommation, un article L. 332-4 ainsi rédigé :

« *Art. L. 332-4* – L'effacement d'une créance en application de l'article L. 332-1 ou de l'article L. 332-2 vaut régularisation de l'incident de paiement au sens de l'article 65-3 du décret du 30 octobre 1935 unifiant le droit en matière de chèques et relatif aux cartes de paiement. »

Art. 97 – I – Le troisième alinéa de l'article L. 333-4 du code de la consommation est remplacé par trois alinéas ainsi rédigés :

« Lorsque la commission instituée à l'article L. 331-1 a vérifié que le débiteur qui l'a saisie se trouve dans la situation visée à l'article L. 331-2, elle en informe la Banque de France aux fins d'inscription au fichier institué au premier alinéa du présent article. La même obligation pèse sur le greffe du juge de l'exécution lorsque, sur recours de l'intéressé en application du deuxième alinéa de l'article L. 331-3, la situation visée à l'article L. 331-2 est reconnue par ce juge.

« Le fichier recense les mesures du plan conventionnel de redressement mentionnées à l'article L. 331-6. Ces mesures sont communiquées à la Banque de France par la commission. L'inscription est conservée pendant toute la durée de l'exécution du plan conventionnel, sans pouvoir excéder huit ans.

« Le fichier recense également les mesures prises en vertu des articles L. 331-7 et L. 331-7-1 qui sont communiquées à la Banque de France par le greffe du juge de l'exécution. S'agissant des mesures définies à l'article L. 331-7 et au premier alinéa de l'article L. 331-7-1, l'inscription est conservée pendant toute la durée d'exécution de ces mesures, sans pouvoir excéder huit ans. S'agissant des mesures définies au troisième alinéa de l'article L. 331-7-1, la durée d'inscription est fixée à huit ans. »

II – À l'article L. 333-6 du même code, le mot : « article » est remplacé par le mot : « chapitre ».

Art. 98 – La personne dont la commission de surendettement a vérifié qu'elle se trouve dans la situation définie à l'article L. 331-2 du code de la consommation bénéficie d'une réduction de la tarification des rémunérations dues aux huissiers de justice, dans les conditions fixes par décret en Conseil d'État. La personne informe l'huissier de cette situation.

Art. 99 – Un décret en Conseil d'État fixe les conditions d'application du présent chapitre.

Les procédures en cours à la date d'entrée en vigueur de ce décret sont poursuivies conformément aux dispositions du présent chapitre. Toutefois, les dispositions du sixième alinéa de l'article L. 331-3 et du premier alinéa de l'article L. 331-4 du code de la consommation, issues respectivement du II de l'article 89 et de l'article 90 de la présente loi, ne sont pas applicables à ces procédures lorsque la commission a déjà dressé l'état d'endettement du débiteur en application du troisième alinéa de l'article L. 331-3 de ce code.

Art. 100 – Le troisième alinéa de l'article L. 331-3 du code de la consommation est complété par deux phrases ainsi rédigées :

« Lorsque la commission constate que le remboursement d'une ou plusieurs dettes du débiteur principal est garanti par un cautionnement, elle informe la caution de l'ouverture de la procédure. La caution peut faire connaître par écrit à la commission ses observations. »

Art. 101 – L'article 2016 du code civil est complété par un alinéa ainsi rédigé :

« Lorsque ce cautionnement est contracté par une personne physique, celle-ci est informée par le créancier de l'évolution du montant de la créance garantie et de ses accessoires au moins annuellement à la date convenue entre les parties ou, à défaut, à la date anniversaire du contrat, sous peine de déchéance de tous les accessoires de la dette, frais et pénalités. »

Art. 102 – Le livre III du code de la consommation est complété par un titre IV ainsi rédigé :

« Titre IV

« Cautionnement

« *Art. L. 341-1* – Sans préjudice des dispositions particulières, toute personne physique qui s'est portée caution est informée par le créancier professionnel de la défaillance du débiteur principal dès le premier incident de paiement non régularisé dans le mois de l'exigibilité de ce paiement. Si le créancier ne se conforme pas à cette obligation, la caution ne saurait être tenue au paiement des pénalités ou intérêts de retards échus entre la date de ce premier incident et celle à laquelle elle en a été informée. »

Art. 103 – L'article 2024 du code civil est complété par une phrase ainsi rédigée :

« En toute hypothèse, le montant des dettes résultant du cautionnement ne peut avoir pour effet de priver la personne physique qui s'est portée caution d'un minimum de ressources fixé à l'article L. 331-2 du code de la consommation. »

Art. 104 – Après le deuxième alinéa du II de l'article 47 de la loi n° 94-126 du 11 février 1994 relative à l'initiative et à l'entreprise individuelle, il est inséré un alinéa ainsi rédigé :

« Lorsque le cautionnement est consenti par une personne physique pour garantir une dette professionnelle d'un entrepreneur individuel ou d'une entreprise constituée sous forme de société, le créancier informe la caution de la défaillance du débiteur principal dès le premier incident de paiement non régularisé dans le mois de l'exigibilité de ce paiement. À défaut, la caution ne saurait être tenue au paiement des pénalités ou intérêts de retard échus entre la date de ce premier incident et celle à laquelle elle en a été informée. »

Chapitre II
Saisie immobilière et interdiction bancaire

Art. 105 – Les dispositions des articles 32 à 42 du décret du 28 février 1852 sur les sociétés de crédit foncier sont abrogées.

Art. 106 – À la fin du deuxième alinéa de l'article 703 du code de procédure civile (ancien), les mots : « soixante jours » sont remplacés par les mots : « quatre mois ».

Art. 107 – *[Dispositions déclarées non conformes à la Constitution par décision du Conseil constitutionnel n° 98-403* DC *du 29 juillet 1998.]*

Art. 108 – Le titre Ier du livre VI du code de la construction et de l'habitation est complété par un chapitre VI ainsi rédigé :

« Chapitre VI

« Dispositions applicables en matière de saisie immobilière du logement principal

« *Art. L. 616* – En cas de vente sur saisie immobilière d'un immeuble ou d'une partie d'immeuble constituant la résidence principale d'une personne qui remplit les conditions de ressources pour l'attribution d'un logement à loyer modéré, il est institué, au bénéfice de la commune, un droit de préemption destiné à assurer le maintien dans les lieux du saisi. Ce droit de préemption est exercé suivant les modalités prévues par le code de l'urbanisme en matière de droit de préemption urbain, en cas de vente par adjudication lorsque cette procédure est rendue obligatoire de par la loi ou le règlement.

« La commune peut déléguer ce droit, dans les conditions définies à l'article L. 213-3 du code de l'urbanisme, à un office public d'habitations à loyer modéré ou office public d'aménagement et de construction. »

Art. 109 – [Dispositions déclarées non conformes à la Constitution par décision du Conseil constitutionnel n° 98-403 DC du 29 juillet 1998.]

Art. 110 – *[Dispositions déclarées non conformes à la Constitution par décision du Conseil constitutionnel n° 98-403* DC *du 29 juillet 1998.]*

Art. 111 – I – Il est rétabli, dans le code de procédure civile (ancien), un article 697 ainsi rédigé :

« *Art. 697* – L'adjudication est poursuivie après une large publicité visant à permettre l'information du plus grand nombre d'enchérisseurs possible. Elle peut dépasser la seule information faite dans un journal d'annonces légales et au tribunal. Un décret en Conseil d'État précise les modalités de cette publicité.

« Le juge peut restreindre cette publicité ou autoriser une publicité supplémentaire suivant la nature et la valeur des biens saisis ainsi qu'en raison d'autres circonstances de l'espèce. »

II – L'article 696 et les articles 698 à 700 du même code sont abrogés.

III – Les dispositions des I et II entreront en vigueur à la date d'entrée en vigueur du décret mentionné au I.

Art. 112 – I – La loi n° 85-98 du 25 janvier 1985 relative au redressement et à la liquidation judiciaires des entreprises est ainsi modifiée :

1° L'article 53 est complété par un alinéa ainsi rédigé :

« Cette extinction vaut régularisation de l'incident de paiement au sens de l'article 65-3 du décret du 30 octobre 1935 unifiant le droit en matière de chèques et relatif aux cartes de paiement. »

2° Il est inséré un article 169-1 ainsi rédigé :

« *Art. 169-1* – La clôture de la liquidation judiciaire suspend les effets de la mesure d'interdiction d'émettre des chèques, dont le débiteur fait l'objet au titre de l'article 65-3 du décret du 30 octobre 1935 unifiant le droit en matière de chèques et relatif aux cartes de paiement, mise en œuvre à l'occasion du rejet d'un chèque émis avant le jugement d'ouverture de la procédure.

« Si les créanciers recouvrent leur droit de poursuite individuelle, la mesure d'interdiction reprend effet à compter de la délivrance du titre exécutoire visé au dernier alinéa de l'article 169. »

II – Un décret en Conseil d'État précise les modalités d'application du présent article.

III – Les dispositions du 1° du I sont applicables aux seules procédures ouvertes après l'entrée en vigueur de la présente loi.

Les dispositions du 2° du I sont applicables aux seules procédures dont la clôture interviendra après l'entrée en vigueur de la présente loi.

Art. 113 – L'établissement financier qui offre ou consent un prêt ou un crédit personnalisé à un mineur sans l'autorisation du juge des tutelles ou, s'agissant des actes de la vie courante, du représentant légal est redevable d'une amende fiscale d'un montant égal au quintuple du montant de la créance figurant au contrat. Cette amende est recouvrée conformément aux dispositions prévues aux articles 1724 et 1724 A du code général des impôts.

En cas de défaut ou d'insuffisance de paiement, les dispositions de l'article 1727 du même code sont applicables.

Chapitre III
Mesures relatives au maintien dans le logement

Section I
Prévention des expulsions

Art. 114 – L'article 24 de la loi n° 89-462 du 6 juillet 1989 tendant à améliorer les rapports locatifs et portant modification de la loi n° 86-1290 du 23 décembre 1986 est ainsi modifié :

1° Le deuxième alinéa est remplacé par deux alinéas ainsi rédigés :

« À peine d'irrecevabilité de la demande, l'assignation aux fins de constat de la résiliation est notifiée à la diligence de l'huissier de justice au représentant de l'État dans le département, par lettre recommandée avec demande d'avis de réception, au moins deux mois avant l'audience, afin qu'il saisisse, en tant que de besoin, les organismes dont relèvent les aides au logement, le Fonds de solidarité pour le logement ou les services sociaux compétents.

« Le juge peut, même d'office, accorder des délais de paiement, dans les conditions prévues aux articles 1244-1 (premier alinéa) et 1244-2 du code civil, au locataire en situation de régler sa dette locative. »

2° L'avant-dernier alinéa est complété par les mots : « dont l'adresse est précisée ».

Art. 115 – I – Il est inséré, dans le code de la construction et de l'habitation, un article L. 353-15-1 ainsi rédigé :

« *Art. L. 353-15-1* – Pour l'application de l'article 24 de la loi n° 89-462 du 6 juillet 1989 précitée, les organismes bailleurs, pour leurs logements faisant l'objet d'une Convention conclue en application de l'article L. 315-2 et dont les locataires bénéficient de l'aide personnalisée au logement, ne peuvent faire délivrer une assignation aux fins de constat de résiliation du bail avant l'expiration d'un délai de trois mois suivant la saisine de la commission mentionnée à l'article L. 315-14 en vue d'assurer le maintien du versement de l'aide personnalisée au logement, sauf si la décision de cette commission intervient avant l'expiration de ce délai. »

II – Dans le dernier alinéa de l'article L. 353-19 du même code, il est inséré, après les mots : « Les dispositions de l'article L. 353-17 », les mots : « et de l'article L. 353-15-1 ».

III – Il est inséré, dans le même code, un article L. 442-6-1 ainsi rédigé :

« *Art. L. 442-6-1* – Pour l'application de l'article 24 de la loi n° 89-462 du 6 juillet 1989 tendant à améliorer les rapports locatifs et portant modification de la loi n° 86-1290 du 23 décembre 1986, les organismes bailleurs de logements dont les locataires bénéficient d'une des allocations de logement mentionnées aux articles L. 542-1 et L. 831-1 du code de la Sécurité sociale ne peuvent faire délivrer une assignation aux fins de constat de résiliation du bail avant l'expiration d'un délai de trois mois suivant la saisine des organismes payeurs desdites allocations en vue d'assurer le maintien du versement de l'allocation de logement, sauf si la décision de l'organisme concerné intervient avant l'expiration de ce délai. »

Art. 116 – I – Les sixième, septième, huitième, neuvième et dixième alinéas de l'article L. 553-4 du code de la Sécurité sociale sont ainsi rédigés :

« L'allocation de logement prévue à l'article L. 542-1 est versée à l'allocataire, sauf dans les cas suivants où elle est versée au bailleur du logement lorsque l'allocataire est locataire, au prêteur lorsque l'allocataire est propriétaire :

« 1° L'allocataire est locataire d'un logement compris dans un patrimoine d'au moins dix logements, appartenant à un organisme d'habitations à loyer modéré mentionné à l'article L. 411-2 du code de la construction et de l'habitation ou géré par lui, et n'ayant pas fait l'objet d'une Convention en application de l'article L. 351-2 du même code, et, dans les départements d'outre-mer, appartenant à une société d'économie mixte constituée en application de la loi n° 46-860 du 30 avril 1946 ou à une société d'économie mixte locale, et ayant été construits, acquis ou améliorés avec le concours financier de l'État ;

« 2° L'allocataire et le bailleur ou, le cas échéant, le prêteur sont d'accord pour un versement de l'allocation au bailleur ou au prêteur ; cette modalité de versement ne peut être modifiée qu'avec l'accord de l'allocataire et, selon le cas, du bailleur et du prêteur ;

« 3° Dans des conditions fixées par décret, lorsque l'allocataire n'ayant pas réglé ses loyers ou sa dette contractée en vue d'accéder à la propriété, le bailleur ou le prêteur demande que l'allocation lui soit versée.

« Dès lors que l'allocation est versée au bailleur ou au prêteur, elle est déduite, par les soins de qui reçoit le versement, du montant du loyer et des dépenses accessoires de logement ou de celui des charges de remboursement. Cette déduction doit être portée à la connaissance de l'allocataire. »

II – L'article L. 835-2 du code de la Sécurité sociale est ainsi rédigé :

« *Art. L. 835-2* – La créance du bénéficiaire de l'allocation de logement est inaccessible et insaisissable.

« L'allocation de logement est versée à l'allocataire sauf dans les cas suivants où elle est versée au bailleur du logement lorsque l'allocataire est locataire, au prêteur lorsque l'allocataire est propriétaire :

« 1° L'allocataire est locataire d'un logement compris dans un patrimoine d'au moins dix logements appartenant à un organisme d'habitations à loyer modéré mentionné à l'article L. 411-2 du code de la construction et de l'habitation ou géré par lui, et n'ayant pas fait l'objet d'une Convention en application de l'article L. 351-2 du même code et, dans les départements d'outre-mer, appartenant à une société d'économie mixte constituée en application de la loi n° 46-860 du 30 avril 1946 ou à une société d'économie mixte locale, et ayant été construits, acquis ou améliorés avec le concours financier de l'État ;

« 2° L'allocataire et le bailleur ou, le cas échéant, le prêteur sont d'accord pour que l'allocation soit versée au bailleur ou au prêteur ; cette modalité de versement ne peut être modifiée qu'avec l'accord de l'allocataire et, selon le cas, du bailleur ou du prêteur ;

« 3° Dans des conditions fixées par décret en Conseil d'État, lorsque l'allocataire n'ayant pas réglé ses loyers ou sa dette contractée en vue d'accéder à la propriété, le bailleur ou le prêteur demande que l'allocation lui soit versée.

« Dès lors que l'allocation est versée au bailleur ou au prêteur, elle est déduite, par les soins de qui reçoit le versement, du montant du loyer et des dépenses accessoires de logement ou de celui des charges de remboursement. Cette déduction doit être portée à la connaissance de l'allocataire. »

Art. 117 – I – L'article 62 de la loi n° 91-650 du 9 juillet 1991 portant réforme des procédures civiles d'exécution est ainsi modifié :

1° Il est inséré, après le deuxième alinéa, un alinéa ainsi rédigé :

« Le juge qui ordonne l'expulsion ou qui, avant la délivrance du commandement d'avoir à libérer les locaux mentionné à l'article 61, statue sur une demande de délais présentée sur le fondement des articles L. 613-1 et L. 613-2 du code de la construction et de l'habitation peut, même d'office, décider que l'ordonnance ou le jugement sera transmis, par les soins du greffe, au représentant de l'État dans le département, en vue de la prise en compte de la demande de relogement de l'occupant dans le cadre du plan départemental d'action pour le logement des personnes défavorisées prévu par la loi n° 90-449 du 31 mai 1990 visant à la mise en œuvre du droit au logement. »

2° Au dernier alinéa, il est inséré, après les mots : « Dès le commandement d'avoir à libérer les locaux », les mots : « à peine de suspension du délai avant l'expiration duquel l'expulsion ne peut avoir lieu » ;

3° À la fin du dernier alinéa, les mots : « d'action pour le logement des personnes défavorisées prévu par la loi n° 90-449 du 31 mai 1990 visant à la mise en œuvre du droit au logement » sont remplacés par les mots : « visé à l'alinéa précédent ».

II – L'article L. 613-2-1 du code de la construction et de l'habitation est ainsi rédigé :

« *Art. L. 613-2-1* – Le juge qui ordonne l'expulsion ou qui, avant la délivrance du commandement d'avoir à libérer les locaux mentionné à l'article 61 de la loi n° 91-650 du 9 juillet 1991 portant réforme des procédures civiles d'exécution, statue sur une demande de délais présentée sur le fondement des articles L. 613-1 et L. 613-2 peut, même d'office, décider que l'ordonnance ou le jugement sera transmis, par les soins du greffe, au représentant de l'État dans le département, en vue de la prise en compte de la demande de relogement de l'occupant dans le cadre du plan départemental d'action pour le logement des personnes défavorisées. »

Art. 118 – Dans un délai de trois mois à compter de la publication de la présente loi, un décret en Conseil d'État précise les modalités selon lesquelles l'instance est engagée sur demande formée au secrétariat-greffe du juge de l'exécution, par lettre recommandée avec demande d'avis de réception ou par déclaration faite ou remise contre récépissé, sans le concours d'un officier ministériel, pour l'exécution des ordonnances et jugements autorisant l'expulsion.

Art. 119 – *[Dispositions déclarées non conformes à la Constitution par décision du Conseil constitutionnel n° 98-403* DC *du 29 juillet 1998.]*

Art. 120 – La Section III du chapitre II de la loi n° 91-650 du 9 juillet 1991 précitée est complétée par un article 21-1 ainsi rédigé :

« *Art. 21-1* – Les dispositions des articles 20 et 21 ne s'appliquent pas en matière d'expulsion. Toutefois, l'huissier de justice chargé de l'exécution de la mesure d'expulsion peut procéder comme il est dit à l'article 21 pour constater que la personne expulsée et les occupants de son chef ont volontairement libéré les locaux postérieurement à la signification du commandement prévu à l'article 61. »

Art. 121 – Une charte pour la prévention de l'expulsion est élaborée dans chaque département avec l'ensemble des partenaires concernés dans un délai de deux ans à compter de la promulgation de la présente loi.

Art. 122 – I – Il est inséré, dans le code de la construction et de l'habitation, un article L. 442-4-1 ainsi rédigé :

« *Art. L. 442-4-1* – En cas de non-respect de l'obligation prévue au troisième alinéa (*b*) de l'article 7 de la loi n° 89-462 du 6 juillet 1989 tendant à améliorer les rapports locatifs et portant modification de la loi n° 86-1290 du 23 décembre 1986, et mise en demeure de se conformer à cette obligation restée infructueuse, il peut être adressé au locataire une offre de relogement correspondant à ses besoins et à ses possibilités.

« En cas de refus du locataire ou, en l'absence de réponse de sa part, à l'expiration d'un délai d'un mois à compter de l'envoi de l'offre par lettre recommandée avec demande d'avis de réception, le bailleur peut saisir le juge aux fins de résiliation du bail. »

II – Le dernier alinéa de l'article L. 613-1 du même code est complété par les mots : « ainsi que lorsque la procédure de relogement effectuée en application de l'article L. 442-4-1 n'a pas été suivie d'effet du fait du locataire ».

III – Dans la deuxième phrase du premier alinéa de l'article 62 de la loi n° 91-650 du 9 juillet 1991 précitée, après les mots : « voie de fait », sont insérés les mots : « ou lorsque la procédure de relogement effectuée en application de l'article L. 442-4-1 du code de la construction et de l'habitation n'a pas été suivie d'effet du fait du locataire ».

IV – Il est inséré, dans le code de la construction et de l'habitation, un article L. 442-4-2 ainsi rédigé :

« *Art. L. 442-4-2* – La faculté prévue à l'article L. 442-4-1 de proposer une offre de relogement ne constitue nullement une obligation pour le bailleur. Celui-ci peut directement saisir le juge aux fins de résiliation du bail du locataire qui ne respecte pas l'obligation prévue au troisième alinéa *b* de l'article 7 de la loi n° 89-462 du 6 juillet 1989 précitée. »

Section II
Amélioration des conditions de vie et d'habitat

Art. 123 – Le chapitre IV du titre Ier du livre Ier du code de la santé publique est ainsi modifié :

1° Il est créé une Section I intitulée : « Dispositions générales », qui comprend les articles L. 26 à L. 32 ;

2° Il est créé une Section II ainsi rédigée :

« Section II

« Mesures d'urgence contre le saturnisme

« *Art. L. 32-1* – Tout médecin qui dépiste un cas de saturnisme chez une personne mineure doit, après information de la personne exerçant l'autorité parentale, le porter à la connaissance, sous pli confidentiel, du médecin du service de l'État dans le département compétent en matière sanitaire et sociale qui en informe le médecin responsable du service départemental de la protection maternelle et infantile. Par Convention entre le représentant de l'État dans le département et le président du conseil général, le médecin responsable du service départemental de la protection maternelle et infantile peut être en charge de recueillir, en lieu et place des services de l'État, la déclaration du médecin dépistant. Un décret en Conseil d'État définit les modalités de transmission des données et en particulier la manière dont l'anonymat est protégé. Le médecin recevant la déclaration informe le représentant de l'État dans le département de l'existence d'un cas de saturnisme dans l'immeuble ou la partie d'immeuble habité ou fréquenté régulièrement par ce mineur. Le représentant de l'État dans le département fait immédiatement procéder par ses propres services ou par un opérateur agréé à un diagnostic sur cet immeuble, ou partie d'immeuble, afin de déterminer s'il existe un risque d'intoxication au plomb des occupants. Il procède de même lorsqu'un risque d'accessibilité au plomb pour les occupants d'un immeuble ou partie d'immeuble est porté à sa connaissance.

« *Art. L. 32-2* – 1° Dans le cas où le diagnostic auquel il a été procédé dans les conditions mentionnées à l'article L. 32-1 se révèle positif, ou dans celui où on dispose d'un diagnostic de même portée, préalablement établi en une autre circonstance dans les mêmes conditions que précédemment, le représentant de l'État dans le département en informe le médecin du service de l'État dans le département compétent en matière sanitaire et sociale. Celui-ci invite les familles de l'immeuble ayant des enfants mineurs à adresser ceux-ci en consultation à leur médecin traitant, à un médecin hospitalier ou à un médecin de prévention. Le représentant de l'État dans le département notifie en outre au propriétaire, ou au syndicat des copropriétaires, son intention de faire exécuter sur l'immeuble incriminé, à leurs frais, pour supprimer le risque constaté, les travaux nécessaires, dont il précise la nature, après avis des services ou de l'opérateur mentionné à l'article L. 32-1.

« 2° Dans un délai de dix jours à compter de la notification de la décision du représentant de l'État dans le département, le propriétaire ou le syndicat des copropriétaires peut soit contester la nature des travaux envisagés, soit faire connaître au représentant de l'État dans le département son engagement de procéder à ceux-ci dans un délai d'un mois à compter de la notification.

« 3° Dans le premier cas, le président du tribunal de grande instance ou son délégué statue en la forme du référé. Sa décision est, de droit, exécutoire à titre provisoire.

« 4° À défaut soit de contestation, soit d'engagement du propriétaire ou du syndicat des copropriétaires dans un délai de dix jours à compter de la notification, le représentant de l'État dans le département fait exécuter les travaux nécessaires à leurs frais.

« *Art. L. 32-3* – Si le propriétaire ou le syndicat des copropriétaires s'est engagé à réaliser les travaux, le représentant de l'État dans le département procède, un mois après la notification de sa décision, à un contrôle des lieux afin de vérifier que l'accessibilité au plomb est supprimée. Si l'accessibilité subsiste, le représentant de l'État dans le département procède comme indiqué au 4° de l'article L. 32-2.

« À l'issue des travaux, le représentant de l'État dans le département fait procéder à un contrôle des locaux afin de vérifier que l'accessibilité au plomb est supprimée.

« *Art. L. 32-4* – Si la réalisation des travaux mentionnés aux articles L. 32-2 et L. 32-3 nécessite la libération temporaire des locaux, le représentant de l'État dans le département prend les dispositions nécessaires pour assurer l'hébergement provisoire des occupants.

« Le coût de réalisation de travaux et, le cas échéant, le coût de l'hébergement provisoire des occupants sont mis à la charge du propriétaire. La créance est recouvrée comme en matière de contributions directes.

« En cas de refus d'accès aux locaux opposé par le locataire ou le propriétaire aux personnes chargées de procéder au diagnostic, d'effectuer le contrôle des lieux ou de réaliser les travaux, le représentant de l'État dans le département saisit le président du tribunal de grande instance qui, statuant en la forme du référé, fixe les modalités d'entrée dans les lieux.

« Le représentant de l'État dans le département peut agréer des opérateurs pour réaliser les diagnostics et contrôles prévus dans la présente Section et pour faire réaliser les travaux.

« Les conditions d'application de la présente Section, en particulier les modalités de détermination du risque d'intoxication au plomb et celles auxquelles doivent satisfaire les travaux prescrits pour supprimer le risque d'accessibilité, sont fixées par décret en Conseil d'État.

« *Art. L. 32-5* – Un état des risques d'accessibilité au plomb est annexé à toute promesse unilatérale de vente ou d'achat, à tout contrat réalisant ou constatant la vente d'un immeuble affecté en tout ou partie à l'habitation, construit avant 1948 et situé dans une zone à risque d'exposition au plomb délimitée par le représentant de l'État dans le département. Cet état doit avoir été établi depuis moins d'un an à la date de la promesse de vente ou d'achat ou du contrat susvisé.

« Les fonctions d'expertise ou de diagnostic sont exclusives de toute autre activité d'entretien ou de réparation de cet immeuble.

« Aucune clause d'exonération de la garantie des vices cachés ne peut être stipulée à raison des vices constitués par l'accessibilité au plomb si l'état mentionné au premier alinéa n'est pas annexé aux actes susvisés.

« Lorsque l'état annexé à l'acte authentique qui réalise ou constate la vente révèle une accessibilité au plomb, le vendeur ou son mandataire en informe le représentant de l'État dans le département. Celui-ci met en œuvre en tant que de besoin les dispositions prévues aux articles L. 32-2, L. 32-3 et L. 32-4.

« Un décret en Conseil d'État détermine les conditions d'application du présent article et notamment les conditions de publicité du zonage prévu au premier alinéa. »

Art. 124 – I – L'article 225-16 du code pénal est complété par un 3° ainsi rédigé :

« 3° La confiscation du fonds de commerce destiné à l'hébergement de personnes et ayant servi à commettre l'infraction prévue à l'article 225-14. »

« II – L'article 225-19 du même code est complété par un 5° ainsi rédigé :

« 5° La confiscation du fonds de commerce destiné à l'hébergement de personnes et ayant servi à commettre l'infraction prévue à l'article 225-14. »

« III – L'article 34 de la loi du 17 mars 1909 relative à la vente et au nantissement des fonds de commerce est ainsi modifié :

1° Au premier alinéa, les mots : « utilisé pour la prostitution » sont supprimés et les mots : « en application des articles 225-22 du code pénal » sont remplacés par les mots : « en application des articles 225-16, 225-19 et 225-22 du code pénal » ;

2° Le troisième alinéa est ainsi rédigé :

« Les sûretés inscrites après la date de la mention de l'engagement des poursuites pour l'une des infractions visées au premier alinéa sont nulles de plein droit, sauf décision contraire du tribunal. »

IV – Dans le code de la construction et de l'habitation, il est inséré dans un article L. 651-10 ainsi rédigé :

« *Art. L. 651-10* – I – Lorsqu'à l'occasion de poursuites exercées sur le fondement de l'article 225-14 du code pénal il est avéré que la continuation de l'exploitation d'un établissement d'hébergement des personnes est contraire aux prescriptions du règlement sanitaire départemental ou est susceptible de porter atteinte à la dignité humaine ou à la santé publique, l'autorité administrative compétente peut saisir sur requête le président du tribunal de grande instance ou le magistrat du siège délégué par lui, aux fins de faire désigner un administrateur provisoire pour toute la durée de la procédure ; les organismes intervenant dans le domaine de l'insertion par le logement agréés à cette fin par le représentant de l'État dans le département peuvent être désignés en qualité d'administrateur provisoire.

« II – Le ministère public porte à la connaissance du propriétaire de l'immeuble et du propriétaire du fonds dans lequel est exploité l'établissement visé au I l'engagement des poursuites ainsi que les décisions de désignation d'un administrateur provisoire ou de confiscation intervenues. Il fait mentionner la décision de confiscation au registre du commerce et des sociétés et aux registres sur lesquels sont inscrites les sûretés. Les modalités d'application de cette information sont déterminées par décret en Conseil d'État.

« III – Lorsque la personne titulaire de la licence de débit de boissons ou de restaurant ou propriétaire du fonds de commerce dans lequel est exploité un établissement visé au I n'est pas poursuivie, les peines complémentaires prévues aux 2° et 3° de l'article 225-16 et aux 3° et 5° de l'article 225-19 du code pénal ne peuvent être prononcées, par décision spéciale et motivée, que s'il est établi que cette personne a été citée à la diligence du ministère public avec indication de la nature des poursuites exercées et de la possibilité pour le tribunal de prononcer ces peines. Cette personne peut présenter ou faire présenter par un avocat ses observations à l'audience. Si elle use de cette faculté, elle peut interjeter appel de la décision prononçant l'une de ces peines complémentaires.

« IV – La décision qui prononce la confiscation du fonds de commerce entraîne le transfert à l'État de la propriété du fonds confisqué et emporte subrogation de l'État dans tous les droits du propriétaire du fonds. »

Art. 125 – I – L'article L. 353-20 du code de la construction et de l'habitation est ainsi rédigé :

« *Art. L. 353-20* – Nonobstant toutes dispositions ou stipulations contraires, les bailleurs autres que les organismes d'habitations à loyer modéré mentionnés à l'article L. 353-14 peuvent louer les logements régis par une Convention conclue en application de l'article L. 351-2 aux centres communaux d'action sociale, aux organismes et associations mentionnés au premier alinéa de l'article L. 442-8-1 et aux associations ou établissements publics mentionnés à l'article L. 442-8-4.

« Les sous-locataires sont assimilés aux locataires, dans la mesure et dans les conditions prévues par le présent article.

« Les sous-locataires sont assimilés à des locataires pour bénéficier de l'aide personnalisée au logement prévue par l'article L. 351-1.

« Les dispositions de la loi n° 89-462 du 6 juillet 1989 précitée sont applicables au contrat de sous-location dans les conditions prévues au III de l'article 40 de cette loi.

« Les dispositions des Conventions mentionnées à l'article L. 351-2 prévues aux huitième, neuvième, dixième et onzième alinéas de l'article L. 353-2 s'appliquent aux contrats de sous-location.

« Toutefois, les centres communaux d'action sociale et les organismes et associations mentionnés au premier alinéa de l'article L. 442-8-1 peuvent donner congé à tout moment à leurs sous-locataires après le refus d'une offre de relogement définitif correspondant à leurs besoins et à leurs possibilités.

« Toutefois, les associations ou établissements publics mentionnés à l'article L. 442-8-4 peuvent donner congé à tout moment à leurs sous-locataires dès lors qu'ils ne répondent plus aux conditions pour être logés par ces personnes morales telles que précisées dans le contrat de sous-location.

« Les sous-locations peuvent être effectuées meublées ou non meublées. »

II – L'article L. 442-8-1 du même code est ainsi modifié :

1° Au premier alinéa, après le mot : « sous-louer », sont insérés les mots : « meublés ou non meublés » ;

2° Le troisième alinéa est supprimé.

III – L'article L. 442-8-2 du même code est ainsi rédigé :

« *Art. L. 442-8-2* – Les sous-locataires sont assimilés aux locataires, dans la mesure et dans les conditions prévues par le présent article.

« Les sous-locataires mentionnés à l'article L. 442-8-1 sont assimilés à des locataires pour bénéficier des allocations de logement visées aux articles L. 542-1 et L. 831-1 du code de la

Sécurité sociale et de l'aide personnalisée au logement prévue par l'article L. 351-1 du présent code.

« Les dispositions de la loi n° 89-462 du 6 juillet 1989 précitée sont applicables au contrat de sous-location dans les conditions prévues au I et au III de l'article 40 de cette loi.

« Les dispositions des articles L. 441-3 à L. 442-5 ainsi que celles relatives au niveau des ressources prévues à l'article L. 441-1 du présent code et les dispositions des chapitres Ier et VI du titre Ier, des articles 74 et 75, et du présent alinéa de l'article 78 de la loi n° 48-1360 du 1er septembre 1948 sont applicables aux contrats de sous-location des logements loués dans les conditions mentionnées au premier alinéa de l'article L. 442-8-1, pendant la durée du contrat de location principal. À tout moment, les sous-locataires perdent le bénéfice du droit au maintien dans les lieux après le refus d'une offre de relogement définitif correspondant à leurs besoins et à leurs possibilités.

« Les dispositions des articles L. 442-1 à L. 442-6 ne sont pas applicables aux contrats de sous-location conclus en application du deuxième alinéa de l'article L. 442-8-1. »

Art. 126 – I – Dans le titre III du livre VI du code de la construction et de l'habitation, le chapitre unique devient le chapitre Ier, intitulé : « Dispositions générales ».

II – Il est créé, au même titre, un chapitre II ainsi rédigé :

« Chapitre II

« Mesures relatives à la protection des occupants de certains meublés

« *Art. L. 632-1* – Toute personne qui loue un logement meublé à un bailleur louant habituellement plus de quatre logements meublés, que la location s'accompagne ou non de prestations secondaires, a droit à l'établissement d'un contrat écrit d'une durée d'un an dès lors que le logement loué constitue sa résidence principale. À l'expiration de ce contrat, le bail est tacitement reconduit pour un an sous réserve des dispositions suivantes.

« Le bailleur qui souhaite, à l'expiration du contrat, en modifier les conditions doit informer le locataire avec un préavis de trois mois. Si le locataire accepte les nouvelles conditions, le contrat est renouvelé pour un an.

« Le bailleur qui ne souhaite pas renouveler le contrat doit informer le locataire en respectant le même préavis et motiver son refus de renouvellement du bail.

« Lorsque le bailleur est titulaire d'un bail commercial venant à expiration ou lorsque la cessation d'activité est prévue, le contrat peut être d'une durée inférieure à un an et doit mentionner les raisons et événements justificatifs.

« Toutefois, si le bail commercial est renouvelé ou si l'activité est poursuivie, la durée du contrat est portée à un an.

« Le locataire peut résilier le contrat à tout moment sous réserve du respect d'un préavis d'un mois.

« *Art. L. 632-2* – Lorsque le bailleur, propriétaire ou gérant du fonds doit, pour quelque motif que ce soit, cesser son activité, il en informe les locataires titulaires du contrat mentionné à l'article L. 632-1 trois mois au moins avant la date à laquelle la cessation d'activité est prévue. Sauf cas de force majeure ou de mise en œuvre de la procédure de redressement judiciaire prévue par la loi n° 85-98 du 25 janvier 1985, la cessation d'activité ne peut avoir lieu avant l'expiration des contrats en cours de validité ou avant le relogement des locataires titulaires desdits contrats. Si, en dépit de la cessation d'activité du bailleur, les locaux gardent leur destination première, le contrat de bail est tacitement reconduit. Si, en revanche, la cessation d'activité est due à une opération d'urbanisme ou d'aménagement, les occupants doivent être relogés aux frais de l'opérateur dans les conditions prévues aux articles L. 314-1 et L. 314-2 du code de l'urbanisme.

« *Art. L. 632-3* – Les dispositions du présent chapitre ne s'appliquent pas aux logements-foyers ni aux logements faisant l'objet d'une Convention avec l'État portant sur leurs conditions d'occupation et leurs modalités d'attribution.

Chapitre IV
Moyens d'existence

Art. 127 – Après l'article L. 351-10 du code du travail, il est inséré un article L. 351-10 *bis* ainsi rédigé :

« *Art. L. 351-10 bis* – L'allocation d'insertion prévue à l'article L. 351-9 et l'allocation de solidarité spécifique prévue à l'article L. 351-10 sont incessibles et insaisissables.

« Les blocages de comptes courants de dépôts ou d'avances ne peuvent avoir pour effet de faire obstacle à leur insaisissabilité.

« Nonobstant toute opposition, les bénéficiaires dont l'allocation d'insertion ou l'allocation de solidarité spécifique est servie par versement à un compte courant de dépôts ou d'avances peuvent effectuer mensuellement des retraits de ce compte dans la limite du montant de leur allocation. »

Art. 128 – I – Dans le premier alinéa de l'article L. 352-3 du code du travail, les références « L. 351-9, L. 351-10 » sont supprimées.

II – La deuxième phrase du premier alinéa du même article est ainsi rédigée :

« Ces prestations ainsi que les allocations prévues aux articles L. 351-9 et L. 351-10 sont exonérées du versement forfaitaire sur les salaires et des cotisations de Sécurité sociale sous réserve de l'application des dispositions des articles L. 131-2, L. 241-2, L. 242-13 et L. 711-2 du code de la Sécurité sociale et de l'article 1031 du code rural ; les règles fixées au 5 de l'article 158 du code général des impôts sont applicables.

Art. 129 – Au deuxième alinéa de l'article L. 553-4 du code de la Sécurité sociale, après les mots : « Toutefois, peuvent être saisis », sont insérés les mots : « dans la limite d'un montant mensuel déterminé dans les conditions prévues au deuxième alinéa de l'article L. 553-2 ».

Art. 130 – I – Après l'article L. 322-6 du code de la Sécurité sociale, il est inséré un article L. 322-7 ainsi rédigé :

« *Art. L. 322-7* – Les prestations en nature visées aux 1°, 2°, 3°, 4°, 6° et 7° de l'article L. 321-1 sont incessibles et insaisissables sauf pour le recouvrement des prestations indûment versées à la suite d'une manœuvre frauduleuse ou d'une fausse déclaration de l'assuré.

« Les blocages des sommes déposées sur un compte ne peuvent avoir pour effet de faire obstacle à l'insaisissabilité et à l'incessibilité des prestations visées au premier alinéa. »

II – Après le premier alinéa de l'article L. 355-2 du même code, il est inséré un alinéa ainsi rédigé :

« Le montant de la saisie sur rappel de pensions et rentes s'apprécie en rapportant la quotité saisissable au montant dû par échéance mensuelle ou trimestrielle quelle que soit la période de validité à laquelle se rapporte le rappel. »

Art. 131 – I – Au dernier alinéa de l'article L. 351-9 du code du travail, les mots : « à l'exception des taux qui sont fixés par décret » sont remplacés par les mots : « à l'exception du taux de cette allocation, qui est révisé une fois par an en fonction de l'évolution des prix et est fixé par décret ».

II – La dernière phrase du dernier alinéa de l'article L. 351-10 du même code est ainsi rédigée :

« Le taux de cette allocation, qui est révisé une fois par an en fonction de l'évolution des prix, est fixé par décret. »

Art. 132 – L'article 9 de la loi n° 91-1047 du 31 décembre 1991 modifiant et complétant les dispositions du code rural et de la loi n° 90-85 du 23 janvier 1990 relatives aux cotisations sociales agricoles et créant un régime de préretraite agricole est ainsi modifié :

1° Le I est ainsi rédigé :

« I – Une allocation de préretraite peut être allouée aux chefs d'exploitation agricole âgés de cinquante-cinq ans au moins, ayant exercé une activité à titre principal pendant une durée fixée par décret, s'ils cessent définitivement leur activité agricole suite à des difficultés économiques ou à de graves problèmes de santé mettant en cause le fonctionnement de leur entreprise et rendant leurs terres et bâtiments d'exploitation disponibles à des fins de restructuration.

« L'allocation de préretraite est servie à l'intéressé jusqu'à l'âge de soixante ans.

« Les agriculteurs remplissant les conditions pour bénéficier de l'allocation de préretraite peuvent en faire la demande à compter du 1er janvier 1998.

« Un décret fixe le montant de cette allocation, ses conditions d'attribution et les obligations de restructuration des terres libérées ainsi que les conditions de cumul avec la poursuite d'activités à temps partiel autres qu'agricoles.

« Cette allocation n'est pas cumulable avec la perception d'un avantage de retraite d'un régime de base, d'une allocation aux travailleurs âgés servie en application de l'article L. 322-4 du code du travail ou d'un revenu de remplacement servi en application de l'article L. 351-2 de ce code.

« Un décret fixe les conditions particulières de restructuration pour les départements d'outre-mer. »

2° Dans la seconde phrase du second alinéa du III, les mots : « l'année 1995 » sont remplacés par les mots : « l'année 1998 » ;

3° Le IV est ainsi rédigé :

« IV – L'allocation de préretraite versée aux agriculteurs contraints de cesser leur activité par suite de difficultés financières ou de graves problèmes de santé, qui ont déposé leur demande depuis le 1er janvier 1998, n'est pas saisissable par les créanciers des bénéficiaires quels qu'ils soient. »

Art. 133 – Dans le cadre de la mise en œuvre du droit au transport, une concertation entre l'État, les régions, les départements, les communes, les associations pour l'emploi dans l'industrie et le commerce et les directeurs d'entreprise de transport sera engagée, dans un délai de six mois après la promulgation de la présente loi, sur la mise en œuvre de mécanismes d'aide aux chômeurs en fin de droits et aux demandeurs d'emploi de moins de vingt-six ans leur permettant l'accès aux transports collectifs.

Le financement de ces mesures reposera sur la modulation des tarifs.

Art. 134 – L'article 3 de la loi n° 75-535 du 30 juin 1975 relative aux institutions sociales et médico-sociales est complété par deux alinéas ainsi rédigés :

« En vue d'assurer le respect du droit à une vie familiale des membres des familles accueillies dans les établissements ou services mentionnés aux 1° et 8° ci-dessus, ces établissements ou services doivent rechercher une solution évitant la séparation de ces personnes ou, si une telle solution ne peut être trouvée, établir, de concert avec les personnes accueillies, un projet propre à permettre leur réunion dans les plus brefs délais, et assurer le suivi de ce projet jusqu'à ce qu'il aboutisse.

« Dans ce but, chaque schéma départemental des centres d'hébergement et de réinsertion sociale évalue les besoins en accueil familial du département et prévoit les moyens pour y répondre. »

Art. 135 – Le second alinéa de l'article 375-7 du code civil est complété par une phrase ainsi rédigée :

« Le juge peut indiquer que le lieu de placement de l'enfant doit être recherché afin de faciliter, autant que possible, l'exercice du droit de visite par le ou les parents. »

Art. 136 – La loi n° 88-1088 du 1er décembre 1988 relative au revenu minimum d'insertion est ainsi modifiée :

1° L'article 43-5 est ainsi rédigé :

« *Art. 43-5* – Toute personne ou famille éprouvant des difficultés particulières du fait d'une situation de précarité a droit à une aide de la collectivité pour accéder ou pour préserver son accès à une fourniture d'eau, d'énergie et de services téléphoniques.

« Le maintien de la fourniture d'énergie et d'eau est garanti en cas de non-paiement des factures jusqu'à l'intervention du dispositif prévu à l'article 43-6 » ;

2° Au premier alinéa de l'article 43-6, les mots : « d'électricité et de gaz » sont remplacés par les mots : « d'eau, d'électricité et de gaz » ;

3° Les deuxième et troisième alinéas de l'article 43-6 sont ainsi rédigés :

« Ce dispositif fait l'objet de Conventions nationales passées entre l'État, Électricité de France, Gaz de France et les distributeurs d'eau, définissant notamment le montant et les modalités de leurs concours financiers respectifs.

« Dans chaque département, des Conventions sont passées entre le représentant de l'État, les représentants d'Électricité de France, de Gaz de France, chaque distributeur d'énergie ou d'eau, chaque collectivité territoriale ou groupement de collectivités concerné qui le souhaite et, le cas échéant, avec chaque centre communal ou intercommunal d'action sociale, les organismes de protection sociale et les associations de solidarité. Elles déterminent notamment les conditions d'application des Conventions nationales et les actions préventives et éducatives en matière de maîtrise d'énergie ou d'eau. »

Art. 137 – L'article 58 de la loi n° 84-46 du 24 janvier 1984 relative à l'activité et au contrôle des établissements de crédit est ainsi rédigé :

« *Art. 58* – Toute personne physique résidant en France, dépourvue d'un compte de dépôt, a droit à l'ouverture d'un tel compte dans l'établissement de crédit de son choix ou auprès des services financiers de La Poste ou du Trésor public.

« L'ouverture d'un tel compte intervient après remise auprès de l'établissement de crédit d'une déclaration sur l'honneur attestant le fait que le demandeur ne dispose d'aucun compte. En cas de refus de la part de l'établissement choisi, la personne peut saisir la Banque de France afin qu'elle lui désigne soit un établissement de crédit, soit les services financiers de La Poste, soit ceux du Trésor public.

« Les établissements de crédit, les services financiers de La Poste ou du Trésor public ne pourront limiter les services liés à l'ouverture d'un compte de dépôt aux services bancaires de base que dans des conditions définies par décret.

« En outre, l'organisme désigné par la Banque de France, limitant l'utilisation du compte de dépôt aux services bancaires de base, exécute sa mission dans des conditions tarifaires fixées par décret.

« Toute décision de clôture de compte à l'initiative de l'établissement de crédit désigné par la Banque de France doit faire l'objet d'une notification écrite et motivée adressée au client et à la Banque de France pour information. Un délai minimum de quarante-cinq jours doit être consenti obligatoirement au titulaire du compte.

« Ces dispositions s'appliquent aux interdits bancaires.

« Dans le cadre de la prévention de la lutte contre l'exclusion bancaire, pour les chèques impayés, un certificat de non-paiement est délivré à la demande du porteur, au terme d'un délai de trente jours, à compter de la première présentation du chèque dans le cas où celui-ci n'a pas été payé lors de sa seconde présentation ou si une provision n'a pas été constituée, pour en permettre le paiement dans ce même délai. Ce certificat est délivré par le tiré lorsque au-delà du délai de trente jours une nouvelle présentation s'avère infructueuse. Tout versement effectué par le tireur sur le compte duquel a été émis le chèque impayé est affecté en priorité à la constitution d'une provision pour le paiement intégral de celui-ci. »

Art. 138 – I – Il est inséré, dans le code général des collectivités territoriales, un article L. 1611-6 ainsi rédigé :

« *Art. L. 1611-6* – Dans le cadre des actions sociales qui concernent notamment l'alimentation, l'hygiène, l'habillement et les transports, des actions éducatives, culturelles, sportives ou de loisirs qu'elles mènent, à l'exclusion de l'aide sociale légale, les collectivités territoriales, les établissements publics de coopération intercommunale, les centres communaux et intercommunaux d'action sociale et les caisses des écoles peuvent remettre aux personnes qui rencontrent des difficultés sociales des titres dénommés « chèque d'accompagnement personnalisé » pour acquérir des biens et services dans les catégories définies par la collectivité ou l'établissement public.

« Les personnes à qui des chèques d'accompagnement personnalisé sont remis peuvent acquérir, à hauteur du montant figurant sur sa valeur faciale, auprès d'un réseau de prestataires les biens, produits ou services prévus sur le chèque, à l'exclusion de tout remboursement en numéraire, total ou partiel.

« Les valeurs faciales sont modulées de façon à permettre aux distributeurs de pouvoir tenir compte des différentes situations des bénéficiaires, tant économiques que sociales.

« Les titres de paiement spéciaux dénommés « chèques d'accompagnement personnalisé » sont cédés aux distributeurs par les émetteurs contre paiement de leur valeur libératoire et, le cas échéant, d'une commission. Tout émetteur de ces titres de paiement spéciaux doit ouvrir un compte auprès d'un établissement de crédit ou d'un organisme ou service visé à l'article 8 de la loi n° 84-46 du 24 janvier 1984 relative à l'activité et au contrôle des établissements de crédit, intitulé « compte de chèques d'accompagnement personnalisé », et en faire la déclaration préalable auprès d'une commission spécialisée.

« Ces titres ont une durée de validité limitée à l'année civile et la période d'utilisation dont ils font mention.

« Les chèques d'accompagnement personnalisé qui n'ont pas été présentés au remboursement à l'émetteur par les prestataires avant la fin du deuxième mois suivant l'expiration de leur période de validité sont définitivement périmés.

« Un décret en Conseil d'État fixe les modalités d'application du présent article. Il détermine notamment :

« – les caractéristiques de sécurisation et les mentions obligatoires figurant sur le chèque d'accompagnement personnalisé ;

« – les conditions d'utilisation et de remboursement des chèques d'accompagnement personnalisé ;

« – les modalités de prise en compte de ces titres de paiement spéciaux dans la comptabilité des services et organismes publics ;

« – les modalités d'organisation et de contrôle du système entre les différents partenaires. »

II – Le 3 de l'article 902 du code général des impôts est complété par un 16° ainsi rédigé :

« 16° Les titres émis conformément aux dispositions de l'article L. 1611-6 du code général des collectivités territoriales. »

III – Les dispositions prévues à l'article L. 1611-6 du code général des collectivités territoriales et au 16° du 3 de l'article 902 du code général des impôts sont applicables aux associations de solidarité agréées au plan national par l'État à cet effet.

Art. 139 – I – À la fin de la première phrase du second alinéa de l'article 5-1 de la loi n° 75-535 du 30 juin 1975 précitée, les mots : « est conclue au plus tard le 31 décembre 1998 » sont remplacés par les mots : « doit être conclue, au plus tard, deux ans après la date de publication du décret prévu à l'article 27 *quater* ».

II – Le premier alinéa de l'article 5 de la loi n° 97-60 du 24 janvier 1997 tendant, dans l'attente du vote de la loi instituant une prestation d'autonomie pour les personnes âgées dépendantes, à mieux répondre aux besoins des personnes âgées par l'institution d'une prestation spécifique dépendance est supprimé.

III – L'article 5 de la même loi est complété par deux alinéas ainsi rédigés :

« Les montants maximum et minimum de la prestation pour chaque niveau de dépendance défini par la grille nationale visée à l'alinéa précédent sont fixés, d'une part, pour les personnes hébergées en établissement, d'autre part, pour les personnes âgées résidant à leur domicile, par le règlement départemental d'aide sociale. Le montant maximal de la prestation pour le niveau de dépendance le plus élevé ne peut être inférieur à un pourcentage, fixé par décret, de la majoration pour aide constante d'une tierce personne mentionnée à l'article L. 355-1 du code de la Sécurité sociale.

« Compte tenu des règles de tarification des établissements mentionnés à l'article 22, un décret peut fixer, pour chaque niveau de dépendance, des seuils minima pour les montants visés à l'alinéa précédent de la prestation accordée aux personnes hébergées dans ces établissements, par référence à la majoration pour aide constante d'une tierce personne, mentionnée à l'article L. 355-1 du code de la Sécurité sociale. »

IV – Dans l'article 20 de la même loi, après les mots : « qui bénéficie déjà elle-même d'un avantage », est inséré le mot : « personnel ».

Chapitre V
Droit à l'égalité des chances par l'éducation et la culture

Art. 140 – L'égal accès de tous, tout au long de la vie, à la culture, à la pratique sportive, aux vacances et aux loisirs constitue un objectif national. Il permet de garantir l'exercice effectif de la citoyenneté.

La réalisation de cet objectif passe notamment par le développement, en priorité dans les zones défavorisées, des activités artistiques, culturelles et sportives, la promotion de la formation dans le secteur de l'animation et des activités périscolaires ainsi que des actions de sensibilisation des jeunes fréquentant les structures de vacances et de loisirs collectifs. Elle passe également par le développement des structures touristiques à caractère social et familial et l'organisation du départ en vacances des personnes en situation d'exclusion.

L'État, les collectivités territoriales, les organismes de protection sociale, les entreprises et les associations contribuent à la réalisation de cet objectif.

Ils peuvent mettre en œuvre des programmes d'action concertés pour l'accès aux pratiques artistiques et culturelles.

Au titre de leur mission de service public, les établissements culturels financés par l'État s'engagent à lutter contre les exclusions.

Art. 141 – L'article 123-12 du code de la famille et de l'aide sociale est complété par un alinéa ainsi rédigé :

« Les modalités de fonctionnement des équipements et services d'accueil des enfants de moins de six ans doivent faciliter l'accès aux enfants de familles rencontrant des difficultés du fait de leurs conditions de vie ou de travail ou en raison de la faiblesse de leurs ressources. »

Art. 142 – I – Il est inséré, après le deuxième alinéa de l'article Ier de la loi n° 89-486 du 10 juillet 1989 d'orientation sur l'éducation, deux alinéas ainsi rédigés :

« Pour garantir ce droit, la répartition des moyens du service public de l'éducation tient compte des différences de situations objectives, notamment en matière économique et sociale.

« Elle a pour objet de renforcer l'encadrement des élèves dans les écoles et établissements d'enseignement situés dans des zones d'environnement social défavorisé et des zones d'habitat dispersé, et de permettre de façon générale aux élèves en difficulté de bénéficier d'actions de soutien individualisé. »

II – Après la deuxième phrase du cinquième alinéa de l'article Ier de la même loi, il est inséré une phrase ainsi rédigée :

« Ils assurent une formation à la connaissance et au respect des droits de la personne ainsi qu'à la compréhension des situations concrètes qui y portent atteinte. »

III – L'avant-dernier alinéa de l'article Ier de la même loi est complété par deux phrases ainsi rédigées :

« Elles visent notamment à favoriser, pendant le temps libre des élèves, leur égal accès aux pratiques culturelles et sportives et aux nouvelles technologies de l'information et de la communication. Les établissements scolaires veillent, dans l'organisation des activités périscolaires à caractère facultatif, à ce que les ressources des familles ne constituent pas un facteur discriminant entre les élèves. »

IV – Le premier alinéa de l'article 18 de la même loi est complété par une phrase ainsi rédigée :

« Il indique également les moyens particuliers mis en œuvre pour prendre en charge les élèves issus des familles les plus défavorisées. »

Art. 143 – Après l'article 21 de la loi n° 89-486 du 10 juillet 1989 précitée, il est inséré un article 21 *bis* ainsi rédigé :

« *Art. 21* bis – Le comité d'éducation à la santé et à la citoyenneté présidé par le chef d'établissement a pour mission d'apporter un appui aux acteurs de la lutte contre l'exclusion.

« Ce comité a pour mission de renforcer sur le terrain les liens entre l'établissement d'enseignement, les parents les plus en difficulté et les autres acteurs de la lutte contre l'exclusion. En liaison avec les axes du projet d'établissement, approuvés par le conseil d'administration, il contribue à des initiatives en matière de lutte contre l'échec scolaire, d'améliorations des relations avec les familles, en particulier les plus démunies, de médiation sociale et culturelle et de prévention des conduites à risque et de la violence. »

Art. 144 – I – Les I à V et le VIII de l'article 23 de la loi n° 94-629 du 25 juillet 1994 relative à la famille sont abrogés.

II – L'article L. 241-6 du code de la Sécurité sociale est ainsi modifié :

1° Au premier alinéa, les mots : «, d'aide à la scolarité » sont supprimés ;

2° Le 6° est abrogé.

Art. 145 – Après l'article 10 de la loi n° 89-486 du 10 juillet 1989 précitée, il est inséré un article 10 *bis* ainsi rédigé :

« *Art. 10* bis – I – Pour chaque enfant à charge inscrit dans un collège public, un collège privé ayant passé avec l'État l'un des contrats prévus par la loi n° 59-1557 du 31 décembre 1959 sur les rapports entre l'État et les établissements d'enseignement privés ou dans un collège privé habilité à recevoir des boursiers nationaux, une bourse nationale de collège est attribuée aux familles dont les ressources ne dépassent pas un plafond variable selon le nombre d'enfants à charge et revalorisé comme le salaire minimum de croissance prévu par l'article L. 141-4 du code du travail.

« Le montant de la bourse, qui varie en fonction des ressources de la famille, est fixé en pourcentage de la base mensuelle de calcul des prestations familiales mentionnée à l'article L. 551-1 du code de la Sécurité sociale.

« II – Les bourses nationales de collège sont à la charge de l'État.

« Elles sont servies aux familles, pour les élèves inscrits dans un collège public, par l'établissement, après déduction éventuelle des frais de pension ou de demi-pension et, pour les élèves inscrits dans un collège privé, par les autorités académiques.

« III – Pour les élèves inscrits dans les établissements mentionnés au I du présent article, ce dispositif se substitue aux bourses nationales attribuées aux élèves inscrits dans un collège en application de l'article Ier de la loi n° 51-1115 du 21 septembre 1951 portant ouverture de crédits sur l'exercice 1951 (éducation nationale).

« IV – L'article Ier de la loi n° 51-1115 du 21 septembre 1951 précitée demeure applicable aux élèves inscrits :

« 1° Dans les classes du second degré des lycées publics, des lycées privés ayant passé avec l'État l'un des contrats prévus par la loi n° 59-1157 du 31 décembre 1959 précitée ou des lycées privés habilités à recevoir des boursiers nationaux ;

« 2° Dans un établissement régional d'enseignement adapté, sous réserve que soient déduites les aides accordées au titre des exonérations éventuelles de frais de pension et de demi-pension ;

« 3° Dans les établissements d'enseignement visés au livre VIII du code rural. »

Art. 146 – Le Gouvernement présentera au Parlement, avant le 1er septembre 1999, un rapport sur la fréquentation des cantines scolaires depuis 1993 et son évolution, ainsi que sur le fonctionnement des fonds sociaux.

Art. 147 – Les tarifs des services publics administratifs à caractère facultatif peuvent être fixés en fonction du niveau du revenu des usagers et du nombre de personnes vivant au foyer.

Les droits les plus élevés ainsi fixés ne peuvent être supérieurs au coût par usager de la prestation concernée.

Les taux ainsi fixés ne font pas obstacle à l'égal accès de tous les usagers au service.

Art. 148 – Le troisième alinéa de l'article 54 de la loi n° 84-52 du 26 janvier 1984 sur l'enseignement supérieur est complété par une phrase ainsi rédigée :

« En cas de perte d'emploi, les chargés d'enseignement désignés précédemment peuvent voir leurs fonctions d'enseignement reconduites pour une durée maximale d'un an. »

Art. 149 – La lutte contre l'illettrisme constitue une priorité nationale. Cette priorité est prise en compte par le service public de l'éducation ainsi que par les personnes publiques et privées qui assurent une mission de formation ou d'action sociale. Tous les services publics contribuent de manière coordonnée à la lutte contre l'illettrisme dans leurs domaines d'action respectifs.

Titre III
Des institutions sociales

Art. 150 – Dans l'avant-dernier alinéa de l'article 138 du code de la famille et de l'aide sociale, après les mots : « doivent figurer », sont insérés les mots : « un représentant des associations qui œuvrent dans le domaine de l'insertion et de la lutte contre les exclusions ».

Art. 151 – I – L'article 29 de la loi n° 75-535 du 30 juin 1975 précitée est ainsi rédigé :

« *Art. 29* – Les établissements publics ou privés dispensant des formations sociales, initiales, permanentes et supérieures contribuent à la qualification et à la promotion des professionnels et des personnels salariés et non salariés engagés dans la lutte contre l'exclusion, la prévention et la réparation des handicaps ou inadaptations, la promotion du développement social. Ils participent au service public de la formation.

« À cet effet, ces établissements sont agréés par le ou les représentants des ministres compétents dans la région et, le cas échéant, dans l'académie, dans des conditions définies par décret. Ils s'engagent notamment à recruter des personnels directeurs et formateurs inscrits sur une liste d'aptitude nationale, dans des conditions fixées par voie réglementaire, et à exercer leurs missions suivant les orientations du schéma national des formations sociales arrêté par le ministre chargé des affaires sociales après avis du conseil supérieur du travail social.

« Les formations sociales définies par le schéma national susmentionné assurent à la fois une approche globale et transversale et une connaissance concrète des situations d'exclusion et de leurs causes. Elles préparent les travailleurs sociaux à la pratique du partenariat avec les personnes et les familles visées par l'action sociale. Ce schéma s'attache également à coordonner les différentes filières de formation des travailleurs sociaux, notamment avec l'enseignement supérieur, et favorise le développement de la recherche en travail social.

« Les formations initiales sont sanctionnées par des diplômes et des certificats d'État définis par voie réglementaire.

« L'État garantit aux établissements le financement des dépenses de fonctionnement afférentes à ces formations dans les conditions définies à l'article 29-1. »

II – Le chapitre VII de la même loi est complété par deux articles 29-1 et 29-2 ainsi rédigés :

« *Art. 29-1* – I – Les organismes responsables d'établissements de formation mentionnés à l'article 29 sous contrat bénéficient d'une aide financière de l'État adaptée aux objectifs de formation définis dans un cadre pluriannuel par le contrat.

« II – L'aide financière de l'État est constituée par une subvention couvrant, d'une part, les dépenses liées à l'emploi des formateurs nécessaires à la mise en œuvre quantitative et qualitative des formations définies par le contrat, d'autre part, les dépenses d'ordre administratif et pédagogique sur la base d'un forfait national par étudiant.

« Un décret en Conseil d'État détermine le contrat type et fixe les modes de calcul de la subvention.

« Les établissements sous contrat perçoivent de la part des étudiants des droits d'inscription dont le montant maximum est fixé chaque année par le ministre chargé des affaires sociales. En supplément des droits d'inscription, ils peuvent prélever des frais de scolarité dont le montant maximum est fixé chaque année par le ministre chargé des affaires sociales. Ils peuvent également bénéficier des rémunérations de services, participations des employeurs ou subventions des collectivités publiques.

« *Art. 29-2* – I – Les étudiants inscrits dans les établissements mentionnés à l'article 29 peuvent, pour l'accomplissement de leur scolarité, prétendre à l'attribution d'aides financières de l'État, dont la nature, le taux et les conditions d'attribution sont fixés par décret.

« II – Les étudiants inscrits dans les établissements mentionnés à l'article 29 disposent de la liberté d'information et d'expression à l'égard des problèmes politiques, économiques, sociaux et culturels. Ils l'exercent, à titre individuel ou collectif, dans des conditions qui ne portent pas atteinte aux activités d'enseignement et de recherche et qui ne troublent pas l'ordre public. »

Art. 152 – *[Dispositions déclarées non conformes à la Constitution par décision du conseil constitutionnel n° 98-403 DC du 29 juillet 1998.]*

Art. 153 – I – Il est créé, auprès du ministre chargé des affaires sociales, un Observatoire national de la pauvreté et de l'exclusion sociale chargé de rassembler, analyser et diffuser les informations et données relatives aux situations de précarité, de pauvreté et d'exclusion sociale ainsi qu'aux politiques menées en ce domaine.

Il fait réaliser des travaux d'études, de recherche et d'évaluation quantitatives et qualitatives en lien étroit avec le Conseil national des politiques de lutte contre la pauvreté et l'exclusion sociale. Ces travaux mentionnent la proportion d'hommes et de femmes respectivement touchés par la pauvreté et l'exclusion. Les administrations de l'État, des collectivités territoriales et des établissements publics sont tenues de communiquer à l'observatoire les éléments qui lui sont nécessaires pour la poursuite de ses buts sous réserve de l'application des dispositions législatives imposant une obligation de secret.

Il contribue au développement de la connaissance et des systèmes d'information dans les domaines mal couverts, en liaison notamment avec les banques de données et organismes régionaux, nationaux et internationaux.

Il élabore chaque année, à destination du Premier ministre et du Parlement, un rapport synthétisant les travaux d'études, de recherche et d'évaluation réalisés aux niveaux national et régionaux. Ce rapport est rendu public.

Un décret en Conseil d'État détermine la composition, les missions et les modalités de fonctionnement de l'observatoire institué par le présent article.

II – Le troisième alinéa de l'article 43-1 de la loi n° 88-1088 du 1er décembre 1988 relative au revenu minimum d'insertion est ainsi rédigé :

« – de réaliser ou de faire réaliser, notamment par l'Observatoire national de la pauvreté et de l'exclusion sociale, toutes études sur les situations et phénomènes de précarité et d'exclusion sociale. »

Art. 154 – Le représentant de l'État dans le département et le président du conseil général prévoient, par Convention, la mise en place d'une commission de l'action sociale d'urgence chargée d'assurer la coordination des dispositifs susceptibles d'allouer des aides, notamment financières, aux personnes et aux familles rencontrant de graves difficultés.

La commission comprend notamment des représentants des services de l'État, du conseil général, des communes et des caisses d'allocations familiales ainsi que de tout autre organisme intervenant au titre des dispositifs mentionnés à l'alinéa précédent.

Art. 155 – Il est créé un comité départemental de coordination des politiques de prévention et de lutte contre les exclusions.

Il comprend le représentant de l'État dans le département, le président du conseil général, des représentants des collectivités territoriales, des représentants des administrations ainsi que des représentants des autres catégories de membres siégeant notamment dans chacune des instances suivantes : conseil départemental d'insertion, commission de l'action sociale d'urgence, comité départemental de la formation professionnelle, de la promotion sociale et de l'emploi, conseil départemental de l'insertion par l'activité économique, comité responsable du plan départemental d'action pour le logement des personnes défavorisées, conseil départemental de prévention de la délinquance, conseil départemental d'hygiène, commission de surendettement des particuliers.

Ce comité est présidé par le représentant de l'État dans le département qui le réunit au moins deux fois par an.

Sur la base d'un rapport établi par le représentant de l'État dans le département, le comité établit un diagnostic des besoins et examine l'adéquation à ceux-ci des différents programmes d'action pour ce qui concerne la prévention et la lutte contre les exclusions. Il formule toutes propositions visant à favoriser le développement et l'efficacité des politiques correspondantes dans le département, à renforcer la cohérence des différents programmes, plans et schémas départementaux et à assurer une meilleure coordination de leur mise en œuvre dans le ressort géographique le plus approprié à la prévention et à la lutte contre les exclusions.

Le comité peut proposer aux autorités compétentes des réunions conjointes d'instances intervenant en matière de prévention et de lutte contre les exclusions pour l'exercice de tout ou partie de leurs compétences. Un décret en Conseil d'État fixe les modalités d'application du présent alinéa.

Les règles de composition, les missions et les modalités de fonctionnement du comité institué par le présent article sont fixées par décret.

Art. 156 – La coordination des interventions de tous les acteurs engagés dans la prévention et la lutte contre les exclusions est assurée par la conclusion de Conventions entre les collectivités territoriales et organismes dont ils relèvent. Ces Conventions déterminent le niveau de territoire pertinent pour la coordination.

Elles précisent les objectifs poursuivis et les moyens mis en œuvre pour les atteindre. Elles portent sur la recherche de cohérence de l'accompagnement personnalisé, par la mise en réseau des différents intervenants permettant une orientation de la personne vers l'organisme le plus à même de traiter sa demande. Elles portent également sur la complémentarité des modes d'intervention collective et des initiatives de développement social local et sur la simplification de l'accès aux services concernés.

Un décret en Conseil d'État précise les modalités de conclusion de ces Conventions.

Art. 157 – I – La loi n° 75-535 du 30 juin 1975 précitée est ainsi modifiée :

1° Le 5° de l'article Ier est ainsi rédigé :

« 5° Assurent, avec ou sans hébergement, dans leur cadre ordinaire de vie, l'éducation spéciale, l'adaptation ou la réinsertion sociale et professionnelle, l'aide par le travail ou l'insertion par l'activité économique, au bénéfice des personnes handicapées ou inadaptées, ainsi que des personnes ou des familles en détresse » ;

2° Le 8° de l'article 3 est ainsi rédigé :

« 8° Structures et services comportant ou non un hébergement assurant, avec le concours de travailleurs sociaux et d'équipes pluridisciplinaires, l'accueil, notamment dans les situations d'urgence, le soutien ou l'accompagnement social, l'adaptation à la vie active et l'insertion sociale et professionnelle des personnes ou des familles en détresse. »

II – L'article 185 du code de la famille et de l'aide sociale est ainsi rédigé :

« *Art. 185* – Bénéficient, sur leur demande, de l'aide sociale pour être accueillies dans des centres d'hébergement et de réinsertion sociale publics ou privés les personnes et les familles qui connaissent de graves difficultés, notamment économiques, familiales, de logement, de santé ou d'insertion, en vue de les aider à accéder ou à recouvrer leur autonomie personnelle et sociale.

« Les centres d'hébergement et de réinsertion sociale, dont les conditions de fonctionnement et de financement sont prévues par décret en Conseil d'État, assurent tout ou partie des missions définies au 8° de l'article 3 de la loi n° 75-535 du 30 juin 1975 relative aux institutions sociales et médico-sociales, en vue de faire accéder les personnes qu'ils prennent en charge à l'autonomie sociale.

« Ce décret précise, d'une part, les modalités selon lesquelles les personnes accueillies participent à proportion de leurs ressources à leurs frais d'hébergement et d'entretien et, d'autre part, les conditions dans lesquelles elles perçoivent la rémunération visée à l'article L. 241-12 du code de la Sécurité sociale lorsqu'elles prennent part aux activités d'insertion professionnelle prévues à l'alinéa précédent.

« Les dispositions du présent article sont applicables aux départements d'outre-mer. »

III – Dans chaque département est mis en place, à l'initiative du représentant de l'État dans le département, un dispositif de veille sociale chargé d'informer et d'orienter les personnes en difficulté, fonctionnant en permanence tous les jours de l'année et pouvant être saisi par toute personne, organisme ou collectivité.

Ce dispositif a pour mission :

1° D'évaluer l'urgence de la situation de la personne ou de la famille en difficulté ;

2° De proposer une réponse immédiate en indiquant notamment l'établissement ou le service dans lequel la personne ou la famille intéressée peut être accueillie, et d'organiser sans délai une mise en œuvre effective de cette réponse, notamment avec le concours des services publics ;

3° De tenir à jour l'état des différentes disponibilités d'accueil dans le département.

Les établissements et services définis au 8° de l'article 3 de la loi n° 75-535 du 30 juin 1975 précitée sont tenus de déclarer périodiquement leurs places vacantes au responsable du dispositif mentionné au premier alinéa du présent paragraphe.

Lorsque l'établissement ou le service sollicité ne dispose pas de place libre ou ne peut proposer de solution adaptée à la situation de la personne ou de la famille qui s'adresse à lui, il adresse l'intéressé au dispositif précité.

IV – L'article L. 185-2 du code de la famille et de l'aide sociale ainsi que la Section V du chapitre III du titre II du livre III du code du travail sont abrogés.

Art. 158 – Le Gouvernement présentera au Parlement avant le 31 décembre 1998 un rapport sur la situation matérielle des Français de l'étranger confrontés à l'exclusion. Ce rapport sera rendu public.

Art. 159 – Le Gouvernement présentera au Parlement, tous les deux ans à compter de la promulgation de la présente loi, un rapport d'évaluation de l'application de cette loi, en s'appuyant en particulier sur les travaux de l'Observatoire national de la pauvreté et de l'exclusion sociale. Les personnes en situation de précarité et les acteurs de terrain seront particulièrement associés à cette évaluation.

La présente loi sera exécutée comme loi de l'État.

Fait à Paris, le 29 juillet 1998.

Jacques Chirac

Par le Président de la République :

Le Premier ministre, Lionel Jospin

La ministre de l'Emploi et de la Solidarité, Martine Aubry

Le garde des sceaux, ministre de la Justice, Élisabeth Guigou

Le ministre de l'Éducation nationale, de la Recherche et de la Technologie, Claude Allègre

Le ministre de l'Intérieur, Jean-Pierre Chevènement

Le ministre de l'Économie, des Finances et de l'Industrie, Dominique Strauss-Kahn

Le ministre de l'Équipement, des Transports et du Logement, Jean-Claude Gayssot

La ministre de la Culture et de la Communication, Catherine Trautmann

Le ministre de l'Agriculture et de la Pêche, Louis Le Pensec

La ministre de la Jeunesse et des Sports, Marie-George Buffet

La ministre déléguée chargée de l'enseignement scolaire, Ségolène Royal

Loi n° 2001-647 du 20 juillet 2001

Loi relative à la prise en charge de perte d'autonomie des personnes âgées et à l'allocation personnalisée d'autonomie

L'Assemblée nationale et le Sénat ont délibéré,

L'Assemblée nationale a adopté,

Vu la décision du Conseil constitutionnel no 2001-447 DC du 18 juillet 2001,

Le Président de la République promulgue la loi dont la teneur suit :

Titre Ier
Dispositions modifiant le code de l'action sociale et des familles et relatives à l'allocation personnalisée d'autonomie

Art. 1er – Le chapitre II du titre III du livre II du code de l'action sociale et des familles est ainsi rédigé :

« Chapitre II

« Allocation personnalisée d'autonomie

« Section 1

« Allocation personnalisée d'autonomie et qualité des services aux personnes âgées

« *Art. L. 232-1* – Toute personne âgée résidant en France qui se trouve dans l'incapacité d'assumer les conséquences du manque ou de la perte d'autonomie liés à son état physique ou mental a droit à une allocation personnalisée d'autonomie permettant une prise en charge adaptée à ses besoins.

« Cette allocation, définie dans des conditions identiques sur l'ensemble du territoire national, est destinée aux personnes qui, nonobstant les soins qu'elles sont susceptibles de recevoir, ont besoin d'une aide pour l'accomplissement des actes essentiels de la vie ou dont l'état nécessite une surveillance régulière.

« *Art. L. 232-2* – L'allocation personnalisée d'autonomie, qui a le caractère d'une prestation en nature, est accordée, sur sa demande, dans les limites de tarifs fixés par voie réglementaire, à toute personne attestant d'une résidence stable et régulière et remplissant les conditions d'âge et de perte d'autonomie, évaluée à l'aide d'une grille nationale, également définies par voie réglementaire.

« Les personnes sans résidence stable doivent, pour prétendre au bénéfice de l'allocation personnalisée d'autonomie, élire domicile auprès de l'un des organismes mentionnés à l'article L. 232-13, agréé à cette fin conjointement par le représentant de l'État dans le département et par le président du conseil général.

« Sous-section 1

« Prise en charge et allocation personnalisée d'autonomie à domicile

« *Art. L. 232-3* – Lorsque l'allocation personnalisée d'autonomie est accordée à une personne résidant à domicile, elle est affectée à la couverture des dépenses de toute nature relevant d'un plan d'aide élaboré par une équipe médico-sociale.

« L'allocation personnalisée d'autonomie est égale au montant de la fraction du plan d'aide que le bénéficiaire utilise, diminué d'une participation à la charge de celui-ci. Le montant maximum du plan d'aide est fixé par un tarif national en fonction du degré de perte d'autonomie déterminé à l'aide de la grille mentionnée à l'article L. 232-2 et revalorisé au 1er janvier de chaque année, au moins conformément à l'évolution des prix à la consommation hors tabac prévue dans le rapport économique et financier annexé au projet de loi de finances pour l'année civile à venir.

« *Art. L. 232-4* – La participation du bénéficiaire de l'allocation personnalisée d'autonomie est calculée en fonction de ses ressources déterminées dans les conditions fixées aux articles L. 132-1 et L. 132-2, selon un barème national revalorisé au 1er janvier de chaque année comme les pensions aux termes de la loi de financement de la Sécurité sociale.

« Les rentes viagères ne sont pas prises en compte pour le calcul des ressources de l'intéressé lorsqu'elles ont été constituées en sa faveur par un ou plusieurs de ses enfants ou lorsqu'elles ont été constituées par lui-même ou son conjoint pour se prémunir contre le risque de perte d'autonomie.

« De même, ne sont pas pris en compte, pour le calcul des ressources de l'intéressé, les concours financiers apportés par les enfants pour les prises en charge nécessitées par la perte d'autonomie de leurs parents, ainsi que certaines prestations sociales à objet spécialisé dont la liste est fixée par voie réglementaire.

« *Art. L. 232-5* – Pour l'application de l'article L. 232-3, sont considérées comme résidant à domicile les personnes accueillies dans les conditions fixées par les articles L. 441-1 à L. 443-10 ou hébergées dans un établissement visé au II de l'article L. 312-8.

« *Art. L. 232-6* – L'équipe médico-sociale recommande, dans le plan d'aide mentionné à l'article L. 232-3, les modalités d'intervention qui lui paraissent les plus appropriées compte tenu du besoin d'aide et de l'état de perte d'autonomie du bénéficiaire.

« Dans les cas de perte d'autonomie les plus importants déterminés par voie réglementaire, lorsque le plan d'aide prévoit l'intervention d'une tierce personne à domicile, l'allocation personnalisée d'autonomie est, sauf refus exprès du bénéficiaire, affectée à la rémunération d'un service prestataire d'aide à domicile agréé dans les conditions fixées à l'article L. 129-1 du code du travail.

« Quel que soit le degré de perte d'autonomie du bénéficiaire de l'allocation personnalisée d'autonomie, le montant de celle-ci est modulé, dans des conditions fixées par voie réglementaire, suivant l'expérience et le niveau de qualification de la tierce personne ou du service d'aide à domicile auquel il fait appel.

« *Art. L. 232-7* – Dans le délai d'un mois à compter de la notification de la décision d'attribution de la prestation, le bénéficiaire doit déclarer au président du conseil général le ou les salariés ou le service d'aide à domicile à la rémunération desquels est utilisée l'allocation personnalisée d'autonomie. Tout changement ultérieur de salarié ou de service doit être déclaré dans les mêmes conditions.

« Si le bénéficiaire choisit de recourir à un service d'aide à domicile agréé dans les conditions fixées à l'article L. 129-1 du code du travail, l'allocation personnalisée d'autonomie destinée à le rémunérer peut être versée sous forme de titre emploi-service.

« Le bénéficiaire de l'allocation personnalisée d'autonomie peut employer un ou plusieurs membres de sa famille, à l'exception de son conjoint ou de son concubin ou de la personne avec laquelle il a conclu un pacte civil de solidarité. Le lien de parenté éventuel avec son salarié est mentionné dans sa déclaration.

« Le versement de l'allocation personnalisée d'autonomie peut être suspendu à défaut de la déclaration mentionnée au premier alinéa dans le délai d'un mois, si le bénéficiaire n'acquitte pas la participation mentionnée à l'article L. 232-4, ou, sur rapport de l'équipe médico-sociale mentionnée à l'article L. 232-3, soit en cas de non-respect des dispositions de l'article L. 232-6, soit si le service rendu présente un risque pour la santé, la sécurité ou le bien-être physique ou moral de son bénéficiaire.

« Sous-section 2

« Allocation personnalisée d'autonomie en établissement

« *Art. L. 232-8* – I – Lorsque l'allocation personnalisée d'autonomie est accordée à une personne hébergée dans un établissement visé à l'article L. 312-8, elle est égale au montant des dépenses correspondant à son degré de perte d'autonomie dans le tarif de l'établissement afférent à la dépendance, diminué d'une participation du bénéficiaire de l'allocation personnalisée d'autonomie.

« La participation du bénéficiaire de l'allocation personnalisée d'autonomie est calculée en fonction de ses ressources, déterminées dans les conditions fixées aux articles L. 132-1 et L. 132-2 ainsi qu'au deuxième alinéa de l'article L. 232-4, selon un barème national revalorisé au 1er janvier de chaque année comme les pensions aux termes de la loi de financement de la Sécurité sociale.

« Les rentes viagères ne sont pas prises en compte pour le calcul des ressources de l'intéressé lorsqu'elles ont été constituées en sa faveur par un ou plusieurs de ses enfants ou lorsqu'elles ont été constituées par lui-même ou son conjoint pour se prémunir contre le risque de perte d'autonomie.

« II – Par dérogation aux dispositions de l'article L. 232-15 et dans le cadre de la convention pluriannuelle prévue à l'article L. 312-8, l'allocation personnalisée d'autonomie en établissement peut, à titre expérimental, être versée par le président du conseil général qui assure la tarification de l'établissement volontaire sous forme d'une dotation budgétaire globale afférente à la dépendance qui prend en compte le niveau de perte d'autonomie moyen des résidents de l'établissement.

« Cette dotation budgétaire globale n'inclut pas la participation des résidents prévue au I du présent article.

« Les tarifs afférents à la dépendance pour les résidents bénéficiaires de l'allocation personnalisée d'autonomie en établissement relevant d'autres départements que celui du président du conseil général qui a le pouvoir de tarification sont calculés conformément aux articles L. 315-1 et L. 315-6 et versés directement à l'établissement, le cas échéant, sous forme de dotation globale. Ces versements sont pris en compte pour le calcul de la dotation globale afférente à la dépendance.

« Les modalités d'application du présent article sont fixées par voie réglementaire. L'évaluation des résultats de l'expérimentation intervient dans le cadre du bilan prévu à l'article 15 de la loi no 2001-647 du 20 juillet 2001 relative à la prise en charge de la perte d'autonomie des personnes âgées et à l'allocation personnalisée d'autonomie.

« *Art. L. 232-9* – Il est garanti aux personnes accueillies dans les établissements visés à l'article L. 232-8 habilités à recevoir des bénéficiaires de l'aide sociale départementale, un montant minimum tenu à leur disposition après paiement des prestations à leur charge mentionnées aux 2° et 3° de l'article L. 315-1 dont le montant, réévalué chaque année, est fixé par voie réglementaire.

« *Art. L. 232-10* – Lorsque les conjoints, les concubins ou les personnes ayant conclu un pacte civil de solidarité résident, l'un à domicile, l'autre dans un établissement, le montant des prestations mentionnés aux 2° et 3° de l'article L. 315-1 restant à la charge de ce dernier est fixé de manière qu'une partie des ressources du couple correspondant aux dépenses courantes de celui des conjoints, concubins ou personnes ayant conclu un pacte civil de solidarité restant à domicile lui soit réservée par priorité.

« Cette somme ne peut être inférieure à un montant fixé par décret. Elle est déduite des ressources du couple pour calculer les droits à l'allocation personnalisée d'autonomie et à l'aide sociale visée à l'article L. 231-4 auxquels peut prétendre celui des conjoints, des concubins ou des personnes ayant conclu un pacte civil de solidarité qui est accueilli en établissement.

« *Art. L. 232-11* – Les droits à prestation de la personne accueillie en établissement sont examinés au regard de l'allocation personnalisée d'autonomie puis au titre de l'aide sociale prévue à l'article L. 231-4.

« Si la participation au titre de l'allocation personnalisée d'autonomie mentionnée au premier alinéa du I de l'article L. 232-8 ne peut être acquittée par un résident, celle-ci peut être prise en charge par l'aide sociale prévue à l'article L. 231-4 dans les conditions prévues au livre Ier.

« Section 2

« Gestion de l'allocation personnalisée d'autonomie

« *Art. L. 232-12* – L'allocation personnalisée d'autonomie est accordée par décision du président du conseil général et servie par le département sur proposition d'une commission présidée par le président du conseil général ou son représentant.

« Un décret précise les modalités de fonctionnement et la composition de cette commission qui réunit notamment des représentants du département et des organismes de Sécurité sociale.

« En cas d'urgence attestée, d'ordre médical ou social, le président du conseil général attribue l'allocation personnalisée d'autonomie à titre provisoire, et pour un montant forfaitaire fixé par décret, à dater du dépôt de la demande et jusqu'à l'expiration du délai de deux mois prévu au troisième alinéa de l'article L. 232-14.

« L'allocation personnalisée d'autonomie est servie aux personnes sans résidence stable par le département où elles sont domiciliées en application du dernier alinéa de l'article L. 232-2.

« *Art. L. 232-13* – Une convention, dont les clauses respectent un cahier des charges fixé par arrêté interministériel, est conclue entre le département et les organismes de Sécurité sociale pour organiser les modalités de leur coopération pour la mise en œuvre de l'allocation personnalisée d'autonomie à domicile.

« Des conventions portant sur tout ou partie de cette mise en œuvre, et particulièrement sur celle des plans d'aide, peuvent également être conclues entre le département et des institutions et organismes publics sociaux et médico-sociaux, notamment des centres communaux ou intercommunaux d'action sociale, des centres locaux d'information et de coordination ou des organismes régis par le code de la mutualité ou des services d'aide à domicile agréés dans les conditions prévues à l'article L. 129-1 du code du travail. Toutefois, dans ce dernier cas, les institutions et organismes précédemment mentionnés ne peuvent participer à la mise en œuvre du plan d'aide qu'ils ont défini.

« Les départements assurent la coordination de l'action gérontologique dans le cadre d'un schéma arrêté conjointement par le président du conseil général et le représentant de l'État dans le département.

« Le schéma définit les territoires de coordination de l'action gérontologique de proximité et établit des modalités d'information du public et de coordination des prestataires s'appuyant notamment sur des centres locaux d'information et de coordination.

« *Art. L. 232-14* – L'instruction de la demande d'allocation personnalisée d'autonomie comporte l'évaluation du degré de perte d'autonomie du demandeur et, s'il y a lieu, l'élaboration d'un plan d'aide par l'équipe médico-sociale mentionnée à l'article L. 232-3.

« Lorsqu'il n'y a pas lieu d'élaborer un plan d'aide, un compte rendu de visite comportant des conseils est établi.

« Les droits à l'allocation personnalisée d'autonomie sont ouverts à compter de la date du dépôt d'un dossier de demande complet. Dans un délai de deux mois à compter de cette date, le président du conseil général notifie la décision relative à l'allocation personnalisée d'autonomie au bénéficiaire. À défaut d'une notification dans ce délai, l'allocation personnalisée d'autonomie est réputée accordée pour un montant forfaitaire fixé par décret à compter du dépôt du dossier complet, jusqu'à la notification d'une décision expresse.

« L'allocation personnalisée d'autonomie fait l'objet d'une révision périodique. Elle peut être révisée à tout moment en cas de modification de la situation du bénéficiaire.

« L'allocation personnalisée d'autonomie est versée mensuellement à son bénéficiaire. Toutefois, une partie de son montant peut, compte tenu de la nature des dépenses, être versée selon une périodicité différente dans des conditions fixées par décret.

« *Art. L. 232-15* – L'allocation personnalisée d'autonomie est, le cas échéant, avec l'accord de son bénéficiaire, versée directement aux services prestataires d'aide à domicile visés à l'article L. 129-1 du code du travail ou aux établissements visés au 5° de l'article L. 312-1 du présent code et au 2° de l'article L. 6111-2 du code de la santé publique. Cet accord peut être repris à tout moment par le bénéficiaire.

« *Art. L. 232-16* – Pour vérifier les déclarations des intéressés, les services chargés de l'évaluation des droits à l'allocation personnalisée d'autonomie peuvent demander toutes les informations nécessaires aux administrations publiques, notamment aux administrations fiscales, aux collectivités territoriales, aux organismes de Sécurité sociale et de retraite complémentaire qui sont tenus de les leur communiquer. Lesdites informations doivent être limitées aux données nécessaires à l'identification de la situation du demandeur en vue de l'attribution de l'allocation personnalisée d'autonomie. Elles sont transmises et utilisées dans les conditions garantissant leur confidentialité.

« *Art. L. 232-17* – Chaque département transmet, dans des conditions fixées par décret, au fonds institué par l'article L. 232-21, à la fois des données comptables relatives aux dépenses nettes d'allocation personnalisée d'autonomie et des données statistiques et comptables relatives au développement du dispositif d'allocation personnalisée d'autonomie, à ses principales caractéristiques et notamment à celles de ses bénéficiaires ainsi qu'à l'activité des équipes médico-sociales et au suivi des conventions visées respectivement aux articles L. 232-3 et L. 232-13, de façon à alimenter un système d'information organisé par décret pris après avis de la Commission nationale de l'informatique et des libertés.

« *Art. L. 232-18* – Le demandeur, le bénéficiaire de l'allocation personnalisée d'autonomie ou, le cas échéant, son représentant, le maire de la commune de résidence ou le représentant de l'État dans le département peut saisir la commission mentionnée à l'article L. 232 12 pour qu'elle formule des propositions en vue du règlement des litiges relatifs à l'allocation personnalisée d'autonomie.

« Pour l'exercice de cette attribution, la commission s'adjoint des représentants des usagers ainsi que des personnalités qualifiées, dont des représentants des organisations de retraités et personnes âgées désignés par les comités départementaux des retraités et personnes âgées.

« *Art. L. 232-19* – Les sommes servies au titre de l'allocation personnalisée d'autonomie ne font pas l'objet d'un recouvrement sur la succession du bénéficiaire, sur le légataire ou sur le donataire.

« *Art. L. 232-20* – Les recours contre les décisions relatives à l'allocation personnalisée d'autonomie sont formés devant les commissions départementales mentionnées à l'article L. 134-6, dans des conditions et selon les modalités prévues aux articles L. 134-1 à L. 134-10.

« Lorsque le recours est relatif à l'appréciation du degré de perte d'autonomie, la commission départementale mentionnée à l'article L. 134-6 recueille l'avis d'un médecin titulaire d'un diplôme universitaire de gériatrie ou d'une capacité en gérontologie et gériatrie, choisi par son président sur une liste établie par le conseil départemental de l'ordre des médecins.

« Section 3

« Financement de l'allocation personnalisée d'autonomie

« *Art. L. 232-21* – I – Il est créé un fonds dont la mission est de contribuer au financement de l'allocation personnalisée d'autonomie. Ce fonds, dénommé « Fonds de financement de l'allocation personnalisée d'autonomie », est un établissement public national à caractère administratif.

« Les conditions de fonctionnement et de gestion du fonds, la composition de son conseil d'administration, constitué de représentants de l'État, et la composition de son conseil de surveillance, comprenant notamment des membres du Parlement et des représentants des départements, des régimes obligatoires de base d'assurance vieillesse et des personnes âgées, sont déterminées par voie réglementaire.

« Le conseil d'administration du fonds transmet chaque année au Parlement et au Gouvernement, au plus tard le 15 octobre, un rapport présentant ses comptes prévisionnels pour l'année en cours et l'année suivante. Un rapport du conseil de surveillance, transmis selon les mêmes modalités, rend compte de la mise en œuvre du dispositif d'allocation personnalisée d'autonomie à partir des données statistiques mentionnées à l'article L. 232-17.

« II – Les dépenses du fonds sont constituées par :

« 1° Un concours versé aux départements, destiné à prendre en charge une partie du coût de l'allocation.

« Le montant de ce concours est réparti annuellement entre les départements, en fonction de la part des dépenses réalisées par chaque département au titre de l'allocation personnalisée d'autonomie dans le montant total des dépenses au titre de l'allocation personnalisée d'autonomie constaté l'année précédente pour l'ensemble des départements ; il est modulé en fonction du potentiel fiscal déterminé selon les modalités définies à l'article L. 3334-6 du code général des collectivités territoriales et du nombre de bénéficiaires du revenu minimum d'insertion de chaque département.

« Toutefois, au titre des deux premières années de fonctionnement du fonds, ce concours est réparti entre les départements en fonction du nombre de personnes âgées de plus de soixante-quinze ans, du potentiel fiscal déterminé selon les mêmes modalités et du nombre de bénéficiaires du revenu minimum d'insertion de chaque département.

« Le montant ainsi réparti :

« – ne peut excéder par département la moitié des dépenses d'allocation personnalisée d'autonomie dudit département. Le cas échéant, l'excédent constaté fait l'objet d'une régularisation au cours de l'exercice suivant ;

« – est majoré pour les départements dont les dépenses d'allocation personnalisée d'autonomie rapportées au nombre de personnes âgées du département de plus de soixante-quinze ans excèdent d'au moins 30 % les dépenses d'allocation personnalisée d'autonomie de l'ensemble des départements rapportées au nombre total de personnes âgées de plus de soixante-quinze ans sur l'ensemble du territoire national.

« Cette majoration, égale à 80 % de la fraction de dépenses excédant le seuil de 30 %, est prise en charge par le fonds et minore, à due concurrence, les montants à répartir en fonction des trois critères visés ci-dessus.

« Des acomptes sont versés aux départements. Ils sont établis sur la base des trois critères visés ci-dessus, dans la limite de 80 % des recettes disponibles du fonds après prise en compte des dépenses visées au 2° et au 3°. Ils sont régularisés au cours de l'exercice suivant par application de l'ensemble des critères ainsi définis, dans la limite des recettes de l'exercice au titre duquel est effectuée la régularisation.

« En aucun cas, les dépenses relatives à l'allocation personnalisée d'autonomie de chaque département ne peuvent excéder un montant moyen par bénéficiaire égal à 80 % du montant au 1er janvier 2001 de la majoration pour tierce personne mentionnée à l'article L. 335-1 du code de la Sécurité sociale revalorisée, chaque année, comme les prix à la consommation hors tabac aux termes du rapport économique et financier annexé au projet de loi de finances pour l'année civile à venir. Les dépenses effectuées en dépassement de ce seuil sont prises en charge en totalité par le fonds et minorent, à due concurrence, les montants à répartir.

« L'ensemble de ces dispositions sera réexaminé avant la fin de l'exercice 2003, en fonction du bilan mentionné à l'article 15 de la loi no 2001-647 du 20 juillet 2001 précitée ;

« 2° Les dépenses de modernisation des services qui apportent au domicile des personnes âgées dépendantes une assistance dans les actes quotidiens de la vie, afin notamment de promouvoir des actions innovantes, de renforcer la professionnalisation et de développer la qualité de ces services.

« Ces dépenses sont retracées dans une section spécifique du Fonds de financement de l'allocation personnalisée d'autonomie, dénommée « Fonds de modernisation de l'aide à domicile », abondée par une fraction de la recette mentionnée au 2° du III ; cette fraction, fixée par arrêté des ministres chargés de la Sécurité sociale et du budget, ne peut être inférieure à 3 % ni supérieure à 10 % des sommes en cause.

« Les projets de modernisation de l'aide à domicile sont agréés par le ministre chargé de l'action sociale et financés par le fonds dans la limite des crédits disponibles ;

« 3° Le remboursement des frais de gestion du fonds.

« III – Les recettes affectées au financement des dépenses prévues au II sont constituées par :

« 1° Une participation des régimes obligatoires de base d'assurance vieillesse, représentative d'une fraction identique pour tous les régimes, déterminée par voie réglementaire, des sommes consacrées par chacun de ceux-ci en 2000 aux dépenses d'aide ménagère à domicile au bénéfice des personnes âgées dépendantes remplissant la condition de perte d'autonomie mentionnée à l'article L. 232-2 ; cette fraction ne peut être inférieure à la moitié ni supérieure aux trois quarts des sommes en cause ;

« 2° Une fraction du produit des contributions sociales mentionnées aux articles L. 136-1, L. 136-6, L. 136-7 et L. 136-7-1 du code de la Sécurité sociale. »

Titre II
Dispositions diverses et transitoires

Art. 2 – I – Le chapitre II du titre III du livre II du code de l'action sociale et des familles est complété par une section 4 intitulée : « Dispositions communes ». Cette section 4 comprend les articles L. 232-10, L. 232-11, L. 232-12, L. 232-15, L. 232-16 et L. 232-24 du même code dans leur rédaction applicable avant l'entrée en vigueur de la présente loi, qui deviennent respectivement les articles L. 232-22, L. 232-23, L. 232-24, L. 232-25, L. 232-26 et L. 232-27.

II – Le même code est ainsi modifié :

1° Aux articles L. 132-8 et L. 132-9, les mots : «, la prestation spécifique dépendance » sont supprimés ;

2° Au dernier alinéa de l'article L. 132-8, les mots : «, de la prestation spécifique dépendance » sont supprimés ;

3° Aux articles L. 232-22, L. 232-23, L. 232-24, L. 232-25 et L. 232-26, les mots : « la prestation spécifique dépendance » sont remplacés par les mots : « l'allocation personnalisée d'autonomie » ;

4° Aux articles L. 232-25, L. 232-26 et L. 232-27, les mots : « la prestation » sont remplacés par les mots : « l'allocation » ;

5° À l'article L. 232-22, la référence : « L. 232-2 » est remplacée par la référence : « L. 232-3 » ;

6° À l'article L. 232-26, les mots : « au deuxième alinéa des articles L. 232-19 et L. 232 23 » sont remplacés par les mots : « à l'article L. 232-15 » ;

7° À l'article L. 232-27, la référence : « L. 232-15 » est remplacée par la référence : « L. 232-25 » ;

8° L'article L. 315-5 est abrogé ;

9° Au deuxième alinéa de l'article L. 315-1, les mots : « L. 315-5, après avis du président du conseil général » sont remplacés par les mots : « L. 162-24-1 du code de la Sécurité sociale » ;

10° À l'article L. 315-15, la référence : « L. 315-5, » est supprimée.

III – La section 4 du chapitre II du titre III du livre II du même code est complétée par un article L. 232-28 ainsi rédigé :

« *Art. L. 232-28* – Sauf disposition contraire, les modalités d'application du présent chapitre sont fixées par décret en Conseil d'État. »

IV – Le troisième alinéa de l'article L. 113-2 du même code est complété par deux phrases ainsi rédigées :

« Ce comité a également pour mission d'évaluer le développement qualitatif et quantitatif du dispositif d'allocation personnalisée d'autonomie au terme des deux ans d'application. Cette mission ne comprend pas la réforme de la grille mentionnée à l'article L. 232-2. »

Art. 3 – L'article L. 245-3 du code de l'action sociale et des familles est ainsi rédigé :

« *Art. L. 245-3* – Toute personne qui a obtenu le bénéfice de l'allocation compensatrice avant l'âge mentionné à l'article L. 245-1 et qui remplit les conditions prévues par l'article L. 232-2 peut choisir, dans des conditions fixées par décret, lorsqu'elle atteint cet âge et à chaque renouvellement de l'attribution de cette allocation, le maintien de celle-ci ou le bénéfice de l'allocation personnalisée d'autonomie. »

Art. 4 – L'article L. 312-8 du code de l'action sociale et des familles est ainsi rédigé :

« *Art. L. 312-8* – I – Les établissements assurant l'hébergement des personnes âgées mentionnés au 5° de l'article L. 312-1 et les établissements de santé dispensant des soins de longue durée visés au 2° de l'article L. 6111-2 du code de la santé publique qui accueillent un nombre de personnes âgées dépendantes dans une proportion supérieure à un seuil fixé par décret ne peuvent accueillir des personnes âgées remplissant les conditions de perte d'autonomie mentionnées à l'article L. 232-2 du présent code que s'ils ont passé avant le 31 décembre 2003 une convention pluriannuelle avec le président du conseil général et l'autorité compétente de l'État, qui respecte le cahier des charges établi par arrêté interministériel, après avis des organismes nationaux d'assurance maladie et des représentants des présidents de conseils généraux.

« II – Les établissements mentionnés au I dont la capacité est inférieure à un seuil fixé par décret ont la possibilité de déroger aux règles mentionnées au 1o de l'article L. 315-1. Dans ces établissements, les modalités de tarification des prestations remboursables aux assurés sociaux sont fixées par décret.

« III – Les établissements accueillant un nombre de personnes âgées dépendantes inférieur au seuil mentionné au I doivent répondre à des critères de fonctionnement, notamment de qualité, définis par un cahier des charges fixé par arrêté du ministre chargé des personnes âgées. »

Art. 5 – À titre transitoire, les établissements mentionnés à l'article L. 312-8 du code de l'action sociale et des familles perçoivent jusqu'à la date de prise d'effet de la convention pluriannuelle prévue audit article et au plus tard jusqu'au 31 décembre 2003 :

1° Un forfait global de soins correspondant au montant global des forfaits de soins attribués par l'autorité compétente de l'État au titre de l'exercice 2001 ;

2° Des tarifs journaliers afférents à la dépendance dont les montants sont fixés par le président du conseil général en application du 2o de l'article L. 315-1 du même code ;

3° Des tarifs journaliers afférents à l'hébergement calculés en prenant en compte les produits mentionnés au 1° et au 2° ;

En application de l'article L. 232-8 du même code, l'allocation personnalisée d'autonomie accordée à une personne hébergée dans un établissement dont les tarifs et le forfait global sont fixés conformément aux dispositions du présent article est égale au montant des tarifs mentionnés au 2o diminués de la participation du bénéficiaire de cette allocation.

Art. 6 – Les troisième et quatrième alinéas de l'article L. 315-1 du code de l'action sociale et des familles sont remplacés par six alinéas ainsi rédigés :

« La tarification des établissements mentionnés à l'article L. 312-8 est arrêtée :

« 1° Pour les prestations de soins remboursables aux assurés sociaux, par l'autorité compétente de l'État, après avis du président du conseil général et de la caisse régionale d'assurance maladie ;

« 2° Pour les prestations relatives à la dépendance acquittées par l'usager ou, si celui-ci remplit les conditions mentionnées à l'article L. 232-2, prises en charge par l'allocation personnalisée d'autonomie, par le président du conseil général, après avis de l'autorité compétente de l'État ;

« 3° Pour les prestations relatives à l'hébergement, dans les établissements habilités à recevoir des bénéficiaires de l'aide sociale, par le président du conseil général.

« Cette tarification est notifiée aux établissements au plus tard soixante jours à compter de la date de notification des dotations régionales limitatives mentionnées à l'article L. 315-9, pour l'exercice en cours, lorsque les documents nécessaires à la fixation de cette tarification ont été transmis aux autorités compétentes.

« Pour les établissements visés à l'article L. 342-1, les prix des prestations mentionnées au 3° ci-dessus sont fixés dans les conditions prévues par les articles L. 342-2 à L. 342-6. »

Art. 7 – L'article L. 315-6 du code de l'action sociale et des familles est ainsi rédigé :

« *Art. L. 315-6* – Les montants des éléments de tarification afférents à la dépendance et aux soins mentionnés aux 1° et 2° de l'article L. 315-1 sont modulés selon l'état de la personne accueillie au moyen de la grille nationale mentionnée à l'article L. 232-2.

« La convention mentionnée à l'article L. 312-8 précise la périodicité de la révision du niveau de perte d'autonomie des résidents selon la grille nationale mentionnée à l'article L. 232-2.

« L'évaluation de la perte d'autonomie des résidents de chaque établissement est transmise, pour contrôle et validation, à un médecin appartenant à une équipe médico-sociale du département et à un praticien-conseil de la caisse d'assurance maladie. En cas de désaccord entre les deux médecins précités sur cette validation, une commission départementale de coordination médicale dont la composition, les missions et les modalités d'organisation et de fonctionnement sont définies par un arrêté des ministres chargés des affaires sociales et des collectivités territoriales, détermine le classement définitif.

« Lorsqu'un établissement hébergeant des personnes âgées dépendantes conteste la répartition des résidents qu'il accueille selon les niveaux de perte d'autonomie arrêtée dans les conditions mentionnées ci-dessus, il peut introduire un recours devant la commission interrégionale de la tarification sanitaire et sociale mentionnée à l'article L. 351-1. »

Art. 8 – Après le deuxième alinéa de l'article L. 135-1 du code de la Sécurité sociale, il est inséré un alinéa ainsi rédigé :

« Le Fonds de solidarité vieillesse gère également le Fonds de financement de l'allocation personnalisée d'autonomie institué par l'article L. 232-21 du code de l'action sociale et des familles. »

Art. 9 – I – Au 1° de l'article L. 135-3 du code de la Sécurité sociale, le taux : « 1,15 % » est remplacé par le taux : « 1,05 % ».

II – Au IV de l'article L. 136-8 du même code, le taux : « 1,15 % » est remplacé par les mots : « 1,05 %, au fonds institué par l'article L. 232-21 du code de l'action sociale et des familles pour la part correspondant à un taux de 0,1 % ».

III – Les dispositions relatives aux recettes prévues au 2° du III de l'article L. 232-21 du code de l'action sociale et des familles, dans sa rédaction issue de l'article 1er de la présente loi, sont applicables :

1° En ce qu'elles concernent la contribution mentionnée à l'article L. 136-1 du code de la Sécurité sociale, aux revenus perçus à compter du 1er janvier 2002 ou, pour les revenus professionnels visés à l'article L. 136-4 du même code, sur les revenus pris en compte pour le calcul de la contribution due à compter de l'année 2002 ;

2° En ce qu'elles concernent la contribution mentionnée à l'article L. 136-6 du code de la Sécurité sociale, à compter de l'imposition des revenus de l'année 2001 ;

3° En ce qu'elles concernent la contribution mentionnée à l'article L. 136-7 du code de la Sécurité sociale, aux produits de placement sur lesquels est opéré à partir du 1er janvier 2002 le prélèvement prévu à l'article 125 À du code général des impôts et aux revenus assujettis en application du II de l'article L. 136-7 du code de la Sécurité sociale à compter de cette même date ;

4° En ce qu'elles concernent la contribution mentionnée au I de l'article L. 136-7-1 du code de la Sécurité sociale, aux tirages, événements sportifs et émissions postérieurs au 31 décembre 2001 ;

5° En ce qu'elles concernent la contribution mentionnée au II de l'article L. 136-7-1 du code de la Sécurité sociale, sur les sommes engagées à compter du 1er janvier 2002 ;

6° En ce qu'elles concernent la contribution mentionnée au III de l'article L. 136-7-1 du code de la Sécurité sociale, sur le produit brut des jeux et des gains réalisés à compter du 1er janvier 2002.

Art. 10 – I – L'article L. 162-24-1 du code de la Sécurité sociale est ainsi rédigé :

« *Art. L. 162-24-1* – La tarification des prestations supportées par l'assurance maladie et délivrées par les établissements et services mentionnés aux 2°, 5° et 9° de l'article L. 312-1 et à l'article L. 312-8 du code de l'action sociale et des familles, à l'exception de ceux mentionnés au 2° de l'article L. 6111-2 du code de la santé publique, au 2° de l'article L. 312-14, aux articles L. 343-2, L. 344-1, au 2° de l'article L. 344-7, ainsi qu'au deuxième alinéa de l'article L. 344-3 du code de l'action sociale et des familles, est fixée par l'autorité compétente de l'État, après avis de la caisse régionale d'assurance maladie et, le cas échéant, du président du conseil général.

« Les commissions interrégionales de la tarification sanitaire et sociale sont compétentes en premier ressort pour statuer en matière contentieuse sur les recours contre les décisions de l'autorité susmentionnée. »

II – L'article L. 174-7 du même code est ainsi modifié :

1° Les deux premiers alinéas sont supprimés ;

2° Dans le dernier alinéa, les mots : « énumérés à l'article L. 312-1 du code de l'action sociale et des familles » sont remplacés par les mots : « et services mentionnés à l'article L. 162-24-1 ».

III – L'article L. 174-8 du même code est ainsi rédigé :

« *Art. L. 174-8* – Les sommes dues au titre des dépenses prises en charge par les organismes d'assurance maladie dans les établissements et services mentionnés à l'article L. 162-24-1 sont versées à l'établissement ou au service par la caisse primaire d'assurance maladie dans la circonscription de laquelle est implanté l'établissement ou le service, pour le compte de l'ensemble des régimes obligatoires d'assurance maladie. Toutefois, par convention entre les régimes, ce rôle peut être rempli par une caisse relevant d'un autre régime, lorsque dans un établissement ou un service le nombre de ses ressortissants est le plus élevé.

« Les sommes versées aux établissements et services pour le compte des différents régimes sont réparties après accord entre tous les régimes ayant une organisation propre. À défaut d'accord entre les régimes, un arrêté du ministre chargé de la Sécurité sociale fixe cette répartition.

« Les modalités d'application des alinéas précédents sont fixées par décret en Conseil d'État.

« La participation de l'assuré social aux dépenses relatives aux soins prévus à l'article L. 174-7 peut être réduite ou supprimée dans des conditions fixées par décret en Conseil d'État.

« Les organismes d'assurance maladie et l'aide sociale versent directement à l'établissement leur participation aux dépenses de soins non compris dans le forfait mentionné à l'article L. 174-7, lorsque ceux-ci sont demandés par le ou les médecins attachés audit établissement et que ce dernier en a assuré le paiement. »

IV – Après le mot : « dispositions », la fin de l'article L. 174-9 du même code est ainsi rédigée : « des articles L. 162-24-1 et L. 174-8 ».

V – À l'article L. 174-13 du même code, les mots : « les deuxième et troisième alinéas de » sont supprimés.

VI – Les articles L. 6116-1 à L. 6116-3 du code de la santé publique sont abrogés.

Art. 11 – Dans le premier alinéa du 1o de l'article 199 *sexdecies* du code général des impôts, les mots : « les conditions prévues à l'article L. 232-1 du code de l'action sociale et des familles » sont remplacés par les mots : « les conditions prévues au premier alinéa de l'article L. 232-2 du code de l'action sociale et des familles ».

Art. 12 – Le *e* du I de l'article L. 241-10 du code de la Sécurité sociale est ainsi rédigé :

« *e*) Des personnes remplissant la condition de perte d'autonomie prévue à l'article L. 232-2 du code de l'action sociale et des familles, dans des conditions définies par décret. »

Art. 13 – À l'article L. 3321-1 du code général des collectivités territoriales, il est inséré un 10° *bis* ainsi rédigé :

« 10° *bis* Les dépenses relatives à l'allocation personnalisée d'autonomie ; »

Art. 14 – Après l'article L. 3321-1 du code général des collectivités territoriales, il est inséré un article L. 3321-2 ainsi rédigé :

« *Art. L. 3321-2* – Les dépenses relatives à l'allocation personnalisée d'autonomie sont retracées dans un chapitre individualisé du budget du département. »

Art. 15 – Le Gouvernement présentera au Parlement, au plus tard le 30 juin 2003, un rapport d'évaluation quantitative et qualitative de l'application de la présente loi, en s'appuyant notamment sur les rapports du conseil d'administration et du conseil de surveillance du fonds institué par l'article L. 232-21 du code de l'action sociale et des familles et sur celui du comité scientifique institué par l'article 17 de la présente loi.

Art. 16 – Les personnes bénéficiant, avant l'entrée en vigueur de la présente loi, de prestations attribuées en vertu des conventions mentionnées à l'article 38 de la loi no 94-637 du 25 juillet 1994 relative à la Sécurité sociale peuvent choisir, dans des conditions fixées par décret, entre le maintien de ces prestations qui sont prises en charge dans les conditions fixées par lesdites conventions, ou l'allocation personnalisée d'autonomie.

Art. 17 – Il est créé un comité scientifique dont la mission est d'adapter des outils d'évaluation de l'autonomie. Ce comité, dont la composition est déterminée par un décret, présentera au Parlement ses conclusions avant le 31 janvier 2003.

Art. 18 – Au début du III de l'article L. 241-10 du code de la Sécurité sociale, après les mots : « durée indéterminée », sont insérés les mots : « ou sous contrat à durée déterminée pour remplacer les salariés absents ou dont le contrat de travail est suspendu dans les conditions visées à l'article L. 122-1-1 du code du travail ».

Art. 19 – I – Les personnes bénéficiant, avant l'entrée en vigueur de la présente loi, de la prestation spécifique dépendance peuvent solliciter l'attribution de l'allocation personnalisée d'autonomie, dans les conditions mentionnées à l'article L. 232-14 du code de l'action sociale et des familles. Elles continuent à percevoir la prestation spécifique dépendance jusqu'à la notification par le président du conseil général de la décision relative à l'allocation personnalisée d'autonomie.

II – Il est procédé, au plus tard le 1er janvier 2004, dans les conditions mentionnées à l'article L. 232-14 du code de l'action sociale et des familles, au réexamen des droits au regard de la présente loi des bénéficiaires de la prestation spécifique dépendance qui n'auraient pas sollicité l'attribution de l'allocation personnalisée d'autonomie.

III – Les personnes admises au bénéfice de l'allocation personnalisée d'autonomie qui étaient, avant l'entrée en vigueur de la présente loi, titulaires de la prestation spécifique dépendance, de l'allocation compensatrice pour tierce personne, des prestations servies au titre des dépenses d'aide ménagère à domicile des caisses de retraite ou des dispositions mentionnées à l'article 16 de la présente loi ne peuvent voir leurs droits réduits ou supprimés. Sous réserve, s'agissant des bénéficiaires de l'allocation personnalisée d'autonomie à domicile, des dispositions des articles L. 232-5 et L. 232-7 du code de l'action sociale et des familles, elles bénéficient, s'il y a lieu, d'une allocation différentielle qui leur garantit un montant de prestation équivalent à celui antérieurement perçu, ainsi que du maintien des avantages fiscaux et sociaux auxquels elles pouvaient prétendre.

Art. 20 – Sauf disposition contraire, les modalités d'application de la présente loi sont fixées par décret en Conseil d'État.

Art. 21 – I – Les dispositions de la présente loi entrent en vigueur le 1er janvier 2002.

II – Les articles L. 132-8, L. 132-9, L. 232-1 à L. 232-25 du code de l'action sociale et des familles, dans leur rédaction applicable avant l'entrée en vigueur de la présente loi, demeurent applicables aux personnes auxquelles le bénéfice de la prestation spécifique dépendance a été reconnu avant sa date d'entrée en vigueur.

La présente loi sera exécutée comme loi de l'État.

Fait à Paris, le 20 juillet 2001.

Par le Président de la République :
Jacques Chirac

Le Premier ministre, Lionel Jospin

La ministre de l'Emploi et de la Solidarité,
Élisabeth Guigou

La garde des Sceaux, ministre de la Justice,
Marylise Lebranchu

Le ministre de l'Intérieur, Daniel Vaillant

La secrétaire d'État aux Personnes âgées,
Paulette Guinchard-Kunstler

7

Politique de la ville

De l'espace pour vivre mieux

Avec le déclin accéléré des campagnes, la ville est devenue le cadre de vie principal, alors que, depuis la révolution industrielle, elle était considérée par les premiers hygiénistes comme le milieu pathogène par excellence. La situation n'a cessé, depuis, de se dégrader aux pourtours des agglomérations. La crise économique et la démographie se sont conjuguées pour accélérer l'échec des concentrations urbaines. La question de l'espace urbain s'est ainsi trouvée associée avec le problème de l'exclusion : par-delà les premières politiques d'aménagement du territoire, il a fallu mettre en place une politique de la ville spécifique avec laquelle tout ou presque a été expérimenté.

• *La politique ou les politiques de la ville ?*

On ne fera pas ici le roman d'une politique qui a connu de nombreuses vicissitudes, de la Libération aux initiatives de Hubert Dubedout en 1982[1] et la nomination, pour la première fois en 1990, d'un ministre spécifique. C'est ce dernier, Michel Delebarre, qui sera l'artisan de la loi n° 91-662 du 13 juillet 1991 d'orientation pour la ville (LOV). Ce texte fait écho aux priorités que l'État s'était données en 1989 : le logement des

1. Voir Ch. Bachmann et N. Le Guennec, *Violences urbaines*, Paris, Hachette, coll. « Pluriel », rééd. 2002, dont le titre dit mal l'ampleur.

personnes les plus défavorisées, l'équilibre de l'habitat, l'insertion des quartiers défavorisés dans les villes, la coexistence des diverses catégories sociales dans un même espace, la lutte contre l'insalubrité, la qualité de la vie...

La LOV complète les procédures contractuelles proposées par l'État aux collectivités locales, prévues par la loi du 13 mai 1990, dite loi Besson. Elle institue notamment les programmes locaux de l'habitat (PLH), les plans départementaux pour le logement des personnes défavorisées (PDLD), les protocoles d'occupation du patrimoine social (POPS).

Depuis son adoption, la LOV a été amendée et complétée par une nouvelle majorité, en particulier avec la loi du 14 novembre 1996, relative à la mise en œuvre du « pacte de relance pour la ville ». Ce texte prévoyait un nouvel ensemble de mesures : l'utilisation de la formule contrat emploi consolidé pour des « emplois de ville » proposés à des jeunes de moins de 26 ans, la création des « zones de redynamisation urbaine » et des « zones franches » avec des avantages fiscaux pour favoriser le maintien des commerces et des entreprises dans les quartiers difficiles.

La loi n° 98-657 du 29 juillet 1998 d'orientation relative à la lutte contre les exclusions traite également, pour partie, du droit au logement et du logement social. On se reportera à cet effet au chapitre 6.

- ***Politique de la ville et territorialisation de l'action sociale***

Les politiques sociales territoriales mobilisent les ressources locales, dans une logique de décentralisation. Plus sur le registre de l'instituant que de l'institué, elles ont été valorisées par la politique de la ville et sont le plus à même à répondre à la demande sociale. Elles correspondent plutôt à ce qu'il est convenu d'appeler aujourd'hui « l'économie solidaire », en donnant comme exemple parmi d'autres les régies de quartier. En ce sens, ces politiques et les actions qui les accompagnent peuvent être données en modèle d'un vrai fonctionnement démocratique[1].

Mais le risque existe d'un enfermement dans une logique de décrochage des politiques publiques nationales, pour ne

1. G. Roustang, J.-L. Laville, B. Eme, D. Mothé, B. Perret, *Vers un nouveau contrat social*, Paris, Desclée De Brouwer, 1996.

pas dire de ghettoïsation des publics et des dispositifs. Robert Castel a souligné ainsi l'ambiguïté des politiques centrées sur le développement local qui sont vite menacées par l'étroitesse, voire la fermeture de leur espace d'intervention : une politique territoriale « casse la relation d'instrumentalisation du local par le central, mais risque de se dégrader en entreprise de maintenance locale des conflits[1] », quand ce n'est pas, finalement, pour se limiter à la « gestion du non-emploi » dans des zones assistées. Nous retrouvons la même idée dans une formule choc de Philippe Estèbe : « Vers un nouveau handicap : le handicap territorial[2] ».

Loi n° 91-662 du 13 juillet 1991

Loi d'orientation pour la ville

L'Assemblée nationale et le Sénat ont délibéré,

L'Assemblée nationale a adopté,

Le Président de la République promulgue la loi dont la teneur suit :

Titre Ier
Principes généraux

Art. 1er – Afin de mettre en œuvre le droit à la ville, les communes, les autres collectivités territoriales et leurs groupements, l'État et leurs établissements publics assurent à tous les habitants des villes des conditions de vie et d'habitat favorisant la cohésion sociale et de nature à éviter ou à faire disparaître les phénomènes de ségrégation. Cette politique doit permettre d'insérer chaque quartier dans la ville et d'assurer dans chaque agglomération la coexistence des diverses catégories sociales.

À ces fins, l'État et les autres collectivités publiques doivent, en fonction de leurs compétences, prendre toutes mesures tendant à diversifier dans chaque agglomération, commune ou quartier les types de logement, d'équipements et de services nécessaires :

- au maintien et au développement du commerce et des autres activités économiques de proximité ;
- à la vie collective dans les domaines scolaire, social, sanitaire, sportif, culturel et récréatif ;

1. R. Castel, *La Métamorphose de la question sociale*, Paris, Fayard, 1995, p. 428.
2. Ph. Estèbe, « Instruments et fondements de la géographie prioritaire de la politique de la ville », *in* « Les territoires de la politique de la ville et le droit », *Revue française des affaires sociales*, n° 3, juillet-septembre 2001, p. 33.

- aux transports ;
- à la sécurité des biens et des personnes.

Art. 2 – La politique de la ville est un élément de la politique d'aménagement du territoire.

Art. 3 – La réalisation de logements sociaux est d'intérêt national.

Les communes ou leurs groupements doivent, par leur intervention en matière d'action foncière, permettre la réalisation de logements sociaux.

Les collectivités publiques doivent veiller à ce que les restaurations nécessaires des quartiers anciens des villes ne méconnaissent pas les objectifs mentionnés à l'article Ier.

Elles apportent un soin particulier, avec le concours des organismes gestionnaires des logements et de l'État, à la réhabilitation et à la valorisation des quartiers récents dégradés, ainsi qu'à la création ou au développement des relations entre ces quartiers et le reste de la ville.

Art. 4 – Lors de toute action ou opération, au sens de l'article L. 300-1 du code de l'urbanisme, qui, par son ampleur ou par sa nature, modifie substantiellement les conditions de vie des habitants dans les quartiers ou les ensembles immobiliers, le maire organise une concertation préalable. Il en présente le bilan devant le conseil municipal qui en délibère.

Cette concertation associe notamment les maîtres d'ouvrage concernés ainsi que, à leur demande, les représentants locaux des associations de locataires siégeant au Conseil national de l'habitat.

Les dispositions des alinéas précédents ne s'appliquent pas lorsqu'une procédure de concertation est engagée en application de l'article L. 300-2 du code de l'urbanisme.

Un décret en Conseil d'État détermine, en tant que de besoin, les conditions d'application du présent article.

Titre II
De l'équilibre de l'habitat dans les villes et les quartiers

Art. 5 – À l'article L. 110 du code de l'urbanisme, après les mots : « Afin d'aménager le cadre de vie », sont insérés les mots : «, d'assurer sans discrimination aux populations résidentes et futures des conditions d'habitat, d'emploi, de services et de transports répondant à la diversité de ses besoins et de ses ressources ».

Art. 6 – Le premier alinéa de l'article L. 121-10 du code de l'urbanisme est ainsi rédigé :

« Les documents d'urbanisme déterminent les conditions permettant, d'une part, de limiter l'utilisation de l'espace, de préserver les activités agricoles, de protéger les espaces forestiers, les sites et paysages naturels ou urbains, de prévenir les risques naturels prévisibles et les risques technologiques et, d'autre part, de prévoir suffisamment d'espaces constructibles pour les activités économiques et d'intérêt général, ainsi que pour la satisfaction des besoins présents et futurs en matière d'habitat. »

Art. 7 – L'article L. 122-1 du code de l'urbanisme est ainsi rédigé :

« *Art. L. 122-1* – Les schémas directeurs fixent les orientations fondamentales de l'aménagement des territoires intéressés, compte tenu de l'équilibre qu'il convient de préserver entre l'extension urbaine, l'exercice des activités agricoles, des autres activités économiques et la préservation des sites et paysages naturels ou urbains. Ils prennent en considération l'existence de risques naturels prévisibles et de risques technologiques.

« Ils déterminent la destination générale des sols et, en tant que de besoin, la nature et le tracé des grands équipements d'infrastructure, en particulier de transport, la localisation des services et activités les plus importants.

« Au regard des prévisions en matière d'habitat, d'emploi et d'équipements, ils fixent les orientations générales de l'extension de l'urbanisation et de la restructuration des espaces urbanisés. Ils définissent la capacité d'accueil des espaces urbanisés ou à urbaniser en tenant compte notamment de l'équilibre entre emploi et habitat ainsi que des moyens de transport.

« Les schémas directeurs prennent en compte les programmes de l'État ainsi que ceux des collectivités locales et des établissements et services publics. Ils orientent et harmonisent pour l'organisation de l'espace les programmes et les prévisions mentionnés ci-dessus.

« Pour leur exécution, ils peuvent être complétés en certaines de leurs parties par des schémas de secteur qui en détaillent et précisent le contenu.

« Les programmes et les décisions administratives qui les concernent doivent être compatibles avec leurs dispositions. »

Art. 8 – L'article L. 123-1 du code de l'urbanisme est ainsi modifié :

I – Le 1° est ainsi rédigé :

« 1° Délimiter des zones urbaines ou à urbaniser prenant notamment en compte les besoins en matière d'habitat, d'emploi, de services et de transport des populations actuelles et futures. La délimitation de ces zones prend en considération la valeur agronomique des sols, les structures agricoles, les terrains produisant des denrées de qualité supérieure, l'existence de risques naturels prévisibles et de risques technologiques, la présence d'équipements spéciaux importants. Les plans d'occupation des sols déterminent l'affectation des sols selon l'usage principal qui doit en être fait ou la nature des activités dominantes qui peuvent y être exercées. »

II – Le 5° est complété par les mots : « et fixer la destination principale des îlots ou immeubles à restaurer ou à réhabiliter ; ».

III – Après le 10°, il est inséré un alinéa ainsi rédigé :

« 11° Délimiter les zones dans lesquelles pourront s'implanter les magasins de commerce de détail dont l'octroi du permis de construire ou la réalisation est soumis à autorisation préalable de la commission départementale d'urbanisme commercial par l'article L. 451-5 du présent code. »

IV – La dernière phrase du dernier alinéa est ainsi rédigée :

« Ils prennent en considération les dispositions des programmes locaux de l'habitat lorsqu'ils existent. »

Art. 9 – Dans le quatrième alinéa de l'article L. 123-3 du code de l'urbanisme, après les mots : « de l'article L. 123-1 », sont insérés les mots : «, précise les objectifs minima à atteindre en matière de politique locale de l'habitat ».

Art. 10 – Dans le premier alinéa de l'article L. 123-3-2 du code de l'urbanisme, après les mots : « schéma de mise en valeur de la mer en cours d'établissement, insuffisantes », sont insérés les mots : « pour satisfaire les besoins en matière d'habitat ou ».

Art. 11 – Le premier alinéa de l'article L. 311-4 du code de l'urbanisme est ainsi rédigé :

« Il est établi, dans chaque zone d'aménagement concerté, un plan d'aménagement de zone compatible avec les orientations du schéma directeur, s'il en existe un. Ce plan prend en considération les dispositions du programme local de l'habitat lorsqu'il existe. Il comporte tout ou partie des éléments énumérés aux articles L. 123-1 et L. 130-1. Il est élaboré par la personne publique qui a pris l'initiative de la création de la zone. »

Art. 12 – L'article L. 301-1 du code de la construction et de l'habitation est ainsi modifié :

I – Le début du premier alinéa est ainsi rédigé :

« La politique d'aide au logement a pour objet de favoriser la satisfaction des besoins en logements, de promouvoir... *(le reste sans changement).* »

II – Cet article est complété par un alinéa ainsi rédigé :

« Cette politique doit tendre à favoriser une offre de logements qui, par son importance, son insertion urbaine et sa diversité soit de nature à assurer la liberté de choix pour toute personne de son mode d'habitation. »

Art. 13 – Il est créé dans le titre préliminaire du livre III du code de la construction et de l'habitation un chapitre II intitulé « Programme local de l'habitat » ainsi rédigé :

« Chapitre II

« Programme local de l'habitat

« Section I

« Dispositions générales

« *Art. L. 302-1* – Le programme local de l'habitat est établi par un établissement public de coopération intercommunale pour tout ou partie d'une agglomération ou pour un ensemble de communes qui entendent par leur coopération répondre à des objectifs communs en matière d'habitat.

« Le programme local de l'habitat définit, pour une durée au moins égale à cinq ans, les objectifs et les principes d'une politique visant à répondre aux besoins en logements et à assurer entre les communes et entre les quartiers d'une même commune une répartition équilibrée et diversifiée de l'offre de logements.

« Ces objectifs et ces principes tiennent compte de l'évolution démographique et économique, de l'évaluation des besoins des habitants actuels et futurs, de la desserte en transports et des options d'aménagement déterminées par le schéma directeur ou le schéma de secteur, lorsqu'ils existent, ainsi que des dispositions du plan départemental d'action pour le logement des personnes défavorisées et du protocole d'occupation du patrimoine social des communes, quand ils existent.

« Il indique les moyens, notamment fonciers, qui seront mis en œuvre par les communes ou les établissements publics de coopération intercommunale compétents en matière d'urbanisme pour parvenir aux objectifs et principes qu'il a fixés.

« *Art. L. 302-2* – Le représentant de l'État porte, dans un délai de trois mois, à la connaissance de l'établissement public de coopération intercommunale toutes informations utiles ainsi que les objectifs locaux à prendre en compte en matière de diversité de l'habitat et de répartition équilibrée des différents types de logements dans l'agglomération concernée.

« L'établissement public de coopération intercommunale associe à l'élaboration du programme local de l'habitat l'État, les représentants locaux des personnes morales membres du Conseil national de l'habitat qui en font la demande ainsi que toute autre personne morale qu'il juge utile.

« Le projet de programme local de l'habitat, arrêté par l'organe délibérant de l'établissement public de coopération intercommunale, est mis à la disposition du public pendant un mois et transmis aux communes et établissements publics de coopération intercommunale compétents en matière d'urbanisme, qui disposent d'un délai de deux mois pour faire connaître leur avis.

« Au vu de ces avis, l'organe délibérant de l'établissement public de coopération intercommunale délibère à nouveau sur le projet et le transmet au représentant de l'État. Celui-ci le soumet pour avis, dans un délai de deux mois, au conseil départemental de l'habitat.

« Le représentant de l'État, s'il estime que le projet de programme local de l'habitat ne répond pas à l'objectif de répartition équilibrée et diversifiée de l'offre de logements, adresse, dans un délai d'un mois, des demandes motivées de modifications à l'établissement public de coopération intercommunale, qui en délibère. Cet établissement public adopte ensuite le programme local de l'habitat.

« *Art. L. 302-3* – L'établissement public de coopération intercommunale délibère au moins une fois par an sur l'état de réalisation du programme local de l'habitat et son adaptation à l'évolution de la situation sociale ou démographique.

« *Art. L. 302-4* – Après l'adoption d'un programme local de l'habitat, une Convention entre l'État et l'établissement public de coopération intercommunale fixe l'aide financière que, dans la limite des dotations ouvertes par les lois de finances, l'État apportera en matière d'habitat et d'action foncière. Cette Convention est conclue pour une période de trois ans. À l'issue de cette période, une nouvelle Convention, d'une durée maximale de trois ans, peut être conclue dans les mêmes conditions, pour la durée restant à courir du programme local de l'habitat.

« *Art. L. 302-4-1* – Si dans un délai d'un an à compter de la publication de la loi n° 91-662 du 13 juillet 1991 d'orientation pour la ville, un établissement public de coopération intercommunale n'a pas été constitué ou saisi pour élaborer un programme local de l'habitat, une commune peut, en coopération avec le représentant de l'État, élaborer seul un tel programme dans les conditions définies aux articles L. 302-1 à L. 302-3.

« Section II

« Dispositions particulières à certaines agglomérations

« *Art. L. 302-5* – Les dispositions de la présente Section s'appliquent aux communes comprises, au sens du recensement général de la population, dans une agglomération de plus de 200 000 habitants et dans lesquelles à la fois :

« – le nombre de logements sociaux au sens du 3° de l'article L. 234-10 du code des communes représente, au 1er janvier de l'année précédente, moins de 20 p. 100 des résidences principales au sens du II de l'article 1411 du code général des impôts ;

« – le rapport entre le nombre des bénéficiaires des prestations prévues aux articles L. 351-1 du présent code, L. 542-2 et L. 831-1 du code de la Sécurité sociale et le nombre de résidences principales au sens défini ci-dessus est inférieur à 18 p. 100.

« *Art. L. 302-5-1* – Si, dans un délai de dix-huit mois à compter de la publication de la loi n° 91-662 du 13 juillet 1991 précitée, une commune, visée à l'article L. 302-5, n'est pas couverte par un programme local de l'habitat, le représentant de l'État peut, pour répondre aux fins poursuivies par cette loi, selon les conditions fixées par décret en Conseil d'État, exercer par substitution, au nom de l'État, le droit de préemption urbain prévu par les articles L. 211-1 et suivants du code de l'urbanisme. Cette possibilité lui est ouverte sans préjudice des dispositions du code de l'urbanisme relatives aux zones d'aménagement différé et à la modification ou à la révision par l'État des documents d'urbanisme.

« *Art. L. 302-6* – À compter du 1er janvier 1993, les communes visées à l'article L. 302-5 sont tenues de prendre, dans les limites de leurs compétences et dans le cadre des dispositions du présent chapitre, les mesures propres à permettre l'acquisition de terrains ou de locaux nécessaires à la réalisation de logements à usage locatif au sens du 3° de l'article L. 351-2.

« Ces communes s'acquittent de l'obligation prévue au présent article soit en versant la contribution prévue à l'article L. 302-7, soit en engageant, dans les conditions fixées à l'article L. 302-8, des actions foncières adaptées à cette fin.

« *Art. L. 302-7* – La contribution mentionnée à l'article précédent est égale, chaque année, à 1 p. 100 de la valeur locative des immeubles imposés dans les rôles généraux de taxe foncière sur les propriétés bâties et non bâties de la commune.

« La contribution ne peut excéder 5 p. 100 du montant des dépenses réelles de fonctionnement de la commune constatées dans le compte administratif afférent au pénultième exercice.

« Les communes sont tenues de procéder au versement de cette contribution avant le 1er avril de chaque année à un ou plusieurs organismes désignés par le représentant de l'État et habilités à réaliser des acquisitions foncières et immobilières ou à construire des logements sociaux. Les sommes devront être consacrées à cette fin sur le territoire de la commune concernée, dans un délai de trois années après leur versement.

« *Art. L. 302-8* – Les dispositions de l'article L. 302-7 ne sont pas applicables aux communes mentionnées à l'article L. 302-5 qui, au vu de leur programme local de l'habitat, se sont engagées par délibération à mettre en œuvre, dans un délai maximum de trois ans, les actions foncières et acquisitions immobilières nécessaires à la réalisation, sur le territoire de la commune, d'un nombre de logements locatifs sociaux qui doit être au moins égal, d'une part, à 1 p. 100 du nombre de résidences principales au sens du II de l'article 1411 du code général des impôts et, d'autre part, à 9 p. 100 du nombre de logements construits sur la commune au cours des dix années qui ont précédé l'engagement.

« Au cas où la commune n'a pas atteint ces objectifs au terme de la période considérée, elle est soumise pour cette période à la contribution prévue à l'article L. 302-7. Sont toutefois déduites de cette contribution les dépenses, y compris celles financées par le produit de la participation à la diversité de l'habitat prévue aux articles L. 332-17 et suivants du code de l'urbanisme, engagées par la commune au cours des trois années pour l'acquisition de terrains ou de locaux destinés à la réalisation de logements locatifs sociaux sur son territoire. Est assimilé à ces dépenses le montant de la participation à la diversité de l'habitat qu'auraient acquittée les constructeurs qui ont opté pour la possibilité de dation prévue à l'article L. 332-19 du code précité et les constructeurs qui ont été exonérés totalement ou partiellement de cette participation en application du dernier alinéa de l'article L. 332-17 du même code.

« *Art. L. 302-9* – Un décret en Conseil d'État détermine, en tant que de besoin, les conditions d'application du présent chapitre, notamment celles nécessitées par la situation particulière des départements d'outre-mer. »

Art. 14 – L'article L. 312-5-1 du code de la construction et de l'habitation est abrogé.

Art. 15 – Les programmes locaux de l'habitat, élaborés avant l'entrée en vigueur de la loi n° 91-662 du 13 juillet 1991 d'orientation pour la ville, peuvent être transformés en programmes locaux de l'habitat dans des conditions fixées par décret en Conseil d'État.

L'établissement public de coopération intercommunale ou la commune procède aux adaptations nécessaires du programme en cours.

Art. 16 – Il est créé dans le chapitre II du titre III du livre III du code de l'urbanisme une section IV ainsi rédigée :

« Section IV

« Participation à la diversité de l'habitat

« *Art. L. 332-17* – Les communes ou les établissements publics de coopération intercommunale compétents en matière d'urbanisme, dont le territoire est couvert par un programme local de l'habitat adopté conformément aux articles L. 302-1 et suivants du code de la construction et de l'habitation, peuvent, pour faciliter la réalisation de logements à usage locatif au sens du 3° de l'article L. 351-2 du code de la construction et de l'habitation et faisant l'objet d'un concours financier de l'État, et pour contribuer ainsi à la diversité de l'offre de logements, décider qu'à l'occasion des opérations soumises à permis de construire une participation, appelée participation à la diversité de l'habitat, sera mise à la charge des constructeurs sur tout ou partie de leur territoire. La décision doit être motivée.

« L'assiette de la participation est constituée par le produit de la valeur du terrain par mètre carré de surface hors œuvre nette constructible, diminuée d'un montant forfaitaire, par la surface hors œuvre nette de l'opération diminuée de 170 mètres carrés.

« Pour l'application de l'alinéa précédent :

« *a*) La surface hors œuvre nette constructible est celle qui résulte de l'application du coefficient d'occupation des sols au terrain concerné ; en l'absence de coefficient d'occupation des sols, elle est égale à la superficie du terrain ;

« *b*) Le montant forfaitaire est fixé à 600 F dans les départements autres que ceux de la région Île-de-France. Il est porté à 900 F dans les départements de la région Île-de-France. Il est actualisé au 1er janvier de chaque année en fonction de l'évolution de l'indice du coût de la construction publié par l'Institut national de la statistique et des études économiques.

« Le taux de la participation, qui ne peut excéder 15 p. 100, est fixé par la délibération qui l'a institué.

« Pour les opérations de construction comprenant une surface de logements en accession à la propriété aidée par l'État, mentionnés au 1° de l'article L. 351-2 du code de la construction et de l'habitation, et de logements à usage locatif mentionnés au 3° de l'article L. 351-2 du même code et faisant l'objet d'un concours financier de l'État, ainsi que pour les opérations de construction de logements loués pendant une durée minimale de neuf ans à un prix inférieur à un plafond fixé par décret, le taux est diminué du rapport entre cette surface et la superficie hors œuvre nette de l'opération.

« *Art. L. 332-18* – Ne sont pas soumises à la participation :

« *a*) Les constructions de logements en accession à la propriété aidée par l'État et de logements à usage locatif, mentionnés respectivement aux 1° et 3° de l'article L. 351-2 du code de la construction et de l'habitation, ainsi que les constructions de logements loués pendant une durée minimale de neuf ans à un prix inférieur à un plafond fixé par décret ;

« *b*) Les constructions réalisées à l'occasion d'une action ou opération d'aménagement telles que définies à l'article L. 300-1 du présent code, lorsque le programme global de construction comprend une surface de logements tels que définis au septième alinéa de l'article L. 332-17 et lorsque la part de ces logements dans la surface totale construite est au moins égale au taux de la participation à la diversité de l'habitat ;

« *c*) Les constructions édifiées par ou pour le compte de l'État, des collectivités locales et de leurs groupements ou par des établissements publics administratifs, ou dans le cadre de concessions ou de mandats donnés par ces organismes, lorsqu'elles sont affectées à un service public ou d'utilité générale et qu'elles ne sont pas productives de revenus ;

« *d*) Les constructions édifiées par des organismes sans but lucratif à caractère sanitaire, social, éducatif, sportif ou culturel ou par des organisations syndicales de salariés reconnues représentatives au plan national selon les critères prévus à l'article L. 133-2 du code du travail.

« *Art. L. 332-19* – Les constructeurs assujettis à la participation à la diversité de l'habitat s'en libèrent par paiement ou par dation :

« *a*) Soit d'une partie du terrain d'implantation de l'opération faisant l'objet de la demande, permettant la construction de logements locatifs sociaux ; la superficie des terrains cédés est prise en compte pour le calcul des possibilités de construire ; par dérogation, les dispositions des deux premiers alinéas de l'article L. 111-5 du présent code ne s'appliquent pas à la partie cédée ;

« *b*) Soit d'un terrain constructible sur le territoire de la commune, permettant la construction de logements locatifs sociaux ;

« *c*) Soit de locaux vacants existant sur le territoire de la commune pouvant être utilisés, si nécessaire après travaux, en tant que logements locatifs sociaux.

« La dation des terrains ou des locaux a un caractère libératoire si leur valeur est au moins égale à 70 p. 100 du montant qui aurait été celui de la participation si cette dernière avait été acquittée sous forme de contribution financière.

« *Art. L. 332-20* – La valeur du terrain d'implantation de l'opération de construction ou celle du terrain ou du local qu'il est envisagé d'apporter en règlement de la participation à la diversité de l'habitat est déclarée par le demandeur du permis de construire lors du dépôt de la demande, laquelle précise, en outre, la situation, la superficie et les caractéristiques du terrain ou du logement cédé. Dans les cas prévus aux *a* et *b* de l'article L. 332-18, le demandeur fournit les pièces justifiant le respect de l'objectif de diversité de l'habitat par l'opération.

« En l'absence de déclaration ou des pièces prévues à l'alinéa précédent, le dossier de permis de construire est considéré comme incomplet et ne peut être instruit.

« Les valeurs mentionnées au premier alinéa sont appréciées à la date du dépôt de la demande de permis de construire.

« Le directeur des services fiscaux est consulté par le service chargé de l'instruction de la demande de permis de construire en vue d'émettre un avis sur la valeur déclarée par le demandeur du permis de construire.

« L'avis du directeur des services fiscaux, donné dans le délai d'un mois, constitue l'évaluation administrative.

« Si cette évaluation administrative est différente de la valeur déclarée par l'intéressé, la personne publique qui a institué la participation à la diversité de l'habitat doit la notifier par écrit au constructeur. La notification est assortie de l'avis du directeur des services fiscaux.

« À défaut d'accord du pétitionnaire sur l'évaluation qui lui a été notifiée, la valeur du terrain ou du local est fixée par la juridiction compétente en matière d'expropriation saisie par la partie la plus diligente.

« L'existence d'un désaccord sur les valeurs mentionnées au premier alinéa est sans incidence sur la délivrance du permis de construire.

« *Art. L. 332-21* – La contribution financière versée en règlement de la participation à la diversité de l'habitat est perçue par la personne publique qui l'a instituée. Son produit est affecté, dans un délai maximal de trois ans, à l'acquisition de terrains, de locaux ou de logements destinés à la réalisation de logements locatifs sociaux sur le territoire de la commune ou de l'établissement public de coopération intercommunale, soit directement par le bénéficiaire de la participation à la diversité de l'habitat, soit par un établissement public créé en application des articles L. 321-1 ou L. 324-1, soit par un organisme d'habitations à loyer modéré au sens de l'article L. 411-2 du code de la construction et de l'habitation, soit par une société d'économie mixte locale de construction ou d'aménagement.

« Toutefois, les communes dans lesquelles le nombre de logements sociaux au sens du 3° de l'article L. 351-2 du code de la construction et de l'habitation représente plus de 20 p. 100 des résidences principales au sens du II de l'article 1411 du code général des impôts peuvent utiliser, dans les conditions définies à l'alinéa précédent, ce produit pour la réalisation de logements loués pendant une durée minimale de neuf ans à un prix inférieur à un plafond fixé par décret.

« La réalisation des logements sur les terrains ou dans les locaux ci-dessus mentionnés doit intervenir dans un délai de cinq ans à compter du versement de la participation.

« *Art. L. 332-22* – La dation de terrains ou de locaux faite en application de l'article L. 332-19 s'effectue au profit de la commune ou de l'établissement public de coopération intercommunale qui a institué la participation.

« Le maire ou le président de l'établissement public peut également mettre à disposition ou donner par bail à construction les terrains ou les logements reçus par une personne morale ayant vocation à réaliser des logements locatifs sociaux en vue de la réalisation de tels logements.

« La réalisation effective des logements locatifs sociaux doit intervenir dans un délai maximal de cinq ans à compter de la dation.

« *Art. L. 332-23* – Les biens qui n'auraient pas été affectés à la réalisation de logements dans les conditions prévues aux articles L. 332-21 et L. 332-22 peuvent être transférés gratuitement, par le juge de l'expropriation saisi par le représentant de l'État, à une autre personne morale en vue de cette réalisation.

« *Art. L. 332-24* – Les modalités d'établissement, de liquidation, de recouvrement et de restitution de la participation, lorsqu'elle est versée sous forme de contribution financière, ainsi que les sanctions, privilèges, sûretés et garanties y afférents, sont ceux prévus en matière de versement pour dépassement du plafond légal de densité par les articles L. 333-1 à L. 333-16.

« Le montant de la participation à la diversité de l'habitat est déduit du versement pour dépassement du plafond légal de densité ou de la participation pour dépassement du coefficient d'occupation des sols, lorsque l'une ou l'autre de ces contributions est due.

« *Art. L. 332-25* – Dans les cas prévus à l'article L. 332-18, la constatation par l'administration que les constructions réalisées ne correspondent pas aux conditions ayant justifié l'exonération de la participation rend le constructeur redevable de celle-ci à compter de la date de cette constatation.

« *Art. L. 332-26* – Les communes, les établissements publics de coopération intercommunale, les organismes d'habitations à loyer modéré et les personnes morales attributaires tiennent à jour un registre des terrains ou locaux mentionnés à l'article L. 332-22.

« Les organismes d'habitations à loyer modéré et les personnes morales attributaires rendent compte chaque année de l'utilisation des fonds ou des biens aux communes concernées ou à l'établissement public de coopération intercommunale. Ce rapport est tenu à la disposition du public.

« *Art. L. 332-37* – La participation à la diversité de l'habitat est applicable aux demandes de permis de construire déposées six mois après l'entrée en vigueur de ladite participation dans la commune.

« Un décret en Conseil d'État détermine, en tant que de besoin, les conditions d'application de la présente Section, notamment celle nécessitée par la situation particulière des départements d'outre-mer. Il peut notamment préciser les conditions dans lesquelles les logements évolutifs sociaux en accession à la propriété peuvent être assimilés, pour l'application de la présente Section dans les départements d'outre-mer, à des logements locatifs. »

Art. 17 – I – Après le 3° de l'article L. 332-6 du code de l'urbanisme, il est inséré un 4° ainsi rédigé :

« 4° La participation à la diversité de l'habitat prévue à l'article L. 332-17. »

II – Après le *d* de l'article L. 332-12 du code de l'urbanisme, il est inséré un *e* ainsi rédigé :

« *e*) Un versement représentatif de la participation à la diversité de l'habitat prévue à l'article L. 332-17. »

III – La liste des contributions mentionnées au I de l'article 302 *septies* B du code général des impôts est complétée par les mots :

« La participation à la diversité de l'habitat prévue à l'article L. 332-17 du code de l'urbanisme. »

IV – Après le 16° de l'article L. 253-2 du code des communes, il est inséré un 17° ainsi rédigé :

« 17° La participation à la diversité de l'habitat prévue à l'article L. 332-17 du code de l'urbanisme. »

Art. 18 – L'article 1er de la loi n° 85-704 du 12 juillet 1985 relative à la maîtrise d'ouvrage publique et à ses rapports avec la maîtrise d'œuvre privée est complété par un alinéa ainsi rédigé :

« – aux ouvrages de bâtiment acquis par les organismes énumérés à l'article L. 411-2 du code de la construction et de l'habitation par un contrat de vente d'immeuble à construire prévu par les articles 1601-1, 1601-2 et 1601-3 du code civil. »

Art. 19 – L'article 1er de la loi n° 85-704 du 12 juillet 1985 précitée est complété par un alinéa ainsi rédigé :

« Lorsqu'ils sont destinés à s'intégrer à des constructions relevant d'autres régimes juridiques, les ouvrages édifiés par les organismes énumérés à l'article L. 411-2 du code de la construction et de l'habitation peuvent être dispensés de tout ou partie de l'application de la présente loi. Cette dispense est accordée par décision du représentant de l'État dans le département. »

Titre III
Du maintien de l'habitat, notamment à vocation sociale, dans les quartiers anciens

Art. 20 – Il est inséré, dans le livre III du code de l'urbanisme, un article L. 300-5 ainsi rédigé :

« *Art. 300-5* – Dans les agglomérations où l'état de l'habitat existant nécessite la mise en œuvre de procédures d'amélioration et de réhabilitation, le conseil municipal ou l'organe délibérant de l'établissement public de coopération intercommunale compétent élabore un programme de référence destiné à servir de cadre aux actions ou opérations d'aménagement, au sens de l'article L. 300-1, visant notamment à la mise en valeur des quartiers anciens, à la protection du patrimoine historique et architectural et des sites urbains, à la lutte contre l'insalubrité et à l'amélioration du confort des logements.

« Ce programme tient compte des objectifs et principes de diversité de l'habitat fixés par la loi n° 91-662 du 13 juillet 1991 d'orientation pour la ville.

« Avant son approbation, le projet de programme de référence est soumis pour avis au conseil départemental de l'habitat et, le cas échéant, à l'architecte des Bâtiments de France, puis mis à la disposition du public pendant un mois.

« Il est joint au dossier des actions ou opérations mentionnées au premier alinéa lorsqu'elles sont soumises à la concertation prévue à l'article L. 300-2 ou à une enquête publique. »

Art. 21 – Il est créé dans le titre préliminaire du livre III du code de la construction et de l'habitation un chapitre III ainsi rédigé :

« Chapitre III

« Opérations programmées d'amélioration de l'habitat

« *Art. L. 303-1* – Les opérations programmées d'amélioration de l'habitat ont pour objet la réhabilitation du parc immobilier bâti. Elles tendent à améliorer l'offre de logements, en particulier locatifs, ainsi qu'à maintenir ou à développer les services de voisinage. Elles sont mises en œuvre dans le respect des équilibres sociaux, de la sauvegarde du droit des occupants et des objectifs du plan départemental d'action pour le logement des personnes défavorisées ainsi que, s'il existe, du programme local de l'habitat. Ces opérations donnent lieu à une Convention entre la commune ou l'établissement public de coopération intercommunale compétent en matière d'habitat, l'Agence nationale pour l'amélioration de l'habitat et l'État.

« Cette Convention précise :

« *a*) Le périmètre de l'opération ;

« *b*) Le montant total des aides susceptibles d'être accordées par l'Agence nationale pour l'amélioration de l'habitat, l'État et, le cas échéant, la commune ou l'établissement public de coopération intercommunale ou d'autres personnes publiques ou privées, pour l'amélioration de l'habitat, la construction de logements sociaux, l'acquisition de logements en vue de leur amélioration pour un usage locatif social, les baux à réhabilitation et les actions d'accompagnement prévues ;

« *c*) Les actions d'accompagnement et d'amélioration du cadre de vie prévues par l'État, la commune ou l'établissement public de coopération intercommunale ;

« *d*) Les actions destinées à assurer le respect de la diversité de la population dans les quartiers, à maintenir le caractère social de l'occupation des logements et à favoriser le maintien sur place des occupants ;

« *e*) Les actions destinées à assurer le maintien ou l'implantation de services ou d'équipements commerciaux ou artisanaux de proximité.

« Avant sa signature, le projet de Convention est mis à disposition du public pendant un mois.

« Après sa signature, la Convention peut être consultée en mairie pendant sa durée de validité. »

Politique de la ville

Art. 22 – I – 1° Au 3° du I de l'article 156 du code général des impôts, les mots : « propriétaires d'immeubles ayant fait l'objet de travaux exécutés dans le cadre d'une opération groupée de restauration immobilière faite en application des dispositions des articles L. 313-1 à L. 313-15 du code de l'urbanisme, ainsi qu'aux » sont supprimés.

2° Le même 3° est complété par trois alinéas ainsi rédigés :

« Cette disposition n'est pas non plus applicable aux déficits fonciers provenant des travaux exécutés dans le cadre d'une opération groupée en restauration immobilière faite en application des dispositions des articles L. 313-1 à L. 313-15 du code de l'urbanisme, par des propriétaires de locaux que ces propriétaires prennent l'engagement de louer nu à usage de résidence principale du locataire pendant une durée de neuf ans.

« La location doit prendre effet dans les douze mois qui suivent la date d'achèvement des travaux de restauration et respecter les conditions prévues par une Convention entre l'État et le propriétaire pour une durée minimale de neuf ans. Cette Convention fixe notamment les montants maximaux du loyer et des ressources du locataire qui ne peuvent être supérieurs à des plafonds fixés par décret. Le plafond de ressources ainsi fixé n'est pas opposable à l'occupant en vertu d'un bail conclu au moins un an avant le début des travaux ainsi qu'aux personnes évincées d'un logement concerné par l'opération groupée de restauration immobilière et bénéficiant d'un droit à relogement dans cette opération. Les propriétaires d'immeubles pour lesquels la demande d'autorisation de travaux a été déposée antérieurement au 1er juillet 1991 ne sont pas tenus de conclure une Convention avec l'État.

« Le revenu global de l'année au cours de laquelle l'engagement ou les conditions de la location ne sont pas respectés est majoré du montant des déficits indûment imputés. Ces déficits constituent une insuffisance de déclaration pour l'application de l'article 1733. »

II – Le *b* du 1° du I de l'article 31 du code général des impôts est complété par un membre de phrase ainsi rédigé :

«... Les travaux de démolition prévus par les plans de sauvegarde et de mise en valeur, imposés par l'autorité qui délivre le permis de construire et réalisés dans le cadre d'une opération groupée de restauration immobilière lorsque la location remplit les conditions mentionnées au 3° du I de l'article 156, à l'exclusion des frais correspondant à des travaux de construction, de reconstruction ou d'agrandissement. »

III – Le premier alinéa de l'article 29 du code général des impôts est complété par une phrase ainsi rédigée :

« Les subventions et indemnités destinées à financer des charges déductibles sont comprises dans le revenu brut. »

Titre IV
De l'évolution urbaine et sociale des grands ensembles

Art. 23 – L'article L. 123-11 du code de l'urbanisme est ainsi rédigé :

« *Art. L. 123-11* – Les zones à urbaniser en priorité sont supprimées de plein droit à compter du premier jour du troisième mois qui suit la publication de la loi d'orientation de la ville n° 91-662 du 13 juillet 1991. L'abrogation ne porte pas atteinte aux relations contractuelles éventuelles entre les collectivités publiques concédantes et les concessionnaires.

« Les dispositions d'urbanisme incluses dans les cahiers des charges de concession et dans les cahiers des charges de cession de terrains approuvés restent applicables pendant un délai de deux ans à compter de la publication de la loi précitée.

« Dans les deux mois suivant la publication de la loi visée à l'alinéa précédent, le conseil municipal ou l'organe délibérant de l'établissement public de coopération intercommunale compétent élabore pour le quartier considéré, dans les conditions prévues à l'article L. 300-2, un programme de référence.

« Ce programme sert de cadre aux actions ou opérations d'aménagement au sens de l'article L. 300-1, visant notamment à assurer l'insertion du quartier dans l'agglomération, le développement des services et des activités, l'amélioration du cadre de vie et la diversification de l'habitat.

« Dans le délai prévu au deuxième alinéa, l'autorité compétente élabore pour ce même quartier, dans les conditions prévues aux articles L. 123-1 et suivants, un plan d'occupation des sols qui prend en considération le programme de référence. »

Art. 24 – Après les mots : « peuvent être modifiés », la fin du dernier alinéa de l'article L. 123-12 du code de l'urbanisme est ainsi rédigée : « par décision de l'autorité administrative. Cette décision est prise après enquête publique et délibération du conseil municipal ou de l'organe délibérant de l'établissement groupant plusieurs communes et ayant compétence en matière d'urbanisme. »

Art. 25 – Le chapitre III du titre II du livre Ier du code de l'urbanisme est complété par un article L. 123-13 ainsi rédigé :

« *Art. L. 123-13* – Les dispositions des troisième et quatrième alinéas de l'article L. 123-11 s'appliquent dans les quartiers d'urbanisation récente en difficulté ou dans lesquels sont situés des grands ensembles et qui ne font pas partie d'une zone à urbaniser en priorité.

« Le programme de référence élaboré en application de l'alinéa précédent est pris en considération par le plan d'occupation des sols. »

Art. 26 – Il est inséré, dans le code général des impôts, un article 1466 A ainsi rédigé :

« *Art. 1466 A* – I – Les communes peuvent, dans des parties de leur territoire caractérisées par la présence de grands ensembles ou de quartiers d'habitat dégradé dont la liste sera fixée par décret et par un déséquilibre accentué entre l'habitat et l'emploi, délimiter, par délibération prise dans les conditions de l'alinéa 1639 A *bis*, des périmètres à l'intérieur desquels sont exonérées de la taxe professionnelle les créations ou extensions d'établissement, dans la limite d'un montant de base nette imposable fixé pour 1992 à un million de francs et actualisé chaque année en fonction de la variation des prix constatée par l'Institut national de la statistique et des études économiques pour l'année de référence définie à l'article 1467 A. La délibération fixe le taux d'exonération ainsi que sa durée ; elle ne peut avoir pour effet de reporter de plus de cinq ans l'application du régime d'imposition de droit commun. Elle porte sur la totalité de la part revenant à chaque commune. Seuls les établissements employant moins de cent cinquante salariés peuvent bénéficier de cette mesure.

« Les délibérations des conseils municipaux s'appliquent à la cotisation de péréquation de la taxe professionnelle.

« II – Pour bénéficier de l'exonération, les contribuables déclarent, chaque année, dans les conditions prévues à l'article 1477, les éléments entrant dans le champ d'application de l'exonération.

« Lorsqu'un établissement remplit les conditions requises pour bénéficier de l'une des exonérations prévues aux articles 1464 A, 1464 B, 1464 D ou 1465 et de celles prévues au I du présent article, le contribuable doit opter pour l'un ou l'autre de ces régimes. L'option est irrévocable.

« Pour l'application du I :

« *a*) Deux périodes d'exonération ne peuvent courir simultanément ;

« *b*) L'extension d'établissement s'entend de l'augmentation nette des bases par rapport à celles de l'année précédente multipliées par la variation des prix à la consommation constatée par l'Institut national de la statistique et des études économiques pour l'année de référence définie à l'article 1467 A.

« III – Les groupements de communes dotés d'une fiscalité propre, les départements et les régions peuvent exonérer de taxe professionnelle les créations ou extensions d'établissements comprises dans un périmètre défini au I et dans les conditions définies aux I et II. »

Titre V
De la politique foncière

Chapitre Ier
Établissements publics fonciers

Art. 26 – Il est créé dans le titre II du livre III du code de l'urbanisme un chapitre IV ainsi rédigé :

« Chapitre IV

« Établissements publics fonciers

« *Art. L. 324-1* – Les établissements publics fonciers créés en application du présent chapitre sont des établissements publics locaux à caractère industriel et commercial à vocation unique, compétents pour réaliser, pour le compte de leurs membres ou de l'État, toutes acquisitions foncières et immobilières, en vue de la constitution de réserves foncières, en prévision des actions ou opérations d'aménagement prévues par l'article L. 300-1 du présent code.

« À cette fin, ils peuvent exercer, par délégation de leurs titulaires, les droits de préemption définis par le présent code dans les cas et conditions qu'il prévoit et agir par voie d'expropriation.

« Aucune opération de l'établissement public foncier ne peut être réalisée sans l'avis de la commune concernée.

« *Art. L. 324-2* – L'établissement public foncier est créé par le représentant de l'État, au vu des délibérations concordantes émanant des deux tiers des conseils municipaux ou des organes délibérants des établissements publics de coopération intercommunale, représentant au moins la moitié de la population des communes intéressées ou la moitié des conseils municipaux ou organes délibérants des établissements publics de coopération intercommunale, représentant au moins les deux tiers de la population des communes intéressées.

« Lorsque des communes sont regroupées au sein d'un établissement public de coopération intercommunale compétent en matière foncière, la délibération émane de cet établissement. Pour l'application de la règle de majorité, il est tenu compte du nombre et de la population totale des communes regroupées au sein de cet établissement.

« Sur l'initiative d'un ou plusieurs conseils municipaux ou d'un ou plusieurs organes délibérants d'établissements publics de coopération intercommunale compétents en matière foncière demandant la création d'un établissement public foncier, le représentant de l'État fixe la liste des communes ou établissements publics de coopération intercommunale intéressés.

« Les délibérations portent sur le périmètre, les modalités de fonctionnement, la durée, le siège et la composition du conseil d'administration de l'établissement public foncier.

« La décision de création comporte les éléments mentionnés à l'alinéa précédent.

« *Art. L. 324-3* – L'établissement public foncier est administré par un conseil d'administration.

« Le conseil d'administration est composé, pour les trois quarts au moins des sièges, de représentants des membres de l'établissement et, le cas échéant, pour un quart au plus des sièges, de personnes qualifiées notamment dans les domaines de l'habitat, de l'aménagement ou du cadre de vie, désignées par le collège des représentants des membres de l'établissement public. Les communes ou établissements publics de coopération intercommunale qui ne pourraient être membres du conseil d'administration en raison du nombre des collectivités intéressées peuvent former une assemblée spéciale qui désigne des représentants au conseil d'administration.

« Le conseil d'administration élit le président de l'établissement public foncier et désigne son directeur.

« *Art. L. 324-4* – D'autres collectivités territoriales, établissements publics de coopération intercommunale et personnes morales de droit public peuvent demander à faire partie de l'établissement public foncier après sa constitution.

« Leur demande est soumise pour avis au conseil d'administration de l'établissement public, puis aux membres de celui-ci, qui disposent d'un délai de quarante jours pour faire connaître leur éventuelle opposition.

« La décision d'admission est prise par l'autorité compétente pour créer l'établissement public. Elle ne peut, toutefois, intervenir si plus d'un tiers des membres de l'établissement public foncier ont fait connaître leur opposition.

« *Art. L. 324-5* – Un membre de l'établissement public foncier peut s'en retirer avec le consentement du conseil d'administration, qui fixe les conditions auxquelles s'opère le retrait.

« La délibération du conseil d'administration est notifiée aux membres de l'établissement public foncier qui disposent d'un délai de quarante jours pour faire connaître leur avis. La décision de retrait est prise par l'autorité compétente pour créer l'établissement public. Elle ne peut, toutefois, intervenir si plus d'un tiers des membres de l'établissement public s'opposent au retrait.

« *Art. L. 324-6* – Les recettes du budget de l'établissement public foncier comprennent notamment :

« 1° Le produit des impôts directs mentionnés à l'article 1607 *bis* du code général des impôts ;

« 2° La participation prévue aux articles L. 332-17 et suivants du présent code et la contribution prévue à l'article L. 302-7 du code de la construction et de l'habitation ;

« 3° Le produit des dons et legs.

« *Art. L. 324-7* – Par dérogation aux dispositions des articles 14, 54 et 80 de la loi n° 82-213 du 2 mars 1982 relative aux droits et libertés des communes, des départements et des régions, le comptable de l'établissement public foncier est un comptable spécial nommé par le représentant de l'État dans le département sur proposition du conseil d'administration, après avis du trésorier-payeur général. Il est placé sous l'autorité administrative du directeur de l'établissement public.

« Les actes et délibérations de l'établissement public foncier sont soumis au contrôle de légalité prévu par la loi n° 82-213 du 2 mars 1982 précitée.

« *Art. L. 324-8* – Les établissements publics de coopération intercommunale à vocation unique, créés antérieurement à la loi n° 91-662 du 13 juillet 1991 d'orientation pour la ville pour réaliser toutes acquisitions foncières et immobilières au sens de l'article L. 324-1, seront, après accord de leur assemblée délibérante et des organes délibérants des collectivités territoriales les constituant, transformés de plein droit en établissements publics fonciers.

« *Art. L. 324-9* – Un décret en Conseil d'État fixe les conditions d'application du présent chapitre. »

Art. 28 – Il est inséré, dans le code général des impôts, un article 1607 *bis* ainsi rédigé :

« *Art. 1607* bis – Il est institué, au profit des établissements publics fonciers mentionnés aux articles L. 324-1 et suivants du code de l'urbanisme, une taxe spéciale d'équipement destinée à permettre à ces établissements de financer les acquisitions foncières et immobilières correspondant à leur vocation.

« Le montant de cette taxe est arrêté chaque année par le conseil d'administration de l'établissement public dans les limites d'un plafond fixé pour chaque établissement par la loi de finances.

« Ce montant est réparti, dans les conditions définies au II de l'article 1636 B *octies*, entre toutes les personnes physiques ou morales assujetties aux taxes foncières sur les propriétés bâties et non bâties, à la taxe d'habitation et à la taxe professionnelle dans les communes comprises dans la zone de compétence de l'établissement public.

« À compter de l'année d'incorporation dans les rôles des résultats de la révision générale des évaluations cadastrales effectuée dans les conditions fixées par la loi n° 90-669 du 30 juillet 1990 relative à la révision générale des évaluations des immeubles retenus pour la détermination des bases des impôts directs locaux, les organismes d'habitations à loyer modéré sont exonérées de la taxe additionnelle au titre des locaux d'habitation et dépendances dont ils sont propriétaires et qui sont attribués sous conditions de ressources. Les redevables au nom desquels une cotisation de taxe d'habitation est établie au titre de ces locaux sont exonérés de la taxe additionnelle à compter de la même date.

« Les cotisations sont établies et recouvrées, les réclamations sont présentées et jugées comme en matière de contribution directes.

« Les conditions d'application du présent article sont fixées par décret en Conseil d'État. »

Art. 29 – I – Au I de l'article 1042 du code général des impôts, après les mots : « syndicats de communes, » sont insérés les mots : « les établissements publics fonciers créés en application des articles L. 324-1 et suivants du code de l'urbanisme, ».

II – Pour l'application du présent article, les dispositions de l'article 2 de la loi n° 86-29 du 9 janvier 1986 portant dispositions diverses relatives aux collectivités locales ne sont pas applicables.

Art. 30 – Afin de leur permettre de disposer de terrains ou d'immeubles pour la réalisation d'équipements publics ou de logements à usage locatif au sens du 3° de l'article L. 351-2 du code de la construction et de l'habitation et faisant l'objet d'un concours financier de l'État, il est créé en faveur des communes un droit de priorité sur tout projet de cession d'immeubles situés sur leur territoire et appartenant à l'État, à des entreprises publiques et à des établissements publics définis par décret.

« Les personnes publiques énumérées à l'alinéa précédent sont tenues de notifier à la commune leur intention d'aliéner leurs immeubles et d'indiquer le prix de mise en vente, tel qu'il est estimé par le directeur des services fiscaux. Si la commune n'exerce pas son droit de priorité dans un délai de deux mois à compter de cette notification, l'aliénation est effectuée dans les conditions de droit commun.

Chapitre II
Des droits de préemption

Art. 31 – Le 15° de l'article L. 122-20 du code des communes est ainsi rédigé :

« 15° D'exercer, au nom de la commune, les droits de préemption définis par le code de l'urbanisme, que la commune en soit titulaire ou délégataire, et, lorsque la commune en est titulaire, de déléguer l'exercice de ces droits à l'occasion de l'aliénation d'un bien selon les dispositions prévues au premier alinéa de l'article L. 213-3 de ce même code dans les conditions que fixe le conseil municipal. »

Art. 32 – I – À la fin du premier alinéa de l'article L. 210-1 du code de l'urbanisme, les mots : « la réalisation desdites opérations » sont remplacés par les mots : « la réalisation desdites actions ou opérations d'aménagement ».

II – Le deuxième alinéa de l'article L. 210-1 du code de l'urbanisme est complété par une phrase ainsi rédigée :

« Toutefois, lorsque le droit de préemption est exercé à des fins de réserves foncières dans le cadre d'une zone d'aménagement différé, la décision peut se référer aux motivations générales mentionnées dans l'acte créant la zone. »

Politique de la ville

III – À l'article L. 221-1 du code de l'urbanisme, les mots : « la réalisation d'une opération d'aménagement » sont remplacés par les mots : « la réalisation d'une action ou d'une opération d'aménagement ».

IV – À l'article L. 221-1 du code de l'urbanisme, les mots : « d'aménagement visés à l'article L. 321-1 » sont remplacés par les mots : « mentionnés aux articles L. 321-1 et L. 324-1 ».

Art. 33 – Après l'article L. 213-4 du code de l'urbanisme, sont insérés deux articles L. 213-4-1 et L. 213-4-2 ainsi rédigés :

« *Art. L. 213-4-1* – Lorsque la juridiction compétente en matière d'expropriation a été saisie dans les cas prévus aux articles L. 211-5, L. 211-6, L. 212-3 et L. 213-4, le titulaire du droit de préemption doit consigner une somme égale à 15 p. 100 de l'évaluation faite par le directeur des services fiscaux.

« La consignation s'opère au seul vu de l'acte par lequel la juridiction a été saisie et de l'évaluation du directeur des services fiscaux.

« À défaut de notification d'une copie du récépissé de consignation à la juridiction et au propriétaire dans le délai de trois mois à compter de la saisine de cette juridiction, le titulaire du droit de préemption est réputé avoir renoncé à l'acquisition ou à l'exercice du droit de préemption.

« *Art. L. 213-4-2* – La libération des fonds consignés en application de l'article L. 213-4-1 ne peut être effectuée que lorsque le titulaire du droit de préemption a renoncé à l'acquisition ou à l'exercice du droit de préemption ou après le transfert de propriété. »

Art. 34 – I – Après l'article L. 212-2 du code de l'urbanisme, sont insérés deux articles L. 212-2-1 et L. 212-2-2 ainsi rédigés :

« *Art. L. 212-2-1* – Lorsqu'il est saisi d'une proposition de création de zone d'aménagement différé par la commune ou l'établissement public de coopération intercommunale compétent ou qu'il lui demande son avis sur un tel projet, le représentant de l'État dans le développement peut prendre un arrêté délimitant le périmètre provisoire de la zone.

« À compter de la publication de cet arrêté et jusqu'à la publication de l'acte créant la zone d'aménagement différé, un droit de préemption est ouvert à l'État dans le périmètre provisoire. Les zones urbaines ou d'urbanisation future délimitées par un plan d'occupation des sols rendu public ou approuvé ne sont plus soumises au droit de préemption urbain institué sur ces territoires.

« L'arrêté délimitant le périmètre provisoire peut désigner un autre titulaire du droit de préemption.

« Si l'acte créant la zone d'aménagement différé n'est pas publié à l'expiration d'un délai de deux ans à compter de la publication de l'arrêté délimitant le périmètre provisoire, cet arrêté devient caduc.

« Par dérogation à l'article L. 212-2, la date de publication de l'acte délimitant le périmètre provisoire de zone d'aménagement différé se substitue à celle de l'acte créant la zone d'aménagement différé pour le calcul du délai de quatorze ans pendant lequel le droit de préemption peut être exercé.

« *Art. L. 212-2-2* – Lors de la publication de l'acte créant la zone d'aménagement différé, les biens immobiliers acquis par décision de préemption qui n'auront pas été utilisés à l'une des fins définies à l'article L. 210-1 seront, s'ils sont compris dans le périmètre définitif, cédés au titulaire du droit de préemption et, s'ils ne sont pas compris dans ce périmètre, rétrocédés à leurs anciens propriétaires ou à leurs ayants cause universels ou à titre universel dans le délai d'un an à compter de la publication de l'acte créant la zone. Dans ce dernier cas, les dispositions des troisième, quatrième, cinquième et sixième alinéas de l'article L. 213-11 sont applicables.

« Les dispositions relatives à la rétrocession des biens prévues à l'article précédent sont également applicables lorsque l'arrêté délimitant le périmètre provisoire devient caduc dans les conditions prévues à l'article L. 212-2-1. »

II – À l'article L. 212-2 du code de l'urbanisme, les mots : « sous réserve de ce qui est dit à l'article L. 212-2-1 » sont insérés après les mots : « la publication de l'acte qui crée la zone ».

III – Au premier alinéa de l'article L. 212-3 du code de l'urbanisme, les mots : « ou délimitant son périmètre provisoire » sont insérés après les mots : « à la date de publication de l'acte instituant la zone d'aménagement différé ».

IV – Le *a* de l'article L. 213-4 du code de l'urbanisme est ainsi rédigé :

« *a*) La date de référence prévue à l'article L. 13-15 du code de l'expropriation pour cause d'utilité publique est la date à laquelle est devenu opposable aux tiers le plus récent des actes rendant public, approuvant, révisant ou modifiant le plan d'occupation des sols et délimitant la zone dans laquelle est situé le bien.

« En l'absence d'un tel document, cette date de référence est :

« – un an avant la publication de l'acte délimitant le périmètre provisoire de zone d'aménagement différé, lorsque le bien est situé dans un tel périmètre ou lorsque l'acte créant la zone est publié dans le délai de validité d'un périmètre provisoire ;

« – un an avant la publication de l'acte créant la zone d'aménagement différé. »

V – L'intitulé du chapitre II du titre Ier du livre II du code de l'urbanisme devient : « Zones d'aménagement différé et périmètres provisoires ».

VI – L'intitulé du chapitre III du titre Ier du livre II du code de l'urbanisme devient : « Dispositions communes au droit de préemption urbain, aux zones d'aménagement différé et aux périmètres provisoires ».

Art. 35 – I – À la fin du premier alinéa de l'article L. 211-1 du code de l'urbanisme, sont insérés les mots : «, lorsqu'il n'a pas été créé de zone d'aménagement différé ou de périmètre provisoire de zone d'aménagement différé sur ces territoires ».

II – Au premier alinéa de l'article L. 212-1 du code de l'urbanisme, les mots : «, en dehors de zones urbaines et des zones d'urbanisation future délimitées par un plan d'occupation des sols rendu public ou approuvé, » sont supprimés.

III – Le premier alinéa de l'article L. 212-1 du code de l'urbanisme est complété par une phrase ainsi rédigée :

« Les zones urbaines ou d'urbanisation future délimitées par un plan d'occupation des sols rendu public ou approuvé et comprises dans un périmètre provisoire de zone d'aménagement différé ou dans une zone d'aménagement différé ne sont plus soumises au droit de préemption urbain institué sur ces territoires. »

IV – Le troisième alinéa de l'article L. 212-1 du code de l'urbanisme est abrogé.

V – L'article L. 211-3 du code de l'urbanisme est abrogé.

VI – L'article L. 21317 du code de l'urbanisme est ainsi rédigé :

« *Art. L. 213-17* – Si un périmètre de zone d'aménagement différé ou un périmètre provisoire de zone d'aménagement différé est créé avant l'expiration du délai de deux mois prévu au troisième alinéa de l'article L. 213-2, la déclaration d'intention d'aliéner doit être transmise par le maire au représentant de l'État dans le département qui l'instruit conformément aux dispositions des articles L. 212-1 et suivants.

« Dans ce cas, le délai visé au premier alinéa du présent article court à compter de la date de publication de l'acte créant la zone d'aménagement différé ou le périmètre provisoire de zone d'aménagement différé. »

VII – L'article L. 213-17-1 du code de l'urbanisme est abrogé.

Titre VI
Dispositions diverses

Art. 36 – L'article L. 263-4 du code des communes est ainsi rédigé :

« *Art. L. 263-4* – Le taux de versement exprimé en pourcentage des salaires définis à l'article précédent est fixé par décret dans les limites :

« – de 2,4 p. 100 à Paris et dans le département des Hauts-de-Seine ;

« – de 1,8 p. 100 dans les départements de la Seine-Saint-Denis et du Val-de-Marne ;

« – de 1,5 p. 100 dans les départements de l'Essonne, des Yvelines, du Val-d'Oise et de Seine-et-Marne. »

Art. 37 – Le dernier alinéa de l'article L. 441-1 du code de la construction et de l'habitation est remplacé par quatre alinéas ainsi rédigés :

« Les organismes d'habitations à loyer modéré informent chaque année le conseil municipal des communes sur le territoire desquelles ils possèdent plus de cent logements de la politique générale qu'ils poursuivent en ce qui concerne notamment l'entretien, les travaux de réhabilitation ou d'aménagement, le loyer et la politique d'attribution de ces logements et les demandes en attente.

« Le maire d'une commune sur le territoire de laquelle sont implantés des logements à usage locatif est entendu, à sa demande, par le conseil d'administration des organismes d'habitations à loyer modéré. Il est informé tous les trois mois des attributions de logements effectuées par ces organismes.

« Il participe aux délibérations de la commission d'attribution des logements.

« Les dispositions des quatrième et cinquième alinéas sont applicables aux sociétés civiles immobilières dont le capital est constitué majoritairement par les fonds provenant de la participation des employeurs à l'effort de construction et aux sociétés d'économie mixte locales d'aménagement et de construction. »

Art. 38 – Il est inséré, après l'article L. 441-1 du code de la construction et de l'habitation, un article L. 441-1-1 ainsi rédigé :

« *Art. L. 441-1-1* – Il est créé, dans chaque organisme d'habitations à loyer modéré, une commission d'attribution chargée d'attribuer nominativement chaque logement locatif, composée de six membres qui élisent en leur sein un président qui dispose d'une voix prépondérante.

« En outre, le maire de la commune où sont implantés les logements attribués, ou son représentant, est membre de droit de ladite commission.

« Un décret détermine les conditions d'application du présent article et précise notamment les règles relatives à la composition de la commission. »

Art. 39 – Il est inséré, après l'article L. 441-1-1 du code de la construction et de l'habitation, un article L. 441-1-2 ainsi rédigé :

« *Art. L. 441-1-2* – Il est créé, dans chaque société civile immobilière dont le capital est constitué majoritairement par les fonds provenant de la participation des employeurs à l'effort de construction, et lorsqu'une partie de leur patrimoine est incluse dans un grand ensemble anciennement classé en zone à urbaniser par priorité, une commission d'attribution chargée d'attribuer nominativement chacun de ces logements locatifs.

« Le maire de la commune où sont implantés les logements attribués, ou son représentant, est membre de droit de ladite commission. »

Art. 40 – A – La loi n° 82-213 du 2 mars 1982 relative aux droits et libertés des communes, des départements et des régions est ainsi modifiée :

I – Le dernier alinéa du I de l'article 6 est remplacé par quatre alinéas ainsi rédigés :

« Les dispositions des alinéas précédents ne sont pas applicables aux garanties d'emprunts ou aux cautionnements accordés par une commune :

« 1° Pour les opérations de construction, d'acquisition ou d'amélioration de logements réalisées par les organismes d'habitations à loyer modéré ou les sociétés d'économie mixte ;

« 2° Pour les opérations de construction, d'acquisition ou d'amélioration de logements bénéficiant d'une subvention de l'État ou réalisées avec le bénéfice de prêts aidés par l'État ou adossés en tout ou partie à des ressources défiscalisées ;

« 3° En application du plan départemental prévu à l'article 2 de la loi n° 90-449 du 31 mai 1990 visant à la mise en œuvre du droit au logement. »

II – Le dernier alinéa du I de l'article 49 est remplacé par quatre alinéas ainsi rédigés :

« Les dispositions des alinéas précédents ne sont pas applicables aux garanties d'emprunts ou aux cautionnements accordés par un département :

« 1° Pour les opérations de construction, d'acquisition ou d'amélioration de logements réalisés par les organismes d'habitations à loyer modéré ou les sociétés d'économie mixte ;

« 2° Pour les opérations de construction, d'acquisition ou d'amélioration de logements bénéficiant d'une subvention de l'État ou réalisées avec le bénéfice de prêts aidés par l'État ou adossés en tout ou partie à des ressources défiscalisées ;

« 3° En application du plan départemental prévu à l'article 2 de la loi n° 90-449 du 31 mai 1990 visant à la mise en œuvre du droit au logement. »

B – Le dernier alinéa du I de l'article 4-1 de la loi n° 72-619 du 5 juillet 1972 portant création et organisation des régions est remplacé par quatre alinéas ainsi rédigés :

« Les dispositions des alinéas précédents ne sont pas applicables aux garanties d'emprunts ou aux cautionnements accordés par une région :

« 1° Pour les opérations de construction, d'acquisition ou d'amélioration de logements réalisées par les organismes d'habitations à loyer modéré ou les sociétés d'économie mixte ;

« 2° Pour les opérations de construction, d'acquisition ou d'amélioration de logements bénéficiant d'une subvention de l'État ou réalisées avec le bénéfice de prêts aidés par l'État ou adossés en tout ou partie à des ressources défiscalisées ;

« 3° En application du plan départemental prévu à l'article 2 de la loi n° 90-449 du 31 mai 1990 visant à la mise en œuvre du droit au logement. »

Art. 41 – Le code de la construction et de l'habitation est ainsi modifié :

I – Après l'article L. 422-5, il est inséré un article L. 422-5-1 ainsi rédigé :

« *Art. L. 422-5-1* – Les sociétés anonymes d'habitations à loyer modéré et les sociétés anonymes de crédit immobilier sont administrées par des conseils d'administration ou par des directoires et conseils de surveillance. »

II – Dans l'article L. 422-6, après les mots : « conseil d'administration », sont insérés les mots : « du directoire ou du conseil de surveillance ».

III – Dans l'article L. 422-7, après les mots : « conseil d'administration », sont insérés les mots : « ou du directoire et du conseil de surveillance ».

IV – L'article L. 422-8 est ainsi modifié :

A – Le premier alinéa est remplacé par un alinéa ainsi rédigé :

« Dans les cas prévus à l'article L. 422-7, le ministre chargé du logement peut se borner à suspendre le conseil d'administration ou le conseil de surveillance et le directoire, ou ce dernier seulement, par arrêté motivé, et nommer un administrateur provisoire auquel est transféré, de plein droit, l'ensemble des pouvoirs du conseil d'administration ou du conseil de surveillance et du directoire pour la continuation des opérations en cours. »

B – Au deuxième alinéa, après les mots : « conseil d'administration », sont insérés les mots : « ou d'un nouveau conseil de surveillance ».

C – Au troisième alinéa, après les mots : « conseil d'administration », sont insérés les mots : « ou du conseil de surveillance ».

D – Au quatrième alinéa, après les mots : « suspendre à nouveau le conseil d'administration », sont ajoutés les mots : « ou le conseil de surveillance » et après les mots : « la désignation d'un nouveau conseil d'administration », sont insérés les mots : « ou d'un nouveau conseil de surveillance ».

V – Après l'article L. 422-2, il est inséré un article L. 422-2-1 ainsi rédigé :

« *Art. L. 422-2-1* – Les conseils d'administration ou les conseils de surveillance des sociétés anonymes d'habitations à loyer modéré comprennent des représentants des locataires. À cet effet, le nombre des membres du conseil d'administration ou du conseil de surveillance peut être porté à quatorze par dérogation à la loi n° 66-537 du 24 juillet 1966 sur les sociétés commerciales.

« Les représentants des locataires au conseil d'administration ou au conseil de surveillance ont les mêmes droits et obligations que les autres membres du conseil et sont soumis à toutes les dispositions applicables à ces derniers, à l'exception de celles prévues aux articles 95 à 97 et 130 à 132 de la loi n° 66-537 du 24 juillet 1966 précitée.

« Un décret en Conseil d'État détermine, en tant que de besoin, les conditions d'application du présent article. »

Art. 42 – L'article L. 315-3 du code de l'urbanisme est complété par un alinéa ainsi rédigé :

« Jusqu'à l'expiration d'un délai de cinq ans à compter de l'achèvement du lotissement, la modification mentionnée à l'alinéa précédent ne peut être prononcée qu'en l'absence d'opposition du bénéficiaire de l'autorisation de lotir tant que celui-ci possède au moins un lot constructible. »

Art. 43 – L'article L. 333-3 du code de l'urbanisme est complété par deux alinéas ainsi rédigés :

« Le produit des versements perçus par la commune ou, le cas échéant, par l'établissement public de coopération intercommunale compétent en matière d'urbanisme, est affecté à la réalisation des objectifs de la participation à la diversité de l'habitat définis à l'article L. 332-21 du présent code.

« Toutefois, les communes dans lesquelles le nombre de logements sociaux au sens du 3° de l'article L. 351-2 du code de la construction et de l'habitation représente plus de 20 p. 100 des résidences principales au sens du I de l'article 1411 du code général des impôts peuvent utiliser le produit de ces versements pour la réalisation de logements loués pendant une durée minimale de neuf ans à un prix inférieur à un plafond fixé par décret. »

Art. 44 – Dans le premier alinéa du I de l'article 199 *decies* A du code général des impôts, les mots : « 31 décembre 1992 » sont remplacés par les mots : « 31 décembre 1997 ».

Art. 45 – L'article 8 de la loi n° 48-1360 du 1er septembre 1948 portant modification et codification de la législation relative aux rapports des bailleurs et locataires ou occupants de locaux d'habitation ou à usage professionnel et instituant des allocations de logement est ainsi rétabli :

« ***Art. 8*** – Le maintien dans les lieux est applicable aux syndicats et associations professionnelles s'ils remplissent les conditions prévues à l'article 4.

« Tout congé délivré aux syndicats et associations professionnels antérieurement à la date de publication de la loi n° 91-662 du 13 juillet 1991 d'orientation pour la ville est nul et sans effet à moins qu'il ait donné lieu à une décision d'expulsion devenue définitive.

« Seuls peuvent se prévaloir des dispositions du présent article les syndicats et associations professionnels qui, à la date du 23 décembre 1986, bénéficiaient des dispositions du présent chapitre. Les dispositions de l'article 28 de la loi n° 86-1290 du 23 décembre 1986 tendant à favoriser l'investissement locatif, l'accession à la propriété de logements sociaux et le développement de l'offre foncière ne leur sont pas opposables. »

Art. 46 – L'article 28 de la loi n° 73-1193 du 27 décembre 1973 d'orientation du commerce et de l'artisanat est complété par un alinéa ainsi rédigé :

« En outre, lorsque l'opération envisagée concerne une agglomération dans laquelle sont mises en œuvre les procédures prévues aux articles L. 303-1 du code de la construction et de l'habitation, L. 123-11 ou L. 123-13 du code de l'urbanisme, la commission prend en compte les actions destinées à y assurer le maintien ou l'implantation de commerces de proximité. »

Art. 47 – Avant l'expiration d'un délai de quatre ans à compter de sa publication, la présente loi fera l'objet d'un rapport d'évaluation par le Gouvernement au Parlement, après avis du Conseil économique et social.

Le rapport d'évaluation fera ressortir le bilan économique et social des mesures décidées dans le cadre de la loi, les difficultés rencontrées pour la mise en œuvre et les adaptations souhaitables.

La présente loi sera exécutée comme loi de l'État.

Fait à Paris, le 13 juillet 1991.

Par le Président de la République :
François Mitterrand

Le Premier ministre, Édith Cresson

Le ministre d'État, ministre de l'Économie, des Finances et du Budget, Pierre Bérégovoy

Le ministre d'État, ministre de la Ville et de l'Aménagement du territoire, Michel Delebarre

Le garde des Sceaux, ministre de la Justice, Henri Nallet

Le ministre de l'Intérieur, Philippe Marchand

Le ministre de l'Équipement, du Logement, des Transports et de l'Espace, Paul Quilès

Le ministre délégué au Budget, Michel Charasse

La ministre d'État au Logement, Marcel Debarge

Loi n° 96-987 du 14 novembre 1996

Loi relative à la mise en œuvre du pacte de relance pour la ville

L'Assemblée nationale et le Sénat ont adopté,

Le Président de la République promulgue la loi dont la teneur suit :

Titre Ier Principes généraux

Art. 1er – La politique de la ville et du développement social urbain est conduite par l'État et les collectivités territoriales dans le respect de la libre administration de celles-ci, selon les principes de la décentralisation et dans le cadre de la politique d'aménagement du territoire.

Outre les objectifs de diversité de l'habitat et de mixité sociale définis par la loi n° 91-662 du 13 juillet 1991 d'orientation pour la ville, elle a pour but de lutter contre les phénomènes d'exclusion dans l'espace urbain et de favoriser l'insertion professionnelle, sociale et culturelle des populations habitant dans des grands ensembles ou des quartiers d'habitat dégradé.

À cette fin, des dispositions dérogatoires du droit commun sont mises en œuvre, dans les conditions prévues par la présente loi, en vue de compenser les handicaps économiques ou sociaux des zones urbaines sensibles, des zones de redynamisation urbaine et des zones franches urbaines.

Art. 2 – Le 3 de l'article 42 de la loi n° 95-115 du 4 février 1995 d'orientation pour l'aménagement et le développement du territoire est ainsi rédigé :

« 3. Les zones urbaines sensibles sont caractérisées par la présence de grands ensembles ou de quartiers d'habitat dégradé et par un déséquilibre accentué entre l'habitat et l'emploi. Elles comprennent les zones de redynamisation urbaine et les zones franches urbaines. Dans les départements d'outre-mer et la collectivité territoriale de Mayotte, ces zones sont délimitées en tenant compte des caractéristiques particulières de l'habitat local. La liste des zones urbaines sensibles est fixée par décret.

« A – Les zones de redynamisation urbaine correspondent à celles des zones urbaines sensibles définies au premier alinéa ci-dessus qui sont confrontées à des difficultés particulières, appréciées en fonction de leur situation dans l'agglomération, de leurs caractéristiques économiques et commerciales et d'un indice synthétique. Celui-ci est établi, dans des conditions fixées par décret, en tenant compte du nombre d'habitants du quartier, du taux de chômage, de la proportion de jeunes de moins de vingt-cinq ans, de la proportion des personnes sorties du système scolaire sans diplôme et du potentiel fiscal des communes intéressées. La liste de ces zones est fixée par décret.

« Les zones de redynamisation urbaine des communes des départements d'outre-mer et de la collectivité territoriale de Mayotte correspondent à celles des zones urbaines sensibles définies au premier alinéa du présent 3 qui sont confrontées à des difficultés particulières, appréciées en fonction du taux de chômage, du pourcentage de jeunes de moins de vingt-cinq ans et de la proportion de personnes sorties du système scolaire sans diplôme. La liste de ces zones est fixée par décret.

« B – Des zones franches urbaines sont créées dans des quartiers de plus de 10 000 habitants particulièrement défavorisés au regard des critères pris en compte pour la détermination des zones de redynamisation urbaine. La liste de ces zones est annexée à la loi n° 96-987 du 14 novembre 1996 relative à la mise en œuvre du pacte de relance pour la ville. Leur délimitation est opérée par décret en Conseil d'État, en tenant compte des éléments de nature à faciliter l'implantation d'entreprises ou le développement d'activités économiques.

« Les zones franches urbaines des communes des départements d'outre-mer sont créées dans des quartiers particulièrement défavorisés au regard des critères pris en compte pour la détermination des zones de redynamisation urbaine des communes de ces départements. La liste de ces zones est annexée à la loi n° 96-987 du 14 novembre 1996 précitée. Leur délimitation est fixée par décret en Conseil d'État, en tenant compte des éléments de nature à faciliter l'implantation d'entreprises ou le développement d'activités économiques. »

Art. 3 – Il est institué, dans chaque zone franche urbaine définie au B du 3 de l'article 42 de la loi n° 95-115 du 4 février 1995 précitée, un comité d'orientation et de surveillance chargé d'évaluer les conditions de mise en œuvre des mesures dérogatoires prévues au profit de ces zones au regard des objectifs définis par l'article 1er de la présente loi.

À cette fin, le comité d'orientation et de surveillance examine les effets de ces mesures sur le rétablissement de l'équilibre économique et social de la zone franche urbaine, sur les conditions d'exercice de la concurrence et sur l'appareil commercial et artisanal de cette zone et de l'agglomération concernée. Il établit, chaque année, un bilan retraçant l'évolution des activités économiques de ladite zone au cours de l'année écoulée. Il peut présenter aux pouvoirs publics toute proposition destinée à renforcer l'efficacité des dispositions législatives et réglementaires.

Le comité d'orientation et de surveillance est présidé par le représentant de l'État dans le département. Il comprend, en outre, dans des conditions fixées par décret en Conseil d'État, les députés et sénateurs intéressés du département, le ou les maires de la ou des communes d'implantation de la zone franche urbaine, le président de l'établissement public de coopération intercommunale compétent en matière d'aménagement et de développement pour ladite zone, le président du conseil général ou son représentant, le président du conseil régional ou son représentant, des représentants des chambres consulaires départementales et des services de l'État.

Le comité d'orientation et de surveillance peut faire appel, en tant que de besoin, aux services déconcentrés de l'État dont le ressort géographique comprend le périmètre de la zone franche urbaine.

[...]

Chapitre III
Dispositions relatives à l'habitat, aux copropriétés et ensembles d'habitat privé en difficulté

Art. 29 – Au deuxième alinéa de l'article L. 302-1 du code de la construction et de l'habitation, les mots : « et à assurer » sont remplacés par les mots : « et à favoriser la mixité sociale en assurant ».

Art. 30 – Le chapitre II du titre préliminaire du livre III du code de la construction et de l'habitation est complété par une Section III ainsi rédigée :

« Section III

« Dispositions particulières aux communes comprenant une ou plusieurs zones urbaines sensibles

« *Art. L. 302-10* – Toute commune comprenant sur son territoire ou partie d'une zone urbaine sensible définie au 3 de l'article 42 de la loi n° 95-115 du 4 février 1995 d'orientation pour l'aménagement et le développement du territoire doit être dotée d'un programme local de l'habitat dans un délai de deux ans.

« Ce délai court soit à compter du 1er janvier 1997 si la zone urbaine sensible est inscrite à cette date sur la liste prévue au 3 de l'article 42 de la loi n° 95-115 du 4 février 1995 précitée, soit à compter de la date de l'inscription de la zone urbaine sensible sur cette liste lorsque celle-ci est postérieure.

« Le délai de deux ans prévu au premier alinéa est porté à trois ans lorsque l'établissement du programme local de l'habitat relève d'un établissement public de coopération intercommunale en application de l'article L. 302-1.

« Lorsqu'au terme des délais ci-dessus mentionnés aucun programme local de l'habitat n'a été adopté, le préfet se substitue à la commune concernée ou à l'établissement public de coopération intercommunale. Les dépenses afférentes à son élaboration sont obligatoires pour la commune au sens de l'article L. 2321-1 du code général des collectivités territoriales. »

Art. 31 – La Section I du chapitre Ier du titre IV du livre IV du code de la construction et de l'habitation est complétée par un article L. 441-2-1 ainsi rédigé :

« *Art. L. 441-2-1* – Toute commune comprenant sur son territoire une ou plusieurs zones urbaines sensibles définies au 3 de l'article 42 de la loi n° 95-115 du 4 février 1995 d'orientation pour l'aménagement et le développement du territoire doit créer une conférence communale du logement. Lorsque la zone urbaine sensible est située sur le territoire de plusieurs communes, celles-ci doivent créer une conférence intercommunale du logement.

« La conférence du logement doit être créée dans le délai d'un an commençant à courir soit à compter du 1er janvier 1997 si la zone urbaine sensible est inscrite à cette date sur la liste prévue au 3 de l'article 42 de la loi n° 95-115 du 4 février 1995 précitée, soit à compter de la date de l'inscription de la zone urbaine sensible sur cette liste lorsque celle-ci est postérieure. Lorsque la conférence du logement n'a pas été créée dans ce délai par le ou les maires concernés, le représentant de l'État dans le département prend l'initiative de la créer.

« La conférence du logement rassemble, outre le maire de la ou des communes concernées, le représentant de l'État, les bailleurs sociaux possédant ou gérant des logements dans la ou les communes, les représentants des associations agréées dont l'un des objets est l'insertion ou le logement des personnes défavorisées et, lorsqu'ils sont titulaires de droits de réservation dans la ou les communes, les organismes collecteurs de la participation des entreprises à l'effort de construction et le conseil général représenté par un de ses membres.

« Elle est présidée par le maire ou le représentant des maires des communes intéressées désigné par ceux-ci.

« La conférence élabore la charte communale ou intercommunale des attributions de logements et veille à son application. La charte fixe notamment les objectifs généraux d'attribution, le cas échéant quantifiés, visant à l'amélioration de l'équilibre résidentiel au sein des communes concernées et, en premier lieu, dans la zone urbaine sensible. Les dispositions de la charte doivent être compatibles avec celles du règlement départemental prévu à l'article L. 441-2.

« La charte doit être élaborée dans le délai de deux ans commençant à courir soit à compter du 1er janvier 1997 si la zone urbaine sensible visée au premier alinéa est inscrite à cette date sur la liste prévue au 3 de l'article 42 de la loi n° 95-115 du 4 février 1995 précitée, soit à compter de l'inscription de la zone urbaine sensible sur cette liste dans le cas contraire.

« Lorsqu'au terme du délai mentionné à l'alinéa précédent aucune charte n'a été élaborée, le représentant de l'État dans le département assure, nonobstant les dispositions du troisième alinéa du présent article, la présidence de la conférence du logement jusqu'à la publication de la charte.

« Les bailleurs sociaux informent, deux fois par an, la conférence du logement des caractéristiques des attributions de logements effectuées au cours du semestre écoulé, des demandes en attente, des logements vacants, du niveau et de l'évolution des loyers dans les zones urbaines sensibles concernées et dans chaque commune de la conférence. Ils rendent compte dans le même temps de la politique d'entretien, de réhabilitation et d'aménagement de leur patrimoine. Le président du conseil général et le préfet informent deux fois par an la conférence du logement des garanties et aides accordées par le fonds de solidarité pour le logement dans les zones urbaines sensibles concernées et dans chaque commune de la conférence. »

Art. 32 – Le tire Ier du livre VI du code de la construction et de l'habitation est complété par un chapitre V ainsi rédigé :

« Chapitre V

« Mesures de sauvegarde

« *Art. L. 615-1* – Le représentant de l'État dans le département peut confier à une commission qu'il constitue à cet effet le soin de proposer un plan de sauvegarde visant à restaurer le cadre de vie des occupants d'un groupe d'immeubles bâtis ou d'un ensemble immobilier déterminé, à usage d'habitation ou à usage mixte professionnel, commercial et d'habitation, situé dans les zones urbaines sensibles définies au 3 de l'article 42 de la loi n° 95-115 du 4 février 1995 d'orientation pour l'aménagement et le développement du territoire ou dans le périmètre d'une opération programmée d'amélioration de l'habitat défini à l'article L. 303-1, limitée à un groupe d'immeubles bâtis en société d'attribution ou en société coopérative de construction donnant vocation à l'attribution d'un lot ou soumis au régime de la copropriété.

« Le projet de plan est soumis à l'avis du maire de la commune et à l'approbation du représentant de l'État dans le département.

« Les dispositions de l'alinéa précédent ne s'appliquent pas aux immeubles appartenant en totalité aux organismes d'habitation à loyer modéré mentionnés à l'article L. 411-2.

« *Art. L. 615-2* – Le plan de sauvegarde fixe les mesures nécessaires pour, dans un délai de deux ans, sur la base des engagements souscrits par les collectivités publiques, les organismes publics ou les personnes privées concernées :

« – clarifier et simplifier les règles de structure et d'administration du groupe d'immeubles bâtis ou de l'ensemble immobilier ;

« – clarifier et adapter le statut de biens et équipements collectifs à usage public ;

« – réaliser des travaux de conservation de l'immeuble ou tendant à la réduction des charges de fonctionnement ;

« – assurer l'information et la formation des occupants de l'immeuble pour restaurer les relations sociales ;

« – organiser la mise en place de mesures d'accompagnement.

« Il précise l'échéancier de ces mesures ainsi que les conditions de leur financement.

« *Art. L. 615-3* – La commission mentionnée à l'article L. 615-1 est présidée par le représentant de l'État dans le département et comprend notamment le président du conseil général et le maire de la commune dans laquelle sont situés des immeubles ou ensembles immobiliers concernés par le plan de sauvegarde, ou leurs représentants.

« *Art. L. 615-4* – Il est procédé à la suppression des aides correspondant aux mesures mentionnées à l'article L. 615-2 et au recouvrement, comme en matière de contributions directes, des aides financières accordées aux personnes qui, après mise en demeure, n'ont pas respecté les engagements qui leur incombent, dans le délai prévu au plan de sauvegarde.

« *Art. L. 615-4-1* – Pour l'application des dispositions du présent chapitre, les occupants sont les propriétaires occupants, les locataires, les occupants de bonne foi maintenus dans les lieux et les preneurs de baux professionnels ou commerciaux.

« Les propriétaires occupants sont les personnes copropriétaires, les associés de sociétés d'attribution ou de sociétés coopératives de construction donnant vocation à l'attribution d'un lot, qui occupent l'immeuble dont elles ont la propriété ou la jouissance.

« *Art. L. 615-5* – Un décret en Conseil d'État précise les modalités d'application des articles L. 615-1 à L. 615-4-1. »

Art. 33 – Il est inséré, après l'article L. 631-9 du code de la construction et de l'habitation, un article L. 631-10 ainsi rédigé :

« *Art. L. 631-10* – Les dispositions de l'article L. 631-7 ne sont pas applicables dans les zones franches urbaines définies au B du 3 de l'article 42 de la loi n° 95-115 du 4 février 1995 d'orientation pour l'aménagement et le développement du territoire. »

Art. 34 – I – Le chapitre Ier de la loi n° 65-557 du 10 juillet 1965 fixant le statut de la copropriété des immeubles bâtis est complété par un article 16-2 ainsi rédigé :

« *Art. 16-2* – L'expropriation pour cause d'utilité publique d'un immeuble bâti, d'un groupe d'immeubles bâtis ou d'un ensemble immobilier soumis à la présente loi est poursuivie et prononcée lot par lot à l'encontre des copropriétaires et titulaires de droits réels immobiliers concernés, ainsi que, lorsqu'elle porte également sur des parties communes en indivision avec d'autres copropriétaires, à l'encontre du syndicat.

« Lorsque l'expropriation porte uniquement sur des parties communes à l'ensemble des copropriétaires, elle est valablement poursuivie et prononcée à l'encontre du syndicat représentant les copropriétaires et titulaires de droits réels immobiliers.

« Lorsque l'expropriation est poursuivie et prononcée à l'encontre du syndicat, les dispositions de l'article 16-1 sont applicables pour la répartition des indemnités compensatrices. »

II – Il est inséré, dans la Section I du chapitre Ier du titre Ier du code de l'expropriation pour cause d'utilité publique, un article L. 11-5-1 ainsi rédigé :

« *Art. L. 11-5-1* – Lorsque les immeubles expropriés sont soumis à la loi n° 65-557 du 10 juillet 1965 fixant le statut de la copropriété des immeubles bâtis, la déclaration d'utilité publique peut prévoir que les emprises expropriées seront retirées de la propriété initiale. »

III – L'article L. 11-8 du code de l'expropriation pour cause d'utilité publique est complété par un alinéa ainsi rédigé :

« Lorsque la déclaration d'utilité publique prévoit, conformément à l'article L. 11-5-1, le retrait des emprises expropriées de la propriété initiale, l'arrêté de cessibilité précise l'emplacement de la ligne divisoire. »

IV – Il est inséré dans la Section I du chapitre II du titre Ier du code de l'expropriation pour cause d'utilité publique, un article L. 12-2-1 ainsi rédigé :

« *Art. L. 12-2-1* – Lorsque la déclaration d'utilité publique a prévu le retrait de la propriété initiale des emprises expropriées, conformément à l'article L. 11-5-1, le juge de l'expropriation constate, dans l'ordonnance portant transfert de propriété, l'existence de cette décision de retrait. »

V – Il est inséré, dans la Section II du chapitre III du titre Ier du code de l'expropriation pour cause d'utilité publique, un article L. 13-7-1 ainsi rédigé :

« *Art. L. 13-7-1* – Lorsqu'il est fait application des dispositions de l'article L. 11-5-1 et du deuxième alinéa de l'article L. 11-8, le juge de l'expropriation fixe, dans son jugement, à la demande de tout intéressé, outre les indemnités principales et accessoires, les indemnités relatives aux conséquences préjudiciables du retrait. »

Art. 35 – Il est inséré, après le premier alinéa de l'article 6 de la loi n° 90-449 du 31 mai 1990 visant à la mise en œuvre du droit au logement, cinq alinéas ainsi rédigés :

« Le plan départemental prévoit en particulier les conditions générales dans lesquelles une garantie de paiement des loyers peut être accordée aux personnes ou familles résidant dans une zone urbaine sensible définie au 3 de l'article 42 de la loi n° 95-115 du 4 février 1995 d'orientation pour l'aménagement et le développement du territoire. »

« Le fonds de solidarité peut également accorder des aides à des personnes propriétaires occupants au sens du second alinéa de l'article L. 615-4-1 du code de la construction et de l'habitation, qui remplissent les conditions de l'article Ier de la présente loi et se trouvent dans l'impossibilité d'assumer leurs obligations relatives au paiement de leurs charges collectives ou au remboursement d'emprunts contractés pour l'acquisition du logement dont ils ont la propriété ou la jouissance, si celui-ci est situé dans le périmètre :

« – soit d'une zone urbaine sensible mentionnée au 3 de l'article 42 de la loi n° 95-115 du 4 février 1995 d'orientation pour l'aménagement et le développement du territoire ;

« – soit d'une opération programmée d'amélioration de l'habitat définie à l'article L. 303-1 du code de la construction et de l'habitation, limitée à un groupe d'immeubles bâtis en société d'attribution ou en société coopérative de construction donnant vocation à l'attribution d'un lot ou soumis au régime de la copropriété.

« Que l'aide ait été accordée sous forme de cautions, prêts, garanties ou subventions, son remboursement est immédiatement exigible, comme en matière de contributions directes, en cas de mutation de lot de copropriété ou de cession de parts ou d'actions de sociétés intervenant dans les dix ans suivant l'obtention de l'aide. »

Art. 36 – Il est inséré, après l'article 749 du code général des impôts, un article 749 A ainsi rédigé :

« *Art. 749 A* – Dans les zones franches urbaines définies au B du 3 de l'article 42 de la loi n° 95-115 du 4 février 1995 d'orientation pour l'aménagement et le développement du territoire, sont exonérés du droit d'enregistrement ou de la taxe de publicité foncière prévu à l'article 746 les partages d'immeubles bâtis, de groupes d'immeubles bâtis ou d'ensembles immobiliers soumis à la loi n° 65-557 du 10 juillet 1965 fixant le statut de la copropriété des immeubles bâtis et la redistribution des parties communes qui leur est consécutive. »

Art. 37 – Le IV de l'article L. 510-1 du code de l'urbanisme est complété par un alinéa ainsi rédigé :

« Les opérations visées au I ne sont pas soumises à agrément lorsqu'elles sont situées dans les zones franches urbaines définies au B du 3 de l'article 42 de la loi n° 95-115 du 4 février 1995 d'orientation pour l'aménagement et le développement du territoire et lorsqu'elles visent la transformation de locaux en bureaux. »

Art. 38 – L'article L. 520-9 du code de l'urbanisme est complété par un alinéa ainsi rédigé :

« La redevance n'est pas due pour les opérations réalisées dans les zones franches urbaines définies au B du 3 de l'article 42 de la loi n° 95-115 du 4 février 1995 d'orientation pour l'aménagement et le développement du territoire lorsqu'elles visent la transformation de locaux en bureaux. »

Titre IV
Dispositions relatives à la vie associative

Art. 39 – Les deux derniers alinéas de l'article L. 2143-2 du code général des collectivités territoriales sont remplacés par trois alinéas ainsi rédigés :

« Chaque année, il en fixe la composition sur proposition du maire.

« Chaque comité est présidé par un membre du conseil municipal, désigné par le maire.

« Les comités peuvent être consultés par le maire sur toute question ou projet intéressant les services publics et équipements de proximité et entrant dans le domaine d'activité des associations membres du comité. Ils peuvent par ailleurs transmettre au maire toute proposition concernant tout problème d'intérêt communal pour lequel ils ont été institués. »

Art. 40 – Il peut être institué par Convention entre l'État, une ou plusieurs communes ou groupements de communes et, le cas échéant, le département et la région des fonds locaux associatifs destinés à assurer, pour le compte et sous le contrôle des différentes parties à la Convention qui en assurent le financement, le paiement des subventions aux associations qui contribuent à la mise en œuvre des actions ou opérations relevant de la politique de la ville et du développement social urbain, notamment dans le cadre des contrats de ville conclus en application des contrats de plan liant l'État et les régions.

Les fonds locaux associatifs sont institués dans le même ressort géographique que les actions ou opérations mentionnées à l'alinéa précédent.

Un décret en Conseil d'État définit les modalités d'application du présent article.

[...]

La présente loi sera exécutée comme loi de l'État.

Fait à Paris, le 14 novembre 1996.

Par le Président de la République : Jacques Chirac

Le Premier ministre, Alain Juppé

Le garde des Seaux, ministre de la Justice, Jacques Toubon

Le ministre de l'Équipement, du Logement, des Transports et du Tourisme, Bernard Pons

Le ministre du Travail, et des Affaires sociales, Jacques Barrot

Le ministre de l'Intérieur, Jean-Louis Debré

Le ministre de l'Économie et des Finances, Jean Arthuis

Le ministre de l'Aménagement du territoire, de la Ville et de l'Intégration, Jean-Claude Gaudin

Le ministre des Petites et Moyennes Entreprises, du Commerce et de l'Artisanat, Jean-Pierre Raffarin

Le ministre de la Fonction publique, de la Réforme de l'État et de la Décentralisation, Dominique Perben

Le ministre délégué à l'Outre-mer, Jean-Jacques de Peretti

Table des matières

045136 - (I) - (1,8) - OSB 100° - AUT-CDD
Imprimerie Chirat - 42540 SAINT-JUST-LA-PENDUE
Dépôt légal : Novembre 2003 - Dépôt légal de la 1re édition : Fevrier 1999
Achevé d'imprimer en octobre 2003 - N° 9511

Imprimé en France